公路工程标准规范理解与应用丛书

《公路路基设计规范》释义手册

吴万平　等　编著

人民交通出版社股份有限公司

内 容 提 要

本书为《公路路基设计规范》(JTG D30—2015)的配套图书，由规范的主要起草人编写，对条文进行了详细解释，并介绍了规范条文的编写理由、背景资料、使用规范时应注意的事项等内容，以方便读者更好地学习、理解、应用规范。

本书可作为《公路路基设计规范》(JTG D30—2015)的宣贯用书，也可作为公路路基设计人员的案头工具书。

图书在版编目(CIP)数据

《公路路基设计规范》释义手册 / 吴万平等编著
—北京：人民交通出版社股份有限公司，2015.4
ISBN 978-7-114-12184-5

Ⅰ.①公… Ⅱ.①吴… Ⅲ.①公路路基—设计规范—中国—手册 Ⅳ.U416.102-65

中国版本图书馆 CIP 数据核字(2015)第 075441 号

公路工程标准规范理解与应用丛书

书　　名：《公路路基设计规范》释义手册
著 作 者：吴万平　等
责任编辑：吴有铭　李　农　潘艳霞　张　鑫
出版发行：人民交通出版社股份有限公司
地　　址：(100011)北京市朝阳区安定门外外馆斜街 3 号
网　　址：http://www.ccpress.com.cn
销售电话：(010)59757973
总 经 销：人民交通出版社股份有限公司发行部
经　　销：各地新华书店
印　　刷：北京市密东印刷有限公司
开　　本：720×960　1/16
印　　张：31
字　　数：385 千
版　　次：2015 年 4 月　第 1 版
印　　次：2015 年 4 月　第 1 次印刷
书　　号：ISBN 978-7-114-12184-5
定　　价：100.00 元

本书编委会

主　　编：吴万平

副 主 编：凌建明　邓卫东　沙爱民　张留俊

姚海林　陈晓光　吴立坚

编　　委：廖朝华　程　平　丁小军　林小平

梅仕然　张嘉翔　章金钊　唐树名

原喜忠　杨　静　刘　健　韩志强

马　磊　陈忠平　汪建斌　郑　治

庄稼丰　阮艳彬　王　云

前　言 QIANYAN

根据交通运输部厅公路字〔2010〕132号文《关于下达2010年度公路工程标准规范定额等编制和修订工作计划的通知》的要求，由中交第二公路勘察设计研究院有限公司承担《公路路基设计规范》(JTG D30—2004)(以下简称“原规范”)的修订工作。参加规范修订工作的还有：中交第一公路勘察设计研究院有限公司、招商局重庆交通科研设计院有限公司、同济大学、长安大学、交通运输部科学研究院、交通运输部公路科学研究院、新疆交通科学研究院、中科院武汉岩土力学研究所等单位。

新修订的《公路路基设计规范》(JTG D30—2015)(以下简称“本规范”)已经交通运输部批准颁布，于2015年5月1日实施，正可谓十年磨一剑。十年来，随着我国社会、经济和公路事业的快速发展，全国各地在公路建设方面积累了丰富的经验，形成了许多新的科研技术成果。为帮助广大技术人员更好地理解规范条文及编制背景，正确运用规范解决工程实际问题，规范编制组编写了《〈公路路基设计规范〉释义手册》。

本书内容仅供参考，如有与《公路路基设计规范》(JTG D30—2015)不一致之处，以后者规定为准。

为便于读者阅读，本书中的规范条文采用楷体，条文释义采用宋体。

本书由多位撰稿人共同完成。其中吴万平编写第1章、第2章，吴万平、凌建明、林小平、邓卫东、梅仕然、唐树名、杨静、沙爱民、原喜忠、郑治、陈忠平、汪建斌、王云编写第3章，程平、阮艳彬编写第4章，吴万平、张嘉翔、唐树名、杨静、沙爱民、原喜忠、庄稼丰编写第5章，凌建明、廖朝华编写第6章，吴万平、姚海林、张留俊、吴立坚、丁小军、韩志强、章金钊、陈晓光、刘健、马磊编写第7章。全书由吴万平统稿。在编写过程中，得到了有关单位和个人，以及规范编写人员的大力支持，在此表示衷心感谢！

书中不妥之处，敬请广大读者批评指正。

编著者

2015年3月

目　录 MULU

1 总则

按照《公路工程行业标准制修订管理导则》(JTG A02—2013)和《公路工程标准编写导则》(JTG A04—2013)的有关规定，规范的总则主要应规定修订标准的目的、标准的适用范围、标准的共性要求和执行相关标准的要求等。

原规范总则共有 12 条，本次修订通过对原条文内容进行归纳和梳理，除删除了原规范第 1.0.9 条，合并了第 1.0.4 条和第 1.0.6 条外，还将原规范第 1.0.7 条、第 1.0.8 条、第 1.0.10 条等调整到了第 3 章第 3.1 节一般规定。其主要修订理由如下：

(1)路基设计应遵循“安全耐久、节约资源、环境和谐”的设计理念和“因地制宜、就地取材、节约土地、保护环境”的设计原则，根据公路的功能和等级，确定路基方案，并做好路基路面综合设计。故在原规范第 1.0.4 条和第 1.0.6 条的基础上进行凝练，形成了本规范第 1.0.5 条，作为路基设计的总要求。

(2)原规范第 1.0.7 条路基方案比选、第 1.0.8 条路基设计高度、第 1.0.10 条动态设计等的要求，属具体技术规定，故从总则调整到了第 3 章第 3.1 节一般规定。

(3)关于路基设计最小填土高度和回弹模量的要求。

原规范中确定路基最小填土高度时，主要考虑路基设计洪水位和路床处于中湿状态的临界高度等因素，尚未充分考虑地下水对路基工作区性能的影响，以及季冻区路基冻深和冻结水上升对路基的影响。

路基作为路面的基础，承受由路面传来的行车荷载，同时受自然环境的作用影响。因此，要求路基具有足够的强度、刚度、稳定性和耐久性。表征路基结构性能的指标有强度、回弹模量、压应变等。

原规范鉴于当时对路基结构性能的研究成果少，故对路基结构性能的控制指标要求等未作修订，沿用了《公路路基设计规范》(JTJ 013—95)的规定，仅规定了

路基填料 CBR 要求，与路面设计指标不协调。设计通常采用路面结构设计的静态回弹模量，但没有规定与交通荷载等级相挂钩、充分考虑汽车荷载作用下路基变形的路基结构设计强度与回弹模量。

本规范修订时，总结了十年来我国对路基结构性能及设计指标方面科研成果，借鉴国际主流的路面结构设计的力学—经验法，建立了与新修订的《公路沥青路面设计规范》相协调的设计指标体系，即以路基平衡湿度状态下“动态回弹模量”为设计指标，“竖向压应变”为验算指标。

综上所述，原规范第1.0.9条有关水文及水文地质不良地段的路基设计最小填土高度和回弹模量的规定，已不适应新时期公路路基设计要求，故删除该规定。

1.0.1 为统一公路路基设计技术标准，使公路路基工程设计符合安全可靠、技术先进、经济合理的要求，制定本规范。

本条对原规范“使公路路基工程设计符合安全适用、技术经济合理的要求”进行修订。安全性不仅与设计有关，而且与施工、使用有关，是指在正常施工和正常使用时，在设计规定的偶然事件发生时和发生后，路基应能承受可能出现的各种荷载作用和变形而不发生破坏，仍能保持必要的整体稳定性；适用性是指在正常使用时，路基应具有良好的工作性能；耐久性是在正常维护的条件下，路基应能在预计的使用年限内满足各项功能要求；可靠性是指在规定的条件下，规定的时间内，路基发挥各项功能的能力，包含了适用性、耐久性、设计可靠性等三大因素。因此，综合考虑环境因素和汽车荷载对路基长期性能的作用影响，在规定使用时间和条件下，路基要具有满足预期的安全性、适用性和耐久性等功能的能力，保证公路运营安全，本规范修订为“使公路路基工程设计符合安全可靠、技术先进、经济合理的要求”。

1.0.2 本规范适用于各等级新建和改扩建公路的路基设计。

本条未作修订。本规范是交通运输部颁布的行业标准，适用于高速公路及一、二、三、四级的等级公路新建和改扩建工程的路基设计。对于其他公路（如农村公路、厂矿公路等）和城镇道路，可参考使用。

1.0.3 路基应具有足够的强度、稳定性和耐久性。

本条规定了对路基性能的基本要求，这是由路基功能所决定的。路基由路基结构和路基设施组成。路基结构是指路面结构层之下的路基范围；路基设施是指为保证路基本体结构性能的稳定性而采用的必要的附属工程设施，它包括排水设施和防护支挡加固设施。

路基结构是指路面结构层以下的带状岩土结构物，是路面的基础，要承受由路面传来的汽车荷载及各种自然因素的作用，与英文"Subgrade"一致。在各种环境因素（风、雨、雪、温度、水流、地震等）和汽车荷载的作用影响下，路基的强度、刚度将产生衰减，进而影响路基承载能力，使得路基产生沉降变形和滑移破坏。因此，设计时，要综合考虑环境因素和汽车荷载对路基长期性能的作用影响，保证路基具有足够的强度、稳定性和耐久性，防止路基产生病害，保证公路运营安全。

1.0.4　路基设计应做好公路沿线工程地质勘察试验工作，查明沿线水文、地质条件，获取设计所需要的岩土物理力学参数。

地质资料是路基设计的基础。在路基修筑过程中，尤其是山区，由于地质情况复杂、多变，受多种因素制约，地质勘察资料的准确性和可靠性不高，易造成路基施工开挖后，设计与实际情况不符，或者在复杂地质情况下，施工方法与工艺不当，产生了新的病害等情况。因此，本条强调要加强地质勘察试验工作，查明公路沿线地质条件，为路基设计奠定坚实的基础。

1.0.5　路基设计应根据公路的功能和等级，遵循因地制宜、就地取材、节约土地、保护环境的原则，通过技术经济综合比选，合理确定路基方案，做好综合设计。

原规范规定：1.0.4　路基设计应符合环境保护的要求，避免引发地质灾害，减少对生态环境的影响。1.0.6　路基设计应从地基处理、路基填料选择、路基强度与稳定性、防护工程、排水系统以及关键部位路基施工技术等方面进行综合设计。

《公路工程技术标准》(JTG B01—2014)打破了传统观念，明确公路功能作为确定技术等级和主要技术指标的主要依据。要求在公路建设时，首先要根据项目的地区特点、交通特性、路网结构，分析拟建项目在路网中的地位和作用，明确公路功能及类别；然后以功能为主，结合交通量、地形条件选用技术等级；再以技术等级为主，结合地形条件选用设计速度，并由设计速度控制路线平纵设计；最后，根据公路功能、等级、设计速度，结合交通量、地形条件、通行能力等因素综合考虑选用车道数、横断面各组成部分的尺寸、各类构造物的技术指标或参数、各类设施的配置水平等。

公路分为主要干线公路、次要干线公路、主要集散公路、次要集散公路和支线公路等，主要干线公路应选用高速公路，次要干线公路应选用二级及二级以上公路，主要集散公路宜选用一、二级公路，次要集散公路宜选用二、三级公路，支线公路宜选用三、四级公路。

公路的功能和等级不同，对路基性能的要求也不同；同一等级公路的功能不同，其对路基性能要求也不同。路基是受环境因素和汽车荷载的长期共同作用影响的，路基设计时，首先应根据公路功能、等级、交通组成和汽车荷载等，确定路基性能的技术指标或参数；再以路基技术指标为目标，结合当地气候、地形、地质和资源条件，综合考虑路基方案。

路基方案的选择包括路基的位置、高度、结构断面形式、填料的选择与处治、地基处理、排水工程和防护支挡工程等方案比选，往往是采用多种方案处理，应遵循安全可靠、节约资源、经济合理、环境和谐的原则，进行多方案比选。

路基高度是公路设计中一项综合技术经济指标，它直接影响到公路的使用功能、质量、工程造价、占地面积和周围环境景观。较高的路堤，路床（路基工作区）处于中湿或干燥状态，路基长期性能较为稳定，但占地较多、工程造价较高，易产生沉降变形和边坡稳定性的问题。低路堤，能节约土地，对环境影响小，但气候环境、地下水将对路床（路基工作区）性能产生显著影响，导致路床承载能力不足，从而引起路面的变形破坏，故低路堤对路床填料和地下排水措施的要求较高。另外，在村庄、地方公路、通航河流密集的地区，低路堤需归并通道、增设辅道、支线上跨等，配套工程建设规模大，低路堤优势并不显著。

因此，设计时，需要根据项目所处地形、地质、水文等自然条件，以及村镇、航道、道路网等分布特点，进行不同路基高度及填筑方案的综合比选论证，因地制宜，在满足公路功能需求和路基性能要求的前提下，合理确定路基高度及其填筑方案。

综合设计包括路基系统的综合设计和路基路面综合设计。路基系统的综合设计应从路基的位置、高度、结构断面形式、填料的选择与处治、地基处理、排水工程、防护支挡工程和关键部位施工技术等方面综合考虑;路基路面综合设计应从路面结构设计对路基性能的要求出发,遵循“路基路面一体化、强路基”原则,综合考虑路基结构与填料设计,在各种环境因素和汽车荷载的作用影响下,保证路基长期性能满足要求,为路面提供良好的支撑基础。

1.0.6　路基设计应贯彻国家有关技术经济政策,积极慎重地采用新技术、新结构、新材料和新工艺。

近十年来,路基工程在设计理论与方法、结构、材料、工艺、废旧材料利用技术、病害防治技术等方面的科技水平不断提高,取得了快速发展,为路基工程达到安全可靠、技术先进、经济合理、环境和谐奠定了坚实的基础。

采用新技术、新结构、新材料和新工艺时,应注意其适用条件和使用范围,必须经试验或实践证明为有效可行,能够保证路基工程安全可靠。

1.0.7　路基设计除应符合本规范的规定外,尚应符合国家和行业现行有关标准的规定。

国家和行业现行有关标准是指现行的工程建设国家标准和行业标准,但不包括地方标准。

行业标准规范体系是一个整体,本规范主要涉及路基设计的技术规定,其他涉及技术标准、路线、路面、桥涵、隧道、交通安全设施、勘测、地质勘察、试验检测、施工、质量管理等方面的内容,尚应符合现行有关标准规范的规定。

执行国家标准时,尚应注意有关标准的适用范围和使用条件,以及标准所涉及的主体结构与公路工程的差异性。

2 术语和符号

原规范术语 23 条，未列符号。本规范术语 30 条，新增了 9 个常用符号。

本次修订的指导思想是编写与路基设计有密切关系的主要术语，新增术语“路基工作区、低路堤、高路堤、陡坡路堤、深路堑、软土、季节冻土、采空区、柔性支护结构”等 9 条，删除术语“*CBR*(加州承载比)、路基设计标高”等 2 条，修订术语“路床、特殊路基、多年冻土、滑坡、崩塌、抗滑桩、预应力锚杆(索)等 7 条。

2.1 术语

2.1.1 路基 subgrade

按照路线位置和一定技术要求修筑的带状构造物，是路面的基础，承受由路面传来的行车荷载。

2.1.2 路床 roadbed

路面结构层以下 0.8m 或 1.20m 范围内的路基部分，分为上路床及下路床两层。上路床厚度 0.3m；下路床厚度在轻、中等及重交通公路为 0.5m，特重、极重交通公路为 0.9m。

原规范路床是指路面结构层以下 0.8m 范围内的路基部分。本规范根据我国特重、极重交通公路汽车荷载对路基作用影响区，修订了其路床的范围，增加了下路床厚度，提高了整个路床的承载能力和耐久性。

2.1.3 路堤 embankment

高于原地面的填方路基。路堤在结构上分为上路堤和下路堤，上路堤是指路床以下 0.7m 厚度范围的填方部分，下路堤是指上路堤以下的填方部分。

2.1.4 路堑 cutting

低于原地面的挖方路基。

2.1.5 路基工作区 subgrade workaround

汽车荷载通过路面传递到路基的应力与路基土自重应力之比大于0.1的应力分布深度范围。

2.1.6 低路堤 low embankment

填土高度小于路基工作区深度的路堤。

2.1.7 高路堤 high embankment

路基填土边坡高度大于20m的路堤。

2.1.8 陡坡路堤 steep slope embankment

地面斜坡陡于1∶2.5的路堤。

2.1.9 深路堑 deep cutting

土质挖方边坡高度大于20m或岩石挖方边坡高度大于30m的路堑。

2.1.10 填石路堤 rockfill embankment

用粒径大于40mm、含量超过70%的石料填筑的路堤。

2.1.11 压实度 degree of compaction

筑路材料压实后的干密度与标准最大干密度之比,以百分率表示。

2.1.12 特殊路基 special subgrade

位于特殊土(岩)地段、不良地质地段及受水、气候等自然因素影响强烈,需要进行特殊设计的路基。

原规范定义为“位于特殊土(岩)地段、不良地质地段及受水、气候等自然因素影响强烈的路基”。本规范增加“需要作特殊设计”的表述,进一步界定特殊路基的特点。

2.1.13 软土 soft soil

天然含水率高、孔隙比大、压缩性高、抗剪强度低的细粒土。泛指软黏土、淤泥质土、淤泥、泥炭质土、泥炭等软弱土。

2.1.14　湿陷性黄土　collapsibility loess

在自重或一定压力下受水浸湿后，土体结构迅速破坏，并产生显著下沉现象的黄土。

2.1.15　红黏土　laterite

碳酸盐类岩石在温湿气候条件下经风化后形成的褐红色粉质土或黏质土。

2.1.16　高液限土　high liquid limit soil

液限(100g 锥试验)大于50%的细粒土。

2.1.17　膨胀土　expansive soil

含亲水性矿物并具有明显的吸水膨胀与失水收缩特性的高塑性黏土。

2.1.18　盐渍土　saline soil

易溶盐含量大于规定值的土。

2.1.19　多年冻土　permafrost

冻结状态连续两年或两年以上的温度低于0℃且含冰的土(岩)。

原规范定义"冻结状态连续多年的温度低于0℃且含冰的土"。本规范将"连续多年"量化为"连续两年或两年以上"，有利于多年冻土的识别。

2.1.20　季节冻土　seasonally frozen soil

随季节冻结和融化的土。

2.1.21　滑坡　landslide

斜坡上的岩体或土体在自然或人为因素的影响下沿带或面滑动的地质现象。

原规范定义"斜坡上的岩体或土体在自然或人为因素的影响下沿带或面滑动的现象"。本规范将"现象"改为"地质现象"，强调滑坡是一种地质现象，属于工程地质问题。

2.1.22　崩塌　rock fall

高陡斜坡上岩体或土体在重力作用下坍塌、倾倒或坠落的地质现象。

原规范定义“高陡斜坡上岩体或土体在重力作用下坍塌、倾倒或坠落的现象”。本规范将“现象”改为“地质现象”，强调崩塌是一种地质现象，属于工程地质问题。

2.1.23 泥石流 debris flow

挟带大量泥沙、石块的间歇性洪流。

2.1.24 岩溶 karst

可溶性岩层被水长期溶蚀而形成的各种地质现象和形态。

2.1.25 采空区 mined-out area

地下固体矿床开采后的空间及其围岩失稳而产生位移、开裂、破碎垮落，直到上覆岩层整体下沉、弯曲所引起的地表变形和破坏的地区或范围，统称为采空区。狭义采空区指开采空间。

2.1.26 挡土墙 retaining wall

承受土体侧压力的墙式构造物。

2.1.27 抗滑桩 slide-resistant pile

抵抗滑坡下滑力或土压力的横向受力桩。

原规范定义“抵抗土压力或滑坡下滑力的横向受力桩”。本规范修订为“抵抗滑坡下滑力或土压力的横向受力桩”，进一步强调抗滑桩的功能和作用是以抵抗滑坡下滑力为主。

2.1.28 土钉 soil nailing

在土质或破碎软弱岩质边坡中设置钢筋钉，维持边坡稳定的支护结构。

2.1.29 预应力锚杆(索) prestressed anchor

由锚头、预应力筋、锚固体组成，通过对预应力筋施加张拉力以加固岩土体的支护结构。

原规范定义“由锚头、预应力筋、锚固体组成，通过对预应力筋施加张拉力以加固岩土体使其达到稳定状态的支护结构。”本规范属于文字修改。

2.1.30 柔性支护结构 flexible supporting structure

对路基边坡进行支护,限制路基边坡发生过大变形,允许结构出现一定变形的一种路基支挡形式。

2.2 符号

c——路基填料、地基、边坡岩土的黏聚力;

E_s——路基填料、地基土压缩模量;

E_0——路基回弹模量;

F_s——路基稳定系数;

K——安全系数;

K_c——挡土墙抗滑动稳定系数;

K_0——挡土墙抗倾覆稳定系数;

φ——路基填料、地基、边坡岩土的内摩擦角;

γ——路基填料、地基土的重度。

3　一般路基

原规范共 11 节。本规范共 11 节，将原规范“3.9 粉煤灰路堤”改为“3.9 轻质材料路堤”，新增“3.10 工业废渣路堤”，将原规范“3.10 路基取土和 3.11 路基弃土”合并为“3.11 路基取土与弃土”；并修改了 3.6 和 3.7 的节名，将“高边坡路堤与陡坡路堤”修改为“高路堤与陡坡路堤”，“挖方高边坡”修改为“深路堑”。

修订理由如下：

(1)轻质材料是指重度小于细粒土的材料，粉煤灰重度为 12～16kN/m^3，属于轻质材料。采用轻质材料填筑路堤，其目的是减轻路堤的重力，减少地基沉降，控制路堤工后沉降能满足设计要求，主要用于软土地区桥头路堤和路堤拓宽路段。20 世纪 90 年代和 21 世纪初，用于路堤填筑的轻质材料主要是粉煤灰，其他轻质材料路堤修筑技术尚处于研发之中，技术尚不成熟，故原规范仅将粉煤灰路堤纳入规范。

近十年来，随着我国粉煤灰已开发为良好的建筑材料，用于路堤填筑的粉煤灰资源大为减少，同时我国东部高速公路建设进入改扩建时期，轻质材料及其路堤修筑技术得到快速发展。轻质材料用作路堤填料的类型较多，目前，土工泡沫塑料(EPS)、泡沫轻质土、粉煤灰等技术较成熟。本次规范修订时，将其合并为“轻质材料路堤”。

(2)我国钢铁产量大、煤炭资源丰富，产生了大量的工业废渣，如钢渣、高炉煤渣和煤矸石等，利用工业废渣填筑路堤，对节约土地、保护环境具有重要意义。应用工业废渣填筑路堤时，主要工程问题是如何保证路基长期性能能满足设计要求，以及如何防止工业废渣的二次污染。近年来，工业废渣路堤修筑技术得到快速发展，从技术成熟程度和工程普遍性来考虑，主要为钢渣、高炉煤渣和煤矸石等。为统一工业废渣路堤设计技术要求，保证路基工程质量，保护环境，本规范新增“3.10 工业废渣路堤”。

3.1 一般规定

原规范共 4 条,本规范共 8 条。从总则中调入条文第 3.1.2 条、第 3.1.3 条、第 3.1.8 条,新增第 3.1.5 条、第 3.1.6 条、第 3.1.7 条,将原规范第 3.1.2 条与第 3.1.4 条合并为第 3.1.4 条,第 3.1.3 条调入第 3.3 节填方路基。修订理由如下:

(1)根据公路的功能、交通等级及路基性能要求,合理选择路基填料是路基设计的重要内容。原规范仅规定了填料的 *CBR* 要求,但路基填料设计未与公路功能、交通等级及路基性能要求相挂钩,使得重载交通公路路基结构的承载能力不足。本规范从提高路基长期性能考虑,新增路基填料方案比选设计规定。

(2)路基工后沉降变形是影响路面使用性能的主要因素之一。工后沉降变形过大,则降低路面平整度,影响行车舒适性和安全性。若沉降变形严重,路面将产生裂缝。因此,本规范新增工后沉降量的控制要求。

(3)水和冰冻是影响路基性能、诱发路基病害的主要因素之一,本规范强调路基防排水和防冻害的重要性,新增一般规定。

(4)原规范第 3.1.3 条规定陡坡上半填半挖路基断面形式选择原则,属具体设计规定,不属路基设计的一般规定。故调入第 3.3 节填方路基。

3.1.1 路基设计应收集公路沿线气候、水文、地形地貌、地质、地震、筑路材料等资料,做好沿线地质、路基填料勘察试验工作,查明地层岩土性质、厚度、空间分布特征及有关物理力学参数。

原规范规定:3.1.1 路基设计之前,应做好全面调查研究,充分收集沿线地质、水文、地形、地貌、气象、地震等设计资料。改建公路设计时,还应收集历年路况资料及当地路基的翻浆、崩塌、水毁、沉降变形等病害的防治经验。

地质资料是路基设计的重要基础资料。路基施工中出现问题,公路运营期路基产生病害,主要原因是设计时地质条件不明和地质参数不可靠造成的。为进一步强化路基工程地质勘察试验工作,本规范新增规定:“做好沿线地质、路基填料勘察试验工作,查明地层岩土性质、厚度、空间分布特征及有关物理力学参数。”

原规范中“改建公路设计时,还应收集历年路况资料及当地路基的翻浆、崩塌、水毁、沉降变形等病害的防治经验。”属于路基改建设计的内容，本规范“6 路基拓宽改建”已有相关规定。本次修订时予以删除。

3.1.2 路基设计宜避免高填深挖。不能避免时，当路基中心填方高度超过 20m 或中心挖方深度超过 30m 时，宜结合路线方案与桥梁、隧道等构造物或分离式路基进行方案比选。

山区公路地形地质较为复杂，受公路路线平面和纵面技术指标标准限制，高填深挖路基较多。从高速公路建设情况看，当土质或类土质（全强风化层）路堑边坡高度大于 20m，岩石路堑边坡高度大于 30m 时，稳定性差与不稳定的高边坡较多。为解决高边坡稳定性，采用了大量预应力锚索（杆）、抗滑桩或抗滑挡墙等加固工程，不仅工程造价高，而且会对周围环境产生影响。

高路堤边坡高度达到 20～30m，有的工程路堤边坡高达 40～50m，并常与陡坡路堤相伴而生，存在边坡稳定性不足和路堤不均匀变形问题，也占用大量土地，从整个社会经济综合效益考虑，高路堤往往不是最佳工程方案。

综上所述，山区公路路基设计需要对高路堤和深路堑的高度进行适当限制。初步设计阶段围绕高路堤和深路堑的沉降与稳定问题，加大路线方案的比选力度，是十分必要的。在进行方案比选时，既要考虑建设期间的技术复杂程度、工程造价、施工方法等，也要考虑公路运营期间因环境影响而可能产生的病害和养护维修费用，以及社会经济环境效益。在工程投资相差不多的情况下，优先选用桥隧工程方案。

3.1.3 沿河及受水浸淹的路基边缘高程，应高出表 3.1.3 规定设计洪水频率的计算水位加壅水高度、波浪侵袭高度及 0.5m 的安全高度之和。

表 3.1.3 路基设计洪水频率

公路等级	高速公路	一级公路	二级公路	三级公路	四级公路
路基设计洪水频率	1/100	1/100	1/50	1/25	按具体情况确定

注：区域内唯一通道的公路路基设计洪水频率可采用高一个等级公路的标准。

受水浸淹的路基包括长期浸水路基和雨季洪水期临时浸水路基。长期浸水路基是指路基单侧或两侧长期受水浸淹的路基，包括临近水塘、河流、水库等的路基；雨季洪水期临时浸水路基是指路基单侧或两侧受洪水影响的路基，包括位于洪水泛滥地带、滞洪区、分洪区、蓄洪区等的路基。为保证路基安全稳定，满足洪水期救灾通道的功能要求，本规范根据现行《公路工程技术标准》(JTG B01)的有关规定，规定了各等级公路沿河及受水浸淹的路基设计洪水频率。

区域内唯一通道的公路，多位于地形地质复杂的山区，在突发自然灾害时，是抢险救灾的生命线。为提高其防灾能力，本规范规定“区域内唯一通道的公路路基设计洪水频率可采用高一个等级公路的标准。”

3.1.4　路基设计应根据当地自然条件和工程地质条件，选择适当的路基横断面形式和边坡坡度。沿河路基不宜侵占河道，应根据冲刷情况，设置必要的防护支挡工程，并妥善处理路基废方，避免河床堵塞、河流改道或冲毁沿线构造物、农田、房屋等。

路基位置、横断面形式及边坡坡度设计，不仅是路基土石方数量平衡问题，而且直接影响到路基的安全稳定和环境保护。设计时，应遵循“不破坏就是最大的保护”的理念，合理地控制路基填、挖方边坡高度，因地制宜，确定路基横断面形式及边坡坡度。

3.1.5　路基填料应满足路基强度和回弹模量的要求。土石方调配设计应对移挖作填、集中取(弃)土、填料改良处理等方案进行技术经济比较，充分利用挖方材料，节约土地。

一直以来，公路路基设计是本着就地利用沿线材料的原则来选择填料，没有与公路功能、交通等级挂钩，没有充分考虑环境因素和汽车荷载对路基长期性能的共同作用影响，造成重载交通公路路基结构的承载能力不足，不能满足耐久性要求。

根据公路功能、交通荷载等级及路基性能要求，合理选择路基填料，充分利用挖方材料，是路基填料设计的重要内容。

公路建设中，路基土石方数量所占比重较大，取弃土占用的土地也较多。为节约投资，少占农田，设计中充分利用路基挖方材料，进行土石方的合理调配和合理设置取弃土场是十分必要的。与此同时，对于不能满足强度要求的挖方材料，不要轻易废弃，要结合土质处治试验和施工工艺等，进行远运集中取土方案与土质改良处理利用方案的技术经济比较，择优确定取土方案。当造价相差不多的情况下，尽量采用利用挖方土质进行改良处理方案，以减少路基取、弃方数量，节约土地。

3.1.6 路基设计应控制路基工后沉降量。对软弱地基、路基与桥涵结构物连接处、路基填挖交界处、高路堤、陡坡路堤等，应采取综合措施，防止路基不均匀变形。

路基沉降由路堤压实变形和地基沉降变形构成。工程实践表明，软弱地基、路基与桥涵结构物连接处、路基填挖交界处、高路堤、陡坡路堤等，是运营期工后沉降较大的部位，设计时应从地基处理、填料选择、压实工艺等方面，采取综合措施，控制路基工后沉降。

3.1.7 路基设计应考虑水和冰冻对路基性能的影响，设置完善的防排水系统或防冻害设施，以及必要的路基防护工程。

水是影响路基性能、诱发路基病害的主要因素之一，地表水、地下水的渗入，将降低路基土强度，造成路基承载能力和稳定性不足。在季节性冻土地区，路基冻害与水密切相关，路基湿度（含水率）越大，冻害越严重。因此，为提高路基长期性能，防治路基病害，做好路基防排水设计或防冻设计，是十分重要的。

3.1.8 高速公路和一级公路的高路堤、陡坡路堤和深路堑等均应采用动态设计。动态设计必须以完整的施工设计图为基础，适用于路基施工阶段。

高路堤、陡坡路堤和深路堑，由于山区地形、地质较为复杂，地质勘察资料不能完全反映实际情况，施工方法和工艺也影响着高边坡稳定性和路堤密实状态，设计中也难以模拟实际的施工状态，通过施工动态监控，既能验证和完善设计，保证路基稳定，又能预估路堤工后沉降量，合理确定路面的铺筑时间，有效控制高路堤不均匀沉降变形。因此，高速公路、一级公路高填方路基、陡坡路堤和挖方高边坡路基等采用动态设计是十分必要的。

动态设计是路基设计的基本原则。动态设计是根据施工中反馈的信息和监测资料完善设计，是一种客观求实、准确安全的设计方法，适用于路基施工阶段，是施工图设计的延伸。要以完整的施工设计图为基础，不能打着“动态设计”的旗号，进行“边施工、边设计”。同时，要正确对待动态设计与变更设计，动态设计是对原设计的完善和优化，而不是进行工程方案的重大变更设计。

3.2 路床

原规范共3条，本规范共8条。本节是本次规范修订的重点之一，新增第3.2.1条、第3.2.4条、第3.2.5条、第3.2.6条、第3.2.7条，将原规范第3.2.1条拆分为第3.2.2条和第3.2.3条，将原规范第3.2.2条并入第3.2.3条，其主要修订内容如下：

(1)拆分原规范第3.2.1条，将*CBR*与压实度要求分条规定，并将原第3.2.2条与压实度的规定予以合并。将*CBR*“最小强度”改为“最小承载比”。

(2)新增“根据交通等级确定路床厚度”的规定，并修订了路床厚度。对于特重、极重交通的公路路床厚度由0.8m调整为1.2m。

(3)新增“路基设计指标与控制标准”，建立与路面设计相协调的设计指标体系。

(4)新增“平衡湿度状态下路基回弹模量设计值的确定方法与控制要求”。

(5)新增“标准状态下路基回弹模量的预估方法”。

(6)新增“路基湿度状态的预估方法”，修订了路基湿度表征指标、湿度类型的分类。

(7)补充完善了原规范第3.2.3条路床处理措施。

修订理由如下：

(1)原规范路床厚度源自《公路路基设计规范》(JTJ 013—95)的规定。随着我国国民经济的长期持续高速发展，高等级公路上承担的交通流量越来越大，轴载越来越重，干线公路上货车轴载或总重超限超载现象也相当严重，使用条件越来越苛刻，路基路面的承载能力不堪重负。根据现场调查监测和试验研究成果表明，我国公路实际的路基工作区深度已超过了原规范规定的0.8m范围，需进行修订。

(2)原规范*CBR*的规定源自《公路路基设计规范》(JTJ 013—95)的规定。该规定是借鉴日本高速公路设计方法和京津塘高速公路建设经验，引入了*CBR*设计指标，增加了不同等级公路路基*CBR*控制标准，是表征路基填料的水稳定性的指标。*CBR*指标与路面设计指标体系脱节。经过近十年来的试验研究，掌握了我国路基结构性能的变化规律，建立了以动态回弹模量和压应变为指标的路基结构设计指标，成果较为成熟，可以纳入规范。

3.2.1 路床厚度应根据交通量及其轴载组成确定。对特种轴载的公路，应单独计算路基工作区深度，确定路床厚度。

原规范(JTG D30—2004)，没有明确提出路基结构的术语及层位划分，而是沿用了我国对路基层位的划分。路基结构通常指路面结构层以下的路基工作区深度范围，汽车荷载产生的附加应力相对显著，且与路面结构响应密切相关，与英文"Subgrade"一致。本次修订时，为与国际接轨，曾拟将本节"路床"改为"路基结构"。在征求意见和审查过程中，大家认为"路基结构"易引起歧义。因此，本次修订仍沿用传统的路基层位概念——上路床和下路床来近似界定公路路基结构，并明确其技术要求、设计指标及相关技术措施。

路基结构与路床的范围基本一致，均以路基工作区深度为确定依据，原规范(JTG D30—2004)的路床范围为0.8m。近年来，随着我国公路轴载谱的不断变化及其对路基路面性能的显著影响，有关汽车荷载对路基路面性能的影响及路基工作区深度的研究和讨论十分活跃。尽管对路基工作区的确定标准和分析结果有所差异，但普遍认为，我国公路路基工作区深度明显大于0.8m。AASHTO(1993)明确车辆荷载对路基的影响深度为1.5m。同济大学对我国40多种典型沥青路面结构的路基工作区深度进行了数值分析，取95%累计频率对应的值见表3-1；通过试验路实测单轴双轮100kN标准轴载条件下沥青路面路基工作区深度为0.9～1.1m($\sigma_z/\sigma_c \leqslant 0.2$)或1.3～1.5m($\sigma_z/\sigma_c \leqslant 0.1$)，而单轴双轮130kN超载条件下沥青路面路基工作区深度可达1.6～2.0m($\sigma_z/\sigma_c \leqslant 0.1$)。数值分析与实测结果基本一致，也证明了我国公路实际的路基工作区深度明显超过了路床(0.8m)范围。

表3-1 路基工作区深度分析结果

轴型及其单轴轴载	不同确定标准对应的路基工作区深度(m)		
	$\sigma_z/\sigma_c \leqslant 0.1$	$\sigma_z/\sigma_c \leqslant 0.2$	$\sigma_z/\sigma_{z0} \leqslant 0.25$
单轴双轮100kN	1.3	0.9	1.9
三轴双轮130kN	2.4	1.6	3.0

注：1. σ_z 为车辆荷载通过路面结构传递到路基中的竖向应力。

2. σ_c 为上覆结构自重引起的竖向应力。

3. σ_{z0} 为车辆荷载通过路面结构传递到路基顶面的竖向应力。

本次规范修订时，根据研究成果和工程实际情况，调整了路床的范围。轻、中等及重交通的公路路床厚度为0.8m，特重、极重交通的公路路床厚度为1.2m。对于特种轴载的公路，需要通过计算路基工作区深度来确定路床厚度。

对于路床的层位划分，从工程经济性考虑，上路床仍取为0～0.3m；下路床则按照交通荷载等级进行划分，对于轻、中、重交通公路仍为0.3～0.8m，对于特重、极重交通公路则修订为0.3～1.2m。

特种轴载的公路是指以运煤或运建筑材料等大型载重车为主的公路，需根据实际情况，经调查论证后单独选用轴载计算参数，计算确定路床厚度。

3.2.2 路床填料应均匀，其最小承载比应符合表3.2.2的规定。

表3.2.2 路床填料最小承载比要求

路基部位		路面底面以下深度(m)	填料最小承载比(*CBR*)(%)		
			高速公路、一级公路	二级公路	三、四级公路
上路床		0～0.3	8	6	5
下路床	轻、中等及重交通	0.3～0.8	5	4	3
	特重、极重交通	0.3～1.2	5	4	—

注：1.该表*CBR*试验条件应符合现行《公路土工试验规程》(JTG E40)的规定。

2.年平均降雨量小于400mm地区，路基排水良好的非浸水路基，通过试验论证可采用平衡湿度状态的含水率作为*CBR*试验条件，并应结合当地气候条件和汽车荷载等级，确定路基填料*CBR*控制标准。

原规范规定：3.2.1 路床填料应均匀、密实，并符合表3.2.1规定。

表3.2.1 路床土最小强度和压实度要求

项目分类	路面底面以下深度(m)	填料最小强度(*CBR*)(%)			压实度(%)		
		高速公路一级公路	二级公路	三、四级公路	高速公路一级公路	二级公路	三、四级公路
填方路基	0～0.3	8	6	5	≥96	≥95	≥94
	0.3～0.8	5	4	3	≥96	≥95	≥94
零填及挖方路基	0～0.3	8	6	5	≥96	≥95	≥94
	0.3～0.8	5	4	3	≥96	≥95	—

注：①表列压实度系按《公路土工试验规程》(JTJ 051)中重型击实试验法求得的最大干密度的压实度。

②当三、四级公路铺筑沥青混凝土和水泥混凝土路面时，其压实度应采用二级公路的规定值。

在路面结构分析与设计中，表征路基结构的指标是路基顶面(即路床顶面)的回弹模量。*CBR* 是表征材料的水稳定性和抵抗局部压入变形能力的指标，而压实度则是施工控制指标，两者均非路基结构设计指标（或参数）。但是，路基回弹模量的设计值必须通过填料的合理选择和压实度的有效控制得以实现，工程实践已很好地证明了这一点。因此，本次修订仍然保留了原规范 JTG D30—2004 采用路基填料最小强度（*CBR*）和路基压实度的有关规定，并将"最小强度"改为"最小承载比"。

关于填料 *CBR*，一方面，大多数国家的最小值要求略高于我国；另一方面，绝大多数公路路基长期处于非饱和状态，尤其是我国干旱、半干旱地区公路路基的平衡湿度普遍小于最佳含水率，因而采用现行 *CBR* 测试方法饱水 4d 的试验条件存在明显的不合理性。综合考虑这两方面，本次修订仍维持原规范 JTG D30—2004 的填料最小 *CBR* 标准。

3.2.3 路床应分层铺筑，碾压密实，并应符合下列要求：

1 填料最大粒径应小于 100mm。

2 压实度应符合表 3.2.3 的规定。

3 路床顶面横坡应与路拱横坡一致。

表 3.2.3 路床压实度要求

路基部位		路面底面以下深度(m)	路床压实度(%)		
			高速公路、一级公路	二级公路	三、四级公路
上路床		0～0.3	≥96	≥95	≥94
下路床	轻、中等及重交通	0.3～0.8	≥96	≥95	≥94
	特重、极重交通	0.3～1.2	≥96	≥95	—

注：1.表列压实度系按现行《公路土工试验规程》（JTG E40）重型击实试验所得最大干密度求得的压实度。

2.当三、四级公路铺筑沥青混凝土和水泥混凝土路面时，其压实度应采用二级公路压实度标准。

原规范规定：3.2.2 路床填料最大粒径应小于 100mm，路床顶面横坡应与路拱横坡一致。

关于压实度，原规范（JTG D30—2004）已在 JTG 013—95 的基础上提高了 1～3个百分点，对于保证路基性能起到了重要作用。但相对而言，这一标准并不算高。譬如，AASHTO(1993)除特殊土外，所推荐的路堤和路基结构的最小压实度均要求大于95%，对部分土组甚至要求100%。考虑到再提高压实度在实际操作中的难度较大，也不经济，故本次修订维持了原规范(JTG D30—2004)的路基压实度要求。

3.2.4 路基应以路床顶面回弹模量为设计指标，以路床顶面竖向压应变为验算指标，并应符合下列要求：

1 路基在平衡湿度状态下，路床顶面回弹模量不应低于现行《公路沥青路面设计规范》(JTG D50)和《公路水泥混凝土路面设计规范》(JTG D40)的有关规定。

2 沥青路面路床顶面竖向压应变的计算值应满足沥青路面永久变形的控制要求。

3 水泥混凝土路面路床顶面竖向压应变可不作控制。

关于路基结构性能的设计指标，近十年来，国内进行了系统研究。路基土是非线性弹塑性材料，反映其应力—应变关系的回弹模量值具有应力依赖性，并随其湿度和密实度状态变化。现行设计规范采用静态承载板法在顶面测定路基的回弹模量，或者采用贝克曼梁测定表面回弹弯沉后应用公式反算路基的回弹模量。而《公路沥青路面设计规范》(JTG D50—2006)中用查表法确定的参考值，是依据20世纪70年代通过全国调查和计算分析提出的数值。无论是试验方法、参数指标还是参考值，它们都不能确切反映材料在行车荷载作用下的基本力学性状。

路基的永久变形是沥青路面车辙量的组成部分。路基的永久变形量的预估方法有分层应变总和法和基于安定理论的控制法。路基的永久变形积累与所承受的重复应力水平有关，应力水平高时，永久变形的累积速率随作用次数的增加而增长，在作用不多次数后会最终导致过量变形或破坏；应力水平低时，永久变形的累积速率随作用次数的增加而逐渐减缓，并趋向稳定状态。依据安定理论，控制住传到路基的应力或应变水平，使它产生的永久变形累积可以最终趋近于平衡(稳定)状态，便可以相应地控制住路基的永久变形量，使路面结构不会产生由于路基的过量永久变形而引起的损坏。同分层应变总和法相比，应用容许应力或应变指标控制路基的永久变形，较易于实施。

本次修订在交通运输部西部交通建设科技项目“沥青路面设计指标和参数研

究”、“水泥混凝土路面路基性能指标与参数研究”、“基于多指标的沥青路面结构设计方法研究”、“路堤合理高度的研究”、“公路路基结构性能与设计指标研究”等相关成果的基础上，借鉴国际主流的路面结构设计力学—经验法，采用“路床顶面动态回弹模量”为设计指标。“路床顶面竖向压应变”为验算指标。正在修订的《公路沥青路面设计规范》也是采用动态回弹模量作为设计指标、竖向压应变作为验算指标。

路床顶面动态回弹模量的设计控制标准：路基在平衡湿度状态下，路床顶面回弹模量不应低于现行《公路沥青路面设计规范》(JTG D50)和《公路水泥混凝土路面设计规范》(JTG D40)规定的要求。

《公路水泥混凝土路面设计规范》(JTG D40—2011)第 4.2.2 条规定：路床顶面的综合回弹模量值，轻交通荷载等级时不得低于 40MPa，中等或重交通荷载等级时不得低于 60MPa，特重或极重交通荷载等级时不得低于 80MPa。

正在修订的《公路沥青路面设计规范》(JTG D50)(送审稿)提出路床顶面回弹模量要求：轻交通荷载等级时不小于 40MPa，中等或重交通荷载等级时不小于 60MPa，特重交通荷载等级时不小于 90MPa，极重交通荷载等级时不小于 120MPa。路基顶面最大竖向压应变不应大于由式(3-1)确定的容许压应变值。

$$\varepsilon_z = 1.25\times10^{4-0.1\beta}(k_T N_e)^{-0.21} \tag{3-1}$$

式中：ε_z——路基顶面容许压应变(10^{-6})；

N_e——设计期内设计车道上的当量轴载累计作用次数(次)；

β——可靠度指标；

k_T——温度调整系数。

路基平衡湿度是指公路建成通车后，路基在地下水、降雨、蒸发、冻结和融化等因素作用下，湿度达到相对稳定的平衡状态，此时湿度称为平衡湿度。

国外路基结构设计指标如下：

(1)美国

AASHTO(1993)对于路基回弹模量(M_R)受季节影响考虑如下：

①测定一年中每个时间间隔的 M_R，用于分析的时间间隔可以是两周或一个月。测定 M_R 可以根据每个时间间隔的现场含水率，通过试验室检测得到；或从每

个季节的 FWD 反算。

②使用以下经验公式计算每个季节模量的相对损失系数 U_f

$$U_f=1.18\times10^8(M_R)^{-2.32} \tag{3-2}$$

③用每个季节模量之和除以季节数，计算平均相对损失系数。

④使用以上公式的逆等式，得到有效路基回弹模量(M_R)：

$$M_R=3\,015(u_f)^{-0.431} \tag{3-3}$$

回弹模量与材料强度和指数特性的关系见表 3-2。

表 3-2 回弹模量与材料强度和指数特性的关系(NCHRP 1-37A，2004)

强度/指数特性	换算公式	注释	试验标准
加州承载比	M_R(MPa)=17.6(CBR)$^{0.64}$	CBR=加州承载比(%)	AASHTO T193
强度仪法 R-value	M_R(MPa)=8.0+3.8R	R=R-value	AASHTO T190
AASHTO 结构层模数	M_R(MPa)=207(a_i/0.14)^3	a_i=AASHTO 结构层模数	AASHTO 路面结构设计手册(1993)

土基表面的竖向压应变与控制永久变形的允许荷载重复作用次数可用下式表示：

$$N_d = 1.365\times10^{-9}(\varepsilon_z)^{-4.477} \tag{3-4}$$

要求路基土承载能力等效回弹模量 M_r 大于 62MPa，当 M_r<62MPa 时，一般需要进行路基土处治，处治深度 0.152～0.305m。

(2)法国

按照承载力，路基划分为四级，见表 3-3。在路面设计时，按照道路分类和交通量，要求路基达到不同的等级。

表 3-3 路基等级表

路基等级	PF1	PF2	PF3	PF4
模量(MPa)	20	50	120	200

垂直变形 ε_z 的极限值按下式计算：

$$\varepsilon_z=0.012N_e^{-0.222} \tag{3-5}$$

对于高速公路和施工期间需要运行重载车辆时，路基的承载力应达到 80MPa，130kN 轴载作用下，最大弯沉值不大于 1.5mm。对于一般道路，路基的承载力应达到 50MPa，130kN 轴载作用下，最大弯沉值不大于 2mm。

(3)德国

①F2(中等易冻土)和 F3(严重易冻土)类路基土。对于抗冻等级为 F2 和 F3 的地基或路基，回弹模量 E_{v2} 应大于 45MPa。当通过压实回弹模量无法满足要求时，需对地基或路基进行加固处理并设置良好的排水系统，或增加承压层厚度。

②F1 类(不易冻土)路基土。对于抗冻等级为 F1 的地基或路基，当回弹模量 E_{v2} 大于 120MPa(交通等级为Ⅴ和Ⅵ时，回弹模量 E_{v2} 大于 100MPa)，可以不设防冻层。

3.2.5　新建公路路基回弹模量设计值 E_0 应按式(3.2.5-1)确定，并应满足式(3.2.5-2)的要求。

$$E_0 = K_s K_\eta M_R \quad (3.2.5\text{-}1)$$

$$E_0 \geqslant [E_0] \quad (3.2.5\text{-}2)$$

式中：E_0——平衡湿度状态下路基回弹模量设计值(MPa)；

$[E_0]$——路面结构设计的路基回弹模量要求值(MPa)，应符合本规范第 3.2.4 条的有关规定；

M_R——标准状态下路基动态回弹模量值(MPa)，按本规范第 3.2.6 条确定；

K_s——路基回弹模量湿度调整系数，为平衡湿度(含水率)状态下的回弹模量与标准状态下的回弹模量之比，按本规范第 3.2.7 条确定；

K_η——干湿循环或冻融循环条件下路基土模量折减系数，通过试验确定。初步设计时，非冰冻地区可根据土质类型、失水率确定，季节冻土区可根据冻结温度、含水率确定，折减系数可取 0.7～0.95。非冰冻区粉质土、黏质土，失水率大于 30%，取小值，反之取较大值；粗粒土取大值。季节冻土地区粉质土、黏质土冻结温度低于－15℃，冻前含水率高，取小值，反之取较大值；粗粒土取大值。

现行设计规范仅按最不利时期的路基湿度状况选定其回弹模量值，在设计时未充分考虑路基湿度季节性变化对路基回弹模量值的影响，其设计状态不是很明确，也无法建立路基施工时湿度、回弹模量与最不利时期的路基湿度和回弹模量之间的定量关系。同时也未充分考虑路基回弹模量设计值是否能适应交通荷载的要求。

既有路基调查和室内试验成果表明，公路通车运营后，在自然环境条件(降雨、蒸发、冻结、融化等)和地下水影响下，路基内会产生新的水分迁移和湿度的重分布，路基土含水率比施工时含水率增大 2～10 个百分点；美国 LTPP 137 处公路路基(78 处粒料土、59 处黏性土)调查，含水率 w_{opt}～$w_{opt}+7\%$。随着湿度增大，路基强度和回弹模量将减小；与此同时，路基在干湿循环、冻融循环的过程中，也会对路基土结构产生损伤，使得路基土强度和回弹模量产生衰减。根据研究成果，得到了施工时路基土湿度、强度、回弹模量与平衡状态下路基土湿度、强度与回弹模量的变化规律。

根据研究成果，本次规范修订，以最佳含水率和最大干密度时的路基湿度作为标准状态，此时路基回弹模量作为设计值，并充分考虑湿度变化、干湿循环或冻融循环对路基回弹模量的影响，使平衡湿度状态下路床顶面回弹模量不低于路面设计规范的规定要求。即，新建公路均质土路基回弹模量设计值 E_0 按式(3.2.5-1)确定，并满足式(3.2.5-2)的要求。

干湿循环或冻融循环条件下路基回弹模量折减系数取值范围为 0.7～0.95。干湿循环条件是指非冰冻地区，折减系数与路基湿度状态、土质类型和可能的失水率等密切相关，潮湿、中湿状态的细粒土，可能的失水率较大时，折减系数取小值；干燥状态的细粒土，可能的失水率较小时，折减系数取较大值；粗粒土(如砂砾)折减系数取大值。冻融循环条件是指季节性冻土区，其折减系数与冻结温度、路基湿度状态、土质类型等密切相关，轻冻区干燥状态细粒土路基，折减系数取较大值；重冻区潮湿、中湿状态细粒土路基，折减系数取小值；粗粒土(如砂砾)折减系数取大值。

对于多层不同类型土质路基，采用多层弹性层状地基理论，按照弯沉等效的原则，将多层结构转化成当量单层结构后，再计算路床顶面当量回弹模量值。

3.2.6 标准状态下路基回弹模量值应按下列方法确定：

1 路基填料的回弹模量应按附录 A 通过试验获得。

2 受试验条件限制时，可按附录 B，根据土组类别及粒料类型由表 B.1、表 B.2查取回弹模量参考值。

3　初步设计阶段，也可按式(3.2.6-1)、式(3.2.6-2)由填料的 CBR 值估算标准状态下填料的回弹模量值：

$$M_R = 17.6CBR^{0.64} \quad (2 < CBR \leqslant 12) \tag{3.2.6-1}$$

$$M_R = 22.1CBR^{0.55} \quad (12 < CBR < 80) \tag{3.2.6-2}$$

新建公路在标准状态下路基土的回弹模量值，需通过重复加载三轴压缩试验确定。考虑到不少设计单位尚未装备土动三轴仪，本次规范修订作为过渡，在前期大量试验基础上，也给出了附录B路基土动态回弹模量参考值，以及 CBR 与回弹模量之间关系式，设计时可采用查表法或 CBR 换算法来确定路基土回弹模量值。

前期试验研究，分析应力状况、物理状况及性质和组成等相关因素对回弹模量值的影响，建立可反映土和粒料非线性性状的回弹模量本构模型。因此，在测试路基土的含水率 w、干密度 ρ_d、塑性指数 I_P、细粒含量 $P_{0.075}$ 等物理性质指标的基础上，利用三参数本构模型式(3-6)，可确定路基土回弹模量值。

$$M_R = k_1 P_a \left(\frac{\theta}{P_a}\right)^{k_2} \left(\frac{\tau_{oct}}{P_a} + 1\right)^{k_3} \tag{3-6}$$

式中：M_R——路基回弹模量值(MPa)；

P_a——大气压强绝对值，通常取为100kPa；

θ——体应力(第一应力不变量)，为三个主应力之和，即 $\theta = \sigma_1 + \sigma_2 + \sigma_3$，$\sigma_2$ 为中间主应力(kPa)；

τ_{oct}——八面体剪应力(kPa)，$\tau_{oct} = \sqrt{(\sigma_1 - \sigma_2)^2 + (\sigma_2 - \sigma_3)^2 + (\sigma_3 - \sigma_1)^2}/3$；

k_1、k_2、k_3——模型参数；对于细粒土路基，可由路基土的含水率 w(%)、干密度 ρ_d(g/cm³)、塑性指数 I_P(%)、细粒含量 $P_{0.075}$(%)等物性指标，按式(3-7)经验预估三参数。

$$\begin{aligned} k_1 &= -0.0960w + 0.3929\rho_d + 0.0142I_P + 0.0109P_{0.075} + 1.0100 \\ k_2 &= -0.0005w - 0.0069I_P - 0.0026P_{0.075} + 0.6984 \\ k_3 &= -0.2180w - 3.0253\rho_d - 0.0323I_P + 7.1474 \end{aligned} \tag{3-7}$$

根据研究成果，不同交通荷载等级的路基内当量应力水平变化幅度较小。确定路基当量回弹模量时，当量应力水平可按体应力 θ 为70kPa和八面体剪应力 τ_{oct} 为13kPa取用。

3.2.7　新建公路路床应处于干燥或中湿状态。路基设计可按下列方法预估湿度状态，确定回弹模量湿度调整系数：

1　可按附录C的有关规定，根据路基相对高度、路基土组类别及其毛细水上升高度，确定路基干湿类型，并预估路基结构的平衡湿度。

2　路基回弹模量湿度调整系数可按附录D确定。

现行规范将路基按其干湿状态分为四种类型：过湿、潮湿、中湿和干燥状态，并以路床顶面以下80cm深度的平均稠度作为路基湿度的指标。四类路基干湿状态按路基临界高度划分，划分的标准沿用20世纪50年代末到60年代初期的全国调查结果。

路基湿度状况受大气降水和蒸发、地下水、温度和路面结构及其透水程度等多种因素的影响。许多观测资料表明，在路面完工后的2～3年内，路基的湿度变化逐渐趋近于某种平衡湿度状态。

本次规范修订，依据路基的湿度来源，可将路基的平衡湿度状况分为三类：

(1)地下水控制类的路基——地下水位高，路基工作区处于地下水毛细润湿区影响范围内，路基平衡湿度由地下水位升降所控制。此种路基湿度状态定义为潮湿状态。

(2)气候因素控制类的路基——地下水位很低，路基工作区处于地下水毛细润湿区之上，路基平衡湿度由气候因素变化所控制。此种路基湿度状态定义为干燥状态。

(3)兼受地下水和气候因素影响的路基——地下水位较高，路基工作区下部处于地下水毛细润湿区影响范围内，而其上部则受气候因素影响，路基平衡湿度兼受地下水和气候两方面的影响。此种路基湿度状态定义为中湿状态。

现行规范采用稠度表征路基的湿度，一方面无法反映非黏性土的湿度状态，另一方面单以含水率表征湿度，也难以准确反映它对回弹模量的影响。本次修订采用饱和度来表征路基土的湿度状态。土的饱和度既反映了含水率，也包含了密实度的影响。

饱和度按下式确定：

$$S_r = \frac{w_v}{1 - \frac{\gamma_s}{G_s \gamma_w}} \quad 或 \quad S_r = \frac{w}{\frac{\gamma_w}{\gamma_s} - \frac{1}{G_s}} \tag{3-8}$$

$$w_v = w \frac{\gamma_s}{\gamma_w} \tag{3-9}$$

式中：S_r——饱和度(%)；

w_v——体积含水率(%)；

w——质量含水率(%)；

γ_s、γ_w——土的干密度和水的密度(kg/m^3)；

G_s——土的相对密度。

路基平衡湿度的预估主要基于非饱和土力学的土—水特征曲线(饱和度或含水率—基质吸力关系曲线)。受地下水控制的，采用地下水位模型预估路基基质吸力；受气候因素控制的，采用 *TMI* 模型预估路基基质吸力，*TMI* 值按式(3-10)计算，不同自然区划的 *TMI* 值是由全国 400 多个气象观测站的气象资料计算、统计和归并后得到的。考虑到理论计算相对复杂，给出了附录 C 的查表法。

$$TMI_y = \frac{100R_y - 60DF_y}{PE_y} \tag{3-10}$$

式中：R_y——y 年的水径流量(cm)；

DF_y——y 年的缺水量(cm)；

PE_y——y 年的潜在蒸发量(cm)。

3.2.8 当路基湿度状态、路基填料 *CBR*、路床回弹模量和竖向压应变等不能满足要求时，应根据气候、土质、地下水赋存和料源等条件，经技术经济比选后，对路床采取下列处理措施：

1 可采用粗粒土或低剂量无机结合料稳定土等进行换填，并合理确定换填深度。

2 对细粒土可采用砂、砾石、碎石等进行掺和处治，或采用无机结合料进行稳定处治。细粒土处治设计应通过物理力学试验，确定处治材料及其掺量、处治后的路基性能指标等。

3　水文地质条件不良的土质挖方路基或者潮湿状态填方路基，应采取设置排水垫层、毛细水隔离层、地下排水渗沟等措施。

4　季节冻土地区各级公路的中湿、潮湿路段，应结合路面结构进行路基结构的防冻验算。必要时，应设置防冻垫层或保温层。

原规范规定：3.2.3　路床加固应根据土质、降水量、地下水类型及埋藏深度、加固材料来源等，经比选采用就地碾压、换土或土质改良、加强地下排水、设置土工合成材料等加固措施。

当路基湿度处于潮湿状态，或沿线路基填料性质不良，路基填料 *CBR*、路床回弹模量和竖向压应变等不能满足要求时，需要对路床进行处理。处理措施包括换填处理（粗粒土或无机结合料处治土）、砂砾碎石掺和处治、无机结合料处治、设置排水垫层或隔离层、设置防冻垫层或保温层等，设计时应根据路基回弹模量设计值和压应变控制标准，采用多层弹性层状地基理论，计算确定路床处理厚度，并通过多方案技术经济比选，合理地确定路床处理方案。

路床（路基结构）设计的步骤如下：

(1)收集并分析沿线的气候、水文、地质资料，交通量资料，路基平纵横设计图，岩土和其他筑路材料的来源、数量及物理力学性质试验资料，以及拟建路面方案（沥青路面或水泥混凝土路面）等。

(2)按照现行《公路沥青路面设计规范》(JTG D50)或《公路水泥混凝土路面设计规范》(JTG D40)的有关规定，计算路面使用年限内当量轴载累计作用次数，确定交通等级（轻、中、重、特重、极重）。

(3)根据交通等级确定路床厚度，确定路基在平衡湿度状态下的路床顶面回弹模量与竖向压应变的控制标准。

(4)根据沿线气候、水文、地形、地质资料，路基填挖情况与路基平、纵、横断面设计图，分路段确定路床的湿度状态（干燥、中湿、潮湿）。

(5)根据挖方路段岩土质情况及其他筑路材料，拟定路基各部位的填料，并依据路基各部位的湿度状态和规范第 3.2.5 条的规定，将拟定的填料（土质）在标准湿度状态下的回弹模量转换为平衡湿度状态下回弹模量。

(6)根据路面多层弹性层状地基理论，按照弯沉等效的原则，将多层结构转化成当量单层结构后，再计算平衡湿度状态下路床基顶面当量回弹模量值。

①计算时，可将地基土、下路堤和上路堤填土的回弹模量一起等效为上路堤的回弹模量（上、下路堤土质差异不大时，可按厚度加权平均法计算），作为地基 E_0，再与下路床、上路床一起，按三层结构体系计算路床顶面当量回弹模量值。

②当计算的路床顶面当量回弹模量值不能满足要求时，应结合沿线土质和筑路材料，拟定路床换填材料（如砂砾、碎石土或无机结合料处治土等），并将其标准湿度状态下回弹模量转换为平衡湿度状态下的回弹模量，再按平衡湿度状态下的路床顶面回弹模量控制标准，求算换填材料层的厚度。

(7)对符合回弹模量控制标准要求的路床设计方案，进行路床顶面的竖向压应变验算。若压应变不符合压应变控制标准，需调整路床处理设计，直至同时满足回弹模量与竖向压应变的控制标准要求。

(8)对最终确定的路床设计方案，采用标准湿度状态下回弹模量，计算确定路基施工质量控制所需要的路床顶面弯沉或当量回弹模量值。

(9)以最终路床设计方案的平衡湿度状态下路床顶面回弹模量设计值，进行路面结构设计计算。

路床设计流程见图 3-1。

新规范实现了设计理念的转变，以功能、等级确定标准，首次实现路基路面一体化设计，设计需注意下列问题：

(1)本次规范修订明确了路基设计状态、施工状态和使用状态，并理顺了相互之间的关系。设计状态为公路运营期间路基处于平衡湿度状态，即设计状态与使用状态是一致的，路基设计应满足公路运营期路基正常使用功能（强度、承载能力）要求；施工状态为标准湿度状态（最佳含水率、最大干密度）。

(2)设计文件应明确给出代表性的不同路段、路基不同部位的填料在标准湿度状态下回弹模量与平衡湿度状态下回弹模量的设计值，以及标准湿度状态下路床顶面当量回弹模量和动态弯沉值。

(3)施工时，应严格按照设计指定的路基各部位的填料进行施工，若需变更路基填料时，选择的填料强度和回弹模量不应低于设计值。施工过程中，在填料符合设计要求情况下，以含水率、压实度作为施工质量检验指标；路基交工时，检测路床

收集并分析资料
（气候、水文、地质、交通量、路基设计图、土质试验、拟建路面类型等）
计算当量轴载N_e，确定交通等级
确定路床厚度、路床顶面回弹模量和压应变控制标准
确定路床湿度状态
拟定路基各部位填料，确定平衡湿度状态下回弹模量
计算平衡湿度下路床顶面的回弹模量
$E_0 \geqslant [E_0]$
不满足
修改路床填料方案
满足
计算平衡湿度下路床顶面的压应变
$\varepsilon \leqslant [\varepsilon]$
不满足
满足
计算施工控制的标准湿度状态下路床顶面回弹模量及弯沉值
路床设计结束，转入路面结构设计计算

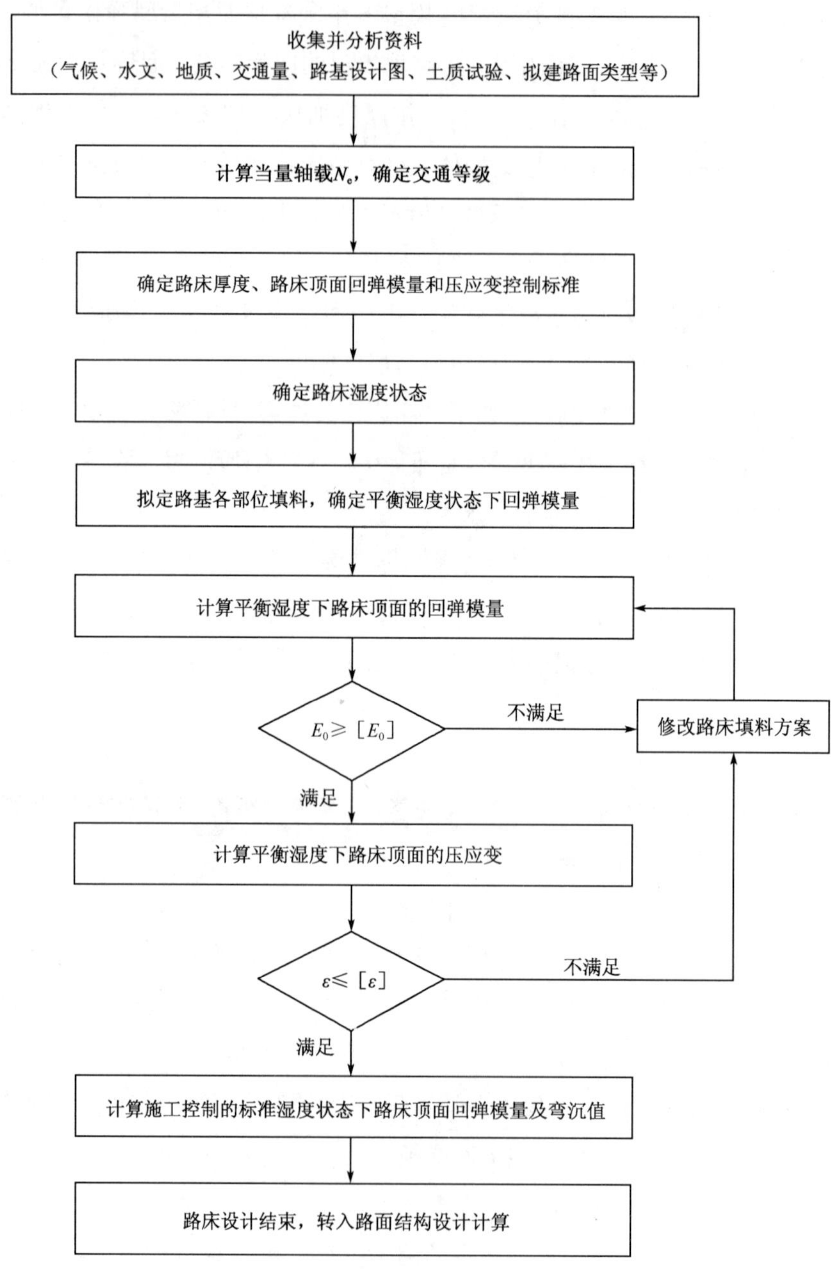

图 3-1　路床设计流程

顶面的动态弯沉或回弹模量值,检测方法可采用落锤式弯沉仪或贝克曼梁弯沉检测。贝克曼梁法检测时,需建立静态弯沉与动态弯沉之间的关系。

3.3 填方路基

原规范共9条,本规范共11条。新增第3.3.1条确定路堤高度的原则、第3.3.2条路堤高度计算方法,合并原规范第3.3.2条与第3.3.3条,从第3.1节调入条文第3.3.8条。

修订理由:原规范的路基设计最小填土高度是根据路床处于中湿状态的临界高度来确定的。对于低路堤,气候环境、地下水和汽车荷载对路基结构的长期性能会产生显著的影响,采用"路床处于中湿状态的临界高度"单一指标来确定低路堤的高度,路基长期性能不能满足交通等级的要求。本次规范修订,补充了"确定路堤高度的原则"与"路堤高度计算方法"。

3.3.1 路堤高度应满足下列要求:

1 满足公路等级所对应的路基设计洪水频率及其设计洪水位。

2 路堤高度不宜小于中湿状态路基临界高度。

3 季节冻土地区,路堤高度不宜小于当地路基冻深。

现行规范中确定路基最小填土高度时,主要考虑路基设计洪水位和路床处于中湿状态的临界高度等因素,尚未充分考虑地下水对路基工作区性能的影响,以及季冻区路基冻深和冻结水上升对路基的影响。对地下水位较高地段的低路堤,地下水将对路床(路基工作区)性能产生显著影响,使得路基土强度产生过大的衰减,造成路基工作区的承载能力不足,在汽车荷载作用下,路基将产生较大的塑性变形,引起路面变形破坏。因此,确定路堤高度时,应综合考虑环境因素(气候、地表水、地下水、冻结与融化)和汽车荷载等对路基结构性能的共同作用影响。

3.3.2 路堤高度宜按式(3.3.2)计算确定。

$$H_{op} = \mathrm{MAX}\{(h_{sw} - h_0) + h_w + h_{bw} + \Delta h, h_l + h_p, h_{wd} + h_p, h_f + h_p\} \tag{3.3.2}$$

式中:H_{op}——路堤合理高度(m);

h_{sw}——设计洪水位(m)；

h_0——地面高程(m)；

h_w——波浪侵袭高度(m)；

h_{bw}——壅水高度(m)；

Δh——安全高度(m)；

h_l——中湿状态路基临界高度(m)；

h_p——路面厚度(m)；

h_{wd}——路基工作区深度(m)；

h_f——季节冻土地区路基冻深(m)。

本次规范修订，在总结工程经验和科研成果的基础上，提出了确定路堤高度时要综合考虑设计洪水位、中湿状态路基临界高度、路基工作区深度、路基冻结深度等因素，以及确定路堤高度的计算方法见式(3.3.2)。

3.3.3　路堤填料应符合下列要求：

1　路堤宜选用级配较好的砾类土、砂类土等粗粒土作为填料，填料最大粒径应小于150mm。

2　泥炭、淤泥、冻土、强膨胀土、有机土及易溶盐超过允许含量的土等，不得直接用于填筑路堤。季节冻土地区路床及浸水部分的路堤不应直接采用粉质土填筑。

3　路堤填料最小承载比应符合表3.3.3的规定。

表3.3.3　路堤填料最小承载比要求

路基部位		路面底面以下深度(m)	填料最小承载比 CBR(%)		
			高速公路、一级公路	二级公路	三、四级公路
上路堤	轻、中等及重交通	0.8～1.5	4	3	3
	特重、极重交通	1.2～1.9	4	3	—
下路堤	轻、中等及重交通	1.5以下	3	2	2
	特重、极重交通	1.9以下			

注：1.当路基填料 CBR 值达不到表列要求时，可掺石灰或其他稳定材料处理。

2.当三、四级公路铺筑沥青混凝土和水泥混凝土路面时，应采用二级公路的规定。

4 液限大于50%、塑性指数大于26的细粒土，不得直接作为路堤填料。

5 浸水路堤、桥涵台背和挡土墙墙背宜采用渗水性良好的填料。在渗水材料缺乏的地区，采用细粒土填筑时，可采用无机结合料进行稳定处治。

规范(JTJ 013—95)首次规定了不同等级公路路基*CBR*控制标准，作为路基填料选择的依据，对保证路基填筑质量起到了重要作用。但在规范执行中也存在争议，认为现行*CBR*测试采用饱水4d的试验状态，而高速公路路堤多处于中湿和干燥状态，试验状态与路基土实际状态不一致。

原规范鉴于当时我国对公路路基结构性能的研究成果少，故沿用了规范(JTJ 013—95)的规定，保留了路基填料*CBR*的规定。该指标没有与交通荷载等级相挂钩，也没有建立与回弹模量之间的关系，与路面设计指标不够协调。

本规范建立了以动态回弹模量为设计指标、压应变为验算指标的路基结构设计指标体系，并同时保留了路基填料的*CBR*规定。动态回弹模量、压应变是表征路基结构的承载能力，满足路面结构基础的支撑作用要求；*CBR*是表征路基填料的水稳定性的指标，控制浸水状态下路基稳定性和耐久性。因此，设计时应根据环境条件和交通等级，合理确定路基不同部位的填料，并同时满足*CBR*、动态回弹模量、压应变的要求。

3.3.4 路堤应分层铺筑，均匀压实，压实度应符合表3.3.4的规定。

表3.3.4 路堤压实度

路基部位		路面底面以下深度(m)	压实度(%)		
			高速公路、一级公路	二级公路	三、四级公路
上路堤	轻、中等及重交通	0.8～1.5	≥94	≥94	≥93
	特重、极重交通	1.2～1.9	≥94	≥94	—
下路堤	轻、中等及重交通	1.5以下	≥93	≥92	≥90
	特重、极重交通	1.9以下			

注：1.表列压实度系按现行《公路土工试验规程》(JTG E40)重型击实试验所得最大干密度求得的压实度。

2.当三、四级公路铺筑沥青混凝土和水泥混凝土路面时，应采用二级公路的规定值。

3.路堤采用粉煤灰、工业废渣等特殊填料，或处于特殊干旱或特殊潮湿地区时，在保证路基强度和回弹模量要求的前提下，通过试验论证，压实度标准可降低1～2个百分点。

路基压实标准一直是大家关注的问题。规范(JTJ 013—95)规定高速公路、一级公路上路堤压实度不小于93%、下路堤不小于90%，其他等级公路压实度不小于90%；原规范为克服路基差异变形，防治路基病害，将路基压实度标准提高1～3个百分点，规定高速公路一级公路上路堤不小于94%、下路堤不小于93%，二级公路上路堤不小于94%、下路堤不小于92%，其他等级公路上路堤不小于93%、下路堤不小于90%，有效地解决了路基不均匀变形问题。本次规范修订，对路基压实度未作调整。

对于工程性质较为特殊的土，如红黏土、高液限土、膨胀土、盐渍土等，应采取各种有效技术措施，使之达到重型压实试验法的压实度要求。但提高压实度十分困难也不经济时，可根据试验路研究成果，在保证路基强度和回弹模量要求的前提下，按本规范表3.3.4的规定适当降低1～2个百分点。

特殊干旱地区是指年降水量很小，一般不超过200～250mm，蒸发强烈的地区，如沙漠、戈壁等；特殊潮湿地区是指年降雨量大，一般超过1 000mm，雨季长达数月，且土质处于过湿状态的黏质土地区。在特殊干旱、特殊潮湿地区，路基压实是相当困难的，本规范规定"在保证路基强度和回弹模量要求的前提下，通过试验论证，压实度标准可降低1～2个百分点。"

3.3.5 路堤边坡形式和坡率应根据填料的物理力学性质、边坡高度和工程地质条件确定，并符合下列要求：

1 当地质条件良好，边坡高度不大于20m时，其边坡坡率不宜陡于表3.3.5规定值。

表3.3.5 路堤边坡坡率

填料类别	边坡坡率	
	上部高度（$H \leqslant 8$m）	下部高度（$H \leqslant 12$m）
细粒土	1∶1.5	1∶1.75
粗粒土	1∶1.5	1∶1.75
巨粒土	1∶1.3	1∶1.5

2 对边坡高度大于20m的路堤，边坡形式宜采用阶梯型，边坡坡率应按本规范第3.6节的有关规定由稳定性分析计算确定，并应进行工点设计。

3 浸水路堤在设计水位以下的边坡坡率不宜陡于1∶1.75。

根据已有工程经验和研究成果，本规范规定了良好地基条件下基于路堤稳定性要求的典型土质路堤的最陡边坡坡率。设计时，要根据地形地质条件、路堤高度、填料性质、防护形式和土地类型，灵活设计路堤边坡坡率。有条件时，除农田区之外，对戈壁、沙漠、宜林地等，因地制宜放缓路堤边坡坡率，使路基与周围环境相协调，并尽量为失控车辆提供适当的救险机会。

3.3.6 地基表层处理设计应符合下列要求：

1 稳定的斜坡上，地面横坡缓于 1∶5 时，清除地表草皮、腐殖土后，可直接填筑路堤；地面横坡为 1∶5～1∶2.5 时，原地面应挖台阶，台阶宽度不应小于 2m。当基岩面上的覆盖层较薄时，宜先清除覆盖层再挖台阶；当覆盖层较厚且稳定时，可予保留。

2 地面横坡陡于 1∶2.5 地段的陡坡路堤，必须检算路堤整体沿基底及基底下软弱层滑动的稳定性，抗滑稳定系数不得小于表 3.6.11 规定值，否则应采取改善基底条件或设置支挡结构物等防滑措施。

3 当地下水影响路堤稳定时，应采取拦截引排地下水或在路堤底部填筑渗水性好的材料等措施。

4 地基表层应碾压密实。一般土质地段，高速公路、一级公路和二级公路基底的压实度（重型）不应小于 90%；三、四级公路不应小于 85%。低路堤应对地基表层土进行超挖、分层回填压实，其处理深度不应小于路床深度。

5 稻田、湖塘等地段，应视具体情况采取排水、清淤、晾晒、换填、加筋、外掺无机结合料等处理措施。当为软土地基时，其处理措施应符合本规范第 7.7 节的有关规定。

地基条件直接影响到路堤稳定性和沉降变形控制。为使地基具有足够的强度和良好的承载能力，并为路堤施工提供良好的工作面，本规范规定了不同条件下地基表层处理设计原则，设计时应因地制宜，合理确定地基表层处理措施。

对于斜坡路堤，为减少路堤沿基底面滑动和克服路堤因过大的差异沉降变形而产生裂缝，将原地表开挖成台阶，是行之有效的工程措施。

陡于 1∶2.5 的陡坡上的路堤应按照第 3.6 节进行工点设计，检算路堤沿基底滑动的稳定性；如基底下有软弱层，还应检算沿该软弱层滑动的可能性。当抗滑稳定安全系数不能满足要求时，清除表土、挖台阶，还应视地基情况采取边坡抗滑加固措施，如在路堤边坡下方设置护脚、挡土墙，或在路堤边坡中部加设宽平台等。

斜坡上路堤产生病害，主要是由于地表水或地下水的渗入，造成路堤填料和地基土的性能衰减所致。为增强路堤稳定性，这些地段的边沟、排水沟应做好防渗加固措施，防止地表水渗入；当有地下水渗入路堤时，应沿路堤内侧的斜坡，垂直地下水渗流方向设置截、排地下水的渗沟，渗沟的迎水侧迎设置透水土工布，底面和背水侧(临路基面)设置防渗土工布；当地下水出露范围广、斜坡面较长时，可以设置多道渗沟。如有条件时，应在路堤底部用渗水性良好的砂砾或不易风化的片碎石填筑。

本规范规定地基表层应碾压，其目的是密实地基表层土质，提供地基土的强度，为施工碾压提供良好的作业面。

对于低路堤，原规范规定“路基填土高度小于路面和路床总厚度时，应将地基表层土进行超挖、分层回填压实，其处理深度不应小于重型汽车荷载作用的工作区深度。”鉴于本规范将“填土高度小于路基工作区深度的路堤”定义为低路堤，且增加了特重交通、极重交通路基的路床厚度，为提高低路堤的长期性能，故修改为“低路堤应对地基表层土进行超挖、分层回填压实，其处理深度不应小于路床深度”。具体规定见《公路低路堤设计指南》。

3.3.7　二级及二级以上公路路堤与桥台、横向构造物(涵洞、通道)连接处应设置过渡段。过渡段路基压实度不应小于96%，并应做好填料、地基处理、台背防排水系统等综合设计。过渡段长度宜按式(3.3.7)确定。

$$L=(2\sim 3)H+(3\sim 5) \tag{3.3.7}$$

式中：L——过渡段长度(m)；

H——路基填土高度(m)。

填方路基与桥梁、涵洞、通道相邻处，路基常产生较大的差异沉降，产生跳车现象，其主要原因是路堤压实度不够。为消除这种跳车现象，在路堤与桥台、横向构造物(涵洞、通道)等连接处设置过渡段是有效的工程措施，见图3-2、图3-3。对于过渡段长度，原规范(JTG D30—2004)是采用(2～3)H。本次修订根据实际工程情况，为便于施工碾压机械作业，增加了过渡段长度。

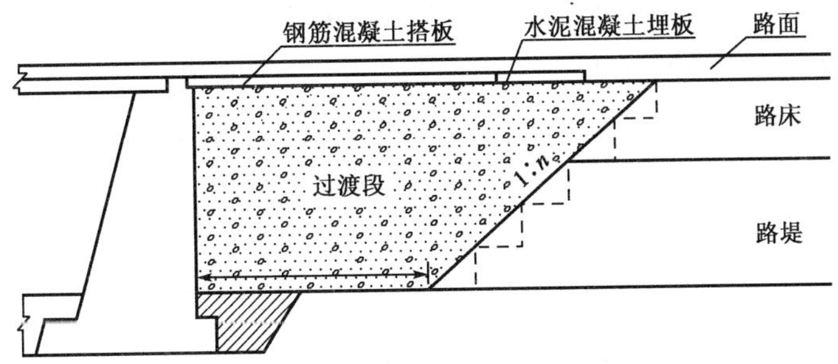

图 3-2 台尾过渡段设计示意图

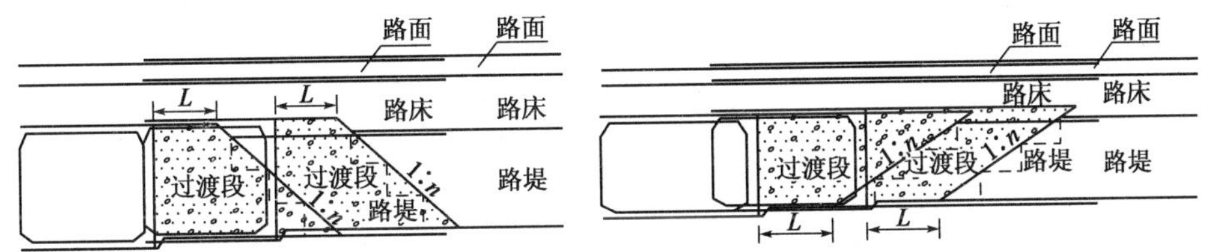

图 3-3 路堤与横向构造物衔接过渡处理设计示意图

3.3.8 陡坡上的半填半挖路基，可根据地形、地质条件，采用护肩、砌石或挡土墙；当山坡高陡或稳定性差、不宜多挖时，可采用桥梁、悬出路台等构造物；三、四级公路悬崖陡壁地段，当山体岩石整体性好时，可采用半山洞。

山区公路地形地质条件复杂，在陡坡地段，尤其是山坡高陡、悬崖、峭壁等地段，路基横断面设计十分困难。为避免填方边坡出现薄填土的"贴皮"现象或挖方边坡出现"剥山皮"的现象，保证路基稳定，常采用护肩路基、砌石路基、护脚路基等。

护肩路基、砌石路基、护脚路基具有经济适用等特点，使用效果较好。设计时，要充分考虑砌体基础地基条件及所用石料的类型，要求斜坡地基稳定且有良好的承载能力，多用于岩石地基或坚实的粗粒土地基；砌体石料要选用不易风化的硬质岩石，不能使用泥岩、页岩、千枚岩、板岩、片岩、泥灰岩等软质岩石。

悬出露台：在陡崖地段，路基全挖断面设计困难时，可以采用钢筋混凝土悬出露台，以部分拓宽路基，减少路基内侧的挖方断面。悬出露台仅适用于三、四级公路，宽度一般为 1～3m。

半山洞：在山区陡崖地段，岩体完整性好，岩质坚硬，无倾向临空面的不良结构面时,可采用半山洞,以减小挖方边坡高度及石方工程。半山洞仅适用于三、四级公路,一般情况下,半山洞伸入山体内为1～3m,并按隧道的净空要求进行设计。能否适宜开挖半山洞,主要取决于边坡岩体工程地质条件,有时岩质强度高,但节理发育,存在影响边坡稳定的不良结构面时,也不可设置半山洞。

3.3.9 *护肩路基的护肩高度不宜超过2m,顶面宽度不应侵占硬路肩或行车道及路缘带的路面范围。*

本条是保留原规范第3.3.7条的规定。规定“护肩路基的护肩高度不宜超过2m,”是为保证护肩路基的安全稳定;规定“顶面宽度不应侵占硬路肩或行车道及路缘带的路面范围”,是为了提高公路的行车安全性。

护肩顶宽宜为0.8～1.0m,岩石地基上护肩的襟边宽度不宜小于0.5m,坚实的粗粒土地基上护肩的襟边宽度不宜小于1.0m。护肩路基设计还应注意下列要点:

(1)护肩墙背填料应全部采用片碎石填筑,不得填筑细粒土。

(2)为提高护肩的稳固性,高速公路、一级公路护肩应全部采用M7.5浆砌片石砌筑;其他等级公路护肩顶部0.5m高度范围,应采用M7.5浆砌片石砌筑。

3.3.10 *砌石路基可用于三、四级公路,并应符合下列要求:*

1 *砌石应选用当地不易风化的片、块石砌筑,内侧填石。*

2 *岩石风化严重或软质岩石路段不宜采用砌石路基。*

3 *砌石顶宽不应小于0.8m,基底面应向内倾斜,砌石高度不宜超过15m。砌石内、外坡率不宜陡于表3.3.10规定值。*

表3.3.10 砌石边坡坡率

序号	砌石高度(m)	内坡坡率	外坡坡率
1	≤5	1∶0.3	1∶0.5
2	≤10	1∶0.5	1∶0.67
3	≤15	1∶0.6	1∶0.75

本条是保留原规范第3.3.8条的规定。砌石路基是利用开挖的石料修筑的路基,是比较经济的干砌片石工程,砌体与路基成为整体,仅适用于三、四级公路。砌石路基设计还应注意下列要点:

(1)砌石高度一般为 2～15m,岩石地基上护肩的襟边宽度不宜小于 0.5m,坚实的粗粒土地基上护肩的襟边宽度不宜小于 1.0m。

(2)砌石顶部 0.5m 高度范围,应采用 M7.5 浆砌片石砌筑。

(3)为增强砌体整体稳定性,当砌体高度超过 8m,其底层应采用 M7.5 浆砌片石砌筑,高度为 0.5m;砌体中部每隔 4m 需增设一层 0.5m 厚 M7.5 浆砌片石水平肋带。

(4)砌石墙背填料应全部采用片碎石填筑,不得填筑细粒土。

(5)受洪水影响的沿河砌石路基,整个砌体应采用 M7.5 浆砌片石砌筑。

3.3.11 当填方路基受地形地物限制或路基稳定性不足时,可设置护脚或挡土墙。护脚高度不宜超过 5m,受水浸淹的路堤护脚,应予防护或加固。

本条是保留原规范第 3.3.9 条的规定。当护脚全部采用 M7.5 浆砌片石砌筑时,需与挡土墙进行经济比较,选用圬工体积较小的方案。

3.4 挖方路基

原规范共 7 条,本规范共 6 条。因原规范第 3.4.7 条与第 3.7.1 条内容重复,故删除第 3.4.7 条"当土质挖方边坡高度超过 20m、岩石挖方边坡高度超过 30m 和不良地质地段路堑边坡,应按第 3.7 节的有关规定,进行路基高边坡个别处理设计。"

3.4.1 土质路堑设计应符合下列要求:

1 土质路堑边坡形式及坡率应根据工程地质与水文地质条件、边坡高度、排水防护措施、施工方法等,并结合自然稳定边坡、人工边坡的调查及力学分析综合确定。边坡高度不大于 20m 时,边坡坡率不宜陡于表 3.4.1 规定值。

表 3.4.1 土质路堑边坡坡率

土的类别		边坡坡率
黏土、粉质黏土、塑性指数大于 3 的粉土		1∶1
中密以上的中砂、粗砂、砾砂		1∶1.5
卵石土、碎石土、圆砾土、角砾土	胶结和密实	1∶0.75
	中密	1∶1

注:黄土、红黏土、高液限土、膨胀土等特殊土质挖方边坡形式及坡度应按本规范第 7 章有关规定确定。

2　路堑边坡高度大于20m时，其边坡形式及坡率应按本规范第3.7节确定。

本条保留原规范的规定。

表3.4.1土质路堑边坡坡率系按土质较均匀、无不良地质现象和无地下水的条件下，满足路堑边坡稳定性要求的土质挖方边坡最陡坡率。

路基边坡开挖后，在外部营力的作用影响下，坡面受到侵蚀，容易失稳。影响土质挖方边坡稳定性的因素很多，主要包括下列因素：

(1)土质类型、土的成因、密实程度、工程性质，以及土层与下伏岩土层的接触界面形态，与路基开挖临空面的关系等；

(2)地下水分布情况；

(3)降雨、雪、风蚀、温差、冻融等自然因素；

(4)挖方边坡形式与坡率、边坡高度、施工方法、排水防护工程的有效性等人为因素。

设计时，应根据气候、地质及其他自然因素等现场调查情况，采用工程地质比拟分析，必要时进行边坡稳定性验算，结合地形地质条件、路堑边坡高度和防护形式，因地制宜，合理确定土质挖方边坡形式与坡率。地形条件许可时，可以适当放缓边坡坡率。

3.4.2　岩质路堑设计应符合下列要求：

1　岩质路堑边坡形式及坡率应根据工程地质与水文地质条件、边坡高度、排水防护措施、施工方法等，结合自然稳定边坡和人工边坡的调查综合确定。必要时可采用稳定分析方法予以验算。边坡高度不大于30m时，无外倾软弱结构面的边坡按附录E确定岩体类型，边坡坡率可按表3.4.2确定。

表3.4.2　岩质路堑边坡坡率

边坡岩体类型	风化程度	边坡坡率	
		H<15m	15m≤H≤30m
Ⅰ类	未风化、微风化	1∶0.1～1∶0.3	1∶0.1～1∶0.3
	弱风化	1∶0.1～1∶0.3	1∶0.3～1∶0.5
Ⅱ类	未风化、微风化	1∶0.1～1∶0.3	1∶0.3～1∶0.5
	弱风化	1∶0.3～1∶0.5	1∶0.5～1∶0.75

续上表

边坡岩体类型	风化程度	边坡坡率	
		H<15m	15m≤H≤30m
Ⅲ类	未风化、微风化	1∶0.3～1∶0.5	—
	弱风化	1∶0.5～1∶0.75	—
Ⅳ类	弱风化	1∶0.5～1∶1	—
	强风化	1∶0.75～1∶1	—

注：1.有可靠的资料和经验时，可不受本表限制。
2.Ⅳ类强风化包括各类风化程度的极软岩。

2 对有外倾软弱结构面的岩质边坡、坡顶边缘附近有较大荷载的边坡、边坡高度超过表3.4.2范围的边坡等，边坡坡率应按本规范第3.7节有关规定通过稳定性分析计算确定。

3 硬质岩石挖方路基宜采用光面爆破、预裂爆破等毫秒微差爆破技术。

4 边坡高度大于20m的软弱松散岩质路堑，宜采用分层开挖、分层防护和坡脚预加固技术。

本条保留原规范的规定。因光面爆破、预裂爆破统属毫秒微差爆破技术，故对第3款作了文字修改。

岩石路堑边坡的稳定性分析和设计比较复杂，除受其岩性、边坡高度及施工方法等因素影响外，还在很大程度上取决于岩体结构、结构面产状及风化程度。如何正确地判断和权衡诸因素对边坡稳定性的影响程度，进行较为准确可靠的定量分析和边坡稳定性评价，目前尚没有统一、完善的方法。

岩石路堑边坡的稳定性主要由岩体结构控制，参照《建筑边坡工程技术规范》(GB 50330—2002)表12.2.2，结合公路边坡特点和经验，根据不同岩体类型的边坡稳定状况，表3.4.2给出了边坡高度不大于30m且无外倾软弱结构面的岩质边坡坡率，边坡岩体分类按附录E确定。由于我国幅员辽阔，地形地质、气候变化较大，各地需注意研究和积累各种边坡岩体类型在不同边坡高度时的稳定坡率，以供下次规范修订参考。

对于易风化的泥岩、页岩、千枚岩、板岩、片岩、泥灰岩等软质岩石边坡，若边坡坡率过缓，则暴露面增大，边坡风化、冲刷加剧。因此，设计时需合理地确定挖方边坡最佳坡率及相应防护措施。

岩石路堑边坡的稳定受施工工艺、施工方法的影响较大。对硬质岩石路堑边坡,常规的爆破开挖法因冲击和震动作用,使岩体破碎、松动,运营期间易产生掉块、落石或滑坡坍塌等病害。因此。设计时不能简单地利用自然岩体特性,需考虑爆破松动后的岩体特性。

工程实践证明:采用光面爆破、预裂爆破等毫秒微差爆破技术,能提高路堑边坡工程质量,最大限度地减少开挖时对边坡的破坏,施工后形成的路堑边坡岩体稳定、平整美观,值得大力推广应用。

3.4.3　当挖方边坡较高时,可根据不同的土质、岩石性质和稳定要求开挖成折线式或台阶式边坡,边沟外侧应设置碎落台,其宽度不宜小于1.0m;台阶式边坡中部应设置边坡平台,其宽度不宜小于2m。

本条保留原规范的规定。

当挖方边坡较高时,可根据地形地质条件、公路等级,采用折线式或台阶式边坡。高速公路、一级公路宜采用台阶式边坡。台阶式边坡具有下列优点:

(1)台阶可缓解边坡坡脚的应力集中,台阶上设置截排水沟,可以防止边坡冲刷,对边坡稳定有利。

(2)可作为稳雪措施、少量的坡面冲刷、碎落物质的临时停积位置。

(3)为养护人员提供通道。

(4)可起到开阔视野、改善路域环境的作用。

碎落台一般设置在边坡岩石碎落比较严重的路段,在这些地段设置碎落台的宽度0.5m显然是不够的。若碎落台宽度过大,将增加挖方边坡高度、土石方工程,并影响边坡的稳定性,故条文规定了碎落台的宽度不宜小于1.0m。设计时,需根据公路等级、边坡高度、碎落物质的类型及数量等情况,因地制宜,合理采用。

3.4.4　边坡坡顶、坡面、坡脚和边坡中部平台应设置地表排水系统,各种地表排水设施构造尺寸应按本规范第4.2节确定。

本条保留原规范的规定。平台截水沟尺寸以满足排水流量为原则,断面形式可选用矩形、三角形,但一定要铺砌加固,以防止水渗漏。如有渗漏,则对下部边坡的稳定不利。如平台位于不易风化的硬质岩石上,无渗漏问题、开挖截水沟困难时，可改设挡水墙。

3.4.5 当边坡土质潮湿或地下水露头时，应根据实际情况设置渗沟或仰斜式排水孔，或在上游沿垂直地下水流向设置排水隧洞等排导设施。

本条保留原规范的规定。水是影响路堑边坡稳定性的重要因素之一，降雨入渗和地下水渗透将使岩体结构面处于饱水状态，降低岩土抗剪强度，将造成边坡稳定性不足而引发变形破坏。因此，边坡防排水设计是十分重要的。

当挖方边坡土质潮湿或地下水露头时，要根据地表水、地下水分布情况，边坡岩土渗透性能及地下排水设施的适用条件，因地制宜设置必要的排水设施。黏质土边坡，通常设置渗沟；坡面有集中的地下水流时，通常成群设置仰斜式排水孔；当坡体内深层地下水丰富，且为影响挖方边坡稳定性的主要因素时，可考虑设置排水隧洞。

3.4.6 应根据边坡稳定情况和周围环境确定边坡坡面防护形式，边坡防护应采取工程防护与植物防护相结合的措施。稳定性差的边坡应设置支挡工程。

本条保留原规范的规定。

选择边坡防护形式时，要统筹兼顾边坡稳定性和环境协调性设计，首先应保证挖方边坡的安全稳定，避免因防护不当而使边坡产生侵蚀和变形破坏；在此基础上，再考虑路域环境和谐性。有条件时，要优先采用植物防护。

3.5 路基填挖交界处理

原规范共 6 条，本规范共 6 条。本次未作内容修订，仅对条文作了文字修改，并取消了增强补压的具体工艺措施。

3.5.1 半填半挖路基的填方区设计应符合本规范第 3.3 节、第 3.6 节的有关规定。必要时，可进行增强补压。

半填半挖路基在山区公路中分布较广，填挖结合部路基常产生差异沉降变形破坏等路基病害。其主要原因是填挖结合部的材料性质和密实状态的差异及地下水引起的。

根据高速公路建设经验，路基填筑在达到规定的压实要求后，采取增强补压措施，可以有效地减少填挖结合部差异沉降变形。增强补压措施效果较好的工艺有冲击碾压和强夯等，但冲碾后易使表层土松散，冲击式压路机或强夯适用于路床底面以下的路堤增强补压。

3.5.2 半填半挖路基的挖方区设计应符合本规范第3.4节、第3.7节的有关规定。

3.5.3 挖方区为土质或软质岩石时，应对挖方区路床范围不符合要求的土质或软质岩石进行超挖换填或改良处治；填方区宜采用渗水性好的材料填筑，必要时，可在填挖交界结合部路床范围铺设土工格栅。当挖方区为硬质岩石时，填方区宜采用填石路堤。

半填半挖路基设计时，除填方区设计应符合第3.3节和第3.6节的有关规定、挖方区设计应符合第3.4节和第3.7节的有关规定之外，还应从下列方面加强路基不均匀沉降变形的防控设计：

(1)填挖结合部的材料性质不同是引起路基不均匀变形的主要因素之一。要减少路基差异沉降，除应对挖方区路床范围不符合要求的土质或软质岩石进行超挖换填或改良处治之外，还应从填方区材料设计入手，填方区所选填料需尽量与挖方区岩土性质相匹配，有条件时，优先采用渗水性好的粗粒土填筑，既可减少差异沉降，又为挖方区地下水提供了排泄路径，避免因填料渗透性差而封堵挖方区地下水，造成路基病害。

(2)在填挖交界结合部路床范围铺设土工格栅，其主要作用是提高半填半挖路基结构的整体性，减少路基不均匀沉降变形。设计时还需考虑路基填筑施工中对土工格栅的损伤问题。

3.5.4 填方区地表横坡陡于1∶2.5时，应按本规范第3.6节进行设计。当路基稳定性不足时，应采取改善基底条件或设置支挡工程等措施。

陡坡上半填半挖路基的稳定性较差，有的设计采用在陡坡上横向加铺多层土工格栅，以提高半填半挖路基稳定性。从工程实践效果来看，其作用效果不显著，故条文规定当填挖之间路基稳定性不够时，采取改善基底地基条件或设置支挡工程。设计时需根据地形地质条件，因地制宜，合理采取下列路基抗滑措施：

(1)改善基底条件的工程措施包括开挖台阶，底部用渗水性良好的砂砾或不易风化的片碎石填筑等。

(2)设置支挡工程等抗滑措施包括护脚、挡土墙等。

(3)地形条件许可时，可以在路堤边坡中部加设宽平台等，以提高路堤的抗滑力。

3.5.5 根据地下水出露情况和岩土性质，应设置完善的地下排水系统，除应在边沟下设置纵向渗沟外，尚应在填挖结合部设置渗沟、排水垫层等。

半填半挖路基路面产生变形破坏，多数情况是由于地下水所引起的。当路基地下排水系统不完善或排泄能力不足时，填挖结合部路基产生积水，软化路基，引起路基路面的变形破坏。从调研情况看，凡是设置了完善的地下排水系统，都没有发现路基病害。因此，半填半挖路基设置完善的地下排水系统是十分重要的。

3.5.6 路基纵向填挖交界结合部宜设置过渡段。

路基纵向填挖交界结合部，尤其是岩质挖方段与填土路堤之间，因挖方段与填方段材料性质差异大，加之地下水渗透，常产生差异沉降变形破坏等路基病害。在路基纵向填挖交界结合部设置过渡段，并采用渗水性较好的砂砾、碎石土填筑，能较好地防治路基病害。

过渡段长度需根据填方高度和地形条件确定，见图 3-4、图 3-5。一般情况下，过渡段长度为 10～15m。

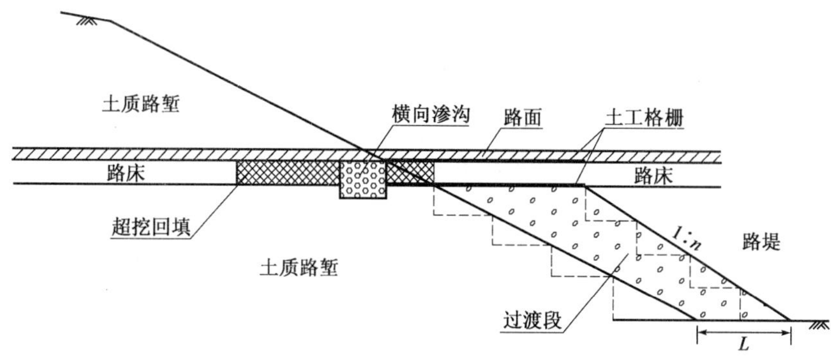

图 3-4 土质地段纵向填挖交界处理示意图(过渡段砂砾填筑)

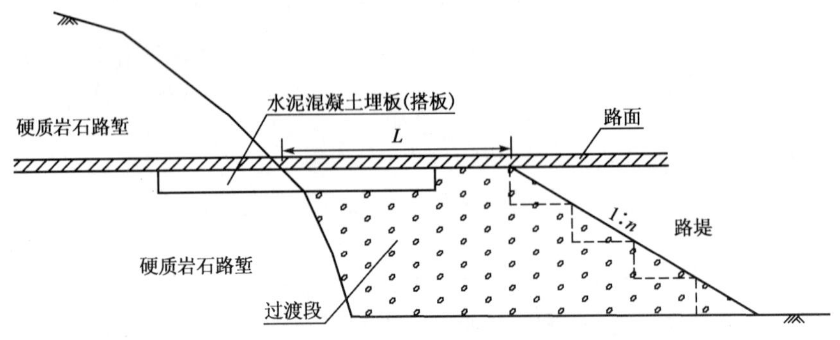

图 3-5　陡峭地段岩质地段纵向填挖交界处理示意图(过渡段填石路堤)

3.6　高路堤与陡坡路堤

原规范共 10 条,本规范共 14 条,新增条文第 3.6.6 条、第 3.6.7 条、第 3.6.13 条,并将原规范 3.6.7 条路堤稳定性简化 Bishop 法与陡坡路堤稳定性不平衡推力法计算规定,分拆为第 3.6.9 条和第 3.6.10 条。

修订的主要内容与理由如下:

(1)节名“高边坡路堤与陡坡路堤”修订为“高路堤与陡坡路堤”。因本规范将“路基填土边坡高度大于 20m 的路堤”定义为“高路堤”,故节名作相应的调整。

(2)新增高路堤与陡坡路堤排水设计要求。因高路堤与陡坡路堤产生病害,水是主要的影响因素之一。为强化排水设计要求,故新增了相关规定。

(3)修订高路堤与陡坡路堤稳定性计算评价方法与控制标准,补充了暴雨或连续降雨工况和地震工况。原规范修订时,高路堤与陡坡路堤稳定性评价方法的研究成果以正常工况为主,很少涉及暴雨或连续降雨工况和地震工况下稳定性评价方法。经十年来的科技发展,暴雨或连续降雨工况和地震工况下稳定性评价技术已日趋成熟。故本规范对高路堤与陡坡路堤稳定性计算评价方法与控制标准进行了全面修订。

(4)新增高路堤与陡坡路堤沉降控制要求。不均匀沉降变形是高路堤与陡坡路堤的主要病害之一,为提高路基服务水平、耐久性,减少路基病害,故新增其规定，以强化高路堤与陡坡路堤的沉降控制。

3.6.1 高路堤、陡坡路堤及不良地质、特殊岩土路段的路堤，应作为独立工点进行勘察设计。

原规范第3.6.2条规定边坡高度超过20m的路堤为高边坡路堤，地面横坡坡度超过1:2.5的路堤为陡坡路堤。在本次规范修订中将其称为高路堤和陡坡路堤，并从第3.6.2条调整为第3.6.1条。从调查的情况看，出现稳定性问题较多、值得关注的仍然是这类路基，因此，规范强调对其进行个别地质勘察设计、综合设计和动态设计。

不良地质是指滑坡、崩塌、泥石流等，特殊岩土是指软土、红黏土、高液限土、膨胀土、黄土(湿陷性黄土)等。不良地质、特殊岩土路段的路堤需按照第7章的有关规定进行工点设计。

3.6.2 高路堤与陡坡路堤设计应在掌握场地水文地质条件、填料来源及其性质的基础上，进行地基处理、结构形式、排水设施、边坡防护等综合设计。施工过程中应根据实际情况变化，及时调整设计，保证路基稳定。

本条保留了原规范第3.6.1条的规定。

本条是对高路堤与陡坡路堤设计的总要求：一是设计前应对场地气候、水文、地形地质和填料的相关资料进行综合分析，掌握场地所在的气候环境、场地工程地质及水文地质条件，以及存在的主要工程问题；二是设计时应针对工点的主要工程问题(稳定控制、沉降变形控制或稳定与沉降变形同时控制)进行综合设计；三是要跟踪施工过程的实际情况变化，进行动态设计。

3.6.3 高路堤与陡坡路堤的地基勘察应符合现行《公路工程地质勘察规范》(JTG C20)的要求，查明地基土的土质类别、层位、厚度、分布特征和物理力学性质，以及地下水埋深和分布特征，确定地基承载力，获取设计所需的物理力学参数。

本条保留了原规范的规定。

较多高路堤与陡坡路堤产生失稳和变形开裂，其主要原因是地质勘察工作深度不够，没有查明地基中软弱土层的分布特征、软弱土层底横向斜坡坡度及与路基临空面的关系，薄层覆盖土与下伏基岩的接触界面的横向斜坡坡度及与路基临空面的关系，斜坡体中地下水分布情况，路堤填料和地基土在浸水状态下的物理力学性质等，导致设计时没有考虑高路堤与陡坡路堤沿软弱土层或不良结构面滑动的稳定性，或所采取的抗滑措施不力。

高路堤、陡坡路堤与深路堑之间的最大不同，深路堑可以通过开挖揭露实际地质情况，进一步复查地质情况，修正设计；高路堤与陡坡路堤施工是无法复查基底的地质情况，路堤失稳开裂多发生于路堤填筑至设计高程，若设计不当，施工过程中难以发现问题，不易补救，一旦产生路堤失稳，付出的代价十分巨大。

因此，加强高路堤与陡坡路堤的地质勘察工作十分重要。

3.6.4 高路堤与陡坡路堤填料应满足本规范第 3.2.2 条、第 3.3.3 条的规定，压实度应满足本规范第 3.2.3 条、第 3.3.4 条的要求。

本条保留了原规范规定，将增强补压、减少沉降的措施纳入本规范第 3.6.13 条。

3.6.5 高路堤与陡坡路堤边坡形式和坡率应根据地形与工程地质条件、路基边坡高度、填料性质等，结合经济与环保因素，经稳定分析计算确定。断面形式宜采用台阶式。

采用缓坡率有利于边坡稳定，但增加了占地，因此，条文提出应根据地形与工程地质条件、路基边坡高度、稳定性等，结合经济与环保因素综合确定。

3.6.6 应根据地下水出露情况和岩土性质，设置完善的地表和地下排水系统，及时做好坡面防护。

高填方路基边坡坡面往往比较宽阔，受雨水等不利因素影响较大。招商局重庆交通科研设计院有限公司对雨水在高路堤边坡上的渗流形态进行了研究，得出如下结论：雨水沿边坡渗流，并在坡脚积聚，使路基坡脚强度降低，严重影响高填方路基稳定性。坡面不及时进行防护，易造成冲蚀等病害，进而影响到路基整体稳定性。为此，提出了条文的要求。

3.6.7 高路堤与陡坡路堤设计时，应进行路基稳定性计算分析。分析时，应考虑以下三种工况：

1 正常工况：路基投入运营后经常发生或持续时间长的工况。

2 非正常工况Ⅰ：路基处于暴雨或连续降雨状态下的工况。

3 非正常工况Ⅱ：路基遭遇地震等荷载作用的工况。

原规范对高填方路基稳定性分析，没有明确指明分析工况，只是通过规定路基填土强度参数试验采用饱水试样，将获取的参数用于边坡的浅层稳定分析，来考虑降雨对路基稳定性的影响。本次规范修订根据现行《公路工程抗震规范》(JTG B02)，增加了地震工况，给出了条文所列的三种工况。

对路基稳定性有影响的降雨主要是暴雨或连续降雨。对运营期的路基，降雨影响深度通常有限。招商局重庆交通科研设计院有限公司通过在重庆和甘肃等地不同降雨强度的现场试验得出：在没有任何路基边坡防护措施的情况下，甘肃黄土填筑的路基，降雨入渗深度为1m左右，重庆页岩土石混填路基，降雨入渗深度为2～3m。当路面铺筑完成，且路基排水设施完备、路基边坡进行植被等防护后，降雨对路基的影响还会减弱。同时，通过计算分析得到：随着降雨入渗深度的增加，路基稳定性持续降低。当入渗深度小于3.5m时，路基稳定系数降低的幅度比较小；当入渗深度达到5m时，降低36%左右；路基全饱和时，稳定系数可降低一半以上。如以路基全部受到降雨的影响来考虑降雨工况，既不符合实际，又会导致降雨工况控制路基设计的状况，因此，应当以降雨影响处于有限深度范围来考虑降雨工况。

3.6.8 高路堤与陡坡路堤稳定性分析的强度参数应根据填料来源、场地情况及分析工况的需要，选择有代表性的土样进行室内试验，并结合现场情况确定。试验方法应符合下列要求：

1 路基填土的强度参数 c、φ 值，可采用直剪快剪或三轴不排水剪试验获得。不同工况下试样制备要求见表3.6.8。当路基填料为粗粒土或填石料时，应采用大型三轴试验仪或大型直剪试验仪进行试验。

2 地基土的强度参数 c、φ 值，宜采用直剪固结快剪或三轴固结不排水剪试验获得。

3 分析高路堤沿斜坡地基或软弱层带滑动的稳定性时，应结合场地条件，选择控制性层面的土层试验获得强度参数 c、φ 值。可采用直剪快剪或三轴不固结不排水剪试验。当存在地下水影响时，应采用饱水试件进行试验。

表 3.6.8　路堤填土强度参数试验试样制备要求

分析工况	试样要求	适用范围
正常工况	采用填筑含水率和填筑密度；当难以获得填筑含水率和填筑密度时，或进行初步稳定分析时，密度采用要求达到的密度，含水率采用击实曲线上要求密度对应的较大含水率	用于新建路堤
	取路基原状土	用于已建路堤
非正常工况Ⅰ	同正常工况试样要求，但要预先饱和	用于降雨入渗影响范围内的填土
非正常工况Ⅱ	同正常工况试样要求	—

路堤稳定性分析涉及地基土、路基填土、控制性层面等强度参数。路基在长期的运营过程中，土体含水率会发生变化，逐步趋于与其所处环境相适应的平衡湿度状态，按理应采用此种湿度条件下的强度参数，但实际情况十分复杂。原规范(JTG D30—2004)分析了路基填土的力学行为，并结合有关试验成果，对正常工况推荐按击实试验曲线上要求密度对应的较高含水率制备试样，试验确定填土的强度参数。通常情况下，此含水率比最佳含水率高1～2个百分点。本次规范修订时，沿用了这一要求，并为与各工况相衔接，提出了条文表3.6.8所列试样制备要求。

地震作用会影响到土强度参数，但不同类型的土反映特征不同。对松散填料，会震密，强度提高；对密实土，强度会降低。招商局重庆交通科研设计院有限公司通过室内动三轴试验，研究分析了不同密度、不同含石量条件下，振次对路基填土强度参数的影响，得到：内摩擦角变化较小，降低或增加的幅度在1°以内；黏结力都有所降低，降低的百分比在4%～24%之间。同时，就强度参数变化、地震水平作用力对路基稳定性的影响进行了算例分析，得到地震水平作用力的影响更大。基于这样的认识，并考虑到有关规范均采用静强度指标，而未采用动强度指标。因此，设计可采用了静强度参数用于地震作用的稳定分析。

斜坡地基上路基的稳定性主要受控制性层面土层强度参数的影响。控制性层面土层往往比较复杂，可能是路堤底部填土、地基覆盖土层或者是潜在的软弱层，也可能是路堤与地基的接触面或是地基覆盖土层与岩层的接触面。

3.6.9 路堤堤身稳定性、路堤和地基的整体稳定性宜采用简化 Bishop 法,稳定系数 F_s 按式(3.6.9-1)计算,计算图示见图 3.6.9。当地基为软弱或软土地基时,稳定系数计算方法及稳定性应满足本规范第 7.7 节的要求。

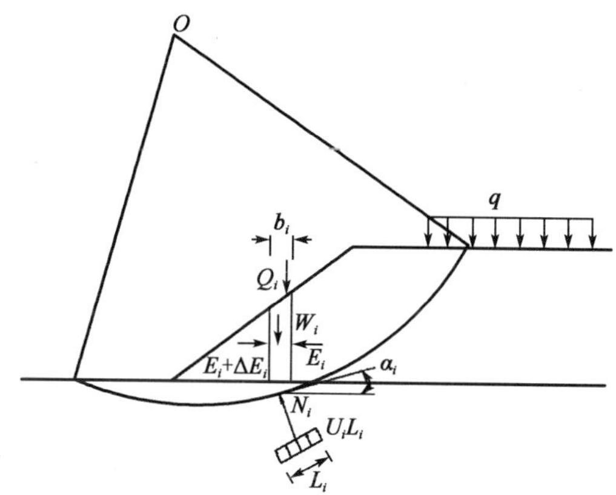

图 3.6.9 路堤堤身稳定性、路堤和地基的整体稳定性计算图示

$$F_s=\frac{\sum[c_ib_i+(W_i+Q_i)\tan\varphi_i]/m_{\alpha i}}{\sum(W_i+Q_i)\sin\alpha_i} \tag{3.6.9-1}$$

式中:F_s——路堤稳定系数;

b_i——第 i 个土条宽度(m);

α_i——第 i 个土条底滑面的倾角(°);

c_i、φ_i——第 i 个土条滑弧所在土层的黏聚力和内摩擦角,依滑弧所在位置,取对应土层的黏聚力(kPa)和内摩擦角(°);

$m_{\alpha i}$——系数,按式(3.6.9-2)计算,式中各符号的意义同前;

$$m_{\alpha i}=\cos\alpha_i+\frac{\sin\alpha_i\tan\varphi_i}{F_s} \tag{3.6.9-2}$$

W_i——第 i 个土条重力(kN);

Q_i——第 i 个土条垂直方向外力(kN)。

影响高填路基稳定性的因素很多,也很复杂,无法在稳定性计算中完全考虑到。在计算分析的基础上,结合场地条件和工程地质类比法,进行综合判断,分析评价高填路基的稳定性。

在防排水设施发挥正常功能的情况下,降雨对路基的影响主要在边坡部分,但对陡斜坡路基或存在软弱层的路基，斜坡与软弱层是影响路基稳定的关键因素。

原规范考虑到不同的地基情况，采用了考虑地基平均固结度和不同地基强度参数表达的简化 Bishop 法。本次规范修订时，为避免理解上的困难和混乱，采用了通常的简化 Bishop 法，并要求对软弱地基按第 7.7 节的有关规定办理。

对非正常工况Ⅰ，严格意义上的稳定性分析应当考虑降雨引起的渗流力和填土含水率增加引起的强度降低影响，但降雨引起的渗流一般为不稳定渗流，难以建立起实用的分析方法，目前通常采用饱和状态下的填土强度参数考虑降雨对路基稳定性的影响，不计地震力的作用。

高路堤稳定性计算时，应注意下列问题：

(1)选取的高路堤稳定性计算断面是否完全反映了该工点地形地质条件，也是影响计算结论正确性的重要因素之一。当路基中线方向与沟谷纵向或地基中软弱土层底横向坡度方向呈斜交时，设计中常采用高路堤正断面进行稳定性计算是不合适的，没有反映高路堤在最不利地质条件下的稳定性，导致设计失误。因此，除选择高路堤正断面进行稳定性计算之外，更应该选择沿沟谷纵向或地基中软弱土层底横向坡度的正方向进行高路堤稳定性计算，按照最小稳定系数的路基断面及方向进行抗滑支挡设计，以保证高路堤稳定。

(2)当高路堤中下部填料选用水稳定性较差或浸水易软化的土质或软质岩时，应充分考虑这些填料在浸水饱和状态下物理力学性质劣化问题，即反复浸水时强度会产生衰减。稳定性计算时，应采用浸水饱和状态下抗剪强度参数或反复浸水(干湿循环)后再浸水饱和状态下抗剪强度参数。

3.6.10 路堤沿斜坡地基或软弱层带滑动的稳定性分析可采用不平衡推力法，稳定系数 F_s 可按式(3.6.10-1)、式(3.6.10-2)计算，计算图示见图 3.6.10。

$$E_i = W_{Qi}\sin\alpha_i - \frac{1}{F_s}[c_i l_i + W_{Qi}\cos\alpha_i\tan\varphi_i] + E_{i-1}\psi_{i-1} \qquad (3.6.10\text{-}1)$$

$$\psi_{i-1} = \cos(\alpha_{i-1} - \alpha_i) - \frac{\tan\varphi_i}{F_s}\sin(\alpha_{i-1} - \alpha_i) \qquad (3.6.10\text{-}2)$$

式中：W_{Qi} ——第 i 个土条的重力与外加竖向荷载之和(kN)；

α_i ——第 i 个土条底滑面的倾角(°)；

c_i 、φ_i ——第 i 个土条底的黏聚力(kPa)和内摩擦角(°)；

l_i ——第 i 个土条底滑面的长度(m)；

α_{i-1} ——第 $i-1$ 个土条底滑面的倾角(°)；

E_{i-1} ——第 $i-1$ 个土条传递给第 i 个土条的下滑力(kN)。

用式(3.6.10-1)和式(3.6.10-2)逐条计算，直到第 n 条的剩余推力为零，由此确定稳定系数 F_s。

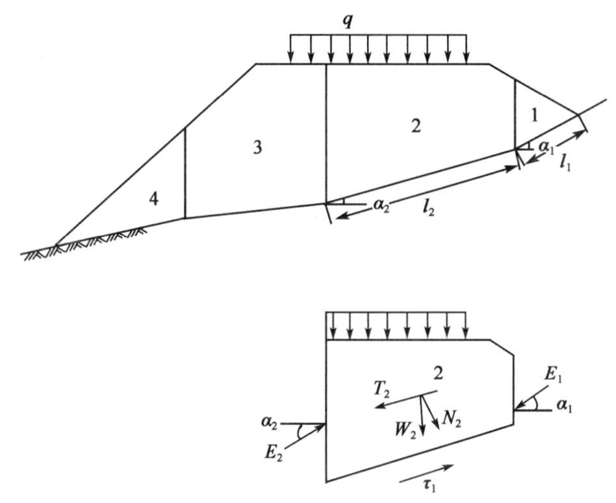

图 3.6.10　路堤沿斜坡地基或软弱层带滑动稳定性计算图示

条文中计算式(3.6.10-1)、式(3.6.10-2)是不平衡推力法的隐式解，安全系数采用传统的抗剪强度指标折减的定义，将安全系数隐于抗剪强度指标和传递系数中，通过迭代求解。由于其条块间推力平行于上一滑动条块底面的假定，使得计算的安全系数受滑动面倾角的影响较大。有的研究认为：对于光滑连续的滑面，隐式解法可以无条件使用；对于由折线形组成的滑面，隐式解的使用应有限制，滑面中所有转折点处的倾角变化值需小于 10°。

陡坡路堤稳定性计算时，应注意下列问题：

(1)当斜坡面较长、坡度大且高差较大时，陡坡路堤中部填土宽度较小，陡坡路堤易产生沿中部薄弱地带产生剪出破坏。因此，这种地形条件下陡坡路堤稳定性计算，除计算沿斜坡地基或软弱层带滑动的路堤整体稳定性之外，还应用简化

Bishop 法计算陡坡路堤沿中部薄弱地带的滑动稳定性。

(2)选取的稳定性计算断面是否完全反映了工点陡坡地形地质条件,也是影响计算结论正确性的重要因素之一。当路基中线方向与斜坡面的正方向或薄覆盖土层下斜坡面的主滑方向斜交时,除选择陡坡路堤正断面进行稳定性计算,更应该选择沿斜坡面的正方向或薄覆盖土层下斜坡面的主滑方向进行陡坡路堤稳定性计算,按照最小稳定系数的路基断面及方向进行抗滑支挡设计,以保证陡坡路堤稳定。

(3)应充分考虑路堤填料和地基表层土质在浸水饱和状态下物理力学性质劣化问题,即浸水饱和时强度衰减。

3.6.11 各等级公路高路堤与陡坡路堤稳定系数不得小于表 3.6.11 所列稳定安全系数值。对非正常工况Ⅱ,路基稳定性分析方法及稳定安全系数应符合现行《公路工程抗震规范》(JTG B02)的规定。

表 3.6.11 高路堤与陡坡路堤稳定安全系数

分析内容	地基强度指标	分析工况	稳定安全系数	
			二级及二级以上公路	三、四级公路
路堤的堤身稳定性、路堤和地基的整体稳定性	采用直剪的固结快剪或三轴固结不排水剪指标	正常工况	1.45	1.35
		非正常工况Ⅰ	1.35	1.25
	采用快剪指标	正常工况	1.35	1.30
		非正常工况Ⅰ	1.25	1.15
路堤沿斜坡地基或软弱层滑动的稳定性	—	正常工况	1.30	1.25
		非正常工况Ⅰ	1.20	1.15

注:区域内唯一通道的三、四级公路重要路段,高路堤与陡坡路堤稳定安全系数可采用二级公路的标准。

安全系数取值是结构安全与经济权衡的结果。在确定路基稳定安全系数取值时,应当考虑其重要性、破坏后修复的难易程度,以及作用荷载的特点,在保障其发挥正常功能的情况下相对经济。对路线等级高,以及高度较高的路基,取用较大的安全系数。强降雨或地震等偶然荷载作用频率较低,与正常工况安全系数相比应有所降低,否则,将造成偶然荷载作用工况控制设计,导致极不经济。岩土工程本身比较复杂,具有很强的经验性,采用不同的分析方法可以得到不同的稳定系数,如采用简化 Bishop 法分析路基稳定性，得到的稳定性通常就较采用瑞典条分法高 10%左右，因此，路基稳定安全系数取值还应当考虑到与采用的分析方法相匹配。

本次路基规范修订对路基稳定安全系数取值，遵循了以下原则，以达到安全与经济的协调：

(1)与结构重要性及破坏后修复的难易程度相适应，主要考虑与公路等级相联系。

(2)与采用的稳定性分析方法相匹配。

(3)以正常工况控制设计，以非正常工况进行校核设计，使其在正常工况下处于稳定状态，在非正常工况条件下，处于基本稳定状态。

遵循上述原则，对原规范的稳定安全系数进行了相应的调整，调整主要体现在考虑了公路等级和路基工况。对正常工况下的稳定安全系数，二级以上公路基本沿用了原规范的数值；对三、四级公路，考虑到等级低，且填土压实度标准要求相对低一些，故相对于二级以上公路稳定安全系数降低了约 5%。

对降雨工况，招商局重庆交通科研设计院有限公司进行了相关的算例分析，得到：降雨对路基稳定系数的影响与路基边坡高度、地基情况等有关，引起稳定系数降低的幅度在 5%～36%之间。如按 1.35 的稳定安全系数设计路基，那么依据算例稳定系数降低的百分比，可以得到：路基处于非正常工况Ⅰ时，稳定系数为 1.28(影响小，降低 4.79%)和 0.864(影响显著，降低 36.0%)。这一结果除稳定系数为 0.864 偏小外，基本符合前述以正常工况控制设计，以非正常工况进行校核设计，使路基在正常工况下处于稳定状态，在强降雨或地震等偶然作用条件下，处于基本稳定状态的原则。

综合算例分析结果及有关规范的规定，推荐了条文表 3.6.11 所列的稳定安全系数要求值。

对于区域内唯一通道的三、四级公路，多位于地形地质复杂的山区，在突发自然灾害时，是抢险救灾的生命线。为提高其防灾能力，本规范规定“区域内唯一通道的三、四级公路重要路段，高路堤与陡坡路堤稳定安全系数可采用二级公路的标准。”设计时，应根据公路功能、工程造价等，因地制宜，灵活掌握。

3.6.12 路堤基底处理应符合本规范第 3.3.6 条的规定，当地基分布有软弱土层时，应按本规范第7.7节的规定，做好地基加固设计。当路基稳定系数小于表3.6.11稳定安全系数时，应采取改善基底条件、设置支挡结构物、加筋等加固措施，保证路基稳定。

有关研究与四川汶川5.12地震后路基震害调查表明，采用土工合成材料加筋的路基具有较好的抗震性能，因此，对需要抗震设防的路基，可考虑加筋方案。

3.6.13 应加强高路堤与陡坡路堤的沉降控制。必要时，可进行增强补压、铺设土工合成材料等综合措施，并宜预留一个雨季的沉降期，减少工后沉降。

尽管高填方路基按规定的填料和压实度填筑，但由于路基高度大，加之填料的不均匀性，仍存在一定的工后压缩变形和不均匀变形，造成路面开裂、不平整等病害。在一些工程中，采用冲击碾压或强夯增强补压、铺设土工合成材料等措施，消减路基不协调变形及其引起的病害，取得了良好效果。为此，条文推荐在必要时可采取这些措施。

高填方路基经过一个雨季后，一些病害得以暴露，便于进行相关的处治，利于沉降稳定，因此，高填方路基宜通过合理的施工安排，预留一个雨季的沉降期。

山区路基所处的地形、地基、填料情况十分复杂，国内虽然对高填方路基工后沉降控制进行过相关研究，但获得的成果有一定的局限性，本规范还难以给出工后沉降控制标准。招商局重庆交通科研设计院有限公司对四川成雅高速公路全线高填方路基，以及广西南宁—桂林高速公路部分高填方路基不均匀沉降实测结果进行分析，得出如下结论：为控制路基不均匀变形，山区高填方路基工后沉降控制标准取40mm较为合适。

3.6.14 高路堤与陡坡路堤应进行施工监测，监测设计应明确监测路段、监测项目、监测点的数量及位置、监测要求等，监测项目与内容可按附录F表F-2选定。监测周期应为公路建成营运后不少于一年。

由于地质勘探存在一定的局限性，同时设计中也无法完全模拟施工状态，通过动态监控，既能根据施工中反馈信息，验证和完善设计，有效地控制施工速率，保证路基稳定，又能根据监测资料，分析评价路堤的工后沉降，合理确定路面的铺筑时间，保证路面质量和服务水平。因此，高路堤与陡坡路堤施工监测与动态设计是非常重要的。

3.7 深路堑

原规范共8条，本规范共11条。新增第3.7.4条(深路堑稳定性评价原则)，并将原规范第3.7.4条有关稳定性计算方法选择、计算工况和稳定安全系数的规定，分拆为第3.7.5条、第3.7.6条和第3.7.7条分别予以规定。

修订的主要内容与理由如下：

(1)节名"挖方高边坡"修订为"深路堑"。因本规范将"土质挖方边坡高度大于20m或岩石挖方边坡高度大于30m的路堑"定义为"深路堑"，故节名作相应的调整。

(2)新增"深路堑稳定性评价原则"的理由：边坡稳定状态的定性判断是边坡设计的前提和关键，但目前设计中，往往忽视定性分析工作，没有根据边坡地质结构类型和可能的破坏模式选择计算方法，机械地按照地质断面进行定量计算，导致设计失误。为强化边坡稳定性的综合评价工作，本规范新增该条规定。

3.7.1 深路堑和不良地质地段挖方边坡，应按独立工点进行勘察设计。

原规范规定土质挖方边坡高度超过20m、岩石挖方边坡高度超过30m的挖方边坡，本次规范修订中称之为"深路堑"，故作相应的条文修改。

3.7.2 深路堑工程勘探宜采用钻探、坑(井、槽)探与物探等相结合的综合方法，必要时可辅以硐探。边坡工程地质勘察应满足现行《公路工程地质勘察规范》(JTG C20)的要求，并应查明下列内容：

1 地形地貌特征。

2 岩土体类型、成因、性状、风化程度、完整程度、分层厚度。

3 岩土体天然和饱水状态下物理力学性质(如重度γ，强度参数c、φ等)。

4 主要结构面(特别是软弱结构面)特征、组合关系、力学属性、与临空面关系。

5 气象、水文和地质条件。

6 不良地质现象及范围、性质和分布规律。

7 坡顶邻近建筑物的荷载、结构、基础形式、埋深及稳定状态。

8 地表径流形态及其对边坡的影响。

地质资料不全、地质条件不明,导致设计不当是引起深路堑失稳破坏的主要原因之一,加强深路堑地质勘察工作十分重要。

边坡工程地质勘察需在地质调查并充分了解坡体地质结构后进行针对性的勘探。勘察中用单一的钻探往往难以达到预期效果,采用多种手段(斜孔、井槽、探槽、物探)的综合勘察,对于查明岩体结构构造是非常有效的。

合理地布置边坡地质勘察断面也是查明边坡地质条件的基础。实际工作中存在这样的现象:仅沿路基中线布设深路堑纵向勘探断面,但未沿垂直边坡方向布设横向地质勘察断面,导致设计时深路堑地质条件不明。因此,深路堑边坡勘察线应主要是沿垂直边坡的方向布置,重点是查明路基边坡横向地质分布情况,勘察范围要包括可能影响边坡稳定的区域。

3.7.3 边坡岩土体力学参数可按下列方法确定:

1 岩体和结构面抗剪强度指标宜根据现场原位试验确定。试验应符合现行《工程岩体试验方法标准》(GB/T 50266)的规定。当无条件进行试验时,可采用现行《工程岩体分级标准》(GB 50218)、表3.7.3-1和反分析等方法综合确定。

表3.7.3-1 结构面抗剪强度指标标准值

结构面类型		结构面结合程度	内摩擦角 φ(°)	黏聚力 c(MPa)
硬性结构面	1	结合好	>35	>0.13
	2	结合一般	35~27	0.13~0.09
	3	结合差	27~18	0.09~0.05
软弱结构面	4	结合很差	18~12	0.05~0.02
	5	结合极差(泥化层)	根据地区经验确定	

注:1.表中数值已考虑结构面的时间效应。
2.极软岩、软岩取表中低值。
3.岩体结构面连通性差时,取表中的高值。
4.岩体结构面浸水时取表中的低值。

2 岩体结构面的结合程度可按表3.7.3-2确定。

表 3.7.3-2 结构面的结合程度

结合程度	结构面特征
结合好	张开度小于 1mm，胶结良好，无充填；张开度 1～3mm，硅质或铁质胶结
结合一般	张开度 1～3mm，钙质胶结；张开度大于 3mm，表面粗糙，钙质胶结
结合差	张开度 1～3mm，表面平直，无胶结；张开度大于 3mm，岩屑充填或岩屑夹泥质充填
结合很差、结合极差（泥化层）	表面平直光滑，无胶结；泥质充填或泥夹岩屑充填，充填物厚度大丁起伏差；分布连续的泥化夹层；未胶结的或强风化的小型断层破碎带

3 边坡岩体性能指标标准值可按地区经验确定。重要边坡应通过试验确定。

4 岩体内摩擦角可由岩块内摩擦角标准值按岩体裂隙发育程度与表 3.7.3-3 所列的折减系数的乘积确定。

表 3.7.3-3 边坡岩体内摩擦角折减系数

边坡岩体特性	内摩擦角的折减系数	边坡岩体特性	内摩擦角的折减系数
裂隙不发育	0.90～0.95	裂隙发育	0.80～0.85
裂隙较发育	0.85～0.90	碎裂结构	0.75～0.80

5 土体力学参数宜采用原位剪切试验、原状土样室内剪切试验及反算分析等方法综合确定。

6 土质边坡按水土合算原则计算时，地下水位以下的土宜采用三轴试验土的自重固结不排水抗剪强度指标；按水土分算原则计算时，地下水位以下的土宜采用土的有效抗剪强度指标。

边坡岩体力学参数不易获得，由于岩体（特别是结构面）的现场剪切试验比较困难、试验时间较长、费用较高等原因，通过测试确定岩体性质指标（包括结构面的抗剪强度指标），当前并非所有工程都能做到。本规范参照《工程岩体分级标准》（GB 50218—94）表 C.0.2 并结合国内一些测试数据、研究成果及工程经验提出表 3.7.3-1 和表 3.7.3-2 供工程勘察设计人员使用。对破坏后果严重的岩石边坡的力学参数应通过现场测试获取。

岩石标准值是对测试值进行误差修正后得到反映岩石特点的值。由于岩体中或多或少都有结构面存在，其强度要低于岩石的强度。当前不少勘察单位采用水利水电系统的经验，将岩石的黏聚力 c 乘以 0.2、内摩擦角 φ 乘以 0.8 作为岩体的

c、φ 值。参照《建筑边坡工程技术规范》(GB 50330—2002)表 4.5.4 并结合国内公路部门的经验后,认为岩体的 c 值可采用水利水电系统的经验,岩体的 φ 值采用表 3.7.3-3 中的值。

土体力学参数试验获取较容易,结果可用性较好。推荐采用原位剪切试验获取边坡土体力学参数。水对边坡稳定性的影响主要有两方面:降低边坡土体强度参数、产生不利边坡稳定的水压力。基于这两种影响,在土坡稳定性分析中对水的处理有不同的考虑方法,如:水土合算、水土分算。本规范对不同的考虑方法的力学强度指标取值进行了规定。

3.7.4 边坡稳定性评价应遵循"以定性分析为基础、定量计算为手段"的原则。进行边坡稳定性计算时,应根据边坡工程地质条件或已经出现的变形破坏迹象,定性判断边坡可能的破坏形式和边坡稳定性状态。

挖方边坡稳定性评价内容包括边坡稳定状态的定性判断、稳定性计算、稳定性综合评价,以及边坡稳定性发展趋势分析。

边坡稳定状态的定性判断是边坡设计的前提和关键,它应在基于对边坡环境工程地质条件充分认识和分析的基础上开展,在此过程中涉及边坡岩体分级和边坡分类。近年来,我国各行业、特别是交通行业的西部交通科技项目,对边坡岩体分级和边坡分类开展了大量研究,获得了很多成果,比如 SMR 法、RMR 法等,不过这些成果尚待经受更大范围的工程实践检验,因此本次修订未将其纳入。

边坡稳定性评价要遵循以定性分析为基础、以定量计算为重要辅助手段来进行综合评价的原则。根据工程地质条件、可能的破坏模式以及已经出现的变形破坏迹象,对边坡的稳定状态做出判断和计算是边坡稳定性评价的重要内容。

3.7.5 边坡稳定性计算方法,应根据边坡类型和可能的破坏形式,按下列原则确定:

1 规模较大的碎裂结构岩质边坡和土质边坡宜采用简化 Bishop 法计算。

2 对可能产生直线形破坏的边坡宜采用平面滑动面解析法进行计算。

3 对可能产生折线形破坏的边坡宜采用不平衡推力法计算。

4 对结构复杂的岩质边坡,可配合采用赤平投影法和实体比例投影法分析及楔形滑动面法进行计算。

5 当边坡破坏机制复杂时，宜结合数值分析法进行分析。

边坡稳定性定量计算方法很多，边坡破坏形态是选取计算方法首先考虑的一个重要因素。同一形式的边坡破坏形态，可供选择的计算方法也很多，本规范给出了选定计算方法的原则。

对圆弧滑动面边坡稳定性计算，目前我国公路部门多采用瑞典条分法，而这种方法计算精度不高。简化 Bishop 法被公认为是一种具有足够精度可以满足工程需要的方法，是目前我国水利部门、建筑部门大力推荐的方法，因此本规范也推荐该方法。

对折线滑动面边坡稳定性计算，目前国内外公认的精度较高的是 Sarma 法和 Spencer 法，不过这两种计算方法较复杂，设计人员使用起来较困难。我国公路部门、铁路部门、建筑部门目前广泛使用的是不平衡推力法。鉴于此，本规范推荐不平衡推力法。

数值分析法是一种较好的边坡稳定性分析方法，可解决极限平衡法难以解决的复杂的边坡稳定性分析问题，不过迄今为止，该法尚难以给出一般工程技术人员易于接受和掌握的边坡稳定性计算结果及判据。对于复杂的边坡稳定性数值分析，需专题研究。由于数值分析方法要求的计算参数较难准确获取，其计算结果大多用作定性分析评价。

3.7.6 边坡稳定性计算应考虑下列三种工况。对季节冻土边坡，尚应考虑冻融的影响。

1 正常工况：边坡处于天然状态下的工况。

2 非正常工况Ⅰ：边坡处于暴雨或连续降雨状态下的工况。

3 非正常工况Ⅱ：边坡处于地震等荷载作用状态下的工况。

边坡稳定性定量计算结果与计算中考虑的因素、附加荷载、特殊荷载等密切相关，也就是说与相应的计算工况密切相关。本规范结合目前我国公路边坡实际情况，给出了路堑高边坡的稳定性计算工况划分的规定。

按正常工况计算时，边坡岩土体计算参数需采用天然状态下的参数；按非正常工况Ⅰ计算时，边坡岩土体计算参数需采用饱水状态下的参数；按非正常工况Ⅱ计算时，边坡岩土体计算参数需采用饱水状态下的参数，同时要考虑地震等特殊荷载。

季冻区冻融对边坡的影响，主要表现在对边坡浅层稳定性形成影响、冻结滞水效应导致坡体大范围稳定性降低，坡体产生热融性滑坡。目前研究成果尚不成熟，本次修订未将其纳入条文中。因此，边坡浅层稳定性分析时，主要考虑冻融循环对冻深范围岩土体物理力学性质的影响，即采用冻融循环后饱水状态下的强度参数，并计入浅层冻结冰层融化时产生的动静水压。

春融期土质边坡浅表层稳定性验算式如下（图 3-6）：

$$F_s = \frac{c' + [(\gamma_0 - n\gamma_w)h\cos\theta + q]\cos\theta\tan\varphi'}{\gamma_0 h\sin\theta\cos\theta + q\sin\theta} \tag{3-11}$$

式中：γ_0——土的复合重度（kN/m³），$\gamma_0=(1-n)\gamma+n\gamma_{sat}$；

q——附加荷载顺坡方向的线应力（kN/m³），$q=P/l$。

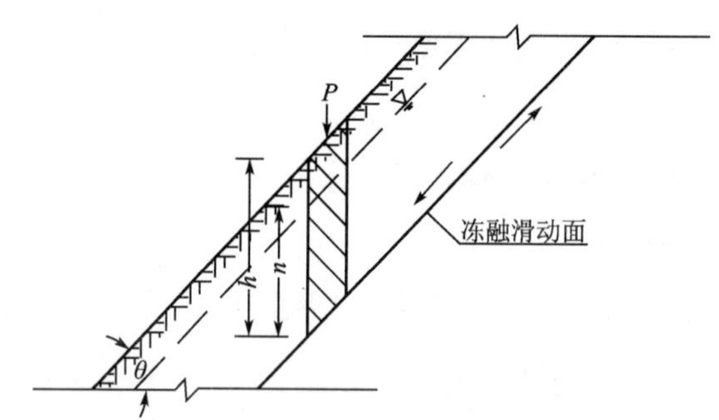

图 3-6　春融期土质边坡稳定性计算图示

岩石边坡在冻结的劈裂作用下会产生崩塌等破坏现象。对折线破坏的块体，可参照下式计算边坡稳定性（图 3-7）。

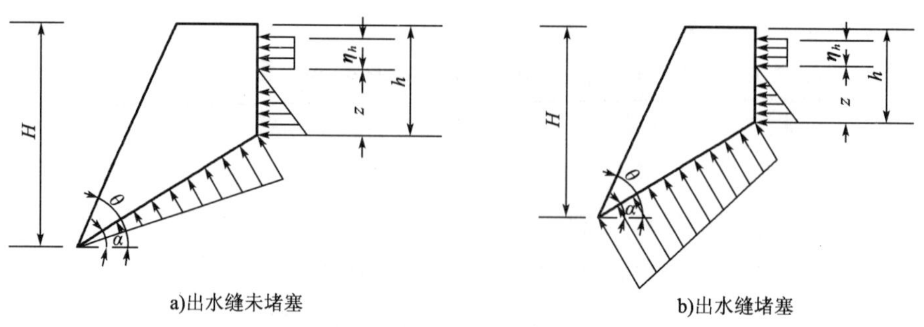

图 3-7　冻融期岩石边坡稳定性计算图示

（1）当出水缝未堵塞时，抗倾覆稳定性：

$$F_w = \frac{\left\{\left[\left(1+2\frac{h}{H}\right)\left(1-\frac{h}{H}\right)^2\cot^2\alpha-\cot^2\theta\right]\frac{\gamma}{\gamma_w}\right\}}{\left\{2\left(1-\frac{h}{H}\right)^2\frac{z}{H}\csc^2\alpha+3\left(1-\frac{3h-z}{3H}\right)\left(\frac{z}{H}\right)^2+\frac{3\eta hf[2H-(2-\eta)h+2z]}{\gamma H^3}\right\}} \tag{3-12}$$

(2)当出水缝堵塞时，抗倾覆稳定性：

$$F_w = \frac{\left\{\left[\left(1+2\frac{h}{H}\right)\left(1-\frac{h}{H}\right)^2\cot^2\alpha\quad\cot^2\theta\right]\frac{\gamma}{\gamma_w}\right\}}{\left\{2\left(1-\frac{h}{H}\right)^2\frac{h(1-\eta)}{H}\csc^2\alpha+3\left[\left(1-\frac{h(2+\eta)}{3H}\right)\right]\left[\frac{h(1-\eta)}{H}\right]^2+\frac{6\eta hf(H-\eta h/2)}{\gamma H^3}\right\}} \tag{3-13}$$

式中：η——冻结深度系数，与温度有关，由地区经验确定；

f——冰压力，可由试验获取。

(3)抗滑稳定性：

$$F_s = \frac{2c(H-h)+\gamma H^2\left[\left(1-\frac{h^2}{H^2}\right)\cot\alpha-\cot\theta\right]\sin\alpha\cos\alpha\tan\varphi-\gamma_w z(H-h)\tan\varphi-(\gamma_w z^2-2\eta zf)\sin^2\beta\tan\varphi}{\gamma H^2\left[\left(1-\frac{h^2}{H^2}\right)\cot\alpha-\cot\theta\right]\sin^2\alpha+\gamma_w z^2\sin\alpha\cos\alpha+\eta zf\sin\alpha\cos\alpha} \tag{3-14}$$

不过这些成果尚待经受更大范围的工程实践检验。有鉴于此，本次修订未将其纳入条文中。

3.7.7 各等级公路路堑边坡稳定系数不得小于表3.7.7所列稳定安全系数值。对非正常工况Ⅱ，路堑边坡稳定性分析方法及稳定安全系数应符合现行《公路工程抗震规范》(JTG B02)的规定。

表3.7.7 路堑边坡稳定安全系数

分析工况	路堑边坡稳定安全系数	
	高速公路、一级公路	二级及二级以下公路
正常工况	1.20～1.30	1.15～1.25
非正常工况Ⅰ	1.10～1.20	1.05～1.15

注：1.路堑边坡地质条件复杂或破坏后危害严重时，稳定安全系数取大值；地质条件简单或破坏后危害较轻时，稳定安全系数可取小值。

2.路堑边坡破坏后的影响区域内有重要建筑物(桥梁、隧道、高压输电塔、油气管道等)、村庄和学校时，稳定安全系数取大值。

3.施工边坡的临时稳定安全系数不应小于1.05。

原规范在分析总结高速公路挖方高边坡稳定控制的科研成果和工程经验，借鉴了我国相关行业有关边坡安全系数的规定，提出了路堑边坡安全系数控制标准，经过十年来山区高速公路工程实践验证是合适的。本次规范修订仍维持原标准，未作修订。对于非正常工况Ⅱ路堑边坡稳定安全系数，《公路工程抗震规范》(JTG B02—2013)已作详细的规定，故本规范删除了相关的规定。

深路堑边坡稳定安全系数选取，应根据公路等级、边坡地质复杂程度、边坡破坏后的危害程度等，并遵循下列原则确定：

(1)路堑边坡地质条件复杂或破坏后危害严重时，稳定安全系数可取大值；地质条件简单或破坏后危害较轻时，稳定安全系数可取小值。

(2)路堑边坡破坏后的影响区域内有重要建筑物(桥梁、隧道、高压输电塔、油气管道等)、村庄和学校时，稳定安全系数可取大值。

(3)水库区域公路深路堑边坡，周期性库水位升降变化频繁、高水位与低水位间落差大时，水位反复升降将导致边坡岩土体抗剪强度衰减，稳定安全系数可取大值。

(4)区域内唯一通道的三、四级公路，多位于地形地质复杂的山区，在突发自然灾害时，是抢险救灾的生命线。为提高其防灾能力，对于重要路段深路堑边坡稳定安全系数可取大值。

(5)季节性冰冻地区，边坡冻融情况下的安全系数取值尚无成熟研究成果，结合地区经验参照降雨工况选取。

边坡稳定系数因所采用的计算方法不同，计算结果存在一定差别。大量算例试算结果表明，一般情况下，简化 Bishop 法计算结果比不平衡推力法计算结果大5%～10%；数值分析法计算结果与简化 Bishop 法计算结果较接近，相互间的差值通常在5%以内；平面滑动面解析法计算结果比不平衡推力法计算结果大8%～16%。依据计算边坡稳定安全系数评价边坡稳定性状态时，应与计算方法相对应。

3.7.8 深路堑边坡宜采用折线式或台阶式边坡。台阶式边坡中部应设置边坡平台，边坡平台的宽度不宜小于2m。坚硬岩石边坡可不设平台，其边坡坡率可调查附近已建工程的人工边坡及自然边坡情况，根据边坡稳定性分析综合确定。

深路堑边坡的稳定性受控于边坡所在岩土体的地层岩性、地质构造、岩体结构、水文地质条件，以及人为改造的程度——开挖高度、坡形和坡率，高边坡失稳破坏的根本原因是边坡快挖引起坡体应力快速调整、水文地质条件改变，进而造成坡体的松弛和大变形。为此，控制施工期间深路堑边坡的松弛和大变形是深路堑边坡病害防治设计的核心。

深路堑边坡坡形与坡率要根据边坡稳定性评价结果确定。边坡采用台阶式有利于边坡稳定性，具体应用时要结合地形地质条件，因地制宜，对坚硬岩石边坡台阶修筑比较困难，在雨水丰富地区的顺层岩石边坡的台阶有时对边坡稳定不利，此时，采用不设台阶的折线式岩石边坡是合适的。

几种典型地质结构深路堑设计应注意的要点如下：

(1)土质(如高液限土、红黏土等)和软质岩石深路堑

为提高边坡稳定性，缓解边坡坡脚的应力集中，当地形地质条件许可时(增设宽大平台后，不过多增加挖方边坡高度，不会使后缘边坡地质条件恶化而产生变形破坏)，可在边坡中部设置宽6～10m的大平台。

(2)顺层或顺倾岩质深路堑

顺层或顺倾边坡是指岩层走向和倾向与边坡的走向和倾向一致的边坡。实际工程中，常将坡面走向与岩层走向夹角小于20°、倾向接近的边坡也视为顺层边坡。依据顺层高边坡的特征，可以将顺层高边坡分为下列坡体结构：

①顺层老滑坡的坡体结构，边坡的失稳破坏模式是沿既有滑动带失稳滑移。

②软弱结构面夹层的坡体结构，如炭质页岩、泥化夹层、砂泥岩互层及沉积接触面等，可能的失稳破坏模式为岩体依附软弱结构面夹层产生滑动。

③覆盖层边坡的坡体结构，可能的失稳破坏模式为覆盖层沿下伏基岩顶面下滑。

④硬性结构面坡体结构。

顺层或顺倾岩质深路堑边坡设计，应根据边坡稳定性分析计算，遵循“少开挖、预加固”的原则，采取顺层削方和边坡预加固相结合的工程措施，防止产生顺层滑坡。并应注意下列原则：

①削方坡率可采用岩层倾角。一般情况下，岩层倾角大于35°时可削方，小于

35°时不宜削方。

②顺层削方时，不宜切断岩层面。当必须切断岩层面时，应采取“先加固、后开挖”或“分层开挖、逐级支挡加固”的措施，防止因削方带来新的病害。

③顺层岩质边坡可能产生多层、多级滑动时，应在分析各级边坡稳定性的基础上，合理确定清方范围、深度及坡率，并采取分层支挡或预应力锚固措施，防止边坡产生“越顶”或“支挡建筑物坐船”破坏。

(3)上部为厚层或巨厚层块状岩体下伏近水平层状软弱岩体的深路堑

坡体上部主要为厚层或巨厚层块状岩体，如厚层或巨厚层的砂岩、灰岩，岩体中陡倾角结构面发育、贯通，而下部为一定厚度的近水平层状软弱岩体，如中薄层泥岩、泥页岩或断层破碎带等，当路基开挖坡脚时，在高陡的岩体压力作用下，将产生挤出型滑坡、错落、崩塌等变形破坏。深路堑设计可增设宽平台，对上部厚层硬质岩石进行削方减载，并对下部软质岩体采取抗滑桩、边坡锚固或钢管注浆等加固措施。

(4)厚度较大的反倾硬质岩下伏软弱岩层的深路堑

厚度较大的反倾硬质岩下伏软弱岩层的边坡，如上部为中厚层灰岩、下部为薄层灰岩夹页岩，厚层砂岩与泥岩互层等，当路基开挖后，边坡坡率较陡且未及时加固，在坡脚岩体应力集中，底部软岩因承载能力不足而产生压缩变形，引起上部硬质岩产生倾倒破坏。设计时可采取对硬质岩体进行削方减载、对软弱岩体进行预应力锚固等综合措施。

3.7.9 边坡防护设计应根据边坡地质和环境条件、边坡高度及公路等级，采取工程防护与植物防护的综合措施，稳定性差的边坡应设置综合支挡工程，并采用分层开挖、分层稳定和坡脚预加固技术。

深路堑边坡防护与支挡设计时，既要保证边坡稳定，又要使防护支挡工程与周围环境相协调，有条件时，尽量采用植物防护，避免采用高大挡墙、桩板墙等。

深路堑边坡支挡工程设计要遵循“固脚强腰”的原则。坡脚应力集中，地下水也向坡脚集中排泄，软化坡脚岩土体，易产生变形破坏而引起整个边坡失稳，需加强高边坡坡脚支挡加固处理，此为“固脚”。当高边坡中部存在软弱面，将可能出现多层、多级局部失稳，适当加强边坡中部支挡加固，防止局部浅层破坏，对高边坡坡体的应力调整、变形约束等效果显著，此为“强腰”。

软质岩石深路堑，当岩体松散破碎、软弱结构面发育时，往往在施工开挖期间就出现边坡开裂、坍滑等病害，不仅影响施工的安全和进度，而且增加了大量的工程整治费用，给设计和施工以至运营的工作都带来了很大的问题。其产生的原因主要有以下几个方面：

(1)路堑边坡软质岩层节理发育，岩体松散破碎，自稳性差，开挖后难以保持其自身的稳定性。

(2)由于推行机械化施工，支挡防护工程的跳槽开挖方法很难实现；另一方面，开挖一级、及时防护一级的施工要求未能得到很好执行，边坡开挖后，后续支挡防护工程的砌筑周期长，边坡岩层长期暴露，使路堑边坡长期处于非稳定状态，一旦遇到某些外部不利因素，如连续降雨、临时排水设施未跟上、堑内积水等，会造成边坡坡脚岩体软化、强度降低，从而引发边坡变形破坏。

对于具有上述工程特性的软质岩石深路堑，设计时，应采用分层开挖、分层稳定和坡脚预加固技术，即从上到下分级开挖，分级加固防护，下部边坡坡脚采用抗滑桩等进行预加固，再开挖施工。

3.7.10 应设置完善的边坡地表和地下排水系统，及时引排地表水和地下水。各种排水设施构造尺寸按本规范第4.2节、第4.3节确定。季节冻土边坡地下水丰富时，应对地下水排水口采取保温措施。

水是影响深路堑边坡稳定性的重要因素之一。设计时要重视地下排水设计，加强地表和地下综合排水系统的设计，尤其是要根据地下水赋存形式、排泄方式及边坡开挖后地下水状态的变化规律，因地制宜，选择适宜的排水方案。

对季节冻土边坡，降水入渗和地下水渗流形成地表湿地，冬季成为季节性冻土，冻结膨胀使土体结构松散，春融时冰层消融，地下水渗流排泄造成松散物质流失，饱和、过饱和的土体在重力作用及水动力的影响下随融冰水产生蠕动变形，最终导致边坡破坏，形成热融性滑坡。设计应根据潜在滑动面(带)的土质、含水状态与分布特征，以及冻结层土质和含冰情况等，采取设置支撑渗沟、地下排水渗沟与支挡工程相结合的综合措施，渗沟需设置在最大冻深线以下，并对地下水排水口采取保温措施。

3.7.11　高速公路、一级公路深路堑及不良地质、特殊岩土地段挖方边坡应进行施工监测，监测设计应明确监测路段、监测项目、监测点的数量及位置、监测要求等，监测项目和内容可按附录F表F-1、表F-3选定。监测周期应为公路建成营运后不少于一年。

动态设计是挖方高边坡设计内容之一。设计者要及时跟踪并掌握施工开挖中反映的真实地质特征、边坡变形量、应力测定值等信息资料，对原设计作校核和补充、完善设计，保证工程安全和设计的合理性。

地质资料是设计的基础，但山区地质情况复杂多变，受多种因素制约，地质勘察资料准确性的保证率较低，勘察主要结论失误造成边坡工程失败的现象不乏其例。因此规定必要时对地质情况复杂的高边坡进行补充勘察，收集地质资料，查对核实地质勘察结论，避免因勘察结论失误而造成工程事故。

现场监测是一项技术含量很高的工作，它对工程设计的正确实施有着重要作用，也是保证施工安全或排危应急抢险的重要依据。因此，在设计文件中需对整个监测系统、程序、内容、技术要求等作明确规定。

3.8　填石路堤

原规范共7条，本规范共7条。合并原规范第3.8.3条与第3.8.4条；将原规范第3.8.7条分拆为第3.8.6条和第3.8.7条，单列风化岩石和软质岩石路堤设计规定；修订了原规范第3.8.5条填石路堤顶部的填石料要求。

3.8.1　填石路堤设计应遵循下列原则：

1　硬质岩石、中硬岩石可用作路床、路堤填料；软质岩石可用作路堤填料，不得用于路床填料；膨胀性岩石、易溶性岩石和盐化岩石等不得用于路堤填筑。

2　填石路堤应做好断面设计、结构设计和排水设计，保证填石路堤有足够的强度和稳定性。

3　填石路堤施工前，应通过试验路段，确定填石路堤合适的填筑层厚、压实工艺以及质量控制标准。

粗粒土的工程性质随填料中石料含量的不同，其工程性质也逐渐发生变化。

石料含量较少时，粗粒料在土体中零星分布，粗粒料基本为细料所包围，粗粒料难以在土中形成骨架，填料主要呈现出细料的工程性质。一般情况下，粗料含量在小于 40%时，可以按照细料填筑的路堤进行质量控制。

粗料含量达到一定数量后（一般超过 40%），随着粗粒料的增加，粒料在土中逐渐开始起到形成骨架，一方面，填料的干密度逐渐增加；另一方面，由于骨架的承力作用，填料强度提高，压缩性逐渐降低。填料呈现出土石混合填料的工程性质。

粗粒含量超过 70%时，由于在粗粒含量过多，粗料间不可避免地出现骨架的架空现象，细料不足以填充砾石间空隙，填料的工程性质主要由粗粒料控制。

本规范填石路堤是指用粒径大于 40mm、含量超过 70%的石料填筑的路堤。

填石料具有压实性能好、透水性强、填筑密度大、抗剪强度高、沉降变形小、承载力高的优良工程特性，在公路工程建设中得到广泛应用。但其石料的岩性对填石路堤结构性能影响较大，膨胀性岩石、易溶性岩石和盐化岩石等，在水气环境影响下，随使用年限增长，其工程性质将发生劣化，路基稳定性差，易产生路基病害，故不用于路堤填筑。

本规范按照有关要求，删除了原规范有关填石路堤的施工工法的规定，即“3填石路堤应采用大功率推土机与重型压实机具施工”。“5 采用强夯或冲击压路机进行施工的填石路堤，其压实层厚与质量控制标准可通过现场试验或参照相应的技术规范确定”。设计时，应根据填石料的性质，确定填石路堤的具体施工工法及机具要求，并经试验路予以验证。

填石路堤的质量与施工机具的性能密切相关，压实机具功率较小时，填石料无法进行进一步破碎，压实效果不好。推土机功率较小时，很难使大粒径填石料移位和摊铺表面进一步破碎和压实。试验表明，静重 12t 以下的振动压路机，在碾压中硬强度以上石料时，较难使表面平整，对压实效果影响很大。

冲击式碾压、强夯施工填石路堤，能保证其施工质量，也有成熟的工程经验，有条件时，设计可采用该施工方案。

3.8.2 填石料可根据石料饱和抗压强度指标按表 3.8.2 进行分类。

表 3.8.2 岩 石 分 类 表

岩石类型	单轴饱和抗压强度(MPa)	代表性岩石
硬质岩石	≥60	1.花岗岩、闪长岩、玄武岩等岩浆岩类； 2.硅质、铁质胶结的砾岩及砂岩、石灰岩、白云岩等沉积岩类； 3.片麻岩、石英岩、大理岩、板岩、片岩等变质岩类
中硬岩石	30～60	
软质岩石	5～30	1.凝灰岩等喷出岩类； 2.泥砾岩、泥质砂岩、泥质页岩、泥岩等沉积岩类； 3.云母片岩或千枚岩等变质岩类

实践经验表明，填石料在抗压强度小于 60MPa 时，和坚硬岩石相比，填石料的岩石破碎率有较大幅度的提高，其施工可塑性大大增加。有文献指出：只要饱和抗压强度在 30MPa 以上的岩石可视为硬岩正常使用，低于此值的软岩，只要放置在适当部位和专门设计，也可用于筑坝。而填石料在抗压强度小于 30MPa 时，现有的摊铺和压实机械很容易对其进行破碎。对于软质岩石，其压实后的工程性质更呈现土的特性，对于强度小于 5MPa 的极软岩石，其施工和压实特性可以按土质填料考虑。因此，从填料的角度出发，将填料岩石种类分为三种是比较适当的，它可以较准确地区分不同强度岩石的施工特点。

原规范总结公路填石路堤修筑经验和相关科研成果，借鉴现行《水利水电工程地质勘察规范》(GB 50287)按岩石单轴饱和抗压强度的分类标准，从填石料的工程性质和施工工艺要求的角度出发，给出了公路填石路堤的岩石分类(表 3.8.2)：硬质岩石(≥60MPa)、中硬岩石(30～60MPa)、软质岩石(5～30MPa)。对强度小于 5MPa 的极软岩石，施工和压实特性完全可以按土质填料考虑。实践表明，上述分类是合适的。本次规范修订维持该分类标准。

3.8.3 不同强度的石料，应分别采用不同的填筑层厚和压实控制标准。填石路堤压实质量标准宜用孔隙率作为控制指标，并符合表 3.8.3-1～表 3.8.3-3 的要求。施工压实质量可采用孔隙率与压实沉降差或施工参数联合控制。

表 3.8.3-1 硬质石料压实质量控制标准

路基部位	路面底面以下深度(m)	摊铺层厚(mm)	最大粒径(mm)	压实干密度(kg/m^3)	孔隙率(%)
上路堤	0.80～1.50 (1.20～1.90)	≤400	小于层厚 2/3	由试验确定	≤23

续上表

路基部位	路面底面以下深度（m）	摊铺层厚（mm）	最大粒径（mm）	压实干密度（kg/m^3）	孔隙率（%）
下路堤	＞1.50 （＞1.90）	≤600	小于层厚2/3	由试验确定	≤25

注："路面底面以下深度"栏，括号中数值分别为特重、极重交通的上路堤、下路堤的深度范围。

表 3.8.3-2　中硬石料压实质量控制标准

路基部位	路面底面以下深度（m）	摊铺层厚（mm）	最大粒径（mm）	压实干密度（kg/m^3）	孔隙率（%）
上路堤	0.80～1.50 （1.20～1.90）	≤400	小于层厚2/3	由试验确定	≤22
下路堤	＞1.50 （＞1.90）	≤500	小于层厚2/3	由试验确定	≤24

注："路面底面以下深度"栏，括号中数值分别为特重、极重交通的上路堤、下路堤的深度范围。

表 3.8.3-3　软质石料压实质量控制标准

路基部位	路面底面以下深度（m）	摊铺层厚（mm）	最大粒径（mm）	压实干密度（kg/m^3）	孔隙率（%）
上路堤	0.80～1.50 （1.20～1.90）	≤300	小于层厚	由试验确定	≤20
下路堤	＞1.50 （＞1.90）	≤400	小于层厚	由试验确定	≤22

注："路面底面以下深度"栏，括号中数值分别为特重、极重交通的上路堤、下路堤的深度范围。

原规范总结福建福泉高速公路、广东京珠高速公路、广西柳桂高速公路的花岗岩、石灰岩、红砂岩等填石路堤试验路的工程经验及相关科研成果，提出了不同岩石类型的摊铺层厚、最大粒径和孔隙率的压实质量标准。

试验表明，目前检测压实质量常用的方法（干密度、承载板、沉降差、面波）单一进行填石路堤的质量控制均不能很好地控制质量，填石路堤的施工参数（压实功率、碾压速度、压实遍数、铺筑层厚等）对压实质量的影响大，必须对其进行质量监控。填石路堤较为合适的质量控制方法是施工参数与压实质量检测同时控制的双控方法，填石路堤压实质量检测可以采用压实沉降差或孔隙率标准。

孔隙率作为压实质量检测指标具有唯一性，但需进行大坑（最大粒径的1.5～2倍）水袋法试验，测试难度较大。近年来，对压实沉降差作为检测指标进行了试验研究与工程实践。压实沉降差所反映的填石料实际密实状态与压路机的功率密切相关，功率较小的压路机碾压硬质岩石时，其沉降差并不能代表填石料实际密实状态能否满足工程要求。质量控制的关键是压路机的功率要与填石料的强度相匹配，即只有采用重型振动压路机才能保证工程质量。

目前采用压实沉降差进行检测的情况较多。压实沉降差与碾压遍数以及填石料的压实干密度有很好的相关关系(据福建和广东试验工程统计，相关系数在95%以上)，在压实机具不变的情况下，可以较好地控制实际的压实遍数。但压实沉降差还应与施工工艺参数进行联合控制才能有效地控制填石路堤的压实质量。

本次规范修订，为保证填石路堤压实质量，又便于检测施工压实质量，规定填石路堤压实质量标准采用孔隙率作为控制指标，施工压实质量采用孔隙率与压实沉降差或施工参数联合控制。实际工程施工时，试验路确定压实沉降差控制标准，并同时检测孔隙率指标对其进行验证。

压实沉降差为采用施工碾压时的重型振动压路机(建议 14t 以上)按规定碾压参数(强振，4km/h 以下速度)碾压两遍后各测点的高程差。建议压实沉降差检测采用了如下标准：压实沉降差为采用重型振动压路机(建议 14t 以上)按规定碾压参数(强振，4km/h 以下速度)碾压后各测点的高程差。压实沉降差平均值应不大于 5mm，标准差不大于 3mm。

填石路堤试验路情况可参考以下内容。

(1)福建省填石路堤试验情况(表 3-4、表 3-5)

表 3-4　福建花岗岩填石路堤试验层厚

分　区	层厚(cm)	最大粒径(cm)	碾压遍数
下路堤	100	70	碾压至 8 遍
	80	60	碾压至 8 遍
	60	40	碾压至 8 遍
上路堤	60	40	碾压至 8 遍
	40	25	碾压至 8 遍
下路床	40	25	碾压至 8 遍
上路床	30	10～15	碾压至 8 遍

表 3-5 福建花岗岩填料压实控制标准

分区	压实孔隙率(%)	相应的压实干密度(kN/m^3)
下路堤	≤25	20.5 左右
上路堤	≤23	20.9 左右
上、下路床	≤21	21.1 左右

在碾压 6 遍以后,60～80cm 层厚的填石路堤压实干密度能达到 20.8kN/m^3 以上,其孔隙率在 23%左右。从课题组制定的控制标准以及水利部门修筑堆石坝经验来看,已经达到了填料压实的要求。因此,在下路堤区用 80cm 或 60cm 层厚填筑填石路堤是可行的。

坚硬石料和中硬石料填石路堤适合的质量控制手段是:施工工艺控制配合质量检测。其中,对坚硬石料和中等强度石料填石路堤可采用测定压实沉降差的方法作为质量检测手段。福建花岗岩填料试验路采用静重 12t 以上的振动压路机,但推荐采用静重 13～18t 的振动压路机。

(2)广东京珠高速公路粤境北段填石路堤试验路情况

广东填石路堤试验工程主要对坚硬的石灰岩,中等强度的红色砂岩以及软质泥页岩进行试验研究。

在试验中采用了以下参数(表 3-6、表 3-7)。

表 3-6 填石路堤试验层厚

类型	层厚(cm)	最大粒径(mm)	碾压遍数
坚硬岩石路堤	60	40	碾压至 8 遍
	80	60	碾压至 8 遍
	100	70	碾压至 8 遍
中等强度石料填石路堤软质岩石路堤	40	30	碾压至 8 遍
	50	35	碾压至 8 遍
	60	40	碾压至 8 遍

表 3-7 填石料压实控制标准

填料类型	压实孔隙率(%)		
	下路堤	上路堤	上、下路床
坚硬石料	≤25	≤23	≤21
中硬石料	≤24	≤22	≤20
软质岩石	≤23	≤21	≤19

试验结果表明,采用 40～50t 的振动压路机,进行施工,对于坚硬石料,在下路堤区,60～80cm 层厚的填石料在碾压 6 遍后,其孔隙率小于 24%,可以满足填筑要求。对于中等强度石料,40～60cm 层厚的填石料在碾压 6 遍后,其孔隙率小于 22%,可以满足筑要求。而对于软质岩石,采用 30～50cm 层厚的填石料在碾压 6 遍后,其孔隙率小于 22%,可以满足筑要求。

坚硬石料和中硬石料填石路堤适合的质量控制手段是:施工工艺控制配合质量检测。其中,对坚硬石料和中等强度石料填石路堤可采用测定压实沉降差的方法作为质量检测手段。压实沉降差为采用标准吨位压路机(12t 以上)按规定碾压参数碾压两遍后各测点的高程差。压实沉降差平均值应不大于 5mm,标准差不大于 3mm。目前两个试验工程和推广路段运行情况良好,未出现与填石料有关的工程病害。

3.8.4　填石路堤顶部最后一层填石料的铺筑层厚不得大于 0.40m,最大粒径不得大于 150mm,其中小于 5mm 的细料含量不应小于 30%,且铺筑层表面应无明显孔隙、空洞。填石路堤上部采用其他材料填筑时,可视需要设置土工布作为隔离层。

原规范规定:“3.8.5 在填石料表面填筑土、粉煤灰等其他材料时,填石料顶面应无明显孔隙、空洞。在其他填料填筑前,填石路堤最后一层的铺筑层厚应不大于 400mm,过渡层碎石料粒径应小于 150mm,其中小于 5m 的细料含量不应小于 30%。在必要时,宜设置土工布作为隔离层。”

在原规范执行中,有的设计人员没有正确理解该条文的规定,在填石路堤顶部路床范围采用了细粒土填筑,不仅降低了填石路基承载能力(回弹模量),未能充分利用填石路堤承载能力,而且路表水渗入路基后细粒土易产生病害。这是不合理的路基结构,设计时应予避免。

对于填石路堤的路床填料,除非该路段填石料数量不足,应采用与填石路堤相同的填石料填筑,石料需进一步破解成的碎石料(不作级配要求),碎石料最大粒径应小于 100mm。

3.8.5　填石路堤可采用与土质路堤相同的断面形式,边坡坡率不宜陡于表

3.8.5的规定,边部可采用码砌,码砌厚度宜为1～2m,码砌石块最小尺寸不应小于300mm。边坡较高时,可在边坡中部设置宽度1～3m的平台。

表3.8.5 填石路堤边坡坡率

填石料种类	边坡高度(m)			边坡坡率	
	全部高度	上部高度	下部高度	上部高度	下部高度
硬质岩石	20	8	12	1∶1.1	1∶1.3
中硬岩石	20	8	12	1∶1.3	1∶1.5
软质岩石	20	8	12	1∶1.5	1∶1.75

大量工程实例表明,坚硬石料填石路堤在坡率小于1∶1时,仍能保持路基稳定。计算表明,对于20m高的坚硬石料填石路堤($c=10\text{kPa}$,$\varphi=45°$)在坡率为1∶1.1时,路堤自身稳定系数在1.6以上。说明填石路堤自身具有较高的稳定性,对于地基稳定性良好的填石路堤,硬质石料填石路堤边坡采用1∶1.1～1∶1.3的坡率是安全的。

填石路堤的边坡部位常常是摊铺、压实的薄弱环节,且用常规方法很难使边坡密实和平整,因此,中硬强度以上石料,一般需进行边坡码砌。边坡码砌应采用不易风化的硬质石料,并采用干砌方式。

台阶式码砌适合于填石料较规则的情况,单坡码砌对石料要求没有台阶式码砌严格,两者各有优劣,目前采用单坡码砌较为常见。

软质岩石和易风化岩石作为填料时,应按照土质路堤设计。

3.8.6 风化岩石和软质岩石填筑路堤时,路床应采用硬质岩的碎石或其他符合要求的材料填筑,并应采取路堤边部包边封闭或加筋、底部设置排水垫层、顶部设置防渗层等措施,防止填石路堤产生湿化变形。

本条是以原规范第3.8.7条第2款为基础作的修订,以强化风化岩石和软质岩石路堤的设计要求,防治路基病害。

风化岩石和软质岩石路堤在公路运营期间,在气候环境(降雨、蒸发、干湿循环)、地表水、地下水影响下,其物理力学性质产生衰减,尤其浸水后,软质岩石会软化,使其抗剪强度衰减,造成承载能力不足,引起软质岩石路堤产生不均匀沉降变形、开裂,甚至失稳。防治软质岩石路基病害,关键是要控制软质岩石路基湿度稳定，避免在气候环境和水影响下软岩性质产生劣化。根据科研成果和相关工程经验，本规范提出了采取路基边部包边封闭或加筋、底部设置排水垫层等措施。

风化岩石和软质岩石路堤设计时，为防止风化岩石和软质岩石路堤产生湿化变形，应注意下列问题：

(1)注意其适用条件和使用范围，沿河(水塘、湖、水库、海等)长期浸水路基、雨季临时浸水路基，应避免采用风化岩石和软质岩石路堤。

(2)斜坡路堤应设置完善的地表排水和地下排水设施，防止水渗入到风化岩石和软质岩石路堤。

(3)沟谷地带路堤底部排水垫层厚度，应根据雨季临时积水或汇集地表水流的深度确定，排水垫层顶面应高出水面不小于0.5m。必要时，可增设防渗隔离层，切断毛细水对软岩的影响。

3.8.7 软弱地基上填石路堤，应与软土地基处理设计综合考虑。

本条为原规范第3.8.7条第1款。当软弱土层厚度小于3m时，可以采用填石路堤；当软弱土层厚度超过3m时，因填石路堤重度大，增大软土地基沉降变形，故不宜采用填石路堤。

3.9 轻质材料路堤

原规范“3.9 粉煤灰路堤”，本规范改为“3.9 轻质材料路堤”，除粉煤灰路堤外，根据目前轻质材料路堤技术成熟程度及应用情况，纳入了土工泡沫塑料(EPS)路堤和泡沫轻质土路堤。

本规范共7条，主要内容包括：应用范围、方案论证、轻质材料设计、轻质材料路堤设计、土工泡沫塑料路堤设计、泡沫轻质土路堤设计和粉煤灰路堤设计等。

3.9.1 轻质材料可用作需减少路堤重度或土压力的路堤填料，其应用范围包括软土地基上路堤、桥涵与挡土墙构造物台(墙)背路堤、拓宽路堤、修复沉陷或失稳路堤等，但不宜用于洪水淹没地段。

在软土地基上路堤、桥涵与挡土墙构造物台(墙)背路堤、拓宽路堤、修复沉陷或失稳路堤等，采用重度小于细粒土的轻质材料填筑路堤，减少路堤重度或土压力，控制路基不均匀变形，具有很多优点。目前国内轻质材料研发及路堤修筑技术发展迅速，应用越来越广泛。

轻质路堤是指采用重度小于细粒土的材料填筑的路堤。轻质材料用作公路路基填料的类型较多，从目前技术成熟程度来看，主要为土工泡沫塑料、泡沫轻质土、粉煤灰等，其使用目的与作用基本相同。本次规范修订时，将其合并为“轻质材料路堤”。

(1)土工泡沫塑料(EPS)路堤

土工泡沫塑料在成型过程中颗粒膨胀形成了许多均匀的封闭空腔，这种结构决定了其具有轻质、耐压、耐水等诸多优良工程特性，对于消除在软弱地基上修筑一般路堤和桥头路堤时产生的路基沉降或差异沉降等有显著效果。同时土工泡沫塑料块体具有自立性，侧向变形很小，可以大大减轻或消除对桥台或挡土墙结构的侧向压力。此外，土工泡沫塑料导热系数较低，具有显著的隔热性能，可用于降低路基的冻结深度和减缓多年冻土地基的融化。

我国浙江省和广东省首先将土工泡沫材料用于高速公路路堤工程，并取得成功。沪宁高速公路(江苏段)改扩建工程也使用了土工泡沫材料。表 3-8 列出国内高速公路 EPS 填筑的工程实例。国内外土工泡沫材料路堤填筑实践表明，土工泡沫材料路堤填筑效果好，施工简单快速。EPS 有效地减小软基沉降、防止桥台和道路错位，是减压、防冻和防渗的理想材料。

表 3-8 国内高速公路 EPS 路堤工程

序号	工 程 名 称	使 用 位 置	EPS 用量(m^3)	建成时间
1	杭甬高速公路	望童跨线桥桥头	3 366	1996
2	杭州过境一级汽车专用公路	桥式通道祥符桥侧路堤	4 913	1997
3	浙江省 76 省道泽坎线	大南塘桥桥头	500	1997
4	沪杭高速公路余杭段	东河港桥头	3 200	1998
5	甬台温高速公路台州段	路基滑塌地段普通路堤	7 295	1998
6	杭宁高速公路湖州段	新田圩桥桥头	2 332	2000
7	杭金衢高速公路萧山段	红垦枢纽 1 号桥桥头	6 520	2002
8	上海 F1 国际赛车场	普通路堤	660 000	—
9	沪宁高速公路扩建工程	正仪枢纽路堤	—	2005
10	安新高速公路改扩建工程	桥头	—	2007
11	同三国道上海港新段	大泖港桥南桥台	—	2002

EPS块体的制作过程是：先由苯乙烯单分子材料（液体）通过化学聚合过程得到聚苯乙烯（固体），再添加发泡剂，经过发泡、熟成、成形和养生形成轻质高强块体。其密度为15～35kg/m^3，仅为砂土的1/50～1/100，属于超轻质材料。

EPS块体内有密集的封闭型独立气泡，不吸水和透水。抗压强度高，介于100～200kPa，超过常规路堤、路面结构和行车荷载总和（＜100kPa）。抗老化能力和抗疲劳能力强，化学性能稳定，对环境影响小。EPS轻质路堤本身具有足够抗压强度，不易压缩变形，路堤自身压缩变形小，EPS路堤减少地基上覆荷载，减少地基压缩变形。EPS路堤施工方便，EPS块体尺寸一般为3m×1.5m×0.65m，无须大型施工机械，施工过程受天气影响小，施工进度快。因此，EPS轻质路堤可以应用于高速公路。

EPS轻质路堤的最大特点是能够显著减小地基的上覆荷载，自身竖向和侧向变形小，施工快速便捷。EPS轻质路堤适用于下列工程：

①用于减小路堤与结构物间的差异沉降、减小高填土路堤对结构物的侧向压力，EPS轻质路堤能抑制差异沉降，降低路堤的侧向压力。

②深厚软土地基施加一定超载后卸载，采用EPS轻质路堤减小交通荷载下低路堤的残余沉降问题。

③用于减小新老路基的差异沉降，道路拓宽工程中，老路路基沉降稳定，EPS轻质路堤减小新路基沉降，有效控制差异沉降。

④用于保护高填土下的涵洞或是城市道路下的市政设施，EPS轻质路堤能减小上覆荷载，有效控制路堤的沉降。

(2)泡沫轻质土路堤

泡沫轻质土，亦称气泡混合轻质土，是公路建设领域的一种新型轻质填筑材料，具有轻质性、重度和强度可调节性、自流性、直立性、易开挖及施工便捷性等特性。其填筑工程以降低荷重或土压力为目的，缩短施工工期，节约土地资源，已经大量用于软基路堤、软基桥台台背、道路加宽路堤、陡峭路堤、地下结构顶减荷回填、软土地基与基础处理、坍方快速抢险修复、寒区路堤填筑工程。泡沫轻质土最早由日本道路公团于1986年应用于道路工程，广东省于2001年从日本引进，并在国内公路建设中得到了较广泛的推广应用，已成为一种成熟的路堤修筑材料。

泡沫轻质土是一种在水泥基浆料中加入泡沫后凝固而成的轻质类混凝土，在实际工程中，除有特殊性能要求外，其原材料主要由水泥、水和泡沫组成。掺料可根据性能要求和经济性进行选用。例如，在粉煤灰丰富且价格便宜地区，可掺入粉煤灰；在需要强度较高时，可掺入细砂和其他掺和料等；在风积砂丰富地区，可掺入风积砂；在地下水位以下填筑有防水要求时，可掺入防水剂等材料。

泡沫轻质土特性如下：

①轻质性。泡沫轻质土内含有大量的微小气泡群，其重度不但比一般的土体要小得多，而且通过调整土体中的气泡和固化剂的含量，可以按照需要对气泡混合轻质土的重度在 5～16kN/m^3 内进行必要的调整。

②强度的可调节性。和重度的可调节性原理一样，通过改变各种成分的配合比，泡沫轻质土的强度可以在 300～1 500kPa 的范围内进行调整。

③高流动性。泡沫轻质土具有良好的流动性，可通过管道泵送，其最大输送距离可达 1 500m，最大泵送高度可 30m。为防止泄漏，在进行泡沫轻质土的浇筑施工时，通常不得不砌一些必要而简单的挡墙。

④固化后的自立性。由于使用水泥作为固化剂，通常在浇筑 5h 后就会开始固化，且固化后可以自立，可进行垂直填土，且对挡土结构物几乎没有推挤力。

⑤良好的施工性。由于其具有良好的流动性和固化后的自立性，且不需振捣和碾压作业，可进行远距离或在小空间内施工。此外，泡沫轻质土中混有大量的气泡群，成品的体积可达到材料体积的 3 倍以上。

⑥耐久性。属水泥类材料，与高分子材料相比，其耐久性、耐热及抗油污能力强，具有水泥材料同等的耐久性。

⑦隔热性。泡沫轻质土中含有大量的气泡，气泡体积含有率可达 40%～70%，导热系数小，具有良好的隔热性。

泡沫轻质土应用如表 3-9、表 3-10 所示。

(3)粉煤灰路堤

目前，公路粉煤灰路堤所用的粉煤灰主要是湿排灰(池灰)，调湿灰次之，均属硅铝型的低钙粉煤灰，干灰、炉底灰渣和硫钙型的高钙粉煤灰均缺乏工程实际经验和应用实例，因此，本规范只针对硅铝型的低钙粉煤灰。

表 3-9　泡沫轻质土工程应用范围

用途	设计类型	概　念　图	应用目的及效果	主要设计内容
减轻荷重	软土地基或道路加宽	扩宽部 路面 房屋 原路基填土 软弱地基 气泡混合轻质土	1. 可垂直填筑，减少拆迁，节省土地； 2. 可降低填土荷重，减少差异沉降； 3. 减少软土地基处理； 4. 缩短施工工期	1. 湿重度； 2. 抗压强度； 3. 对滑动、倾覆、抗浮等进行验算； 4. 道路附属设施
	滑坡地段填筑	路面 山体 气泡混合轻质土 滑动土块 滑动面	1. 减少土块的下滑力，提高抗滑稳定性； 2. 简化抗滑处理； 3. 保持原有地貌； 4. 缩短施工工期	1. 湿重度； 2. 抗压强度； 3. 对滑动、倾覆、抗浮等进行验算； 4. 道路附属设施； 5. 滑坡加固处理
	陡坡地段填筑	路面 气泡混合轻质土 山体 抗滑桩	1. 减少土体的下滑力，提高抗滑稳定性； 2. 简化挡土结构； 3. 保持原有地貌； 4. 缩短施工工期	1. 湿重度； 2. 抗压强度； 3. 对滑动、倾覆、抗浮等进行验算； 4. 道路附属设施

续上表

用途	设计类型	概念图	应用目的及效果	主要设计内容
减轻土压力	减轻构造物土压	桥面 气泡混合轻质土 路面 桥台 原土路基 桩基 软基 新铺道路 旧土层 气泡混合轻质土 结构	1. 减轻构造物背面土压力； 2. 减轻构造物侧面土压力； 3. 减少差异沉降； 4. 缩短施工工期	1. 湿重度； 2. 抗压强度； 3. 对滑动、倾覆、抗浮等进行验算； 4. 道路附属设施
人工山体	隧道坑口	气泡混合轻质土 山体 隧道口	1. 减轻隧道坑口的偏土压力； 2. 保持原有地貌； 3. 防止坑口坍塌； 4. 施工简单、安全	1. 抗压强度； 2. 内部稳定性； 3. 隧道土压力计算

续上表

用途	设计类型	概　念　图	应用目的及效果	主要设计内容
狭小空间填筑	空洞填充	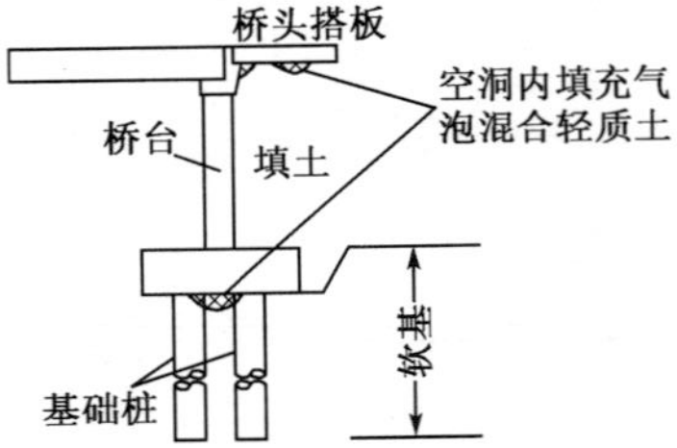 桥头搭板 空洞内填充气泡混合轻质土 桥台 填土 基础桩 软基	1. 减少地震作用； 2. 减少差异沉降； 3. 施工方便、快捷	流动性

表 3-10　泡沫轻质路堤工程案例

序号	项目名称	施工日期（年/月）	浇筑量（m^3）	重度（kN/m^3）	28d 无侧限抗压强度(MPa)	采用泡沫轻质土处理原因	处理效果
1	广东中江高速公路港口立交桥台台背换填工程	2003/05	766	6.5	1.4	减轻台背回填材料重量，减少填料对桥台的推挤，降低工后沉降，解决桥(涵)头跳车	通过通车几年来看，几乎没有跳车现象
2	广东京珠高速公路粤境南段太和互通北二环道路加宽工程	2003/08	800	10.9	2.8	减轻加宽段回填材料重量，降低工后沉降。可在原路基边坡上进行加宽，施工过程不影响交通，加宽不需征地，不需拆迁厂房	施工过程不影响交通，不需拆迁厂房，施工速度快。通车3年多，加宽路面未出现纵横向裂缝，未出现差异沉降
3	内蒙古自治区国道301线牙克石至海拉尔一级公路K367+284.90哈克公铁立交桥台台背换填工程	2004/08	630	8.3	1.07	由于季节性冻融作用，产生不均匀沉降造成桥与路基间的沉降差，从而产生桥头跳车病害。利用泡沫轻质土的轻质性、良好的抗冻融性能等特点解决桥(涵)头与桥头跳车问题	泡沫轻质土在寒区道路的冻土隔热保温。桥台水平冻胀、软基工后沉降等病害的防治。效果明显
4	内蒙古自治区国道301线牙克石至海拉尔一级公路海拉尔连接线K0+000～K7+908.95段土保温层工程	2004/08	1 566	10.9	1.24	季节性冻融作用使路基产生不均匀沉降，导致路基路面的破坏，采用泡沫轻质土隔热层治理冻土病害	
5	内蒙古自治区国道301线牙克石至海拉尔一级公路K322+684处大雁互通立交桥加筋挡土墙台后回填工程	2004/08	1 331	8.3	1.07	该处公铁立交台后填土高度超过10m，为缓减台背加筋填土冻胀对薄壁桥台的土压力，避免台背裂缝，台后10～20m范围内采用泡沫轻质土填料回填，减少填料对台背土压力	

续上表

序号	项目名称	施工日期（年/月）	浇筑量（m^3）	重度（kN/m^3）	28d无侧限抗压强度（MPa）	采用泡沫轻质土处理原因	处理效果
6	广州新光快速路桥台台背回填工程	2005/07～08	14 000	5.5	0.5	为减轻地铁顶上的填土荷载，减轻回填材料重量，降低工后沉降，解决桥（涵）头跳车和减轻地铁上填土荷重目的	桥台处路面未出现纵横向裂缝，桥台路面未出现沉降。没有跳车现象
7	广东中江高速公路两江特大桥0号桥台台背回填工程	2005/07	4 986	6～6.5	0.6～0.8	减轻台背回填材料重量，减少填料对桥台的推挤，降低工后沉降，解决桥（涵）头跳车问题	桥台处路面未出现纵横向裂缝，桥台路面未出现沉降，侧墙无裂缝
8	广东省江鹤高速公路K31+132中桥桥台台背换填工程	2005/09	8 403	6～6.5	0.6～0.8	减轻台背回填材料重量，减少填料对桥台的推挤，降低工后沉降，解决桥（涵）头跳车问题	桥台处路面未出现纵横向裂缝，桥台路面未出现沉降，侧墙无裂缝
9	广东省广佛高速公路Kl2+920～K13+095段右侧路堤扩建工程	2005/10～12	2 056	6.5	≥0.5	减轻加宽段回填材料重量，降低工后沉降	施工过程不影响交通，施工速度快。通过加载预压效果来看，加宽路面未出现纵横向裂缝，未出现差异沉降

续上表

序号	项 目 名 称	施工日期（年/月）	浇筑量（m^3）	重度（kN/m^3）	28d 无侧限抗压强度（MPa）	采用泡沫轻质土处理原因	处 理 效 果
10	广佛雅瑶至佛开三堡段高速公路扩建工程试验段（广佛雅瑶至谢边路段右侧），起点桩号为 K12＋915，终点桩号为 K13＋095，全长为 180m	2005/12		6.5	≥0.5	地层情况依次为根植土、淤泥、淤泥质亚黏土、淤泥质细砂等。软土厚度在 3.0～6.0m 之间。原路基为填土路基，双向 6 车道，宽 33.5m，扩建后双向 8 车道，宽度 42.0m。右侧试验段扩建加宽 4.75m	2005 年 12 月 29 完工，截至 2006 年 4 月 10 日，4 个观测点的累计沉降量分别为 12mm、10mm、13mm、13mm，小于设计要求的工后累计沉降量不大于 50mm 的要求
11	湖南省醴潭高速公路 K4＋390～K4＋453.123 段右侧路堤换填工程	2007/04	2 083	5～6.5	0.6～0.8	该段路基外侧原设计为直立式挡土墙，施工中先施工挡土墙后进行路基填筑。因路基填筑过程中压实度不够等原因，底基层和基层及下面层施工完后，路基出现不均匀沉降，挡土墙向外推移，路基出现下沉，导致路面出现较大裂缝。采用泡沫轻质土对该段路基进行回填，确保路基稳定	施工速度快，利用其轻质性能大大减少填土荷重，减少对挡墙的压力，稳定性好，对应用于抢险工程效果很好
12	广东省汕揭高速公路云路匝道 Kd0＋511～530 段换填工程	2007/04	362	5.4	0.6～0.8	路基出现不均匀沉降，路基下沉，路面出现较大裂缝。采用泡沫轻质土对该段路基进行重新回填，确保路基稳定	施工速度快，利用其轻质性能大大减少填土荷重，稳定性好，对应用于抢险工程效果很好

续上表

序号	项 目 名 称	施工日期（年/月）	浇筑量（m^3）	重度（kN/m^3）	28d无侧限抗压强度（MPa）	采用泡沫轻质土处理原因	处 理 效 果
13	中江高速公路					部分路段地基土层为深厚淤泥，软土层厚度达30m以上，导致排水预压处理时，袋装砂井无法穿透淤泥层，对于局部高桥台台背路基，其工后沉降无法满足规范要求。在KX和JK匝道桥台台背设计了泡沫轻质土换填路基	普通土桥台背的土体的沉降量远大于轻质土桥台背土体的沉降量，且轻质土台背的沉降已基本完成，普通土台背的沉降则在继续发生。轻质土对桥台的土压力几乎为零。说明采用泡沫轻质土换填台背常规填土，减少了台背软土地基的工后沉降，对桥头跳车病害有缓解和消除的作用
14	浙江申嘉湖杭高速公路（练杭段）换填工程	2009/7	21 000	5.5	≥0.6	练杭段地处杭嘉湖冲积软土层上，地基软土具有含水率高、渗透性小、强度低等特点。该工程于2007年7月开工，计划于2010年1月通车，2009年7、8月份按计划进入路面施工阶段，但此时路基实测沉降资料分析表明，有少部分路段沉降速率未达到连续2个月沉降速率不大于5mm/月的沉降稳定控制标准。针对这种路基预压末期、剩余工期有限的情况，采用路基部分开挖轻质材料回填以减轻路基永久荷载	当软基深度较浅时桩处理经济性好，当软基处理深度较深时（如大于15m），轻质材料换填部分路基方法具有经济性好、施工速度快、对周围环境影响小等优点。几种轻质材料方案相比较，FCB方案具有比EPS方案造价低，与EPS颗粒轻质混合土方法造价基本相当，但施工更方便、回填材料不需要压实和施工工期短能满足工期要求等优点。鉴于本工程需要特殊处理段软土厚度均大于15m和所剩余工期较短等条件，而选用路堤部分开挖置换FCB轻质土处理方案

3.9.2 轻质材料路堤设计，应根据使用目的、荷载等级、地形地质条件、环境条件及路基几何参数特点，通过技术经济综合论证，合理选择轻质材料类型、路基结构与断面形式，确定材料设计参数。

不同的轻质材料（如土工泡沫塑料、泡沫轻质土和粉煤灰等），其路用工程性质、施工工期、造价等各不相同。采用轻质材料填筑路堤时，需根据使用目的、环境条件、路基性能要求、施工工期、材料来源等，进行技术经济比较，择优确定轻质材料类型。

3.9.3 用作路堤填料的轻质材料设计应符合下列要求：

1 土工泡沫塑料（EPS块）材料密度不宜小于20kg/m^3，10%应变的抗压强度不宜小于110kPa，抗弯强度不宜小于150kPa，压缩模量不宜小于3.5MPa，7d体积吸水率不宜大于1.5%。桥头搭板下方等特殊部位土工泡沫塑料块体抗压强度不应小于250kPa。在有防火要求的建筑物附近，应采用阻燃型的土工泡沫塑料块体。

2 泡沫轻质土的施工最小湿重度不应小于5.0kN/m^3，施工最大湿重度不宜大于11.0kN/m^3，流值宜为170～190mm，且无侧限抗压强度应符合表3.9.3的规定。因工程需要或环境条件制约，需明确泡沫轻质土的抗冻性指标时，可通过试验确定。

3 用于高速公路、一级公路路堤的粉煤灰烧失量宜小于20%。烧失量超过标准的粉煤灰应做对比试验，分析论证后采用。

表3.9.3 用于路基的泡沫轻质土无侧限抗压强度指标

路基部位		无侧限抗压强度(MPa)	
		高速公路、一级公路	二级及二级以下公路
路床	轻、中等及重交通	≥0.8	≥0.6
	特重、极重交通	≥1.0	
上路堤、下路堤		≥0.6	≥0.5
地基土置换		>0.4	

注：1. 无侧限抗压强度为龄期28d、边长100mm的立方体抗压强度。

2. 特重、极重交通高速公路及一级公路路床部位的泡沫轻质土配合比宜采用掺砂配合比，流值宜为150～170mm，且砂与水泥的质量比宜控制在0.5～2.0。

(1)土工泡沫塑料(EPS)路堤

本规范根据国内高速公路土工泡沫塑料路堤修筑技术研究成果和工程经验，从满足路基长期性能要求出发，规定了用于路堤填筑的土工泡沫塑料的材料性能要求。密度是EPS材料的重要性指标之一，决定了材料制造时的发泡倍率。从质量上考虑直接关系到EPS块体的强度，随着密度的增加，其强度逐渐提高，从而影响到其造价。因此，在EPS路堤设计时，应根据实际情况合理地选用密度大小，使得强度可靠，经济合理。

根据日本工业标准JISK 7220规定：以$\varepsilon=5\%$时的压应力为抗压强度σ_c；当$\varepsilon=2\%\sim4\%$时，材料已进入塑性状态；当$\varepsilon\leqslant1\%$时，材料处于弹性状态，并以$\varepsilon=1\%$时的压应力为容许压应力$[\sigma]$。

不同密度的EPS块体的容许压应力见表3-11。

表3-11 EPS块体容许压应力(MPa)

D-30	D-25	D-20	D-16	D-12
0.09	0.07	0.05	0.035	0.02

从表3-11中可以看出，不同的容许压应力对应不同的密度，因此可按计算强度确定EPS块体的密度。

计算表明，汽车荷载在总荷载中占有较大的比重，超过50%。因此对于EPS轻质路堤来说，EPS块体上部铺设层的厚度对汽车荷载的应力扩散有很大的影响，从而影响EPS块体的密度。不同铺设层厚度和相应的容许压应力的关系曲线见图3-8，从图中可以看出，随着上覆层厚度的减薄，EPS块体所承受的压应力逐渐增大，需要较高的强度。因此在确定EPS块体密度的同时，必须紧密结合路面结构层的设计，将EPS块体的受力限制在弹性范围内，防止由于汽车动荷载而使EPS块体发生塑性变形而导致破坏，否则需要对顶层EPS块体进行局部加强。从图3-7中可以看出，当采用密度为20kg/m^{3}的EPS块体时，上覆层的最小厚度为0.7m。

处理好路面结构层的厚度与EPS块体密度的关系，是确保EPS路堤的正常受力和使用可靠耐久的关键。

(2)泡沫轻质土路堤

泡沫轻质土路堤最关键的指标为施工湿重度和抗压强度。日本道路公团

《FCB工法设计施工指针》对泡沫轻质土性能指标的规定见表3-12，住房和城乡建设部行业标准《气泡混合轻质土填筑工程技术规程》(CJJ/T 177—2012)对泡沫轻质土性能指标的规定见表3-13、表3-14。近年来，泡沫轻质土高速公路得到了推广应用，泡沫轻质土主要由水泥、水和泡沫组成，填筑部位的施工湿重度和抗压强度借鉴了住建部的标准，路堤整体强度与稳定性较好，但收缩裂缝较多。广东省在京珠高速公路太和互通广州北二环路基拓宽工程中，对泡沫轻质土掺砂配合比及工程性能、施工工艺等进行了试验研究，采用水泥：河砂=1：2配合比，湿重度10.8kN/m^2，流值180mm，抗压强度达到了2.85MPa，取得了良好的效果。根据工程经验和科研成果，本规范提出了表3.9.3用于路基的泡沫轻质土性能指标要求，为了提高高速公路泡沫轻质土路堤耐久性，减少收缩裂缝，提高了特重、极重交通高速公路的泡沫轻质土性能指标，并要求采用掺砂配合比。

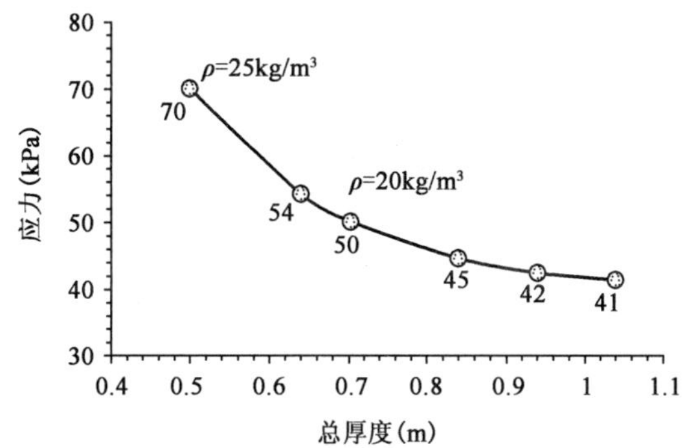

图3-8 不同铺设层厚度对EPS块体密度强度的要求

表3-12 日本道路填筑部位设计抗压强度

填 筑 部 位	*CBR*(%)	单轴抗压强度(q_{uk})
上部路床	10	1 000
下部路床	5	500
路体部	2.5	300

工程要求需明确泡沫轻质土抗冻性指标时，通过试验确定其重度和强度变化情况，再进行相关指标设计。如无试验资料时，按重度损失率不大于5%、抗压强度损失率不大于10%的要求进行设计。

表 3-13　用于路基填筑的性能指标

<table>
<tr><th rowspan="2">路面底面以下深度(m)</th><th colspan="2">最小强度等级</th><th rowspan="2">最小重度等级</th></tr>
<tr><th>城市快速路、高速公路、一级公路、主干路</th><th>其他等级公路</th></tr>
<tr><td>0～0.8</td><td>CF 0.8</td><td>CF 0.6</td><td>W5</td></tr>
<tr><td>0.8～1.5</td><td>CF 0.5</td><td rowspan="2">CF 0.4</td><td rowspan="2">W3</td></tr>
<tr><td>>1.5</td><td>CF 0.4</td></tr>
</table>

表 3-14　用于计算水位以下部位填筑的性能指标

计算水位以下(m)	最小重度等级	最小强度等级
≤3	W6	CF 0.8
>3	W8	CF 1.0

(3)粉煤灰路堤

规范所述的粉煤灰属硅铝型低钙粉煤灰，相当于美国标准(ASTM C618—87)中的F级粉煤灰。该标准是针对用作普通水泥混凝土添加料的粉煤灰技术要求而制定的。规定最大烧失量为6%，若有试验资料作依据，可允许使用最大烧失量12%的F级粉煤灰，但对路堤填料未作明确规定。《公路路面基层施工技术规范》(JTJ 034—2000)规定粉煤灰烧失量不应超过20%，作为路堤填料，采用与基层材料相同的规定是可行的。

3.9.4　轻质材料路堤设计应符合下列要求：

1　轻质材料路堤结构设计应采取有效的防护措施，轻质材料不得直接裸露。路基横断面可采用设置支挡结构的直立式路堤或包边护坡的斜坡式路堤，轻质材料填筑厚度应根据工后沉降计算确定。

2　轻质材料路堤与一般填土路堤之间应设置过渡段。过渡段应采用台阶式衔接，台阶高度宜为0.5～1.0m，坡比宜为1∶1～1∶2。

3　软土地区轻质材料路堤设计应进行路堤稳定性与地基沉降计算。新建路基工后沉降量应符合本规范第7.7节的有关规定，改扩建路基应符合本规范第6.4节的有关规定；路堤稳定性应符合本规范第3.6节、第7.7节的有关规定。

4　轻质材料填筑区位于地下水位以下，或受到洪水淹没时，应按式(3.9.4)进行抗浮稳定性验算。当抗浮稳定系数小于抗浮安全系数时，应采取调整轻质材料填筑区厚度、增加填土荷重或降低地下水位等措施。土工泡沫塑料路堤抗浮安全系数宜为1.1～1.5,泡沫轻质土路堤抗浮安全系数宜为1.05～1.15,最高地下水位或洪水位达到轻质材料填筑区的发生概率较低时,取小值。

$$F_{\mathrm{f}}=\frac{\sum\gamma_i h_i}{\gamma_{\mathrm{w}}h_{\mathrm{jw}}} \tag{3.9.4}$$

式中:F_{f}——抗浮稳定系数;

γ_i——各层材料的重度(kN/m³);

h_i——各层材料的厚度(m);

γ_{w}——水的重度(kN/m³);

h_{jw}——路堤浸水的深度(m)。

土工泡沫塑料、泡沫轻质土等轻质材料直接裸露时,在环境因素的作用下轻质材料易产生老化和其他损害。土工泡沫塑料在日光紫外线直接照射下易产生老化,啮齿动物、有害物质、明火等也会对土工泡沫塑料块体产生损害;裸露的泡沫轻质土易发生碳化变质,并导致强度大幅度降低和风化剥落;粉煤灰裸露时,在蒸发作用下,失水干燥的粉煤灰无黏聚力,其边坡自稳性差,降雨又将使粉煤灰边坡产生较为严重的冲刷。因此,本规范规定轻质材料路堤设计应采取有效的防护措施,轻质材料不得直接裸露。

轻质材料路堤设计时,为防止轻质材料直接裸露,通常采用斜坡式路堤和直立式路堤。斜坡式路堤采用土质包边护坡,直立式路堤则是设置混凝土面板或挡土墙。泡沫轻质土路堤多采用直立式,设置混凝土护壁保护层,填筑高度小于3m时多采用预制混凝土面板护壁;高度大于3m时,通常采用现浇钢筋混凝土挡土墙。

轻质材料路堤主要是以减轻路堤自重、减小地基应力及沉降为主要目的,其填筑厚度根据工后沉降计算确定,计算时需遵循"地基应力等效"原则或"路堤沉降控制"原则。

关于沉降计算,基底应力的确定是关键,同时,沉降计算也是确定软土地区轻质填料路堤高度、自然地面以下换填深度的基本依据:

(1)一般情况下,宜遵循以下原则设计。

①按图3-9概化的均质路堤进行沉降计算:概化路堤高度与设计路堤高度一

致。在保持路堤设计高度 H(m)不变的情况下，调整填料重度 R(kN/m³)，直至工后沉降满足规范要求，此时路堤基底应力 $P_0=R\cdot H$。

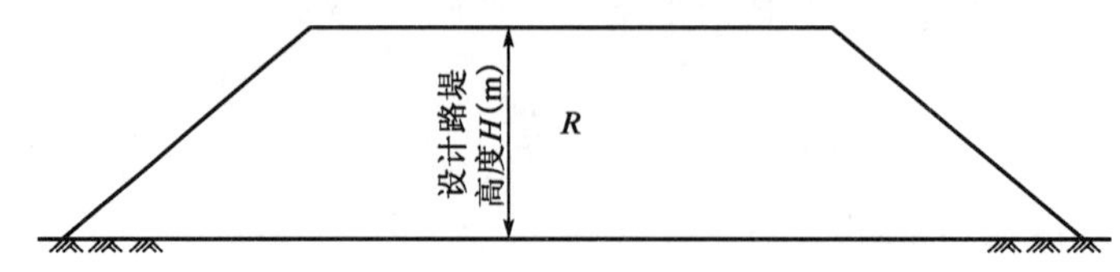

图 3-9　概化路堤

②在确定的 P_0 下，如图 3-10，欲使基底应力不超过 P_0，则首先不考虑地下水，有：

$$h_0\cdot R_s+(h_1+S)\cdot R_L-R_p\cdot S=P_0 \tag{3-15}$$

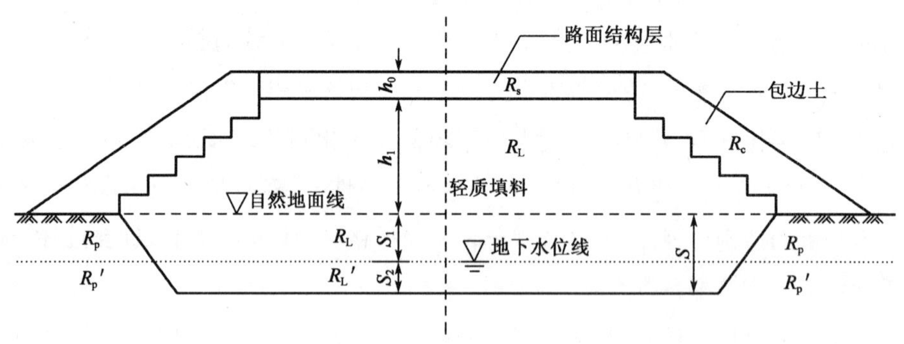

图 3-10　一般轻质填料路堤

当计算结果 $0<S<S_1$，则按图尺寸进行轻质填料路堤设计；当计算结果$S\leqslant 0$，则无需开挖地基土，沉降即可满足要求。

当计算结果 $S\geqslant S_1$，则求解 S_2：

$$h_0\cdot R_s+(h_1+S_1)\cdot R_L+S_2\cdot R'_L-(R_p\cdot S_1+R'_p\cdot S_2)=P_0 \tag{3-16}$$

由此 $S=S_1+S_2$。

上述公式及图 3-10 中，各符号意义如下：

h_0——路面结构层厚度(m)；　　h_1——轻质填料自然地面以上填高(m)；

S_1——地下水位埋深(m)；　　S——轻质填料自然地面以下换填深度(m)；

R_s——路面结构层平均重度(kN/m³); R_L——轻质填料自然重度(kN/m³);

R_p——地基土自然重度(kN/m³); R_c——常规填土自然重度(kN/m³);

R'_L——轻质填料浮重度(kN/m³); R'_p——地基土浮重度(kN/m³)。

对于 EPS,取 $R'_L = R_L - 10$,此时,R'_L 仅指示了地下水对路堤的浮力作用,没有实际物理意义;对于粉煤灰填料,如做了全封闭隔水设计,仍取 $R'_L = R_L - 10$,否则,与常规土体 R'_p 一样,按土体三相关系确定 R'_L;对于泡沫轻质土,地下水位以下的重度取值参照表 3.9.6。

(2)更多的工程实际情况是,软基路堤采用的是常规路堤,但受工期限制等因素制约,预压时间不够,工后沉降无法满足规范或设计要求;或者,在工后因反复补填路面,导致工后沉降不断加大,需要采用轻质填料进行换填。

如图 3-11:对于常规路堤,已知设计高度 $H = h_0 + h_1 + h_2 - S_0$、已完成沉降为 S_0、总沉降为 S,则为确保工后沉降满足要求,换填轻质填料的厚度 h_1 应满足:

$$h_0 \cdot R_s + h_1 \cdot R_L + h_2 \cdot R_c = \frac{S_0}{S} \cdot [R_c \cdot (S - S_0 + h_2 + h_1) + h_0 \cdot R_s] \tag{3-17}$$

式中,各符号意义同前。

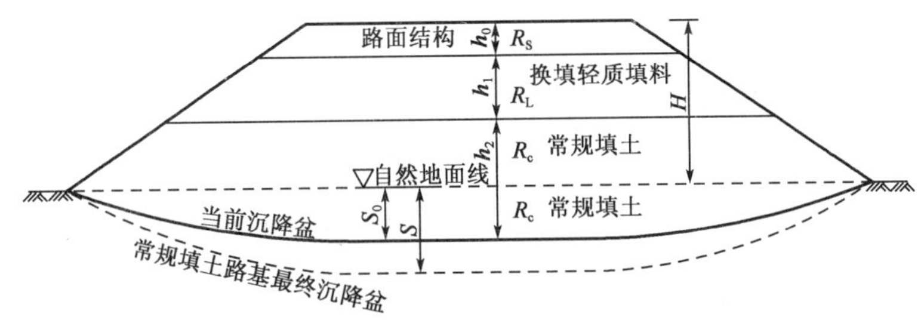

图 3-11 常规路堤的轻质填料换填设计

3.9.5 土工泡沫塑料轻质材料路堤设计应符合下列要求:

1 根据汽车荷载和上覆路基路面荷载等作用影响,在土工泡沫塑料块体与路面之间、多层土工泡沫塑料块体之间每隔 2~3m 或 4~6 层,应设置浇筑钢筋混凝土板和防渗土工布,钢筋混凝土板厚度宜为 0.10~0.15m。

2 土工泡沫塑料块体底部应设置砂砾垫层,厚度宜为 0.2~0.3m。必要时可在砂砾垫层上下界面铺设透水土工布。

3 土工泡沫塑料路堤设计应进行材料抗压强度验算。验算时，路面及钢筋混凝土板保护层产生的自重和活载作用于土工泡沫塑料层面的应力(图 3.9.5)可按式(3.9.5-1)计算，并应满足式(3.9.5-2)的要求。

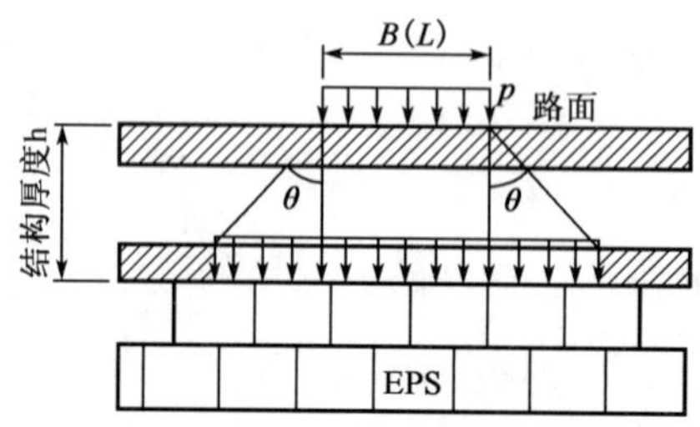

图 3.9.5 分布应力的近似简化计算

$$\sigma_z = \frac{p(1+\delta)}{(B+2h\tan\theta)(L+2h\tan\theta)} + \gamma h \qquad (3.9.5\text{-}1)$$

式中：σ_z——土工泡沫塑料块体上的应力值(kPa)；

p——汽车轮载(汽车后轴重)(kN)；

δ——冲击系数；一般为 0.3；

h——路面及钢筋混凝土板的厚度(m)；

B、L——汽车后轮着地宽度及长度(m)；

θ——荷载分布角(°)，混凝土路面取 $\theta=45°$，沥青混凝土路面取 $\theta=40°$；

γ——路面结构层及钢筋混凝土板的平均重度(kN/m^3)。

$$\sigma_z \leqslant [\sigma_a] \qquad (3.9.5\text{-}2)$$

式中：$[\sigma_a]$——土工泡沫塑料块体容许抗压强度(kPa)，由室内无侧限压缩试验确定。

4 土工泡沫塑料路堤设计除应进行路堤整体稳定性计算之外，尚应按式(3.9.5-3)计算土工泡沫塑料块体之间的滑动稳定性和土工泡沫塑料路堤底板位置的滑动稳定性，滑动稳定安全系数不应小于 1.5。

$$F_h = \frac{(W+P_V)\mu + cB}{P_H} \qquad (3.9.5\text{-}3)$$

式中：F_h——土工泡沫塑料块体之间的滑动稳定系数；

W——土工泡沫塑料块体的自重(kN)；

P_V——土压合力的垂直分量(kN)；

P_H——土压合力的水平分量以及水平地震力(kN)；

μ——底板与基础间的摩擦系数；

c——底板与基础间的黏聚力(kPa)；

B——底板宽度(m)。

(1)土工泡沫塑料轻质路堤断面形式及防护设计，可采用直立支挡结构或者斜坡包边护坡。

①斜坡包边护坡式防护。斜坡式土工泡沫塑料轻质路堤，即在路堤的两侧进行覆土护坡。斜坡包边护坡式防护公路绿化，防撞护栏可选择柔性护栏进行设计。

②直立支挡结构。采用直立挡土墙(图3-12)对土工泡沫塑料路堤进行防护能减少土工泡沫塑料用量。但是挡土墙自重较大，需要配置一定数量的钢筋，存在施工周期长、埋深大、施工不便等不足。

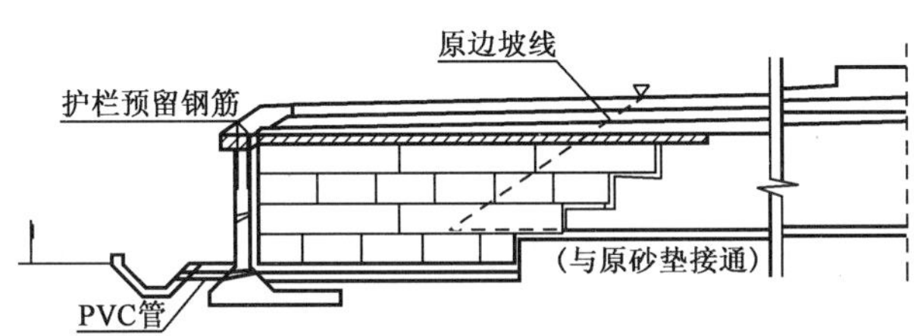

图3-12 直立式挡土墙结构示意图

③柱板式结构。在土工泡沫塑料路堤的侧边采用预制板的设计方案。为了提高板的整体性能，在预制板块的中间设置加筋肋。通过现浇将预制板与土工泡沫塑料上部的钢筋混凝土板直接连接。基础设立板支座，具体见图3-13。

(2)土工泡沫塑料块体联结设计

土工泡沫塑料顶面和侧面采用单爪型联结件联结；土工泡沫塑料层间采用双

爪型联结件联结；底层 EPS 采用 L 型销钉打入稳定土中。

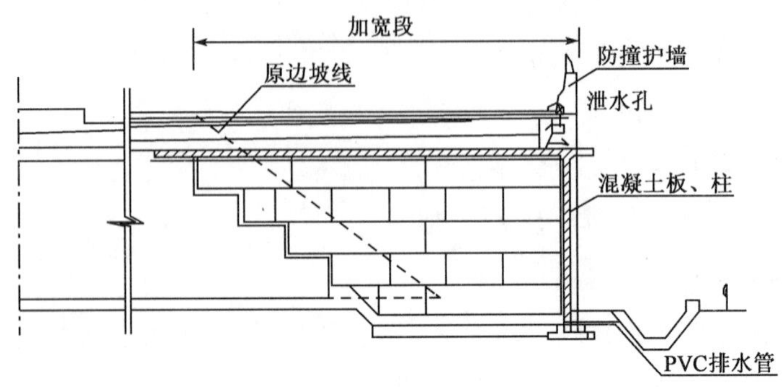

图 3-13　柱板式结构示意图

(3)钢筋混凝土板保护层设计

土工泡沫塑料路堤中设置钢筋混凝土板保护层的目的在于，增加土工泡沫塑料块体整体性，更好地分散车辆荷载和上覆荷载，避免施工荷载对土工泡沫塑料块体的损伤，并防止有害物质浸入土工泡沫塑料块体。可调整土工泡沫塑料块体在铺设时产生的高低差；使土工泡沫塑料块体铺设到一定高度形成一个整体。钢筋混凝土板保护层内一般采用直径 ϕ6mm、15cm×15cm 的钢筋网。

3.9.6　泡沫轻质土路堤设计应符合下列要求：

1　泡沫轻质土路堤直立填筑高度不宜大于 15m，最小填筑高度不宜小于 1.0m。当地面横坡较大或用于路堤加宽时，填筑体底面宽度不宜小于 2.0m。

2　泡沫轻质土路堤顶面宜设置镀锌铁丝网和土工膜，并应延伸至一般路堤侧不小于 2.0m。泡沫轻质土高度大于 1.0m 时，宜在距其顶面 0.5m 处增设一层镀锌铁丝网。

3　直立式路堤高度小于 3m 时，坡面可采用水泥混凝土预制块防护；当高度大于 3m 时，应采用钢筋混凝土挡墙。

4　软土地段泡沫轻质土路堤，应沿路堤纵向设置变形缝，其间距宜为 10～20m，缝宽宜为 10～20mm，并填塞泡沫塑料板。

5　地下水位以下的泡沫轻质土仅用于控制沉降时，可不采取隔断地下水的防水措施；用于地下结构或地下管线减载时，宜采取隔断、疏通地下水的防、排水措施。

6　泡沫轻质土路堤设计计算时，不同的环境条件和工程条件下泡沫轻质土的相关性能指标取值应符合表3.9.6的要求。

7　地基沉降计算时，总沉降修正系数宜取1.0～1.1。当地基土承载力大于两倍的路堤荷载时，取小值。

8　泡沫轻质土路堤除应进行路堤整体稳定性计算之外，当路堤底面存在斜面或泡沫轻质土填筑区高宽比大于1且高度大于3m时，尚应按本规范第5.4.2条的有关规定进行抗滑动、抗倾覆稳定性验算。

9　用于地下结构或管线顶部减载换填时，泡沫轻质土自重和其他荷载的总和应小于地下结构或管线所能承受最大荷载的0.9倍。

表3.9.6　设计计算时性能指标取值

验算内容	验算用指标	验算指标取值	
		地下水条件	指标取值
沉降验算时自重应力计算	轻质土重度 R(kN/m³)	地下水位以上	施工湿重度 R_{fw}
		地下水位以下	$R=(1.1\sim1.3)R_{fw}$
结构上覆荷载验算时自重应力计算	轻质土重度 R(kN/m³)	地下水位以上	施工湿重度 R_{fw}
		地下水位以下	$R=(1.1\sim1.3)R_{fw}$
抗浮验算时自重应力计算	轻质土重度 R(kN/m³)	地下水位以上或以下	施工湿重度 R_{fw}
路堤整体稳定性验算	轻质土黏聚力 c、内摩擦角 φ	地下水位以上	试验确定，无试验资料时，$c=120$kPa，$\varphi=6°$
		地下水位以下	试验确定，无试验资料时，$c=100$kPa，$\varphi=4°$
抗滑动、抗倾覆稳定性验算	与碎石土、砂类土或基岩接触面摩擦系数	地下水位以上	0.6
		地下水位以下	0.5
	与黏性土、强风化层接触面摩擦系数	地下水位以上	0.5
		地下水位以下	0.4

1.泡沫轻质土路堤结构设计

(1)如果泡沫轻质土直接暴露使用，在环境因素的作用下，会发生易碳化变质，并导致强度大幅度降低和风化剥落。所以，设计时应严禁泡沫轻质土暴露，宜采用保护壁、填土和土工布等包裹。

考虑泡沫轻质土填筑体厚度太薄会引起断裂并影响减荷效果，用作路堤填筑时，提出最小填筑厚度为 1m。如果现场条件限制，填筑厚度也可设置在 1m 以下，但必须在 0.5m 以上。

(2)泡沫轻质土路堤属于大体积范畴，在环境影响下，其内部因湿度和温度变化产生收缩裂缝无法避免。为防止裂缝反射到路面上，设置金属网、聚乙烯土工膜是必要的。同时，顶部的聚乙烯土工膜不仅可防止路面渗水进入轻质土内部，而且对隔断裂缝向路面的反射起到关键作用。

泡沫轻质土路堤顶面宜设置一层 ϕ1.5mm@2.5cm×2.5cm 镀锌铁丝网和一层普通高密度聚乙烯土工膜(GH-1 型)，金属网设在土工膜下；土工膜厚度不宜小于 0.5mm，性能应符合《土工合成材料聚乙烯土工膜》(GB/T 17643—2011)的要求；当泡沫轻质土路堤高度大于 1m 时，宜在距泡沫轻质土路堤顶面 0.5m 位置加设一层 Φ1.5mm@2.5cm×2.5cm 镀锌铁丝网(图 3.9.5-1)。

(3)通常保护壁用于直立填筑的泡沫轻质土路堤，目前工程上常用的有两种形式：预制混凝土面板保护壁和现浇钢筋混凝土挡墙保护壁。根据两种形式护壁的受力特点，为保证路堤稳定，本规范规定高度小于 3m 时，坡面可采用水泥混凝土预制块防护；当高度大于 3m 时，应采用钢筋混凝土挡墙。

(4)由于泡沫轻质土填筑是采用自流平形式施工，其施工面是水平的，故泡沫轻质土路堤设计通常采用区段设计方法，不同的区段其顶面高程不同，以此适应路面纵横坡要求。至于区段间高差形成的台阶，应在施工中予以削坡处理。台阶部位采用路面底基层料进行纵坡调节。

泡沫轻质土路堤顶面高程宜按区段设计(图 3-14)，单个区段顶面高程相等；为适应路面纵、横坡，纵、横向相邻区段顶面高差不宜超过 20cm；区段设计宜满足路面结构层最小厚度不小于 0.6m。

泡沫轻质土路堤与常规路堤纵、横向过渡应符合(图 3-15)：①当常规填土路堤为黏性土路堤时，应设置多级开蹬台阶与泡沫轻质土路堤衔接，且单级台阶高度宜为 0.5～1.0m，坡比 1∶1～1∶2；否则，常规填土路堤应设置 1∶1～1∶2 的斜面与泡沫轻质土路堤衔接。②过渡段常规路堤侧应超填至少 0.5m 后再进行修坡、修台阶处理。③对于扩建路堤,旧路堤至少应削坡 0.5m 后做 1∶1～1∶2 斜面或多级开蹬台阶处理。④顶面镀锌铁丝网和聚乙烯土工膜应延伸至常规路堤侧至少 2m。

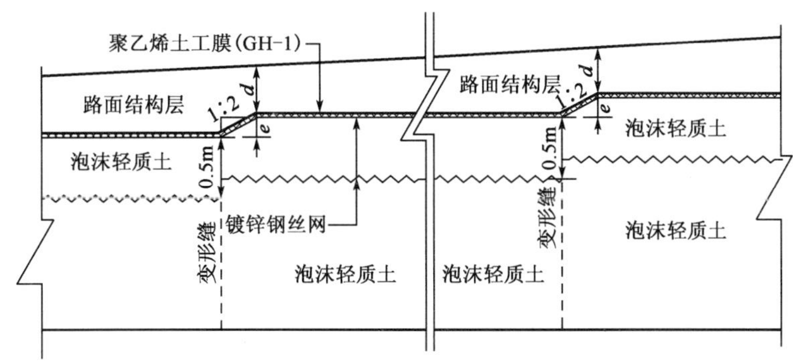

图 3-14　泡沫轻质土路堤区段设计示意图

注:图中 $d \geqslant 0.6$m,$e \leqslant 0.2$m。

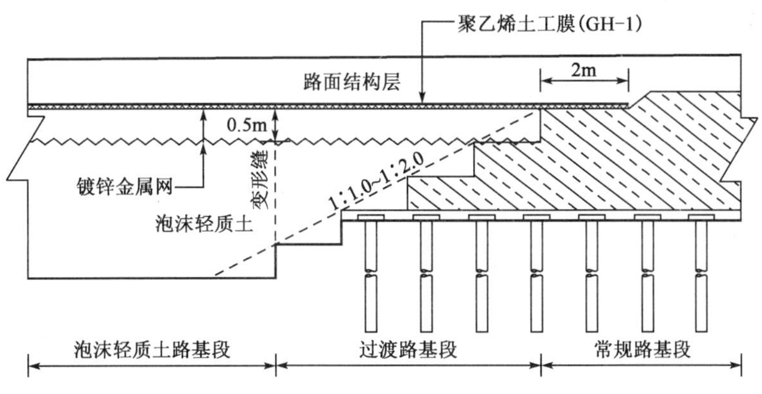

图 3-15　泡沫轻质土路堤与常规路堤过渡设计示意图

(5)泡沫轻质土路堤在地下水位以下时,如用于控制路堤沉降,受制于有效应力原理,自重应力的计算考虑的是浮重度,不设防水措施是更经济合理的;但对于地下结构减载,水的重力一样会形成结构顶部荷载,故设置防排水措施更为安全。

2.泡沫轻质土路堤验算

(1)设计验算指标取值

①考虑相关指标时,重点考虑地下水的影响。

泡沫轻质土的表观密度受吸水的影响很大。日本道路公团于 1994 年出了一份研究报告《轻量盛土材料——空气砂浆的研究》,报告中,对于 600～1 500kg/m^3

共 9 种湿密度的试块进行了不同养护条件下的长期表观密度试验，其中，长期完全浸水养护的试验(试块脱模后即完全浸入水中养护)，浸水养护至 6 个月后，试块的表观密度趋于稳定，浸水养护总共持续了 2 年半时间，在该时间点，试验结果如表 3-15。

表 3-15　长期浸水养护试验数据

湿密度(kg/m^3)	浸水稳定表观密度(kg/m^3)	表观密度增加率(%)	湿密度(kg/m^3)	浸水稳定表观密度(kg/m^3)	表观密度增加率(%)
621	1 099	76.9%	972	1 236	27.2%
820	1 235	50.6%	1 144	1 221	6.7%
728	1 028	41.2%	1 216	1 337	10.0%
794	1 125	41.7%	1 425	1 472	3.3%

由表 3-13 可知，浸水对泡沫轻质土表观密度的影响为：湿密度越高，表观密度增加幅度越小；湿密度越低，表观密度增加越大。当初始湿密度在 1 000kg/m^3 以上时，表观密度的增加率不超过 10%。

基于上述试验结果，用于地下结构减载时，如不设防排水措施，一般要求泡沫轻质土的施工湿重度不低于 10kN/m^3，且计算结构顶部荷载时，轻质土重度取 1.1 倍施工湿重度。

针对抗浮验算，轻质土重度直接取施工湿重度，主要考虑到泡沫轻质土路堤在工后，地下水或洪水来临的时间较短，不可能像试验那样经历几个月的时间，以确保计算结果是安全的。

用于控制沉降时，基于有效应力原理，则忽略浸水对轻质土重度的影响，对施工湿重度不再做特别规定；而沉降计算时，在不设全封闭防水措施的情况下，地下水位以下的轻质土重度取浮重度，如设置了全封闭防水措施，则泡沫轻质土的重度取施工湿重度和水的重度之差，此时，即使出现负值情况也是合理的，它表明基底应力受浮力的作用而减小。

《气泡混合轻质土填筑工程技术规程》(CJJ/T 177—2012)中用到了饱水重度的概念，由于饱水重度的试验时间仅有 72h，对比日本道路公团的长期试验结果，单纯浸水需要 6 个月的时间轻质土湿密度方能稳定，显然饱水重度缺乏参考意义。

②泡沫轻质土路堤具有良好的整体性，荷载相对较小，施工期几乎不太可能发

生侧向挤出导致的沉降，故总沉降修正系数宜取较小值。

③考虑泡沫轻质土路堤的抗浮计算为单纯的自重和浮力比值，没有考虑必要的侧限摩阻，故抗浮安全系数取1.05～1.15，不取1.2。

(2)泡沫轻质土抗压强度验算

①泡沫轻质土填筑体的设计方法以容许应力法为主。进行强度验算时，采用总安全系数法，除施工荷载应力外，安全系数均取3。

在一般地区，填筑体上的荷重可只计算永久荷载和基本可变荷载，但在浸水和地震地区还应考虑浮力和地震力。荷载组合有三种：

组合Ⅰ:泡沫轻质土自重、顶部有效永久荷载、土压力和净水压力及浮力的永久荷载组合；

组合Ⅱ:组合Ⅰ与基本可变荷载相组合；

组合Ⅲ:组合Ⅱ与偶然荷载相组合。

永久荷载包括泡沫轻质土自重、长期作用于泡沫轻质土上部的有效荷载、填土侧压力、计算水位以下的浮力及静水压力。基本可变荷载包括车辆荷载引起的土侧压力、人群荷载、人群荷载引起的土侧压力、施工荷载和周边环境变化引起的其他荷载。偶然荷载主要考虑地震力作用。

交通荷载可换算为相应的填土荷载。

填筑体背面为不稳定结构或在水位上升部位时，应分别考虑土压力或静水压力、浮力。在水浸泡情况下，泡沫轻质土所受的浮力，应根据路堤的浸水情况按计算水位的100%计算。

在挡土墙和桥台以及框架(含面板)等结构物背面采用泡沫轻质土时，应适当考虑固化前泡沫轻质土侧压力的影响，侧压力大小等于湿重度和单层填筑高度之乘积。

地震时，各种构造物增加的额外荷重，包括地震惯性力和地震时土压力。设计时，对滑动、倾覆的验算，应将地震力的影响考虑在内。在减少土压力设计时，当构造物底部填土长度较长时，此部分可不考虑地震力的影响。

②泡沫轻质土强度验算

a.满足路基填料最小强度(CBR)要求的抗压强度 q_{u1}，可按经验公式(3-18)

计算：

$$q_{u1}=\frac{F_s(100\times CBR)}{3.5} \tag{3-18}$$

式中：q_{u1}——用作路基时的抗压强度（kN/m^2）；

F_s——安全系数，取3；

CBR——加州承载比（%），取值按表3.2.1取值。

b. 填筑体顶部支撑路面和抵抗交通荷载应力的最低抗压强度 q_{u2}，可按式（3-19）计算：

$$q_{u2}=F_s(q_{u21}+q_{u22}) \tag{3-19}$$

式中：q_{u2}——支撑交通荷载的抗压强度（kN/m^2）；

F_s——安全系数，取3；

q_{u21}——路面、路面基层等恒载所产生的应力（kN/m^2）；

q_{u22}——活荷载所产生的应力（kN/m^2）。

c. 填筑体支撑自身稳定的最低抗压强度 q_{u3}，可按式（3-20）算出：

$$q_{u3}=F_s(0.5\gamma H_c+W) \tag{3-20}$$

式中：q_{u3}——支撑自身稳定的抗压强度（kN/m^2）；

F_s——安全系数，取3；

γ——泡沫轻质土的湿重度（kN/m^3）；

H_c——支撑自身稳定的高度（m）；

W——铺装荷载及填筑体上部的均布荷重（kN/m^2）。

d. 填筑体支撑施工荷载的抗压强度 q_{u4}，可按式（3-21）算出：

$$q_{u4}=q_{u41}+q_{u42} \tag{3-21}$$

式中：q_{u4}——支撑施工荷载的抗压强度（kN/m^2）；

q_{u41}——车辆荷载所产生的应力（kN/m^2）；

q_{u42}——人的体重所产生的应力（kN/m^2）。

③整体和外部稳定性验算

在进行稳定性分析时，要充分考虑滑动、倾覆及地基承载力。在斜坡上进行填筑时，需对包括背面填土及支撑地基在内的整体稳定性进行分析。

当泡沫轻质土下沉和侧移较大时，需对泡沫轻质土下部的基底应力进行分析。当倾覆、滑动不满足要求时，需对泡沫轻质土设置抗滑锚固等措施。

3.9.7 粉煤灰路堤设计应符合下列要求：

1 粉煤灰路堤可全部采用粉煤灰或灰土分层间隔填筑，边坡和路肩应设置土质护坡；上路床范围应采用土质填筑，也可与路面结构层相结合，采用石灰土、二灰土等路面底基层材料作封顶层。

2 土质护坡时，应根据施工季节和降雨量，设置必要的排水渗沟，渗沟外围应设置反滤层。

3 粉煤灰路堤底部应离开地下水位或地表长期积水位 0.5m 以上，否则应设置隔离层。隔离层厚度不宜小于 0.3m，隔离层横坡不宜小于 3%。

4 粉煤灰路堤压实度标准应在表 3.2.3、表 3.3.4 基础上通过试验确定。

5 高度大于 5.0m 的粉煤灰路堤，应验算路堤自身的稳定性，其抗滑安全系数应符合表 3.6.11 的规定。

在环境影响下，粉煤灰失水干燥后，易被风蚀，降雨时易产生冲蚀。粉煤灰的饱水强度很低，当地表积水和地下水渗透到粉煤灰路堤内部时，将造成粉煤灰路堤的强度和稳定性不足。为保证粉煤灰路堤安全稳定和足够的承载能力，粉煤灰路堤通常采用包边式断面形式，粉煤灰路堤两侧和路床应采用土质填筑。为排出路堤内渗入水，两侧包边护坡中需设置排水渗沟，并用无纺土工织物作反滤层，以防止排水渗沟的淤塞。

粉煤灰路堤设计时要考虑隔断毛细水的作用影响，在路堤底部设置排水垫层、隔离层等，防止长期积水浸泡路堤基底。隔离层起隔断毛细水的作用，应根据当地的地质、水文条件及地表积水情况，决定是否需要在粉煤灰路堤内设置隔离层。据室内黏质土毛细水上升高度试验结果，一般在 0.40～0.60m 范围，故规定粉煤灰路堤底部距地下水位或地表长期积水水位 0.50m 以上，否则应设置隔离层。为防止排水盲沟的淤塞，宜采用 200～400g/m^2 的无纺土工织物作滤层，也可采用排水板作为横向排水通道。

粉煤灰的各项物理力学指标采用重型压实标准比轻型压实标准均有明显的提高，有利于提高路基强度。一般情况下，粉煤灰路堤压实度应执行第 3.2.1 条和第

3.3.2 条的规定。但鉴于其材料的特殊性，从一些已修筑的粉煤灰路堤实体工程看，粉煤灰路堤采用 90%～93%压实标准时，路堤没有出现由于压实不足产生的工程病害。因此，粉煤灰路堤压实度可根据试验路研究成果，适当降低 1～3 个百分点。

3.10 工业废渣路堤

本节为新增内容。主要内容包括：高炉矿渣、钢渣、煤矸石等工业废渣的性能指标要求，使用范围，试验评价，工业废渣路堤结构设计，稳定性计算，压实度等。

3.10.1 工业废渣用于路堤填筑时，必须符合国家现行环境保护的有关规定，严禁采用含有有害物质的工业废渣作为路堤填料。

工业固体废物或弃渣是指采掘、冶金、能源、化工、制造和建筑等行业在采矿、选矿、冶炼、发电、供热和加工，以及建筑工程拆除施工过程中所产生的固体副产品。其中包括煤矸石、尾矿、工业弃渣、粉煤灰、建筑垃圾、挖除的路面材料等废弃材料。

利用工业废渣填筑路堤，对节约土地、保护环境具有重要意义。但是，有些弃渣由于在形成过程中富集某些微量元素，具有一定的毒性、腐蚀性或放射性，对环境和人身健康具有潜在不利影响，设计时要充分重视这些元素的含量，特别是工业废渣浸出液内微量元素的含量。国家环境保护总局 2004 年发布的《危险废物安全填埋处置工程建设技术要求》中直接入场（非预处理）填埋的废物控制限制值见表 3-16。当工业废渣内含有有害物质时，不能用作路堤填料。

一些工业废渣（煤矸石和煤渣等）中含有一定数量的硫酸离子或浸出液呈酸性，对构筑物具有一定的侵蚀性，所以对于距离混凝土构筑物和金属构件组装的永久性结构以及路面结构层 0.5m 范围内路堤填料中的易溶盐含量和酸碱度指标，要满足混凝土结构、金属构件以及路面结构层耐久性设计要求。例如，英国高速公路标准规定，在混凝土、水泥胶结材料和稳定土材料 500mm 范围之内，路基填料中水溶性硫酸盐含量不能超过 1 500mg/L；在金属构件组装的永久性结构 500mm 范围之内，路基填料中水溶性硫酸盐含量不能超过 300mg/L。

表 3-16 用于填埋废物的有害物质控制限值

项 目	控制限值(mg/L)
有机汞	0.001
汞及其化合物(以总汞计)	0.25
铅(以总铅计)	5
镉(以总镉计)	0.50
总铬	12
六价铬	2.50
铜及其化合物(以总铜计)	75
锌及其化合物(以总锌计)	75
铍及其化合物(以总铍计)	0.20
钡及其化合物(以总钡计)	150
镍及其化合物(以总镍计)	15
砷及其化合物(以总砷计)	2.5
无机氟化物(不包括氟化钙)	100
氰化物(以 CN 计)	5

因此,用于路堤填筑的工业废渣,必须符合国家现行环境保护的有关规定,严禁采用含有有害物质的工业废渣用于路堤填料。

3.10.2 高炉矿渣、钢渣、煤矸石等可用于路堤填筑的工业废渣,应符合下列要求:

1 高炉矿渣、钢渣应分解稳定,粒径符合规定要求,具有足够的强度。浸水膨胀率不应大于2.0%,压蒸粉化率不应大于5.0%,钢渣中金属铁含量不应大于2.0%,游离氧化钙含量应小于3.0%。应采用堆存一年以上的陈渣。

2 未经充分氧化与陈化、塑性指数大于10的煤矸石不宜直接用于填筑高速公路和一级公路路堤。性能较差的煤矸石应通过改良,并经试验论证后方可采用。

3 煤矸石中主要成分 SiO_2、Al_2O_3 和 Fe_2O_3 的总含量之和不应低于70%,烧失量不应大于20%。煤矸石中不宜含有杂质。

高炉矿渣、钢渣具有承载能力强、坚固性好、强度高等优点,但也有粉化、膨胀等特性。影响高炉矿渣、钢渣的稳定性及安定性的主要因素是游离氧化钙(f-CaO)和 MgO 的含量,以及粒径和存放期等。采用室外存放一定时间使其膨胀破碎的自然老化消解法是解决其安定性的有效措施。试验表明，存放期小于一年的新渣，膨胀率较大；存放期超过一年的存渣，膨胀率较小。根据科研成果和工程经验，本规范规定采用堆存一年以上的陈渣，并提出了浸水膨胀率、压蒸粉化率、、游离氧化钙含量等控制标准。

煤矸石的吸水、崩解、膨胀、自燃等性质对路基稳定性影响很大。煤矸石可根据塑性指数和 *CBR* 值进行分级。研究结果表明，塑性指数大于 10 的煤矸石通常含有较多的蒙脱石、伊利石等水不稳定成分，而且膨胀率都比较大，不能直接用作路堤填料。已燃煤矸石与未燃煤矸石相比，往往具有较好的稳定性(如膨胀率小)；而未充分氧化的煤矸石中的煤和空气发生化学反应，生成大量气体并放出热量，导致体积膨胀，引起路基变形和路面开裂等病害。因此，本规范规定未经充分氧化与陈化的煤矸石、塑性指数大于 10 的煤矸石不宜直接用于填筑高速公路和一级公路路堤。

性质较差的煤矸石是指碳质含量高、烧失量大于 20%、塑性指数大于 10、自由膨胀率大于 40%，以及 *CBR* 强度不满足本规范要求的煤矸石。

国内对煤矸石在筑路方面的应用进行了试验研究，主要如下：

(1)中国矿业大学对煤矸石作为路基填料的物理力学性能进行了大量的试验，经过理论分析与对比提出了煤矸石作为路基填料的可行性与技术途径。

(2)济南煤炭设计院在山东兴隆庄修筑煤矸石路基，经过 8 年的观测，路基路面整体强度在逐年增长。

(3)1999 年吉林省白山地区在修建江源至湾沟二级公路时，采用煤矸石填筑路基，经过 10 年使用与其他路基相比，煤矸石路基没有出现特殊病害，表明煤矸石路基能够达到公路的功能和使用要求。

(4)长沙理工大学在河南济东高速公路获嘉至新乡段采用煤矸石修筑路基，经过振动压实煤矸石颗粒构成粗细骨料级配良好的煤矸石压实体，具有很好的隔水效果。

(5)长春市交通局和九台市公路段于 1991 年和 1999 年分别在九舒线九台市出口和鸡鸣山—纪家四级公路上修建了 300m 和 500m 的已燃煤矸石基层试验路，后期弯沉检测满足设计要求。

(6)吉林省交通科学研究所和长安大学结合西部交通建设科技项目《寒冷地区综合利用煤矸石筑路技术研究》课题，在东北寒冷地区铺筑了煤矸石路基试验段，包括：白山市江源区石人至三道湖二级公路石人至新开段公路、县道兴林至红土崖公路通化界至太安乡段三级公路、县道临仙线松树至抚松界四级公路和九台市县道九大公路六台子村段三级公路、九开线西营城至古榆树村段四级公路等。

(7)河北省邯郸市交通局和长安大学以青兰高速公路(邯涉段)建设为依托，以河北邯郸矿区煤矸石为研究对象，开展《高速公路煤矸石填筑路基路用性能控制》研究。

西部交通建设科技项目《寒冷地区综合利用煤矸石筑路技术研究》课题选用吉林省辽源、道清和湾沟三个产地的煤矸石进行室内试验分析，其中辽源和湾沟为已燃煤矸石，道清为未燃煤矸石。通过室内击实试验、*CBR* 试验、回弹模量试验、饱水压碎值试验和冻胀率试验，研究了煤矸石材料的压实性能、承载能力、水稳定性和抗冻性。试验表明，煤矸石材料的级配组成能够在击实过程中得到改善，最大干密度与最大粒径和粗料含量等密切相关，见图 3-16～图 3-18；*CBR* 值较大，满足路基规范对填料的强度要求，具有良好的承载能力，未燃煤矸石的承载能力优于已燃煤矸石；煤矸石材料饱水后压碎值较未饱水压碎值略有增加，但增加幅度较小，说明煤矸石具有较好的水稳定性(图 3-16)。

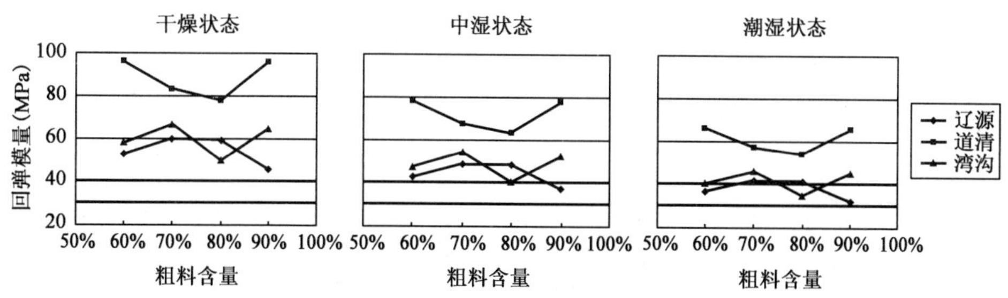

图 3-16 不同干湿状态煤矸石回弹模量设计值对比

《高速公路煤矸石填筑路基路用性能控制》研究结果表明(表 3-17)，河北邯郸矿区煤矸石的 *CBR* 值均大于公路填料 *CBR* 最小值(8%)的要求，且膨胀率较小。参照水利水电工程《岩石试验规程》(SL 264—2001)进行崩解试验，结果表明，煤矸石崩解性指数在 6%以下，崩解性较弱。自由膨胀率试验结果均小于 40%，满足路用性能要求。

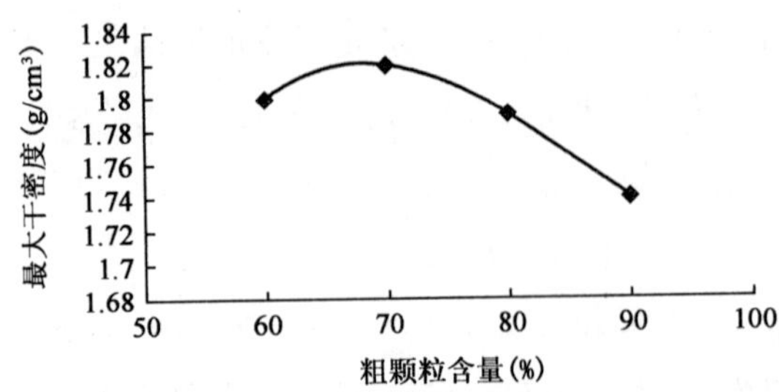

图 3-17　煤矸石最大干密度与粗颗粒含量关系图

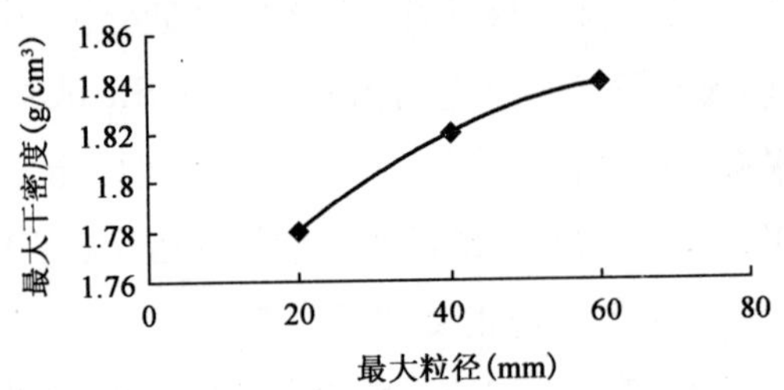

图 3-18　煤矸石最大干密度与最大粒径关系图

表 3-17　煤矸石 *CBR* 试验结果

取样处	压实度 93%		压实度 94%		压实度 96%	
	CBR(%)	膨胀量(%)	*CBR*(%)	膨胀量(%)	*CBR*(%)	膨胀量(%)
1 号 2m 处	12	0.07	12	12	20	0.15
2 号 2m 处	15	0.02	21	21	28	0.08
1 号表面	16	0.04	15	15	22	0.15
2 号表面	13	0.11	18	18	23	0.10
平均	14.0	0.06	16.5	16.5	23.3	0.12

在工程应用方面，1997 年修建的 205 国道山东张博段，1998 年修建的鹤伊高速公路，1998 年 9 月京福高速公路山东曲张段，2003 年修建的京福高速公路徐州西北绕城高速公路；1999 年修建的济宁市岚济线济邹段一级公路工程、枣庄市公路管理局济微线二级公路工程、徐州市市政重点建设工程——新时代大道工程；平顶山—临汝高速公路第四合同段 K18＋000～K28＋200 路段；京福高速公路（界张段）第二合同段 K82＋112～K103＋500 路段；汾西矿务局洗煤厂专用线 DK0＋

090～DK0＋718路段，合阜高速公路(2007)等；均采用煤矸石作为路基填筑材料进行了工程应用，取得了一些成功应用的经验。

国外对煤矸石的利用更加重视，很早就开展了煤矸石的应用研究，并将其用作公路路基的填筑材料，取得了一系列的成果，利用率领先于我国。例如，法国北部公路网、德国auhr公路网、英国Notingham地区干线公路和Gateshead高速公路都采用了煤矸石作为道路路基或基层的填筑材料。

3.10.3 使用其他工业废渣填筑路堤时，应通过试验论证并经相关主管部门批准，方可使用。

采掘、冶金、能源、化工、制造和建筑等行业在采矿、选矿、冶炼、发电、供热和加工及建筑工程拆除施工过程中所产生的工业废渣(固体副产品)，由于原材料类型、混合料组成和加工工艺的差异，其产生的工业废渣中含有的有害物质种类及含量是不同的，对环境的影响也不同。与此同时，不同的工业废渣，在其工程性质和路基的长期性能方面的差异也很大。因此，为保护环境，保证路基长期性能稳定，本规范规定使用除高炉矿渣、钢渣、煤矸石之外的其他工业废渣填筑路堤时，应通过试验论证并经相关主管部门批准，方可使用。

3.10.4 工业废渣不应用于浸水地段，以及洪水浸淹部位。

鉴于工业固体废物浸出物质可能对环境造成不利影响，而粗粒弃渣的崩解性、细粒弃渣颗粒迁移和管涌问题均会对路基稳定性和长期性能造成不利影响，本规范规定工业固体废物路堤不应用于浸水地段以及洪水浸淹部位，包括江河、湖泊、水库最高水位线以下的滩地和洪泛区。

3.10.5 工业废渣路堤设计应根据路基所处的环境条件、工业废渣性质及填筑部位等，做好工业废渣路堤横断面形式、路堤结构、防排水系统和防护工程的综合设计，保证工业废渣路堤具有足够的强度和稳定性，防止工业废渣对地表水、地下水、土壤等造成污染。

为防止工业废渣对环境产生不利影响，通常采用封闭式路堤结构。工业废渣路堤由路堤主体部分(工业废渣)、护坡和封顶层(黏性土或其他材料)以及隔离层、排水系统等部分组成。

3.10.6　工业废渣路堤设计时，应开展下列试验评价工作：

1　进行化学成分和矿物成分分析试验，确定其化学成分、矿物成分、浸出液内有害物质含量、pH值、烧失量等，评价其对水体、土壤等的影响程度。其试验方法应符合现行《固体废物浸出毒性测定方法》(GB/T 15555)的有关规定。

2　进行钢渣压蒸粉化率和浸水膨胀率测定试验，评价钢渣安定性，其试验方法应符合现行《钢渣稳定性试验方法》(GB/T 24175)的有关规定。

3　进行击实试验，确定最大干密度和最佳含水率。

4　应通过试验，确定内摩擦角 φ、黏聚力 c、压缩系数、膨胀系数、回弹模量和 CBR 值。

工业废渣用于路堤填筑时，需进行下列试验：

(1)为保护环境，应进行进行化学成分和矿物成分分析试验，确定其化学成分、矿物成分、浸出液内有害物质含量、pH值、烧失量等，评价其对水体、土壤等的影响程度。其试验方法应符合现行《固体废物浸出毒性测定方法》(GB/T 15555)的有关规定。

(2)钢渣压蒸粉化率和浸水膨胀率测定试验，评价钢渣安定性，其试验方法应符合现行《钢渣稳定性试验方法》(GB/T 24175)的有关规定。

(3)为保证路基长期性能稳定，应进行物理力学性质，确定最大干密度和最佳含水率。确定内摩擦角 φ、黏聚力 c、压缩系数、膨胀系数、回弹模量和 CBR 值。试验方法应符合现行《公路土工试验规程》(JTG E40)的有关规定。

3.10.7　工业废渣路堤的结构设计应符合下列要求：

1　工业废渣路堤应采用封闭式路堤结构，对边坡和路肩采取土质护坡保护措施，在土质护坡中设置排水渗沟，渗沟外围应设置反滤层。

2　工业废渣路堤上路床范围应采用土质填筑，也可与路面结构层相结合，采用无机结合料稳定土路面底基层材料作封顶层。

3　工业废渣路堤底部应高于地下水位或地表长期积水位0.5m以上，并设置隔离层。隔离层厚度不宜小于0.5m。隔离层填料可选用塑性指数不小于6，且满足强度要求的黏性土。

4　当工业废渣路堤高度超过4m时，可在路堤中部设置土质夹层。

含硫量大于1.5%的煤矸石，必须采取措施防止自燃。煤矸石路基结构一般说来可以分为全填式路基和分层式路基。全填式路基全部采用煤矸石作为填筑材料，这种结构形式施工方法简单，便于工程实际操作；但是由于煤矸石矿物成分很复杂，性质多变，因此存在不稳定性。尤其是对于未燃煤矸石填筑的路基来说，由于其中存在大量可燃烧物质，如果施工时压实度不符合要求，煤矸石填料与空气中的水分、氧气接触就会引起风化、崩解等现象，影响路基的整体稳定性。因此，实际施工过程中，煤矸石路基多采用高强度分层压实方法，一层煤矸石加铺一层土相间填筑，并要严格控制每层煤矸石和夹层土厚度。这种方法可以有效地避免由于煤矸石的不稳定而给路基带来的损坏，但是需要设置土质路拱、土质包边坡、封顶层，施工过程较全填式路基繁琐。高等级公路采用未完全燃烧煤矸石填筑路堤，宜采用煤矸石与土或粉煤灰分层间隔式结构。

3.10.8 工业废渣路堤高度超过5m时，应进行路基稳定性检算。路基稳定性计算方法及其抗滑稳定系数应符合本规范第3.6节的有关规定。

工业废渣路堤稳定性计算方法、稳定安全系数与一般土质路堤稳定性相同，见本规范第3.6节的有关规定。计算时，要根据不同工业废渣在不同湿度及浸水条件下强度变化情况，以及环境条件，合理选取抗剪强度。对于浸水后易软化的工业废渣，如煤矸石，应采用湿度较大时的抗剪强度。

3.10.9 工业废渣路堤压实度应在表3.3.4基础上通过试验确定。

煤矸石作为路堤填料利用时，需要进行严格的防渗和压密处理，以抑制煤矸石中不稳定组分的物理风化和化学分解，实现路基的长期稳定。从力学分析角度考虑，适当的压实度是填料满足承载力和抗剪强度要求的必要条件。而从路基长期性能方面考虑，应通过降低路堤内的孔隙率和渗透率，来减少空气循环，避免煤矸石自燃和硫化矿物的氧化；只要材料被密封在路堤内，氧化过程就会得到控制，风化过程就会逐渐减小。从环境影响等方面考虑，降低路堤内的孔隙率和渗透率，可以减少有害物质迁移以及酸性物质的渗滤过程。如果考虑路堤的上部层位的耐久性，可以在煤矸石中掺入粉煤灰等改良及固化材料，以中和煤矸石的酸度、提高其稳定性和抗侵蚀抗冰冻能力。

3.11 路基取土与弃土

原规范为第3.10节、第3.11节，共7条，本规范将两节合并，共4条。

3.11.1 路基取土场、弃土场的设置，应根据各路段所需取土或弃方数量，结合路基排水、地形、土质、施工方法、节约土地、环境保护等要求，作出统一规划设计。

路基取土场、弃土场的设置对土地资源、周围环境等产生一定的影响，需综合考虑场地的地形地质条件、土地类型和路域环境等，取土场、弃土场不得占用农田，应尽量选择在地形地质条件良好、无不良地质现象、植被稀疏、荒地等地段，同时，取土场、弃土场的位置也不应设置在公路行车视线范围内。

3.11.2 取土场设置应符合下列规定：

1 合理考虑取土场与路基之间的距离，避免取土影响路基边坡稳定。

2 桥头引道两侧不宜设置取土场。

3 兼作排水的取土场，应保证排水系统通畅，其深度不宜超过该地区地下水水位，并应与桥涵进口高程相衔接；其纵坡不应小于0.2%，平坦地段不应小于0.1%。

取土场对路基和桥涵构造物的安全稳定将产生影响，一般情况下，取土场应远离路基。当受地形限制，需紧邻路基时，应通过稳定性计算来确定取土场的位置，并控制取土场深度，防止因取土形成临空面，诱发路基失稳。

3.11.3 弃土场设置应符合下列规定：

1 合理设置弃土场，不得影响路基稳定及斜坡稳定。

2 沿河弃土时，应防止加剧下游路基与河岸的冲刷，避免弃土侵占河道，并视需要设置防护支挡工程。

弃土场对对路基和桥涵构造物的安全稳定将产生影响，一般情况下，弃土场应远离路基和桥涵构造物，防止因弃土堆失稳，诱发滑坡，危害路基与桥涵构造物安全稳定和公路运营安全。设置时应注意下列问题：

(1)一般情况下,弃土场应设置在路基的下方沟谷地带,尽量避免设置在路基上方的沟谷地带。受地形限制,需设置在路基上方的沟谷地带时,应进行场地稳定性计算,评价对路基安全的影响程度,并加强弃土场排水、防护与支挡设计,保证弃土堆稳定。

(2)受地形限制,弃土场需与路基形成整体性断面设置时,应按照路基要求进行设计和施工,弃土堆的高度不宜超过1/2倍的路堤高度,并按照路基相同的压实度标准进行压实,防止弃土场的沉降变形而引起路基的变形破坏。

(3)弃土场不应设置在桥梁下的场地上,防止弃土堆沉降变形乃至失稳而引起桥梁墩台基础的变形,危害桥梁安全。有的工程项目,施工方未按设计图施工,擅自在桥下弃土,在外部环境(降雨、雨季洪水冲刷等)影响下,导致弃土堆失稳,引起桥梁墩柱变形开裂,教训深刻。

(4)一般情况下,应避免沿河设置弃土场。不得已时,应评估设置弃土堆、减少泄洪断面后对河流防洪的影响,并应取得水利部门的同意。

3.11.4 弃土场应堆放规则,进行适当碾压。取土场和弃土场应采取必要的排水、防护支挡和绿化等工程措施,保证边坡稳定,避免水土流失。

取土场、弃土场设计应根据地形地质条件,进行边坡稳定性计算,并采取必要的排水、防护支挡和绿化等工程措施,保证边坡稳定,避免水土流失,以免诱发次生地质灾害。

4 路基排水

原规范共3节，本规范共3节。补充修订主要内容：

(1)第4.2节，增加各类明沟最大允许流速；下挖式通道排水、立交区路基排水及中央分隔带排水要求。

(2)第4.3节，增加渗井、排水隧洞设计要求。

4.1 一般规定

原规范共4条，本规范共7条。新增第4.1.2条、第4.1.4条和第4.1.5条3条规定，主要内容为：路界地表水不宜流入桥面、隧道及其排水系统；沿河路基防排水设计要求；各类排水设施的设计总要求等。

修订理由如下：

(1)有的工程中，将路界地表水通过桥面、隧道及其排水系统进行排泄，污染阻塞了桥面、隧道及其排水系统，造成其排水功能失效，影响桥梁、隧道的使用。因此，本规范新增"路界地表水不宜流入桥面、隧道及其排水系统"。

(2)沿河路基防排水设计中，有的工程在各类排水设施布置、进出口衔接处理和与河道防护工程的协调配合等方面，设计不当，产生堵塞、溢流、渗漏、淤积、冲刷等，引起排水设施失效，导致河岸边坡变形破坏。本规范为强化沿河路基防排水设计，新增该条规定。

(3)为提高各类排水设施排水功能的有效性和耐久性，本规范新增各类排水设施设计总要求。

4.1.1 公路路基防排水设计应根据公路沿线气象、水文、地形、地质以及桥涵和隧道设置情况，遵循总体规划、合理布局、防排疏结合、少占农田、保护环境的原则，设置完善、通畅的防排水系统，做好路基防排水与地基处理、路基防护等综合设计,并与路面、桥梁、涵洞、隧道等防排水系统相协调。

水是诱发路基病害的主要因素。防排水系统设置不完善、不合理,排水设施过水断面不足,以及地下排水设施因选型不当而过早失效等,都会引发严重的路基病害。设计人员要重视路基排水设计。

公路路基排水设计包括地表排水和地下排水两大部分。地表排水主要是排出路基范围内的地表径流、地表积水、边坡雨水及公路邻近地带影响路基稳定的地表水,地下排水主要是排出流向路基的地下水或降低地下水位。

排水系统设计中,排水设施的合理布置及其过水断面的设计是非常重要的两个环节。设计时要遵循防、排、疏结合的原则,根据公路等级、沿线地形、地质、水文、气象等条件以及桥涵设置情况等,综合布设路基排水设施,各类排水设施要相互衔接配合,使水迅速排出路基范围,保证路床处于干燥、中湿状态。

节约土地与环境保护是我国的基本国策。国家颁布了一系列的环境保护法规,其中《中华人民共和国水污染防治法》、《中华人民共和国水土保持法》等,均与公路排水有关,进行设计时必须遵循。路基排水设计在满足排水主功能的前提下,应做到节约用地,少占农田,选择的排水设施的形式应与沿线周围自然景观相协调,营造公路与自然和谐的环境。

我国幅员辽阔,各地均有特殊的气候、地质条件,路基排水设施通常与路面排水、路基防护、地基处理工程是不可分开的,地表排水与地下排水也是密不可分的,需系统设计、综合考虑。

4.1.2 路界地表水不宜流入桥面、隧道及其排水系统。

一般情况下,路界地表水不能流入桥面、隧道及其排水系统,以免将泥沙和杂物带入隧道内或桥面上,堵塞隧道洞内或桥面排水系统,冲刷桥台及其锥坡,影响隧道或桥梁安全运营。

当隧道出口方向的挖方路基为上坡时,一般可沿路线方向设置反坡排水。当洞口路堑长、纵坡大时,受地形条件限制,反坡排水不仅工程量大,而且出水口位置及高程难以选定,若硬性设计为反坡排水,显然欠合理。因此,当排水困难且隧道长度小于300m,洞外地表水量较小、含泥量少时,经论证比较后,路堑边沟水可经隧道排出。必须经过隧道排水时,要保证有足够的过水断面,并在隧道洞口处设置必要的沉砂池和格栅，避免将洞外泥沙和杂物带入隧道排水沟内。

为防止路表水冲刷桥梁台背路基及其锥坡，在桥梁台背路基两侧，需结合坡面防护措施，设置必要的截水沟或急流槽、消力池等地表排水设施。

4.1.3 低填、浅挖路基以及排水困难地段，应采取防、排、截相结合的综合措施，及时拦截有可能进入路界的地表水，排除路基内自由水，隔离地下水，保证路基处于干燥或中湿状态。

原规范规定：4.1.3 排水困难地段，可采取降低地下水位、设置隔离层等措施，使路基处于干燥、中湿状态。

路基排水困难的地段，往往是路基容易产生病害的地段。为强化这些地段路基排水设计，本规范进行了修订。

低填、浅挖路基以及排水困难地段，路面及路基工作区距地下水位或地表常水位较近，在汽车荷载与水的耦合作用下，路基长期性能将发生衰变，路基路面易产生变形破坏。因此，解决水的问题是低填、浅挖路基以及排水困难地段路基防排水设计的关键。

4.1.4 沿河路基防排水设计应根据河流水文特性、设计洪水位、流量以及河道地形地质条件，合理布设排水设施，做好排水设施出口处理，并与河道导流设施和调治构造物相协调，防止水流冲刷路基边坡及河岸。

本条为新增条文。

沿河路基易受水流的作用影响，是产生病害的多发地段，做好沿河路基防排水设计是十分重要的。沿河路基产生病害的原因主要有：各类排水设施的布设与地形、桥涵构造物、挡土墙支挡结构物等的配合不佳，排水设施出口处理不当，没有“远送”，与天然沟谷很好衔接，或排水沟底纵坡大时，出口未设置消力设施，形成“半坡沟”或“吊沟”，边沟、排水沟排泄的水流冲刷路基边坡或河道岸坡，引起排水设施的毁坏，最终导致路基和河道岸坡产生坍塌破坏。

为强化沿河路基防排水设计，抵抗自然因素的作用影响，提高路基防震减灾的能力，本规范新增本条规定。设计时，应综合考虑路基与河道（沟谷）的位置关系、地形条件、沿线桥涵位置、河道导流设施和调治构造物等，合理布设各类排水设施，并做好相互间的衔接处理，遵循“早接远送”的原则，排水沟底纵坡大时，出口处设置必要的消力设施，实现与河道(沟谷)“零冲刷”衔接，防止水流冲刷路基边坡及河岸，保证路基安全稳定。

4.1.5　各类排水设施的设计应满足使用功能要求，结构安全可靠，便于施工、检查和养护维修。排水设施所用材料的强度应不低于附录G表G-1的要求。

本条为新增条文。

各类排水设施的设计总要求：满足使用功能要求，结构安全可靠，便于施工、检查和养护维修。

排水设施的使用功能：排泄通畅，设计的泄流量能及时引排汇水区域内暴雨、地下水或其他水源汇集形成的水流，不产生溢流、冲刷等。安全可靠：在设计的使用时间内，排水设施不产生堵塞、渗漏、淤积、冻结等，中冻区和重冻区排水设施的加固材料还应抗冻，不产生冻害。

排水构造物尺寸应根据汇水区域内暴雨、地下水或其他水源汇集形成的流量，按照《公路排水设计规范》(JTG/T D33—2012)的有关规定，通过水文分析和水力计算确定。设计流量计算中采用的暴雨强度的大小，关系到排水结构物尺寸的大小及交通安全程度。采用较大的暴雨强度，设计的排水系统及结构物尺寸比较大，使用安全，但会增加造价；反之，则会出现经常满流及雨水不能及时排泄的现象，有碍交通安全。因此，水文分析及水力计算时，对不同功能和等级的公路，由于重要程度不一样，应采取不同的安全需要来区别对待。对于重要的公路，水文分析时，还应适当考虑极端气候变化，小流域暴雨突发性强、暴雨强度大、破坏性大的特点。

为提高排水设施的耐久性，本规范排水设施所用材料的强度要求。各种排水构造物所用的材料，包括砖石砌体材料、混凝土材料、各种管材、土工织物等，都应按不同的使用条件满足附录G表G-1强度要求。

各项排水设施如不进行经常养护，会由于水流的冲刷作用及所携带细粒的淤积和堵塞作用而失效。因此，所设计的排水设施应便于检查、清通、维修，为养护创造必要的条件。条文中关于排水设计应考虑施工场地的临时性排水设施及其与永久性设施相结合的规定，主要是为了避免施工中排水不当，对工程造成不良影响；尽量减少临时工程费用，避免浪费。

4.1.6 路基排水设施设计应与农田排灌系统相协调。

公路排水应自成系统，与农业灌溉沟渠互不干扰。路基必然会对沿线原有排灌体系有所影响，路基排水设计应形成完整的系统，保证排水通畅，同时设计要考虑恢复农田排灌系统，当需局部改变原有排灌系统时，不应降低原有排灌系统功能，减少公路修建对农田排灌的影响。一方面为了防止农田灌溉时在路基坡脚地带产生积水，影响路基稳定，另一方面为了防止路基排水冲毁农田或危害其他水利设施，同时从环境和水资源保护的目的出发，防止由于交通事故或其他原因造成的路面污水污染水源及环境，并方便公路的维护。

4.1.7 施工场地的临时性排水设施布设，宜与永久性排水设施相结合。

目前，气候变暖，极端暴雨情况时有发生，小流域具有暴雨突发性强、暴雨强度大、破坏性大的特点，公路排水设计、施工时要对此予以重视，施工阶段的临时排水设施是保证路基、路面、桥涵施工质量，保护沿线自然环境所必需的设施，为节约投资，方便施工，路基排水设计时，要考虑施工场地的临时性排水设施与永久性设施相结合。

4.2 地表排水

原规范共 10 条，本规范共 13 条。新增 3 条：第 4.2.10 条、第 4.2.12 条和第 4.2.12 条。新增“明沟最大允许流速、挖方边沟盖板、季节冻土区暗埋管的埋设深度”等的规定。

修订理由如下：

(1)当边沟、排水沟底纵坡较大，超过了沟底土质的抗冲刷能力时，将使边沟、排水沟产生冲刷。但有的工程中，过于强调路基的绿色景观，无论边沟、排水沟底纵坡大小，统一采用植草边沟，边沟产生冲刷，导致排水设施失效。为提高边沟、排水沟使用耐久性，新增此项规定。

(2)高速公路、一级公路挖方地段的矩形边沟是常用形式之一，有的未设盖板，有的设置盖板强度不足，有的盖板的泄流量不够。为保障行车安全，充分发挥边沟的排水功能，新增此规定。

(3)季节冻土区，为改善路域环境，采用暗埋管的浅碟形边沟，但有的工程为节省工程造价，暗埋管的埋设深度较小，处于季节冻结深度范围，导致暗埋管内充满冰块，在春融时，不能发挥其排水功能，引起溢流，水力冲刷路基，形成病害。为此，新增此规定。

(4)为降低高速公路路基填土高度，常采用下挖式通道。本着“以人为本”，服务好高速公路沿线人民的生活生产。本规范在总结相关科研成果和工程经验的基础上，新增下挖式通道排水设计要求。

(5)高速公路互通式立交区路基排水设计，常将高速公路路基排水与被交公路路基排水分别设计，未形成统一排水系统，有的排水不畅，有的路域景观较差。为此，本规范对互通式立交区路基排水设计做出规定。

(6)中央分隔带常因防排水设计不当，使路基内产生积水，导致路基路面强度降低，诱发病害。本规范新增中央分隔带排水设计要求，提高路基路面长期性能，防治路基病害。

4.2.1　路基地表排水设施设计降雨的重现期：高速公路、一级公路应采用15年，其他等级公路应采用10年。各类地表排水设施的断面尺寸应满足设计排水流量的要求，沟顶应高出沟内设计水面0.2m以上。

路基地表排水设施设计降雨的重现期是地表排水设计的重要指标，直接关系到排水系统可靠性、排水结构物尺寸的大小及交通安全程度(保障雨季公路的通畅能力)。现行设计降雨的重现期标准是《公路路基设计规范》(JTJ 013—95)首次规定的，原规范未作修订。对设计降雨的重现期标准，一直存在争议，大多数认为现行设计降雨的重现期标准是合适的，也有的认为现行的重现期标准过高，造价排水结构物尺寸过大，增加了造价，也影响路域环境。从国内公路运行的总体情况来看，现行标准是合适的。为应对气候环境变化，保障公路安全运行，综合国内外的资料，本规范仍维持了原规范的规定：路基排水设计的降雨重现期对高速公路、一级公路为15年，其他等级公路为10年。

路基排水水文计算，可以依照现行《公路排水设计规范》(JTG/T D33)中的计算方法，或参考《公路设计手册　路基》中的计算方法。对路基排水结构物作水文计算时，需根据排水结构物所在位置、作用、汇水范围等因素，选用水文计算公式。

边沟、截水沟、排水沟、跌水和急流槽的断面尺寸，要保证宣泄全部设计流量而不致溢出沟外，同时，沟管内水流的最大和最小流速须控制在允许流速范围内。

4.2.2 路基地表排水设施包括边沟、截水沟、排水沟、跌水与急流槽、蒸发池、油水分离池、排水泵站等，应结合地形和天然水系进行布设，并做好进出口的位置选择和处理，防止产生堵塞、溢流、渗漏、淤积、冲刷和冻结。

路基地表排水设施类型主要为：边沟、截水沟、排水沟、跌水与急流槽、蒸发池、油水分离池、排水泵站等，各类排水设施的功能和适用条件是不同的，分别承担一定汇水面积范围内地表水的汇集和排泄功能。设计时，应根据气候条件、地形和天然水系等，因地制宜，合理布设，按排水的功能要求选择沟、管的类型，布置在合适的位置上，并将各项设施组合成一个将地表水顺畅地汇集、拦截和排引到路界外的系统。地表水被汇集或拦截后集中排放，流量和流速都增大，这就增加了对沟渠和泄水口周围地面冲刷和侵蚀的可能性。因而，排水系统的设计，要考虑采取有效的措施，使之不会对路基、路面和路界内外各项设施造成各种危害。并应保证路桥隧地表排水设施的正常衔接，完善排水系统。

4.2.3 位于水环境敏感地段的路基地表排水设计，应采取必要措施，保护水环境。

原规范：4.2.3 地表排水沟管排放的水流不得直接排入饮用水水源、养殖池。

水环境敏感路段的概念在公路行业规范中首次提出，水环境敏感路段划分为强敏感、中等敏感和弱敏感三级，应按照不同的敏感等级采取相应的排水设计和处理措施，具体的分级标准如下：

(1)强敏感路段指穿越《地表水环境质量标准》(GB 3838)、《地下水质量标准》(GB/T 14848)中Ⅰ～Ⅱ类标准的水体及《海水水质标准》(GB 3097)中的第一类海域的路段。

(2)中等敏感路段指穿越《地表水环境质量标准》(GB 3838)、《地下水质量标准》(GB/T 14848)中Ⅲ类标准的水体及《海水水质标准》(GB 3097)中的第二类海域的路段。

(3)弱敏感路段指穿越《地表水环境质量标准》(GB 3838)、《地下水质量标准》

(GB/T 14848)中Ⅳ类标准的水体及《海水水质标准》(GB 3097)中的第三类海域的路段。

路面径流污染物的浓度受路面类型的影响较大，沥青路面径流中的铅、锌、COD的浓度是相同条件下水泥混凝土路面径流的3～5倍。

4.2.4 边沟设计应符合下列要求：

1 边沟断面形式及尺寸应根据降雨强度、汇水面积、地形地质条件以及对路侧安全与环境景观的影响程度等确定。条件许可时，宜采用三角形或浅碟形边沟。

2 边沟沟底纵坡宜与路线纵坡一致，并不宜小于0.3%。困难情况下，可减小至0.1%。

3 当边沟冲刷强度超过表4.2.4所列的明沟最大允许流速时，应采取必要的防护加固措施。

表4.2.4 明沟最大允许流速

明沟类别	最大允许流速(m/s)	明沟类别	最大允许流速(m/s)
细粒土质砂	0.8	片碎石(卵砾石)加固	2.0
低液限粉土、低液限黏土	1.0	干砌片石	2.0
高液限黏土	1.2	浆砌片石	3.0
草皮护面	1.6	水泥混凝土	4.0

4 高速公路、一级公路挖方路段矩形边沟宜增设带泄水孔的钢筋混凝土盖板或增设路侧护栏，钢筋混凝土盖板的强度和厚度应满足承载汽车荷载的要求。

5 季节冻土地区，浅碟形边沟下的暗埋管(沟)应设置在最大路基冻深线之下，暗埋管(沟)出水口应采取保温防冻措施。

根据现行《公路工程名词术语》(JTJ 002)、《公路排水设计规范》(JTG/T D33)中对边沟、排水沟的解释，本次规范修订将两者的定义及适用条件进一步明确。

边沟分为路堑边沟和路堤边沟，位于土路肩或护坡道外侧，用于汇集和排除路面、路肩及边坡的水。常用的边沟断面形式有三角形、浅碟形、U形、梯形、矩形、带盖板矩形、暗埋式边沟等。设计时，应充分体现宽、浅、隐、绿的特点，既要考虑地形地质条件、边坡高度、汇水面积及排水功能，也要注意边沟形式对路侧安全和环境景观的影响，因地制宜，合理选用。当路基边坡高度不大、汇水面积较小时，优先采用三角形、浅碟形边沟。边沟断面尺寸需根据地形、地貌、汇水面积、暴雨强度、路基填挖情况等，经过水文、水力计算，并结合当地的经验确定。

边沟的冲刷防护设计，需根据不同的情况选用不同的防护加固措施。本次规范修订，明确了不同类型明沟的最大允许流速，为边沟防冲刷加固设计提供了依据。在选用边沟防冲刷加固措施时，既要考虑加固措施的耐久性，也要考虑与环境协调性，在边沟水流最大允许流速范围，通常优先选用植物防护；当超过最大允许流速、可能产生冲刷时，可根据流速大小，因地制宜，选用换填砂砾、卵石、片碎石，砂砾（卵石、片碎石）＋挡水梗等间接加固方式，挡水梗为片碎石砌筑或土工网包裹砂砾（碎石），见图 4-1；干砌片石、浆砌片石（混凝土块）、现浇混凝土等直接加固方式。

图 4-1 边沟间接加固防护

为降低挖方路段边坡高度,常用矩形边沟;为提高高速公路路侧安全性,增设带泄水孔的钢筋混凝土盖板。设计中,有的工程钢筋混凝土盖板的厚度和强度不足,不能承受载重汽车荷载的作用;有的盖板泄水孔很小,不能满足排水的要求。因此,设计时,应根据降雨强度、汇水面积及排水流量的要求,通过水力计算,合理确定泄水孔尺寸,保证能及时排泄路表水,避免积水;与此同时,应根据汽车荷载的设计标准,计算确定钢筋混凝土盖板的厚度和强度。

季节冻土区,为改善路域环境,采用暗埋管的浅碟形边沟时,暗埋管的埋设在最大路基冻深线之下,暗埋管(沟)出水口应采取保温防冻措施,防止暗埋管内结冰。

4.2.5 截水沟设计应符合下列要求:

1 截水沟应根据地形条件及汇水面积等进行设置。挖方路基的堑顶截水沟应设置在坡口 5m 以外,并宜结合地形进行布设。填方地段斜坡上方的路堤截水沟距路堤坡脚的距离,应不小于 2m。

2 截水沟断面形式及尺寸应结合设置位置、排水量、地形及边坡情况确定,沟底纵坡不宜小于 0.3%。

3 截水沟的水流应排至路界之外,不宜引入路堑边沟。

4 截水沟应进行防渗加固。

截水沟的作用是拦截路堑顶以上的山坡地表水流,防止其流向路堑冲刷路堑边坡,同时还考虑防止汇集于截水沟内的水流渗漏而影响边坡稳定。因此,截水沟距堑顶的距离要从这两方面慎重考虑,距离过大,未拦截的地表水较多,可能会冲刷边坡;距离过小,渗入坡体的水将影响边坡稳定。设计时,要考虑路堑边坡的土质情况及边坡坍塌后对公路运营的危害程度,一般情况下截水沟距堑顶的距离不宜小于 5m。

截水沟根据路基填挖情况和所处位置可以分为路堤截水沟、堑顶截水沟和平台截水沟。截水沟设置的位置和道数是十分重要的,应经过详细水文、地质、地形等调查后,经流量计算确定截水沟的位置、横断面尺寸和道数。为防止边坡的破坏,截水沟应采取有效的防渗措施,出水口应引伸到路基范围以外,出口处设置消能设施,确保边坡和路基的稳定性。

截水沟设计时，也要考虑其断面形式对周围环境的影响。当堑顶上方汇水面积小时，通常不设截水沟。

4.2.6 排水沟设计应符合下列要求：

1 将边沟、截水沟、取(弃)土场和路基附近低洼处汇集的水引向路基以外时，应设置排水沟。

2 排水沟断面形式应结合地形、地质条件确定，沟底纵坡不宜小于0.3%，与其他排水设施的连接应顺畅。易受水流冲刷的排水沟应视实际情况采取防护、加固措施。

排水沟起连接各种排水设施，将水引排到附近自然水道或桥涵，从而形成完善的排水系统的作用。排水沟与水道衔接，应做到汇流处水流顺畅，有良好的流向和交角。

排水沟也应注意冲刷防护设计，当沟底纵坡较大，超过表4.2.4所列的明沟最大允许流速时，需根据不同的情况选用不同的防护加固措施。

4.2.7 水流通过坡度大于10%、水头高差大于1.0m的陡坡地段或特殊陡坎地段时，宜设置跌水或急流槽。跌水与急流槽设计应符合下列要求：

1 跌水和急流槽应采取加固措施。

2 急流槽底的纵坡应与地形相结合，进水口应予防护加固，出水口应采取消能措施，防止冲刷。

3 急流槽底应设置防滑平台或凸榫，防止基底滑动。

跌水和急流槽主要用于陡坡地段的排水，达到水流的消能和减缓流速，是山区公路普遍采用的排水结构物。跌水和急流槽的断面形式通常采用矩形或梯形，进、出水口是易发生水流冲刷破坏的关键点，需做好防护与加固。

根据各地调查，跌水的水头为1.0m左右时，冲刷较小，一般不设跌水。跌水形式有竖槽式、阶梯式和竖管式。

美国加州的规定是：纵坡缓于1∶4时，可采用铺砌的急流槽；缓于1∶2，或者缓于1∶1.5但坡长不大于18m时，须采用(波纹)金属急流槽；而在陡于1∶4的情况下，适宜采用金属管。

跌水和急流槽的出口处水流急，冲刷强度大，一般需配置消力池。

4.2.8 气候干旱区且路域范围排水困难地段，可利用沿线的取土坑或专门设置蒸发池汇集地表水。蒸发池设计应符合下列要求：

1 合理确定蒸发池边缘与路基之间的距离，避免影响路基稳定和路侧安全，并应不小于5m，湿陷性黄土地区不得小于湿陷半径。蒸发池设计水位应低于排水沟的沟底。

2 蒸发池的容量应以一个月内汇入池中的雨水能及时完成渗透与蒸发作为设计依据，经水力、水文计算后确定，并防止产生盐渍化或沼泽化。

3 蒸发池应根据具体情况采取适当的安全防护加固措施。

蒸发池仅适用于我国北方气候干旱，蒸发量大且排水困难的地段。每个蒸发池的容水量应根据蒸发池的纵向间距经水力、水文以及蒸发量计算后确定，蒸发池四周要采取必要的安全防护措施，防止行人出现意外事故。

4.2.9 水环境敏感地段路基排水沟出口宜设置油水分离池，排泄的水质应满足现行《污水综合排放标准》(GB 8978)的有关规定。油水分离池设计应符合下列要求：

1 油水分离宜采用沉淀法处理。污水进入油水分离池前，应先通过格栅和沉砂池。

2 油水分离池的大小应根据所在路段排水沟汇入水量确定，并保证流入分离池的油水能有足够的时间分离或过滤净化。

《公路排水设计规范》(JTG/T D33—2012)定义了“水环境敏感路段”，并规定了水环境敏感路段路基排水设计要求。

公路路面排出的污水一般以悬浮物和石油类为主，与其他行业相比，公路污水中含油污量一般较低，故推荐以简易的沉淀法处理措施为主。目前国内已建公路油水分离池应用较少，具体设计时，可参考现行《室外排水设计规范》(GB 50014)和《污水综合排放标准》(GB 8978)。

位于水环境敏感地段的路基地表排水设计，路表水应设置纵向、横向排水系统，并与路基坡面降水分离，集中收集处置，收集路表水的集水沟(管)和集中水处理设施应采取防渗措施，路表水集中水处理设施应采用多功能处理池、人工湿地或干式沉淀池。国内广州渝湛高速公路、湖南长珠高速公路的人工湿地、广元至南充高速公路的隔油沉淀池与植被控制和人工湿地的组合措施等有关成功案例，提出采用植草式排水沟、封闭式排水沟、植草处理池、多功能处理池、人工湿地和干式沉淀池用于集中处理路面径流带来的水污染。

4.2.10 下挖式通道排水设计应符合下列要求：

1 下挖式通道应设置独立、完善的排水系统，排除汇水区域的地表径流水和影响道路功能的地下水。排水设施的布设应与周围其他排水设施相协调。

2 地表排水径流量计算，设计重现期不宜小于5年。

3 下挖式通道宜采用自流排水方式。当条件受限制时，可按表4.2.10确定排水方式。

表4.2.10 下挖式通道排水方式

排水方式	适用条件
自流排水方式	可用于通道底面高于河渠底面常水位
泵站排水方式	可用于降雨量大、地下水位较高且通道底面低于河渠底面而无法自排的通道
渗井排水方式	可用于年降雨量小于600mm、地下水位低、含水层渗透性好且埋深不超过10m的通道排水。通道内水流进入渗井前，应经过油水分离池过滤处理，保护地下水质
蒸发池排水方式	可用于年降雨量小于400mm、蒸发强度大、地下水位低的通道排水

解决下挖式通道的排水问题是保证下穿公路使用功能与安全运营的关键措施之一。下挖式通道排水设计的主要技术问题是地面径流量计算的控制标准、排水系统与排水方式的选择，现行规范尚无相关的技术规定。《室外排水设计规范》(GB 50014—2006)规定立体交叉道路排水设计重现期不小于3年。本次修订结合公路特点，考虑目前气候环境变化，尤其是发生暴雨的频率和强度情况，为提高下挖式通道的雨天通行能力，规定下挖式通道排水设计的重现期不宜小于5年。

根据工程经验和科研成果，规范给出了下挖式通道的主要排水方式（自流排水、泵站排水、渗井排水、蒸发池排水）的适用条件与范围，设计时需因地制宜，根据具体情况合理选用。考虑泵站排水、渗井排水、蒸发池排水等排泄能力及公路运营期的养护管理，下挖式通道设计时，要优先采用自流的排泄方式。

当下挖式通道排水采用渗井方式时，应加强环保措施设计，在通道内水流进入渗井前，应经过油水分离池过滤处理，保护地下水质。

4.2.11 路基汇水无法自流排出时，可设置排水泵站。排水泵站包括集水池和泵房，其设计应符合下列要求：

1 集水池的容积应根据汇水量、水泵能力和水泵工作情况等因素确定。

2 水泵抽出的水应排至路界之外。

3 在下挖段的两端，应设置泄水口、排水沟等排水设施，拦截和引排上游方向的地表水。

4 排水泵站其他设计应符合现行《泵站设计规范》(GB 50265)的相关规定。

在地下水位高的平原区，自流排泄有困难时，可采用潜水泵抽升集水池中的水。泵站配备两台水泵，可针对不同的排水量要求，分别使用小泵或大、小泵。具体设计时，可参照《室外排水设计规范》(GB 50014—2006)，或执行现行《泵站设计规范》(GB 50265)。排水泵站应有专人管养。集水池的容积一般不应小于一台水泵 30s 的出水量。

流入集水池的雨水均应通过格栅。集水池的布置，应考虑改善水泵吸水管的水力条件，减少滞流或涡流。

泵房中水泵型号应根据水量、水质和所需扬程等因素确定。重要的下穿道路，每个泵站应至少配置两台水泵，水泵宜选用同一型号。

4.2.12 互通式立交区路基排水设计应符合下列要求：

1 互通式立交区路基排水设计应设置完善、通畅的排水系统。

2 互通式立交区路基排水方式与结构形式应根据互通式立交形式、汇水面积、地形地质、气候条件和环境景观等确定，并应做好匝道路基排水设施与主线路基排水设施的衔接。

4.2.13 中央分隔带防排水设计应符合下列要求：

1 中央分隔带表面采用铺面封闭时，分隔带铺面应采用两侧外倾的横坡，坡度宜与路面横坡度相同，铺面之下应设置防水层。

2 中央分隔带表面未采用铺面封闭时，中央分隔带内部应设置由防水层、纵向排水渗沟、集水槽和横向排水管等组成的综合防排水系统，渗沟宜设置在通信管构件之下。

3 凹型中央分隔带的表面宜设置成浅碟形，坡度宜为1∶4～1∶6，并应在中央分隔带设置由纵向边沟、集水井、横向排水管、边坡急流槽、消力池等组成的综合排水系统，其断面尺寸、设置间距应通过水力计算确定。

4 中央分隔带回填土与路面结构层之间应设置防水层。

中央分隔带形式根据表面形状及与路表面高程的关系，分为浅跌式(凹形)、平齐式和凸式，根据封闭程度分为铺面封闭式、未封闭绿化式。设计时，应根据中央分隔带宽度、护栏形式、气候环境条件等，因地制宜，合理确定中央分隔带形式。

中央分隔带防排水设计对于防治路基路面病害是十分重要的。本规范规定了不同形式的中央分隔带防排水设计要求，设计时，应根据中央分隔带形式和气候条件，做好防排水设计。铺面封闭式中央分隔带应以防渗设计为主，未封闭绿化式中央分隔带应以排水与防渗相结合，设置由防水层、纵向排水渗沟、集水槽(井)和横向排水管等组成的综合防排水系统，及时引排中央分隔带的下渗水。

4.3 地下排水

原规范共6条，本规范共10条。新增第4.3.3条、第4.3.7条、第4.3.8条、第4.3.10条，主要内容为：排水垫层和隔离层设计、渗井设计、排水隧洞设计和防冻处理等，以及选用各类地下排水设施的原则、各类渗沟的适用条件等。

修订理由如下：

(1)地下排水设施类型、地下排水渗沟类型的选择是保证地下排水设施有效性的重要基础，若地下排水设施的功能与实际的水文地质条件不相符，将导致排水设施起不到应有的排水作用，不能解除地下水对路基的危害。为强化地下排水设施的选型设计，本规范规定选型原则。

(2)渗井在公路排水中得到广泛的应用，包括排除挖方地段地下水和下挖式通道积水，两种渗井的排水对象不同，其排水结构构造、材料和环境保护的要求也不同。为更好指导设计，规范补充了渗井的设计规定。

(3)排水隧洞在挖方边坡和滑坡防治工程中得到广泛的应用，为保证排水隧洞的设计质量，本规范补充了排水隧洞的设计规定。

4.3.1 应进行工程地质和水文地质调查、勘探和测试，查明水文地质条件，获取有关水文地质参数。

水文地质参数是地下排水设计的重要基础资料，设计前，在收集既有的工程地质和水文地质等有关资料的基础上，通过调查、勘探和测试，查明水文地质条件，获取地下水水位、流向、流量及渗透系数等水文地质参数，为地下排水设计提供可靠的依据。

4.3.2 地下水影响路基稳定或强度时，应根据地下水类型、含水层埋藏深度、地层的渗透性等条件及对环境的影响，采取拦截、引排、疏干、降低或隔离等措施，地下排水设施应与地表排水设施相协调。地下排水设施形式可按下列原则确定：

1 当地下水埋藏浅或无固定含水层时，可采用隔离层、排水垫层、暗沟、渗沟等。

2 当地下水埋藏较深或存在固定含水层时，可采用仰斜式排水孔、渗井、排水隧洞等。

原规范规定：4.3.2 路基地下排水设施包括暗沟（管）、渗沟、渗水隧洞、渗井、仰斜式排水孔、检查疏通井等。地下排水设施的类型、位置及尺寸应根据工程地质和水文地质条件确定，并与地表排水设施相协调。

路基地下排水设施的类型较多，其适用条件与范围、排泄能力及长期的效能也各不相同。根据地下水的赋存条件，规范给出了相应的地下排水设施的选用原则，设计时需因地制宜，灵活选用。

4.3.3 排水垫层和隔离层设计应符合下列要求：

1 当黏质土地段地下水位埋深小于0.5m或粉质土地段地下水位埋深小于1.0m时，细粒土填筑的低路堤底部宜设置排水垫层和隔离层。

2 排水垫层厚度不应小于0.3m，垫层材料宜选用天然砂砾或中粗砂。采用复合防排水板作为隔离层时，可不设排水垫层。

3 隔离层可选用土工膜、复合土工膜、复合防排水板等土工合成材料，防渗材料的厚度、材质及类型应根据气候、地质条件确定，土工合成材料应符合现行《公路土工合成材料应用技术规范》(JTG/T D32)的规定。

对于低路堤,当黏质土地段地下水位小于0.5m或粉质土地段地下水位小于1.0m时,地下水及毛细水对路床土的性质影响大,路床多处于潮湿状态,将造成路床强度降低,承载能力不足。为保证路基处于中湿状态,使其具有足够强度和承载能力,本规范规定细粒土填筑的低路堤底部宜设置排水垫层和隔离层。

4.3.4 暗沟、暗管设计应符合下列要求:

1 暗沟、暗管可用于排除泉水或集中的地下水流。

2 暗沟、暗管沟底的纵坡不宜小于1.0%,出水口处应加大纵坡,并应高出地表排水沟常水位0.2m以上。

3 暗沟可采用浆砌片石或水泥混凝土预制块砌筑,沟顶应设置混凝土或石盖板,盖板顶面上的填土厚度不应小于0.5m。暗沟断面尺寸应根据排水量及地形、地质条件确定。

暗沟(管)是设在地面以下引导水流的沟道,无渗水和汇水的功能。当路基范围内遇有泉水或集中水流时,采用暗沟(管)将水流排出路基范围以外是合适的。

暗沟(管)横断面一般为矩形,泉井壁和沟底、沟壁用浆砌片石或水泥混凝土预制块砌筑,沟顶设置混凝土或石盖板,盖板顶面上的填土厚度不小于0.5m。各部位尺寸大小根据排出水量及地形、地质条件确定。

暗沟(管)设计时,要加强反滤设计,在暗沟泄水孔盖板上或暗管外壁铺设防渗土工布,土工布外侧铺设砂砾或碎石,防止淤塞暗沟(管)的进水口。

4.3.5 渗沟设计应符合下列要求:

1 有地下水出露的挖方路基、斜坡路堤、路基填挖交界结合部以及地下水位埋深小于0.5m的低路堤等路段,应设置排水渗沟。

2 渗沟类型应根据地下水赋存条件、渗流量、使用部位及排水距离等,按表4.3.5确定,渗沟横断面尺寸应按地下水渗流量计算确定。

3 渗沟埋置深度应根据地下水位、需降低的水位高度及含水层介质的渗透系数等确定。截水渗沟的基底埋入隔水层内不宜小于0.5m。边坡渗沟、支撑渗沟的基底,宜设置在含水层以下较坚实的土层上。

表 4.3.5 各类渗沟适用条件

渗沟类型	适用条件
填石渗沟、无砂混凝土渗沟	可用于地下水流量不大、排水距离较短的地段
管式渗沟	可用于地下水流量较大、地下水位埋藏浅、地下排水距离较长的地段
洞式渗沟	可用于地下水流量大、埋藏深的路段

4 填石式渗沟、无砂混凝土渗沟最小纵坡不宜小于1.0%，管式及洞式渗沟最小纵坡不宜小于0.5%。渗沟出水口应高出地表排水沟常水位0.2m以上。

5 边坡渗沟、支撑渗沟应垂直嵌入边坡坡体，根据边坡情况可按条带形、分岔形或拱形布设，间距宜为6～10m。

6 渗沟材料应采用洁净的砂砾、粗砂、碎石、片石，其中小于2.36mm细粒料含量不得大于5%。渗沟沟壁应设置透水土工织物或中粗砂反滤层，渗水管可选用带孔的HPPE管、PVC管、PE管、软式透水管、无砂混凝土管等。

渗沟根据材料和结构形式，可分为填石渗沟、无砂混凝土渗沟、管式渗沟、洞式渗沟、边坡渗沟、支撑渗沟等。

渗沟类型很多，通常分为：填石渗沟、无砂混凝土渗沟、管式渗沟、洞式渗沟、边坡渗沟、支撑渗沟等，不同类型的渗沟的适用条件和排水能力也不相同。设计时，应根据水文地质条件和地下水流量，合理选用渗沟形式。

填石渗沟，也称为盲沟，一般适用于地下水流量不大、渗沟不长的地段，填石渗沟较易淤塞。洞式及管式渗沟一般适用于地下水流量较大、引水较长的地段，条件允许时，应优先采用管式渗沟。洞式渗沟开挖深度大、施工麻烦。目前多采用管式渗沟代替填石渗沟和洞式渗沟。

边坡渗沟、支撑渗沟则主要用于疏干潮湿的土质路堑边坡坡体和引排边坡上局部出露的上层滞水或泉水，坡面采用干砌片石覆盖，以确保边坡干燥、稳定。

渗沟的纵坡应根据地下水埋藏深度、地层情况、出水口位置等综合确定。为迅速排出地下水和防止淤积，渗沟的沟底纵坡不宜太小。当受地形限制，需采用较小的纵坡时，必须加强其他防淤措施：加强反滤层，加大渗沟的排水断面和排水孔尺寸，缩短检查井的间距等。

渗沟能否起到良好的排水作用，反滤层的设计和施工是关键。设计中应正确选择反滤层的层数、反滤材料的颗粒大小及其级配，施工中应保证按照设计的要求，洗净砂石料，按颗粒大小的不同分层填筑。

用于渗沟的反滤土工布及防渗土工布，设计时通常根据水文地质条件、使用部位等按现行《土工合成材料》(GB/T 17638～17642)选用。

无砂混凝土既可作为反滤层，也可作为渗沟，是近几年在公路地下排水设施中应用的新型排水设施。用无砂混凝土作为透水的井壁和沟壁，以替代施工较复杂的反滤层和渗水孔设备，并可承受适当的荷载，具有透水性和过滤性好、施工简便、省料等优点。预制无砂混凝土板块作为反滤层，用在卵砾石、粗中砂含水层中效果良好；如用于细颗粒土地层，通常在无砂混凝土板块外侧铺设土工织物作反滤层，用以防止细颗粒土堵塞无砂混凝土块的孔隙。

4.3.6 仰斜式排水孔设计应符合下列要求：

1 仰斜式排水孔可用于引排边坡内的地下水。

2 仰斜式排水孔的仰角不宜小于6°，长度应伸至地下水富集部位或潜在滑动面，并宜根据边坡渗水情况成群分布。

3 仰斜式排水孔进水口及渗水管段应包裹透水土工布，防止堵塞渗水孔。

仰斜式排水孔是采用小直径的排水管在边坡体内排除深层地下水的一种有效方法，一般用于排泄坡体内有固定的含水层、坡面上有集中地下水出露的地下水，通常成群布置，疏干坡体内地下水的效果较好，在我国山区公路中得到了广泛的应用，最长排水孔已达50m。

仰斜式排水孔的直径一般为75～150mm，仰角不小于6°，长度应伸至地下水富集或潜在滑动面。孔内透水管直径一般为50～100mm。

目前设计中，仅对仰斜式排水孔口进水端铺设透水土工布，对设置泄水孔的进水段管壁未铺设透水土工布，对仰斜式排水孔的长期有效性造成很大的影响，有的公路运营2～3年，仰斜式排水孔就失效，无水流。因此，为保证仰斜式排水孔的长期有效性，应高度重视其防淤堵设计。本规范规定仰斜式排水孔进水口及渗水管段应包裹透水土工布，防止泥土将渗水孔堵塞。

4.3.7 渗井设计应符合下列要求：

1 渗井可用于拦截、引排有固定含水层的深层地下水，以及排除下挖式通道的地表水。

2 用于拦截和引排地下水的渗井，宜成井群布设，并与排水隧洞等排水设施配合使用。渗井排列方向宜垂直于渗流方向，其深度宜穿过含水层，断面尺寸与间距应通过渗流计算确定。渗井内部宜采用洁净的砂砾、碎石等填充，井壁与填充料之间应设反滤层。

3 用于排除下挖式通道地表水的渗井，距离路堤坡脚不宜小于10m，渗井尺寸应根据下挖式通道的排水量通过水力计算确定。渗井宜采用钢筋混凝土管或波纹管，上部为集水井，下部为渗透井；渗透井应选用洁净的砂砾、片碎石等充填，其中小于2.36mm颗粒含量不得大于5%，井壁四周应设置反滤层。

4.3.8 排水隧洞设计应符合下列要求：

1 排水隧洞可用于截断和引排深层地下水，埋设深度应根据主要含水层的埋藏深度确定，并应埋入稳定地层内，顶部应在滑动面(带)以下不小于0.5m。

2 对滑动面以上的其他含水层，宜采用在渗水隧洞顶上设置渗井或渗管等将水引入洞内。渗水隧洞以下为承压含水层时，宜在洞底部设置渗水孔。

3 隧洞横断面尺寸应根据地下水涌水量计算确定，横断面净空高度不宜小于1.8m，净宽不宜小于1.0m。

4 隧洞平面轴线宜顺直，洞底纵坡不应小于0.5%，不同坡段可采用折线坡或设台阶跌水等形式连接。

5 隧洞结构设计应符合现行《公路隧道设计规范》(JTG D70)的有关规定。

排水隧洞适用于截断和引排深层地下水，与渗井或渗管群联合使用，以排除具有多层含水层的复杂地层中的地下水。排水隧洞要埋入欲截引的主要含水层附近的稳定地层中，滑坡区的隧洞，其顶部需设置在滑动面或带以下稳定地层中不小于0.5m。

排水隧洞的纵坡要根据地下水埋藏深度及水力坡度、地层情况、出水口位置的高程等综合考虑决定。排水隧洞的横断面宽度，往往不取决于排水流量的要求，而是受施工需要的控制。人工施工时，考虑在沟壁支撑加固后尚能保留一人在底部转身工作的最小宽度；对于较长的排水隧洞，尚要考虑施工通风的问题，需酌情加宽。

4.3.9 检查井、疏通井设计应符合下列要求:

1 深而长的暗沟(管)、渗沟及渗水隧洞,在直线段每隔一定距离及平面转弯、纵坡变坡点等处,宜设置检查井、疏通井。

2 检查井内应设检查梯,井口应设井盖。检查井兼做渗井时,井壁应设置反滤层。

为保证地下排水设施的长期有效性,需要进行定期养护维修,因此,对暗沟(管)、渗沟及渗水隧洞等需要设置检查井、疏通井。

一般情况下,渗沟每隔 30m、渗水隧洞每隔 120m 和平面转弯、纵坡变坡点等处,宜设置检查、疏通井。兼起渗井作用的检查井的井壁,应设置反滤层。检查井直径不宜小于 1m,井内应设检查梯,井口应设井盖,当深度大于 20m 时,应增设护栏等安全设备。

4.3.10 在水文地质条件复杂易产生冻害地段,渗沟的排水管应设置在路基冻结深度以下不小于 0.25m 处。在重冻区的渗沟、渗水隧洞的出口,应采取防冻措施。

在季节冻土区,规定“渗沟的排水管应设置在路基冻结深度以下不小于 0.25m 处”,是为防止冬季渗沟的排水管内结冰,影响排水功能。重冻区渗沟、渗水隧洞的出口的防冻措施:出水口尽可能向阳、背风布置,用保温材料做成保温的圆包头出口,加陡出口段纵坡,设防寒水沟,出水口选择在陡坎峭壁处等。

5 路基防护与支挡

原规范共7节,本规范共7节。本章修订的主要内容如下:

(1)修订路基防护分类及各类防护形式的适用条件。

(2)新增"石笼式挡土墙"、"无面板土工格栅加筋土挡土墙"等新型柔性支挡结构的设计方法、结构材料及设计要求。

(3) 修订了预应力锚杆的适用条件、锚作用力简化方法、锚杆防腐要求等。

(4) 修订了土钉适用条件,新增土钉现场试验和监测设计要求等。

(5) 新增预应力锚索抗滑桩结构、材料、受力计算,抗滑桩监测设计等规定。

5.1 一般规定

原规范共6条,本规范共8条。新增第5.1.3条支挡结构工程地质勘察,第5.1.7条防护支挡结构材料强度的要求;修订了第5.1.2条。

修订理由如下:

(1)工程地质与水文地质条件、岩土物理力学参数和岩土腐蚀性等是支挡结构设计所需的重要基础资料。有的支挡结构工程产生变形破坏,地质资料不全、参数不准确,导致设计不当是其主要原因之一。为提高支挡结构安全可靠性,本规范新增此规定,进一步强化支挡结构的地质勘察工作。

(2)防护支挡结构工程在运营期产生变形损害,中冻区、重冻区防护支挡结构工程出现较为严重冻害,严重影响了防护支挡结构工程的使用,材料强度不足是其主要原因之一。为提高防护支挡结构工程的耐久性,本规范统一规定了各类结构所用材料的强度要求,并提高了中冻区、重冻区材料强度标准。

(3)原规范第5.1.2条规定:"防护类型的选择应综合考虑工程地质、水文地质、边坡高度、环境条件、施工条件和工期等因素的影响",尚未规定如何选择防护类型,使规范的可操作性不强。有的工程设计中偏重于工程防护为主,与环境协调性差;有的工程设计中未充分考虑气候环境和地质条件,偏重于植物防护为主,边坡产生冲蚀,导致路基病害。为使防护工程设计符合安全可靠、环境和谐的要求,提高规范可操作性,本规范对第5.1.2条进行了修订。

5.1.1 应根据当地气候、水文、地形、地质条件及筑路材料分布情况,采取工程防护和植物防护相结合的综合措施,防治路基病害,保证路基稳定,并与周围环境景观相协调。

路基长期受自然因素的作用影响,岩土在不利水文条件作用下,物理力学性质发生衰变,导致路基产生病害。为保证路基具有足够的强度和稳定性,路基防护、支挡、加固是不可缺少的工程措施。

5.1.2 路基坡面防护工程应设置在稳定的边坡上。当土质和气候条件适宜时,宜采用植物防护;当植物防护的坡面有可能产生冲刷时,应设置浆砌片石或水泥混凝土骨架;对完整性较好、稳定的弱、微、未风化硬质岩石边坡,可不作防护。当路基稳定性不足时,应设置必要的支挡加固工程。

原规范规定:5.1.2 路基坡面防护工程应在稳定的边坡上设置,防护类型的选择应综合考虑工程地质、水文地质、边坡高度、环境条件、施工条件和工期等因素的影响,对于路基稳定性不足和存在不良地质因素的路段,应注意路基边坡防护与支挡加固的综合设计。

坡面防护是保护环境,防止水土流失的一种工程措施。其作用是保护路基边坡坡面免受雨水冲刷、风化剥落,减缓温差及湿度变化的影响,防止和延缓岩土表面的风化、破碎、剥蚀演变过程,保证路基边坡稳定,并改善路域环境。设计时,一般不考虑承受斜坡地层的侧压力,要求边坡具有足够的稳定性。

防护类型的选择时,应综合考虑工程地质、水文地质、边坡高度、环境条件、施工条件和工期等因素的影响,既要考虑保护路基边坡避免产生风化、剥落、冲蚀等,又要考虑防护工程与周围环境的协调性,以及运营期养护问题。

植物防护能起到保护和改善环境的作用,当土质和气候条件适宜时,应优先采用植物防护。对于适宜植物生长且坡率不陡于1:1的土质边坡,要优先采用植物防护。植物防护时,其早期植物生长缓慢,防冲刷能力较弱,对于高度较大、坡较长的土质边坡,需增设浆砌片石或混凝土骨架。

选择植物防护时,也要考虑气候条件和养护成本。干旱少雨(年降雨量小于250mm)地区,水资源缺乏的地区,考虑到植物成活率和运营期养护成本,设计时应谨慎采用植物防护。

对于完整性较好的弱、微、未风化硬质岩石边坡,边坡稳定,一般不需要作防护。

5.1.3 支挡结构设计时,应对拟加固的边坡和地基进行工程地质勘察,查明其工程地质、水文地质条件及其潜在腐蚀性,不良地质和特殊岩土的分布情况,以及支挡结构地基的承载力和锚固条件;合理确定岩土体的物理力学参数。

对于支挡结构工程,地质勘察工作不能仅局限于其地基基础的勘察,尤其是地形地质条件较为复杂的斜坡地带,不仅要查明地基基础的地质条件和承载能力,还应查明斜坡(边坡)的地质条件、不良地质情况及稳定性,与此同时,还应结合支挡结构类型,分析评价设置支挡结构后边坡中潜在滑动面及下滑力的变化。

支挡结构工程地质勘察范围应包括地基基础和边坡(斜坡),布置勘探线时,不仅要沿支挡结构基础轴线布设纵向地质勘探断面,还应根据地形、地质和路基填挖情况,选择具有代表性的横断面,布设横向地质勘探断面。

5.1.4 路基支挡结构设计应满足各种设计荷载组合下支挡结构的稳定性、坚固性和耐久性要求;结构类型选择及设置位置应满足安全可靠、经济合理、便于施工养护的要求;结构材料应符合耐久、耐腐蚀的要求。

本条是根据十多年来我国山区公路建设中经验、教训以及国内外资料,对支挡工程设计提出的基本要求。

(1)支挡结构在各种荷载组合作用下,要具有足够的强度和稳定性,满足耐久的要求。

(2)支挡类型除了选择重力式挡土墙外,尚可根据现场的地形、地质、水文等具体情况,结合工程技术条件,从技术可靠、经济合理、环境和谐的原则出发,选择最合适的支挡结构形式。不论选择哪种结构类型,都要符合安全可靠、经济合理、便于施工养护的要求。

(3)支挡结构材料的选用可视结构类型而定,重力式挡土墙一般考虑就地取材,采用浆砌片石或片石混凝土,其他支挡结构除了采用钢筋混凝土外,结构类型不同需用其他材料,如加筋土挡土墙的拉筋采用土工合成材料或金属拉带,锚杆挡土墙、锚定板挡土墙的拉筋采用钢材。由于这些材料埋在填料中,受水和其他化学成分的作用影响,易产生腐蚀问题。因此,本条强调结构材料要符合耐久、耐腐蚀的要求。

5.1.5　防护支挡结构应与桥台、隧道洞门、既有支挡结构物协调配合,衔接平顺。

防护支挡结构应与桥台、隧道洞门、既有支挡结构物等衔接时,应做好衔接处理设计,包括结构物断面尺寸、高程、墙面形态、地基基础处理、地形过渡处理等,保证衔接平顺,变形协调,环境和谐。

5.1.6　地下水较丰富的路段,应做好路基边坡防护与地下排水措施的综合设计。多雨地区砂质土和细粒土路堤,应采取坡面防护与坡面截排水的综合措施。

原规范规定:5.1.4　在地下水较为发育路段,应注意路基边坡防护与地下排水措施的综合设计。在多雨地区,用砂类土、细粒土等填筑的路堤,应采取坡面防护与截排水的综合措施,防止边坡冲刷破坏。

本规范修订:"应注意路基边坡防护与地下排水措施的综合设计。"改为"应做好路基边坡防护与地下排水措施的综合设计。"

地下水对支挡结构物的受力状态影响很大。主要体现在两方面:一方面,支挡结构物墙背岩土体聚集地下水后,引起岩土体软化,抗剪强度衰减,增大土压力,同时聚集的地下水还会产生动水压力,使得原设计的支挡结构物的抗力不够,导致其失稳;另一方面,聚集的地下水也会软化支挡结构物的地基基础,使得地基的承载能力下降,导致支挡结构物产生沉降变形。因此,必须高度重视支挡结构物墙背路基及边坡排水设计,根据岩土性质和地下水情况,做好防护与地下排水措施的综合设计,保证防护支挡工程的安全稳定。

5.1.7　防护支挡结构所用材料的强度应不低于附录G表G-2的要求,其他材料应符合国家现行相关标准的规定。

水泥砂浆的强度等级，直接影响挡土墙墙体的强度，但工程实践经验表明，墙体强度不是随砂浆强度等级直线增加，如果选用砂浆强度等级过高，反而不能充分发挥作用。本规范根据工程经验总结，规定了不同砌体在不同情况下的砂浆强度等级。

考虑到公路运营期，结构物受到水流、雨、雪、温度、冻融等自然因素的作用，容易产生风化剥落等现象，为保证结构物的耐久性，减少维修养护工作，本规范规定了石料的最低强度和水泥混凝土的最低强度等级。对于中冻区、重冻区，考虑到防治冻害，适当提高了标准。

对于高大挡土墙，其强度安全更应受到重视，但是由于高挡土墙需要大量片块石，其块体质量不宜保证，另外，由于墙体高度大，砂浆质量及墙体的砌筑质量也不易施工保证。因此，为保证高挡土墙的设计强度，其材料宜采用片石混凝土或混凝土。

5.1.8 路基施工过程中应采取边坡临时防护措施，边坡临时防护工程宜与永久防护工程相结合。

路基施工过程中，为控制路基边坡和结构物基础开挖的临时边坡变形，保证路基边坡温度和施工安全，对边坡和基坑进行临时防护是十分必要的。为节约投资，方便施工，边坡临时防护工程要与永久防护工程相结合。

5.2 坡面防护

原规范共 4 条，本规范共 6 条。新增第 5.2.1 条，将原规范第 5.2.3 条分拆为第 5.2.4 条、第 5.2.5 条、第 5.2.6 条，并删除原规范第 5.2.4 条封面、捶面的规定。

修订的主要内容及理由如下：

(1)原规范分别规定了各类防护形式的适用条件、材料要求、结构厚度等，但没有规定如何确定坡面防护类型，不能很好地引导设计人员根据具体情况，合理确定防护方案。本规范为强化坡面防护的方案设计，增加了进行技术经济比较的规定，并进一步明确规定了坡面防护工程分类，各类防护的适用条件更加严谨。

(2)封面、捶面防护类型,在公路部门已很少采用,故本规范删除第5.2.4条规定。

5.2.1 对受自然因素作用易产生破坏的边坡坡面,应根据气候条件、岩土性质、边坡高度、边坡坡率、水文地质条件、施工条件、环境保护、水土保持要求等因素,按表5.2.1经技术经济比较后选择适宜的防护措施。

表5.2.1 坡面防护工程类型及适用条件

防护类型	亚 类	适 用 条 件
植物防护	植草或喷播植草	可用于坡率不陡于1∶1的土质边坡防护。当边坡较高时,植草可与土工网、土工网垫结合防护
	铺草皮	可用于坡率不陡于1∶1的土质边坡或全风化、强风化的岩石边坡防护
	种植灌木	可用于坡率不陡于1∶0.75的土质、软质岩石和全风化岩石边坡防护
	喷混植生	可用于坡率不陡于1∶0.75的砂性土、碎石土、粗粒土、巨粒土及风化岩石边坡防护,边坡高度不宜大于10m
骨架植物防护	—	可用于坡率不陡于1∶0.75的土质和全风化、强风化的岩石边坡防护
工程防护	喷护	可用于坡率不陡于1∶0.5的易风化但未遭强风化的岩石边坡防护,高速公路、一级公路和环境景观要求高的公路不宜采用
	挂网喷护	可用于坡率不陡于1∶0.5的易风化、破碎的岩石边坡防护,高速公路、一级公路和环境景观要求高的公路不宜采用
	干砌片石护坡	可用于坡率不陡于1∶1.25的土质边坡或岩石边坡防护
	浆砌片石护坡	可用于坡率不陡于1∶1的易风化的岩石和土质边坡防护
	护面墙	可用于坡率不陡于1∶0.5的土质和易风化剥落的岩石边坡防护

坡面防护工程分类方法较多,也不统一。本规范按照材料组成和环境效应等进行分类,即三大类:植物防护、骨架植物防护和工程防护。

对于植物防护,分为植草或喷播植草、铺草皮、种植灌木、喷混植生等亚类。土工网植草、土工网垫植草、三维植被网、土工格室植草等,因土工网等起固土作用,本规范将其归并到喷播植草亚类,不在单独划分。原规范"客土喷播"与本规范"喷混植生"都是用于坡面不适宜植物生长的边坡防护,在坡面上铺设或置换一定厚度可适宜植物生长的土壤或混合料的植草技术,故本规范根据目前工程实际情况,统一为"喷混植生"。

骨架植物防护，骨架是起固坡、防冲刷的作用，骨架类型很多，主要有拱形骨架、菱形(方格)骨架、人字形骨架、锚杆混凝土框架、多边形混凝土空心块，以及生态混凝土等。本规范对骨架植物防护未作进一步分类。

原规范(JTG D30—2004)中封面、捶面防护类型，在公路部门已很少采用，故本次规范修订时删除了封面、捶面防护的技术要求。

方案必选设计是保证设计合理性的重要前提。各类防护工程的适用条件是不同的，在不同的气候条件、岩土性质、边坡高度、边坡坡率、水文地质条件下，各自的优缺点也不同；不同的环境保护、水土保持要求，将限制有的防护类型的使用；施工条件也会影响防护类型选择。因此，应重视坡面防护工程设计方案的必选，根据具体情况，因地制宜，合理确定坡面防护措施。

坡面防护是保证边坡稳定、改善路域环境、保护环境和防止水土流失的一种工程措施。表 5.2.1 给出了目前公路工程中常用且效果较好的坡面防护类型及适用条件，选用时要考虑其适用条件，以及对周围环境景观的影响。在气候和土质条件适宜时，优先采用植物防护。

工程防护(喷护、挂网喷护、浆砌片石护坡和护面墙等)存在的主要问题是与周围环境不协调，道路景观差，要尽量少用，尤其是高速公路、一级公路和旅游公路尽量不用喷护和挂网喷护。需采用工程防护时，要加强其细部处理设计，注意与周围自然环境和当地人文环境的融合，以减少对周围环境的影响。

5.2.2 植物防护宜采用草灌乔结合，应选用当地优势群落，并应符合下列规定：

1 植草的最小土层厚度不应小于 0.15m，灌木最小土层厚度不应小于 0.30m。

2 喷混植生的厚度不宜小于 0.10m，种植土、草纤维、缓释营养肥料、黏合剂、保水剂等混合材料配合比应通过试验确定。

植物防护的类型很多，设计时，要视当地土壤、边坡高度及气候条件等选择合适的植物防护形式。草种要选择当地多年生乡土植物，并采用草灌结合，以提高植物防护坡面的抗冲刷能力和植物耐久性。

喷混植生常用于坡面不适宜植物生长的边坡防护，是在坡面上铺设或置换一定厚度可适宜植物生长的土壤或混合料(包括土壤、有机质、肥料、保水材料、黏合剂、杀虫剂、植物种子等),达到绿化的目的。基材喷播厚度与边坡坡度、降雨量、岩体结构、岩性以及植物种类等诸多因素相关,喷播厚度过薄将影响植物生长,酷暑季节时,植物易枯死。根据公路喷混植生技术的应用情况,条文规定喷混植生的厚度不小于0.10m。

5.2.3 骨架植物防护时,可采用拱形、人字形或方格形浆砌片石或水泥混凝土骨架,也可采用多边形水泥混凝土空心块,骨架内植草或喷播植草。多雨地区的骨架宜增设拦水带和排水槽。风化破碎的岩石挖方边坡,可在骨架中增设锚杆。

浆砌片石(混凝土块)骨架植物防护既能截断坡面水流或减缓水流速度,防止坡面产生冲刷,又能改善环境景观,是公路边坡防护的主要形式之一。

南方多雨地区坡率1∶0.5～1∶0.75的坡面常用浆砌片石(混凝土块)骨架植草防护,在植物生长初期,降雨使得骨架内回填土产生溜坍、骨架脱空,导致边坡破坏。因此,设计时要注意骨架植草防护的早期冲刷问题;必要时,骨架内要有适当的固土措施,或者是采用移栽灌木。

5.2.4 喷护和挂网喷护设计应符合下列要求:

1 喷护材料可采用砂浆或水泥混凝土,喷浆防护厚度不宜小于50mm,喷射混凝土防护厚度不宜小于80mm。

2 锚杆挂网喷浆或喷射混凝土的喷护厚度不应小于0.10m,且不应大于0.25m,钢筋保护层厚度不应小于20mm。

3 喷护坡面应设置泄水孔和伸缩缝。

4 应结合碎落台和边坡平台种植攀缘植物。

喷护和挂网喷护用于挖方边坡防护时,应根据坡体内地下水分布情况,设置完善的地下排水孔。应注意喷护与排水孔的施工顺序,防止堵塞排水孔(泄水孔)。

5.2.5 护坡设计应符合下列要求:

1 干砌片石护坡厚度不宜小于0.25m。

2 浆砌片石护坡厚度不宜小于0.25m,并应设置伸缩缝和泄水孔。

3 铺砌层下应设置砂砾或碎石垫层,厚度不宜小于0.10m。

浸水地段的护坡设计，应注意防渗设计。浆砌片石护坡高度较大时，应设置防滑耳墙，保证护坡稳定。

5.2.6 护面墙的单级护坡高度不宜大于10m，并应设置伸缩缝和泄水孔。护面墙基础应设置在稳定的地基上，冰冻地区应埋置在路基冻结深度以下不小于0.25m。护面墙前趾应低于边沟铺砌的底面。

护面墙常用于路堑边坡防护，要注意与边坡渗沟或仰斜排水孔等配合使用，防止边坡的变形破坏。护面墙除墙身自重外，不承受其他荷载，亦不考虑承受墙背土压力。对于高速公路、一级公路，从路域环境景观考虑，护面墙单级护坡高度不宜过大。

5.3 沿河路基防护

原规范共11条，本规范共9条。新增第5.3.3条，将原规范第5.3.1条分拆为第5.3.1条、第5.3.2条和第5.3.4条规定，并将原规范第5.3.2条、第5.3.4条、第5.3.5条、第5.3.6条、第5.3.8条等并入第5.3.1条表5.3.1。

修订理由如下：

(1)沿河路基冲刷防护设计时，有的工程是按照公路线形来布设防护工程，没有充分考虑河道的水文特性，造成防护支挡工程与河道岸坡衔接不平顺，或未嵌入岸坡中，或基础落在半坡中，未埋设在稳定河床冲刷线以下或岸坡的坚固岩石基础中，防护支挡工程轴线与河势不匹配，河流对冲防护工程基础，在河流冲刷下，防护支挡工程产生毁坏，路基随之坍塌。为保证沿河路基防护支挡工程的安全稳定，提高沿河路基防灾减灾能力，本规范新增“5.3.3 冲刷防护工程应与上下游岸坡平顺衔接，端部嵌入岸壁足够的深度，防止恶化上下游的水文条件。”

(2)原规范分别规定了沿河路基各类防护形式的适用条件、结构设计要求等，但没有规定如何根据河流特性确定防护类型，不能很好地引导设计人员根据具体情况，合理确定防护方案。本规范为强化沿河路基防护的方案设计，增加了进行技术经济比较的规定，并进一步明确规定了沿河路基防护工程分类，各类防护的适用条件更加严谨。

5.3.1　沿河路基受水流冲刷时，应根据河流特性、水流性质、河道地貌、地质等因素，结合路基位置，按表5.3.1经技术经济比较后，选用适宜的防护工程类型或采取导流或改移河道等措施。

表5.3.1　冲刷防护工程类型及适用条件

防护类型		适用条件
植物防护		可用于允许流速为1.2～1.8m/s、水流方向与公路路线近似平行、不受洪水主流冲刷的季节性水流冲刷地段防护。经常浸水或长期浸水的路堤边坡，不宜采用
砌石或混凝土护坡		可用于允许流速为2～8m/s的路堤边坡防护
土工织物软体沉排、土工模袋		可用于允许流速为2～3m/s的沿河路基冲刷防护
石笼防护		可用于允许流速为4～5m/s的沿河路堤坡脚或河岸防护
浸水挡墙		可用于允许流速为5～8m/s的峡谷急流和水流冲刷严重的河段
护坦防护		可用于沿河路基挡土墙或护坡的局部冲刷深度过大、深基础施工不便的路段
抛石防护		可用于经常浸水且水深较大的路基边坡或坡脚以及挡土墙、护坡的基础防护
排桩防护		可用于局部冲刷深度过大的河湾或宽浅性河流的防护
导流	丁坝	可用于宽浅性河段，保护河岸或路基不受水流直接冲蚀而产生破坏
	顺坝	可用于河床断面较窄、基础地质条件较差的河岸或沿河路基防护，以调整流水曲度和改善流态

沿河路基常受洪水冲刷而发生坍塌或遭水毁，路基冲刷防护是防治山区公路水毁病害的重要措施。

冲刷防护一般分为直接和间接两种。直接防护是为了防止水流直接危害路基和河岸，防护的重点是边坡和坡脚，是对河岸或路基予以直接防护加固，以抵抗水流的冲刷和淘蚀。间接防护则是通过导流等措施，改变水流方向，消除和减缓水流对路基或河岸直接破坏，同时促使河岸附近水流减速和泥沙淤积起安全保护作用。

导流是借助沿河布置丁坝来迫使水流流向偏离线路，减轻路基部分的冲刷，一般用于河床较宽，冲刷和淤积大致平衡，水流性质易改变的河床。

当路基侵占河床较多或水流直冲威胁路基安全，地形地质条件有可能时，方可采用局部改移河道的措施。峡谷、泥石流、非稳定性的河段，不轻易改移河道。

表5.3.1给出了目前公路工程中常用的沿河路基冲刷防护类型及适用条件，设计时要根据河段特性，因地制宜，慎重地选择适宜的坡面防护、导流、改河等防冲

刷措施。各类防护可单独使用,也可组合使用。

表5.3.1中容许流速值上、下限差值较大的防护类型有浆砌片石护坡、大型砌块、浸水挡土墙等,应根据建筑物的厚度、砂浆强度等级、砌块大小等进行选择。容许流速值小的类型适用于砌体厚度小的、强度等级低的、砌块尺寸小的工程;容许流速值大的类型适用于砌体厚度大、强度等级大、砌块尺寸大的工程。

(1)植物防护

直接防护中采用的植物防护和砌石防护的要求与第5.2节“坡面防护”所述基本相同,但冲刷防护要求更高。一般情况下适用于水流方向较为平顺的河滩边缘,在遭受主流冲刷,水流流速较大时,植物防护与干砌片石防护则难以满足防冲刷的要求。

营造防护林是为了固滩护岸,减轻路基遭受冲刷,在宽浅游荡和易变迁的河段上,植树造林能起到稳定河道的作用。

(2)抛石

抛石是最常用的边坡防护措施。当使用的石块大小适当、级配合适并细心抛置时,可取得较好的效果。边坡坡度值见表5-1,石料粒径一般不小于0.3～0.5m,见表5-2。

表5-1　抛石边坡坡度参考值表

水文条件	采用边坡
水浅、流速较小	1∶1.25～1∶2
水深2～6m,流速较大,波浪汹涌	1∶2～1∶3
水深大于6m,在急流中施工	缓于1∶2

表5-2　抛石粒径与水深、流速关系

抛石粒径(cm)	水深(m)				
	0.4	1.0	2.0	3.0	5.0
	容许流速(m/s)				
15	2.70	3.00	3.40	3.70	4.00
20	3.15	3.45	3.90	4.20	4.50
30	3.50	3.95	4.25	4.45	5.00
40	—	4.30	4.45	4.80	5.05
50	—	—	4.85	5.00	5.40

在易冲刷的砂质土和淤泥质土坡面上进行抛石防护时,如水流通过缝隙使支承面

发生冲蚀,则抛石防护将可能导致失败。因此,应在抛石背后设置反滤层,一般可采用粗砂、砂砾、碎石反滤层,当地基条件较差时,也可先铺设一层土工布再设反滤层。

(3)土工织物软体沉排、土工模袋

土工织物软体沉排系指在土工织物上放置块石或预制混凝土块体为压重的护坡结构,适用于水下工程及预计可能发生冲刷的路基坡面。排体材料宜采用聚丙烯编织型土工织物。土工织物软体沉排防护,应验算排体抗浮、排体压块抗滑、排体整体抗滑三方面的稳定性。

土工模袋是一种双层织物袋,袋中充填流动性混凝土、水泥砂浆或稀释混凝土,凝固后形成高强度和高刚度的硬结板块。采用土工模袋护坡的坡度不得陡于1∶1,模袋选型应根据工程设计要求和当地土质、地形、水文、经济与施工条件等确定。确定土工模袋的厚度,应考虑抵抗弯曲应力、抵抗浮动力两方面因素。土工模袋不允许在沿坡面的分力作用下产生滑动。模袋铺设流程:卷模袋,设定位桩及拉紧装置,铺层模袋;模袋铺层、压稳后,应拉紧上缘固定绳套,防止模袋下滑。模袋铺设后,及时充灌混凝土或砂浆,并及时清扫模袋表面、滤孔和进行养护。模袋的主要技术指标见表5-3。

表5-3　模袋主要技术指标

项目		指标
单层质量(g/m^2)		200
拉伸强度(N/5cm)	经	1 500
	纬	1 300
延伸率(%)	经	14
	纬	12
撕裂强度(N/5cm)	经	600
	纬	400
顶破强度(N)		800
渗透系数(cm/s)		0.028
单层厚度(mm)		0.45

土工膜是将土工合成材料表面涂一层树脂或橡胶等防水材料,或将土工合成材料与塑料薄膜复合在一起,形成不透水防水材料。土工膜以薄型无纺布与薄膜复合较多,按工程需要可制成一布一膜、二布一膜、或三布二膜等,所选用无纺布与薄膜厚度也可按需要而定。

土工模袋、软体沉排护脚技术已在国内外广泛应用，并纳入《公路土工合成材料应用技术规范》(JTG/T D32—2012)，可视具体条件采用。

(4)石笼

石笼可防护沿河路基及河岸免受水流和风浪的破坏，同时也是加固河床、防止冲刷的常用措施，但在急流滚石的路段，应滚石易击毁石笼铁丝而遭破坏，不应采用石笼防护。

石笼内所填石料，应选用重度大、浸水不崩解、坚硬且未风化石块，块石尺寸应大于石笼的网孔。铁丝石笼的网孔尺寸宜为 80mm×100mm 或 100mm×120mm，铁丝直径为 3～4mm。普通铁丝石笼使用期为 3～5 年，镀锌铁丝石笼使用期限为 8～12 年。

石笼的下面应设置碎石、砂砾、卵石垫层或铺设一层土工布，垫层厚度宜为 0.2～0.4m。必要时，应将石笼用钢筋、铁钎固定于基底。相邻铁丝笼应用铁丝连接成整体。

(5)护坦

护坦是一种辅助性防护措施，主要用于沿河路基挡土墙和护坡的基础防护。设置护坦的主要目的是减少局部冲刷深度。另外，当已建挡土墙护坡的基础埋深不够，需要进行加固时，采用护坦式基脚，施工上也较方便和有利。

护坦的顶面应埋入计算河床面以下 0.5～1.0m，基底埋置深度和宽度应根据冲刷计算确定。护坦可用浆砌片石、石笼等修筑。

5.3.2 冲刷防护工程顶面高程，应为设计水位加上波浪侵袭、壅水高度及安全高度之和。基底应埋设在冲刷深度以下不小于 1m 或嵌入基岩内，寒冷地区应在冻结深度以下不小于 1m。当冲刷深度较深、水下施工困难时，可采用桩基或适宜的平面防护。

冲刷防护工程的基础处理得当与否，是关系到该工程成败的关键。历年来实践经验证明，冲刷防护工程失败大多是由于地基被淘空而引起的。故基础需埋置在冲刷深度线以下不小于 1m 或嵌入基岩内。

目前，在设计中使用的冲刷深度计算公式分为一般冲刷和局部冲刷。当防护地段河床纵坡较大或防护建筑物较多地压缩了河床过水流断面，致使水流流速增大，而水流流向并不直接冲建筑物时，可按一般冲刷考虑。当防护建筑物没有或很少压缩水流断面，当水流方向与建筑物迎面切线交角较大时，可按照局部冲刷考虑。冲刷深度计算应符合《公路工程水文勘测设计规范》(JTG C30—2015)有关规定。

防止地基淘蚀的措施，按其性质分为立面防淘和平面防淘。立面防淘是将建筑物基础设置在冲刷深度以下，使基底不受冲刷，但在冲刷深度较大时，明挖基础施工难度大，可考虑桩基、沉井。平面防淘措施是用柔性建筑物平铺在河床或用散体材料堆放在主体工程的前面，当河床受到冲刷后，这种建筑物随之下沉起保护基底作用，如抛石、石笼、潜坝、混凝土板等。平面防淘措施只适用于二级及二级以下公路或作为立面防淘的辅助措施。

5.3.3 冲刷防护工程应与上下游岸坡平顺衔接，端部嵌入岸壁足够的深度，防止恶化上下游的水文条件。

山区公路沿河路基产生水毁病害的原因，除了基础地基被水流冲蚀之外，另一原因是：防护支挡工程的轴线平面形状与所防护的一段河岸外形不相称，防护支挡工程两端(起点和终点)与上下游河岸岸坡衔接不平顺，端部未嵌入稳定的岸坡或嵌入深度不够，使该区段水流流态发生变化，恶化了其水文条件，造成了沿河路基水毁的发生。基于此，本条提出了防护支挡工程的平面布置及与河岸岸坡衔接设计的基本要求。

5.3.4 设置导流建筑物时，应根据河道地貌、地质、水流特性、河道演变规律和防护要求等设计导治线，并应避免农田、村庄、公路和下游路基的冲刷加剧。在山区河谷地段，不宜设置挑水导流建筑物。

导流构造物发挥作用的关键在于合理设计导治线。导治线是借助导流构造物将主流挑离路基一侧，规划形成一条新的河岸线，它是布置调节构造物的主要依据。导治线的设计要符合预定的河轴线和河岸线的要求，亦取决于导治水位不致出现不利的冲刷情况。

在设计导治线时，对水流和河岸、河床的地形地质情况以及水流对上下游对岸的影响等因素，综合分析，慎重考虑。导治线的平面形状要与所防护的河岸外形相称，经导治的河床宽度、深度及流速等需与稳定河道的发展规律相符，并使水流在导治的地段可以平顺地流过而不致对农田、村庄和上下游线路起破坏作用。导治线的起点需根据河道的地质和水文条件加以选择，尽可能把起点设在地质条件良好，能保证水流由此转向，按导治方向流动的河段。导治线的起点宜选择在河流较易转向的过渡地段，如在弯曲段开始过渡到直线处，或在直线段开始过渡到弯曲段之处，不宜选择在河岸、河床地层比较坚硬而不利流态之处。导治线的终点要与下游天然河床的河床线平顺衔接，尽量不扰乱下游的水流性质。

在狭窄的河谷地段，因河床狭窄、水流湍急，若用导流建筑物改变河流水性，往往失败多、收效少，故不宜使用。

根据天然河道的特性，导治线的中心线宜设计成一系列的连续曲线。一般按圆曲线设计比较简单，圆曲线的半径参照河段的曲率半径确定，稳定河段的曲率半径一般为稳定河宽的 3.5～7.0 倍，导治线圆曲线半径常采用稳定河宽的 5～8 倍。

导治线水位随水流冲刷情况及需要防护地段的外形而定，选择导治水位，即选择导治构筑物的建筑高程。自然河道由于水位不同，直线段与曲线段的冲淤关系也不相同。直线段是洪水淤积，低水位冲刷；曲线段是洪水冲刷，低水位淤积。导治水位应按最不利冲刷情况来选择，同时应结合当地水流的容许压缩程度、不同高程的导治构造物的作用以及不同高程的防护方案的计算经济比较等综合考虑。

5.3.5 *砌石或混凝土护坡厚度应按流速及波浪的大小等因素确定，干砌片石护坡厚度不宜小于 0.25m，浆砌片石护坡厚度不应小于 0.35m，水泥混凝土护坡厚度不应小于 0.10m。护坡底面应设置反滤层。*

砌石护坡的设计厚度，取决于当地开采片块石尺寸的大小。如单从防冲刷而言，护坡的厚度采用 0.25m 已够；当片石面宽为 0.35m 时，则砌石护坡的设计厚度不宜小于 0.35m。

5.3.6 *浸水挡墙设计应符合本规范第 5.4 节的有关规定，并进行抗冲刷验算，做好浸水挡墙和岸坡的衔接。*

浸水挡土墙设计是应注意下列问题：

(1)浸水挡土墙结构计算时,应考虑动水压力,中冻区和重冻区还应考虑冻结(冰胀力)对结构受力的影响。

(2)应重视浸水挡土墙所处河段的水文特性分析、冲刷深度计算和基础设计,合理确定冲刷深度、基础形式和埋深。挡土墙基础应埋置在冲刷深度线以下,当采用天然基础有困难时,亦采用桩基础,并在挡土墙外侧设置必要的河流导流措施(如石笼、护坦、顺坝等)。

(3)挡土墙纵向轴线应与河道弯曲形态一致,起点和终点应嵌入稳定的岸坡中。

5.3.7 丁坝设计应符合下列要求:

1 丁坝长度应根据防护长度、丁坝与水流方向的交角、河段地形、水文条件及河床地质情况等确定,垂直于水流方向上的投影长度不宜超过稳定河床宽度的1/4。

2 用于路基防护的丁坝宜采用漫水坝或潜坝,丁坝与水流方向的交角宜小于或等于90°。

3 当设置群坝时,坝间距离应小于前坝的防护长度。丁坝间的河岸或路基边坡所能承受的允许流速小于水流靠岸回流流速时,应缩短坝距,或对河岸及路基边坡采取防护措施。

4 丁坝的横断面形式和尺寸应根据材料种类、河流的水文特性等确定,坝顶宽度根据稳定计算确定。

丁坝是一种较为剧烈地改变水流状态的河道整治构造物,多用于防护宽浅变迁、游荡等不稳定的河段。丁坝的设计长度要根据导治线来考虑,以防护为主时,宜采用较短的丁坝,只扰乱其附近的局部水流,不致引起对岸水流的显著变化;以挑流为主、用以改变主流方向、使其远离被防护的河岸或路段时,多采用较长的丁坝。

丁坝多用于防护挡土墙和护坡的浅基础冲刷,一般情况下,常用漫水坝或潜坝。丁坝轴线与水流方向间的交角大小不同,对水流结构的影响和形成坝后回流区大小以及坝后淤积情况均不一样。对漫水坝和上挑式坝,水流漫过坝后与坝轴线垂直方向流向河心,沿坝身形成的平轴环流,流向指向河岸,在近岸处产生淤积,且上挑坝和正挑坝的回流区长度较下挑坝长。故条文规定丁坝与水流方向的交角以小于或等于90°为宜。

坝根是与河岸坡或边滩相连接的地方，主要受漩流作用，易被水流冲开，使丁坝失去作用。所以坝根与岸坡的衔接需牢固地埋入老河岸之内。

5.3.8 顺坝设计应符合下列要求：

1 顺坝与上、下游河岸的衔接，应使水流顺畅，起点应选择在水流匀顺的过渡段，坝根位置宜设在主流转向点的上方。

2 坝顶宽度应根据稳定计算确定，坝根应嵌入稳定河岸内不小于3m。

3 漫溢式顺坝，应在坝后设置格坝。

顺坝亦称导流坝，起导流作用，基本上不改变原有水流结构，一般用于河床断面窄小，不允许过多侵占，或修建丁坝后河岸或边坡的防护工程大，以及地质条件不宜于修建丁坝等情况下的导流防护。

格坝在平面上呈网格状，设置于顺坝与河岸之间，与顺坝配合使用，可以促进泥沙淤积，防止边坡或河岸受冲刷。格坝间距以使两格坝间流速减小为原则确定。

5.3.9 改移河道设计应符合下列要求：

1 沿河路基受水流冲刷严重，或防护工程艰巨，以及路线在短距离内多次跨越弯曲河道时可改移河道。

2 主河槽改动频繁的变迁性河流或支流较多的河段不宜改移河道。

3 改河平面设计应顺应河势，因势利导，保证新河道水流不重归故道。改河起点和终点的位置应设在河流较稳定的河段，并与原河床顺接；在改河入口处宜加大纵坡并设置拦河坝或顺坝。新河槽断面应按设计洪水频率的流量设计。

本条所指改河，是指当路堤侵占河床较多或水流直冲危险路基安全时，将河道局部改移，使路堤避开水流的冲刷。

改移河道的目的如下：将直接冲刷路基的水流引向他处；路基占用河床后，需要拓宽河道；挖滩改河，以保护路基；裁弯取直，有利于布置路线或桥涵。改河方案需慎重对待，要注意技术上的可行性和设计的可靠性，务必使新河道顺应河势，经过技术经济论证比较，确有必要且效果较好时，才能采用改河方案。严防硬性改河，强迫水流拐死弯而招致失败。

改移的新河道位置邻近路基，如果不按规定的洪水频率设计过水断面及防护高度，洪水时可能会冲毁河床断面，漫过拦河坝，危害路基安全，达不到改河的目的。故规定新河道的设计流量需按路基设计洪水频率进行设计。

5.4 挡土墙

原规范共9条，本规范共12条。新增“石笼式挡土墙”、“无面板土工格栅加筋土挡土墙”等新型柔性支挡结构，条文修订内容与理由如下：

(1)本规范正文着重介绍各类挡土墙的布置、结构构造、材料要求等规定，将有关挡土墙结构受力计算(原规范第5.4.2条、第5.4.3条、第5.4.4～5.4.9条各类挡土墙结构计算)规定纳入附录。这次修订调整编排，便于设计者使用。

(2)本规范将原规范第5.4.1条“一般规定”分拆2条：第5.4.1条规定挡土墙位置和类型选择及各类挡土墙适用条件，第5.4.4条挡土墙构造设计规定；将原规范第5.4.3条第4款、第5款修订为第5.4.3条挡土墙基础设计规定。以进一步强化挡土墙选址、构造布置设计、结构方案比选和基础设计。

(3)因第5.1.3条已规定支挡结构工程地质勘察工作，为避免内容重复，删除了原规范第5.4.1条第2款的规定。

(4)近年来，石笼式挡土墙新结构在公路建设得到广泛应用，它克服了地基条件不好、地下水较多的路段重力式挡土墙的弊病，使用效果良好。本次修订将其纳入规范，统一规定其适用条件、结构构造、材料要求，以利推广应用。

(5)近年来，无面板土工格栅加筋土挡土墙得到了推广应用，它克服了有面板加筋土挡土墙因缺乏优质筋带、填料等带来弊病，使用效果良好。本次修订将其纳入规范，统一规定其适用条件、结构构造、材料要求，以利推广应用。

5.4.1　挡土墙设计应根据路基横断面、地形、地质条件和地基承载能力，合理确定挡土墙位置、起讫点、长度和高度，并按表5.4.1进行技术经济比较后，选择适宜的挡土墙类型。

表 5.4.1 挡土墙类型及适用条件

挡土墙类型	适用条件
重力式挡土墙	适用于一般地区、浸水地段和高烈度区的路堤和路堑等支挡工程。墙高不宜超过12m，干砌挡土墙的高度不宜超过6m
半重力式挡土墙	适用于不宜采用重力式挡土墙的地下水位较高或较软弱的地基上。墙高不宜超过8m
石笼式挡土墙	可用于地下水较多的土质、风化破碎岩石路段
悬臂式挡土墙	宜在石料缺乏、地基承载力较低的填方路段采用。墙高不宜超过5m
扶壁式挡土墙	宜在石料缺乏、地基承载力较低的填方路段采用。墙高不宜超过15m
锚杆挡土墙	宜用于墙高较大的岩质路堑地段。可用作抗滑挡土墙。可采用肋柱式或板壁式单级墙或多级墙。每级墙高不宜大于8m，多级墙的上、下级墙体之间应设置宽度不小于2m的平台
锚定板挡土墙	宜使用在缺少石料地区的路肩墙或路堤式挡土墙，但不应建筑于滑坡、坍塌、软土及膨胀土地区。可采用肋柱式或板壁式，墙高不宜超过10m。肋柱式锚定板挡土墙可采用单级墙或双级墙，每级墙高不宜大于6m，上、下级墙体之间应设置宽度不小于2m的平台。上下两级墙的肋柱宜交错布置
加筋土挡土墙	可分为有面板加筋土挡土墙和无面板土工格栅加筋土挡土墙。有面板加筋土挡土墙可用于一般地区的路肩式挡土墙、路堤式挡土墙，无面板土工格栅加筋土挡土墙可用于一般地区的路堤式挡土墙，但均不应修建在滑坡、水流冲刷、崩塌等不良地质地段；高速公路、一级公路墙高不宜大于12m，二级及二级以下公路不宜大于20m；当采用多级墙时，每级墙高不宜大于10m，上、下级墙体之间应设置宽度不小于2m的平台
桩板式挡土墙	用于表土及强风化层较薄的均质岩石地基，挡土墙高度可较大，也可用于地震区的路堑或路堤支挡或滑坡等特殊地段的治理

原规范第5.4.1条第1款规定：挡土墙类型应综合考虑工程地质、水文地质、冲刷深度、荷载作用情况、环境条件、施工条件、工程造价等因素，按表5.4.1规定选用。

本条是在原规范第5.4.1条第1款的基础上修订，增加内容："合理确定挡土墙位置、起讫点、挡土墙长度和高度，并按表5.4.1进行技术经济比较后，选择适宜的挡土墙类型。"

挡土墙设计不仅仅局限于计算，是一个系统的过程，包括从墙趾选择、结构类型比选、结构计算、构造材料设计等综合设计。有的挡土墙在施工或运营期产生病害，其主要原因是没有充分考虑地形地质条件、路基高度、荷载情况及环境条件等对挡土墙的作用影响，对墙趾位置、起讫点、高度及结构类型等综合考虑不够。为进一步强化挡土墙综合设计，本规范修订了规定。

挡土墙是支承路基填土或山坡土体、防止填土或土体变形失稳的墙式构造物。挡土墙类型很多，划分方法也较多。表 5.4.1 按照结构形式进行分类，并给出了各类挡土墙的适用条件与范围。

挡土墙类型的选择，需根据墙趾所处的地形地质条件、地基承载能力、挡土墙高度、基础埋置深度、环境景观的要求、施工的难易程度、工程造价和节约用地等，经技术经济比较后确定。方案比较包括两个层次，一是挡土墙和其他支挡结构(如抗滑桩等)的比较，二是挡土墙结构类型的比较。

5.4.2 挡土墙设计应采用以极限状态设计的分项系数法为主的设计方法，车辆荷载计算应采用附加荷载强度法。挡土墙设计应进行其承载能力极限状态计算和正常使用极限状态验算，以及挡土墙抗滑稳定、抗倾覆稳定和整体稳定性验算，并应符合附录 H 有关规定。

支挡结构采用可靠性设计方法是发展方向，原规范采用以极限状态设计的分项系数法为主的设计方法，使用效果良好，本规范对挡土墙设计方法未作修订，仍维持原规定。

挡土墙结构超过某一特定状态，致使挡土墙不能正常使用或不能在正常维护下正常使用，该特定状态称为功能的极限状态。

极限状态分下列两类：

(1)承载能力极限状态。

(2)正常使用极限状态。

其承载能力极限状态可理解为与安全性有关的最大承载状态，挡土墙组成构件若发生塑性变形而使其几何形状发生显著改变时，虽未达到完全破坏，但已严重影响安全，也应属于达到了承载能力极限状态。挡土墙的正常使用极限状态是与适用性和耐久性有关的极限状态，可理解为挡土墙及其组成构件在使用功能上允许达到某个限值的极限状态，仅涉及挡土墙的工作条件和性能，往往需要采用一定的约束条件，例如混凝土构件的裂缝宽度、墙面的挠度等。

5.4.3 挡土墙宜采用明挖基础。基础的埋置深度应符合下列要求：

1 基础最小埋置深度不应小于1.0m。风化层不厚的硬质岩石地基，基底应置于基岩未风化层以下。

2 受水流冲刷时，应按路基设计洪水频率计算冲刷深度，基底应置于局部冲刷线以下不小于1.0m。

3 当冻结深度小于或等于1.0m时，基底应在冻结线以下不小于0.25m，且最小埋置深度不小于1.0m。冻结深度大于1.0m时，基础最小埋置深度不应小于1.25m，并应对基底至冻结线以下0.25m深度范围的地基土采取措施，防止冻害。

4 路堑挡土墙基底在路肩以下不应小于1.0m，并低于边沟砌体底面不小于0.2m。

5 基础位于稳定斜坡地面上时，前趾埋入深度和距地表的水平距离应满足表5.4.3的规定。位于纵向斜坡上的挡土墙，当基底纵坡大于5%时，基底应设计为台阶式。

表5.4.3 斜坡地面基础埋置条件

土层类别	墙趾最小埋入深度 h(m)	距地表水平距离 L(m)
硬质岩石	0.60	1.50
软质岩石	1.00	2.00
土层	≥1.00	2.50

挡土墙宜采用明挖基础。当挡土墙基础开挖较深且边坡稳定性不足时，应根据地形地质条件和基础开挖深度，应采取临时防护措施，使临时边坡安全稳定系数不小于1.05～1.1。当基底为软弱地基时，根据软弱地基厚度、承载能力等，可采用加宽基础、换填粗粒土(砂砾、碎石)或片块石、复合地基加固或桩基础。水下开挖基础困难时，也可采用桩基础或沉井基础。

关于路堑挡土墙的基础埋置深度，当路堑边沟较深时，边沟砌体底面有可能低于挡土墙基底，如边沟渗水，将影响到挡土墙的地基，故条文规定挡土墙基底应低于边沟砌体底面不小于0.2m。

在斜坡地面上的挡土墙，其基础的埋入深度除按表5.4.3中规定的最小埋入深度外，还受墙趾距斜坡地面的水平距离控制。表5.4.3斜坡地面基础埋置条件，是总结铁路、公路挡土墙工程多年应用经验而编制的，表中距地表水平距离项，按地基土的种类，分别列出上、下限值，使用时可根据地基土的地质情况、斜度、陡度等因素综合确定。

当墙基位于较完整的硬质岩石的陡坡上时，由于岩石节理不发育，抗压强度大于 30MPa，基础部分不产生侧压力，为节省基础开挖工程和砌体数量，可将墙基开挖成台阶式，修成台阶式基础。其最小一层台阶的宽度不宜小于 1m，以保证挡土墙基础的稳定。

明挖基础为防止基坑积水软化地基，导致地基承载能力降低，施工后应及时回填夯实，顶面必要时应加设黏土防渗层或铺砌浆砌片石。对湿陷性黄土地基，可采用重锤夯实或用黏土做防水层及设置石灰土(3∶7)垫层等措施，以防地表水下渗软化墙基。

5.4.4 挡土墙构造设计应符合下列要求：

1 应做好挡土墙与路基或其他构造物的衔接处理。挡土墙与路堤之间可采用锥坡连接，墙端应伸入路堤内不小于 0.75m；路堑挡土墙端部应嵌入路堑坡体内，其嵌入原地层的深度，土质地层不应小于 1.5m，风化软质岩层不应小于 1.0m，微风化岩层不应小于 0.5m。

2 墙身应设置倾向墙外且坡度不小于 4%的排水孔，墙背应设置反滤层。排水孔的位置及数量应根据挡土墙墙背渗水情况合理布设，排水孔可采用管型材料，进水口应设置反滤层，并宜采用透水土工布。墙背反滤层宜采用透水性的砂砾、碎石，含泥量应小于 5%，厚度不应小于 0.50m。

3 具有整体式墙面的挡土墙应设置伸缩缝和沉降缝。沿墙长度方向在墙身断面变化处、与其他构造物相接处应设置伸缩缝，在地形、地基变化处应设置沉降缝。伸缩缝和沉降缝可合并设置。

4 路肩式挡土墙的顶面宽度不应侵占行车道及路缘带或硬路肩的路基宽度范围，其顶面应设置护栏。

挡土墙两端与路堤的连接方式，关系到前后工程的衔接及挡土墙的长度和稳定，其连接方式如同桥台耳墙与路堤连接，因此，在衔接处采用锥体边坡进行过渡，以便与路堤边坡坡面平顺相接。为加强挡土墙与路堤的连接，故规定挡土墙端部应伸入路堤内的长度不应小于 0.75m。

挡土墙两端与路堑边坡连接时，为保证挡土墙端部不受水流的冲刷或雨水的冲蚀，其端部需嵌入原地层一定长度。其嵌入长度，土质地层不应小于1.5m，弱风化岩石地层不应小于1.0m。微风化岩层不应小于0.5m。

挡土墙墙身设置排水孔、墙背设置反滤层，对保证挡土墙长期使用性能稳定是十分重要的。工程实践中，常对挡土墙排水孔和反滤层的作用重视不够，有的排水孔设置位置不当、有的未设反滤层或反滤层材料不符合要求，挡土墙使用两三年后排水孔就产生了淤堵，挡土墙墙背汇集的地下水不能及时排除，使得墙背填料的强度产生衰减，造成挡土墙路基产生不均匀变形，甚至挡土墙结构失效。因此，要十分重视挡土墙排水孔和反滤层设计。

对于墙后排水不良或填料有冻胀可能时，应在墙后最低排泄水孔至墙顶下0.5m之间全部设置厚度不小于0.3m的砂砾或透水土工布反滤层，既可减轻冻胀力对墙的影响，又可防止墙后产生静水压力，同时起反滤作用。

5.4.5 重力、半重力式挡土墙设计应符合下列要求：

1 墙顶宽度，当墙身为混凝土浇筑时，不应小于0.40m；浆砌片石时，不应小于0.50m；干砌片石时，不应小于0.60m。

2 应根据墙趾处地形情况及经济比较，合理选择重力式挡土墙墙背坡度。

3 衡重式路肩挡土墙的衡重台与上墙背相交处应采取适当的加强措施，提高该处墙身截面的抗剪能力。

4 半重力式挡土墙应按弯曲抗拉强度和刚度计算要求，确定立壁与底板之间的转折点数。端部厚度不应小于0.40m，底板的前趾扩展长度不宜大于1.5m。

5 墙高小于10m的挡土墙可采用浆砌片石，墙高大于10m的挡土墙和浸水挡土墙宜采用片石混凝土。

重力式挡土墙可用块石、片石、混凝土预制块作为砌体，或采用片石混凝土、混凝土进行整体浇筑。半重力式挡土墙可采用混凝土或少筋混凝土浇筑。重力式挡土墙由墙身及基础组成，也可不设基础。按墙背常用线形，可分为仰斜式、垂直式、俯斜式、凸折式、衡重式、台阶式等类型。

半重力式挡土墙由立壁和底板组成，按受力需要，不设钢筋或在受拉区应力较大处局部设置钢筋。在地下水位较高或较软弱的地基上，不适宜采用重力式挡土墙时，可采用半重力式挡土墙。

重力式挡土墙的墙高适用范围：俯斜式、直立式的墙高不大于6m，仰斜式的墙高不宜大于12m，衡重式的墙高宜为3～12m。半重力式挡土墙墙高宜为3～8m。干砌挡土墙的高度不宜超过6m。高速公路、一级公路不应采用干砌挡土墙。

高挡土墙设计时，要高度重视其强度安全。由于高挡土墙需要大量的片石，其块体质量、砂浆质量及墙的整体砌筑质量不易保证，为了保证高挡土墙的设计强度，规范推荐采用片石混凝土。

半重力式挡土墙是介于重力式挡土墙与悬臂式挡土墙之间的一种挡土墙形式。半重力式挡土墙的优点是充分利用混凝土的整体性或钢筋的抗拉强度，体积比重力式挡土墙小，可采用较低的强度(混凝土强度等级大于C10)的混凝土结构，不用或仅用少量钢筋，所以造价一般比同高度的悬臂式挡土墙低。

5.4.6 石笼式挡土墙设计应符合下列要求：

1 石笼式挡土墙外形可采用外台阶、内台阶、宝塔式等。

2 石笼可采用重镀锌钢丝、镀锌铁丝、普通铁丝编织。永久工程应采用重镀锌钢丝；使用年限8～12年时，可采用镀锌铁丝；使用期限3～5年时，可采用普通铁丝石笼。

3 石笼内填充物应采用质地坚硬、不易崩解和水解的片石或块石，石料粒径宜为100～300mm，小于100mm的粒径不应超过15%，且不得用于石笼网格的外露面，空隙率不得超过30%。

4 石笼式挡土墙背应设置一层透水土工布，以防止淤堵。

石笼式挡土墙，又称格宾(gabion)挡墙，是近年来发展起来的新型挡土墙结构，属于重力式块石结构。该挡土墙是将抗腐耐磨的低碳镀锌丝或镀锌铝合金丝编织成双绞六边形网孔的网片，根据工程设计要求组装成蜂巢网箱，装入片块石等填充材料，并采用同质的镀锌丝或镀锌铝合金丝以一定的方式绑扎连接，形成挡土结构。石笼式挡土墙具有整体性好、柔韧性好、透水性好、适应变形能力强、抗冲刷能力强、绿化、景观效果好等特点，克服了传统的重力式挡土墙在地基、地下水、与环境协调等方面存在的弊端，适用于边坡防护、护岸等工程。

石笼式挡土墙是一种柔性结构，它有很强的抵御自然破坏、耐腐蚀和抗恶劣气候影响等能力,可以在环境、气候等条件比较差的地方使用。例如,美国加利福尼亚州的1号公路蒙特利的挡土墙,意大利Arezzo省SS556公路,加拿大安大略省用来支撑路旁切割坡的挡墙以及法国、德国、挪威、瑞士、英国等,都将这种结构应用于河道护坡、土体支挡、桥台修筑等。格宾于20世纪90年代末传入我国,在我国南方部分江河堤防和水库护坡中已开始使用,在使用中表现出了比刚性和半刚性结构很大的优越性。例如,作为护坡,成功用于长江干堤,另外,桂林至阳朔的漓江护岸工程、重庆奉节宝塔坪滑坡处治工程的涉河路段也采用了部分石笼式挡土墙结构形式,并取得了良好的效果。

近年来,这种新型格宾石笼结构在我国市政、公路工程中正在推广应用。主要应用工程有:湖南潭衡高速K124+300~K124+895路段填高为9~12m,沪杭甬拓宽工程宁波段翁家东大桥与老机房桥桥头之间K130+653~K130+781段,黄衢南高速公路B3合同段K11+340~K11+405高填方路段,吉林省302国道敦化段,吉林集安—临江公路等,工程实例见图5-1。

图5-1 我国公路石笼式挡土墙防护应用照片

石笼填充料一般选用强度高的片块石(规格为100～350mm)为主,铺助填塞坚实碎石(或小石),其规格在100～300mm。可视现场石材选定。填充料须密致坚实,抗风化耐久性良好的石材;选用石料填充时,80%以上石料粒径不得小于网目大小;填充石料如有空隙,以小碎石填塞。在恶劣环境地区,应选择抗风化性、强度高的石材。

石笼式挡土墙的基本稳定原理同圬工重力式挡土墙相同,均是通过墙体自身重量来维持挡土墙在土压力下的稳定,石笼式挡土墙设计应按本规范应按附录H第H.0.3条重力式挡土墙的有关规定进行计算。

5.4.7 悬臂、扶壁式挡土墙设计应符合下列要求:

1 立壁的顶宽不应小于0.20m,底板厚度不应小于0.30m。

2 挡土墙分段长度不宜超过20m。

3 扶壁式挡土墙每一分段宜设3个或3个以上的扶壁。

4 应采用钢筋混凝土浇筑,配置于墙中的主筋,直径不宜小于12mm。

扶壁式挡土墙一般构造的规定系综合我国《铁路路基支挡结构设计规范》(TB 10025)《铁路工程设计手册(路基)》《支挡结构设计手册》及日本《高等级公路设计规范》等的相关规定编写。这些规定均建议采用整体浇筑的结构形式。扶壁式挡土墙也有采用拼装式的,但其应用的限制较多,如地质不良地段、8度以上烈度的地震区不宜采用,需配置吊装设备及预制场地等,计算方法也与整体式浇筑墙不同,国内较少采用,故未列入规范中。

5.4.8 锚杆挡土墙设计应符合下列要求:

1 肋柱式锚杆挡土墙的肋柱间距,宜为2.0～3.0m。肋柱宜垂直布置或向填土一侧仰斜,但仰斜度不应大于1∶0.05。

2 多级肋柱式锚杆挡土墙的平台,宜用厚度不小于0.15m的C15混凝土封闭,并设置向墙外倾斜2%的横坡度。

3 每级肋柱上的锚杆层数,可设计为双层或多层。锚杆可按弯矩相等或支点反力相等的原则布置,向下倾斜。每层锚杆与水平面的夹角宜为15°～20°,锚杆层间距不小于2.0m。

4 肋柱受力方向的前后侧面内应配置通长受力钢筋,钢筋直径不应小于 12mm。

5 挡土板宜采用等厚度板，板厚不得小于 0.30m。预制墙面板应预留锚杆的锚定孔。

锚杆挡土墙主要有两种类型：肋柱式和板壁式。肋柱式锚杆挡土墙与板壁式锚杆挡土墙既有相似的支挡原理，又各具特点，简列如下，以便根据工程实况合理采用。

肋柱式锚杆挡土墙：由肋柱和挡土板组成。锚杆间距一般比板壁式锚杆挡土墙大，锚孔直径 100～150mm，灌注砂浆后，杆体和锚孔孔壁黏结为一体，属于以黏结力为主要锚固作用的锚杆类型。

板壁式锚杆挡土墙：由现场浇筑的整体式墙面板或装配式墙面板与多排小锚杆组成。锚孔直径 35～50mm，锚孔深度 4～5m，常用楔缝式锚杆，杆端直接与锚孔接触，增大了锚杆与锚孔间摩阻力，兼具黏结型与机械型锚杆的特点。

5.4.9 锚定板挡土墙设计应符合下列要求：

1 肋柱式锚定板挡土墙的肋柱间距，宜为 1.5～2.5m，每级肋柱高度宜采用 3～5m。肋柱应采用垂直或向填土侧后仰布置，仰斜度宜为 1∶0.05，肋柱不得前倾布置。肋柱应预留圆形或椭圆形拉杆孔道，孔道直径或短轴长度应大于拉杆直径。

2 肋柱下端应设置混凝土基础，基础形式可采用条形、分离式或杯座式基础，基础厚度不宜小于 0.50m，襟边宽度不宜小于 0.10m。

3 肋柱受力方向的前后侧面内应配置通长受力钢筋，钢筋直径不应小于 12mm。

4 多级肋柱式锚定板挡土墙的平台，宜用厚度不小于 0.15m 的 C15 混凝土封闭，并设置向墙外倾斜 2%的横坡。采用细粒土作填料时，路基顶面也宜设置封闭层。

5 板壁式锚定板挡土墙的每块墙面板至少连接一根拉杆，拉杆直径宜为 22～32mm。

6 锚定板宜采用钢筋混凝土板，肋柱式锚定板面积不应小于 $0.5m^2$，无肋柱式锚定板面积不应小于 $0.2m^2$。锚定板需双向配筋。

7 拉杆、拉杆与肋柱及拉杆与锚定板连接处，应做好防锈处理。

锚定板挡土墙主要有两种类型:肋柱式和板壁式。肋柱式锚定板挡土墙的墙面系由肋柱和挡土板组成,一般为双层拉杆,锚定板面积较大,拉杆较长,挡土墙的变形量较小,可用作路肩式或路堤式挡土墙;板壁式锚定板挡土墙的墙面系为钢筋混凝土墙面板,通过墙面板几何形状及板厚的搭配,获得可观赏性外观,多用于有景观要求的支挡工程。

虽然锚定板挡土墙的挡土板或墙面板所承受的土压力也系由填料及车辆附加荷载所引起,但锚定板挡土墙为组合结构,由于拉杆、锚定板及填土的相互作用,土压力的作用机制较为复杂,与填料性质、压实度、拉杆埋深及拉杆长度、锚定板的面积等多种因素有关。铁路部门结合工程项目,进行了大量现场实测与模型试验,得出以下结论:

(1)实测的主动土压力大于按库仑理论所计算的主动土压力,其比值约为1.21～1.55。一般介于计算的主动土压力与静止土压力之间。

(2)实测土压力沿墙背不是按三角形分布,而呈单峰形或锯齿形分布。

由于锚定板挡土墙中,钢筋混凝土构件为主要组成部分,需较为精确地计算构件所承受的作用(或荷载),特别是要防止多层拉杆的肋柱因作用(或荷载)采用值不当而影响到内力负荷的改变,所以设计土压力不能简化为三角形分布,而按实际分布图形进行简化。

5.4.10 有面板加筋土挡土墙设计应符合下列要求:

1 有面板加筋土挡土墙应按附录H的有关规定进行设计计算。

2 加筋土挡土墙墙面宜采用钢筋混凝土预制件,厚度不应小于80mm。墙面的平面线形可采用直线、折线和曲线,相邻墙面间的内夹角不宜小于70°。墙面应设置混凝土基础,其宽度不应小于0.40m,厚度不应小于0.20m,基础埋置深度不应小于0.60m。基底不宜设置纵坡,可做成水平或结合地形做成台阶形。

3 拉筋材料宜采用土工格栅、复合土工带或钢筋混凝土板带。当采用土工格栅作拉筋时,尚应符合现行《公路土工合成材料应用技术规范》(JTG/T D32)的有关规定。

4 在满足抗拔稳定条件下,拉筋长度应符合下列规定:

1)墙高大于3.0m时,拉筋长度不应小于0.8倍墙高,且不小于5m。当采用不等长的拉筋时，同长度拉筋的墙段高度不应小于3.0m。相邻不等长拉筋的长度差不宜小于1.0m；

2)墙高小于3.0m时，拉筋长度不应小于3.0m，且应采用等长拉筋；

3)采用预制钢筋混凝土带时，每节长度不宜大于2.0m。

5　筋带与面板的连接应坚固可靠，并与筋带有相同的耐腐蚀性能。双面加筋土挡土墙的筋带应错开铺设，避免重叠。

6　加筋土挡土墙宜采用渗水性良好的中粗砂、砂砾或碎石填筑，填料与筋材直接接触部分不应含有尖锐棱角的块体，填料最大粒径不应大于100mm。

7　对危害加筋土挡土墙稳定的地表水或地下水，应设置完善的防排水设施。当加筋区填筑细粒土时，墙面板内侧应设置宽度不小于0.30m的反滤层。冰冻地区加筋体应采取防冻胀措施。

8　斜坡上的加筋体应设宽度不小于1.0m的护脚，加筋体面板基础埋置深度应从护脚顶面算起。

9　加筋土挡土墙顶面，宜设置混凝土或钢筋混凝土帽石。

10　多级加筋土挡土墙的平台顶部应设不小于2%的排水横坡，并用厚度不小于0.15m的C15混凝土板防护；当采用细粒填料时，上级墙的面板基础下应设置宽度不小于1.0m、厚度不小于0.50m的砂砾或灰土垫层，见图5.4.10。

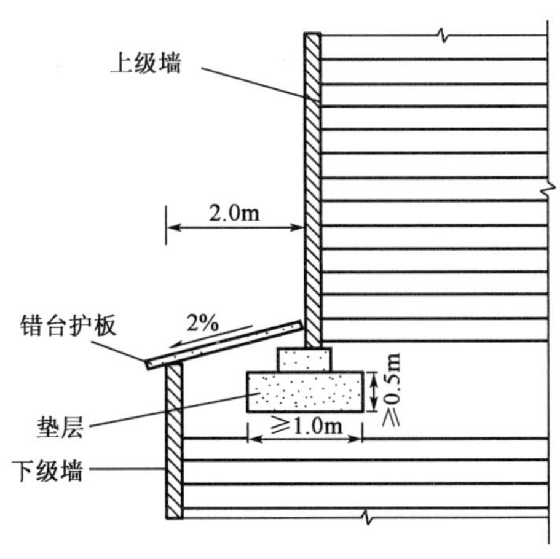

图5.4.10　平台与垫层横断面图

加筋土挡土墙分为有面板加筋土挡土墙和无面板加筋土挡土墙。无面板加筋土挡土墙是近年来发展起来的的新型加筋支护结构，属于柔性结构，能很好地适应地基变形，通过反包式土工格栅的加筋锚固作用，约束土体的侧向变形，保证路基的稳定。无面板加筋土挡土墙应用于公路工程的运营使用年限尚不长，其耐久性尚需进一步工程验证。

加筋土挡土墙与其他类型挡土墙较突出的不同点是，填料本身也是墙体的一部分，因此，填料的选择、拉筋材料的质量以及填料、筋带、面板之间的紧密、稳定结合是应予特别重视的设计、施工要素。

考虑到筋带材料的发展趋势、部分地区的应用经验及国内相关行业土工织物应用技术规范的规定，本规范编写时增加了钢塑复合带、土工格栅等筋带材料。

加筋土挡土墙相邻墙面的夹角不宜小于 70°，主要考虑的是施工时该部分筋带的布置均匀，受力合理与经济。为充分发挥筋带与填料间的摩擦力，一般情况下应避免筋带相互重叠，但当采用聚丙烯土工带作筋带时，一个钢拉环(或预留穿筋孔)上筋带数量可能较多，基于抗拔稳定性的要求，为承担土压力强度的需要，部分筋带可以重叠。

在相邻加筋体墙面的凸部(即内夹角小于 180°处)，夹角越小，越易造成应力集中，从而可使凸部外膨，因此，在墙面拐角处宜布置加强筋带，当夹角小于 90°时，在邻接两墙面布设互拉的筋带。在相邻加筋体墙面的凹部(即内夹角大于 180°处)，为使筋带的密度与一般部位相同，必要时也应增设筋带。

为了尽量减少面板对地基产生的压力，防止地基发生过大的不均匀沉降，确保面板不被损坏，除坚硬地基外，在一般情况下均考虑设置条形混凝土基础。

按照本规范第 5.4.3 条的规定，对于一般土质无冲刷的挡土墙基础，其埋置深度要求在地面以下至少 1m。但国内大量的加筋土工程实践表明，上述规定对加筋土来说一般偏大，由于加筋体外设置了散水和 1m 宽的护脚，从而保护了加筋土结构的基础，因此，埋深可以减少。故条文中确定最小限制值为 0.6m。当地基为岩石或利用旧有的路面、混凝土作地基时，加筋土面板基础的埋深不受上述限制，可根据具体情况决定。

浸水地区加筋土工程目前国内使用较少，尤其对采用黏性土填料尚无经验，因此，宜采用渗水性土作填料，以及时排出加筋体中的水分，减小作用于加筋体的动水压力的影响。为了增加墙体稳定和墙后土体的稳定性，在设计水位以下宜做成石砌或混凝土实体墙。

对于设置在斜坡上的加筋土结构，应在墙脚设置一定宽度的护脚，以防止前沿土体在加筋土体水平推力作用下产生剪切破坏，导致加筋土结构丧失稳定性。根据实践经验和国外有关资料，护脚宽度一般不宜少于1m，其位置由面板基础底面埋置深度确定。

为排除墙趾的地表径流，防止雨水、加筋体顶面和内部排出的水流渗入加筋土挡土墙的基础或冲刷基础，护脚表面宜用浆砌片石做成具有3%～5%横坡的散水层。

5.4.11 无面板加筋土挡土墙设计应符合下列要求：

1 加筋坡面与水平面夹角大于或等于70°的无面板加筋土挡土墙，应按附录H的有关规定进行设计计算；当加筋坡面与水平面夹角小于70°时，应按照现行《公路土工合成材料应用技术规范》(JTG/T D32)的有关规定进行设计计算。

2 无面板加筋土挡土墙高度大于10m时，应设置多级加筋挡土墙；当挡土墙基础受水流影响可能产生冲刷时，洪水位以下浸水墙体应采用重力式挡土墙。

3 土工格栅宜采用高密度聚乙烯(HDPE)土工格栅、聚酯(PET)焊接土工格栅。

4 土工格栅加筋层间距、筋材长度、加筋坡面坡率等应通过外部稳定性和内部稳定性计算确定。

5 加筋土挡土墙填料和排水设计应符合本规范第5.4.10条的有关规定。

6 当地基软弱、承载能力不足时，应对地基土进行换填处理，并设置砂砾、碎石垫层。

7 反包式土工格栅筋材应采用统一的水平回折反包长度，其长度应大于式(5.4.11)计算值，且不宜小于2m。坡面保护应采用抗老化的筋材。

$$L_0 = \frac{D\sigma_{hi}}{2(c + \gamma h_i \tan\delta)} \tag{5.4.11}$$

式中：L_0——计算拉筋层的水平回折包裹长度(m)；

D——拉筋的上、下层间距(m);

σ_{hi}——水平土压应力(kPa);

c——拉筋与填料之间的黏聚力(kPa);

δ——拉筋与填料之间的内摩擦角(°),填料为砂类土时取(0.5~0.8)φ;

γ——加筋体的填料重度(kN/m^3);

h_i——墙顶(路肩挡土墙包括墙顶以上填土高度)距第 i 层墙面板中心的高度(m)。

无面板加筋土挡土墙与加筋路堤的区分在于:土工格栅加筋坡面与水平面夹角大于或等于70°时,属于无面板加筋土挡土墙,按本规范的附录H第H.0.7条有关规定进行设计计算;当加筋坡面与水平面夹角小于70°时,属于加筋路堤的范畴,按照现行《公路土工合成材料应用技术规范》(JTG/T D32)的有关规定进行设计计算。

拉筋的材料性能在加筋土挡土墙中具有重要的作用,拉筋的长期强度和变形性能关系到挡土墙的稳定,耐久性关系到挡土墙的使用年限,因此选材是拉筋设计的主要环节。为使拉筋在承受填土和压实施工中避免产生脆性断裂,拉筋要具有一定的韧性和柔性,同时拉筋也不能有过大的蠕变,蠕变易使拉筋产生应力松弛,导致加筋土挡土墙变形甚至破坏。因此,土工格栅作为筋材时,需具有抗拉强度高、延伸率小、蠕变变形小、筋土界面之间有足够的摩擦力、耐腐蚀性和抗老化性能,根据工程实践情况,条文推荐无面板加筋土挡土墙拉筋采用高密度聚乙烯(HDPE)土工格栅、聚酯(PET)焊接土工格栅。

近十年来,无面板加筋土挡土墙在我国高速公路建设中得到了推广应用,主要工程有:谭邵高速公路多处加筋土挡墙工程,如K159+577.79宋家塘铁路跨线桥的薄壁桥台台背的加筋填筑,K205+232~ K205+345大唐水库加筋挡土墙;另外,云南思小高速公路K63+770~K63+864,云南元磨高速公路,湖北十房高速公路多处路堤采用了无面板加筋土挡土墙等,见图5-2。

因设置挡土墙的路段,多为地形陡峻,为提高行车安全性,避免行车出现意外发生恶性事故,要求设置墙式护栏。无面板土工格栅加筋土挡土墙用于路肩式挡土墙时,尚未很好地解决护栏设置问题,从提高路侧安全性考虑,本规范规定无面板土工格栅加筋土挡土墙可用于一般地区的路堤式挡土墙，但均不应修建在滑坡、水流冲刷、崩塌等不良地质地段。设计时，应注意无面板土工格栅加筋土挡土墙的适用条件。

图 5-2　高速公路公路无面板加筋土挡土墙应用情况

5.4.12　桩板式挡土墙设计应符合下列要求：

1　桩板式挡土墙的锚固桩必须锚固在稳定的地基中，桩的悬臂长度不宜大于 15m。

2　桩的构造可根据本规范第 5.7 节的相关规定执行。

3　挡土板与桩搭接，其搭接长度每端不得小于 1 倍板厚。当为圆形桩时，应在桩后设置搭接用的凸形平台。平台宽度应比搭接长度宽 20～30mm。

4　挡土板外侧墙面的钢筋保护厚度应大于 35mm，板内侧墙面保护厚度应大于 50mm；桩的受力钢筋应沿桩长方向通长布置，直径不应小于 12mm。桩的钢筋保护层净距不应小于 50mm。

5　当采用拱形挡土板时，不宜仅用混凝土灌筑，而应沿径向和环向配置一定数量的构造钢筋，钢筋直径不宜小于 10mm。

6　加锚杆的锚固桩应保证桩与锚杆的变形协调。

工程实践表明，桩板式挡土墙是一种较好的支挡结构形式。工程实践中，曾修建了较高的桩板式挡土墙，桩的自由悬臂长度达到或超过 15m，在施工过程中发生桩的位移过大或桩折断事故，其原因与桩悬臂太长、岩体压力增长过大有很大关系。从安全的角度出发，适当控制悬臂长度是很有必要的。

锚固桩的刚度与锚杆刚度相差很大，在锚杆桩的设计中，锚杆的变形量对桩的内力影响很显著，所以要控制锚杆伸缩量，使之与桩的变形协调。

5.5 边坡锚固

原规范共 9 条，本规范共 12 条。

近十多年来，公路建设中的岩土锚固技术得到了广泛应用，取得了许多新成果和新经验。原规范相关规定已不能适应公路建设的需要。本次修订总结了原规范的应用情况和存在的问题，吸取了国内外的新成果新经验，对原规范的内容进行了补充和调整。新增第 5.5.2 条预应力锚杆适用条件，第 5.5.5 条预应力筋的张拉控制应力；将原规范 5.5.8-2 锚固边坡坡面结构设计计算单列成第 5.5.11 条；修正了锚作用力简化方法(5.5.3-3)、锚杆防腐保护要求。并将“全长黏结型锚杆”改为“非预应力的全长黏结型锚杆”。

主要修订理由如下：

(1)在公路边坡加固和滑坡防治中，大量采用了预应力锚固工程，保证了路基安全稳定。但也有边坡锚固工程，对边坡地质条件认识不充分，因锚固方案选择不当，如在土质边坡中采用了大量的预应力锚固，造成预应力锚杆失效，见图 5-3。为吸取教训，本规范进一步严谨了预应力锚杆的适用条件，要求其锚固段应设置在稳定的岩层中。

(2)实际工程中，有的工程预应力锚杆的张拉应力过大，使预应力筋长期处于高应力状态，导致预应力锚杆出现破坏。因此，预应力锚杆的张拉应力控制不当，也是预应力锚杆产生破坏的主要原因之一。为此，本规范补充规定了预应力锚杆张拉应力控制标准。

(3)根据对锚杆腐蚀破坏事故的调查统计表明，锚头及其附近的腐蚀破坏占有较大的比重。因此，预应力锚杆防腐不够也是导致预应力锚杆破坏的主要原因之一。为此，本规范修订了锚杆防腐要求，规定按锚杆的服务年限及所处环境有无腐蚀性来确定锚杆不同的防护等级与标准，并提高了永久预应力锚杆的防腐要求。

(4)原规范规定锚作用力可简化为作用于坡面和滑动面上的集中力，取两者计算的锚固边坡最小稳定系数作为锚固边坡的稳定系数。现场试验监测资料和科研

a）锚固结构不合理

b）边坡变形、锚固结构移位

c）黏结失败

d）边坡鼓胀变形、锚梁破坏致锚索外露

图 5-3　预应力锚固病害情况

成果表明，锚固边坡稳定性是受作用于滑动面上锚固集中力控制的。为此，本规范修订时，规定锚作用力可简化为作用于滑动面上的集中力。

（5）全长黏结型锚杆属于非预应力锚杆，为避免歧义，本规范修正为"非预应力的全长黏结型锚杆。"

5.5.1　边坡锚固设计应根据边坡稳定性分析资料，鉴别边坡的破坏模式，确定边坡不稳定程度及范围，对锚固方案的合理性、安全性进行技术经济论证。锚固形式应根据边坡岩土体类型、工程特征、锚承载力大小、锚材料和长度、施工工艺等条件确定。

本规范指的预应力锚杆包括预应力锚索和预应力锚杆（钢筋），预应力锚杆用于利用地层承受结构所产生的拉力和施加预应力来加固岩体的不稳定部位或为结构建立有效支承的工程，工序比较复杂，种类繁多，制约因素多，属于隐蔽工程。

不同的锚结构类型对边坡变形的限制作用差异较大，因此进行边坡锚固支护设计时，首先应对边坡的允许变形认识清楚，以利锚结构类型的选择。通常预应力锚固后的边坡变形小于非预应力的全长黏结锚杆支护后的边坡变形。

不同的预应力锚杆的类型，其锚固段剪应力分布也是不同，对岩土层黏结强度的要求也不同。拉力集中型预应力锚杆的锚固段剪应力分布不均，软质岩石和土层的黏结强度就难以满足拉力集中型的要求；压力分散型预应力锚杆的锚固段剪应力在整个锚固段分布较为均匀，软质岩石和土层的黏结强度能满足其要求。

不同的预应力锚杆类型，其适用条件是不同的，要保证锚固边坡安全稳定，必须是选定的预应力锚杆类型与所锚固对象的地质条件相匹配。因此，选择预应力锚杆类型的合理性决定了锚固边坡的安全稳定性。设计前，应依据路基边坡工程地质勘察报告及工程条件与要求，对采用预应力锚杆的工程安全性、经济性及施工可行性做出评估和判断，针对边坡地形地质条件，进行方案可行性论证，合理选择边坡锚固形式，以保证锚固工程的安全可靠。

因第 5.1.3 条已规定支挡结构工程地质勘察工作，为避免内容重复，删除了原规范第 5.5.1 条第 2 款锚固设计所需资料的有关规定。边坡锚固设计应具备如下资料：

(1)与锚固工程有关地形、地貌及边坡总体布置设计。

(2)岩土体类别、主要构造的产状、各种结构面的组合关系及地下水发育程度。

锚固工程所涉及部位岩土体的抗压强度，岩土体的 c、φ 值以及可能失稳的结构面的 c、φ 值和胶结材料与被锚固介质的黏结强度。

5.5.2　预应力锚杆可用于土质、岩质边坡及地基加固，其锚固段应设置在稳定的岩层中，腐蚀性环境中不宜采用预应力锚杆。对软质岩、风化岩地层，宜采用压力分散型锚杆。

预应力锚杆将结构物与岩土体联锁在一起，有效利用地层深部岩土体的抗剪强度，承受结构物的拉应力及抵抗结构物与地层间的剪切位移。

预应力锚杆广泛应用于岩锚和土锚，土锚地层主要为砂土层。为保证边坡锚固工程安全可靠，条文限制了预应力锚杆的使用范围，即锚杆锚固段置于稳定的岩层中。

预应力锚杆的主要类型包括拉力型、压力型、拉力分散型与压力分散型锚杆等。

拉力型锚杆由与注浆体直接黏结的杆体锚固段、自由段和锚头组成，见图5-4，主要特点是锚杆受力时锚固段浆体受拉并通过浆体将拉力传递给周围地层。这种锚杆结构简单，施工方便，是目前使用最广的锚杆类型，特别在土层、坚硬或中硬岩体中使用，效果良好。

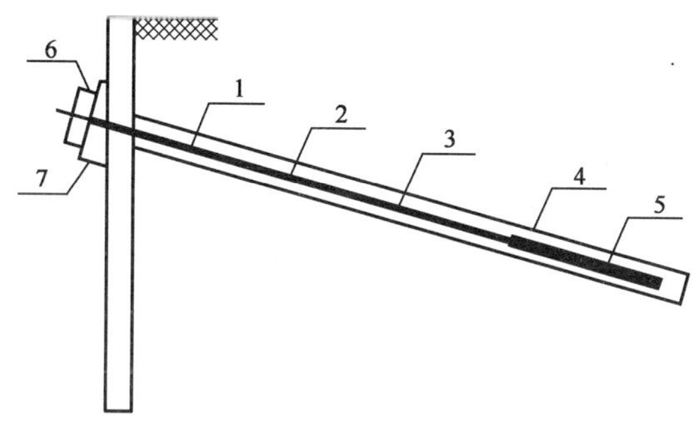

图 5-4　拉力型预应力锚杆结构简图

1-杆体；2-自由段；3-隔离套管；4-钻孔；5-锚固段；6-锚具；7-台座

压力型锚杆由不与灌浆体相互黏结的带隔离防护层的杆体和位于杆体底端的承载体及锚头组成，见图 5-5 ，主要特点是利用承载体使锚杆受力时锚固段浆体受压，并通过浆体将拉力传递给周围地层。这类锚杆的防腐性能较好，但由于灌浆体承压面积受到钻孔直径的限制，因而不可能得到高承载力的锚杆。

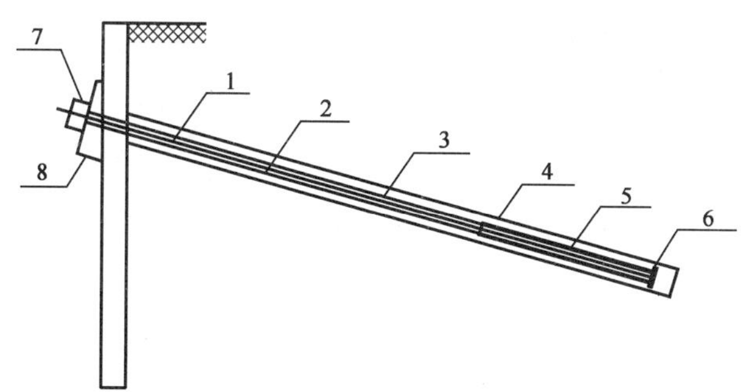

图 5-5　压力型预应力锚杆结构简图

1-杆体；2-自由段；3-隔离套管；4-钻孔；5-筋体外有隔离保护层的锚固段；6-承载体；7-锚具；8-斜支撑

拉力分散型与压力分散型锚杆工作时能充分利用地层固有强度，其承载力随锚固段长度增加成比例提高，特别是压力分散型锚杆，锚杆全长采用无黏结钢绞线，锚杆工作时灌浆体处于受压状态，因而具有良好的防腐性能，是目前在软弱破碎岩体和土体锚固工程中大力推广使用的锚杆。

拉力分散型锚杆应由两个或两个以上拉力型单元锚杆复合而成，各拉力型单元锚杆的锚固段应位于锚杆总锚固段的不同部位，见图 5-6 。

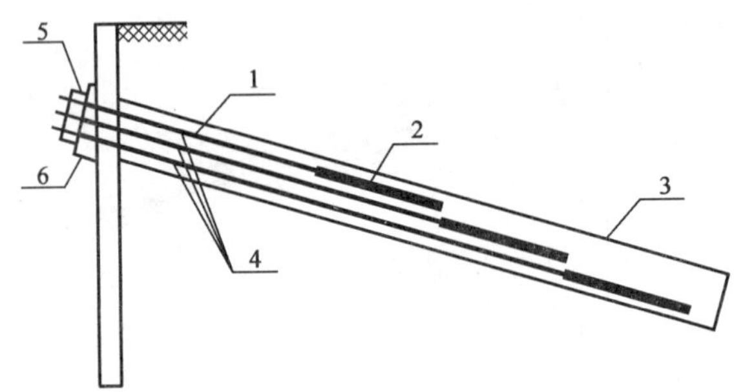

图 5-6　拉力分散型预应力锚杆结构简图

1-拉力型单元杆体自由段；2-拉力型单元杆体锚固段；3-钻孔；4-杆体；5-锚具；6-台座

压力分散型锚杆应由两个或两个以上压力型单元锚杆复合而成，各压力型单元锚杆的锚固段应位于锚杆总锚固段的不同部位，见图 5-7 。

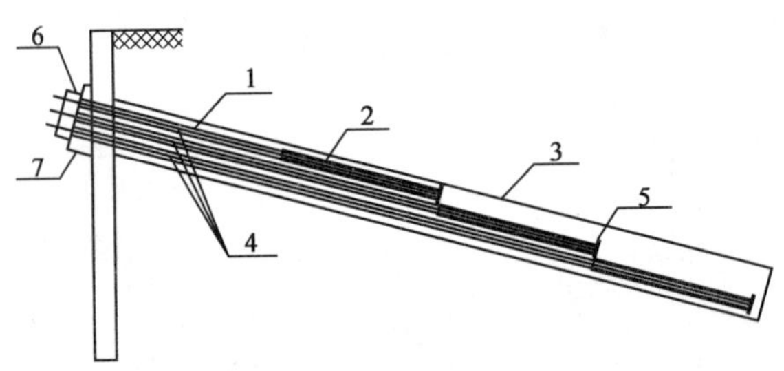

图 5-7　压力分散型预应力锚杆结构简图

1-压力型单元杆体自由段；2-压力型单元杆体锚固；3-钻孔；4-杆体；5-承载体；6-锚具；7-台座

5.5.3　预应力锚固边坡稳定性评价应符合下列要求：

1　锚固边坡稳定性评价应符合本规范第 3.7.4 条的规定。

2 边坡锚固前后的稳定性计算方法应相对应。

3 对锚固边坡进行稳定性计算时，锚作用力可简化为作用于滑面上的一个集中力(图 5.5.3)。

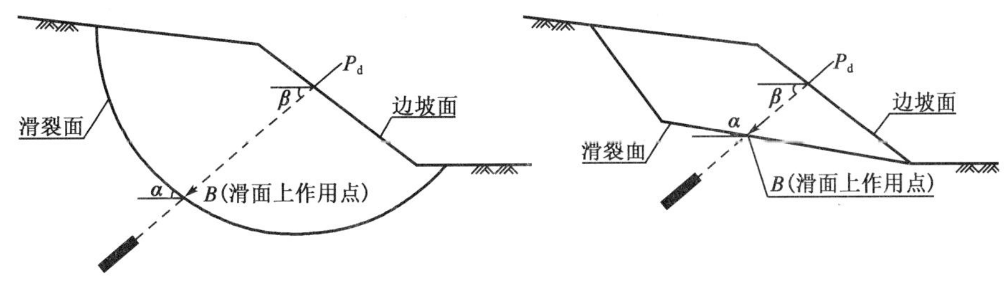

图 5.5.3 锚作用力的简化

原规范规定：对锚固边坡进行稳定性计算时，锚作用力可简化为作用于坡面上的一个集中力，也可简化为作用于滑面上的一个集中力(图 5-8)，并取两者计算的锚固边坡稳定安全系数的小值作为锚固边坡的稳定安全系数。

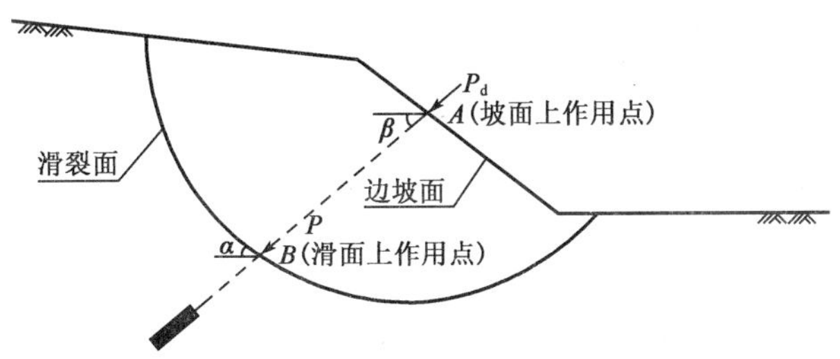

图 5-8 锚作用力的简化

在边坡锚固设计中，考虑到各种复杂因素的影响，对锚结构本身的设计给予了安全储备，故锚固边坡的安全系数要求同未加锚的边坡安全系数要求。

锚作用力的简化是锚固边坡稳定性计算的一个重要问题。原规范规定将锚力简化为作用于滑面上的一个集中力和锚力简化为作用于坡面上的一个集中力，采用两种方法计算结果的小值。现场试验监测资料和科研成果表明，锚固边坡稳定性是受作用于滑动面上锚固集中力控制。为此，本规范修订时，规定锚作用力可简化为作用于滑动面上的集中力。

5.5.4 预应力锚杆锚固力设计时，应根据边坡稳定性分析确定的边坡下滑力，按式(5.5.4)计算锚固力。

$$P_d = \frac{E}{\sin(\alpha+\beta)\tan\varphi+\cos(\alpha+\beta)} \tag{5.5.4}$$

式中：P_d——锚杆设计锚固力(kN)；

E——边坡下滑力(kN)；

α——锚杆与滑动面相交处滑动面倾角(°)；

β——锚杆与水平面的夹角(°)；

φ——滑动面内摩擦角(°)。

计算边坡不稳定力(下滑力)E时，考虑了各种外加荷载及相关因素，并按本规范第3.7.7条，考虑1.05～1.30的安全系数，故计算锚固力时不再考虑边坡的安全系数。

在边坡预应力锚固设计中，锚的布置方向是一个至关重要的问题。最有效的布置方向为逆滑动方向布置。但由于受施工条件、滑体边界条件限制，只能以一定的方向布置，设计时需要经过综合比较，选择最佳的锚固方向，以达到最有效的加固效果。当锚与滑动面夹角α等于滑动面内摩擦角φ时，锚提供的抗滑力最大，但此时锚最长，不经济。最佳锚固角已有一些经验公式，但工程中的适用性有待验证，本规范暂不将这些经验公式纳入。

锚杆锚固段上覆土层厚度不宜小于5m，锚杆的倾角宜避开与水平面呈$-10°$～$+10°$的范围，10°范围内锚杆的注浆应采取保证浆液灌注密实的措施。

对倾倒破坏的边坡，预应力锚杆的设计安设角度宜与岩体层理面垂直。对滑动破坏的边坡，预应力锚杆的安设角度应尽量发挥锚杆的抗滑作用，在施工可行条件下，锚杆倾角宜按式(5-1)确定：

$$\beta=\alpha-\left(45°+\frac{\varphi}{2}\right) \tag{5-1}$$

5.5.5 预应力锚杆体设计时，锚杆体截面积应按式(5.5.5)计算。锚杆预应力筋的张拉控制应力σ_{con}应符合表5.5.5的规定。

$$A=\frac{K_1 P_d}{F_{ptk}} \tag{5.5.5}$$

式中：A——锚杆体截面积(m^2)；

K_1——预应力筋截面设计安全系数，按表 5.5.6-4 选取；

F_{ptk}——锚杆体材料抗拉强度标准值(kPa)。

表 5.5.5 预应力筋的张拉控制应力 σ_{con}

锚杆类型	σ_{con}	
	钢绞线	预应力螺纹钢筋
永久	$\leqslant 0.50F_{ptk}$	$\leqslant 0.70F_{ptk}$
临时	$\leqslant 0.65F_{ptk}$	$\leqslant 0.80F_{ptk}$

预应力锚杆是一种后张拉预应力构件。预应力筋特别是钢绞线的张拉控制应力 σ_{con} 的限制比地上预应力钢筋混凝土结构有明显的降低。原因是预应力锚杆埋设在岩土层中，工作条件十分恶劣，应力腐蚀风险加大，国外曾报道不少由于预应力筋控制应力大于 $0.6F_{ptk}$ 而出现锚杆破坏的实例。此外，预应力筋采用较小的控制应力 σ_{con}，对降低锚杆的预应力损失，也是有利的。

5.5.6 预应力锚杆体长度设计应符合下列要求：

1 锚固体的承载能力由注浆体与锚孔壁的黏结强度、锚杆与注浆体的黏结强度及锚杆强度等三部分控制，设计时应取其小值。

2 预应力锚杆宜采用黏结型锚固体，地层与注浆体间黏结长度应按式(5.5.6-1)计算。

$$L_r = \frac{K_2 P_d}{\pi d f_{rb}} \tag{5.5.6-1}$$

式中：L_r——地层与注浆体间黏结长度(m)；

K_2——安全系数，按表 5.5.6-4 选取；

d——锚固段钻孔直径(m)；

f_{rb}——地层与注浆体间黏结强度设计值(kPa)，应通过试验确定，当不具备试验条件时可按表 5.5.6-1、表 5.5.6-2 选用。

表 5.5.6-1 岩体与注浆体界面黏结强度设计值

岩体类型	饱和单轴抗压强度 R_c(MPa)	黏结强度 f_{rb}(kPa)
极软岩	$R_c<5$	150～250
软岩	$5\leqslant R_c<15$	250～550

续上表

岩体类型	饱和单轴抗压强度 R_c(MPa)	黏结强度 f_{rb}(kPa)
较软岩	$15\leqslant R_c<30$	550～800
较硬岩	$30\leqslant R_c<60$	800～1 200
坚硬岩	$R_c\geqslant 60$	1 200～2 400

注：1. 表中数据适用于注浆强度等级 M30。
2. 表中数据仅适用于初步设计，施工时应通过试验验证。
3. 岩体结构面发育时，取表中下限值。

表 5.5.6-2 土体与锚固体黏结强度设计值

土体类型	土的状态	黏结强度 f_{rb}(kPa)
黏性土	坚硬	60～80
	硬塑	50～60
	软塑	30～50
砂土	松散	90～160
	稍密	160～220
	中密	220～270
	密实	270～350
碎石土	稍密	180～240
	中密	240～300
	密实	300～400

注：1. 表中数据适用于注浆强度等级 M30。
2. 表中数据仅适用于初步设计，施工时应通过试验验证。

3 注浆体与锚杆体间黏结长度应满足式(5.5.6-2)的要求。

$$L_g=\frac{K_2P_d}{n\pi d_g f_b} \tag{5.5.6-2}$$

式中：L_g——注浆体与锚杆体间黏结长度(m)；

d_g——锚杆体材料直径(m)；

f_b——注浆体与锚杆体间黏结强度设计值(kPa)，应通过试验确定，当不具备试验条件时，可按表 5.5.6-3 选用；

n——锚杆体根数(根)。

表 5.5.6-3 钢筋、钢绞线与砂浆之间的黏结强度设计值 f_b(MPa)

锚 类 型	水泥浆或水泥砂浆强度等级	
	M30	M35
水泥砂浆与螺纹钢筋间	2.40	2.70
水泥砂浆与钢绞线、高强钢丝间	2.95	3.40

注:1. 当采用2根钢筋点焊成束的做法时,黏结强度应乘以折减系数0.85。
2. 当采用3根钢筋点焊成束的做法时,黏结强度应乘以折减系数0.7。

4 锚杆总长度由锚固段长度、自由段长度及外露段长度组成,各部分长度确定应满足下列要求:

1)在确定锚杆锚固段长度时,应分别对锚杆黏结长度 L_r 和 L_g 进行计算,实际锚固段长度应取 L_r 和 L_g 中的大值,且不应小于3m,也不宜大于10m;

2)锚杆自由段长度受稳定地层界面控制,在设计中应考虑自由段伸入滑动面或潜在滑动面的长度不小于1.0m,且自由段长度不得小于5.0m。

5 锚杆设计时安全系数的取值应符合表5.5.6-4的规定。

表 5.5.6-4 预应力锚杆锚固体设计安全系数

安全系数	公路等级	安全系数	
		锚杆服务年限≤2年(临时性锚杆)	锚杆服务年限>2年(永久性锚杆)
K_1	高速公路、一级公路	1.8	2.0
	二级及二级以下公路	1.6	1.8
K_2	高速公路、一级公路	1.8~2.0	2.0~2.2
	二级及二级以下公路	1.5~1.8	1.7~2.0

注:1. 当二级及二级以下公路在锚固工程附近有重点保护对象时,可按高速公路安全系数取值。
2. 土体或全风化岩中锚固体,K_2 应取表中较高值。

本次规范修订,结合公路等级及锚杆服务年限,将预应力锚杆设计安全系数拆分为截面设计安全系数和抗拔安全系数。在锚杆截面设计安全系数取值上,《锚杆喷射混凝土支护技术规范》(GB 50086—2001)中为临时锚杆取1.6,永久锚杆取1.8;《建筑边坡工程技术规范》(GB 50330—2002)为1.6~2.3,铁路规范取值为1.7~2.2,水电规范取值为1.8~2.1,与本规范取值接近。

大量的试验资料表明,锚杆受力时,沿锚固段全长的黏结应力分布是很不均匀的,特别当采用较长的锚固段时,受荷初期,黏结应力峰值在临近自由段处,而锚固段下端的相当长度上,则不出现黏结应力。随着荷载增大,黏结应力峰值向锚固段根部转移,但其前方的黏结应力则显著下降,当荷载进一步增大,黏结应力峰值传递到接近锚固段根部,锚固段前部较长的范围内,黏结应力值进一步下降,甚至趋近于零(图5-9)。由此可知,有效发挥锚固作用的黏结应力的分布长度是有一定限度的。也就是说,平均黏结应力随着锚固段长度的增加而减小。

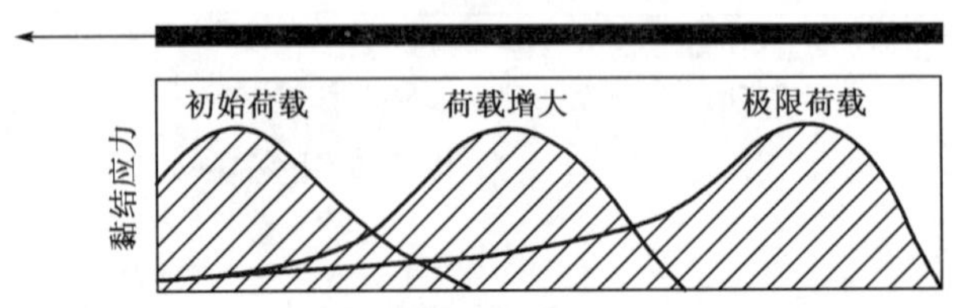

图5-9　集中拉力型锚杆黏结应力沿锚固段长度的分布

在确定锚固长度时,应考虑锚固长度对黏结强度的影响。其影响系数 ψ 应由试验确定,当无试验资料时,ψ 值建议暂按规范表5-4选取。

表5-4　锚固段长度对黏结强度的影响系数 ψ 建议值

锚固地层	土层					岩石				
锚固段长度(m)	13～16	10～13	10	10～7	7～4	8～10	6～8	6	6～4	4～2
ψ 取值	0.8～0.6	1.0～0.8	1.0	1.0～1.3	1.3～1.6	0.8～0.6	1.0～0.8	1.0	1.0～1.3	1.3～1.6

1974年,德国ostermays收集到在黏土中随锚固段长度变化的表面摩阻力变化,见图5-10。

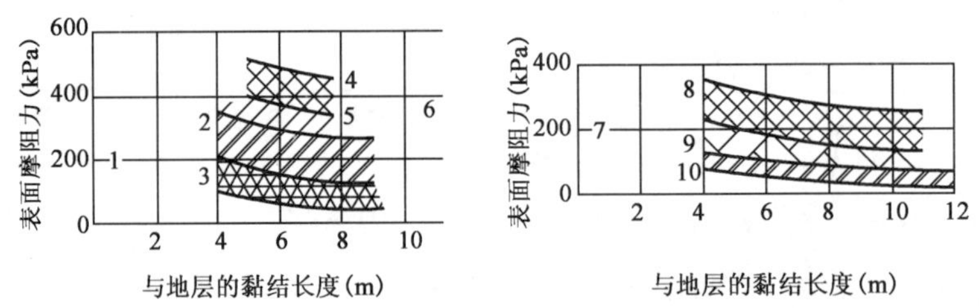

图5-10　用与不用二次灌浆的锚杆随锚固长度变化测得的表面摩阻力

1-中等塑性的黏土;2-不进行二次灌浆的很硬的黏土;3-不进行二次灌浆的硬黏土;4-进行二次灌浆的硬～很硬的黏土;5-不进行二次灌浆的硬～很硬的黏土;6-中等塑性的砂质粉土;7-中～高塑性黏土;8-进行二次灌浆的很硬的黏土;9-不进行二次灌浆的很硬的黏土;10-不进行二次灌浆的硬黏土

试验资料表明,资料可以清楚地看出,当锚杆锚固长度超过一定值(该值与岩土介质的弹模有关)后,锚杆承载力的提高极为有限,甚至可忽略不计,为此,国内外的锚杆规范均规定了适宜的锚固段长度(表 5-5)。本条对锚杆锚固段长度的限制,基本上与国内外相关标准的规定相一致或接近。

表 5-5 国外锚杆规程规定的锚杆锚固段长度

国　别	规　程	建议的锚杆锚固长度
英国	BSI(8081:1989)	3m 以上,10m 以下
国际预应力混凝土协会	FIP	3m 以上,10m 以下
美国	PTI-1996	钢绞线:4.5～10m
		钢筋:3～10m
日本	JGS4101-2000	3m 以上,10m 以下
瑞士	SN533-191	在砂性土和岩石中,4～7m
中国	CECS22:2005	岩石:3～8m 土层:6～12m

若锚杆自由段长度过短,对锚杆施加初始预应力后,锚杆的弹性位移较小,一旦锚头出现松动等情况,可能会造成较大的预应力损失,故本条规定锚杆的自由段长度不宜小于 5.0m。

5.5.7　预应力锚杆构造设计应符合下列要求:

1　预应力锚杆由锚固段、自由段和锚头构成,锚头由垫墩、钢垫板和锚具组成。

2　锚固段内的预应力筋每隔 1.5～2.0m 应设置隔离架。预应力筋的保护层厚度不应小于 20mm,临时性锚杆预应力筋的保护层厚度不应小于 10mm。

3　锚杆材料可根据锚固工程性质、锚固部位、工程规模选择高强度低松弛的钢绞线、预应力用螺纹钢筋。

预应力混凝土用螺纹钢筋在我国的公路工程建设中已大量应用,国内过去习惯上将这种钢筋称为“高强精轧螺纹钢筋”。2006 年,《预应力混凝土用螺纹钢筋》(GB/T 20065—2006)正式颁布施行,故本次规范修订时将“高强精轧螺纹钢筋”改为“预应力用螺纹钢筋”。

5.5.8　锚杆的防腐等级和措施,应根据锚杆的设计使用年限和所处地层有无腐蚀性确定。锚杆的防腐设计应符合下列要求:

1 腐蚀环境中的永久性锚杆应采用Ⅰ级双层防腐保护构造，腐蚀环境中的临时性锚杆和非腐蚀环境中的永久性锚杆可采用Ⅱ级简单防腐保护构造。锚杆Ⅰ、Ⅱ级防腐构造应符合表5.5.8的要求。

表5.5.8 锚杆Ⅰ、Ⅱ级防腐保护要求

防腐保护等级	锚杆类型	预应力锚杆和锚具的防腐要求		
		锚头	自由段	锚固段
Ⅰ	拉力型、拉力分散型	采用过渡管，锚具用混凝土封闭或钢罩保护	采用注入油脂的护套，或无黏结钢绞线，或有外套保护管的无黏结钢绞线	采用注入水泥浆的波纹管
	压力型、压力分散型	采用过渡管，锚具用混凝土封闭或钢罩保护	采用无黏结钢绞线	采用无黏结钢绞线
Ⅱ	拉力型、拉力分散型	采用过渡管，锚具用混凝土封闭或钢罩保护	采用注入油脂的护套，或无黏结钢绞线	注浆

2 锚固段、自由段及锚头的防腐材料和构造，应在锚杆施工及使用期不发生损坏，且不影响锚杆的功能。

3 锚杆在张拉作业完成后，应及时对锚头的有关部件进行防腐保护；需调整预应力的锚杆的锚头宜装设钢质防护罩，其内应充满防腐油脂；不需调整拉力的锚杆的锚具、承压板及端头筋体可用混凝土防护，混凝土保护层厚不应小于50mm。

按锚杆的服务年限及所处环境有无腐蚀性来确定锚杆不同的防护等级与标准，能满足锚杆使用期间的化学稳定性，也是国外相关标准对锚杆防腐保护的基本要求。

国际预应力混凝土协会对锚杆腐蚀破坏事故的调查统计表明，锚头及其附近的腐蚀破坏占有较大的比重。如以香港某锚杆背拉挡土墙工程为例，该锚杆的锚头腐蚀是因为从张拉到锚头封裹耽搁了很长时间。曾对45根锚杆的钢绞线进行了金相检验。其中耽搁1～8个月的钢绞线直径损失达2.7%，而耽搁16～36个月的钢绞线直径损失高达12%。因此，本条规定锚杆张拉作业完成后，应及时对外露的筋体、锚具和承压板进行防腐保护。锚杆外露的筋体、锚具与承压板用混凝土封闭时，若混凝土厚度小于50mm，易出现收缩龟裂、大气水的渗入，常导致锚头腐蚀。我国西南地区某边坡锚固工程调查曾发现，一些锚杆锚头被包裹的砂浆仅20～30mm，剥开保护层后，发现钢绞线、锚具及承压板均有较严重的锈斑。因此，本次修订明确规定封闭保护锚头的混凝土保护层厚度不应小于50mm。

5.5.9 非预应力的全长黏结型锚杆设计应符合下列规定：

1 杆体材料宜采用HRB400钢筋，杆体钢筋直径宜为16～32mm。

2 钻孔直径不宜小于42mm，且不宜大于100mm。

3 杆体钢筋保护层厚度，采用水泥砂浆时不应小于8mm，采用树脂时不应小于4mm。

4 长度大于4m或杆体直径大于32mm的锚杆，应采取杆体居中的构造措施。

普通水泥浆(砂浆)锚杆杆体宜由普通钢筋、垫板和螺母组成，宜用于一般地层的加固工程。非预应力锚杆的工作特性与适用条件可按表5-6选择。

表5-6 非预应力锚杆的工作特性与适用条件

序号	锚杆类型	锚杆工作特性与适用条件
1	普通水泥砂浆锚杆	•对地层开挖后位移控制要求不严的岩土体加固工程； •锚杆长度一般为1.5～12m
2	自钻式中空锚杆	•软弱围岩、断层破碎带、砂卵石等钻孔后极易塌孔的地层支护； •锚杆长度≤12m； •能有效控制锚杆注浆的饱满度； •可在狭小空间施作较长锚杆
3	普通中空锚杆	•可用于对地层开挖后位移控制要求不严的岩体加固工程； •锚杆长度一般为3.0～12m； •能有效控制锚杆注浆的饱满度，保护层厚度均匀； •可在狭小空间施作较长锚杆
4	纤维增强塑料锚杆	•可用于防腐、防静电要求较高或有间断要求的地层加固工程； •锚杆长度一般为1.5～12m

5.5.10 锚固边坡坡面结构形式应根据边坡工程地质、水文地质条件、岩土性质、边坡高度、施工方法，按表5.5.10的规定选用。

表5.5.10 坡面结构常用类型及适用条件

结构形式	适用条件	备注
框架(格子)梁	风化较严重、地下水丰富、软质岩、土质边坡	多雨地区梁宜做成截流沟式
地梁	软硬岩体相间、土质边坡	—
单锚墩	硬质岩、块状或整体性好的岩体	—

本规范的坡面结构指作为锚固边坡的承压结构，不包括起支挡作用的坡面结构（如桩、墙）。

表5.5.10是在综合考虑施工难易程度、支护整体效果、环境景观等因素后确定的。设计中，应根据其工点的地质条件和各种结构的适用条件，合理选择锚固边坡的结构形式，以减少锚固边坡的预应力损失。

边坡锚固设计中，排水是十分重要的。许多边坡的失稳是由于水的浸入，削弱了结构面的强度，造成阻滑力减小。同时，当坡面结构下地基潮湿、土质含水率大时，在施加预应力后，地基将产生较大压缩变形，严重时还将引起坡面结构向下滑移，导致预应力锚杆破坏。因此，要重视排水问题。当坡面结构下地基潮湿、土质含水率大时，可在坡面结构下设置0.2～0.3m厚砂砾、碎石垫层。

5.5.11 锚固边坡坡面结构设计应符合下列要求：

1 框架梁、地梁与单锚墩截面可采用矩形或T形，截面宽度不得小于0.30m；框架梁单元形状可采用矩形或菱形，矩形的梁单元尺寸不宜小于3m×3m，菱形的梁单元尺寸不宜小于5m×3m。

2 框架梁设计宜分单元进行，梁内弯矩、剪力应按框架梁或连续梁计算。地梁与单锚墩设计应按两地梁或两单锚墩中至中的距离计算作用荷载，地梁弯矩、剪力应根据梁上锚的根数，按简支梁或连续梁计算。梁结构应按现行《混凝土结构设计规范》(GB 50010)的有关规定进行计算，结构重要性系数为1.0，永久荷载的分项系数为1.35。

3 框架梁、地梁与单锚墩应采用钢筋混凝土，梁内主筋应分单元配置通长钢筋。单锚墩设计应根据锚力大小，满足岩体承载力要求，并配置适量的构造钢筋。

4 梁底嵌入坡面岩体内深度不宜小于0.20m。

5.5.12 锚杆试验与监测设计应符合下列要求：

1 锚杆试验包括基本试验和验收试验。施工前，应进行锚杆基本试验。基本试验数量取工作锚杆数量的3%，且不少于3根。施工后，应进行锚杆验收试验。锚杆验收试验的数量取工作锚杆的5%，且不少于3根。当有特殊要求时，可适当增加。锚杆试验内容及要求应符合现行《锚杆喷射混凝土支护技术规范》

(GB 50086)的有关规定。

2 锚杆监测包括施工期监测和运营期监测，监测数量应取工作锚杆数量的10%，监测项目及其方法可按附录F表F-3选定，监测点应设置在边坡锚固区的关键部位。运营期监测周期应为公路建成营运后不少于一年。

预应力锚杆试验分为基本试验和验收试验。基本试验在锚杆施工前做，为非工作锚杆，且为破坏性试验，目的是确定锚杆可承受的最大张拉力和锚固工程的安全度，检验锚杆设计能否满足工程要求。验收试验在锚杆施工后做，选择有代表性的工作锚杆进行非破坏性试验，目的是检查施工质量(主要指锚杆长度、浆体与孔壁岩土体黏结强度、预应力等)是否满足设计要求。现行《锚杆喷射混凝土支护技术规范》(GB 50086)对这两类试验有详细规定，本规范对具体试验要求就不赘述。

边坡锚固工程的监测工作十分重要。监测工作分为施工期监测和运营期监测，边坡锚固是边坡工程的一部分，因此，要将锚杆监测与边坡监测工作紧密结合，形成完整的边坡监测系统。近年来，锚杆无损检测技术得到了发展，并已在工程中获得成功应用，我国相关行业还出台了规范，本次修订吸纳了这些成果。

5.6 土钉支护

原规范共3条，本规范共5条。新增第5.6.4条和第5.6.5。修订了土钉的适用条件，补充土钉坡面结构设计应考虑环境协调要求。

修订理由如下：

(1)土钉加固边坡的工程实践表明，有的工程尚未充分考虑土钉的适用条件，导致土钉失效，其主要原因是土钉用于土质不良边坡加固。为此，本规范进一步严谨了土钉的适用条件。

(2)土钉设计时，多采用经验参数，为保证土钉支护边坡的安全稳定，本规范新增了施工前现场进行土钉试验，以验证设计合理性。

(3)土钉是隐蔽工程，地质情况复杂多变，受多种因素制约，需对土钉支护边坡进行监测，以验证设计，指导施工。本规范新增监测设计的规定。

5.6.1 土钉支护设计应遵循下列原则：

1　土钉支护可用于硬塑或坚硬的黏质土、胶结或弱胶结的粉土、砂土、砾石、软岩和风化破碎岩层等路堑边坡的临时支护和永久支护。在腐蚀性地层、膨胀土、软黏土、土质松散、地下水较发育及存在不利结构面的边坡，不宜采用土钉支护。

2　永久性土钉支护应根据坡体内地下水分布情况设置完善的排水设施。

3　永久性土钉支护的边坡坡面设计应有利于边坡植物生长，并与周围环境相协调。

4　土钉支护应采取动态设计和信息化施工，土钉支护边坡的水平位移不得超过边坡高度的0.3%。必要时，应对支护工程采取加固措施。

土钉是从隧道新奥法发展起来的边坡支护新技术，主要用于临时支护，近年来随技术发展也用于边坡永久支护。土钉支护是由面板、土钉和岩土体相互作用，依靠土钉与土体的界面黏结力或摩擦力，在土体发生变形的条件下被动受力，并主要承受拉力。公路边坡系永久性工程，土钉支护边坡中常见的事故有：土质较差地段的土钉变形过大，坡体开裂破坏；松软土质、地下水较发育地段，边坡底部土体软化、承载力不足，面板下沉和土钉受剪破坏；土钉长度不够或锚固段锚固力不足，产生滑动；存在顺层结构面的边坡，沿顺倾岩面滑动等。为保证路基安全稳定，本次修订进一步限制了土钉支护的应用范围，明确规定腐蚀性地层、膨胀土地段、软黏土、土质松散、地下水较发育及存在不利结构面边坡等不宜采用土钉支护。

土钉支护对水的作用特别敏感。土的含水率增加不但增大土的自重，更主要的是会降低土的抗剪强度和土钉与土体之间的界面黏结强度，土钉支护工程发生事故多与水的作用有关。因此，要加强土钉支护边坡的排水设计。

土钉支护对水的作用特别敏感。土的含水率增加不但增大土的自重，更主要的是会降低土的抗剪强度和土钉与土体之间的界面黏结强度。大量工程实践表明，土钉支护工程发生事故多与水的作用有关，因而在设计和施工中必须特别注意。

土钉支护的坡面结构常采用喷射水泥混凝土，用于公路边坡防护，其与周围环境不协调，影响路域环境。设计时，应考虑环境景观的协调，将喷射水泥混凝土改为钢筋混凝土框架，框架内回填土质，为边坡植物防护创造良好的条件。

因第5.1.3条已规定支挡结构工程地质勘察工作，为避免内容重复，删除了原规范第 5.6.1 条第 3 款有关地质勘察试验的规定。

原规范第 5.6.1 条，第 4 款“土钉支护工程应进行土钉的基本抗拔力试验，”第 5 款“塑性指数 $I_p \geqslant 20$ 和液限 $w_L \geqslant 50\%$ 的黏土中的永久土钉支护应进行蠕变试验”，相关规定调整到本规范 5.6.4 条。

原规范第 5.6.1 条第 6 款“应根据边坡工程的重要性和实际条件，对土钉的工作状况和支护效果进行施工期和永久运行期的原位监测，” 相关规定调整到本规范 5.6.5 条。

5.6.2 土钉结构和材料设计应符合下列要求：

1 土质边坡土钉支护总高度不宜大于 10m，岩质边坡土钉支护总高度不宜大于 18m。边坡较高时宜设多级土钉支护，每级坡高不宜大于 10m。多级边坡的上下级之间应设置平台，平台宽度不宜小于 2.0m。

2 土钉长度包括非锚固长度和有效锚固长度。非锚固长度应根据坡面与土钉潜在破裂面的实际距离确定，有效锚固长度由土钉内部稳定检算确定。土钉长度宜为边坡坡面高度的 0.5 ～1.2 倍。土钉间距宜为 0.75～3m，与水平面夹角宜为 5°～25°。

3 永久性土钉应采用钻孔注浆钉，钻孔直径宜为 70～100mm。钉材宜采用 HRB400 钢筋，钢筋直径宜为 18～32mm，土钉钢筋应设定位支架。

4 环境腐蚀时可采取钢筋表面环氧涂层等处理措施，钉材保护层厚度不应小于 30mm；必要时，可沿钉材钢筋全长加设聚乙烯或聚丙烯波纹套管。

5 钻孔注浆材料宜采用低收缩水泥浆或水泥砂浆，其强度不应低于 20MPa。注浆应采用孔底返浆法，注浆压力宜为 0.4～1.0MPa。

6 喷射混凝土层厚度和钢筋混凝土框架梁尺寸应通过受力计算确定。喷射混凝土层厚度不宜小于 80mm。

7 土钉应与边坡坡面防护构件有效连接，连接方法应根据边坡坡面防护构件的受力大小以及支护结构的重要性确定，必要时可通过加载试验验证。

土钉支护的结构类型包括：

(1)由土钉与含钢筋网或土工格栅网的喷射混凝土面层构成的支护结构。

(2)由土钉与将各个钉头栓系在一起的钢筋混凝土网格梁及边梁或地梁组成

的支护结构，其中又包括网格梁下有喷射混凝土层和无喷射混凝土层两种。

(3)由各独立的土钉及钉头混凝土保护块构成的支护结构。

(4)由土钉与立柱及挡土板构成的支护结构。

(5)由现浇或预制的钢筋混凝土面板拼装成连续面层并与土钉结合构成的支护结构。

土钉挡土结构内的土钉长度一般为墙高度的0.5～1.2倍，初步设计时可根据土钉挡土结构的类型和边坡岩土类型参考表5-7取值。

表5-7　土钉挡土结构内的土钉长度与墙高度的比值

边坡岩土类型	永久土钉支护	临时土钉支护
塑性黏土	1.2	0.7
一般砂、黏土	0.8～1.2	0.5～0.7
密实砂土和坚硬黏土	0.8	0.5
岩质边坡	0.6～0.8	—

土钉间距宜为0.75～3m。采用钻孔注浆钉的永久土钉支护，土钉间距可取10～20倍钻孔直径，支护面层上的土钉密度一般为每$6m^2$一根。初步设计时，土钉间距可根据土钉挡土结构的类型和边坡岩土类型参考表5-8取值。

表5-8　土钉挡土结构内的土钉间距(m)

边坡岩土类型	永久土钉支护	临时土钉支护	
	钻孔注浆钉	钻孔注浆钉	击入钉
砂性土	1.5	≤1.0	≤3.0
干硬性黏土	2.0		
岩体	≤3.0		

土钉与水平面夹角宜在5°～25°范围内。较小的倾角有利于减小直立挡土结构的变形，所以当采用压力注浆且有可靠的排气措施时，倾角可接近水平；而采用重力注浆的土钉与水平面夹角不宜小于15°。如果地表浅层土体软弱，顶层土钉可适当加大倾角，使土钉的尾部能够插入强度较高的下层岩土中。

5.6.3　土钉支护结构计算应符合下列要求：

1　土钉支护的结构计算包括支护的内部整体稳定性验算、外部整体稳定性验算和坡面构件以及坡面构件与土钉的连接计算。

2　土钉支护外部整体稳定性验算可按本规范第3.7节的方法计算。对土钉挡土结构，可按本规范第5.4.2条的规定，进行土钉加固土体的整体滑动、倾覆和地基承载力验算。

3　土钉支护内部整体稳定性验算可采用圆弧法，假定破坏面上所有的土钉只承受拉力且均分别达到最大设计拉力值。内部整体稳定性验算的安全系数可取1.25～1.30，考虑地震作用，安全系数可折减0.1。

4　混凝土坡面构件可按以土钉为点支承的连续板进行抗弯强度与抗冲切强度验算。

5　支护坡面构件为混凝土框架梁或梁板时，应按连续梁体系或梁板体系进行内力分析和计算。

6　土钉钉头与混凝土坡面构件的连接处，应进行连接处混凝土局部承压能力验算。

土钉支护的结构计算包括支护的内部整体稳定性验算，外部整体稳定性验算和坡面构件以及坡面构件与土钉的连接计算。

以概率理论为基础的极限状态设计方法用于土工结构尚有一些有待解决的问题，所以目前我国在土坡稳定以及锚杆支护中仍然多采用总安全系数设计方法。《公路土钉支护技术指南》(交公便字〔2006〕02号)，对于土钉支护的整体稳定性计算仍采用总安全系数设计方法，但其中对土体力学性能参数的设计值，则取特征值，而不是平均值(即将土体极限强度的特征值定为土体强度设计值)。用于支护整体水平滑动和整体倾覆稳定性分析的土压力的设计值，以及为确定土钉设计内力而给出的侧向土压力设计值也均为特征值。对于面层和连接等混凝土构件的设计[按《混凝土结构设计规范》(GB 50010)设计喷射混凝土面层]，需将作用于面层上的土压力荷载乘以荷载分项系数。

土钉支护的内部整体稳定性验算、外部整体稳定性验算、坡面构件以及坡面构件与土钉的连接计算等，按照《公路土钉支护技术指南》(交公便字〔2006〕02号)的有关规定进行设计计算。

土钉的内部稳定验算包括钉材拉断验算、土钉拉拔验算和内部整体稳定验算。

(1)土钉抗拉断验算

钉材强度
$$T_i = \frac{1}{4}\pi d^2 f_y \tag{5-2}$$

式中：T_i——钉材强度；

d——土钉直径；

f_y——抗拉强度标准值。

$$\frac{T_i}{E_{hi}} \geqslant K_1 \tag{5-3}$$

式中：E_{hi}——土钉所受拉力；

K_1——抗拉断安全系数，一般取 1.5～1.8。

(2)土钉抗拔稳定性

①单根土钉抗拉稳定验算。土钉在土层主动土压力的作用下，土钉支护内部在破裂面后的土钉与砂浆间及土钉砂浆与土体间，应提供足够的黏结强度和抗剪强度，以使土钉不被拔出，应满足下式：

$$\frac{\mathrm{Min}(F_{i1}, F_{i2})}{E_{hi}} \geqslant K_2 \tag{5-4}$$

式中：F_{i1}——钉材与砂浆界面的黏结强度，$F_{i1} = \pi d L_{ei} \tau_g$；

L_{ei}——土钉伸入破裂面外的约束区内长度；

τ_g——钉材与砂浆界面的黏结强度标准值；

F_{i2}——土钉与土体界面的抗剪强度，$F_{i2} = \pi D L_{ei} \tau_f$；

τ_f——土钉砂浆与土体界面的抗剪强度标准值，一般由现场试验确定；

K_2——抗拔安全系数，一般取 1.5～2.0。

②总体土钉抗拔稳定验算。土钉支护内部破裂面后土钉有效抗拔力对土钉支护底部的力矩应大于主动土压力所产生的力矩：

$$\frac{\sum F_i (H - h_i)\cos\alpha_i}{E_h H_h} \geqslant K_f \tag{5-5}$$

式中：F_i——$\mathrm{Min}(F_{i1}, F_{i2})$；

α_i——第 i 根土钉与水平面之间的夹角；

E_h——土体主动土压力合力；

H_h——主动土压力合力到土钉支护底面的距离；

K_f——总体土钉支护抗拔力安全系数，一般取 2.0～3.0。

土钉支护内部整体稳定性根据所确定的土钉支护潜在滑移面，把该面以上的土体分成若干个竖向土条，计算各土条的自重、滑移面上的黏聚力、摩擦力、土体下滑力，然后按下式计算其边坡整体稳定性：

$$K_s=\frac{\sum_{i=1}^{n}c_i l_i S_x+\sum W_i\cos\theta_i\tan\varphi_i S_x+\sum P_i\cos(\alpha_i+\theta_i)+\sum\xi P_i\sin(\alpha_i+\theta_i)\tan\varphi_i}{\sum W_i\sin\theta_i S_x} \tag{5-6}$$

式中：K_s——边坡整体稳定性安全系数；

W_i——第 i 土条的自重（kN/ m）；

c_i、φ_i——分别为第 i 土条滑移面上的黏聚力（kPa）和内摩擦角（°）；

θ_i——第 i 土条滑移面中点切线与水平面夹角（°）；

α_i——第 i 根土钉与水平面之夹角（°）；

l_i——第 i 土条滑移面弧长（m）；

S_x——土钉的水平间距（m）；

P_i——土钉的抗拔能力，取 F_i 和 T_i 中的小值(kN)；

n——实设土钉排数；

ξ——折减系数，取 0.5。

5.6.4 土钉现场试验应符合下列要求：

1 土钉施工前，应在工程现场设置非工作土钉进行抗拔试验，确定其极限荷载，验证土钉界面的极限黏结强度。土钉抗拔试验数量应为每类典型岩土体各不少于 3 根，施工工艺应与工作土钉相同。

2 土钉验收试验应采取随机抽样的方式确定。验收试验的数量应为工作土钉总数的 1%，且不应少于 3 根。

3 塑性指数大于 20 和液限大于 50%的黏性土的永久支护土钉，施工前应进行徐变试验。徐变试验的土钉一组不得少于 3 根。

土钉现场试验是土钉支护工程中一项十分重要的工作内容。一些土钉支护工程事先不进行土钉的适用性试验，以致出现设计失误，工程质量得不到保证，最后导致支护工程失败。土钉现场试验需由业主委托具有资质的检测单位进行。

一般情况下，不采用非破坏检验的方法在工作钉上进行抗拔测试，这是由于在钉头施加拉力的条件下，抗拔的黏结长度过长，与土钉实际工作情况不符，且易引起土钉钢筋受拉屈服。此外，不能以测试时的钉头最大拉力与工作土钉的设计内力进行直接比较来判断抗拔能力是否合乎要求，因为两者的黏结长度并不一样。

土钉徐变试验的土质条件，国内有的规范规定为 $I_P \geqslant 17$，法国规定 $I_P \geqslant 20$。《公路土钉支护技术指南》采用 $I_P \geqslant 20$，同时规定 $w_L > 50\%$。按照土的塑性图分类，A 线的方程 $I_P = 0.73(w_L - 20)$，当 $w_L = 50\%$ 时，$I_P = 22$。因此，$I_P = 20$，$w_L = 50\%$ 的土恰好位于 A 线以上，B 线以右，即为高液限、高塑性指数的黏土，需要进行徐变试验。

5.6.5　土钉支护监测设计应符合下列要求：

1　土钉支护工程应根据边坡工程的重要性和实际条件，对土钉支护结构的工作状态和支护效果进行施工期和运营期的原位监测。土钉支护监测项目可按附录 F 选定，监测点应设置在土钉支护区的关键部位。

2　运营期监测周期应根据公路等级、地质复杂程度确定，高速公路路堑边坡应为公路建成运营后不少于一年。

土钉是隐蔽工程，为验证设计，检验施工是否达到了设计要求，对土钉支护边坡进行监测是十分重要的。监测内容包括边坡变形和土钉受力的变化情况。

5.7　抗滑桩

原规范共 3 条，本规范共 6 条。新增第 5.1.2 条桩前悬臂段临空处理，第 5.1.3条预应力锚索抗滑桩，第 5.1.6 条抗滑桩监测。

修订理由如下：

(1)预应力锚索抗滑桩在边坡加固和滑坡防治工程得到广泛应用，为进一步规范预应力锚索抗滑桩设计，保证其安全耐久。本规范新增预应力锚索抗滑桩设计规定。

(2)抗滑桩安全可靠是保证路基稳定的关键，为保证施工安全和运营安全，本规范新增了抗滑桩监测设计规定。

5.7.1　抗滑桩设计应遵循下列原则：

1　抗滑桩可用于稳定边坡和滑坡、加固不稳定山体以及加固其他特殊路基。

2 抗滑桩宜选择在滑坡厚度较薄、推力较小、锚固段地基强度较高及有利于抗滑的位置设置，桩的平面布置、桩间距、桩长和截面尺寸等应综合考虑确定，保证滑坡体不越过桩顶或从桩底和桩间滑动，达到安全可靠、经济合理，并与周围景观相协调。

3 抗滑桩应采取动态设计和信息化施工。抗滑桩设计应根据桩基开挖过程中揭示的地质情况和边坡变形监测信息，及时核实地质勘察结论，校核和完善抗滑桩设计。必要时，应补充地质勘察。

抗滑桩因其具有抗滑能力强、适用条件广、施工方便、对滑坡扰动相对较小、对滑坡的根治性能强等优点而被广泛地应用于边坡防护和滑坡治理中。

抗滑桩类型较多，根据不同的分类方法有多种形式。按埋入状态，可分为埋入式抗滑桩和桩板式抗滑桩；按受力状态，可分为悬臂式抗滑桩和预应力锚索抗滑桩；按材料类型，可分为钢筋混凝土桩、钢桩；按截面形状，分为圆形桩、矩形桩；按施工方法，可分为人工挖孔桩、钻孔桩、旋挖桩等。设计时应根据滑坡的特点，并结合工程实际灵活选用抗滑桩类型。目前公路滑坡治理中使用最多的是矩形钢筋混凝土埋入式挖孔桩。当工程需要时，也常采用桩板式抗滑挡墙；当桩身弯矩较大，且滑动面以下为稳定的有锚固条件的地层时，宜采用预应力锚索抗滑桩；钢轨（管）抗滑桩常用于滑坡应急抢险工程和施工临时加固措施。

根据滑坡主滑方向和抗滑桩受力特点，钢筋混凝土抗滑桩截面形状采用矩形是最经济的。因此，对于滑动方向明确的滑坡，宜采用矩形抗滑桩。当滑坡规模较小，工期较紧，人工挖孔困难，或滑坡主滑方向不明确时，也可采用圆形截面。

工程实践表明，抗滑桩失效的主要原因是未查清地质条件、地质参数不准确，如滑坡的周界不清；滑动面位置判定不准确；多期活动的滑坡，未查清每次活动的滑动面；滑动面岩土强度参数测试结果与实际不符；设计对桩顶上方坡体稳定性考虑不足，坡体从桩顶剪出等等。因此，滑坡的工程地质勘察与抗滑桩的设计，是一个系统工程，详细准确的地质资料是设计成败的关键。为避免因地质资料不准确而造成抗滑桩失效，条文规定根据桩基开挖过程中揭示的地质情况和边坡变形监测信息，及时核实地质勘察结论，校核和完善抗滑桩设计。

5.7.2 土质滑坡的桩前悬臂段临空时，可在桩间设置挡土板。必要时，抗滑桩之间应用钢筋混凝土联系梁连接。

当挖方路基边坡采用桩板墙断面形式时，应考虑与周围环境协调，采取措施，如将常用的竖向插入挡土板改为斜向设置挡土板等，为边坡植物绿化创造条件。

5.7.3 抗滑桩可与预应力锚索联合组成抗滑支挡结构，锚索的锚固段应置于稳定岩层内。设计时应保证施加预应力锚索的抗滑桩与预应力锚索的变形协调，不应使锚索在受剪状态工作。

抗滑桩与预应力锚索联合组成抗滑支挡结构(锚拉桩)一般适用于岩质滑床。锚索的锚固段应置于稳定岩层内。

锚固桩的刚度与锚索刚度相差很大，在锚索抗滑桩的设计中，锚索的变形量对于桩的内力影响显著。所以，一定要控制锚索的伸缩量，使之与桩的变形协调；否则，会使桩实际承受的内力与设计值相差过大，而且有可能出现相反的值，即计算为负弯矩的部位出现正弯矩，或者计算为正弯矩的部位出现负弯矩。

5.7.4 抗滑桩构造和材料设计应符合下列要求：

1 抗滑桩截面形状宜采用矩形，桩的截面尺寸应根据滑坡推力大小、桩间距、锚固段地基强度等因素确定。

2 桩身采用水泥混凝土浇筑，宜采用 HRB400 钢筋。

3 抗滑桩井口应设置锁口，桩井位于土和风化破碎的岩层时宜设置护壁。

4 抗滑桩纵向受力钢筋直径不应小于 16mm。净距不宜小于 120mm，困难情况下可适当减少，但不得小于 80mm。当用束筋时，每束不宜多于 3 根。当配置单排钢筋有困难时，可设置 2 排或 3 排。受力钢筋混凝土保护层厚度不应小于 70mm。

5 纵向受力钢筋的截断点应按现行《公路钢筋混凝土及预应力混凝土桥涵设计规范》(JTG D62)的有关规定计算。

6 抗滑桩内不宜设置斜筋，可采用调整箍筋的直径、间距和桩身截面尺寸等措施，满足斜截面的抗剪强度。

7 箍筋宜采用封闭式，直径不宜小于 14mm，间距不应大于 0.40m。

8 抗滑桩的两侧和受压边，应配置纵向构造钢筋，其间距不应大于 0.3m，直径不宜小于 12mm。桩的受压边两侧，应配置架立钢筋，其直径不宜小于 16mm。当桩身较长时，纵向构造钢筋和架立筋的直径应加大。

9 预应力锚索抗滑桩的锚索外锚头及其各部分的承载力，应与锚索最大拉应力和张拉工艺相匹配。锚孔距桩顶距离，不应小于 0.5m。锚索构造应符合本规范第 5.5 节的规定。混凝土垫墩应保证传力均匀，与垫板结构相协调。垫墩与桩结合良好。混凝土局部受压承载力，应按现行《公路钢筋混凝土及预应力混凝土桥涵设计规范》(JTG D62)的有关规定进行验算。

根据耐久性设计要求，本次修订提高了混凝土强度等级，由 C20 提高到 C30，见附录表 G-2。

为防止钢筋骨架在成形和吊装过程中产生太大的变形，《公路桥涵地基与基础设计规范》(JTG D63—2007)和《铁路桥涵地基与基础设计规范》(TB 10002.5—2005)规定，主筋的最小直径不应小于 16mm，且每桩主筋数量不应少于 8 根。实际上抗滑桩主要承受水平荷载作用，主筋数量一般不会少于 8 根。

钻(挖)孔桩灌注混凝土时，由于捣固困难，通常依靠桩身混凝土自重压密。为使灌注的混凝土能顺利地从钢筋笼骨架内溢出，避免主筋布置太密，影响桩身保护层的灌注，条文规定主筋的净距不宜小于 120mm，困难情况下净距不应小于 80mm。

根据《混凝土结构耐久性设计规范》(GB/T 50476— 2008)和《公路工程混凝土结构防腐蚀技术规范》(JTG/T B07-01—2006)耐久性设计要求，并考虑到抗滑桩承受水平弯矩较大，可能形成较大的裂缝，确定抗滑桩的钢筋(包括主筋、箍筋和分布钢筋)保护层厚度不小于 70mm。

5.7.5 抗滑桩结构计算应符合下列要求：

1 作用于抗滑桩的外力包括滑坡推力、地震力、桩前滑体抗力和锚固段地层的抗力。桩侧摩阻力和黏聚力以及桩身重力和桩底反力可不计算。滑坡推力应按本规范第 7.2 节的规定采用传递系数法计算确定。

2 桩前抗力可按桩前滑体处于极限平衡时的滑坡推力或桩前被动土压力确定，设计时选用其中小值。

3 抗滑桩上滑坡推力图形应根据滑体的性质和厚度等因素确定，可采用矩形分布或梯形分布；当滑体为极松散的土体时，可采用三角形分布。

4 桩底支承宜选用自由端，嵌入岩石较深时可选用自由端或铰支。

5 抗滑桩锚固段长度应满足桩侧最大压应力不大于地基横向容许承载力的要求。

6 滑动面以上的桩身内力，应根据滑坡推力和桩前滑体抗力计算。滑动面以下的桩身变位和内力，应根据滑动面处的弯矩和剪力以及地基的弹性抗力，按弹性地基梁进行计算。滑动面以下地基系数可根据地层性质确定。

7 抗滑桩的混凝土结构应按现行《公路钢筋混凝土及预应力混凝土桥涵设计规范》(JTG D62)的有关规定进行计算，结构重要性系数为1.0，永久荷载的分项系数为1.35。抗滑桩桩身按受弯构件设计，当无特殊要求时，可不进行变形、抗裂、挠度等项验算。

8 预应力锚索抗滑桩的桩身可按弹性桩计算。单点锚拉桩，可设计成静定体系或超静定体系。桩在外荷载作用下，对桩锚和地基可按弹性协调变形计算，求得各部分内力和位移。预应力锚索设计应符合本规范第5.5节的有关规定。

滑动面以下的桩身变位和内力，按弹性地基梁进行计算，并根据地基系数的分布情况选用相应的计算方法。当地基系数为三角形分布时，采用"m"法；当地基系数为常数时，采用"K"法。滑动面以下地基系数根据地层性质确定。根据《铁路路基支挡结构设计规范》(TB 10025—2006)第10.2.8条，较为完整岩层和硬黏土的地基系数为常数K；硬塑～半干硬砂黏土及碎石类土、风化破碎的岩块，当桩前滑动面以上无滑坡体和超载时，地基系数为三角形分布；当桩前滑动面以上有滑坡体和超载时，地基系数为梯形分布。

地基系数及其相应的物理力学指标的选取对桩内力的计算至关重要，但其试验测试较为困难，参照《铁路路基支挡结构设计规范》(TB 10025—2006)给出抗滑桩地基系数及地层物理力学指标，见表5-9、表5-10。

表5-9 抗滑桩地基系数(随深度增加的比例系数)

序号	土 的 名 称	竖直方向 m_0(kPa/m^2)	水平方向 m(kPa/m^2)
1	$0.75<I_L<1.0$ 的软塑黏土及粉质黏土；淤泥	1 000～2 000	500～1 400
2	$0.5<I_L<0.75$ 的软塑粉质黏土及黏土	2 000～4 000	1 000～2 800

续上表

序号	土的名称	竖直方向 m_0(kPa/m²)	水平方向 m(kPa/m²)
3	硬塑粉质黏土及黏土;细砂和中砂	4 000～6 000	2 000～4 200
4	坚硬的粉质黏土及黏土;粗砂	6 000～10 000	3 000～7 000
5	砾砂;碎石土、卵石土	10 000～20 000	5 000～14 000
6	密实的大漂石	80 000～120 000	40 000～84 000

注:1. I_L 为土的液性指数,其土质地基系数 m_0 和 m 值,相应于桩顶位移 6～10mm。

2. 有可靠资料和经验时,可不受本表限制。

表 5-10 抗滑桩地基系数及地层物理力学指标

地层类别	内摩擦角(°)	弹性模量 E_0(kPa)	泊松比 μ	地基系数 K(kPa/m)	剪切应力(kPa)
细粒花岗岩、正长岩	>80	5 430～6 900	0.25～0.30	2.0×10^6～2.5×10^6	>1 500
辉绿岩、玢岩		6 700～7 870	0.28	2.5×10^6	
中粒花岗岩	>80	5 430～6 500	0.25	1.8×10^6～2.0×10^6	>1 500
粗粒正长岩、坚硬白云岩		6 560～7 000	0.25		
坚硬石灰岩	80	4 400～10 000	0.25～0.30	1.2×10^6～2.0×10^6	1 500
坚硬砂岩、大理岩		4 660～5 430			
粗粒花岗岩、花岗片麻岩		5 430～6 000			
较坚硬石灰岩	75～80	4 400～9 000	0.25～0.30	0.8×10^6～1.2×10^6	1 200～1 400
较坚硬砂岩		4 460～5 000			
不坚硬花岗岩		5 430～6 000			
坚硬页岩	70～75	2 000～5 500	0.15～0.30	0.4×10^6～0.8×10^6	700～1 200
普通石灰岩		4 400～8 000	0.25～0.30		
普通砂岩		4 600～5 000	0.25～0.30		
坚硬泥灰岩	70	800～1200	0.29～0.38	0.3×10^6～0.4×10^6	500～700
较坚硬页岩		1980～3600	0.25～0.30		
不坚硬石灰岩		4400～6000	0.25～0.30		
不坚硬砂岩		1000～2780	0.25～0.30		
较坚硬泥灰岩	65	700～900	0.29～0.38	0.2×10^6～0.3×10^6	300～500
普通页岩		1 900～3 000	0.15～0.20		
软石灰岩		4 400～5 000	0.25		

续上表

地层类别	内摩擦角(°)	弹性模量 E_0 (kPa)	泊松比 μ	地基系数 K (kPa/m)	剪切应力(kPa)
不坚硬泥灰岩	45	30～500	0.29～0.38	$0.06\times10^6\sim0.12\times10^6$	150～300
硬化黏土		10～300	0.30～0.37		
软片岩		500～700	0.15～0.18		
硬煤		50～300	0.30～0.40		
密实黏土	30～45	10～300	0.30～0.37	$0.03\times10^6\sim0.06\times10^6$	100～150
普通煤		50～300	0.30～0.40		
胶结卵石		50～100	—		
掺石土		50～100	—		

桩侧地基的横向容许承载力$[\sigma_H]$可根据不同的地质和地形条件按以下方法计算：

(1)地层为岩层,可按式(5-7)计算：

$$[\sigma_H]=K_H\eta R_c \tag{5-7}$$

式中：$[\sigma_H]$——地基的横向容许承载力(kPa)；

K_H——在水平方向的换算系数,根据岩石的完整程度、层理或片理产状、层间胶结物与胶结程度、节理裂隙的密度和充填物,可采用0.5～1.0;

η——折减系数,根据岩层的裂隙、风化及软化程度,可采用0.3～0.45;

R_c——岩石单轴抗压极限强度(kPa)。

(2)地层为土层或风化成土、砂砾状岩层,当地面无横坡或横坡较小时,按式(5-8)计算;当地面横坡i较大且$i\leqslant\varphi_0$时,地基y点的横向容许承载力可按式(5-9)确定：

$$[\sigma_H]=\frac{4}{\cos\varphi}[(\gamma_1h_1+\gamma_2y)\tan\varphi+c] \tag{5-8}$$

$$[\sigma_H]=4(\gamma_1h_1+\gamma_2y)\frac{\cos^2 i\sqrt{\cos^2 i-\cos^2\varphi_0}}{\cos^2\varphi_0} \tag{5-9}$$

式中：γ_1——滑动面以上土体的重度(kN/m³)；

γ_2——滑动面以下土体的重度(kN/m³)；

φ——滑坡面下土体的内摩擦角(°)；

c——滑动面以下土体的黏聚力(kPa)；

h_1——设桩处滑动面至地面的距离(m)；

y——滑动面至计算点的距离(m)；

φ_0——滑动面以下土体的综合内摩擦角(°)。

5.7.6 抗滑桩监测设计应符合下列要求：

1 抗滑桩监测应包括施工期监测和运营期监测。抗滑桩监测内容可按附录F确定。抗滑桩应力、应变监测点，宜沿桩身选取有代表性的3～5点布置。

2 抗滑桩上预应力锚索试验与监测应符合本规范第5.5.12条的规定。

3 运营期监测周期应根据公路等级、地质复杂程度确定，高速公路高边坡和滑坡路段应为公路建成运营后不少于一年。

抗滑桩是隐蔽工程，详细准确的地质资料是设计成败的关键。为验证设计，检验施工是否达到了设计要求，并保证抗滑桩施工过程中的安全，对抗滑桩进行监测是十分重要的。

抗滑桩监测包括施工监测和运营期监测。施工监测主要任务是根据桩基开挖过程中揭示的地质情况和边坡变形监测信息，及时核实地质勘察结论，校核和完善抗滑桩设计，同时监测变形，保证施工安全。运营期监测主要是验证抗滑桩加固边坡的效果是否满足设计要求，保证公路运营安全。

6 路基拓宽改建

原规范共4节,本规范共7节。本章主要修改内容如下:

(1)进一步强化路基拓宽改建的既有路基利用方案和路基拓宽拼接方案的比选。

(2)强化既有路基调查、勘探、检测与评价工作;新增膨胀土和岩溶地区既有路基评价内容。

(3)修订软土地基上路基拓宽设计规定,新增既有路基处理设计规定。

修订理由如下:

(1)掌握既有路基的现状、病害分布状况及产生原因等基础资料是路基拓宽改建设计的关键。为此,本规范进一步规定了既有路基调查、勘探、检测与评价工作,补充膨胀土和岩溶地区既有路基评价内容。

(2)既有路基的利用方案和路基拓宽拼接方案是路基拓宽改建设计的重要内容,也是设计的基础,为保证拓宽改建路基稳定,节省造价,本规范补充规定,强化方案比选设计。

(3)近年来,高速公路拓宽改建路基的软土地基处理技术得到了发展,丰富了工程经验,对软土地基处理措施进行修订是必要的。

6.1 一般规定

原规范共3条,本规范共4条。新增第6.1.4条,修订第6.1.1条和第6.1.2条。

6.1.1 公路路基拓宽改建设计前,应对既有路基和拓宽场地进行调查、勘探和测试,查明既有路基的填料性质、含水率、密度、压实度、强度,以及路基的稳定情况,分析评价新拼接路基或增建路基对既有路基沉降变形和边坡稳定的影响程度。

本条文是基于原规范第6.1.2条的修订。

原规范:6.1.2 公路路基拓宽改建设计前,应搜集原有公路路基勘察设计、竣工图和养护等方面的资料,调查拟拓宽改建公路目前路基的稳定情况,并对原有路基和拓宽场地进行工程地质和水文地质调查、勘探和测试,查明原有路基的填料性质、含水率、密度、压实度、强度和稠度状态,查明原有路堑边坡地质情况、现有防护排水措施及边坡稳定状态,查明拟拓宽场地的水文地质、工程地质条件,分析评价新拼接路基或增建路基对原有路基沉降变形和边坡稳定的影响程度。

公路路基拓宽改建设计时,对既有路基进行调查和检测评价,了解和掌握既有路基填料性质、湿度状态、密度状况、力学性质指标以及路基路面病害类型、分布情况及产生的原因,是拓宽改建设计的基础性工作,是确定既有路基的利用方案和拓宽改建方案的地质依据。因此,条文规定了既有路基调查和检测评价需查明的内容。

6.1.2 公路路基拓宽改建,应根据公路沿线的地形地貌和地质特点、既有路基现状及拓宽后的交通组成,综合比较确定既有路基的利用与拓宽拼接方案,采取合理的工程措施,保证拓宽改建路基的强度和稳定性。

本条文是基于原规范第 6.1.1 条的修订。

原规范:6.1.1 公路路基拓宽改建设计,应根据原有公路沿线的地形、地貌、地质构造、水文地质、地基土的性质、不良地质的发育情况,采取合理的工程措施,保证拓宽改建公路路基的强度和稳定性。

确定既有路基的利用和拓宽改建方案是路基拓宽改建设计的重要内容。既有路基的利用包含三种方案:①直接利用既有路基,适用于既有路基强度满足改建的需要且无病害的路段;②既有路基经处理后利用,适用于路基强度不足、无病害或病害轻微,经处治后路基能满足改建需要的路段;③对既有路基挖除重建,适用于病害严重、补强处理方案不可行的路段。设计时,需根据既有路基性状和改建设计的目标,通过技术经济综合比较后确定。

根据拓宽路基与既有路基的空间相对位置不同,拓宽拼接方案可区分为三大类:拼接式、分离式和混合式,并可细分为六小类。各种拓宽方式各有优缺点,有不同的适用条件,如图 6-1 和表 6-1 所示。目前国内高速公路拓宽的形式以双侧拼宽为主,少数路段(主要是大跨径桥梁结构部分)采用双侧分离式拓宽。如果既有高速公路中央分隔带有预留拓宽车道，则可采用中央分隔带拓宽方式。如果既有高速公路沿线较长路段（一般大于5km）没有立交，并且因受用地、工期以及交通组织等条件限制，则可采用分离式拓宽形式。

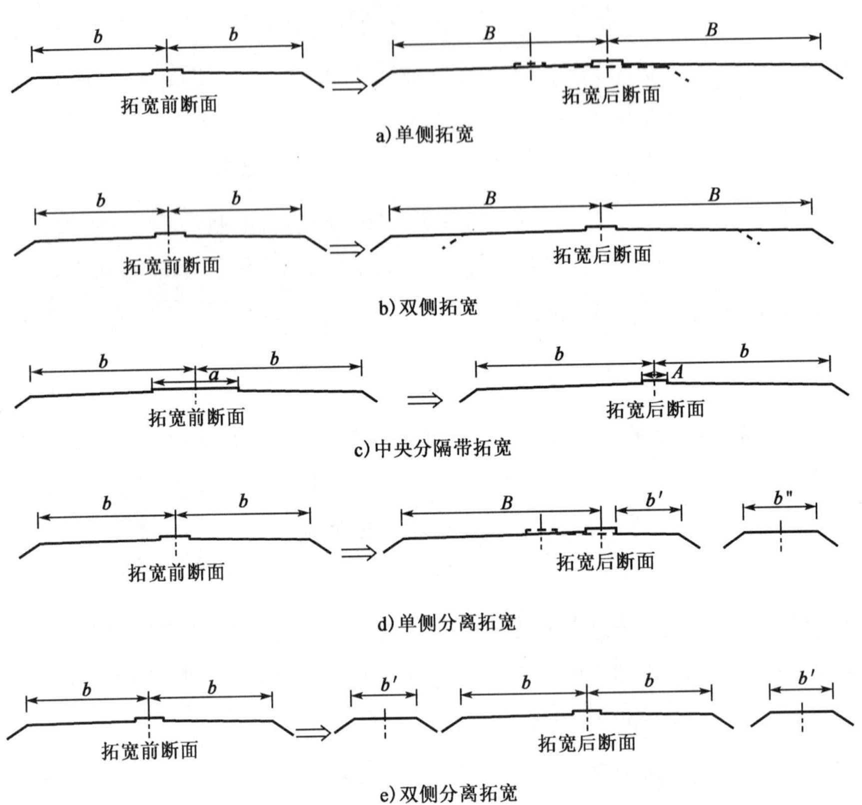

图 6-1　拓宽形式图示

表 6-1　拓宽形式分类表

拓宽形式			优点	缺点
拼接拓宽	单侧拓宽	图 6-1 a)	将老路的设计线移到路肩，新加宽部分平纵面标准与老路保持一致，工程施工组织也较方便。	老路路拱横坡、中央分隔带等调整难度大，若不调整，排水设施、互通、服务设施、上跨分离式立交需作大规模的改建，既有公路双向横坡需要调整为单向横坡，构造物处难以处理；互通立交、服务设施改建难度大；拓宽路基对原有路基沉降影响较大，新旧路基、构造物间存在不均匀沉降，拼接比较困难；横向下穿道路或通航河流可能存在通行（通航）净空不满足的情况

续上表

拓宽形式			优点	缺点
拼接拓宽	双侧拓宽	图 6-1 b)	平面、纵面、路拱横坡等与老路相协调； 工程量最小，占土较少，其他设施改建工程量小	存在路基路面、桥梁构筑物拼接的技术问题；拓宽路基对原有路基沉降变形产生影响。加宽宽度小时不利施工； 新旧路基、构造物间存在不均匀沉降，拼接比较困难；横向下穿道路或通航河流可能存在通行(通航)净空不满足的情况
	中央拓宽	图 6-1 c)	平纵几乎不用调整，最易实施，交通组织无须改变； 工程量最小，占土较少，其他设施改建工程量小	中央分隔带必须事先预留足够的宽度，否则无法实施
分离拓宽	单侧拓宽	图 6-1 d)	相当于分离式路基，加宽侧的布置相对自由； 可采用低路堤方案； 拓宽路基对原有路基的沉降影响较小	既有公路双向横坡需要调整为单向横坡，构造物处难以处理；分离拓宽侧的立交进出的交通组织很难处理；工程量较大，占地大
	双侧拓宽	图 6-1 e)	不存在路基路面拼接技术问题； 可采用低路堤，减小拓宽路基对原有路基沉降影响	如果要全线采用，由于互通、服务设施前后不能采用该形式，会导致平面线形指标的明显降低； 采用路基分离，工程费用均高于两侧整体式加宽方案，车道数越少越不经济； 单向形成两条路，交通组织需要改变；立交进出的交通组织很难处理；占地大
混合拓宽	双侧拼接或分离	图 6-1 b)＋e)	兼顾 b)和 e)的优点	路线形成分合流段落，交通组织复杂，安全性降低；拼接部分路基、构造物拼接比较困难；分离部分单向形成两条路，交通功能不好

近年来，国内高速公路拓宽改建时，对不同加宽方式对沉降影响进行了研究，如《沪宁高速公路江苏段扩建工程管理与关键技术研究》《合宁高速公路扩建工程关键技术研究报告》等。东南大学研究成果表明，四车道改为八车道时，不同加宽形式的路基沉降变形具有下列特点：

(1)对比分析地基沉降变形量、地表水平位移、路基工后沉降，见图 6-2～图 6-4，单侧加宽对路基沉降的影响要大于双侧加宽，即双侧加宽对路面结构影响比单侧加宽更为有利。其原因是双侧对称加宽与单侧加宽对地基的附加变形相比，既有路基受力和变形较为均匀。

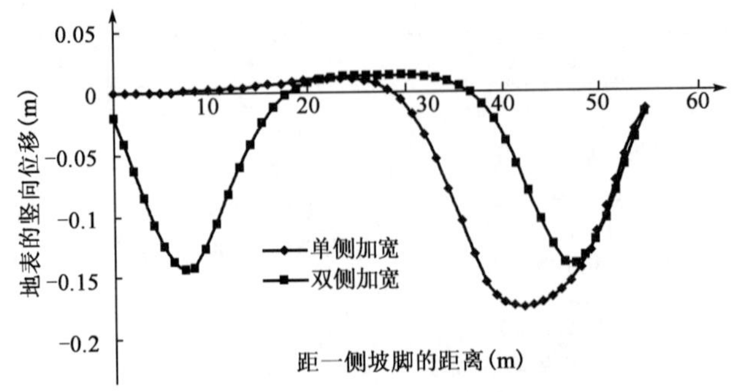

图 6-2　不同加宽形式时路基地表竖向位移

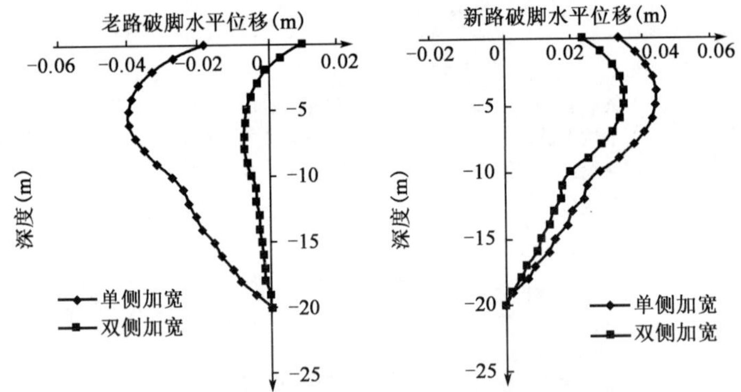

图 6-3　既有路堤和新路堤坡脚水平位移随地基深度变化

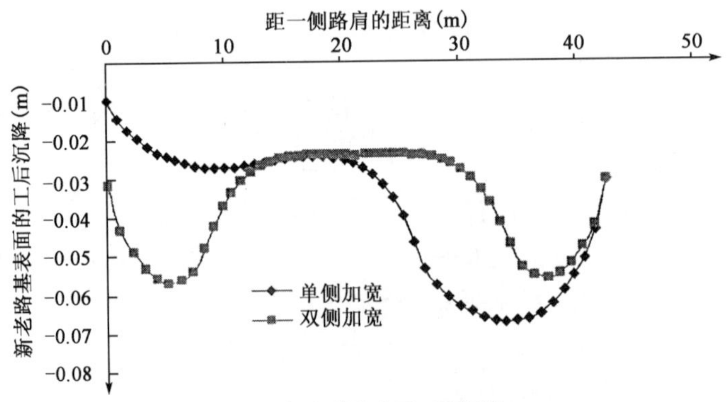

图 6-4　新老路基表面工后沉降

(2)不同加宽宽度时路基沉降变形分析，见图 6-5 和图 6-6，随着加宽宽度加大，地表最大沉降点位置向外移动，与拓宽路基荷载重心位置变化一致，既有路基中心隆起量和拓宽路基下地基最大沉降量均增大。

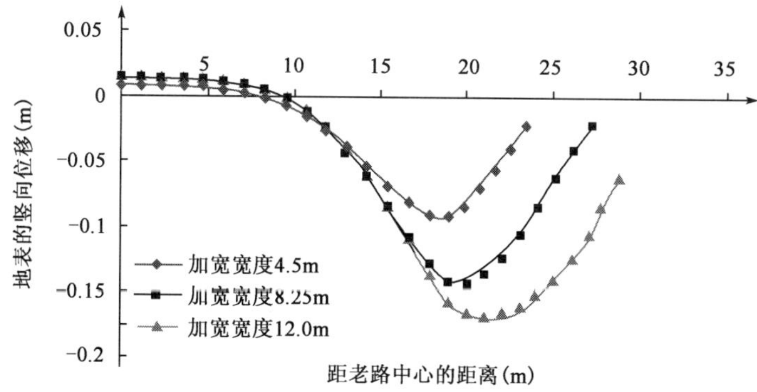

图 6-5 不同加宽宽度的地表竖向位移

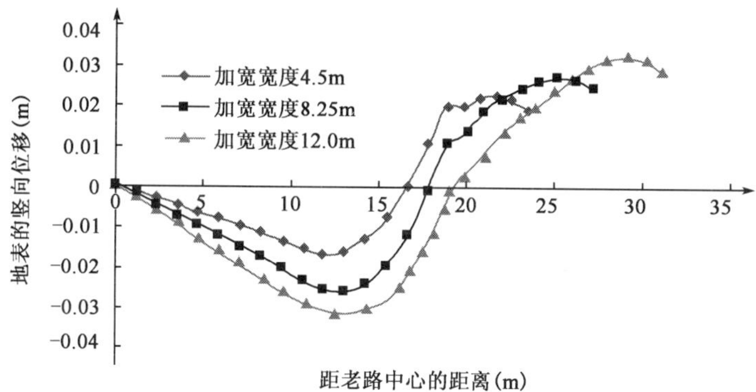

图 6-6 不同加宽宽度的地表水平位移

因此，公路路基拓宽改建设计时，应根据公路沿线的地形地貌和地质特点、既有路基现状及拓宽后的交通组成，综合分析比较不同方案对路基沉降变形的影响、拓宽改建工程量和施工期交通维持方案等，合理确定既有路基的利用与拓宽拼接方案，采取合理的工程措施，保证拓宽改建路基的强度和稳定性。

6.1.3 公路路基拓宽改建，应合理利用既有路基强度，并根据既有路基的回弹模量、含水率和密实状态，综合确定既有路基的处理措施。

本条为新增条文。

评价既有路基性状时，应注意施工期与运营期路基在湿度和密实度状态的差异，路基施工时含水率多为最佳含水率，路基在运营期环境影响下，路基湿度状态会发生变化，含水率将增大，一般比最佳含水率增大 2%～8%，此时，密实度随之变小，这是路基含水率和密实度的一般变化规律。因此，不能因含水率增大、密实度降低，简单的判定路基会产生压缩变形和不满足拓宽改建工程的要求，应以路基强度和回弹模量等力学指标作为主要的评价指标。

利用既有路基时应遵循下列原则：

(1)当路基含水率、密实度在正常范围内的变化，路基强度和回弹模量能满足拓宽改建要求，无病害路段，设计时应直接利用既有路基。

(2)当路基强度和回弹模量不足，无病害时，应结合沿线净空高度的限制条件、路基设计高度和路面加铺设计方案等综合考虑。若沿线净空不受限制，则以既有路基的强度和回弹模量，进行路面补强加铺设计计算，采用加铺路面结构层方案，直接利用既有路基。

(3)当路基强度和回弹模量不足、病害轻微时，应对病害路基进行处治，再采用加铺路面结构层方案来利用既有路基。

(4)当病害严重、补强处理方案不可行时，应对既有路基挖除重建。设计时，需根据既有路基性状和拓宽改建设计的目标，通过技术经济综合比较后确定。

6.1.4　*公路路基拓宽改建设计，应做好路基路面综合设计。拓宽部分的路基应与既有路基之间保持良好的衔接，并采取必要的工程措施减小新老路基之间的差异沉降，防止产生纵向裂缝。*

路基拓宽工程面临的最为突出的技术难题是新老路基的差异变形控制，主要包括拓宽荷载产生的地基二次沉降、拓宽路基的压密变形，以及新老路基结合不良导致的蠕滑或滑移。原有公路地基在路堤荷载和车辆荷载的作用下，地基沉降已基本处于稳定状态；路堤拓宽后，新老路基之间将形成沉降差，为避免差异沉降引起路基纵向裂缝，需保证拓宽路基与既有公路路基之间的良好衔接，并对新拼宽道路的地基进行处治，减小地基沉降，同时要注意路堤本身的压实，以减小路堤自身压缩沉降。

6.2　既有路基状况调查评价

原规范共5条，本规范共7条。新增第6.2.1条、第6.2.6条、第6.2.7条，合并原规范第6.1.1条和第6.2.3条，修订原规范第6.2.2条。

修订理由如下:

(1)在对既有路基现场调查、勘探和检测试验之前,了解沿线既有路基所处的地形地质条件以及设计、施工及运营养护情况,基本了解既有路基性状及其变化过程,对制定既有路基勘察测试方案,是十分关键的。为此,本规范补充规定了既有路基调查方法和收集资料的内容。

(2)膨胀土、岩溶地区既有路基具有其特殊性,为此,本规范补充规定了相关分析评价内容。

6.2.1 既有路基调查应采取资料收集、现场调查和勘探试验相结合的方法。路基拓宽改建设计前,应收集既有公路的地基及路基勘察设计、竣工图和养护等方面的资料。软土地区尚应收集既有公路的沉降监测资料。

既有公路路基拓宽改建设计前,关键是对既有路基及地基进行勘察试验与分析评价工作。

既有路基调查需采取资料收集、现场调查和勘探试验相结合的方法,按照三过程、循序渐进的开展工作。首先,收集既有路基路面勘察设计、施工资料(勘察设计文件、试验报告、竣工设计图等),以及运营期间养护资料、检测监测资料;第二,对既有路基进行现场调查,并与原有相关资料进行对照,了解既有路基状况,划分路段;第三,在资料分析和现场调查的基础上,根据不同路段情况,制订相应的勘察试验、检测工作方案,查明既有路基路面性状、病害情况。

收集既有路基路面勘察设计、施工资料(勘察设计文件、试验报告、竣工设计图等),以及运营期间养护资料、检测监测资料等,其目的是了解沿线既有路基地形地质条件、特殊路基类型及分布路段、地基处理方案、路基土类型、路面结构方案,路基性状及其变化过程,病害分布情况及养护措施等,确定现场调查需关注的重点路段和主要路基工程稳定。

6.2.2 现场调查应综合采用路况调查、无损检测和勘探试验等技术手段,判定既有路基及排水设施、防护与支挡结构的使用性能。现场调查应符合下列要求:

1 根据既有资料和路况调查结果,对既有路基进行分段测试与评价。

2 选择有代表性的路段,进行几何尺寸、动态弯沉、承载板等测试,确定路基回弹模量。各项测试应符合现行《公路路基路面现场测试规程》(JTG E60)的有关规定。

3 应选择代表性断面及病害路段,对路面结构层、路基及地基土进行勘探试验,勘探深度和取样试验应符合现行《公路工程地质勘察规范》(JTG C20)的有关规定。

4 应调查既有路基支挡工程基础形式、地基地质条件和使用状况,必要时应对支挡工程地基进行勘探试验。

勘察工作包括三部分工作:既有路基路表状况调查、路表强度测试和路基土勘探试验,既有路基下地基勘探试验,路基拓宽区地基勘探试验。既有路基调查勘察的主要目的在于确定路基平衡湿度和回弹模量,判断路基性能能否充分利用,是否存在异常。

一般情况下,需在同一横断面上布置勘探孔,通过对比勘察试验,分析确定既有路基压实度、强度与水文状态、地基的固结度、边坡稳定状况等,确定既有路基的利用程度与拓宽改建方案,为路基拓宽设计提供可靠依据。特殊路基的拓宽工程,尚需对可能影响拓宽路基整体稳定和变形的项目进行勘察。

路基动态回弹模量具有显著的应力依赖性,采用FWD进行动态弯沉测试并反算得到的路基模量,与路基设计中采用的动态回弹模量在应力水平上存在着差异,需要进行修正。根据国内外研究成果,采用FWD动态弯沉测试时,由弯沉盆反算得到的回弹模量需乘以1/4(水泥混凝土路面)～1/3(沥青混凝土路面)的修正系数,作为既有路基的动态回弹模量。

6.2.3 应对既有填方路堤和挖方路段路床土进行物理力学性质试验,确定路基土的含水率、饱和度、压实度、平均稠度、回弹模量、*CBR*值等。

原规范规定:6.2.2 原有路基填料试验项目

1 原有填方路堤和挖方路段路床土应进行下列试验:

物理性质试验:天然含水率、天然密度、土粒相对密度、粒径组成、液限、塑限等;

力学性质试验:重型击实、*CBR*、固结试验、直接快剪等。

2 原有路堤和挖方路段路床土应在上述试验基础上,计算出下列指标:干密度、最佳含水量、最大干密度、压实度、平均稠度、压缩系数、压缩模量、c、φ等。

本规范对原规范的规定作了凝练。既有路基测试目的是掌握公路运营状态下的路床土物理力学性状，而不是填料物理力学性质。为避免歧义，本规范删除"原有路基填料试验项目"，明确规定既有路基测试对象是"既有填方路堤和挖方路段路床土"。

6.2.4 既有路基的分析评价应包括下列内容：

1 根据调查、测量、试验和水文分析资料，确定既有路基高程能否满足本规范第3.1.3条路基设计洪水频率规定。

2 确定既有路基填料能否满足路基土最小 CBR 值、路基压实度的要求。

3 确定路基的平衡湿度，分析评价路基相对高度的合理性。

4 分析评价路基边坡的稳定状态、各种防护排水设施的有效性及改进措施。

5 分析评价既有路基病害的类型、分布范围、规模、成因，以及既有路基病害整治工程设施的效果，并提出路基病害整治措施。

本规范对原规范第6.2.4条第3款进行修订。原规范规定：确定路基土的平均稠度及路基所处的水文状态，分析评价路基最小高度能否满足路床处于干燥、中湿状态的临界高度。

本规范将公路建成通车后，路基在地下水、降雨、蒸发、冻结和融化等因素作用下，湿度达到相对稳定的平衡状态，此时，湿度称为平衡湿度。

原规范将路基按其干湿状态分为4种类型：过湿、潮湿、中湿和干燥状态，并以路床顶面以下80cm深度的平均稠度作为路基湿度的指标。

本次修订采用饱和度来表征路基土的湿度状态，并依据路基的湿度来源，将路基的平衡湿度状况分为3类：地下水控制类的路基（潮湿状态）、兼受地下水和气候因素影响的路基（中湿状态）、气候因素控制类的路基（干燥状态）。

6.2.5 软土地区既有路基的分析评价应包括下列内容：

1 分析评价既有路基下各种地基处理路段的软土地基固结度、固结系数、压缩变形发展规律和抗剪强度增长规律，确定既有路基下各种地基处理路段的软土地基固结度和剩余沉降值（包括主固结和次固结）。

2 分析评价既有软土地基处理的效果，提出改进措施。

3 分析评价拓宽改建路基与既有路基之间的稳定性和差异沉降、对既有路基沉降和稳定影响程度。

软土地区既有路基分析评价是拓宽改建路基地基处理设计的基础，其评价结论是确定拓宽改建路基地基处理设计方案的重要依据。本规范规定的评价内容是软土地基上既有路堤沉降和稳定性分析评价的重点。

6.2.6 膨胀土地区既有路基的分析评价应包括下列内容：

1 确定路基填料的膨胀特性及其埋深和厚度，分析评价路基是否符合本规范第 7.9 节的有关规定。

2 分析评价既有路基的稳定与变形状态、各种膨胀土处治措施的有效性及改进措施。

公路运营期间，在环境因素的作用影响下，膨胀土路基性状将发生变化。其既有路基分析评价的重点，是掌握不同条件下、不同处理措施的各类膨胀土路基的胀缩变形与稳定状况，膨胀土路基病害分布范围、类型及产生原因。

6.2.7 岩溶地区既有路基的分析评价应包括下列内容：

1 分析岩溶的特点和分布、溶洞顶板的安全厚度及溶洞距路基的距离是否满足本规范第 7.6 节的要求。

2 评价既有路基稳定与变形状态、各种岩溶处理措施的有效性及其改进措施。

3 判别拓宽改建路基对既有路基稳定的影响程度。

岩溶地区既有路基分析评价，需重点关注既有路基下各类溶洞，尤其是隐伏溶洞稳定状况，路基拓宽范围溶洞与既有路基下溶洞之间的关系、连通情况，拓宽路基溶洞处理时对既有路基的影响程度等。

6.3 二级及二级以下公路路基拓宽改建

原规范共 9 条，本规范共 9 条。

本规范基本保留原规范的规定，合并原规范第 6.3.5 条和第 6.3.6 条。

6.3.1 公路路基的拓宽改建应根据公路等级、技术标准,结合当地地形、地质、水文、填挖情况选择适宜的路基横断面形式。

路基拓宽改建时,应根据沿线的地形、水文、地质、填挖高度、既有路基两侧建筑物、既有路基边坡稳定状况等,因地制宜,合理选择拓宽改建路基横断面形式。当加宽宽度不大时,可采用护肩路基;陡坡路堤较高路段,当路基加宽较大时,可考虑分离式路基,并适当降低拓宽路基设计高程。挖方路段,为减少对原边坡稳定影响,节省防护支挡工程,可采用单侧拓宽。

6.3.2 拓宽改建公路路基高程应满足本规范第3.1.3条的要求。当路基填筑高度受限而不满足本规范第3.3.2条的要求时,应采取增设排水垫层或地下排水渗沟等措施处理。

拓宽路基和改线新建路基的设计标准按改建后相应的公路技术标准执行。当路基填筑高度受设计洪水位控制时,需调整路基高程,以满足本规范第3.3.2条的要求;当路基填筑高度受路基湿度或冻深控制时,则可采用改善路基湿度的技术措施,避免为调整高程而进行改建。

6.3.3 拓宽路基的地基处理、路基基底处理、路基填料的最小强度和压实度等应满足改建后相应等级公路的技术要求。二级公路改建时,可根据需要进行增强补压。

拓宽路基的地基处理、路基基底处理是十分重要的,其直接关系到新老路基的稳定和差异沉降变形控制。设计时,应根据地形地质条件、路基填挖高度等,合理确定地基和路基基底的处理措施。

6.3.4 路堤拓宽改建应符合下列要求:

1 拓宽改建路堤的填料,宜选用与既有路堤相同,且符合要求的填料或较既有路堤渗水性强的填料。当采用细粒土填筑时,应做好新老路基之间排水设计;必要时,可设置排水渗沟,排除路基内部积水。

2 拓宽既有路堤时,应在既有路堤坡面开挖台阶,台阶宽度不应小于1.0m;当加宽拼接宽度小于0.75m时,可采取超宽填筑或翻挖既有路堤等工程措施。

3 拓宽路堤边坡形式和坡度应按本规范第3.3节的规定选用。

路基拓宽改建过程中，新老路基结合部常产生差异沉降变形破坏等路基病害。其主要原因是新老路基填料性质和密实状态的差异、下渗水及新老路基衔接处理不当等。

要减少拓宽改建路基差异沉降、防治路基病害，需加强拓宽路基填料、新老路基结合部衔接处理、防排水等设计。拓宽路基填料需尽量与既有路基填料性质相匹配，有条件时，优先采用渗水性好的粗粒土填筑；若采用细粒土作为填料时，需满足路基土强度、回弹模量的要求，并加强路基内部(特别是新老路基结合部)排水设计，设置必要的纵、横向水渗沟，排除路基内部积水。

为保证新老路基拼接的整体性，其结合部通常采用台阶式衔接方式，即清除坡面松土，沿老路坡面开挖台阶，自下而上逐层填筑路基。当路堤较高时，在路堤底部、中部、路床加铺土工格栅等，可以提高新老路基的整体性，减少其差异沉降变形。

工程经验表明，当拓宽的路基宽度小于 0.75m 时，不能直接进行“贴坡”式的加宽，通常采用超宽填筑或翻挖既有路基等措施，以保证拓宽路基的压实度。

6.3.5 挖方路基拓宽时，挖方边坡形式与坡度可按本规范第 3.4 节的规定或参照既有挖方路基稳定边坡确定。既有挖方边坡病害经多年整治已趋稳定的路段，改建时应减少拆除工程，不宜触动原边坡。

在既有路堑边坡不高且稳定，拓宽后边坡高度增加不大时，一般可参照既有稳定边坡形式和坡率或按新建路基标准进行设计。但对较高路堑边坡，如发生薄层开挖，特别是岩石地段因施工不易，影响边坡稳定时，宜设置支挡工程，以减少“剥皮”刷方。

挖方路基拓宽时，除非原路面纵坡不满足技术标准的规定，改善纵坡设计需进一步增加路基挖方深度。一般情况下，为减少对稳定边坡的扰动破坏，路基高程设计应遵循“宁填勿挖”的原则，即在原路面上加高路基。当加宽宽度较大时，可采用单侧拓宽形式。

对于地质条件较复杂、规模较大的深路堑和滑坡，采用抗滑桩、预应力锚索等整治后，路基边坡已处于稳定状态，当拓宽开挖原边坡时，将诱发原边坡产生失稳破坏或滑坡复活。因此，对于这些路段，当路基加宽宽度不大时，可采取适当抬高路基高程、设置暗埋式边沟等措施，避免开挖原边坡和拆除防护支挡工程，保证拓宽路基稳定，节省工程造价。当路基加宽宽度较大时，如双车道改四车道，则应采用单侧分离拓宽方案。

6.3.6 病害路基改建应根据病害类型、特征、成因及危害程度，结合当地气象、水文地质、工程地质等因素，采取相应的整治措施。

路基病害会影响路面的使用和公路服务水平，严重时乃至危及公路行车安全。既有路基病害主要为路床病害，包括路基沉降变形、翻浆冒泥、边坡失稳、冻害等，排水不良诱发和加剧了路床病害和发展。整治路基病害应结合当地气象、工程地质和水文地质条件进行。

对路床病害应采取综合整治措施，如换填水稳定性良好的粗粒土、铺设砂砾(碎石)垫层或设封闭层、铺设土工布(或土工格栅、土工格室)、注浆、设置排水渗沟等，冻害地段，也可采取抬高路堤、降低地下水位和铺设保温层等措施。

对路基边坡失稳，需根据地形地质条件，因地制宜，采取防护支挡措施。当地下水较丰富时，需采取排水与支挡相结合的措施。

6.3.7 因抬高或降低路基、改移中线而引起既有构造物改动地段，当既有支挡建筑物使用良好时，宜保留。

路基拓宽改建时，不可避免地会遇到既有防护支挡结构物的处理问题。其处理尺度把握的恰当与否，对改建工程量的大小及造价影响极大。设计时，在保证行车安全和路基稳定的前提下，当既有防护支挡结构物使用状态良好时，为节约投资，应首先考虑尽量保留。

6.3.8 经查明既有建筑物无明显损害且强度及稳定性满足改建要求时，应全部利用；当部分损坏或不满足改建要求时，可加固利用、改建或拆除重建。

对保留利用的既有防护支挡结构物，设计时，应根据既有结构物自身的状况，分析研究该工点结构物病害产生条件、原因、发展趋势等，确定既有结构物的可利用程度，以便采取合理的加固或改建措施。

根据既有结构物的设计施工资料，进行现场调查、地基勘探和自身结构的探测等，一般按下列原则进场处理：

(1)经查明既有结构物形式、尺寸、强度、稳定性及基础埋深等均达到设计标准,且无明显损坏时,应考虑全部利用。

(2)对各项要求能满足设计标准,但部分损坏时,应考虑加固利用。

(3)若既有结构物由于强度或稳定性不足,形式、尺寸不满足要求,以及基础埋深不够或结构物损坏严重时,可视具体情况,采取修复加固、接高、加大结构截面尺寸、加深或护基等措施,进行改建。若改建后仍达不到要求时,应拆除重建。

6.3.9 加固利用的既有建筑物,新、旧混凝土或砌体应紧密连接,形成整体。

对既有结构物采用加大截面、接高或加深基础等措施时,应首先在既有结构物本身坚固的前提下进行。既有结构物截面与新增大的截面作为设计截面的共同组成部分,必须成为一个有机的整体,才能起到共同承受土压力或其他外力的作用。因此,设计时,可采用在既有结构物中锚入弯钩钢筋等措施,使新旧混凝土与砌体紧密结合,形成整体。

防护支挡工程基础埋深不够或暴露,易遭受自然或人为因素的破坏,影响既有结构物的强度和稳定性时,甚至造成更大的危害。设计时,应对基础进行加固。

6.4 高速公路、一级公路路基拓宽改建

原规范共6条,本规范共7条。本规范新增第6.4.6条既有路基的利用处治设计规定,修订完善了软土地基上路基拓宽设计要求。

修订理由如下:

(1)既有路基的利用处治设计,直接影响到拓宽改建路基长期性能的稳定,拓宽改建路基工程量及工程造价。为此,本规范补充规定既有路基利用处治设计原则。

(2)近年来,拓宽路基的软土地基处理技术得到了新的发展。本规范在分析总结工程经验的基础上,修订了拓宽路基的软土地基处理设计规定。

对于其他特殊土路基拓宽改建设计,如膨胀土、湿陷性黄土、盐渍土、多年冻土、岩溶等,因高速公路拓宽改建工程刚涉及,建成运营时间较短,一些处理新技术成熟可靠性尚待进一步检验。为此,本次修订时暂未纳入,设计按第7章有关规定

执行。

6.4.1 路基拓宽改建设计应符合本规范第 6.3 节的有关规定，做好地基处理、路基填料、边坡稳定、防护排水设施的综合设计，并与交通工程、路面排水系统设计相协调。

路基拓宽改建设计的关键是新老路基的差异沉降变形和稳定控制，尤其高速公路、一级公路，因行车速度高，对路面平整度的要求高，使得对路基不均匀变形的要求更高。影响拓宽改建路基变形的因素和环节很多，设计时，需做好地基处理、路基填料、边坡稳定、防护排水设施的综合设计，并与交通工程、路面排水系统设计相协调。

6.4.2 拓宽路基压实度应符合本规范第 3.2.3 条、第 3.3.4 条的规定。新老路基的拼接处理设计，除应符合本规范第 6.3.4 条的规定外，当路堤高度超过 3m 时，可在新老路基间横向铺设土工格栅，提高路基的整体性，减小不均匀沉降。

对于拓宽改建路基，新老路基之间的结合部是路基病害多发部位，其衔接处理设计十分重要。为提高新老路基的整体性，防治路基病害，应加强新老路基的拼接处理设计。

(1)关于既有路堤边坡的削坡、开挖台阶方式和拓宽路基填筑工序

工程经验表明，不同的既有路堤边坡的削坡、开挖台阶方式和拓宽路基填筑工序，也直接影响路基差异沉降变形。

我国高速公路扩建工程中的削坡及台阶开挖方式的具体情况见表 6-2。

表 6-2 我国高速公路扩建工程中的削坡及台阶开挖方式

序号	拓宽改建工程名称	削坡及台阶开挖方式
1	广佛高速公路	粉喷桩处理路段：第一阶段，按坡率 1：0.8 开挖老路基，第二阶段，按坡率 1：0.8 开挖老路基；旋喷桩处理路段，按坡率 1：0.8 开挖老路基
2	沪杭甬高速公路	按 1：1.2 坡率削坡，自下而上，随挖随填，填至第一级台阶后，再挖第二级台阶。台阶内倾 2%～4%，台阶宽度不小于 1.0m，高度为 0.9～1.0m
3	沪宁高速公路	软土地基路段，削坡最大宽度(即削坡厚度)不大于 1.5m，第一级台阶高度不大于 0.8～1.0m。自下而上开挖台阶，每级台阶宽度大于 1.0m，高度为 0.6～0.7m。顶部台阶高为 1.0m、宽为 1.5m。粉煤灰、粉土等路基采用高 0.6m、宽 0.9m 的小台阶，台阶坡面为倾向老路基的竖向倾斜式，横坡无变化

续上表

序号	拓宽改建工程名称	削坡及台阶开挖方式
4	沈大高速公路	从土路肩向下开挖坡率 1∶0.5、高度不大于 0.8m 的台阶，台阶面倾向路基中心的横坡 3%，台阶挖至与原地面齐平
5	哈大高速公路	台阶宽度不小于 1.0m
6	南京绕城高速公路	从坡顶向下开挖台阶，其高度不大于 0.8m、宽 1.0～2.0m
7	海南环岛东线高速公路	从坡脚向上开挖台阶，宽 1～1.5m，内倾 2%～4%
8	沪宁—锡澄高速公路拼接段	每级台阶高 0.8m，宽 1.2m，台阶面倾向路基中心的横坡 2%
9	武汉绕城与京珠高速公路拼接段	在小于原有边坡坡率 1∶1.75 的基础上削坡，开挖台阶，宽为 2.0m，台阶顶面为 5%横坡，台阶竖面向内倾斜

东南大学等单位结合我国高速公路拓宽路基削坡与开挖台阶方式的工程实例，进行了下列五种工况下拓宽路基的沉降变形分析研究。

①台阶开挖方式 1：先清除既有路基边坡表层土 0.3m，直接进行拓宽路基的分层填筑。

②台阶开挖方式 2：先清除既有路基边坡表层土 0.3m，然后将既有路基边坡按 1∶0.5 削坡，再开挖高为 1.0m、宽 1.5m 的台阶。

③台阶开挖方式 3：先清除既有路基边坡表层土 0.3m，再按坡率 1∶1.5 从土路肩向下开挖高为 1.0m、宽 1.5m 的台阶。

④台阶开挖方式 4：先清除既有路基边坡表层土 0.3m，再按坡率 1∶1.5 从路堤坡脚向上开挖高为 1.0m、宽 1.5m 的台阶。

⑤台阶开挖方式 5：先清除既有路基边坡表层土 0.3m，再按坡率 1∶1.5 从路堤坡脚向上开挖高为 1.0m、宽 1.5m 的台阶，边挖边填，填至第一级台阶后，再挖第二级台阶。

既有路堤边坡按不同台阶形式开挖后，地表和老路堤表面竖向位移见图 6-7 和图 6-8，老路路肩下和坡脚水平位移随深度变化见图 6-9；既有路堤边坡按不同台阶形式开挖、拓宽路基填筑后，地表和老路堤表面竖向位移见图 6-10 和图 6-11，新老路基工后沉降见图 6-12，新老路基坡脚水平位移见图 6-13。

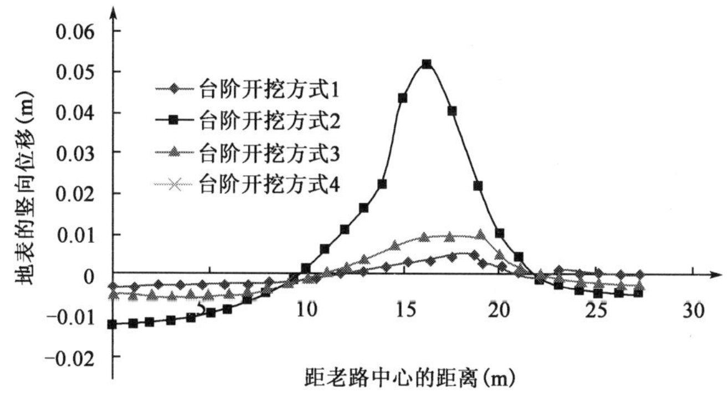

图 6-7　不同台阶开挖方式开挖后的地表竖向位移

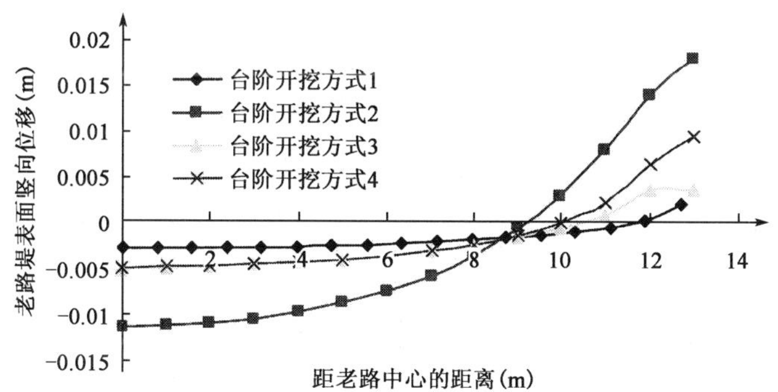

图 6-8　不同台阶开挖方式开挖后的老路堤表面的竖向位移

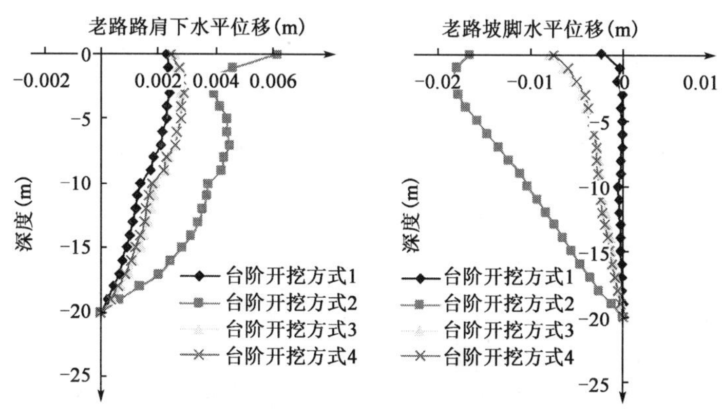

图 6-9　不同台阶开挖方式老路路肩下和坡脚水平位移随深度变化

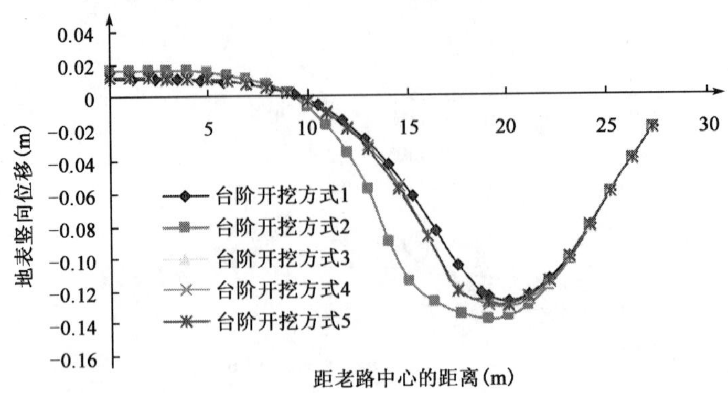

图 6-10　不同台阶开挖方式拓宽路基填筑后的地表竖向位移

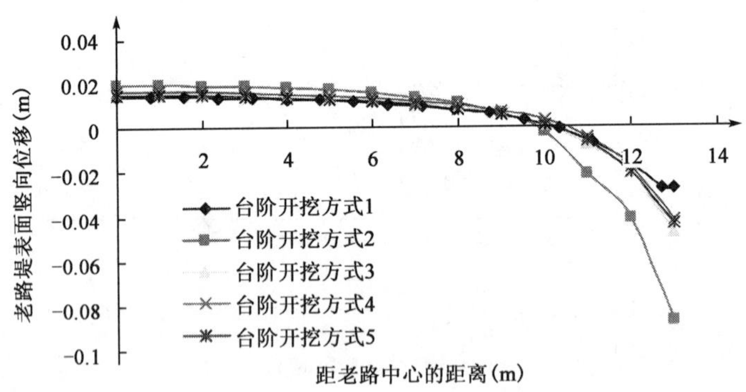

图 6-11　不同台阶开挖方式拓宽路基填筑后的老路堤表面竖向位移

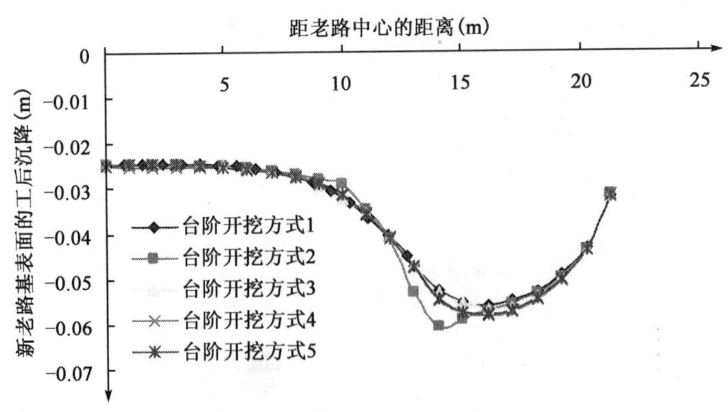

图 6-12　不同台阶开挖方式拓宽路基填筑后的新老路基工后沉降

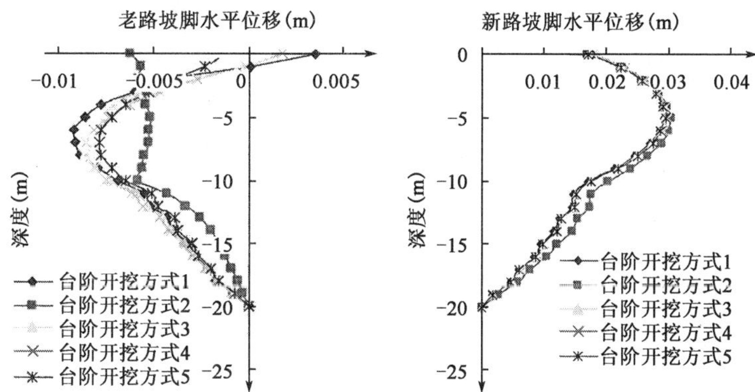

图 6-13 不同台阶开挖方式拓宽路基填筑后新老路基坡脚水平位移

图 6-7～图 6-13 表明，既有路基边坡采用不同开挖方式及拓宽路堤填筑工序，新老路基沉降变形具有下列特点：

①台阶开挖引起既有路基中心发生沉降，既有路基路肩产生上台，随着卸挖量增加而增大。自下而上开挖比自上而下开挖引起既有路基路肩上台量小。

②泄挖量越大，对既有路基路肩、坡脚的水平位移影响越大。不同开挖次序对水平位移影响不大。

③拓宽路基填筑后，开挖方式对地表竖向位移和既有路基表面竖向位移影响较大，加载量越大，竖向位移值越大。次序为：台阶开挖方式 2、台阶开挖方式 3、台阶开挖方式 4、台阶开挖方式 5、台阶开挖方式 1。

④对既有路基坡脚水平位移影响，台阶开挖方式 1 的地基中的水平位移最大。

⑤对拓宽路基坡脚水平位移影响，台阶开挖方式 2 的地基中水平位移最大。

综上所述，台阶开挖方式 1 仅对老路边坡进行削坡处理，变形影响最小，但既有路基边坡未设置台阶，新老路基衔接处存在潜在的滑移。台阶开挖方式 2 卸载量最大，对开挖后及拓宽路基填筑后老路基和地基变形影响最大。台阶开挖方式 3、台阶开挖方式 4、台阶开挖方式 5 的变形影响较小，台阶开挖方式 4(自下而上)和台阶开挖方式 5(边挖边填)优于台阶开挖方式 3(自上而下)。因此，推荐采用自下而上开挖台阶且边挖边填的施工工序，台阶高度宜为 1.0m、宽度宜为 1.5m。

(2)关于新老路基之间的结合部铺设土工合成材料

在新老路基之间的结合部铺设土工合成材料，可提高路基土的强度和自身的稳定性以及新老路基的整体性，减少新老路基的不均匀沉降变形。

我国高速公路扩建工程中的土工合成材料应用情况见表 6-3。

表 6-3　我国高速公路扩建工程中的土工合成材料应用情况

序号	拓宽改建工程名称	土工合成材料应用
1	广佛高速公路	路基底部铺设一层土工布和一层土工格栅，其中，下层为土工格栅，上层为土工布，两层之间的间距 0.5m。中间填筑砂或风化土
2	沪杭甬高速公路	路基顶部铺设一层土工格栅，铺设宽度 5m，新老路基两侧各为 2～3m
3	沪宁高速公路	路床顶面（96 压实区）以下 0.2m 铺设一层单向土工格栅，铺设宽度 4～6m，老路基侧铺设宽度 2m
4	沈大高速公路	路床顶面（96 压实区）以下 0.2m 台阶顶面铺设一层单向拉伸钢塑土工格栅，铺设宽度 6m，新老路基两侧各为 3m
5	海南环岛东线高速公路	对于高度 4m 的填方路基，底基层下及桥涵的台背处，新老路基结合部铺设塑料土工格栅
6	马芜—芜萱高速公路拼接段	路床顶铺设厚 0.25m 充填碎石土工格室，宽度 3m，新老路基两侧各为 1.5m
7	庐铜—老合铜拼接段	每隔 0.5m 铺设一层高纤维土工格室，新老路基顶部结合部铺设一层高 0.15m 土工格室，宽度 6.0m，土工格室内充填级配碎石，新老路基两侧各为 3.0m
8	武汉绕城与京珠高速公路拼接段	自路基底面起按台阶铺设三层土工格栅，沿加宽路基全幅铺设，格栅强度不小于 60kN/m
9	沪宁—锡澄高速公路拼接段 宁连—雍六高速公路拼接段	基底开始铺设一层土工格栅，以后每个台阶顶面均铺设一层土工格栅，全幅铺设

东南大学、同济大学等单位对不同加筋层数及位置对处治效果进行了分析研究。拓宽路基中土工格栅铺设层位见图 6-14，加筋层数及层位对地表竖向位移、水平位移、新老路基坡脚水平位移、路堤表面竖向位移、新老路基工后沉降的影响分别见图 6-15～图 6-19。

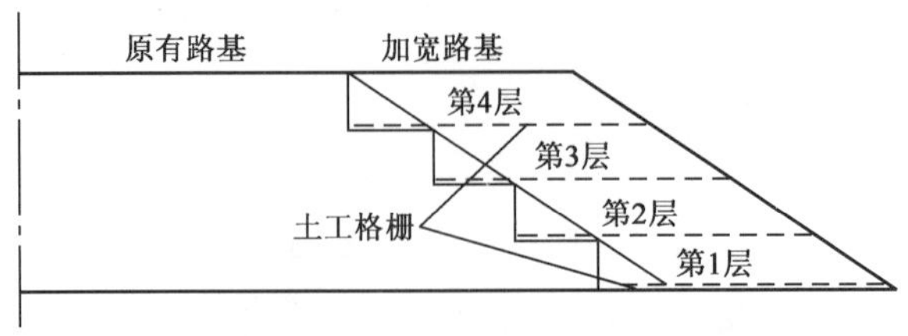

图 6-14　拓宽路基中土工格栅铺设层位示意图

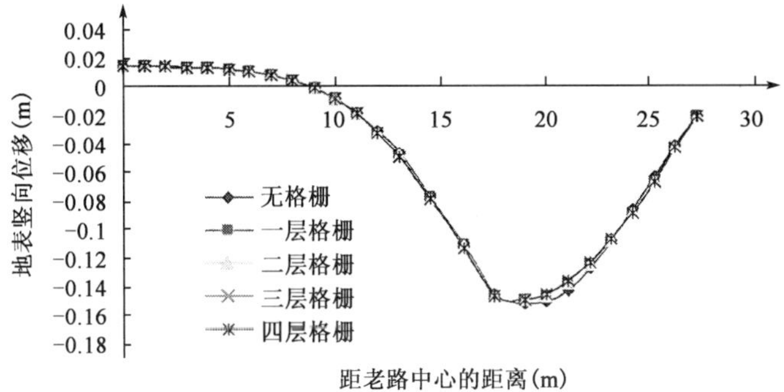

图 6-15 加筋层数及层位对地表竖向位移的影响

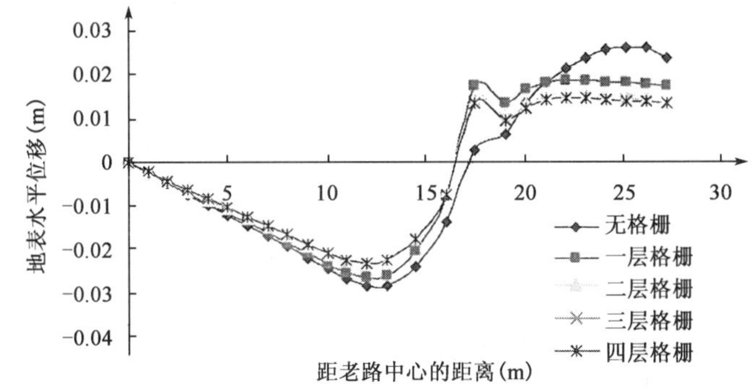

图 6-16 加筋层数及层位对地表水平位移的影响

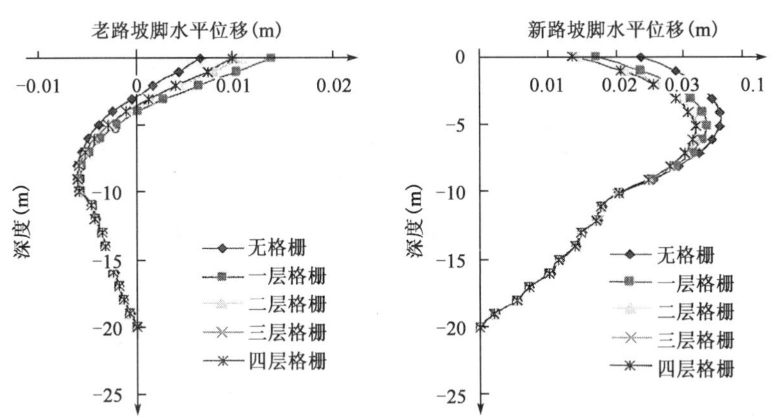

图 6-17 加筋层数及层位对新老路基坡脚水平位移的影响

图 6-15～图 6-16 表明，土工格栅对地表竖向位移的影响不明显；土工格栅对地表水平位移的影响较大，减小了拓宽路基地表的水平位移；设置在路堤底部的土

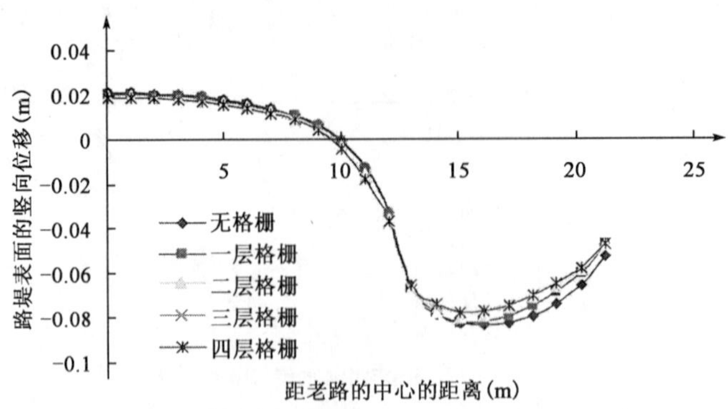

图 6-18　加筋层数及层位对路堤表面竖向位移的影响

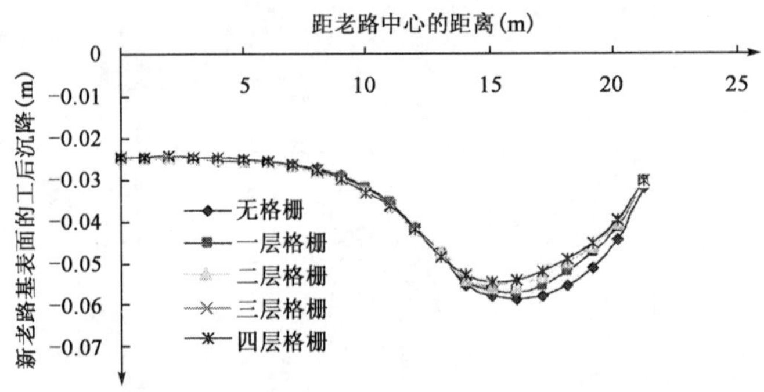

图 6-19　加筋层数及层位对新老路基工后沉降影响

工格栅作用明显。

图 6-17～图 6-19 表明，土工格栅减小了拓宽路基地基中向外的水平位移，有利于拓宽路基的稳定。土工格栅加筋在一定程度上减小了拓宽路基表面的竖向位移。当加筋层数为 3、4 层时，加筋的效果没有明显改善，说明路堤填土的竖向荷载引起的水平荷载主要由底层土工格栅承担。

综上所述，新老路基结合部铺设土工格栅主要是约束路基侧向位移，有利于拓宽路堤稳定，能协调新老路基的不均匀沉降变形。推荐拓宽路基结合部土工格栅加筋宜采用双层结构，即在路堤底部和路床各铺设一层土工格栅。

6.4.3　软土地基上路基拓宽设计应符合本规范第 7.7 节的有关规定，并满足下列要求：

1　路基拼接时，应控制新老路基之间的差异沉降，既有路基与拓宽路基的路拱横坡度的工后增大值不应大于 0.5%。

2 地基处理措施的选取和设计，应综合考虑软土层厚度和埋深、既有地基的固结度和剩余沉降情况、路基高度和拼接形式等因素，控制拓宽路基的沉降并尽量减小对既有路基的影响。

3 浅层软土地基，可采用垫层和浅层处理措施减小拓宽路基的沉降。

4 深厚软土地基，可采用复合地基或轻质路堤等处理措施，不宜采用对既有路基产生严重影响的排水固结法或强夯法。对于鱼（水）塘、河流、水库等路段，需要排水清淤时，应采取防渗和隔水措施后方可降水。

5 新老路基分离设置，且距离小于20m时，可采用设置隔离措施或对新建路基地基予以处理，减小新建路基对既有路基的沉降影响。

软土地段高速公路经多年通车运营，既有地基已基本固结，处于沉降稳定状态，而拓宽路基两侧地基基本为原状地基，在新的路基荷载作用下，地基将产生新的附加沉降，并对既有路基路面产生一定影响。因此，软土地基地段路基拓宽改建设计的关键是新老路基差异沉降的协调控制。

(1)拓宽路基沉降控制标准

原规范(JTG D30—2004)根据江苏、浙江、广东等省软土地基地段高速公路拓宽路基工程实践经验和相关科研成果，规定既有路基与拓宽路基的路拱横坡度的工后增大值不应大于0.5%。

新建路基软土地基处理设计是采用工后沉降量作为沉降控制指标，拓宽路基的软土地基处理设计则不同，不能以单一的工后沉降量作为设计控制指标，需从新老路基差异沉降控制入手，要充分考虑既有路基固结沉降状况及其发展规律。采用“路拱横坡度的工后增大值”作为拓宽路基软土地基处理设计的沉降控制指标，充分体现了新老路基差异沉降控制的协调设计思想。在有些工程设计时，采用工后沉降量不超过100mm作为拓宽路基设计的控制标准，对软土地基采用CFG桩、刚性桩等处理，未重视既有路基(采用排水固结法处理)的沉降变化，造成既有路基沉降、拓宽路基不沉降，使得路表成反坡或凹形状，路面变形，路表排水不畅，影响行车安全，教训深刻。经十年来拓宽改建工程实践检验，原规范(JTG D30—2004)的控制标准是合理的，本次修订仍维持原标准。

控制标准“路拱横坡度的工后增大值不应大于0.5%”，是控制沥青混凝土路面不开裂的原则制定的。

设计时，可根据拓宽路基宽度，既有路基处理方法、固结度及剩余沉降量等，按照“既有路基与拓宽路基的路拱横坡度的工后增大值不应大于 0.5%”的规定，通过反算分析，确定拓宽路基的工后沉降量控制标准。

(2)浅层处理

浅层处理包括对薄层软土换填处理、轻质材料填筑路堤，以及对深厚软土路段采用泡沫轻质土换填一定厚度的软土层等。

用于填筑路堤的轻质材料主要为泡沫轻质土、EPS、粉煤灰等，在拓宽路基工程得到了广泛应用。用于置换一定厚度的软土地基的轻质材料，主要为泡沫轻质土。泡沫轻质土重度 5.1～12.7kN/m³，可以根据设计需要的重度调整配合比。

东南大学等单位对一般填土、EPS、粉煤灰、SLM(膨胀珍珠岩混合料)四种填料路堤对沉降的影响进行了分析研究。

计算参数：一般填土重度 19kN/m³，EPS 重度 0.2～0.3kN/m³，粉煤灰重度 12～16kN/m³，SLM(膨胀珍珠岩混合料)重度 4.7～6.4kN/m³。

不同材料路堤的地表竖向位移、地表水平位移和路堤表面竖向位移分别见图 6-20～图 6-22。

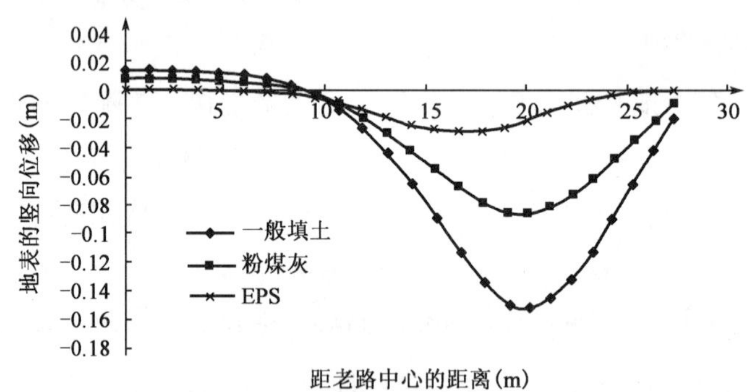

图 6-20　不同材料路堤的地表竖向位移

采用重度小于 10kN/m³ 的 EPS、SLM、泡沫轻质土路堤能有效地减小路基沉降和水平位移。但从施工难易程度(材料生产、运输、施工工序等)考虑，泡沫轻质土比 EPS 更为方便。

设计时，应根据拓宽改建路堤高度、地形地质条件、工程造价和施工难易程度

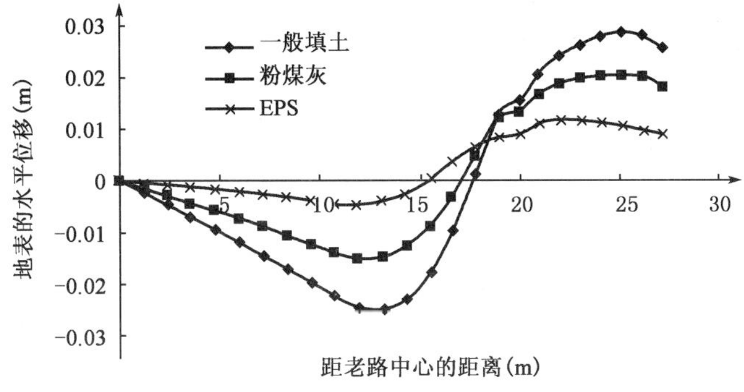

图 6-21 不同材料路堤的地表水平位移

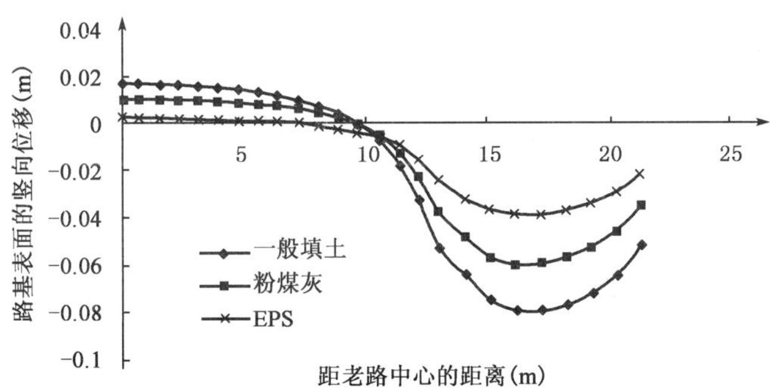

图 6-22 不同材料路堤表面竖向位移

等，通过技术经济比较，因地制宜，合理确定轻质材料路堤的设计方案。

(3)深厚软土地基处理

由于拓宽路基填筑过程中发生的施工沉降将直接影响既有路基的沉降变形，因此，旨在加快固结速率减小工后沉降但未减小总沉降的排水固结法不再适用。强夯法由于在施工过程中将对既有路基的沉降和稳定造成影响，故条文中也不予推荐。

工程经验表明，深厚软土地基采用复合地基或轻质材料路堤等处理措施，效果良好。当采用CFG、应力混凝土薄壁管桩(PTC)、预应力高强混凝土管桩(PHC)、预制混凝土方桩、钻孔灌注桩、现浇薄壁筒桩等进行桩距、桩长设计计算时，应充分考虑既有路堤的软土地基处理方案、固结度、剩余沉降量及拓宽路堤填筑后的沉降发展趋势，当既有路堤软土地基采用排水固结法(塑料排水板、袋装砂井等)处理，地基尚未完全固结，还处于沉降变形状态时，宜采用控沉疏桩的复合地基设计方法，合理确定桩距和桩长。

对于刚性桩复合地基，应在桩顶设置混凝土桩帽和土工格栅加筋垫层。根据沪宁高速公路拓宽改建工程研究成果和工程经验，桩帽平面尺寸可按桩帽之间的间距不大于1.5m的条件确定，桩帽厚度通过强度计算和构造要求确定。垫层可采用砂砾、碎石或8%石灰土加筋垫层，垫层厚度应根据桩间距、桩帽大小合理确定。

(4)鱼(水)塘、河流、水库等路段拓宽路基

当拓宽路基位于鱼(水)塘、河流、水库等路段，需要排水清淤时，需采取防渗和隔水措施后方可降水，以免对既有地基产生附加沉降从而引发路面开裂，实际工程中，也已有降水导致既有路基过量变形甚至坍塌的工程案例。

综上所述，软土地区拓宽改建路基设计，应加强原有路基的软土地基固结度及剩余沉降值的分析评价，这是拓宽改建路基设计的基础。设计全过程应贯彻“沉降协调设计”思想，拓宽路基的软土地基处理方案应与原有路基的地基处理方法及固结变形规律相适应，并做好拓宽路基结构与软土地基处理的综合设计。

(5)其他特殊土地基处理

膨胀土、湿陷性黄土、盐渍土、多年冻土、岩溶等其他特殊土路基拓宽改建设计，因高速公路拓宽改建工程刚涉及，建成运营时间较短，新技术成熟可靠性尚待进一步检验，本次修订时暂未纳入。设计时，应充分考虑所采用的地基处理措施在施工中对既有路堤的影响。

湿陷性黄土地基处理，新建路基时大量采用的强夯处理，施工过程中对既有路基产生结构损伤，影响既有路基的沉降和稳定，故在路基拓宽改建工程中不得采用。

岩溶地区拓宽改建路基，若岩溶处置不当，如人工挖孔桩施工中抽排水、溶洞充填时抽排水等，不仅影响拓宽路基、桥梁安全，还会引起既有路基变形塌陷、既有桥梁破坏、公路两侧建筑物变形破坏，造成严重的安全事故。因此，溶洞处理设计时，不宜采用施工过程中需抽排地下水的工程方案，根据地质条件，因地制宜采用换填、跨越、支撑、注浆等处理措施。

6.4.4 水文不良地段的既有路基，应结合路基路面拓宽改建设计，增设排水垫层或地下排水渗沟等。

水文不良地段既有路基的主要问题：在地表积水、地下水等长期作用影响下，造成路床土软化，降低路床土的强度和承载能力，导致路基路面变形破坏。拓宽改建路基设计时，应根据水文地质条件、路堤高度、填料性质等，因地制宜，设置排水垫层或地下排水渗沟等，控制路基湿度，保证路床处于中湿状态。

6.4.5 路基拓宽改建设计应做好施工期交通组织设计。岩石挖方路段，应采用光面爆破或预裂爆破方法施工、并采取相关防护措施。

高速公路、一级公路路基拓宽改建施工时，一般不封闭交通，设计时要充分考虑路基施工对行车安全的影响，采取有效措施，保证既有路基稳定和行车安全。工程经验表明，岩石挖方路基施工，光面爆破或预裂爆破方法对路基稳定和行车安全的影响较小，故本规范推荐采用。

6.4.6 既有路基的利用应与路面利用和加铺设计相结合，并根据路基病害的产生原因和对拓宽结构的影响程度，采取下列针对性的处治措施：

1 当既有路基回弹模量不满足新建路基的要求，但既有路面未出现破损，且拓宽后通过加铺设计可满足路面设计要求时，宜充分利用既有路基。

2 当既有路基回弹模量不满足新建路基的要求，且路面出现严重破损时，可根据含水率、压实度和填料类型的分析评价，分别采取改善排水、补充碾压、换填处治等措施。

3 当条件受限不能翻挖既有路基时，可采取水泥碎石桩、水泥粉煤灰碎石桩、注浆等处理措施。

本规范在保证既有路基具有足够的强度和承载能力的前提下，基于节约资源、节省造价、保护环境的原则，提出了既有路基的利用原则和处理措施。

对既有路基进行补强处理设计时，应尽量避免对既有路基路面的结构损伤，保证路面结构的完整性。当对路床土进行补强时，可考虑采用平孔注浆技术；当需排除路基内积水时，可考虑增设仰斜式排水孔或设置横向排水渗沟。

6.4.7 利用二级及二级以下公路拓宽改建为高速公路、一级公路时，在既有路基土的强度和压实度不能满足要求，且论证路面补强方案总体不可行的情况下，应对既有路基进行土质改良或挖除既有路基路面后重新填筑。

从已建公路路基土的含水率调查来看，经过干湿循环、冻融循环后，路基土的含水率比竣工时含水率普遍偏高，回弹模量和压实度显著降低，若沿用新建路基的回弹模量标准，需要进行大规模翻挖和处治。因此，遵循资源节约、充分利用既有结构的原则，可根据工程实际特点，与路面利用和加铺设计相结合，并根据路基病害的产生原因和对拓宽结构的影响程度，采取针对性的处治措施。

7　特殊路基

原规范共17节，本规范共19节。新增7.19季节冻土地区路基，并将原规范7.3崩塌与岩堆地段路基分拆为7.3崩塌地段路基和7.4岩堆地段路基。

增补“7.19季节冻土地区路基”的理由如下：

季节冻土地区公路病害的主要根源之一是路基的冻胀和融沉，对冻胀影响程度较大的因素分别是：地下水、土质、温度。原规范制订时，因当时对季节冻土路基性能、路基病害防治技术等缺乏系统研究，成果不多，故未纳入规范。

近十年来，对季节冻土路基冻胀和融沉的机理、路基性能变化规律、路基病害防治技术等进行了较为系统的研究，研究成果经工程实践验证已基本成熟。本次规范修订，新增了7.19季节冻土地区路基，从设计原则、季节冻土的冻胀性分类、冻胀量控制标准、路堤高度、路基填料、路基排水等方面做出了规定，使规范更好地指导季节冻土路基设计，防治季节冻土路基病害，保证季节冻土路基安全稳定。

本章主要修订内容如下：

(1)7.1　滑坡地段路基，补充滑坡稳定性分析工况，修订滑坡稳定安全系数；

(2)7.6　岩溶地区路基，补充了路线绕避原则、岩溶处理对环境影响分析要求、岩溶水处理要求等；

(3)7.7　软土地区路基，补充CFG桩、强夯置换处理、刚性桩复合地基等设计要求；

(4)7.9　膨胀土地区路基，补充膨胀土地基变形预估方法与地基分类、膨胀土填料分类、膨胀土边坡柔性支护、膨胀土路基排水设计要求；

(5)7.10　黄土地区路基，补充湿陷性黄土地基湿陷量计算方法、各类湿陷性黄土地基常用的处理措施的适用条件与适用范围，湿陷性黄土地基的处理宽度；

(6)7.11　盐渍土地区路基，补充了盐渍土地基盐胀性和溶陷性评价的控制标准；

(7)7.12　多年冻土地区路基,修订多年冻土分类,补充多年冻土路堤、路堑以及高温(低温)高含冰量冻土路基设计要求;

(8)7.14　雪害地段路基,补充了风吹雪地段路堤最小高度;

(9)7.15　采空区路基,补充了采空区场地稳定性控制标准,修订了公路采空区处治范围的计算方法及处治措施;

(10)7.18　水库地段路基,修正了稳定安全系数。

7.1　一般规定

原规范共3条,本规范共4条。

本规范补充规定了不良地质和特殊土(岩)地段地质选线要求,并避免高填深挖路基。

修订理由:对于特殊地质地段,易诱发路基病害,乃至地质灾害,直接危害公路安全,尤其是规模大、性质复杂的地质体,病害难以根治;特殊地质路段,高填深挖路基将加剧病害。为此,本规范规定地质选线要求和避免高填深挖路基的设计要求。

7.1.1　路线通过特殊土(岩)、不良地质以及特殊气候和水文条件路段时,应采取综合地质勘察,查明特殊地质体的性质、成因类型、规模、稳定状况及发展趋势;特殊路基设计所需要的物理力学参数,应结合室内试验和原位测试资料经综合分析确定。

原规范规定:7.1.1　特殊路基包括特殊土(岩)路基、不良地质路基和特殊条件下路基。路线通过特殊路段,应采取综合地质勘察,查明特殊地质体的性质、成因类型、规模、稳定状况及发展趋势;特殊路基设计所需要的物理力学参数,宜采用原位测试的数据,并结合室内试验资料综合分析确定。

特殊地质体的分布不均匀,性质较为复杂,受地形地质条件和原位测试技术等限制,难以在特殊地质体分布的不同区域均进行原位测试,将影响到原位测试数据的代表性。为此,本规范修订后规定“特殊路基设计所需要的物理力学参数,应结合室内试验和原位测试资料经综合分析确定。”

特殊路基包括特殊岩土路基、不良地质地段路基，以及受水、气候等自然因素影响强烈、需要作特殊设计的路基。特殊岩土包括软土、红黏土、高液限土、膨胀土、黄土、盐渍土、多年冻土、沙漠等，不良地质包括滑坡、崩塌、岩堆、泥石流、岩溶、采空区等，特殊条件下路基是指受水或气候等自然因素影响剧烈的路基，包括雪害、涎流冰、滨海、水库地段路基和季节冻土地区路基。

不同的特殊岩土、不良地质及特殊气候条件，岩土的工程性质差异很大，影响路基长期性能的主要因素、路基病害类型及对公路危害程度也不相同。同时，由于特殊岩土受环境影响很大，尤其对水环境影响敏感，室内试验很难反映其实际工程性质，进行特殊岩土力学性质的原位测试工作尤为重要。因此，在路基设计时，需要针对这些地质体的特殊性开展综合地质勘察工作，查明特殊地质体的性质、成因类型、规模、稳定状况、发展趋势及对公路危害程度，为路基设计提供可靠的地质依据。

7.1.2　应做好工程地质选线工作，路线应绕避规模大、性质复杂、处理困难的不良地质和特殊土(岩)地段，并避免高填深挖路基。

本条为新增条文。

规模大、性质复杂的特殊地质体地段，易诱发地质灾害，直接危害公路安全，整治工程大，造价高，病害根治困难，给公路运营带来安全隐患。因此，对于特殊岩土、不良地质、受水或气候等自然因素影响剧烈的地段，地质选线工作十分重要，设计时需绕避规模大、性质复杂、处理困难的不良地质和特殊土(岩)地段。

7.1.3　特殊路基设计应考虑气候环境、水和地质等因素对路基长期性能的影响，对可能造成的路基病害，应遵循预防为主、防治结合的原则，通过综合技术经济比较，因地制宜，采取有效的工程处理措施，保证路基稳定。分期整治时，应保证在各种因素的变化过程中不降低路基的安全度。

原规范规定：7.1.2　特殊路基设计应考虑地质和环境等因素对路基的影响，以及这些因素的发展变化规律，路基病害整治应遵循以防为主、防治结合、力求根治的原则，通过综合技术经济比较，因地制宜，采取合理的整治方案和有效的工程措施。如果分期整治，应保证在各种因素的变化过程中不降低路基的安全度。

特殊地质体往往是气候环境、水和地质等因素综合影响的结果，对于规模大、性质复杂的地质病害体，往往难以根治。因此，本规范修订时，对原规范"环境因素"明确为"气候环境和水环境"；对"以防为主、防治结合、力求根治的原则"修订为"预防为主、防治结合的原则"，设计时，视具体情况确定是一次根治还是分期整治，一般情况下，应一次根治。

气候环境、水和地质等因素对特殊路基长期性能的影响大，如果采取的工程措施不当，易产生较为严重的路基病害。因此，特殊路基设计要与路基病害防治相结合，遵循预防为主、防治结合的原则，做好路基结构、填料选择、地基处理、防排水及防护等综合设计，控制环境（如水、温度、湿度等）变化对路基的影响，防治路基病害。对于已有病害处理，要进行多方案技术经济比较，因地制宜，采取有效的工程处理措施，力求根治，不留隐患。

7.1.4　高速公路、一级公路特殊路基宜采用动态设计。

本规范因将原规范总则中有关冻土设计的规定调整到3.1节，故补充规定"高速公路、一级公路特殊路基宜采用动态设计。"

7.2　滑坡地段路基

原规范共4条，本规范共10条。本次修订明确规定了滑坡稳定性分析工况及相应的稳定安全系数，新增第7.2.3条滑坡防治方案设计比选，将原规范第7.2.3条滑坡防治措施，改为按条规定各类滑坡防治措施，并删除原规范第7.2.3条第3款第4项有关高压旋喷桩或注浆改良滑动带岩土的措施。

修订理由如下：

(1)滑坡稳定性分析工况及相应的稳定安全系数是滑坡稳定性评价的标准。原规范没有明确规定分析工况，以及不同等级公路在不同分析工况下稳定安全系数的取值标准。为统一滑坡稳定性的评价标准，提高规范的可操作性，本次修订时，对滑坡稳定安全系数的取值标准予以细化。

(2)滑坡防治方案是设计的灵魂，是防治工程成败的关键。为强化滑坡防治设计方案比选工作，本规范补充规定了相关要求。

(3)高压旋喷桩或注浆改良滑动带岩土的措施，有一定的局限性，尤其是对岩体注浆效果不好，同时难以检验注浆效果是否达到设计要求。为此，本规范删除原规范的相关规定。

7.2.1 滑坡地段路基设计应遵循下列原则：

1 应查明滑坡地形地貌、地质条件、性质、成因类型、规模等，分析评价滑坡稳定状况、发展趋势和对公路工程的危害程度，采取有效措施，保证路基施工和运营安全。

2 对规模大、性质复杂、变形缓慢的滑坡，且路线难以绕避时，可采取总体规划、分期整治的方案。

3 滑坡防治应根据滑坡区工程地质条件、类型、规模、稳定性及对公路危害程度，以及公路的重要性和施工条件等，采取排水、减载、反压与支挡工程的综合治理措施。

4 高边坡、特殊岩土和存在不利结构面的边坡，应采取必要的预防措施，避免产生工程滑坡。

滑坡是指在一定地形地质条件下，因各种自然或人为因素的影响，斜坡上不稳定的岩土体在重力作用下，沿着一定的软弱面或带滑动的地质现象，是山区公路的主要病害之一，对山区公路危害较大。因此，要高度重视滑坡的调查工作，通过综合勘察，查明滑坡分布范围、形成原因及其性质，判断滑坡的稳定程度及对公路的危害性，为滑坡防治提供可靠的地质参数。

滑坡的分类方法较多，主流的分类方法为按物质组成进行分类。《公路工程地质勘察规范》(JTG C20—2011)按照滑坡体物质组成，将滑坡分为5类：堆积层滑坡、基岩滑坡、黄土滑坡、破碎岩体滑坡、膨胀土滑坡；对于“基岩滑坡”，名称较为模糊，广义基岩滑坡是破碎岩体滑坡、层状岩体滑坡和块状岩体滑坡的总称，不同类型基岩滑坡的特点、性质、破坏模式、规模及防治对策等是不同的，为避免引起歧义和分类名称产生交叉，需对“基岩滑坡”分类作适当调整。

正在编制的《公路滑坡防治设计细则》(总校稿)，在《公路工程地质勘察规范》(JTG C20—2011)基础上，采用两层次的分类方案。第一层次分类，将滑坡体的组成物质作为主要分类标志，反映了滑坡体的性质特点，见表7-1；第二层次分类，按滑坡体积、滑动面埋藏深度(滑体厚度)和滑动形式等分类,反映滑坡某一方面的特性,维持《公路工程地质勘察规范》(JTG C20—2011)的分类方法。

表 7-1 滑坡按主要物质成分分类

类 型	亚 类	主 要 特 征
土质滑坡	堆积土滑坡	除黄土、膨胀土、填土等特殊土之外,发生在第四系地层各种成因土层中,包括风化残积土,由一般土质组成滑坡体。滑动面为土层中软弱土层或基岩顶面
	黄土滑坡	发生在各时期黄土地层中,由黄土构成滑坡体。滑动面为黄土层间界面或基岩顶面
	膨胀土滑坡	发生在含有膨胀土的地层中。滑动面多在膨胀土活动区深度范围
	填土滑坡	发生在路堤或人工弃土堆中
岩质滑坡	破碎岩体滑坡	发生在构造破碎带或严重风化带的破碎岩体中
	层状岩体滑坡	发生在具层状结构的岩体中。滑动面为层面或软弱结构面
	块状岩体滑坡	相对完整的块状岩体沿构造节理或断层产生的组合式滑动

滑坡地段地质选线原则如下:

(1)布设路基线位时,首先应绕避稳定性差的大型、巨型和性质复杂的滑坡及多个滑坡连续分布的地段。

(2)当滑坡规模小、边界条件清楚,防治工程方案技术可行、经济合理时,路线可选择在有利于滑坡稳定的安全部位通过。

(3)路线通过稳定的滑坡时,应避免在滑坡中、后部填方或在滑坡前部挖方。

具有滑坡产生条件或因修建公路可能产生滑坡的地段,工程地质选线原则如下:

(1)减少对山体稳定条件的削弱和破坏。

(2) 路线不宜与大断裂平行,避免长路段通过顺倾岩层路段,不宜切割松散堆积体或风化破碎岩体的坡脚,宜绕避岩层或贯通节理裂隙产状倾向路线的地段。

(3)越岭地段路线应绕避岩层严重风化破碎带或构造破碎带形成的垭口;在山坡同一侧展线时,上、下线位应避免相互影响。

规模较大、性质复杂的滑坡,由于整治工程规模大,且因性质不明,工程可靠度低,需以绕避为主。对变形缓慢以及短期内难以查明其性质的滑坡,在保证路线安全的前提下，采取全面规划、分期整治的原则，先修建有利于稳定滑坡的应急工程，建立必要的观测系统，以观测其效果，掌握滑坡的变化规律资料，逐步根治。

路线难以绕避滑坡或潜在滑坡区时，选择合理的路线线位与路基断面形式，对防治滑坡具有重要的作用。以路堤通过滑坡前部，可以增加滑坡的抗滑力；以路堑通过滑坡后部，可以减少滑坡的下滑力，这两种工况均能提高滑坡的稳定性，有效地降低滑坡防治的工程难度和工程费用。因此，路线布设要尽量有助于提高滑坡的稳定性，地形条件许可时，要优先考虑在滑坡前缘设路堤的路线方案，充分利用路堤填土反压，提高滑坡稳定性。

滑坡的形成与发展是多种因素的结果，治理时要分清主次、综合整治。水是诱发滑坡的首要因素，防止水进入滑动带和排除滑坡体的水，显得非常重要。反压、减载，对减缓滑坡的变形，保证施工期间安全，减少支挡工程十分有效。滑坡类型较多，同一类型的滑坡也有不同的情况，因此，需要根据滑坡具体情况作具体分析，灵活应用各种防治技术，综合治理。

工程经验表明，在断裂破碎带、特殊岩土及松散土质深路堑、破碎软质岩高边坡、具有不利软弱层面的路堑高边坡、斜坡软弱地基上填筑路段，以及地表水汇集或地下水发育等易产生滑坡的工程路段，需采取预防措施，设置必要的预加固工程，避免产生滑坡。

7.2.2 滑坡稳定性分析应采用工程地质类比法和力学计算相结合的方法，并应符合下列要求：

1 滑坡稳定性计算应考虑下列三种工况：

1）正常工况：边坡处于天然状态下的工况；

2）非正常工况Ⅰ：边坡处于暴雨或连续降雨状态下的工况；

3）非正常工况Ⅱ：边坡处于地震等荷载作用状态下的工况。

2 滑坡稳定系数不得小于表7.2.2所列稳定安全系数值。对非正常工况Ⅱ，路基稳定性分析方法及稳定安全系数应符合现行《公路工程抗震规范》(JTG B02)的规定。

表 7.2.2 滑坡稳定安全系数

公 路 等 级	滑坡稳定安全系数	
	正 常 工 况	非正常工况Ⅰ
高速公路、一级公路	1.20～1.30	1.10～1.20
二级公路	1.15～1.20	1.10～1.15
三、四级公路	1.10～1.15	1.05～1.10

注：1. 滑坡地质条件复杂或危害程度严重时，稳定安全系数可取大值；地质条件简单或危害程度较轻时，稳定安全系数可取小值。

2. 滑坡影响区域内有重要建筑物（桥梁、隧道、高压输电塔、油气管道等）、村庄和学校时，稳定安全系数可取大值。

3. 水库区域公路滑坡防治，周期性库水位升降变化频繁、高水位与低水位间落差大时，稳定安全系数可取大值。

4. 临时工程或抢险应急工程，滑坡防治工程设计按照正常工况考虑，稳定安全系数可取 1.05。

3 滑坡稳定性分析应考虑的荷载：滑体重力、滑坡体上建筑物等产生的附加荷载、地下水产生的静水压力和动水压力、汽车荷载等永久荷载，以及地震作用力、作用在滑体上的施工临时荷载。

4 滑面岩土抗剪强度取值，宜根据室内试验资料、监测成果反分析、极限平衡反算值、工程地质类比和当地经验等综合分析确定。必要时，应进行现场试验。

5 滑坡剩余下滑力可采用传递系数法，按式(7.2.2-1)计算。条块作用力系如图 7.2.2 所示，当 $T_i<0$ 时，应取 $T_i=0$。当滑坡体最后一个条块的剩余下滑力小于或等于 0 时，滑坡稳定；当大于 0 时，滑坡不稳定。

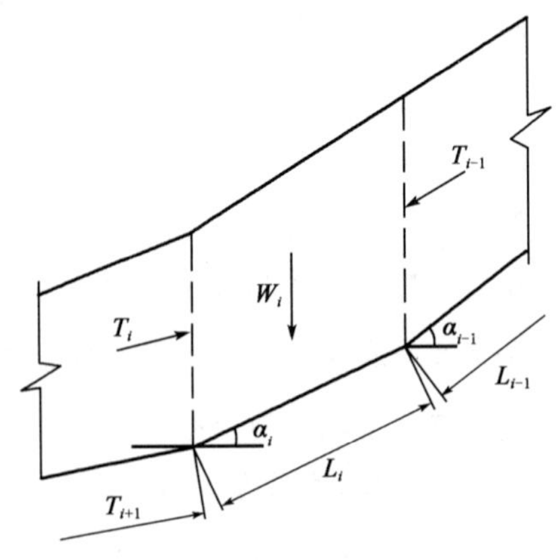

图 7.2.2 剩余下滑力计算图示

$$T_i = F_s W_i \sin\alpha_i + \psi_i T_{i-1} - W_i \cos\alpha_i \tan\varphi_i - c_i L_i \tag{7.2.2-1}$$

$$\psi_i = \cos(\alpha_{i-1} - \alpha_i) - \sin(\alpha_{i-1} - \alpha_i)\tan\varphi_i \tag{7.2.2-2}$$

式中：T_i、T_{i-1}——第 i 和第 $i-1$ 滑块剩余下滑力(kN/m)；

F_s——稳定安全系数；

W_i——第 i 滑块的自重力(kN/m)；

α_i、α_{i-1}——第 i 和第 i　1 滑块对应滑面的倾角(°)；

ψ_i——传递系数；

φ_i——第 i 滑块滑面内摩擦角(°)；

c_i——第 i 滑块滑面岩土黏聚力(kN/m)；

L_i——第 i 滑块滑面长度(m)。

正确评价滑坡稳定性，分析滑坡对公路的危害程度，是滑坡防治设计的关键。滑坡稳定性评价，应根据滑坡的性质、规模、主导因素、滑坡前兆、滑坡区的工程地质和水文地质条件等，采用定性分析与力学计算相结合的综合评价方法，确定滑坡的稳定状况及其发展趋势。

滑坡稳定性分析需综合考虑地质环境因素、诱发因素、公路通过滑坡区的部位及其构筑(造)物类型。

地质环境因素包括滑坡及其附近范围地形、地貌，滑坡体的坡度、坡高、分布范围等形态，滑坡体物质组成、岩土性质、岩土抗剪强度、抗风化和抗软化能力及渗透性能，滑体结构类型，地下水的埋藏条件、补给来源、经流、排泄、潜蚀及动态变化，以及滑坡体发育阶段及稳定状况。

诱发因素包括降雨作用、坡脚开挖、坡面堆载、地震作用、施工爆破、河流冲刷、水位变化、冻融作用、灌溉水下渗，采空塌陷等。

滑坡稳定性力学计算的基本方法为极限平衡法，地质复杂、规模大的滑坡稳定性可结合数值模拟进行综合评价。对滑坡稳定性计算结果应结合滑坡地形地质条件、变形迹象和稳定状况等进行校核，验证评价结论的准确性。

滑坡稳定安全系数的选用，要根据滑坡规模大小、变形速率及危害程度，结合滑坡的发展阶段、公路等级及其重要性，以及对滑坡的性质、滑动因素、滑体和滑带岩土强度指标调查了解的可靠程度等进行综合考虑。特殊情况经必要的论证后可酌情增减。

滑坡计算考虑的荷载包括滑体重力、滑坡体上建筑物等产生的附加荷载、动荷载(如汽车荷载)等永久荷载,以及地震力、作用在滑体上的施工临时荷载。作用于滑坡体上的临时荷载,虽然作用时间短,但一些临时荷载对滑坡稳定极为不利,因此对临时荷载应作分析检算。考虑地震对古滑坡的影响时,要调查分析滑坡产生的条件,是否经历了与设计相当的地震作用的影响,反算滑动面 c、φ 值时要考虑历史上地震作用的影响。

滑坡稳定性分析采用的力学检算方法很多,规范条文列出传递系数法,是不平衡推力法的显式解计算公式,将隐于抗剪强度指标和传递系数中的安全系数取消,只将下滑力乘以一个安全系数,采用的是超载系数的概念。传递系数法是假设分条间推力 T_i 的作用方向取为上侧条块滑动的方向,引入条间竖向安全剪力,因此,传递系数法所得的安全系数是偏安全的。当稳定系数给定后,则传递系数法计算的下滑力 T_i,便可作为支挡结构所承受的推力。

关于滑面岩土的抗剪强度指标,应根据室内外试验值、相同地质条件下类似滑动面(带)岩土的经验值和反算分析值,并结合滑坡可能出现的最不利情况,综合对比分析确定。试验时尽量选用岩体直剪试验方法。当滑坡为首次滑动时,采用峰值强度;当为经常滑动或滑动位移量很大时,作多次剪切或环剪,采用残余强度;当滑带滞水时,作饱和快剪或控制含水率下的快剪;当滑带的灵敏度高时,需在原位进行试验;当滑带物质中粗颗粒的含量超过 30%时,需做大面积剪切试验。

选取滑动面(带)土的抗剪强度指标时,应根据下列情况采用一定年限内可能出现的最小 c、φ 值。

(1)应考虑一定年限内促使抗剪强度变化的各因素可能出现的最不利组合情况。

(2) 应考虑防治工程修建对滑动面(带)土的 c、φ 值变化的影响,防治工程发生作用之前所需要的时间,以及公路营运期滑坡岩土体长期性能变化情况。

(3)应考虑选用的 c、φ 值的可靠性。

采用反算法求 c、φ 值,反算方法宜采用综合 c、φ 法。需注意反算方法与地质条件适应性,特别是反算时滑坡地质条件与以后可能出现最不利条件情况的区别,

分析所求 c、φ 值的合理性。经验数据有其特殊及局限性，需注意使用条件。反算法不应用于确定潜在滑坡的滑动面(带)土的抗剪强度指标。

7.2.3 滑坡防治工程设计应根据各种防治措施的适用条件及其对所要防治滑坡的适用性，通过多方案的技术经济比较，因地制宜，合理确定滑坡防治工程方案。

滑坡的形成和发展是多因素作用的结果，防治设计时要根据防治对象的要求，分清主次，因地制宜，灵活应用各种防治技术，综合治理。合理的防治方案不仅能预防滑坡复活，快速稳定滑坡，而且能节约防治工程费用；反之，不合理的防治方案将不能根治滑坡，留下工程隐患，增大投资，甚至会贻误滑坡防治的时机，使滑坡产生恶化，造成灾害。

因此，滑坡防治方案是设计的灵魂，是防治工程成败的关键。设计时，应根据滑坡地形地质条件和主要诱发因素，结合各类防治工程措施的适用条件，从技术可靠性、经济合理性、环境协调性等方面，进行多方案的综合比选，合理确定滑坡防治方案。

7.2.4 滑坡排水工程设计应在确定滑坡防治总体方案的基础上，结合地形地质条件、地下水情况及降雨强度等，制订地表排水与地下排水相结合的排水设计方案，并应符合下列要求：

1 地表排水设计应在滑坡后缘的稳定地层上设置环形截水沟；滑坡范围较大时，宜在滑坡体范围内设置树枝状排水沟。地表裂缝地段的排水沟应采取防裂和防渗措施，并对整个滑坡范围的地表裂缝采用黏土或水泥浆进行封填。

2 地下排水设计应根据滑动面位置及形态、滑坡所在山坡流域水文地质条件及地下水动态特征，因地制宜，采用渗沟、暗沟、仰斜式排水孔或排水隧洞等排水设施。

3 截水渗沟平面布置应垂直地下水流的方向，并修建在滑坡范围 5m 以外的稳定土体上。渗沟的迎水面应设反滤层，背水面应设防渗隔离层。

4 排水沟、渗沟、暗沟、仰斜式排水孔和排水隧洞设计应符合本规范第 4 章的有关规定。

水是诱发滑坡的主要因素之一，做好截排水设计十分重要。排水工程有利于提高滑坡滑动面（带）岩土强度、减少滑坡的下滑力，进而提高滑坡稳定性，是滑坡防治的有效工程措施。

地表排水布设时要避免地表水流入滑体，并迅速排除滑体范围地表水。地下排水分浅层和深层。对浅层地下水，常用各种形式的渗沟；对深层地下水，常用仰斜排水孔、排水隧洞。埋深较大的截水渗沟、排水隧洞一般施工较困难，造价比较高。

由于补给滑动面（带）的地下水的来源、性质和流量不同，滑动面（带）土性质不同，以及滑坡出口位置与路基顶面之间关系不同，则选择截排水方案及排水设施类型也有所不同。设计时，要因地制宜，充分考虑补给滑动面（带）水的通道、方式在空间分布上变化情况，各种截排水设施的适用条件及其对具体滑坡的适应性，所选取的截排水设施能疏干的水量及其时效性等。

支撑渗沟主要用来支撑滑坡前缘潮湿土体兼起引排土体中的浅层滞水、地下水。支撑渗沟的横向间距可视土质情况，一般为6～15m，支撑渗沟的基底，应埋入滑动面以下稳定地层内0.5m，并设置2%～4%的排水纵坡。当滑动面较陡时可修筑成台阶，台阶宽应不小于2m。渗沟进水侧壁及顶端应设置反滤层。寒冷地区应注意采取防冻措施。

边坡渗沟是用于疏干潮湿的边坡和引排边坡上层的滞水或泉水，适用于坡度不陡于1∶1土质路堑边坡。修筑边坡渗沟，可以疏干和支撑边坡，同时也可以起截阻坡面径流和减轻坡面冲刷的作用。

截水渗沟可用于截流流向滑坡的浅层或深层地下水并将其排出滑坡体。截水渗沟在不致冲刷四周孔壁圬工的前提下，尽量采用较陡的流水纵坡。为便于养护及维修，在直线段每30～50m或渗沟的转弯、变坡点应设置检查井。检查井的井壁应设泄水孔，以排除附近的地下水。

7.2.5　滑坡减载与反压处理设计应符合下列要求：

1　推移式滑坡或由错落转化的滑坡，宜采用滑坡后缘减载、前缘反压措施。

2　滑床具有上陡下缓形状，滑坡后缘及两侧的地层相对稳定，不致因减载开挖而引起滑坡向后缘和两侧发展时，宜采用减载措施。

3 滑坡前缘有较长的抗滑段，宜利用减载弃方反压；路基位于滑坡前缘时，宜采用路堤通过。在滑体或滑带土具有卸载鼓胀开裂的情况下，不应采用减载措施。

4 减载时，应考虑滑坡后部和两侧山体的稳定性，防止后缘产生新的滑动。

5 填土反压时，应防止堵塞滑坡前缘地下水渗出通道，并应考虑基底的稳定性。必要时，应进行地基处理。

当路基通过滑坡区或潜在滑坡区时，合理的路线线位与路基断面形式，对防治滑坡具有重要的作用。因此，路线布设要尽量有助于提高滑坡的稳定性，在地形条件许可时，优先采用以路堤形式通过滑坡前部，对滑坡前缘形成反压，以增加滑坡的抗滑力；或者以路堑形式通过滑坡后部，对滑坡后部进行削方减载，以减少滑坡的下滑力。

在滑坡前缘设置路堤时，路堤填料和压实度应满足现行《公路路基设计规范》的要求，反压部位基底应碾压夯实。当处于地基软弱和富水地段时，应采取排水固结、换填路堤砂砾、碎石等透水性好的材料等措施进行地基处理。

减载对减缓滑坡变形有明显作用。对中小型滑坡，减载可作为滑坡整治的主要手段之一，对大型滑坡，要与其他工程配合。减载增加了新的暴露面，设计要充分论证是否会引起次生滑坡或使原滑坡的条件恶化，需慎重选择。对于反压处理措施，要注意其稳定性，防止产生新的滑坡。

回填反压工程适用于滑坡体前缘有较长的抗滑段，或滑坡剪出口前地形平坦、有较好的反压条件的滑坡。应将回填反压后滑坡稳定性系数和下滑推力作为支挡设计的依据。

7.2.6 抗滑挡土墙防治滑坡设计应符合下列要求：

1 抗滑挡土墙宜设置在滑坡前缘。必要时，可与排水、减载、锚固等措施联合使用。

2 抗滑挡土墙应根据滑坡剩余下滑力和库仑土压力两者之中的大值设计，其高度和基础埋深应防止滑体从墙顶滑出或从基底以下土层滑移的可能。

3 抗滑挡土墙结构设计应符合本规范第5.4节的有关规定。

4 抗滑挡土墙基础埋深较大、土体稳定性较差时，应采取临时支挡措施。其施工应分段进行，保证滑坡在施工期间的稳定和施工安全。

抗滑挡土墙是整治滑坡的有效措施之一，常作为排水、减载等综合措施的一部分，与支撑渗沟联合使用。抗滑挡土墙一般采用重力式挡土墙。抗滑挡土墙与一般挡土墙主要区别在于所承受的土压力大小、方向、分布和作用点不同，其所承受的土压力是按滑坡推力计算确定的。抗滑挡土墙基坑开挖深度较大时，对滑坡稳定不利，施工中要采取不破坏滑坡稳定性的措施，如短跳槽开挖、及时砌筑等。

7.2.7 抗滑桩防治滑坡设计应符合下列要求：

1 抗滑桩的位置选择应符合本规范第5.7.1条第2款的要求。

2 抗滑桩宜以单排布置为主。当滑坡推力较大时，可对滑坡进行分段阻滑。弯矩过大时，应采用预应力锚杆抗滑桩。

3 抗滑桩桩长宜小于35m。对于滑带埋深大于25m的滑坡，应充分论证抗滑桩阻滑的可行性。

4 抗滑桩结构设计应符合本规范第5.7节的有关规定。

抗滑桩可用于浅层、中层和厚层等各种类型滑坡防治，是广泛采用的稳定滑坡的有效抗滑措施，具有布置灵活、施工简便、施工对滑坡稳定影响小等优点。

根据滑坡特点和工程需要，可采用埋入式抗滑桩、桩板式抗滑挡墙、预应力锚索抗滑桩等。预应力锚索与抗滑桩组成锚索抗滑桩，改善桩的受力，减少桩截面和锚固段长度，效果较好。抗滑桩施工时，要注意开挖桩基时对滑坡稳定性的影响，一般采用跳桩、分批开挖。

7.2.8 预应力锚杆锚固滑坡设计应符合下列要求：

1 预应力锚杆锚固段应置于滑面以下的稳定地层中。

2 预应力锚杆承压结构应根据滑坡体岩土性质和承载力确定，宜采用钢筋混凝土框架或地梁。其坡面应采取防止表土被雨水冲刷、局部溜塌的措施。

3 预应力锚杆设计应符合本规范第5.5节的有关规定。

预应力锚杆技术已广泛应用于滑坡整治工程。但锚固段一般都置于稳定岩层中，锚固段为土层的实例较少。预应力锚索宜用于岩质滑坡加固，不宜单独用于土质滑坡。当用于土质滑坡时，锚固段应置于滑动面以下稳定的岩层中，并宜与抗滑桩等其他抗滑结构共同组成抗滑支挡体系，且应考虑由于土体变形引起的锚索预应力损失。对规模较小的岩质滑坡，也可采用预应力锚杆。腐蚀性环境中不宜采用预应力锚索。

设计时要采取措施，防止锚索预应力松弛，框架、地梁、锚墩处的土层压密沉降、局部溜坍，常造成锚索预应力松弛，从而引起锚索失效，因此对土层坡面要采取防冲刷的措施。

7.2.9 坡体前缘受河水冲刷时，应采取冲刷防护措施。

沿河、沟谷分布的滑坡，其坡体前缘受水流冲刷作用也是诱发滑坡的因素之一。因此，对于这些地段滑坡，需沿河（沟谷）岸坡进行冲刷防护，必要时可设置导流等措施，改变水流方向、消除和减缓水流对滑坡前缘或河岸的冲刷破坏。

7.2.10 高速公路、一级公路滑坡应进行施工监测，监测设计应符合下列要求：

1 滑坡防治监测可分为施工安全监测、防治效果监测和营运期监测，应以施工安全监测和防治效果监测为主。

2 滑坡监测项目可按附录F选定，监测点应布置在滑坡体稳定性差或工程扰动大的部位。

3 防治效果监测应结合施工安全和营运期监测进行，监测周期应为整治工程完工且公路投入营运后不少于一年。

滑坡防治监测包括施工安全监测、防治效果监测和动态长期监测，以施工安全监测和防治效果监测为主。施工安全监测结果是判断滑坡稳定状态、指导施工、检验防治效果的重要依据。施工安全监测内容包括地面变形监测、地表裂缝监测、滑体深部位移监测、地下水位监测、孔隙水压力监测、地应力监测等。防治效果监测要结合施工安全和长期监测进行，以了解工程实施后滑坡体的变化特征，为工程的竣工验收提供科学依据。一般情况下，防治效果监测时间为通车后不少于一个水文年。

7.3 崩塌地段路基

原规范共2条，本规范共6条。本规范将原规范第7.3.2第崩塌防治措施，改为按条规定各类崩塌防治措施。

7.3.1 崩塌地段路基设计应遵循下列原则：

1 路线通过崩塌地段时，应调查崩塌地段地形、地貌、地质情况，查明危岩、崩坍的类型、范围、成因及对公路的危害程度，作出公路建成后崩塌发生或发展趋势的预测与稳定性评价，合理选择路线位置及综合防治措施。

2 路线应绕避可能发生大规模崩塌或大范围的危岩、落石地段。对中小型崩塌、危岩体，当绕避困难或不经济时，路基设计应避免高填、深挖并远离崩塌物堆积区，对崩塌危岩体可采取遮蔽、拦截、清除、加固等综合治理工程措施。

崩塌一般是岩崩与坍塌的统称，山坡上经常发生的小块岩石的坠落称为碎落，本节所指的崩塌则为错落、坍塌、落石、危岩的总称。

崩塌是指斜坡上的不稳定岩土体在重力、地震、降雨或其他外力作用下，从高陡坡突然向下崩落，堆积于斜坡坡脚，具有明显的拉断和倾覆现象。它是在陡峻斜坡上发生的一种突然而又剧烈的动力地质现象，通过冲击、掩埋等方式对斜坡下方的公路、桥梁等构造物造成严重危害。因此，要通过综合勘察手段，查清崩塌危岩体分布范围、稳定状况及其危害范围。

崩塌滚石灾害的形成要具备斜坡地形地貌、地层岩性与结构面三方面的条件，诱发因素包括地震、降雨与人类活动等。

(1)崩塌滚石灾害多发生在45°以上的急陡坡和陡崖上。据大范围的调查统计，崩塌滚石发生的最佳地形坡度是55°～70°，70°以上的陡崖则是滚石(坠落)发生的最佳坡形。

(2)较坚硬的脆性岩是崩塌、滚石形成的主要物质。如砂岩、石灰岩、花岗岩、玄武岩、白云岩、白云质灰岩、板岩等。这些岩体岩性较坚硬，抗风化能力较强，易形成陡崖、山咀，但性脆，在重力和振动作用下，陡崖边、山咀上易发生沿节理裂隙的张裂和岩体卸荷碎裂。这为崩塌滚石灾害的发生提供了条件。

(3)崩塌滚石灾害的形成只需两组陡倾节理，构成“X”形，再加上一组近水平的缓倾节理，即可使崩塌岩体与母岩脱离形成崩塌滚石灾害。

(4)地震对崩塌滚石灾害形成的作用表现在地震上下振动时，将可能发生崩塌的岩体振松；左右剧烈晃动时，将可能崩塌的岩体折断，并向临空方向推举、抛出。

(5)水对崩塌滚石灾害形成的作用主要体现在地表水、河水对坡脚的冲刷作用,使坡脚悬空产生崩塌;水渗入可能崩塌体的裂缝中,产生较大的水劈和冰劈作用(冬天裂缝中的水产生冻结,体积增大,使岩体裂缝增大加深)。

(6)人类工程活动也是崩塌滚石灾害形成的主要诱发因素,如工程施工扰动下,岩体中原有的平衡状态被打破,引起岩体内的应力重分布,促使岩体内裂隙不断累积和发展,进而产生宏观断裂,导致岩体发生破坏失稳,最终形成崩塌滚石灾害。

崩塌按照失稳方式分为五类:滑移式崩塌、倾倒式崩塌、拉裂式崩塌、错断式崩塌和鼓胀式崩塌。各类崩塌在岩性、结构面特征、地貌、崩塌体形状、岩体受力状态、起始运动形式和主要失稳因素等方面都有不同特点(见表 7-2)。

表 7-2 崩塌分类

类型	主要特征						
	岩性	结构面	地貌	崩塌体形状	受力状态	起始运动形式	失稳主要因素
倾倒式崩塌	黄土,石灰岩及其他直立岩层面		峡谷,直立岸坡,悬崖等	板状,长柱状	主要受倾覆力矩作用	倾倒	静水压力、动水压力、地震力、重力
滑移式崩塌	多为软硬相间岩层,如石灰岩夹薄层页岩	有倾向临空面的结构面(可能是平面、楔形或弧线)	陡坡通常大于45°	可能组合成各种形状的滑移,如板状、楔状、圆柱状滑移等	滑移面主要受剪切	滑移	重力、静水压力、动水压力
鼓胀式崩塌	直立的黄土,黏土或坚硬岩石下有较厚软岩层	上部垂直节理,柱状节理,下部为近水平的结构面	陡坡	岩体高大	下部软岩受垂直挤压	鼓胀伴有下沉、滑移、倾斜	重力、水的软化作用
拉裂式崩塌	多见于软硬相见的岩层	多为风化裂隙和重力拉张裂隙	上部突出的悬崖	上部硬岩层以悬臂梁形式突出来	张拉	拉裂	重力
错断式崩塌	坚硬岩石,黄土	垂直裂隙发育,通常无倾向临空的结构面	大于45°的陡坡	多为板状、长柱状	自重引起的剪切力	错断	重力

崩塌具有速度快、冲击力强、破坏性大、危害严重等特点。因此，绕避崩塌地段是最佳的选择，应加强崩塌地段的地质选线、安全选线工作，合理布设路线线位，尽量避开可能发生崩塌的地段。当不能绕避时，在稳定性评价与预测分析基础上，采取有效的防治措施，保证公路运营安全。

国内外对于崩塌的防治方法可分为两大类：主动防护和被动防护。主动防护可分为加固法、清除法和绕避法。其中加固法包括危岩锚固、坡面固网、锚喷、支撑、嵌补、排水等；清除法包括清除个别危岩、削坡等；绕避法包括公路改线、修建隧道等。被动防护可分为拦截法、疏导法、警示与监测法。拦截法包括落石平台、落石槽、拦石网、挡石墙、拦石堤、拦石栅栏、明洞或防滚石棚等；疏导法包括疏导沟、疏导槽等；警示与监测法包括巡视、警告牌、滚石运动监测、电栅栏、雷达和激光监测等。

7.3.2　边坡或自然坡面岩体较为完整、表层风化易形成小块岩石呈零星坠落时，宜进行坡面防护。

坡面防护目的是阻止风化发展，防治零星碎落。坡面防护设计应与公路路基边坡防护相结合，根据气候条件、地形地质条件等，合理的选择防护工程措施。设置护坡及护面墙的边坡自身应是稳定的。

7.3.3　规模较小的危岩崩塌体可采取清除、支挡、挂网锚喷等处理措施，也可采用柔性防护系统或设置拦石墙、落石槽等构造物。拦石墙与落石槽宜配合使用，设置位置可根据地形合理布置。拦石墙墙背应设缓冲层，并按公路挡土墙设计，墙背压力应考虑崩塌冲击荷载的影响。

清除：山坡或边坡坡面崩落岩块的体积及数量不大，岩石的破碎程度不严重，可全部清除，并放缓边坡。清除坡面破碎风化层时，尽可能与放缓边坡坡率相结合，放缓后的坡率宜与潜在滑裂面一致。

支撑与嵌补：对边坡上部悬空的岩石，岩体仍较完整但有可能成为危岩时，可视地形和岩层情况，采用钢筋混凝土立柱或浆砌片块石支撑加固，以保持危岩体的稳定性。当边坡为软、硬岩层相间的地层，软岩风化严重形成凹壁时，可采用浆砌片石嵌补。

挂网锚喷：在裂隙较为密集的卸荷裂隙区和危岩区，在清除部分危岩体的基础上，用锚杆加挂网喷护锚固危岩体，以达到减缓卸荷裂涨的产生和卸荷裂隙区的扩展，以及加固已经形成的危岩体的目的。在设计加固工程时，要充分考虑边坡岩体的结构与裂隙面特征和卸荷裂隙的扩展特征，将卸荷裂隙扩展的牵引带作为重点加固区布置锚固工程，锚杆应伸入危岩体破裂面以下稳定的岩层内，并有足够的长度。在气候条件允许时，挂网锚喷可结合喷混植生对坡面进行植物绿化，以改善路域环境。

柔性防护网：近年来，对于岩石破碎较严重、易崩塌的边坡防护，边坡锚固、柔性防护技术得到了推广应用，取得了较好的效果。柔性防护系统包括主动式和被动式，主动式防护系统由系统锚杆和防护网组成，一般情况下，优先采用主动式防护系统；被动式防护系统由拦截网构成，拦截危岩、缓冲消耗掉危岩向下运动产生的动能。柔性防护网最为典型的是 WICCO 型、ROCCO 型以及 GBE 型三种防护网技术，这三种技术针对不同的危岩落石灾害发挥着独有的技术优势，大大降低了各种落石对公路运营安全的危害。

拦石墙、落石槽：在岩石破碎严重，落石经常发生的路段，宜采用拦石墙与落石槽等拦截构造物。拦石墙与落石槽应配合使用，设置位置可根据地形在横断面上合理布置。落石槽的槽深和底宽通过现场调查或试验确定，分别再加 0.5m 和 1.0m安全值，使拦截的落石不因滚动或弹跳而越出槽外。拦石墙墙背应设缓冲层，并按公路挡土墙设计，墙背压力应考虑崩坍冲击荷载的影响。拦石墙应采用浆砌片石砌筑。

在有足够的用地宽度或横坡小于 30°的缓坡地带，可用拦石堤代替拦石墙，拦石堤顶宽宜为 2～3m，迎石坡面宜采用坡率 1：0.75 的干砌片石砌筑。

7.3.4 对路基有危害的危岩体，应清除或采取支撑、预应力锚固等措施。在构造破碎带或构造节理发育的高陡山坡上不宜刷坡。

对路基有危害的危岩体，要优先考虑清除。在构造破碎带或构造节理发育的高陡山坡上不宜刷坡，可采用“预应力锚固＋柔性防护网”防护。采用预应力锚固时，预应力锚索的自由段应伸入危岩体破裂面以下不小于 2.0m，锚固段应设置在稳定的岩层内，并有足够的长度。锚固设计时，应考虑危岩体破裂面的发展趋势。

7.3.5 当崩坍体较大、发生频繁且距离路线较近而设拦截构造物有困难时，可采用明洞、棚洞等遮挡构造物。遮挡构造物应有足够的长度，洞顶应有缓冲层，并应考虑堆积石块荷载和冲击荷载的影响。

当崩坍体较大、发生频繁且距离路线较近而设拦截构造物有困难的高陡危岩边坡，可以采用明洞或棚洞等遮挡构造物，防治崩塌危害。洞顶应有足够厚度的填土作为缓冲层，当落石的体积为0.25～1.0m^3时，缓冲层最小厚度不宜小于2.5～3.5m，用于结构设计的洞顶荷载应考虑天然休止角堆积的石块荷载和冲击荷载的影响。

设计构造物的荷载分两种情况考虑：(1)拦石槽背顶被落石堆满或明洞顶的土、石堆积到天然休止角后，再与落石的冲击力组合。(2)墙背或洞顶人工回填的缓冲土层的作用与落石冲击力的作用相组合。检算结果应符合公路挡土墙设计或隧道设计的要求。

7.3.6 危岩落石拦截构造物的类型、结构尺寸、设置排数及位置，应根据落石的大小、数量、分布位置、冲击力和距路线的距离确定。

危岩落石拦截构造物的位置，应结合地形条件、危岩体规模大小等，考虑落石的运动轨迹和弹跳高度等因素，因地制宜，合理确定。落石运动轨迹和弹跳高度的计算影响因素很多，也难以计算准确，故尽可能通过现场试验确定，测定困难时，可根据实际已崩坍下落的石块分布位置，调查可能弹跳、滚动的最大距离及石块的大小，特别要注意靠近路基附近的有关数据的调查。

7.4 岩堆地段路基

本节为原规范第7.3.3条。

本规范新增第7.4.1条、第7.4.2条，补充规定了岩堆地段路基设计原则和稳定性计算规定。

修订理由如下：

(1)岩堆地段往往是上方山坡风化破碎岩体剥蚀、碎落、落石、崩塌等物质的堆积体，无论是上方山坡的地质条件，还是堆积区斜坡稳定性，其地质条件较为复杂，也对路基稳定和公路运营安全产生影响。为此,本规范补充规定岩堆地段的地质勘察工作、地质选线和路基横断面形式的设计原则。

(2)岩堆地段多处于斜坡上或沟谷地段,在岩堆上修筑路基,尤其是厚度大的岩堆,其稳定性直接影响到路基安全稳定。为此,本规范补充规定岩堆地段路基稳定性计算要求。

7.4.1 岩堆地段路基设计应遵循下列原则:

1 路线通过岩堆地段时,应调查岩堆地段地形、地貌、地质情况,查明岩堆的物质组成、类型、分布范围、物质来源、成因,分析预测岩堆发生、发展趋势及对公路影响程度。

2 岩堆地段路基设计应根据岩堆分布范围、厚度、物质组成,以及岩堆下伏基床的斜坡形态及坡度、下伏岩土性质、地下水、地表水的活动情况等,评价岩堆稳定性,合理选择路线位置和路基形式。

3 路线应绕避面积大、堆积床坡度陡、补给来源丰富、稳定性差的大型岩堆。对中小型岩堆,路线绕避困难或不经济时,岩堆地段路基应采用低路堤或浅路堑,并采取稳定加固措施。

岩堆是陡峻山坡上岩体崩塌物质经重力搬运在山坡坡脚或平缓山坡上堆积的松散堆积体,其表面的坡度与该堆积物的安息角相符或近似;岩堆主要分布在山岭区的陡坡上和山麓下。

岩堆体颗粒组成不同时,其性质有很大的差别:当其粒径以巨粒组为主时,岩堆表现出来的就是漂石土、块石土的性质;当以粗粒组为主时,表现出来碎石土、砾石土的性质,当其以细粒组为主时,就会呈现素土性质。

岩堆地段主要路基工程问题如下:

(1)岩堆路基开挖引起边坡坍塌:岩堆路基开挖,形成临空面,引起边坡体应力调整,胶结差或无胶结的块状岩体或岩土混合体边坡易产生坍塌。边坡坡度较陡、边坡高度较高时易发生坍塌病害。

(2)路堤填筑引起地基沉降变形和地基失稳:数值计算分析表明,当岩堆地基表面或岩堆床存在斜坡时,路堤填筑引起岩堆地基压密变形的同时产生较大的向外侧变形,易引起地基失稳。当岩堆中存在软弱面(带)时,路堤加载也可能引起局部地基失稳。

(3)因路基开挖或路堤加载可能引起岩堆整体失稳:当岩堆床坡度较陡,路基开挖深度大尤其是切穿岩堆时可能引起岩堆整体失稳。岩堆床坡度较陡、岩堆中存在软弱面(带),路堤加载引起岩堆地基压密变形的同时还易引起岩堆局部或整体失稳。

岩堆地段的地质勘察工作要注意勘察范围,一般情况下,地质勘察范围应包括岩堆上方山坡(岩堆的物质来源区)地质条件及稳定性、岩堆体本身的地质结构特征和岩堆体下伏斜坡和地基地质情况等。确定岩堆堆积形态和堆积厚度存在一些困难,由于岩堆都比较松散,钻探成孔困难,物探信号传递也比较弱,因此,岩堆勘察要加强现场调绘工作。

岩堆地段的地质条件较为复杂,上方山坡的崩落岩块及岩堆体本身的稳定状况都对路基稳定和公路运营安全产生很大的影响。因此,要十分重视岩堆地段的地质选线工作,合理确定路基位置和横断面形式。岩堆地段路基工程选线原则如下:

(1)布设路基线位时,绕避不稳定岩堆。由于路线通过岩堆,或挖或填,都将破坏岩堆体的自身平衡,其中对于大型不稳定的岩堆体,其整治十分困难。因此,对于绕避面积大、堆积床坡度陡、补给来源丰富、稳定性差的大型岩堆,工程处理困难的不稳定岩堆以及岩堆床坡度较陡、地表水及地下水发育的潜在不稳定岩堆,应首先考虑绕避方案。当不能绕避时,应考虑内移以隧道从岩堆体下安全深度内通过,或外移以桥跨越岩堆体。

(2)避免从岩堆上部以路堤通过。该形式属于对岩堆加载,一般情况对岩堆稳定是不利的。出现该种情况,必须进一步分析路堤加载后的岩堆整体稳定性,保证中小型岩堆的整体稳定系数不小于1.25,大型岩堆的稳定系数不小于1.1～1.2,并与外移作桥比较,必要时设置相应加固工程,结合路基边坡工程,一般采用桩基托梁挡土墙或桩板墙。

(3)避免从岩堆下部以路堑通过。岩堆前缘深挖方,对岩堆稳定性影响大,尤其是挖穿岩堆的情况,对岩堆稳定最为不利,应避免以这种形式通过岩堆下部。出现这种情况,一般外移作桥或内移作隧。

(4)控制岩堆挖方边坡高度。一般宜以小填小挖通过岩堆,忌深挖方,尤忌挖穿岩堆。控制岩堆地段路堑挡土墙高度不超过 8m,控制挖方边坡高度不超过15m,如挖方切穿岩堆坡脚,一般应设置抗滑桩或预应力锚索工程预加固工程。

(5)控制斜坡地段填方高度。当岩堆表面或岩堆床存在斜坡时,路堤加载使地基竖向压密变形的同时引起地基横向变形,容易引起地基失稳。当岩堆存在软弱面时,往往引起地基失稳变形。斜坡地段路肩挡土墙高度一般不超过 8m,大于 8m时一般采取桩基础措施。

7.4.2 岩堆地段路基设计,应根据路基所处的位置及断面形式进行路基稳定性检算,其稳定系数应满足本规范第 3.6 节、第 3.7 节的有关要求。

路线通过岩堆地段,采用路堤时,应分析岩堆在路堤加载后的稳定性,尤其要防止路堤沿岩堆堆积床或下伏软弱地基滑动;采用路堑时,应分析路基开挖后岩堆体稳定性。

当岩堆下伏岩土层界面斜坡较大或存在软弱结构面时,再加上路基荷载或开挖某一部分后,可能诱发岩堆下伏岩土界面或软弱结构面发生滑动,这种事例相当多见。设计时应根据试验资料分析,考虑地表水和地下水的作用,采用最不利的物理力学指标,进行稳定性计算分析。

7.4.3 处于发展中的岩堆地段路基,应减少开挖,宜采取挡土墙、坡面封闭等防护措施,也可设置拦石墙与落石槽或修建明洞、棚洞等遮挡构造物。

路线通过发展的岩堆时,路基设计时,应遵循“宁填勿挖”原则,尽量减少对坡面的开挖,开挖后的坡面需及时进行防护,修建挡土墙,必要时,可设置拦石墙与落石槽,拦截坡体上方的落石,保证公路安全稳定。必须通过正在发展的规模较大、落石来源量较大的岩堆时,宜考虑修建明洞、棚洞等遮挡构造物。

7.4.4 稳定的岩堆地段路基,宜采取下列处治措施:

1 位于岩堆上部时,宜采用台口式路基,并放缓边坡或沿基岩面清除路基上方的岩堆堆积物。

2 位于岩堆中部时,挖方边坡宜设置挡土墙等支挡构造物。

3 位于岩堆下部时,宜采用填方路基通过岩堆。

路线通过岩堆的不同位置,应根据岩堆地形地质条件、稳定状况等,合理地选择路基位置和横断面形式。已处于稳定的岩堆,宜采用低填浅挖,位于岩堆上部时,宜采用台口式路基,挖方边坡控制在 15 m 内,放缓边坡或沿基岩面清除路基上方的岩堆堆积物,并设置必要的挡墙、护坡和排水工程;当挖方边坡大于 10 m 时,视需要设置桩板式挡土墙或预应力锚索桩板墙。位于岩堆中部时,挖方边坡宜设置挡土墙等支挡构造物;位于岩堆下部时,宜采用填方路基通过岩堆。沿河岩堆地段路基坡脚受水流冲刷时,应对岩堆的下部进行防护。当岩堆体上有桥涵通过时,小桥涵基础可直接置于岩堆体内一定深度,大、中桥基础最好置于较完整基岩面上。

岩堆地段修筑路基,因孔隙大、结构松散,在行车荷载或地震荷载作用下易发生较大沉降,引起路面结构破坏。因此,要加强路基面以下岩堆的处理,除满足稳定性要求外,还需满足沉降变形的要求。

交通部西部交通科技项目“震后绵茂公路建设的关键技术研究”项目对岩堆路段路基稳定性和沉降控制进行了专题研究,采用换填、强夯和灌浆三种处治方法,粒径相对较小的岩堆,破碎相对较大的岩块后,采用强夯处理,效果较好;比较稳定的岩堆,采用换填加铺土工布的措施可以满足工程要求;粒径较大的岩堆,采用灌浆充填,可以起到控制稳定和沉降的双重效果。

7.4.5 对活跃的岩堆补给区,应根据其面积、岩体类型和规模,采取拦截或加固工程措施。

当岩块补给来源丰富时,为保证公路运营安全,需在落石来源方向的路基外侧设置拦石墙与落石槽等拦截构造物,设置位置可根据地形在横断面上合理布置。

7.4.6 岩堆地段路基稳定性不足时,宜设置抗滑挡土墙或抗滑桩等支挡工程。

岩堆路基遇到下列情况时,需设置支挡工程:

1)当岩堆地基表面或岩堆床存在斜坡,路堤填筑引起基底失稳;

2)岩堆床坡度较陡,路基开挖深度大尤其时切穿岩堆时可能引起岩堆整体失稳;

3)沿河岩堆路基受水流冲刷,可能诱发路基或岩堆失稳。

7.5 泥石流地段路基

原规范共2条,本规范共6条。本规范将原规范第7.4.2条泥石流防治措施,改为按条规定各类泥石流的防治措施,并新增第7.5.1条第2款泥石流地段选线、第7.5.5条泥石流坡面植物防护、第7.5.6条泥石流监测等规定。

修订理由如下:

(1)泥石流灾害具有分布广泛,突发性强,危害严重等特点。近年来,由于受极端降雨或地震作用的影响,特大灾害事件日益频繁。对于大型、活动频繁的泥石流,往往难以根治,绕避是上策。为此,本规范补充泥石流地段路基选线的规定。

(2)泥石流防治时,进行全流域的植物防护,恢复植被,是根治泥石流的最有效的措施。为此,本规范补充泥石流沟坡面的植物防护规定。

(3)难以绕避的大型泥石流,为保证施工安全,检验防治效果,需进行泥石流监测工作。为此,本规范补充了相关规定。

7.5.1 泥石流地段路基设计应遵循下列原则:

1 路线通过泥石流地段时,应查明泥石流的分布范围、成因类型、规模、特征、活动规律、泛滥边界、冲淤情况、泥痕高度、堆积区物质组成及分布形态、流量等,分析预测泥石流发展趋势及对公路危害程度。

2 路线应绕避大型泥石流、泥石流群及淤积严重的泥石流沟,并远离泥石流堵河严重地段的河岸。当无法绕避中、小型泥石流时,应合理选择路线位置、路基断面形式及综合防治措施。

3 泥石流防治设计应根据泥石流形成条件、类型、流动特点及活动规律,做好总体规划,采取恢复植被、排导、拦截和坡面防护等综合治理措施。

泥石流是挟带大量泥沙、石块的间歇性洪流,主要因降雨、冰雪融化而诱发,具多发性。泥石流分类方法较多,根据泥石流的物质组成成分分类,见表7-3,根据泥石流发生的地貌条件分类,见表7-4。

表 7-3　泥石流按物质组成成分分类

类　型	主要特征
泥流	固体物质以黏粒、粉粒为主，含少量砂砾、碎石、石块，黏度大，呈稠泥状
泥石流	固体物质由黏粒、粉粒，以及粒径不等的砂砾、碎石、石块、漂石等组成
水石流	固体物质以大量的粒径不等的砂、砾、碎石、石块等为主，含少量黏粒、粉粒

表 7-4　泥石流按发生地貌条件分类

类　型	主要特征
沟谷型泥石流	泥石流的发生、运动、和堆积过程在一条发育较为完整的河谷内进行，固体物质主要来自河床物质
山坡型泥石流	泥石流发生、运动过程沿山坡坡面或在山坡内冲沟中进行，堆积在坡脚或冲沟出口与主河交汇处，固体物质主要来自坡面

路线通过泥石流沟时，要加强沿沟的实地调查和居民访问工作，查明泥石流沟的沿线地貌特征，泥石流的规模、物质组成、发展趋势及危害程度等。

开展泥石流勘察时，主要结合可能的治理方案进行。一般情况下，各种治理措施的主要勘察内容如下：

(1)拦挡坝设计时，要求提供覆盖层和基岩的重度、承载力、抗剪强度，基面摩擦系数，泥石流的性质与类型，发生频次，不同设计频率下的泥石流流体重度和物质组成、泥石流的流速和流量、一次泥石流过流总量、一次泥石流固体物质冲出量、泥石流整体冲压力、泥石流爬高和最大冲起高度、泥石流回淤坡度和固体物质颗粒成分，沟床清水冲刷线等。

(2)群桩重点查明桩锚固段基岩的深度、风化程度和力学性质。

(3)排导槽、渡槽重点查明泥石流运动的最小坡度、冲击力、弯道超高和冲高。

(4)导流堤、护岸堤和防冲墩重点查明基岩的埋藏深度和性质、泥石流冲击力、弯道超高和墙背摩擦角。

(5)停淤场重点查明淤积总量、淤积总高度和分期淤积高度等。

泥石流勘察时应注意以下重点内容：

(1)对历史洪水调查除现场测量外，重点应加强调查访问，多人多点共同印证。

(2)在调查泥石流泥位时，测流断面应选择在沟道顺直、断面变化不大、无阻塞、无回流、上下沟槽无冲淤变化、具有清晰泥痕的沟段，且测流断面宜选择2～3个，如不能找到清晰的泥痕断面，则应结合调查访问，综合确定。

(3)尽量通过勘探或现场取样试验，获取历史泥石流固体物质特征参数。

(4)通过实地测量和地质勘察，获取现场准确的地形地质资料。

布设路基线位时，首先要绕避处于活动频繁的大型、特大型泥石流，以及淤积严重的泥石流沟，并远离泥石流堵塞河流严重地段的河段。路线通过泥石流堆积扇应根据扇面淤积率确定路基设计高程，不得在泥石流扇上挖沟设桥或作路堑。当路线跨越泥石流沟时，设计应遵循下列原则：

(1)绕避沟床纵坡由陡变缓的变坡处和平面上急弯部位。

(2)跨沟构造物应有足够的孔跨，不宜压缩沟床断面、改沟并桥涵或沟中设墩。

(3)路基设计高程应根据泥痕高度、残留层厚度、沟床淤积高度、设计保证年限内累计淤积厚度和辅移大漂石所需高度等确定，并留足净空。

(4)当以隧道通过泥石流沟时应留足抗冲蚀的顶板厚度和防止泥石流外溢的长度。

对于活动频繁的泥石流，需采取治土、治水和排导等多种措施相结合的综合治理，才能有效地控制泥石流和消除泥石流的危害。但对泥石流的综合治理，非公路一个部门就能承担，需要与当地其他部门的防治规划相协调，全面规划、共同治理。

泥石流防治设计时应遵循下列原则：

(1)根据泥石流活动的时、空特点，采用工程措施与生物措施相结合的防治工程，以减轻或化解泥石流的成灾因素。泥石流防治重点是公路建构筑物附近区域，拦粗泄细，以排为主，排导结合。条件合适时应兼顾全流域，进行全面综合防治，做到标本兼治，除害兴利。

(2)泥石流防治工程应从泥石流对防治结构的冲击和磨蚀作用两方面出发考虑结构的耐久性设计。

(3)泥石流防治工程有效使用期应与公路等级相适应，二级及二级以下公路原则上不低于25年，防治工程营运期间应加强泥石流对防治结构的毁损监测，及时采取相关补救措施，有效发挥防治结构功能。

(4)泥石流防治应采取工程措施与生物措施相结合，以工程措施为主。工程措施应根据泥石流与公路的组合关系、泥石流规模、泥石流运动冲淤特性及演变规律、公路等级等，采用桥隧跨越、排导工程、拦渣坝、护岸结构及导流堤、渡槽、过水路面、水土保持、抗冲磨材料及构造措施中的一种或多种措施综合应用。

7.5.2 跨越泥石流沟时，应选择在流通区或沟床稳定段设桥等构造物跨越，并绕避沟床纵坡由陡变缓的变坡处和平面上急弯部位。其设计应符合下列要求：

1 桥梁可用于跨越流通区的泥石流沟或者洪积扇区的稳定自然沟槽。设计时应结合地形、地质、沟床冲淤情况、河槽宽度，泥石流的泛滥边界、泥浪高度、流量、发展趋势等，采用合理的跨径、净空高度及结构形式。

2 隧道可用于路线穿过规模大、危害严重的大型或多条泥石流沟，隧道方案应与其他方案作技术、经济比较后确定。隧道洞身应设置在泥石流底部稳定的地层中，进出口应避开泥石流可能危害的范围。

3 泥石流地段不宜采用涵洞，在活跃的泥石流洪积扇上不得修筑涵洞。三、四级公路，当泥石流规模较小、固体物质含量低、不含较大石块，并有顺直的沟槽时，方可采用涵洞。

4 过水路面可用于穿过小型坡面泥石流沟的三、四级公路，路基横断面应采用全封闭式，可与桥梁、涵洞等联合使用。路基坡脚应设抑水墙。

1.桥涵跨越泥石流沟

桥涵跨越泥石流沟的原则：宁设桥勿设涵，宁用大跨度桥勿用小跨度桥或多孔涵，黏性泥石流及山区泥石流尤应如此。确定桥梁孔径时，不能单凭流量计算确定，需结合地形条件、沟槽宽度、泥石流性质与趋势及其发展变化规律等因素综合考虑。

涵洞与桥梁相比，有许多不利条件，主要是跨度小、净空低、泄流纵坡较缓、流程较长、周边阻力较大、宣泄泥石流能力较差、易堵淤、难抢险；工程实践表明，涵洞的泥石流病害率远高于小桥，跨越泥石流的涵洞淤埋严重。因此，泥石流地区要慎用涵洞。

桥下净空一般不应采用开挖沟槽来满足净空要求的方法。桥梁跨径一般与沟槽同宽，不应压缩，压缩后易造成泥石流堵塞桥孔。

跨径小于 20m 的小桥，当泥石流沟较深时，可采用拱桥；一般情况下，以采用钢筋混凝土板桥为宜，钢筋混凝土板桥建筑高度小，可以争取桥下净空，其整体强度比梁式桥优越。钢筋混凝土 T 型桥抵抗泥石流冲击能力较差，板桥与重力式桥台配合使用，效果较好。轻型桥台易受泥石流冲毁，不适用于泥石流沟。

2. 隧道穿越泥石流

对于大型及特大型公路泥石流，泥石流体淤埋厚度大于 20m、流动路径横向摆动范围较大时，优先选用隧道。

隧道(也称为泥石流隧道)是指采用隧道使公路从泥石流堆积体内横向穿越的工程防治结构形式，包括拱式、墙式和棚洞式三类，建成后泥石流体从底埋隧道顶部宣泄，保证公路运营安全。设计隧道时，必须较为准确地确定后期泥石流体的最大切割深度，一般情况下，对于二级及以下公路，可以按不低于 25 年一遇的泥石流重现期确定；对于高速公路、一级公路，应对不同重现期的泥石流最大切割深度，通过技术经济比较论证后确定。隧道顶部结构应具有足够的强度和抗御泥石流冲击、磨蚀能力，由钢筋混凝土建造。

隧道设计应遵循下列原则：

(1)隧道洞口被泥石流掩埋是最常见的严重病害，洞口位置应避开崩塌、滑坡等不良地质地段，同时应避开泥石流流向分叉及漫流改道影响范围，避免泥石流回灌洞室。隧道应遵循“早进洞、晚出洞”的原则，防止泥石流漫流淤埋洞口，隧道长度不应短于洞顶泥石流的最大泛滥宽度。隧道洞顶应置于泥石流防治设计重现期的最大冲蚀深度之下不小于 1～2m，避免泥石流体直接冲击、磨蚀隧道结构。

(2)隧道除按隧道规范设置排水措施外，必要时宜设置泄水洞；高寒地区应考虑抗冻要求。

(3)隧道临河方向应设置必要的支撑结构，隧道迎流侧应设置缓倾的导流底板，使泥石流体能够顺利地从洞顶翻越。

(4)隧道临河方向应设置必要的导流结构措施，避免泥石流体翻越隧道后在隧道外侧冲蚀隧道基础。

(5)隧道的养护除按隧道规范进行常规养护外，当洞顶泥石流体堆积物超过设计预留量后应及时进行清除。

3. 过水路面

泥石流沟雨季水量较大或有长流水时，后期养护工作量大，保通困难，不宜采用过水路面。因此，一般情况下，过水路面可用于三、四级公路允许临时阻车的小型坡面泥石流沟，路线纵面设计宜采用凹曲线，也可与小桥、涵洞联合使用。

路基横断面应采用全封闭式，路基上游边坡坡率以 1∶1.5～1∶2 为宜，下游边坡宜为 1∶3～1∶5，路基坡脚应设抑水墙，以防止冲刷。

过水路面可采用水泥混凝土路面，弯拉强度不小于 4.5MPa；也可采用 M10 的水泥砂浆砌块石路面。边坡与抑水墙可采用 M10 的水泥砂浆砌片石。

7.5.3　路线通过泥石流堆积区时，应设置排导沟、导流堤、急流槽、渡槽等排导工程，约束泥石流，固定沟槽。其设计应符合下列要求：

1　排导沟可用于有排沙的地形条件的路段。出口应与主河道衔接，出口高程应高出主河道 20 年一遇的洪水水位。排导沟纵坡宜与地面坡一致，横断面尺寸应根据流量计算确定。排导沟应进行防护。

2　渡槽可用于排泄流量小于 $30m^3/s$ 的泥石流，且地形条件应能满足渡槽设计纵坡及行车净空要求，路基下方有停淤场地。渡槽应与原沟顺直平滑衔接，纵坡不应小于原沟纵坡，出口应满足排泄泥石流的需要。渡槽设计荷载应按泥石流满载计算，并考虑冲击力，冲击系数可取 1.3。

3　导流堤可用于需要控制泥石流的走向或限制其影响范围的泥石流堆积扇区，防止泥石流直接冲击路堤或壅塞桥涵。导流堤的高度应为设计使用年限内的泥石淤积厚度与泥石流的沟深之和；在泥石流可能受阻的地方或弯道处，还应加上冲起高度和弯道高度。

排导措施包括排导沟、急流槽、渡槽、导流堤。

1. 排导沟

排导沟是由人工开挖或填筑过流断面，或利用自然沟道，多修建在泥石流的堆积扇或堆积阶地上，使泥石流循一定路线排泄。排导沟可单独使用或与拦蓄工程结合使用。对于排导沟的设计，要求通过洪峰流量时不发生淤积，也不出现冲刷，然而历次泥石流的流量物质组成变化很大，在一次泥石流的全过程中，其流态也是变化的，要求排导沟在任何情况下都不产生淤积是不可能的。因此，排导沟设计要求是在多年使用中，不出现危害建筑物安全的累积性淤积和冲刷破坏。

排导沟应布置成直线，进口段平面可做成喇叭形渐变段，排导槽中心线与河沟主流中心线一致。当受地形限制布置成曲线时，其转弯半径应为：稀性泥石流（水石流）应大于沟宽的8～10倍，黏性泥石流（包括泥流、泥石流）应大于沟宽的10～20倍。

排导沟与桥涵相接处应与桥涵纵断面一致，并采取相应的防护措施，出口应与主河道衔接，其交角宜小于45°，出口高程应高出主河道20年一遇的洪水水位。排导沟纵坡宜与地面一致。

2. 渡槽

渡槽可用于排泄流量小于$30m^3/s$的泥石流，一般在特定的地形条件下采用，纵坡以8%～15%为宜。对于沟道迁徙无常，冲淤变化急剧，流量、重度和含固体物质粒径变化很大的高黏性泥石流和含巨大漂砾的水石流，则不宜采用或慎用。

渡槽设计需遵循下列原则：

（1）设置渡槽处应有足够的高差，进、出口顺畅，基础有足够的承载力并具有较高的抗冲刷能力。

（2）对于处在急剧发展阶段的泥石流沟，或由崩塌、滑坡、阻塞溃决等成因形成的泥石流沟。只有在上游已经或有可能采取措施论证能够使泥石流发育得到控制时，或者有立面条件时，允许采用渡槽。

（3）渡槽的设计横断面尺寸应按设计最大流量计算获得的横截面积加上计算裕度和安全高度确定，并按设计流量计算获得的断面面积增大30%作为验算满槽过流能力的校核依据。

（4）渡槽和泥石流沟应顺直、平滑地连接，渡槽进口不得布置在急弯上且进口以上需有10～20倍于槽宽的直线引流段。

（5）渡槽进口段一般采用上宽下窄的梯形或圆弧形状的喇叭口形，连续渐变。渐变段长$L \geqslant (5 \sim 10)B_f$（$B_f$为槽宽），且$L \geqslant 20m$，渐变段扩散角$\alpha \leqslant 8° \sim 15°$。

3. 急流槽

急流槽用以防止桥涵的淤塞和堵塞，急流槽的宽度、侧墙高度与厚度、纵横上凹弧度及侧墙上的锁固桩的长度、埋深及间隔等均需要综合考虑泥石流体的流量、流速、流体性质、泥石流沟比降等因素确定。

4. 导流堤

导流堤用以改变泥石流的流向和流速，使泥石流能顺利排走，确保路基的安全。导流堤与泥石流的接触面，应采用斜坡式圬工防扩面层，厚0.5～1.0m，边坡稳定性系数为1.0～1.25，背后为土堤。临空面采用土的边坡稳定性系数为1.0～2.0。土石混合堤的高度不应超过5m，堤顶宽3～5m，一般采用梯形断面。顶冲部位应加强，凹岸一侧要加弯道超高。堤前应作冲刷计算，确定埋深。

7.5.4 路线通过泥石流堆积区时，可在流通区泥石流沟中设置各种形式的拦挡坝、格栅坝等拦截工程，拦截泥石流中的石块，减轻泥石流的冲击、淤积作用。其设计应符合下列要求：

1 拦挡坝可用于沟谷的中上游或下游没有排沙或停淤的地形条件、需控制上游产砂的河道，以及流域来沙量大，沟内崩塌、滑坡较多的河段。拦挡坝坝体位置应根据设坝目的，结合沟谷地形及基础的地质条件综合考虑确定。坝体高度不宜超过5m。坝顶宜采用平顶式；当两端岸坡有冲刷可能时，宜采用凹形。

2 格栅坝可用于拦截流量较小、大石块含量少的小型泥石流。格栅坝的格栅间隔按拦截大石块、排泄细颗粒的要求布置，其过水断面应满足下游安全泄洪的要求。坝的宽度应与沟槽同宽。坝基应设在坚实的地基上。

1. 拦挡坝

拦挡坝是建在泥石流形成区或形成—流通区的一种横断沟床的人工建筑物，旨在控制泥石流发育，减小泥石流规模和发生频率。其主要功能是：①拦沙节流，减小泥石流流速、重度与规模；②抬高局部沟段的侵蚀基准，护床固坡；③减缓回淤段沟床纵坡，使泥石流冲刷和冲击力减小，减轻沟床侵蚀，抑制泥石流发育；④坝下游冲刷力增大而有利于输沙，对泥沙淤积和沟道演变起调节作用。

拦挡坝可设多道以形成梯级拦挡坝，也称谷坊坝群。拦挡坝宜与其他措施组合使用。拦挡坝属于半永久性工程，一旦固体物质堆满溢出坝顶时，尚有其他整治工程发挥作用。

2. 格栅坝

格栅坝是指具有横向或纵向格栅、平面或立体网格和整体格架结构等拦挡坝的总称，主要适用于防治稀性泥石流，不适用于防治黏性泥石流。

格栅坝的特点:①拦、排兼容,充分利用下游河道固有输沙能力,保证下游河道稳定;②有选择地拦蓄,改变上、下游堆积组构和坝体受力条件。

格栅坝可分为刚性格栅坝和柔性格栅坝两种,刚性格栅坝又可以分为平面型和立体型两种,其材料主要有钢管、钢轨、钢筋混凝土构件。柔性格栅坝材料主要为高弹性钢丝网,不适用于细颗粒的泥流、水沙流等泥石流河沟。格栅的间距及孔口尺寸根据泥石流的情况和过坝的设计流量确定。

7.5.5 泥石流地段路基设计,宜对泥石流沟流域的坡面采取植物防护措施。植物防护应采取乔木、灌木、草本植物相结合。

泥石流沟流域的坡面防护,应根据泥石流发生的条件、泥石流性质及危害状况、泥石流发展趋势,结合当地自然条件和社会经济实际,采取植物与工程防治相结合的综合措施。植物措施一般在泥石流沟的全流域实施多树种、多层次的立体保护。植物工程对浅层土体的不稳定性和侵蚀有较好的防治效果。植物防护应采取乔木、灌木、草本植物相结合,选择根系深而发达、固土能力强、寿命长的植物,同时所选择的植物要与栽植地的气候条件相适应。

7.5.6 对路线无法绕避的大型泥石流,应进行施工安全和防治效果监测,监测内容包括泥石流的频率、流量、物质组成,以及泥石流流量的变化与河水流量、降雨量的关系。

7.6 岩溶地区路基

原规范共 4 条,本规范共 6 条。本规范将原规范第 7.5.2 条岩溶防治措施,改为按条分别规定岩溶水处理和溶洞处理设计,并新增第 7.6.1 条第 2 款岩溶地区选线原则、第 4 款路基设计对岩溶水的处理原则,以及第 7.6.5 条溶蚀洼地路基排水设计规定。

修订理由如下:

(1)大型、复杂的岩溶发育地段是路基病害多发路段,对于复杂的岩溶,地质勘察工作难以彻底查明岩溶的分布情况,给公路运营留下隐患,在自然或人为因素的作用下,可能产生路基路面塌陷,严重危害公路运营安全。为此,本规范补充岩溶地区选线原则。

(2)从工程安全考虑,岩溶水是危及路基安全稳定的主要因素之一,需要排除路基范围的岩溶水。但是从当地人民生饮用水、农田灌溉和生态环境的影响考虑,岩溶水又是需要保护的。为此,本规范从保证路基安全稳定、节约资源,保护环境等综合考虑,补充了岩溶水发育地段路基处理设计规定。

7.6.1 岩溶地区路基设计应遵循下列原则:

1 岩溶地区路基应采用遥感、物探、钻探及其他有效方法进行综合勘察,查明岩溶地貌形态、岩溶发育发展程度、溶洞围岩性质以及地表水、地下水活动等情况,分析地面致塌因素,综合评价场地稳定性。岩溶地段路堑开挖至路床顶面后,宜进行必要的补充勘察和评价。

2 路线应绕避大型、复杂的岩溶发育地区。绕避困难时,路基工程宜选择在岩溶发育范围小、易于处理的地段通过。

3 位于岩溶地段路基,应对路基稳定性及环境影响进行综合分析,确定岩溶对路基工程的危害程度,合理采取回填、跨越、注浆加固等处理措施。

4 岩溶水发育地段,路基修筑不应切断岩溶(地下、地表)水的径流通道,不得造成阻水、滞水或农田缺水。

5 采用注浆加固的地基,应采用物探配合钻孔取芯等综合方法进行注浆效果检测及评价。

石灰岩等可溶性岩层,在流水的长期溶解和剥蚀作用下,产生特殊的地貌形态和水文地质现象,统称为岩溶。

岩溶的分类和分级见表7-5、表7-6。

表7-5 岩溶的分类

类型	裸露型	浅覆盖型	深覆盖型	埋藏型
地表可溶岩出露情况	大部分	少量	几乎没有	无
覆盖层	土	土	土	非可溶岩
覆盖土厚度(m)	<10	<30	≧30	—
地表水与地下水连通情况	密切	较密切	一般不密切	不密切

表 7-6 岩溶发育强度分级

级别	岩溶强烈发育	岩溶中等发育	岩溶弱发育	岩溶微弱发育
岩溶形态	以大型暗河、廊道、较大规模溶洞、竖井和落水洞为主。	沿断层、层面、不整合面等有显著溶蚀，中小型串球状洞穴发育	沿裂隙、层面溶蚀扩大为岩溶化裂隙或小型洞穴	以裂隙状岩溶或溶孔为主
连通性	地下洞穴系统基本形成	地下洞穴系统未形成	裂隙连通性差	裂隙不连通
地下水	有大型暗河	有小型暗河或集中径流	少见集中径流，常有裂隙水流	裂隙透水性差

岩溶对路基的危害：溶洞顶板坍塌引起的路基下沉和破坏；岩溶地面坍塌对路基稳定性的破坏；反复泉与间歇泉浸泡路基，引起路基沉陷、坍塌或冒浆；突然性的地下涌水冲毁路基等。首先要从地质条件上弄清岩溶的发展规律和分布规律，慎重确定路线的布局和位置。一般情况下，要尽量设法绕避危害严重的、大型的、不易查清的岩溶地段；对危害较轻的中、小型岩溶地段，路基宜布设在岩溶范围较窄、易于处理的地段。

岩溶地区地质选线应遵循下列原则：

(1)布设路基线位时，首先要绕避岩溶强烈发育地带，地表塌陷、土洞分布密集地带，可溶岩与非可溶岩的接触带，岩溶水富集区及排泄带。不得已时，应以大交角通过。

(2)孤缝平原区，路基线位应选择在覆盖土层较厚、地下水埋藏较深的地段，宜绕避多元土层结构、地下水埋藏较浅且变化幅度较大或水位线在基岩面附近的地段。

(3)峰林谷地、峰丛洼地基溶丘洼地区，路基线位宜绕避垭口并高于岩溶水的最高洪水位，对可能受岩溶水危害的地段，宜采用填石路堤或设桥通过。

(4)河谷地区路基线位宜选择在岩溶发育较弱的一岸，高于岩溶水排泄带，绕避谷坡上岩溶负地形和无水溶洞群，避免位于岩溶地下水位以下。

(5)越岭地区路基线位宜选择在岩溶负地形之间，地下水分水岭附近；路基设计高程宜在垂直渗流带中，不宜在水平径流带中。

岩溶地区路基设计，主要是对影响路基稳定的岩溶和岩溶水进行预防和处理。实践证明，如果不加处理或处理不当，不仅会产生各种路基病害，影响行车安全；而且将导致水资源的利用受限，影响当地生产、生活正常秩序。

实践表明，注浆是治理岩溶塌陷的一种较为有效的方法，但尚没有有效的注浆质量的检测方法，以往多采用抽样钻孔取芯和压水试验等检测方法。由于地质体的各向异性和不均匀性，导致水泥浆液渗透方向和注入量的不确定性，因此，钻孔取芯观察水泥结石率具有一定的偶然性。压水试验检验虽是一种比较好的方法，但工作效率低，检验标准尚不统一，难以进行大面积的压水试验检测，故有一定的局限性。

近年来，瞬态面波法是一种新的物探检测方法，是根据岩土体注浆前后面波速度大小和面波频散曲线形态变化进行综合分析评价注浆效果，能比较全面、客观地反映受浆介质体的实际状态，可大面积检测。

7.6.2　对溶洞顶板岩层未被节理裂隙切割或虽被切割但胶结良好的完整顶板，可按厚跨比法确定溶洞顶板的安全厚度。当顶板的厚度与路基跨越溶洞的长度之比大于 0.8 时，溶洞的顶板岩层可不作处理。

评价溶洞的洞顶稳定性需分析两方面因素，一是内在因素：顶板的厚度、跨度及形态、岩石性质、岩层产状、节理裂隙状况及岩石物理力学指标等，二是外在因素：受载状况及洞内水流搬运的机械破坏作用等。顶板安全厚度的评价方法很多，原规范根据铁路科研成果和京珠高速公路粤境北段的实践经验，采用了厚跨比法。工程实践表明，其评价方法与控制标准是合理的，本次未作修订。

7.6.3　溶洞距路基的安全距离应符合下列规定：

1　对位于路基两侧的溶洞，应判定其对路基的影响。对开口的溶洞，可参照自然边坡来判别其稳定性及其对路基的影响；对地下溶洞，可按坍塌时的扩散角(图 7.6.3)、式(7.6.3-1)计算确定溶洞距路基的安全距离。

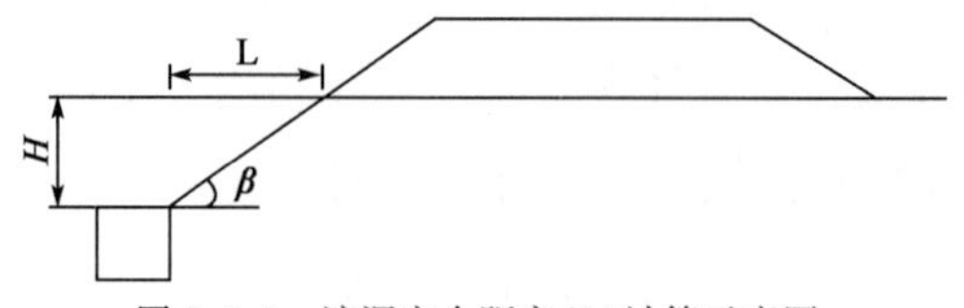

图 7.6.3　溶洞安全距离(L)计算示意图

$$L = H\cot\beta \quad (7.6.3\text{-}1)$$

$$\beta = \frac{45^\circ + \frac{\varphi}{2}}{K} \quad (7.6.3\text{-}2)$$

式中：L——溶洞距路基的安全距离(m)；

H——溶洞顶板厚度(m)；

β——坍塌扩散角(°)；

K——安全系数，取1.10～1.25，高速公路、一级公路应取大值；

φ——岩石内摩擦角(°)。

2 溶洞顶板岩层上有覆盖土层时，岩土界面处用土体稳定坡率(综合内摩擦角)向上延长坍塌扩散线与地面相交，路基边坡坡脚应处于距交点不小于5m以外范围。

3 路基坡脚处于溶洞坍塌扩散的影响范围之外，该溶洞可不作处理。

路线附近的溶洞，距离路基坡脚需有一定的距离，在洞穴坍塌呈漏斗形时，不致危及路基，该距离称为溶洞距路基的安全距离。条文中所列的计算公式，是按坍塌时的扩散角进行估算的，由于影响因素较多，在实践中还可调查参考既有工程的实例。

7.6.4 对影响路基稳定的岩溶水应采取疏导、引排等措施，并符合下列要求：

1 对路基上方的岩溶泉和冒水洞，宜采用排水沟将水截流至路基外。

2 对路基基底的岩溶泉和冒水洞，宜设置桥涵将水排出路基。

3 堵塞溶洞岩溶水的部分出水口时，所留出水口应能满足该区域排水畅通的要求。

4 对地表水，应做好排水设施集中引排。

岩溶水是危及路基安全的主要因素之一，要以疏导为主。对岩溶上升泉，不宜堵塞。工程实践表明，堵塞上升泉，易造成路基翻浆冒泥、边坡坍塌等病害。

在岩溶地段，地表水和地下水具有较强烈的侵蚀性，是岩层溶解与破坏的主要因素。因此，路基设计时要注意调整地表水流，疏导洼地积水及地下水。一般采用排水沟、渗水暗沟、涵洞、泄水隧洞等进行疏导，以防止地表水和地下水对路基造成危害。

7.6.5 路基位于溶蚀洼地时，应设置完善的排水系统，做好地表排水设施，将地表水引入邻近沟谷或对路基无危害的落水洞中；积水不能排除时，路基应采用渗水性良好的砂砾、碎石土等填筑，并应高出积水位0.5m。

溶蚀洼地区主要的环境地质问题是内涝。在溶蚀洼地区洪峰流量特别大，地下水排泄不畅是形成内涝的主要原因；地下水顺着洼地或谷地边的落水洞涌出也是形成内涝的重要原因。

路基位于封闭的岩溶洼地时，往往隔断原有地表水系，有的路堤是直接掩盖了落水洞，易形成内涝，造成路基病害。因此，路基设计应保证原有的岩溶水排泄通道畅通，不应切断岩溶（地下、地表）水的径流通道，不得造成阻水、滞水或农田缺水。需在查清水情的基础上，做好疏导工程设计，保证地表水畅通。对不可避免受雨季积水浸泡的路堤，其浸水部分优先用水稳定性较高的砂砾、硬质岩片碎石等作为填料。

7.6.6 对路基范围的溶洞、落水洞，应根据溶洞大小、深度、充水情况、所处位置及施工条件，采取下列处理措施：

1 对有排泄要求的溶洞、落水洞，不得进行封堵处理，应采取设置钢筋混凝土盖板、桥涵等构造物跨越，保护岩溶地区地下水系。

2 对稳定路堑边坡上的干溶洞，洞内宜采用干砌片石填塞。

3 对位于路基基底的裸露和埋藏较浅的溶洞，可采取回填封闭、钢筋混凝土盖板跨越、支撑加固或构造物跨越等处理措施。

4 对有充填物的溶洞，可采取注浆法、旋喷法等加固措施；当不能满足设计要求时，宜采用构造物跨越。

5 地表下土洞埋藏较浅时，可采取回填夯实、冲击碾压或强夯等处理措施，并做好地表水引排封闭处理；土洞埋藏较深时，宜采取注浆、复合地基等处理措施。

溶洞、溶蚀裂隙发育带及覆盖层土洞，危及路基安全稳定时，需视具体情况，因地制宜采取回填、跨越、加固等处理措施。

1. 回填处理

包括回填（充填法、换填法）、垫褥法等处理措施。

(1)对于稳定的路堑边坡上干溶洞，宜采用干砌片块石填塞，洞口附近则需采用浆砌片石支撑。

(2)路基基底范围的埋藏较浅且没有排泄要求的干溶洞，通常采用片块石、碎石等填料进行充填。当路基以下溶洞顶板很薄时，一般是炸开溶洞顶板，清除洞内填充物基松散物，再回填片石、碎石等。

(3)对于已被充填的溶洞，如洞内充填物的物理力学性质不好，溶洞内充填物通常松散、软弱，溶洞表层溶蚀部分也较松散破碎，作为路基基底，其承载能力往往不能满足设计要求，需予以清除，并换填砂砾、片石、块石等强度高、水稳定性好的填料。

(4)对于路基基底范围的裸露或浅埋的溶沟、溶槽、石芽等岩溶突出物分布地段,可能引起路基不均匀沉降,需挖除突出物,设置厚度 0.30～0.5m 的砂砾、碎石等垫层,必要时可铺设土工格栅、土工格室等土工合成材料。

(5)回填处理设计时,需注意农田灌溉和抽排地下水等引起渗流,导致溶洞内细粒土被掏蚀,再次引发地基变形、甚至塌陷的可能性。为此,当洞内围岩裂隙、溶蚀沟槽等发育时,需对围岩壁进行喷浆处治。

2.跨越

包括板跨法、桥涵跨越法、支撑法等处理措施。

(1)对狭小且深的溶洞或因有水的溶洞,可根据其宽度的大小采用钢筋混凝土盖板跨越。

(2)对于跨度较大的溶洞,或需要保持排水者,一般采用桥梁或涵洞通过。桥梁适用于跨越流量较大的暗河、冒水洞或消水洞等。涵洞适用于跨越一般的岩溶泉。

(3)当溶洞洞径大、顶板完整、洞内施工条件较好时,通常采用浆砌片石或片石混凝土支顶墙或支撑柱加固;洞内施工条件不好时,采用钻孔灌注桩支撑。

3.覆盖土层地基处理

包括夯实、冲击碾压、强夯、注浆、复合地基等处理措施。

(1)对于覆盖型的隐伏岩溶区,处理大面积土洞和塌陷时,重锤夯实、冲击碾压、强夯强夯法是一种省工省料、快速经济且能根治整个场地岩溶地基稳定性的有效方法。一般夯击遍数 1～8 遍,夯点距 3m。如无地下水影响,两遍夯击间歇时间可不受限制,在夯击过程中,如果夯锤突然下陷,说明下部有隐伏土洞,此时可随夯随填土或砂砾、碎石等处理。

(2)对溶蚀裂隙发育带基埋藏较深的溶洞、土洞,一般采用注浆加固。

(3)对覆盖土层大于 5m 的隐伏岩洞或土洞地段,地下水渗流将引起路基基底变形和塌陷,一般情况下,采用钢管注浆、水泥搅拌桩、旋喷桩等复合地基处理,以提高地基稳定性和强度。设计时,通过技术经济比较确定最佳的处理措施。

对于路堑边坡范围的溶洞,路基开挖后可进一步揭露溶洞,通过动态设计,对边坡溶洞进行处理。

危害路基安全稳定和公路运营安全的是路基路床以下的溶洞。由于岩溶分布地段的地形地质较为复杂，现有的地质勘探技术尚难以准确地查明岩溶的分布情况，如分布位置、溶洞大小、溶洞形态、溶洞顶板的岩层或土体分布情况及其物理力学性质等，导致设计时不能对路基范围的实际分布溶洞全部进行有效的处理，且路基开挖也不能揭露路床以下的溶洞，这样将给路基安全稳定和运营安全留下隐患。

因此，对路基路床范围的岩溶处理设计时，应注意下列问题：

(1)对于挖方地段路床范围以下的溶洞，需在路基开挖至路床顶面后，采用物探(地震勘探、电法勘探等)与钻探相结合的方法进行补充勘探，首先用物探(顺路线方向布置多条物探线)对路床以下的溶洞进行普查性的补充勘探，再对物探查明的溶洞，进行钻探验证。并对确认的溶洞，视具体情况进行处理。

(2)对于有覆盖土的隐伏岩溶地段路堤，为弥补地质勘探未查明的遗漏溶洞，可在路堤填筑施工前，对路堤基底范围进行冲击碾压，不仅可以处理覆盖土层，提高其强度和承载能力，还可以发现隐伏溶洞。

上述两种措施，在京珠高速公路粤境北段和南段都得到了应用，彻底消除了路基范围的溶洞对安全稳定的影响，取得了良好的效果，值得推广应用。

7.7 软土地区路基

原规范共 9 条，本规范共 15 条。本规范修订主要内容如下：

(1)删除原规范第 7.6.1 条表 7.6.1 软土鉴别指标，并将原规范第 7.6.4 条地基稳定性与工后沉降控制标准并入第 7.6.1 条。

(2)新增第 7.7.4 条地基加固方案比选要求；

(3)将原规范第 7.6.5 条中的排水固结法、粒料桩、加固土桩、强夯等地基加固措施，按条分别予以规定，补充泡沫轻质土、强夯置换处理措施，并新增第 7.7.9 条 CFG 桩、第 7.7.11 条刚性桩复合地基等软土地基处理新方法。

(4)简化原规范第 7.6.6 条的规定，删除“路堤加宽、边坡坡率调整”的计算方法。

修订理由如下：

(1)软土鉴别指标，《公路工程地质勘察规范》(JTG C20—2011)已有规定，从相关规范之间的协调考虑，本规范删除了表 7.6.1 软土鉴别指标。另外，原规范第 7.6.4 条地基稳定性与工后沉降控制标准，属于软土地基处理设计的控制标准，本次修订将其并入第 7.7.1 条，作为软土地区路基设计应遵循的总原则。

(2)软土地基处理加固方案，不仅决定了地基加固工程的成败，也影响工程造价。为进一步强化软土地基方案设计，本规范补充了第 7.7.4 条地基加固方案比选的设计要求。

(3)近十年来，软土地基处理新技术得到了快速发展，根据相关技术的成熟可靠性和高速公路建设经验，本次规范修订补充了泡沫轻质土、强夯置换处理、CFG 桩、刚性桩复合地基等软土地基处理新方法。

7.7.1 软土地区路基设计应遵循下列原则：

1 应调查收集沿线的地形、地貌、工程地质、水文地质、气象、地震等资料，按现行《公路工程地质勘察规范》(JTG C20)的有关规定，采用适宜的勘探方法进行综合勘探试验和现场原位测试，并进行统计与分析，合理确定软土物理力学性质指标。

2 软土地基上路堤稳定系数应符合表 7.7.1-1 的要求。当计算的稳定系数小于表 7.7.1-1 规定值时，应针对稳定性进行地基处理设计。

表 7.7.1-1 稳定安全系数容许值

指　标	固结应力法		改进总强度法		简化 Bishop 法、Janbu 法
	不考虑固结	考虑固结	不考虑固结	考虑固结	
直接快剪指标	1.1	1.2	—	—	—
静力触探、十字板剪指标	—	—	1.2	1.3	—
三轴有效剪切指标	—	—	—	—	1.4

注：当需要考虑地震力时，表列稳定安全系数减少 0.1。

3 路基工后沉降应符合表 7.7.1-2 的要求。当不满足表 7.7.1-2 的要求时，应针对沉降进行处治设计。

表 7.7.1-2 容许工后沉降(m)

公路等级	工程位置		
	桥台与路堤相邻处	涵洞、箱涵、通道处	一般路段
高速公路、一级公路	≤0.10	≤0.20	≤0.30
作为干线公路的二级公路	≤0.20	≤0.30	≤0.50

1.软土地基勘察

软土地基上公路路堤的设计与施工质量在很大程度上取决于地质资料的真实

性和代表性，应对资料作对比分析工作，结合现场情况、取样试验过程评价资料的可靠性。用于设计计算的数据一般不得用单孔资料，应是把同一地层的同一指标用数理统计法进行统计整理，从中选出代表性数据用于计算。

软土层厚度在不同方向上的分布是不均匀的，尤其是古河道、暗沟(塘)及山前地带等地段，软土层的厚度变化较大，且软土层底多存在一定的斜坡，当软土层底的斜坡度较大且与路堤横断面方向一致时，容易引起路堤失稳。因此，需加强路基横断面方向的软土地基勘察，查明软土层厚度和层底斜坡的分布情况。

2. 软土鉴别指标

关于软土的鉴别，国内各行业的标准有所差异，原规范以 1996 年颁布的《公路软土地基路堤设计与施工技术规范》(JTJ 017—96)软土鉴别为基础，结合近几年高速公路地基处理经常遇到的软弱土处理问题，参考国家标准《岩土工程勘察规范》(GB 50021—2001)，补充了直剪内摩擦角、十字板剪切强度、压缩系数等判别指标。

《公路工程地质勘察规范》(JTG C20—2011)第 8.5.1 条软土鉴别指标标准与原规范表 7.6.1 是一致的。本规范为简化地质勘察的规定，删除了相关规定。

3. 软土地基稳定安全系数

大量的实践证明，安全系数与所采用的计算方法及采用的抗剪强度指标有关，也就是说对不同的设计计算方法和强度指标应该采用不同的安全系数。本规范稳定安全系数容许值考虑了固结度的因素，实际上是对施工期和营运期给出了不同的安全系数。日本《高等级公路设计规范》中要求施工中的安全系数达到 1.1，通车后的安全系数达到 1.25；认为快速施工中的路基为临时工程，破坏的可能性较大，1.1 的安全系数即可。

固结有效应力法 $U=0$ 条件下采用 1.1 的安全系数，实际上比以前采用总应力法计算时采用 1.1 的安全系数要安全得多。因为前者计算滑动面上的摩擦力时，土条中路堤部分的重量产生的摩擦力 $U \cdot W_{\mathrm{II}}\cos\alpha\tan\varphi_{\mathrm{cq}}$ 为 0，而后者将土条中路堤部分的重量 W_{II} 全部计入摩擦力 $(W_{\mathrm{I}}+W_{\mathrm{II}})\cos\alpha\tan\varphi_{\mathrm{q}}$ 的计算中。从这里还可以看出，在 $U\neq0$ 时，如果 $U \cdot W_{\mathrm{II}}\cos\alpha\tan\varphi_{\mathrm{cq}}<W_{\mathrm{II}}\cos\alpha\tan\varphi_{\mathrm{q}}$，即 $U<\tan\varphi_{\mathrm{q}}/\tan\varphi_{\mathrm{cq}}$ 时，采用固结有效应力法计算的安全系数比采用总应力法计算的安全系数要小，这

与固结理论是相矛盾的，故不再将总应力法作为软基路堤稳定验算的方法。

以前采用总应力法计算，主要是经验和习惯，因为钻孔取样做直剪试验是地质勘探工作的基本要求，对于软土来讲，取样、运输、开样等过程中的扰动造成室内测得的抗剪强度降低，通过采用总应力法计算可以“弥补”强度的降低。要解决这些存在的问题，办法有两个：一是采用原位测试资料，二是采用有效抗剪强度指标，这就是选用 4 种计算方法的原因。

原规范采纳《公路软土地基路堤设计与施工技术规范》(JTJ 017—96)中“制定容许工后沉降控制标准”，经十年来的高速公路建设实践验证是合适的。本次修订仍维持原标准。

4. 工后沉降控制标准

工后沉降是指路面设计使用年限（沥青路面为 15 年、水泥混凝土路面为 30 年）内的残余沉降，容许工后沉降又称为剩余沉降或残余沉降。

容许工后沉降涉及的问题比较多，它的取值直接影响到工程造价及道路的使用性能。国内外对这个问题的看法不一样，而且看问题的角度也在变化。

1967 年日本道路协会《道路土工指针》曾规定：当土方工程结束后立即铺筑高等级路面时，路堤中心处剩余沉降量的限值，一般路段为 0.10～0.30m；与桥梁等邻接的填土部位为 0.05～0.1m。

1970 年日本道路公团关于土工、路面、排水及绿化的“设计要领”中的准则是：一般路段的剩余沉降量，规定为预计的最终沉降量和路面工程结束时的沉降量之差；但进行预压处理时，则把卸荷以后的沉降量作为剩余沉降量来考虑，取值采用以下原则：

(1)当涉及路面工程结束后的路面平整度时，容许值为 0.10m。

(2)当涉及箱涵开挖施工的预留沉降量时，容许值为 0.30m。

1989 年日本道路协会的《软土地基处理技术指南》要求：路面铺筑后 3 年内，路堤中心处容许沉降可由道路重要性决定；与桥梁邻接的填土路段（桥头引道）以 0.10～0.30m 控制。

现行的日本《高等级公路设计规范》已不考虑容许工后沉降，重点放在填方稳定分析上，理由有以下三点：

(1)采用经济的施工办法,确定无法减少长期沉降(这里指次固结沉降)。

(2)道路填方时,即使长期沉降量很大,在维修管理阶段也能控制。

(3)地基沉降量随时间的变化关系难以预测。

原联邦德国交通部1990年新颁布的《软弱地基上道路建设规范》对预压规定为:预压荷载的高度及作用时间必须保证;道路运营期由于堤身自重及行车荷载作用,不引起地基土的初期加荷。要求预压期末地基土中任一点处,固结后达到的孔隙比所对应当量应力,不能被运营期该点的有效应力所突破。次固结在这种压处理后可以忽略不计。

根据国内资料的介绍,美国除对桥头引道规定12.7~25.4mm(0.5~1in)的容许差异沉降外,路面容许总沉降或差异沉降常不作规定,一条道路的工后沉降0.30~0.61m(1~2ft)是容许的。法国要求桥头引道部分的容许工后沉降为3~5cm,在一般路段为10cm。对应的地基固结度为85%~95%。

从以上的资料来看,日本对工后沉降的重视程度逐渐减小,主要把问题放在养护中解决,这可减少一次性投资;但养护工作的质量水平、所用机械的自动化程度必须有一定要求,否则必然影响道路的运营效率。德国对预压的要求是很严的,并通过预压达到控制次固结的目的。法国与美国对桥头的差异沉降控制也很重视。

京津塘高速公路设计时,根据该路的实际条件,参考上面的研究结果,在征求了国内外有关专家意见的基础上,更具体地制定了所用的容许工后沉降标准:

(1)主线上的大、中、小桥及通道,在与两端填土路堤毗连处取0.10m,涵洞处取0.20m,除此之外为0.30m。

(2)分离式立交的跨线桥与引道路堤填土毗连处,在被交道路为一级时取0.20m,在被交道路为二级或二级以下时取0.30m,引道填土部分分别为0.45m和0.60m。

在京津塘高速公路之后设计的广佛、杭甬、深汕、沪宁等高速公路,对容许工后沉降也参考国内外情况作了相差不大的规定。

《公路软土地基路堤设计与施工技术规范》(JTJ 017—96)在制定容许工后沉降时,参考了日本、德国、美国以及我国早期修建的高等级道路的情况,提出了表7-7所列的标准。

表 7-7 容许工后沉降(m)

道路等级	工程位置		
	桥台与路堤相邻处	涵洞、箱涵、通道处	一般路段
高速公路、一级公路	≤0.10	≤0.20	≤0.30
二级公路(采用高级路面)	≤0.20	≤0.30	≤0.50

原规范采用了表 7-7 的标准。由于我国高速公路建设的快速发展,路基施工工期紧、预压期短等因素,为保证路面具有良好的使用功能和服务水平,就必须采用"造价换时间"的地基处理思路,提高软土地基沉降控制标准,加强地基处理措施,减少工后沉降。十年来的工程实践表明,该标准符合我国公路建设的实际情况。故本次修订仍维持该标准。

7.7.2 地基沉降计算应符合下列要求:

1 对用于计算沉降的压缩层,其底面应在附加应力与有效自重应力之比不大于 0.15 处。

2 行车荷载对沉降的影响,对于高路堤可忽略不计。

3 主固结沉降 S_c 应采用分层总和法计算。

4 总沉降 S 宜采用沉降系数 m_s 与主固结沉降按式(7.7.2-1)计算

$$S = m_s S_c \tag{7.7.2-1}$$

式中:m_s——沉降系数,与地基条件、荷载强度、加荷速率等因素有关;其范围值为 1.1~1.7,应根据现场沉降监测资料确定,也可按式(7.7.2-2)估算;

$$m_s = 0.123\gamma^{0.7}(\theta H^{0.2} + vH) + Y \tag{7.7.2-2}$$

θ——地基处理类型系数,地基用塑料排水板处理时取 0.95~1.1,用粉体搅拌桩处理时取 0.85;一般预压时取 0.90;

H——路堤中心高度(m);

γ——填料重度(kN/m^3);

v——加载速率修正系数,加载速率在 20~70mm/d 之间时,取 0.025;采用分期加载,速率小于 20mm/d 时取 0.005;采用快速加载,速率大于 70mm/d 时取 0.05;

Y——地质因素修正系数,满足软土层不排水抗剪强度小于 25kPa、软土层的厚度大于5m、硬壳层厚度小于2.5m三个条件时，$Y=0$，其他情况下可取$Y=-0.1$。

5　总沉降也可由瞬时沉降S_d、主固结沉降S_c及次固结沉降S_s之和计算，即：

$$S = S_d + S_c + S_s \tag{7.7.2-3}$$

6　任意时刻地基的沉降量，考虑主固结随时间的变化过程，按下式计算：

$$S_t = (m_s - 1 + U_t)S_c \tag{7.7.2-4}$$

或

$$S_t = S_d + S_c U_t + S_s \tag{7.7.2-5}$$

式中：U_t——地基平均固结度，采用太沙基一维固结理论解计算；对砂井、塑料排水板等竖向排水体处理的地基，固结度按巴隆给出的太沙基—伦杜立克固结理论轴对称条件固结方程在等应变条件下的解计算。

1.沉降系数取值问题

应用经验系数校正法计算软土地基的总沉降量是目前国内最常用的方法，其的分析模式简单，计算结果的可靠性在很大程度上取决于经验系数的选取。这里的经验系数即沉降系数m_s，对于其的取值，国内有关规范在制定过程中进行过研究，结果反映在相应的条文中。

浙江省《建筑软弱地基基础设计规范》(DBJ 10-1—1990)(试行)根据压缩模量及土类，制定了表7-8所列沉降系数的值。

表7-8　沉降计算经验系数

土类		E_s(MPa)			
		2.5	4.0	7.0	15.0
黏性土	$P_0=f_k$	1.4	1.3	1.0	0.4
	$P_0<0.75f_k$	1.1	1.0	0.7	0.4
砂土			1.0	0.7	0.4

表中的f_k为地基承载力标准值，P_0为基础底面的附加应力，E_s为沉降计算深度范围内压缩模量当量值。根据软土一般力学指标，其$E_s<10.0$MPa，所以软土地基的沉降系数，从上表看一般是0.7～1.4。国家标准《建筑地基基础设计规范》(GB 50007—2002)沉降系数取值与表7-8基本相同，只是没有砂土一行的内容，但增加了$E_s=20$MPa时沉降系数0.2。

在制定我国《工业与民用建筑物地基基础设计规范》的过程中，通过调查研究，认为沉降系数与土的侧限变形模量(压缩模量)E_s 有关。沉降系数取值见表 7-9。

表 7-9　沉降计算经验系数

土的侧限变形模量 E_s(MPa)	$E_s \leqslant 4.0$	$4.0 < E_s \leqslant 7.0$	$7.0 < E_s \leqslant 15.0$	$15.0 < E_s \leqslant 20.0$	$E_s > 20.0$
沉降系数	1.3	1.0	0.7	0.5	0.2

《上海市地基基础设计规范》中,沉降系数 m_s 根据基础底面附加应力 P_0 的值来确定:当 $P_0 \leqslant 0.06$MPa 时,$m_s=1.2$;当 $P_0 \geqslant 0.1$MPa 时,$m_s=1.3$,中间值可以内插。

从以上规范中沉降系数的取值情况来看,将沉降系数与荷载强度及地基自身的强度相联系,是人们的共识。

对于公路工程,由于沿线工程地质条件的复杂性、荷载强度及其增长的多变性,以及各种处治措施的影响,沉降系数所涉及的制约因素比一般的建筑物要多。下面可以从几处试验工程的实测结果,看沉降系数的变化。

(1)京津塘高速公路软基试验工程

该试验工程设置了 9 种不同处治类型的试验段,1～9 段的地基处理形式、路堤填高及算得的沉降系数见表 7-10(固结沉降用 e-p 曲线计算,由实测沉降资料推算最终沉降采用星野法)。

表 7-10　软基试验工程沉降系数实测值

位置	天津军粮城试验场					塘沽河北路试验场			
断面号	Ⅰ	Ⅱ	Ⅲ	Ⅳ	Ⅴ	Ⅵ	Ⅶ	Ⅷ	Ⅸ
填土高度(m)	3.72	3.81	3.91	3.96	7.07	2.08	3.07	4.18	5.30
填土密度(kN/m³)	20.5	20.5	20.5	20.5	20.5	21.0	19.3	18.8	17.9
填土速率(m/d)	0.026	0.025	0.024	0.023	快速填土	0.017	0.015	0.021	0.126
地基处理类型	袋装砂井	塑板	无处理	无处理	袋装砂井	无处理	无处理	袋装砂井	挤密砂桩
地质条件	硬壳层厚度 1.5～2.0m;软土层厚度 8～10m;软土平均不排水强度小于 25kPa					硬壳层厚度 1m;软土层厚度 10～12m;软土层中夹有 1～2m 粉细砂;软土平均不排水强度小于 25kPa			
固结沉降 S_d(cm)	54.8	51.6	51.1	52.6	72.5	56.5	59.0	66.3	71.5
推算总沉降 S_∞(cm)	76.0	76.0	84.4	80.3	130.0	60.0	78.6	82.3	76.4
沉降系数 $m_s=S_\infty/S_c$	1.39	1.47	1.65	1.53	1.79	1.06	1.33	1.24	1.07

从上表可以看出，总长380m的试验段的沉降系数从1.07变化到1.79，这一变化范围直接影响预压处治设计的结果。

(2)广佛高速公路是广东省自行设计与施工的第一条高速公路，为验证设计结果及指导施工，分三个试验段进行了“原型”测试(对固结沉降采用压缩模量计算，由实测沉降资料推算最终沉降采用三点法)，有关的分析计算结果见表7-11。

表7-11 广佛高速公路沉降系数分析

观测断面位置	K4+450	K5+580	K8+110
路堤填筑高度(m)	5.16	6.13	7.12
地基处理形式	袋装砂井，10m	袋装砂井，6.5m	袋装砂井，11m
计算固结沉降(cm)	33.15	16.46	83.38
推算最终沉降(cm)	35.0	28.5	107.0
沉降系数	1.06	1.73	1.28

三个观测断面是根据地质条件选择的，沉降系数受地质条件的影响是无疑的，但三个断面其他方面的条件差别并不大；K4+450和K5+580两个断面的沉降系数按一般的经验不应有很大的差别。

(3)深汕汽车专用公路第四合同段软基试验工程

第一试验场全长275m，设置了5种处治类型进行观测，沉降观测资料历时8个月(施工预压期)。最终沉降量用双曲线法推算，固结沉降用压缩模量计算，由此得到的沉降系数见表7-12。

表7-12 深汕线沉降系数分析

试验段编号	Ⅰ	Ⅱ	Ⅲ	Ⅳ	Ⅴ
路堤填筑高度(m)	4.10	4.02	4.03	4.00	3.87
地基处理形式	双层土工布+超载	10.2m袋装砂井，间距2m	14.5m袋装砂井，间距1.3m	袋装砂井(同Ⅲ)+土工布+超载+反压护道	14.5m塑料排水板，间距1.3m+超载+反压护道
计算固结沉降(cm)	96.6	94.6	94.9	100.1	96.4
推算最终沉降(cm)	114.8	135.8	168.9	165.5	161.7
沉降系数	1.19	1.43	1.78	1.68	1.69

表中的沉降系数除Ⅰ断面较小外，其余相差不大。Ⅰ断面沉降系数小的主要原因是设置的双层土工布对地基沉降起到约束作用。该试验工程的研究报告指出，

反压护道的设置减小了土体侧向挤出引起的变形，那么沉降系数也必然受到影响。所以，在分析选用沉降系数时，对于路堤结构的影响同样不可忽视。

综上所述，软基路堤沉降计算采用经验系数校正法时，沉降系数的取值是很复杂的，应根据试验的观测或者当地的经验来决定其大小。

为便于设计人员对沉降系数计算，我们根据京津塘高速公路软基试验工程实测沉降系数，结合沉降系数与各影响因素的一般关系，并参考塘沽和国内其他地区一些工程的实测资料，经过统计计算，得出沉降系数的综合计算公式(7.7.2—2)。

2.低路堤软土地基沉降计算

从沉降计算的角度考虑行车荷载的影响，需考虑其作用的连续性，因为沉降的发生不是在某一荷载瞬间作用下完成的。行驶中的车辆对道路产生的作用是间断不连续的冲击荷载，在作用时间和作用深度上都同静荷载有一定的出入。实测资料表明，动荷载在路基中产生的附加动应力随深度的增加而减小，当一深度处附加动应力为自重应力的 1/10 时，可以认为是交通荷载的有效影响深度，该深度以下土层的沉降计算可以不考虑荷载动应力。江苏省交通科学研究院股份有限公司和河海大学在连盐高速公路现场试验表明，小车(2t)有效影响深度约为 1m，大车(20t)有效影响深度约为 2.5m；车速影响并不大。在日本道路协会编(蔡恩捷译)《软土地基处理技术指南》，认为路面下高度为 2.0～2.5m 以下的低路堤经常受到交通荷载引起的不均匀沉降的危害。因此可以将 2.5m 作为高路堤与低路堤的分界来考虑行车动荷载对沉降的影响：路堤高度大于 2.5m 时不考虑行车动荷载对沉降的影响，路堤高度小于或等于 2.5m 时考虑行车动荷载对沉降的影响。

低路堤在国内高速公路上用得并不多，平原微丘区的路基平均填土高度基本都在 3.0～3.8 之间。自 2004 年 4 月交通部下发《关于在公路建设中实行最严格的耕地保护制度的若干意见》（交公路发〔2004〕164 号)之后，低路堤的设计理念受到重视。所以，低路堤上行车动荷载作用下软土地基沉降的计算目前没有成熟的方法，实际工程中主要是采取一些措施来加以控制。例如，用石灰或水泥对表层软土固化，形成人工硬壳层，它不但自身抗变形能力强，提高了低路堤的刚度，而且还增加了应力扩散途径，使得传递到以下软土层上的竖向应力大大减小；还可在路堤中设置土工合成加筋材料提高路堤的刚度和整体性，减少交通荷载对地基的作用力。此外，复合地基、换填也是控制动荷载作用的有效方法。

采用分层总和法，利用压缩试验的 e-p 曲线、压缩模量 E_s 或 e-$\lg p$ 曲线计算软土地基的固结沉降是目前工程中最常用的方法，特别是采用 e-p 曲线和压缩模量 E_s 进行计算积累的经验比较多，相应的沉降系数 m_s 的取值也有一定的经验。本规范结合京津塘高速公路软基试验工程研究成果，给出了计算沉降系数 m_s 的经验公式。

7.7.3 地基稳定性计算应符合下列要求：

1 软土地基路堤的稳定验算可采用瑞典圆弧滑动法中的有效固结应力法或改进总强度法，有条件时也可采用简化 Bishop 法或 Janbu 法。

2 验算时应按施工期和营运期的荷载分别计算稳定系数。施工期的荷载只考虑路堤自重，营运期的荷载应包括路堤自重、路面的增重及行车荷载。

有效固结应力法考虑了软基路堤施工的实际情况，即路堤并非瞬间填到设计高度，而是按照一定的施工速度逐渐填筑。当在强度很差的地基上需要修筑高路堤时，可以按照这一计算模式对采取分期加载方法使地基固结强度提高后的安全系数进行验算，以保证路堤填筑过程中的稳定性满足要求。

改进总强度法是以 $\varphi=0°$法为基础发展而来的，它是基于 $\varphi=0°$法利用原位测试资料[采用静力触探试验的贯入阻力(单桥探头)或锥尖阻力(双桥探头)换算的十字板抗剪强度或直接由十字板试验得到的抗剪强度]，借用有效固结应力法计算地基强度随固结增加的思想，采用强度增长系数计算固结过程中强度的增量。采用该方法与静力触探试验相结合，为软基路堤稳定验算提供了一种高效可靠的途径。

简化 Bishop 法和 Janbu 法都是较精确的计算方法，Janbu 法还常用于非圆弧滑动面的稳定验算。由于两种计算方法采用有效抗剪强度指标，取样试验的工作量比较大，设计中全部采用这种方法计算有一定困难，可以在试验工程中或路堤的重点部位有选择性地应用。

以上四种方法的计算公式如下：

(1)采用有效固结应力法验算时，稳定安全系数计算式为：

$$F=\frac{\sum_{A}^{B}(c_{qi}L_i+W_{Ii}\cos\alpha_i\tan\varphi_{qi}+W_{IIi}\cos\alpha_i U_i\tan\varphi_{cqi})+\sum_{B}^{C}(c_{qi}L_i+W_{IIi}\cos\alpha_i\tan\varphi_{qi})}{\sum_{A}^{B}(W_{I}+W_{II})_i\sin\alpha_i+\sum_{B}^{C}W_{IIi}\sin\alpha_i} \tag{7-1}$$

式中：c_{qi}、φ_{qi}——地基土或路堤填料快剪试验测得的黏聚力和内摩擦角；

φ_{cqi}——地基土固结快剪试验测得的内摩擦角；

U_i——地基平均固结度。

其余符号见图 7-1。

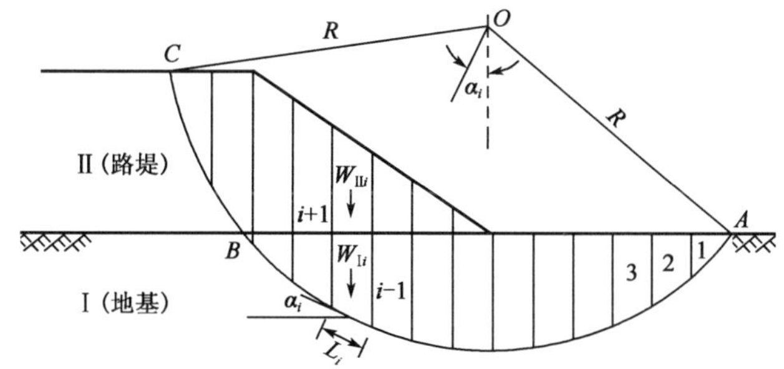

图 7-1　安全系数计算图式

(2)采用改进总强度法验算时，稳定安全系数计算式为：

$$F=\frac{\sum_{A}^{B}(S_{ui}+W_{IIi}\cos\alpha_i U_i m_i)L_i+\sum_{B}^{C}(c_{qi}L_i+W_{IIi}\cos\alpha_i\tan\varphi_{qi})}{\sum_{A}^{B}(W_{I}+W_{II})_i\sin\alpha_i+\sum_{B}^{C}W_{IIi}\sin\alpha_i} \tag{7-2}$$

式中：S_{ui}——由静力触探试验的贯入阻力(单桥探头)或锥尖阻力(双桥探头)换算的十字板抗剪强度或直接由十字板试验得到的抗剪强度；

m_i——地基土层强度增长系数，按表 7-13 取值；

其余符号意义同前。

表 7-13　地基土层强度增长系数

土名	描　述	m_i
泥炭	在潮湿和缺氧条件下，由未充分分解的喜水植物遗体堆积而形成的泥沼覆盖层。呈纤维状，深褐色至黑色。有机质含量大于 60%，含水率大于 300%，孔隙比大于 10	0.35
泥炭质土	喜水植物遗体大部分完全分解后形成的有臭味、呈黑泥状的细粒土。有机质含量在 10%～60%之间(尚可细分为弱泥炭质土、中泥炭质土、强泥炭质土)，含水率不超过 300%，孔隙比大于 3	0.20

续上表

土名	描述	m_i
有机质土	在多水环境下由不同分解的植被植物所组成的细粒土，其中混有矿物颗粒。有机质含量在3%～10%之间，淤泥、淤泥质土属于此类	0.25
黏质土	塑性指数(76g锥)大于17的土	0.30
粉质土	塑性指数(76g锥)大于10，但小于或等于17的土	0.25

(3)采用简化Bishop法验算时，稳定安全系数计算式为：

$$F=\frac{\sum_{A}^{B}\{c'_ib_i+[(W_{\mathrm{I}}+W_{\mathrm{II}})_iu_ib_i]\tan\varphi_i\}/m_{\mathrm{I}\alpha i}+\sum_{B}^{C}(c_{\mathrm{q}i}b_i+W_{\mathrm{II}i}\cos\alpha_i\tan\varphi_{\mathrm{q}i})/m_{\mathrm{II}\alpha i}}{\sum_{A}^{B}(W_{\mathrm{I}}+W_{\mathrm{II}})_i\sin\alpha_i+\sum_{B}^{C}W_{\mathrm{II}i}\sin\alpha_i} \tag{7-3}$$

$$m_{\mathrm{I}\alpha i}=\cos\alpha_i+\tan\varphi'_i\sin\alpha_i/F \tag{7-4}$$

$$m_{\mathrm{II}\alpha i}=\cos\alpha_i+\tan\varphi_{\mathrm{q}i}\sin\alpha_i/F \tag{7-5}$$

式中：c'_i、φ'_i——地基土三轴试验测得的有效黏聚力和有效内摩擦角；

b_i——分条的水平宽度，即$b_i=L_i\cos\alpha_i$；

u_i——滑动面上的孔隙水压力；

其余符号意义同前。

由于稳定安全系数计算公式右端$m_{\alpha i}$中含有F，所以安全系数计算需要采用迭代法。

(4)采用Janbu普遍条分法验算时，稳定安全系数计算式为：

$$F=\frac{\sum_{A}^{B}\{c'_ib_i+[(W_{\mathrm{I}}+W_{\mathrm{II}})_iu_ib_i+\Delta T_i]\tan\varphi'_i\}/m_{\mathrm{I}\alpha i}/\cos\alpha_i+\sum_{B}^{C}(c_{\mathrm{q}i}b_i+W_{\mathrm{II}i}\cos\alpha_i\tan\varphi_{\mathrm{q}i}+\Delta T_i)/(m_{\mathrm{II}\alpha i}\cos\alpha_i)}{\sum_{A}^{B}(W_{\mathrm{I}}+W_{\mathrm{II}}+\Delta T)_i\tan\alpha_i+\sum_{B}^{C}(W_{\mathrm{II}}+\Delta T)_i\tan\alpha_i} \tag{7-6}$$

式中：ΔT_i——土条两侧边界上的剪力增量，可以根据土条两侧边界上法向力作用点位置的假定计算出来；

其余符号意义同前。

因为公式右端$m_{\alpha i}$中含有F，ΔT_i计算过程中也含有F，所以安全系数计算需要采用迭代法。

7.7.4 应按下列要求进行地基加固方案比选：

1 应根据软土厚度和性质、路堤高度、路基稳定与工后沉降控制标准、施工机具、材料、环境等条件及工期要求，进行技术经济比较，依据先简后繁、就地取材的原则，综合分析并确定软土地基加固处理方案。

2 对软土性质差、地基条件复杂或工期紧、填料缺乏或有特殊要求的软土地基，宜采用综合处理措施。

软土地基处理方案直接关系到工程成败，也影响到工程造价。在实际工程中，常因地基处理方案比选不充分，所选择的地基处理方案与实际地质情况不匹配，如斜坡软土地基采用排水固结法处理；厚度较大、高含水率的软土地基采用沉管碎石桩处理；厚度超过 20m、高含水率的软土地基采用干法水泥搅拌桩处理等造成这些地段软土地基上路堤失稳。为提高软土地基处理设计质量，强化软土地基处理设计的方案比选，本规范补充了软土地基加固方案比选的设计规定。

7.7.5 地基浅层处理设计应符合下列要求：

1 软土地基上路堤底部宜设置排水垫层，厚度宜为 0.5m，铺设宽度应为路堤底宽且两侧各外加 0.5～1.0m。当垫层兼有排淤作用时，其厚度尚应适当加大。

2 对浅层厚度小的软土地基，可采用砂、砂砾、碎石等粒状材料进行换填处理。

3 路堤可采用粉煤灰、土工泡沫塑料、泡沫轻质土等轻质材料填筑，其设计应符合本规范第 3.9 节的有关规定。

4 路堤加筋应采用强度高、变形小、耐老化的土工合成材料作路堤的加筋材料。

5 反压护道可在路堤的一侧或两侧设置，其高度不宜超过路堤高度的 1/2，其宽度应通过稳定计算确定。

地基浅层处理包括换填处理、设置排水垫层、路堤加筋、设置反压护道和轻质材料路堤等，除轻质材料路堤外，一般情况下，浅层处理适用于浅部薄层(厚度小于 3～5m)的软土地基处理。设计时，应视具体情况合理选用。

由于我国土地资源紧张，为节约土地，减少占地数量，一般情况下，尽量少用反压护道。当施工中出现路堤失稳的先兆，需紧急抢险时，可采用反压护道措施。对于沼泽地等非耕地地段，可考虑反压护道措施。

软土地基上的加筋路堤不是加筋土工程，设计的土工格栅、土工布（加筋复合土工布）、钢塑土工格栅等层数不宜超过3层，否则应采取地基处理措施解决稳定。抗拉强度小于50kN/m的加筋材料对提高稳定的作用很小，不宜采用。选用加筋材料的设计抗拉强度应以10%的延伸率作为控制标准，大延伸率的材料不宜用作路堤加筋材料。

近十年来，轻质材料路堤方案在软土地基处理中的得到了广泛应用，与一般路堤填料相比，轻质材料重度小，通过减小地基中的附加应力而起到减小地基沉降的作用。常用的轻质材料有粉煤灰、泡沫聚苯乙烯（EPS，为 expand polystyrene 的缩写）和泡沫轻质土（又称为气泡混合轻质土）等。目前，因粉煤灰已被开发为良好的建筑材料，已很少用于路堤填料。

EPS密度为0.2kN/m^3，用作路堤填筑造价高，大量使用尚有困难，一般只用在构造物部位；泡沫轻质土既可用作路堤填料，又可用作软土地基置换，可以避免进行深层地基处理，已广泛用作高速公路深厚软土地基处理。由于EPS、泡沫轻质土材料密度比水小，当路堤有可能受水浸泡时需要考虑路堤的抗浮稳定性，若不能满足时，应变更铺设厚度，增加填土的重量，或采取降排水措施。其设计符合本规范3.9节的有关规定。

由于EPS、泡沫轻质土路堤造价较高，需与其他地基处理措施进行综合比选。

7.7.6 排水固结法处理地基设计应符合下列要求：

1 排水固结法处理可采用砂垫层预压、袋装砂井或塑料排水板预压、真空预压或真空联合堆载预压。

2 根据软土性质、筑路材料与施工工艺，可选用袋装砂井或塑料排水板或其他材料作为竖向排水体。竖向排水体宜按等边三角形布置，其长度由路堤稳定性和沉降要求确定；软土层较薄时，宜贯穿软土层。预压期不宜小于6个月。

3 预压期和预压高度应根据要求的工后沉降量或地基固结度确定。预压期内地基应完成的沉降量不得小于路面设计使用年限末的沉降量与容许工后沉降之差；必要时，预压期末地基的固结度尚应满足路堤稳定性的要求。

4 真空联合堆载预压可用于高填方路段和桥头路段的软土地基处理。真空预压时，应在地基中设置砂井或塑料排水板等竖向排水体，并设置砂垫层和垫层中的排水管。真空预压密封膜下的真空度不应小于70kPa。当表层存在良好的透气层或处理范围内存在水源补给充足的透水层时，应采取切断透气层和透水层的措施。

排水固结法是软土地基处理中常用的措施，包括砂垫层预压、塑料排水板或袋装砂井预压、真空预压或真空联合堆载预压，常与轻质路堤、加筋路堤、反压护道等配合使用。

从京津塘高速公路软基试验工程的沉降观测成果来看，设袋装砂井或塑料排水板路段的路堤中心沉降，在4～5个月后恢复正常，而路肩处的沉降要在6个月后才恢复正常，所以限制预压期不致过短是必需的。日本《高等级公路设计规范》明确指出：预压施工时，原则上要在预压填土后放置6个月以上时间。从施工工期以及经济方面考虑，6个月是较适合的时间。

为保证真空预压的效果，一般要求被加固软土层的渗透系数在10^{-5}～10^{-6}cm/s；当遇到加固区透气或透水时(存在水平砂层)，渗透系数满足不了要求的条件，可以采取黏土搅拌桩隔离墙将加固区封闭起来，也可增加射流泵的数量或加大功率。如1994～1995年汕头港深水港区集装箱堆场采用真空联合堆载预压法对57 248m^2软土地基进行处理，由于表层有4～12.5m的细砂、中粗砂层，采用1.2m的黏土密封墙封闭，试抽气两周后真空负压即达到80kPa以上。该工程打设的塑料排水板最大深度达到25m。福宁高速公路漳湾互通立交匝道地基软土层局部有水平砂层、底板亚黏土混有卵石。经现场注水试验卵石亚黏土的渗透系数为2.5×10^{-4}cm/s，但通过增加射流泵的数量使真空度一直保持在70kPa，地基加固效果良好。虽然无论真空度大或者小对地基加固都有作用，但是真空度过低时真空预压的经济性变差，工程中一般要求密闭膜下的真空度在70～90kPa。

真空联合堆载预压荷载下地基的沉降计算方法与堆载预压荷载下地基的沉降计算方法相同，只是预压荷载采用真空度加路堤填土荷载代替。因为真空预压在水平方向产生了一个向着负压源的压力，使周围土体向着预压区移动，产生等向固结，不会产生剪切变形，只发生收缩变形，所以真空联合堆载预压可以抵消堆载预压产生的土体侧向挤出变形，对地基的稳定有利，一般情况下不会发生地基失稳破坏的问题。

采用真空预压处理时，设计应充分考虑抽真空过程中地基在水平方向产生的向着负压源的压力对附近构造物的影响，真空预压处理范围应与已建构造物（建筑物）保留一定的安全距离，防止构造物（建筑物）产生变形破坏。对于桥头路段，可以采用先地基处理后施工桥梁基础，以避免抽真空对桥梁基础的影响。

7.7.7 粒料桩处理地基设计应符合下列要求：

1 振冲粒料桩可用于加固十字板抗剪强度大于 15kPa 的地基土；沉管粒料桩可用于加固十字板抗剪强度大于 20kPa 的地基土。

2 粒料桩可采用砂、砂砾、碎石等材料，桩料不应使用单一尺寸的粒料，且桩料的含泥量不得超过 5%。

3 粒料桩的直径、桩长及间距应经稳定验算和沉降验算确定，相邻桩净距不应大于 4 倍桩径。

4 粒料桩复合地基的路堤整体抗剪稳定系数计算时，复合地基内滑动面上的抗剪强度可采用复合地基抗剪强度 τ_{ps}，并按式（7.7.7-1）计算。

$$\tau_{ps} = \eta\tau_p + (1-\eta)\tau_s \tag{7.7.7-1}$$

式中：η——桩土面积置换率；

τ_p——桩体抗剪强度（kPa）；

τ_s——地基土抗剪强度（kPa）。

5 粒料桩桩长深度内地基的沉降 S_z 应按式（7.7.7-2）计算。

$$S_z = \mu_s S \tag{7.7.7-2}$$

$$\mu_s = \frac{1}{1+\eta(n-1)} \tag{7.7.7-3}$$

式中：μ_s——桩间土应力折减系数；

n——桩土应力比，宜经试验工程确定；无资料时，n 可取 2～5；当桩底土质好，桩间土质差时取高值，否则取低值；

S——粒料桩桩长深度内原地基的沉降。

用粒料桩加固软土地基有置换、排水固结和应力集中等作用。

粒料桩长度以内的地基属于复合地基，复合地基理论的最基本假定为桩与土的协调变形，设计中一般不考虑桩的负摩阻力及群桩效应问题。

粒料桩的承载能力不仅与桩身材料的性质与桩身密度有关，而且与桩周土体的侧限压力有关，当被加固的软土强度很低时，粒料桩很难成桩。对于振冲置换(Vibro-re-placement)碎石桩适用条件，《建筑地基处理技术规范》(JGJ 79)规定被加固土体的不排水抗剪强度不小于20kPa。国内研究的结果证明，不排水抗剪强度略低于20kPa的地基土仍可以采用振冲置换法成桩，近年来在广东、福建地区，采用大直径粗粒径等措施，成功的工程较多。振冲置换法在不排水抗剪强度15kPa以上的地基土中使用是可行的。

沉管法施工时由于对土体扰动很大，又无法护壁，在强度低的软土地基中很难使用，根据工程经验，当十字板抗剪强度小于20kPa时不宜采用。

粒料桩施工过程会对土体产生扰动，一般认为采用振冲置换法施工时土体强度可能降低10%～40%，20～30d强度可以恢复；采用沉管法施工时淤泥质土的强度在30d以上才能恢复，在地基强度检验时要注意这种因素的影响。

关于设计参数，日本资料建议：砂桩的内摩擦角采用25°，碎石桩的内摩擦角采用35°，桩土应力比取3。国内计算碎石桩承载力的一些经验公式中，碎石桩的内摩擦角多采用35°～40°。粒料桩与桩间土的应力比n是随土质与深度的不同以及荷载的大小、作用时间而变化的，多数资料认为n在2～5之间取值是比较合适的。

7.7.8 加固土桩处理地基设计应符合下列要求：

1 深层拌和法可用于加固十字板抗剪强度不小于10kPa的软土地基。采用粉喷桩法时，深度不宜超过12m；采用浆喷法时，深度不宜超过20m。

2 加固土桩的直径、桩长及间距应经稳定验算确定并应满足工后沉降的要求。相邻桩的净距不应大于4倍桩径。

3 加固土桩复合地基的路堤整体抗剪稳定系数计算时，复合地基内滑动面上的抗剪强度应采用复合地基抗剪强度τ_{ps}，并按式(7.7.7-1)计算。

4 加固土桩的抗剪强度以90d龄期的强度为标准强度，可按钻取试验路段的原状试件测得无侧限抗压强度q_u的一半计算；也可按设计配合比由室内制备的加固土试件测得的90d无侧限抗压强度q_u乘以折减系数0.30求得。

5 加固土桩复合地基的沉降量应按复合地基加固区的沉降量S_1和加固区下

卧层的沉降量 S_2 两部分来计算。加固区的沉降量 S_1 宜采用复合压缩模量法计算;下卧层的沉降量 S_2 可按现行《建筑地基基础设计规范》(GB 50007)的有关规定计算。

6 复合压缩模量 E_{ps} 应按式(7.7.8)计算:

$$E_{ps} = \eta E_p + (1-\eta)E_s \quad (7.7.8)$$

式中:E_p——桩体压缩模量(MPa);

E_s——土体压缩模量(MPa)。

加固土桩的抗剪强度以 90d 龄期的强度为标准强度,符合目前高速公路路堤施工情况。桩体施工结束后 90d,路堤可以填到 3m 左右,荷载并不算大,稳定计算仍是偏安全的。

选 90d 的强度作为标准强度给室内试验和现场检测带来困难,解决方法之一是根据短龄期(7d、28d)的试验、检测数据,按强度增长规律推测 90d 的强度(表 7-14的经验公式可以参考)。第二种方法是采用高温快速养生,使试件在很短时间内达到标准养生 90d 的强度。根据中交第一公路勘察设计研究院开展的专题研究的成果,高温养生 30h 相当于标准养生 28d 的强度值,高温养生 96h 相当于标准养生 90d 的强度值。

表 7-14 不同地区水泥搅拌土强度与龄期关系式对比表

代表地区和资料来源	关系式	假设 28d 强度为 1.0MPa,按关系式计算		备注
		7d 强度(MPa)	90d 强度(MPa)	
中交第一公路勘察设计研究院(试验样品取自天津、福建、连云港和南通地区)	$q_{u28}=2.37$;$q_{u7}-0.19$($r=0.87$,$n=12$) $q_{u90}=1.14$;$q_{u28}+0.85$($r=0.79$,$n=15$)	0.50	1.99	q_{u7}、q_{u28}、q_{u90}分别表示 7d、28d 和 90d 无侧限抗压强度。 r、S、n 分别表示相关系数、标准差和统计组数
粉体喷搅法加固软弱土层技术规范(TB 10113—96)	$q_{u28}=1.49q_{u7}$;$q_{u90}=1.97q_{u7}$;$q_{u90}=1.33q_{u28}$	0.67	1.33	
天津地区 天津港湾工程研究所“水泥鉴别土工程特性研究”(研究报告)	淤泥: $q_{u7}=0.364q_{u90}$ $q_{u28}=0.652q_{u90}$ 淤泥质黏土:$q_{u7}=0.262q_{u90}$ $q_{u28}=0.485q_{u90}$	0.56 0.54	1.54 2.06	
上海地区 《地基处理》(叶书麟)	$q_{u7}=0.56q_{u28}$($r=0.98$,$S=0.059$,$n=15$) $q_{u90}=1.63q_{u28}$($r=0.98$,$S=0.143$,$n=9$)	0.56	1.63	

水泥加固土桩的压缩模量测试比无侧限抗压强度测试要复杂，可以根据无侧限抗压强度按经验公式计算，但是经验公式有很大的差异，如 $E_p=(100\sim120)q_u$（立方体试件），$E_p=(25\sim50)q_u$ 等。此外，立方体试件与圆柱体试件所测的无侧限抗压强度是不同的，后者的强度比前者小。根据中交第一公路勘察设计研究院的研究，室内水泥加固土配合比试验宜采用“$\varphi\times h=50\text{mm}\times100\text{mm}$”的圆试模，以便与现场钻孔取芯一致。圆试模条件下无侧限抗压强度与变形模量的关系为：$E_p=83.4q_u$（对于水泥加固土，可近似取压缩模量等于变形模量），“$\varphi\times h=50\text{mm}\times100\text{mm}$”的圆试模与“$\varphi\times h=70.7\text{mm}\times70.7\text{ mm}\times70.7\text{mm}$”的方试模所测无侧限抗压强度的关系为圆试模的强度等于 0.87 方试模的强度。

虽然加固土桩包括了石灰作固化剂成桩，但由于采用石灰粉（浆）作固化材料的搅拌桩在高速公路软基处理中很少采用，条文中的内容不能用于石灰搅拌桩，需要时应对其进行专门试验。

7.7.9 水泥粉煤灰碎石桩（CFG 桩）处理地基设计应符合下列要求：

1 CFG 桩可用于加固十字板抗剪强度不小于 20kPa 的软土地基。

2 CFG 桩的粗集料可采用碎石或砾石，泵送混合料时砾石最大粒径不宜大于 25mm，碎石最大粒径不宜大于 20mm；振动沉管灌注混合料时粗集料最大粒径不宜大于 50mm。可掺入砂、石屑等细集料改善级配。水泥宜用 32.5 级普通硅酸盐水泥。粉煤灰宜采用Ⅱ级或Ⅲ级粉煤灰。

3 CFG 桩料的配合比应根据施工要求的坍落度和桩体的设计强度确定。桩体的设计强度应取 28d 无侧限抗压强度。

4 CFG 桩桩体强度宜为 5～20MPa，设计强度应满足路堤沉降与稳定的要求。用于结构物下的 CFG 桩，设计强度应满足承载力的要求。

5 CFG 桩直径、桩长及间距应根据设计对承载力和变形的要求、土质条件、设备能力等确定；桩端应设置在强度高的土层上，最大桩长不宜大于 30m，桩距宜取 4～5 倍桩径。

6 CFG 桩垫层厚度宜取 0.3～0.5m；当桩径大或桩距大时，垫层厚度宜取高值。垫层材料宜用中砂、粗砂、级配砂砾或碎石等，最大粒径不宜大于 30mm。

7 CFG 桩复合地基的沉降计算和路堤稳定验算应符合本规范第 7.7.7 条的

有关规定。

CFG桩是采用振动沉管设备将沉管振动施压到设计高程，再将按设计配置好的水泥、粉煤灰、碎石混合料投入管中，形成桩体。利用桩侧摩擦力和桩端阻力，与桩间土和垫层形成复合地基，以提高地基承载力，减少沉降。适用于软土地基十字板抗剪强度不宜小于20kPa的软土地基处理。

水泥粉煤灰碎石桩（CFG桩）的配合比设计具体步骤如下：

（1）确定用水量 W

用水量由坍落度具体值试配确定，一般从经验用水量开始；令单方用水量为 W。

（2）确定水泥用量 C

根据采用的水泥强度等级 R_c^b，混合料28d强度 f_{cu}，按下式计算水泥单方用量：

$$f_{cu} = 0.366R_c^b(C/W - 0.071) \tag{7-7}$$

式中：f_{cu}——混合料28d强度（MPa），由边长150mm的立方体试块测得；

R_c^b——水泥强度等级（MPa）；

C——单方水泥用量（kg）；

W——单方用水量（kg）。

（3）确定粉煤灰用量 F

单方粉煤灰用量按式（7-8）计算：

$$W/C = 0.187 + 0.791F/C \tag{7-8}$$

（4）石屑用量 G_1 和碎石用量 G_2

计算单方石屑用量 G_1 和单方碎石用量 G_2 需要用到石屑率 λ：

$$\lambda = \frac{G_1}{G_1 + G_2} \tag{7-9}$$

根据试验研究结果，石屑率 λ 合理取值范围为0.25～0.33。

已知混合料的密度（一般为2.2～2.3t/m^3），由已经求得的 W、C、F 可以得到 $G_1 + G_2$，再由式（7-9）分别得到 G_1 和 G_2。

按以上步骤试配，并根据坍落度调整用水量，直到满足要求。

CFG桩处理软土地基时，在桩顶设置垫层，可协调桩土应力分担，提高复合地基的整体性，避免路堤施工中因重型车辆作用，使得上部CFG桩变形倾斜而受剪破坏。因此，需注意CFG桩顶垫层设计，垫层厚度0.3～0.5m，材料宜用中砂、粗砂、级配砂砾或碎石等，并铺设双层土工格栅，提高垫层的整体性。

7.7.10 强夯与强夯置换处理地基设计应符合下列要求：

1 饱和粉土、夹有粉砂的饱和软黏土地基或在夯坑中回填片块石、碎砾石、卵石等粒料进行置换处理时，可采用强夯法处理。

2 强夯置换处理深度应由土质条件决定，除厚层饱和粉土外，宜穿透软土层，达到较硬上层上。置换深度不宜超过 7m。

3 强夯或强夯置换处理地基，应在施工现场选择有代表性的路段进行试夯，验证其适用性和处理效果。

4 强夯法的有效加固深度 d 应根据现场试夯或当地经验确定，也可按式(7.7.10)估算。

$$d=\alpha\sqrt{mh} \tag{7.7.10}$$

式中：m——夯锤质量(t)；

h——夯锤落距(m)；

α——修正系数，与土质条件、地下水位、夯击能大小、夯锤底面积等因素有关，其值范围为 0.34～0.80，应根据现场试夯结果确定。

5 强夯点的夯击次数，应按现场试夯得到的夯击次数和夯沉量的关系曲线确定，最后两击的平均夯沉量应满足表 7.7.10 的要求，且夯坑周围地面不应发生过大的隆起，也不应因夯坑过深而发生提锤困难。

表 7.7.10 强夯法最后两击的平均夯沉量

单击夯击能 E(kN·m)	最后两击的平均夯沉量(mm)
$E<2\,000$	≤50
$2\,000<E\leqslant4\,000$	≤100
$E>4\,000$	≤200

6 强夯置换夯点的夯击次数应通过现场试夯确定。置换桩底应穿透软土层，且达到设计置换深度；每次夯沉量不应因夯坑过深而发生提锤困难，累计夯沉量宜为设计桩长的 1.5 ～2.0 倍；最后两击的平均夯沉量应满足本条第 5 款的规定。

7 夯点可采用正方形或等边三角形布置，间距宜为 5～7m。

8 置换桩间距应根据荷载大小和原土的承载力选定，当满堂布置时可取夯锤直径的2～3倍，对独立基础或条形基础可取夯锤直径的1.5～2倍。桩的计算直径可取夯锤直径的1.1～1.2倍。

9 置换桩顶应铺设垫层，厚度不应小于0.5m。垫层材料可与桩体材料相同，粒径不宜大于100mm。

10 强夯置换法复合地基的沉降与稳定计算应符合本规范第7.7.7条的规定。计算时，桩土应力比取值：

黏性土地基可取2～4，粉土和砂土地基可取1.5～3。

动力挤密与置换在软基处理中常用的是强夯法，其是利用提升设备将重达数十吨重的锤提升10～15m高，然后使其自由下落，利用其对地基的冲击力和振动力使地基土得到密实。由于地基在强大的冲击振动作用下产生很高的超静孔隙水压力，而软土地基的透水性又很差，所以通常情况下采用强夯法处理软土地基需要在地基中设竖向排水体配合，以提高处理的效果。考虑到地基透水性问题，该方法在可液化砂土地基处理中比在软土地基处理中更常用。

强夯法处理的有效加固深度可采用Menard经验公式估算，但估算结果与实际情况确实存在差异。设计时需采用修正系数对其进行修正，该修正系数与土质条件、地下水位、夯击能大小、夯锤底面积等因素有关，一般为0.34～0.80。《建筑地基处理技术规范》(JGJ 79)按地基土类和单击夯击能列出的有效加固深度也可作为参考，见表7-15。

表7-15 强夯法的有效加固深度(m)

单击夯击能(kN·m)	碎石土、砂土等粗颗粒土	粉土、黏性土、湿陷性黄土等细颗粒土
1 000	5.0～6.0	4.0～5.0
2 000	6.0～7.0	5.0～6.0
3 000	7.0～8.0	6.0～7.0
4 000	8.0～9.0	7.0～8.0
5 000	9.0～9.5	8.0～8.5
6 000	9.5～10.0	8.5～9.0

注：强夯法的有效加固深度应从最初起夯面算起。

确定最佳夯击能(夯点的夯击数)的试夯过程中，可以通过观测孔隙水压力或夯沉量来确定最佳夯击能。因观测夯沉量简便易行，故工程中多采用夯击数和夯沉量关系曲线确定最佳夯击能。

强夯置换是指强夯时在夯锤冲击形成的夯坑中边夯边填碎石、片石等粗颗粒材料置换原地基土，在地基中形成大直径的粒料桩，桩与周围土体形成复合地基。同时，强夯置换粒料桩还可作为下卧软土层的良好排水通道，具有加速软土排水固结的作用。

7.7.11 刚性桩复合地基设计应符合下列要求：

1 刚性桩可用于深厚软土地基上荷载较大、变形要求较严格的高路堤段、桥头或通道与路堤衔接段，以及拓宽路堤段。

2 刚性桩桩顶宜设桩帽，并铺设柔性土工合成材料加筋体垫层。

3 刚性桩的平面布置可采用正方形或正三角形排列。刚性桩的直径、桩长、间距应经稳定、沉降验算后确定，桩间距不宜大于5倍桩径。

4 刚性桩桩帽可采用圆柱体、台体或倒锥台体，桩帽平面尺寸宜为1.0～1.5m，厚度宜为0.3～0.4m。

5 刚性桩处理地基的最终沉降量计算，可不考虑桩间土压缩变形对沉降的影响，应采用单向压缩分层总和法按式(7.7.11)计算。

$$S=\psi_{P}\sum_{j=1}^{m}\sum_{i=1}^{n_j}\frac{\sigma_{j,i}\Delta h_{j,i}}{E_{sj,i}} \tag{7.7.11}$$

式中：S——桩基最终沉降(m)；

m——桩端平面以下压缩层内土层分层的数目；

$E_{sj,i}$——桩端平面下第j层土第i个分层在自重应力至自重应力加附加应力作用段的压缩模量(MPa)；

n_j——桩端平面下第j层土的计算分层数；

$\Delta h_{j,i}$——桩端平面下第j层第i分层的厚度(m)；

$\sigma_{j,i}$——桩端平面下第j层第i分层的竖向附加应力(kPa)，可按现行《建筑地基基础设计规范》(GB 50007)的附录R计算；

ψ_{P}——桩基沉降计算经验系数，应根据当地的工程实测资料统计对比确定。

6 刚性桩处理地基的稳定性采用圆弧滑动面法验算，滑动面上的抗剪强度采用桩土复合抗剪强度，按式(7.7.7-1)计算。其中桩体抗剪强度可取28d无侧限抗压强度的1/2。

刚性桩复合地基适用于深厚软土地基上荷载较大、变形要求较严格的高路堤段、桥头或通道与路堤的衔接部位、两相邻新老路堤之间或拓宽路堤的过渡段，包括预应力混凝土薄壁管桩（PTC）、预应力高强混凝土管桩（PHC）、预制混凝土方桩、钻孔灌注桩、现浇薄壁筒桩等，目前应用最多的是预应力混凝土薄壁管桩。管桩为工厂预制桩，桩外径一般采用300～500mm，壁厚60～100mm，桩长标准化定制，现场施工时可以通过焊接接长。现浇薄壁筒桩是将双层套管打入软土地基，在双层套管间浇筑混凝土，形成大直径的筒状桩体。其直径一般为0.8～1.5m，壁厚120～200mm。

刚性桩复合地基设计时，需注意桩帽和桩顶的垫层设计。桩帽一般采用现浇钢筋水泥混凝土，桩帽尺寸需根据桩距计算确定。垫层是由土工合成材料和砂石料等以不同的铺装形式构成。主要的类型包括：土工格栅（Geogrid）加筋土垫层、土工格室（Geocell）垫层、高强度经编复合土工布加筋土垫层、高强度长土工布长管袋加筋垫层等。应根据设计工程的荷载大小和要求以及具体地基土层的条件选用。

7.7.12　软土地基上路堤横断面设计应考虑地基沉降、路堤顶面凹陷、顶宽和底宽收缩以及边坡变缓等因素。

软基路堤常按下面图7-2～图7-4所示的三种模式加宽，加宽计算方法如下。

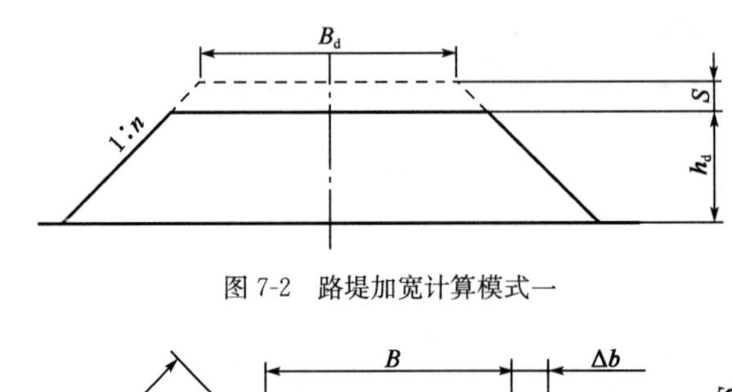

图7-2　路堤加宽计算模式一

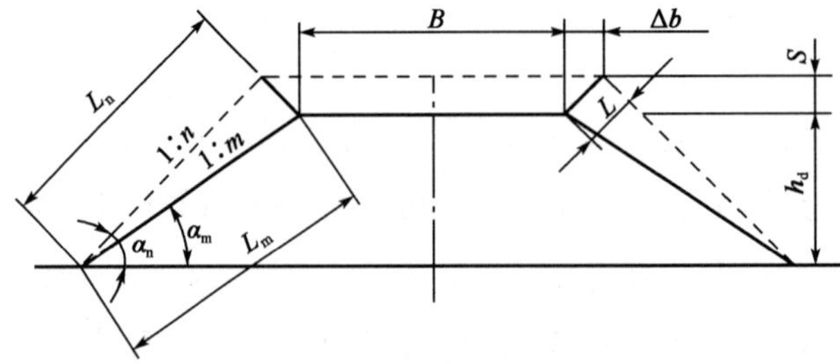

图7-3　路堤加宽计算模式二

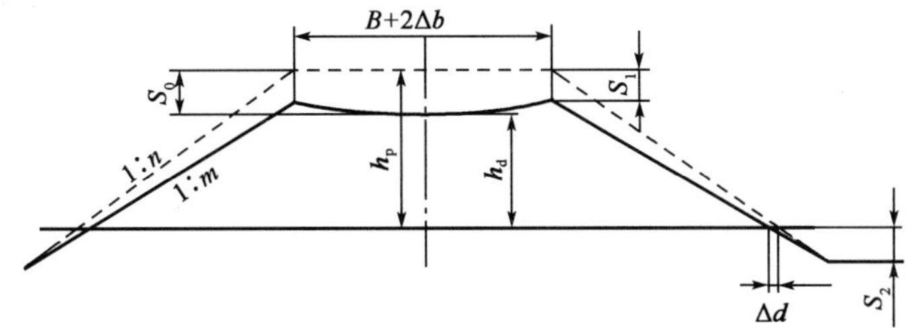

图 7-4　路堤加宽计算模式二

第一种模式假定路堤下沉后预压填料沉入地基，路堤的边坡不发生变化，设计高度 h_d 处的路堤顶宽需大于路堤的设计宽度 B_d。由于这种模式没有考虑边坡的变化，与实际的差异是显而易见的，尤其是当预压期的沉降量较大时，将明显造成设计路堤断面与实际不符。一般来说，当预压期的沉降量大于 30cm 时，不宜采用这种模式下的计算结果。

第二种加宽模式考虑了边坡的变化与顶宽的收缩，我们来看其计算结果。根据图 7-3 所示的几何关系，可以列出以下关系式：

$$\Delta b^2 + S^2 = L^2 \tag{7-10}$$

因坡角 α_n 与 α_m 不会相差太大，故有：

$$L = (L_n + L_m)/2 \times (\alpha_n - \alpha_m)\pi/180 \tag{7-11}$$

将式(7-11)代入式(7-10)，并用迭代法计算：设路堤高度 $h_d=4$m，沉降 S 取若干值，可求出加宽量 Δb 和预设的边坡值 n，结果列于表 7-16。

表 7-16　沉降、加宽和边坡关系

沉降量 S(m)	0.3	0.5	1.0	1.5	2.0	2.5	3.0
加宽 Δb(m)	0.24	0.37	0.95	1.16	1.62	2.10	
边坡	1∶1.34	1∶1.25	1∶1.01	1∶0.88	1∶0.73	1∶0.60	
收敛误差 Δ	<0.001			<0.01			不收敛

由表 7-16 中的结果可以看出，沉降量大于 0.5m 时，预设的边坡为 1∶1.25，这对于软土地基路堤是不可能按受的。此外，该模式计算的加宽值也比较大，而实际修筑的路堤顶宽根本没有明显的变化，因此该模式也存在问题，不过一般情况下，软基路堤较低，沉降量小于 50cm，这一问题并不突出。

第三种模式考虑了地基的下沉、边坡的变化及顶面的变形，是一种比较严密的计算方法。按照该模式，路堤下沉后的路堤顶面成为弧面，且中心的下沉量 S_0 大，路肩的下沉量 S_1 小；弧线的挠度为 $S_0 - S_1$。假定土体不可拉长，水平宽度 B 变成弧线后水平宽度必然缩小，要使水平宽度不变，弧线要增加 $2\Delta b+B$ 的长度。用抛物线代替变形后的弧面线，用积分的方法不难求出弧长 L：

$$L = a\sqrt{1+(2b/a)^2} + a^2/2b \times \ln[2b/a + \sqrt{1+(2b/a)^2} \tag{7-12}$$

式中：$a=B/2$；$b=S_0-S_1$。

拟定若干个沉降量 S_0，由上式很容易计算出加宽量 Δb。例如当 $B=24.5\text{m}$，$S_1/S_0=0.7$，$S_0=2\text{m}$ 时，得到的加宽量 $\Delta b=1.95\text{cm}$，可见没有必要考虑这一加宽量。实际上从试验工程的观测结果也能说明这一点，因为路堤中心与路肩处的沉降杆在预压过程中的间距变化无几。

软土地基上填筑路堤的底面宜予以加宽，其一侧的加宽量 Δd 为：

$$\Delta d = mS_f \tag{7-13}$$

式中：m——软基路堤的设计边坡值(坡率的倒数)。

S_f——路堤坡脚处预压期末的沉降量。

从图 7-4 中可以看出，由于沉降，坡脚处地面发生了 S_2 的下沉，这样就使沉降后的坡脚比原来在地面上缩短了 Δd。当 $m=1.5$，$S_2=0.2\text{m}$ 时，$\Delta d=0.3\text{m}$，这一加宽量是要考虑的。

根据图 7-4，很容易得出路堤沉降前后边坡值的关系式：

$$n = \left(1 - \frac{S_j}{h_p + S_2}\right)m \tag{7-14}$$

式中：S_j——路肩处预压期末的沉降量。

h_p——路基中心高度(m)。

7.7.13 沉降与稳定监测设计应符合下列要求：

1 软土地基填方较高的路堤和桥头路堤应进行沉降与稳定监测设计，其设计内容应包括监测路段与代表性监测断面、沉降与侧向位移监测点位置、监测仪选型与布设、监测方法、监测频率等。必要时，应进行软土地基深部位移监测。

2 路堤填土速率应满足下列要求：

1)填筑时间不应小于地基抗剪强度增长需要的固结时间；

2)路堤中心沉降每昼夜不得大于10～15mm,边桩位移每昼夜不得大于5mm。

在软土地基上修筑公路时,最突出的问题是稳定和沉降。为掌握路堤在施工期中的变形动态,施工期间必须进行动态观测。动态观测项目除设计有明确的要求外,一般视工程的重要性和地基的特殊性,以及观测对施工的影响程度等来确定。高速公路、一级公路或二级公路设计车速高,路面平整性要求高,所以规定施工过程中必须进行沉降和稳定观测,这样一方面保证路堤在施工中的安全和稳定,另一方面能正确预测工后沉降,使工后沉降控制在设计的允许范围之内。

软土地基的变形有多种观测方法，其中水平变形就可由位移计、侧向变位桩、测斜仪等进行观测;测斜仪观测地基水平变形的特点是可以测出不同深度的变形,便于对地基变形进行分层研究。根据绘制的观测曲线可以直观地了解地基的滑动趋势及滑动面的位置，所以对于深厚软基上的高路堤,用测斜仪检测稳定更加有效,当然其观测费用比侧向变位桩要高得多,不宜大量设置。

沉降观测可采用埋设沉降板(管)、水准仪测量。

7.7.14　软土地基上路堤宜结合工程实际,选择代表性地段提前修筑试验路段。

软基试验工程是以验证设计和指导施工为主要目的的,为保证工程质量,对于软土地基上的高速公路,一级、二级公路应结合工程提前修筑试验工程。因试验工程属前期工程、具有指导作用,故要求在工程全面开工前取得试验成果。

试验工程研究内容应针对解决工程设计与施工中的疑难题以及新技术、新材料、新工艺在引进、推广中尚需研究的问题。

软基试验工程选址应尽可能考虑减少其他因素对其试验的影响,宜选在施工便利、纵坡较小、直线路段上,但在地质条件选择上应重点放在较差的地质路段。试验路段长度的确定应考虑到路堤宽度,路段长度至少应大于两倍的路堤底宽。

7.7.15　路面铺筑必须待沉降稳定后进行。在等载条件下,推算的工后沉降量小于设计容许值,且连续两个月监测的沉降量每月不超过5mm,方可卸载开挖路槽、开始路面铺筑。

根据沉降观测曲线可以确定任意时刻的沉降速率和工后沉降。将沉降速率作为沉降稳定控制标准，是目前国内软土地区高速公路的普遍做法，实践证明是有效的。如京津塘高速公路在沉降速率达到 8mm/月时卸去预压土，开始路面结构层施工；连徐、福宁高速公路确定的沉降速率为 5mm/月；沪宁高速公路以路槽顶面作为预压计算高度，在沉降速率达到 5mm/月时卸预压土作底基层和基层，在基层铺上后继续预压，待沉降速率达到 3mm/月时铺面层。

超载预压作为一种加载方式，目前已得到广泛的应用。由于软土的超固结特性，超载预压地基沉降速率在卸载前后将有很大不同(一般相差 3～5 倍，超载比越大则相差越大)，超载卸除后沉降速率会减小，故 5mm/月通常是指在等载条件下的沉降速率控制标准。

7.8 红黏土与高液限土地区路基

原规范共 3 条，本规范共 5 条。本规范新增第 7.8.2 条、第 7.8.3 条路基填料设计规定，修订了原规范有关填方路基处治和挖方路基路床处理的设计规定。

修订理由如下：

(1)红黏土与高液限土路基产生病害的主要原因是环境和水引起路基湿度变化，使路基产生干缩变形和湿化变形。为此，本规范对路基湿度控制措施做了相应的规定。

(2)为节约土地资源，保护环境，充分利用红黏土和高液限土填筑路基，并防治路基病害，本规范对路基填料设计作了补充规定。

7.8.1 红黏土与高液限土路基设计应遵循下列原则：

1 路线通过红黏土或高液限土地区，应查明红黏土或高液限土分布范围、成因类型、土体的结构层次特征、垂直分带及其湿度状态、土体中裂隙分布特征、地下水分布规律、物理力学性质及胀缩性等。

2 红黏土可根据液塑比与界限液塑比之间关系，以及复浸水特性，按表 7.8.1 进行分类。液塑比、界限液塑比可按式(7.8.1-1)、式(7.8.1-2)计算。

$$I_r = \frac{w_L}{w_P} \tag{7.8.1-1}$$

$$I'_r=1.4+0.0066w_L \quad (7.8.1\text{-}2)$$

式中：I_r——液塑比；

I'_r——界限液塑比；

w_L——液限(%)；

w_P——塑限(%)。

表 7.8.1 红黏土的分类

类 别	I_r 与 I'_r 关系	复浸水特性
Ⅰ	$I_r \geq I'_r$	收缩后复浸水膨胀，能恢复到原位
Ⅱ	$I_r < I'_r$	收缩后复浸水膨胀，不能恢复到原位

3 红黏土和高液限土具有膨胀性时，应按膨胀土路基进行设计。

4 红黏土与高液限土路基设计宜避免高路堤及深路堑。如不能避免，宜与桥隧方案进行综合比选确定。

5 红黏土与高液限土路基设计应充分考虑气候环境、水对路基性能的影响，做好路基结构防排水与湿度控制措施的设计，连续施工，及时封闭。

红黏土是指碳酸盐岩出露的岩石，经红土化作用形成的棕红色、褐黄色等的高塑性黏土，其液限一般大于50%。经再搬运后仍保留红黏土基本特征，其液限大于45%的土称为次生红黏土。

红黏土是一种区域性的特殊性土，主要为坡积、残积类型，其物理力学性质指标见表7-17。

表 7-17 红黏土物理力学性质指标

含水率(%)	孔隙比	液限(%)	塑限(%)	饱和度(%)	含水比	压缩系数(MPa^{-1})	渗透系数(cm/s)	自由膨胀率(%)
20～75	0.7～2.1	40～110	20～60	80～100	0.5～0.75	0.1～0.4	$i\times10^{-8}$	25～69

红黏土与高液限土具有高液限、高塑性、高含水率、高孔隙比、较高强度和较低压缩性的特点。压实困难、干缩开裂和边坡稳定性差是工程的主要问题。红黏土的膨胀势较低，无荷载膨胀率均小于20%，膨胀压力一般小于30kPa，膨胀性弱；红黏土线缩率1%～10%，体缩率5%～28%，收缩系数0.1～0.8，具有弱至中等收缩性。

液限 w_L>50%的土称之为高液限土，其成因较为复杂，主要与母岩性质有关，其工程性质与红黏土有所区别，结合水含量较红黏土高，强度与密实度分离现象较红黏土明显。

7.8.2 红黏土和高液限土不应直接作为路基填料，其中压缩系数大于 $0.5MPa^{-1}$ 的红黏土不得用于填筑路堤。

红黏土和高液限土直接填筑路基时，在气候环境（降雨、湿度和温度等）、地表水和地下水的影响下，其强度产生衰变，造成路基变形破坏。另外，采用压缩系数大于 $0.5MPa^{-1}$ 的红黏土填筑路基，在公路运营期路基将产生蠕变，增大路基不均匀变形。因此，规范规定红黏土和高液限土不能直接填筑路基，并限制压缩系数大于 $0.5MPa^{-1}$ 的红黏土的使用。

7.8.3 红黏土和高液限土作为路基填料时，应符合下列要求：

1 红黏土和高液限土的 *CBR*、回弹模量等应满足本规范第 3.2 节、第 3.3 节的要求。

2 经物理措施处治的红黏土和高液限土可用于路床之下的路堤填料，但不得用于浸水路堤。

3 路床、低路堤填料采用红黏土和高液限土时，应掺入无机结合料进行处治。

4 确定路堤填筑的最佳含水率、最大干密度及 *CBR* 值时，应采用湿土法重型击实试验。*CBR* 试验时，应根据含水率调整其击实次数。

为防治红黏土和高液限土路基病害，红黏土和高液限土用于路基填料时，需采取一定的工程措施，以保证其长期性能的稳定。常用的工程措施包括物理措施和化学处治措施，物理措施包括设置排水隔离垫层、包边封闭层，以及外掺砂砾、粉煤灰、碎石等；化学处治措施主要是外掺石灰、水泥等无机结合料进行改良处治。

对于石灰处治高液限土和红黏土，通常采用“二次掺灰处治方法”。第一次在取土场先掺入 1/2～2/3 设计掺灰量的石灰，掺灰后对土料进行翻拌，并在取土场中堆放 1～3d，进行“焖灰”；然后，将经第一次掺石灰处治的土料运到路基作业面，再进行第二次掺石灰处治，掺灰量为余下的 1/3 设计剂量。

高液限土的细粒含量高，其内部胶凝物质（$Fe_2O_3 \cdot nH_2O$，$SiO_2 \cdot nH_2O$ 等）中包含结合水，结合水是物质颗粒的组成部分，不同于普通土的自由水，高液限土烘干后破坏了结合水与颗粒间的结合力与分子结构，失水后具有不可逆性，即失水后其胶凝作用不可恢复。因此湿法制件与干法制件得到的试验结果差距较大。同等条件下湿法所得试件强度高于干法,原状土的强度大于扰动土的强度,击实试验最大干密度湿法小于干法,最佳含水率湿法大于干法。现场高液限土填料天然含水率一般较大,需晾晒降低含水率后进行分层碾压施工,击实试验和 *CBR* 试验方法采用湿法制件,更符合实际施工过程。

福建泉厦高速公路 K10+514～K13+000 为高液限土,属于花岗岩风化的残积土。土的天然含水率 20%～30%,液限 59.9%,塑限 30.9%,采用干法击实 *CBR* 仅在 0.4%～1.36%,湿法重型击实的最大干密度 1.72g/cm^3,最佳含水量 14.1%,*CBR*>4%。试验路填筑试验,施工检测标准在路床以下范围采用压实度大于 90%(湿法重型)、饱和度大于 80%,能获得较好效果,并在施工中发现若连续碾压过多会产生路基表面剪切破坏,路基超压和软弹现象。路基施工完成后进行了三个月的沉降观测,高 6.4m 路堤的沉降量基本稳定在 3～5mm 之间,代表弯沉值1.508mm,满足路基设计要求。

桂柳高速公路 K145+525～K209+640、K254+000～K286+760 等路段分布高液限土,属灰岩风化残积土,俗称红黏土。其含水率 30%～40%,液限 58%～90%,塑限 22%～66%,塑性指数 13～50,饱和度一般在 95%左右,孔隙比 1.1～1.2 自由膨胀率 24%～51%,干燥后收缩,体缩率 10%～21%。干法与湿法击实试验的对比情况见表 7-18。

表 7-18　干法与湿法击实试验结果

取样地点	液限(%)	塑限(%)	大于 0.075mm 含量(%)	试验方法	最大干密度(g/cm^3)	最佳含水率(%)
K145+800	60.4	25.1	32	湿法	1.54	27.0
				干法	1.62	21.0
K155+500	51	32	46	湿法	1.814	17.0
				干法	1.849	15.2

土的压实性,采用凸块式振动碾,即使含水量高于湿法最佳含水率 6%～8%,仍可达到重型标准压实度的 90%～93%;而采用 CA25 自动式振动碾,增加碾压遍数压实度仅达到重型标准的 88%～90%,把含水率控制在最佳含水率±2%范围内,压实效果没有区别。压实后的高液限土,经实测代表弯沉值为 0.075～1.99mm,符合设计要求。

7.8.4 填方路基设计应符合下列要求：

1 应根据沿线气候和水文条件、路基高度、红黏土与高液限土性质及处治措施，做好填方路基结构设计。红黏土与高液限土不宜用于陡坡路堤填筑。

2 经物理措施处治的红黏土填筑路堤高度不宜大于10m，其路堤底部应设置砂砾或碎石等排水隔离垫层，垫层最小厚度不宜小于0.5m，其顶面宜设置土工合成材料反滤层。

3 边坡高度不大于10m的路堤边坡坡率宜为1∶1.5～1∶2。当边坡高度大于6m时，宜设置边坡平台，其宽度不宜小于2m。当边坡高度超过10m时，应按本规范第3.6节的有关规定，通过路基稳定性分析计算确定路堤横断面形式、边坡坡度及路基防护加固措施。

4 经无机结合料处治或用非红黏土（高液限土）包边封闭的路堤边坡可按一般路基防护设计。

5 路堤填筑宜选择在旱季连续施工，不能连续施工时应在路基顶面及时作封盖处理。

红黏土路堤主要工程问题是经干湿循环后，路基再浸水时，路基土强度产生衰变，导致路堤产生不均匀沉降变形和边坡失稳破坏。因此，控制路基湿度稳定是设计必须要考虑问题。工程实践经验表明，采用包边路基结构的物理措施处治红黏土与高液限土，能较好地解决这一问题，如京珠高速公路粤境北段、广西桂柳高速公路等采用红黏土填筑路堤。泉厦高速公路采用高液限土（属于花岗岩风化的残积土）填筑路堤，公路运营十年来，路堤稳定，未发生路基病害。京珠高速公路粤境北段经包边处理的红黏土用作路堤高度大于2m的非浸水路段下路堤填料，即路堤基底设置厚0.30～0.50m的排水垫层，边坡两侧用$CBR>3$的填料包边填筑，厚度1.50～2.0m，或者在路堤边坡6～8m范围每隔1～2m加铺一层土工格栅，路堤顶部铺设防渗土工布等措施。

红黏土与高液限土路基压实时，需采用羊足碾或凸块式振动碾。若直接采用光轮压路机，路基则易产生"弹簧"现象。当路堤填筑中断施工后，应及时进行封闭，防止失水而引起路基表面土层开裂，降低路基强度。

7.8.5 挖方路基设计应符合下列要求：

1 挖方路基边坡高度超过10m时应进行稳定性检算，并考虑复浸水Ⅰ类红黏土的开挖面土体干缩导致裂隙发展及复浸水使土质产生变化的不利影响。边坡稳定性分析计算时，宜采用饱水剪切试验和重复慢剪试验等强度指标。

2 挖方边坡高度不宜超过20m。路堑边坡设计应遵循"放缓坡率、加宽平台、加固坡脚"的原则。边坡坡率及平台宽度可按表7.8.5确定。当边坡高度超过6m时，挖方路基宜采用台阶式断面；地形允许时，宜进一步放缓边坡。

表7.8.5 路堑边坡坡率

边坡高度(m)	边坡坡率	边坡平台宽度(m)
<6	1∶1.25～1∶1.5	—
6～10	1∶1.5～1∶1.75	2.0
10～20	1∶1.75～1∶2	≥2.0

3 路堑边坡应设置完善的路基地表与地下排水系统。路堑边坡坡面上宜设置支撑渗沟，路基边沟下应设置渗沟。当坡面有集中的地下水出露时，宜设置仰斜式排水孔。

4 路堑边坡坡面防护宜采用骨架植物防护，当边坡稳定性不足时应增设支挡工程。对于全封闭的圬工防护，应在墙背设置厚度为0.15～0.30m的排水垫层，圬工时应设置泄水孔，泄水孔间距宜为2.5～3.0m，并应设反滤层。

5 宜保留堑坡顶之外的植被与覆盖层。在坡顶设置拦水埝或截水沟。

6 根据红黏土或高液限土的工程性质，对挖方路段路床范围的红黏土或高液限土应进行超挖换填或掺无机结合料处治，换填材料宜选用渗水性良好的砂砾、碎石等。

7 当挖方路段路床范围有石柱、石笋时，应予挖除；当石柱、石笋之间存在天然含水率超过其塑限5个百分点的过湿土时，应挖除路床范围的过湿土，换填片石等材料。

8 零填、路堑路段开挖至路床底部后，应及时进行路床的换填施工；当不能及时进行时，宜在路床底面高程以上预留0.3m厚的保护层。

红黏土和高液限土挖方边坡，在湿热交替的气候条件影响下，土体产生收缩开裂，故红黏土中裂隙较发育。收缩性强的红黏土，在地形突起、向阳、植被少的地段，裂隙密度大，延伸深，一般达3～4m，个别地区达十余米。裂隙使土体完整性破坏，降低了土体的强度，增大了土体的透水性，构成土体稳定的不利因素。降雨时，雨水沿裂隙入渗，形成了土体的软弱结构面，即使坡率小于1∶2仍可能出现坍塌、滑动破坏，滑坡剪切出口多位于路基顶面以上。红黏土挖方边坡的破坏模式与一般土的圆弧滑动有明显的区别。

针对红黏土和高液限土挖方边坡破坏特点，规范规定挖方路边坡高度超过10m时应进行稳定性检算。边坡稳定性分析计算时，要充分考虑红黏土边坡裂隙发展及复浸水对边坡稳定性的不利影响，强度参数需采用饱水剪切试验和重复慢剪试验等强度指标，有条件时，先对土样进行干湿循环试验，然后再浸水饱和做剪切试验。

红黏土挖方边坡的失稳主要是裂隙渗水引起的。因此，设计时要加强红黏土边坡防护与排水的综合设计，抑制边坡土体湿度变化及其裂隙发生与发展。京珠高速公路粤境北段红黏土挖方路基，采用台阶式断面，路堑边坡坡率1∶1.25～1∶1.5，地形允许时，尽量放缓边坡。在边沟下设置纵横向排水渗沟，边坡上设置边坡片碎石渗沟，形成综合排水系统，并加强边坡防护与支挡综合设计，遵循固脚强腰的原则，因地制宜地在路堑边坡下部设置支挡工程(如抗滑挡墙、小截面抗滑桩等)。公路运营十年来，路基边坡稳定。因此，红黏土、高液限土路堑边坡采用支撑渗沟和拱形护坡、挡土墙等相结合，作为保证红黏土边坡稳定的有效措施。

7.9 膨胀土地区路基

原规范共3条，本规范共8条。本规范在第7.9.1条一般规定中补充膨胀土处治方案比选的设计规定，新增第7.9.2条膨胀土判别及膨胀潜势分级、第7.9.3条膨胀土地基变形量预测、第7.9.4条膨胀土地基分类、第7.9.5条膨胀土填料分类、第7.9.8条膨胀土路基排水设计要求，并修订了膨胀土路堤设计规定、挖方路堑边坡防护中柔性支护结构等。

修订理由如下：

近十年来，我国膨胀土地区高速公路建设技术得到了快速发展，在膨胀土判别、膨胀土路堤修筑、膨胀土路堑边坡稳定等方面的新技术得到了推广应用，取得了良好的效果。本次修订,充分总结了相关科研成果和工程经验的基础上,引进了较为成熟的新技术,对原规范进行了全面修订,提升膨胀土路基设计技术水平。

7.9.1 膨胀土地区路基设计应遵循下列原则:

1 应采取多种勘探手段,查明膨胀土分布范围、土体结构层次、矿物成分、成因类型、物理力学性质、胀缩特性及膨胀土活动区深度等,确定膨胀土膨胀潜势等级及其对公路工程危害程度。

2 路线设计应根据膨胀土的特性和公路等级的技术要求,综合考虑当地气候特点、地形地貌、地质、水文、筑路材料等条件,通过综合分析与路线方案比较,合理选用主要技术指标。

3 膨胀土地区路基应避免高路堤和深长路堑,宜采用低路堤或浅路堑。不能避免时,应与桥隧方案进行综合比选确定;以路基通过时,应采取措施保证路基稳定。

4 膨胀土用作路基填料时,应通过室内试验和技术经济比较确定膨胀土填筑路堤的处理方案,并确定最佳配合比及处治后的强度控制指标。

5 膨胀土地区路基设计应以防水、控湿、防风化为主,结合路面结构,采取有效措施,减少湿度的变化对膨胀土路基的影响,保证路基满足变形和强度的要求。膨胀土路基应连续施工,并及时封闭路床和坡面。

膨胀土 (expansive soil)是一种含亲水性矿物,并具有明显的吸水膨胀与失水收缩特性的高塑性黏土。膨胀土的胀缩特性主要受具有晶层结构的蒙脱石类黏土矿物影响。在大气影响下,湿度变化引起膨胀土产生膨胀与收缩,土体开裂,降雨入渗,强度降低,产生较大的膨胀压力,造成边坡变形破坏。膨胀土变形破坏区多发生在浅层,大气对膨胀土影响的最大作用深度称之为膨胀土活动区深度。

针对膨胀土的特点,膨胀土地区路基设计要以防水、保湿、防风化为主,采取有效措施,减少湿度的变化对膨胀土路基的影响,保证路基满足变形和强度的要求。膨胀土路基施工时,也要连续施工,并及时封闭路床和坡面。

7.9.2　应根据地貌、土体颜色、土体结构、土质情况、自然地质现象和土的自由膨胀率等特征，进行膨胀土初步判定；以标准吸湿含水率为详判分级指标，当标准吸湿含水率大于2.5%时，应判定为膨胀土。膨胀土判别及膨胀潜势分级应符合现行《公路工程地质勘察规范》(JTG C20)的有关规定。

关于膨胀土的判别标准，国内外尚不统一。根据多年来的工程实践经验总结和工程地质特征，自由膨胀率大于40%和液限大于40%的黏质土，可初判为膨胀土，但这并不是唯一的，最终决定的因素是胀缩总率及膨胀的循环变形特征。

《膨胀土地区建筑技术规范》(GB 50112—2013)采用自由膨胀率对膨胀土的膨胀潜势进行分类。自由膨胀率 δ_{ef} 测试，采用风干土碾细过筛，并在105～110℃下烘干至恒重，在干燥器中冷却后用标准量杯取10cm^3 土样进行自由膨胀率测试。对该指标的可靠性及能在多大程度上反映膨胀土的本质等方面，一直存在着争议。有人认为测试方法使颗粒间结合力丧失，而使膨胀得到了较充分的发挥，其结果并不能代表土体的真正膨胀潜势。

膨胀土的性质是由于膨胀土中蒙脱石及其家族的含量多少决定的。自由膨胀率判别法易产生膨胀土的误判与漏判，铁路部门采用蒙脱石含量和阳离子交换量作为鉴别指标，判别准确率高，但测试困难。

标准吸湿含水量与比表面积、阳离子交换量、蒙脱石含量之间存在线性相关的关系。标准吸湿含水率反映了膨胀土的最基本的本质属性。标准吸湿含水率试验方法已纳入《公路土工试验规程》(JTG E40—2007)，该判别分类标准已在湖北、湖南、安徽、广西、云南、河南、河北等公路行业、建筑行业以及南水北调水利工程中得到广泛推广应用，验证了该标准的准确性与可靠性。

(1)膨胀土初判

膨胀土应根据地貌、颜色、结构、土质情况、自然地质现象和土的自由膨胀率等特征，按表7-19初步综合判定。

(2)膨胀土详判

①膨胀土应根据标准吸湿含水率分类指标详判。当标准吸湿含水率 w_a(%)≥2.5时，应判定为膨胀土。

②按表7-20进行膨胀土的膨胀潜势分级。

表 7-19 膨胀土初步综合判断

地层	以冲积、洪积、湖积和坡积为主，时代多为 $N_2 \sim Q_3$
地貌	多呈垄岗式地貌，山前丘陵区岗顶多呈浑圆状，无明显的天然陡坎，自然坡度平缓；颜色以褐黄、棕黄、棕红、黄褐为主，灰白、灰绿色呈夹层出现
土质情况	具有土质细腻，手触有滑感；含有较多的钙质结核，有时富集成层，并有豆状铁锰质结核；结构致密，土块破碎后呈一定几何形状
自然地质现象	裂隙发育，有 2～3 组以上的裂隙，裂面光滑，裂隙常有灰白、灰绿色黏土矿物充填；含水率低于硬塑状态的土块浸水，快速沿裂隙崩解；晴天新挖坑壁，裂隙迅速张开，土块易剥落，雨后表层裂隙很快闭合，坑壁土体易沿裂隙坍塌

表 7-20 膨胀潜势分级

分级指标	弱膨胀土	中膨胀土	强膨胀土
标准吸湿含水率 w_a(%)	$2.5 \leqslant w_a < 4.8$	$4.8 \leqslant w_a < 6.8$	$w_a \geqslant 6.8$

7.9.3 膨胀土地基变形量预测应符合下列要求：

1 挡土墙等构造物基础、低路堤基底为膨胀土地基时，可按式(7.9.3-1)或式(7.9.3-2)对膨胀土地基变形量进行计算。

2 基于固结试验的膨胀土地基变形量可按式(7.9.3-1)计算：

$$\rho = \sum_{i=1}^{n} \frac{C_s z_i}{(1+e_0)_i} \lg\left(\frac{\sigma'_f}{\sigma'_{sc}}\right)_i \tag{7.9.3-1}$$

式中：ρ——地基变形量(mm)；

e_0——初始孔隙比；

σ'_{sc}——由恒体积试验中校正的膨胀压力(kPa)；

σ'_f——最后有效应力(kPa)；

C_s——膨胀指数；

z_i——第 i 层土的初始厚度(mm)。

3 基于收缩试验的膨胀土地基变形量可按式(7.9.3-2)计算：

$$\rho = \sum_{i=1}^{n} \Delta z_i = \sum_{i=1}^{n} \frac{C_w \Delta w_i}{(1+e_0)_i} z_i \tag{7.9.3-2}$$

$$C_w = \frac{\Delta e_i}{\Delta w_i} \tag{7.9.3-3}$$

式中：C_w——非饱和膨胀土体积收缩指数；

Δe_i——第 i 层土的孔隙比的变化；

Δw_i——第 i 层土的含水率变化。

膨胀土地基变形量计算是以膨胀土地基在没有建构造物的情况下，考虑极端的膨胀土地基地表含水率变化，以及含水率沿深度分布变化的情况下计算出来的参数，代表了膨胀土地基膨胀性强弱和对气候的响应程度。

膨胀土地基变形预测的关键是确定大气影响下膨胀土活动区深度，可通过测定各个季节地温、土层含水率随深度的变化曲线，或采用静力触探试验比贯入阻力随深度变化曲线等方法探明膨胀土活动区深度。我国部分地区膨胀土活动区深度见表 7-21。

表 7-21　我国一些典型膨胀土地区活动区深度

地　区	各种判定标志下的膨胀土临界活动区深度(m)				大气活动区深度(m)
	温度标志	地温标志	深度标志	地裂标志	
云南鸡街	3.0	—	—	—	3.0～4.0
云南江水池	5.0	—	—	—	3.0～5.0
四川成都	1.5	1.8	—	—	1.5
广西南宁	2.0～3.0	—	3.0	2.0～2.5	2.5～3
广西宁明	—	—	3.5	2.5～3.5	3.0
陕西安康	3.0	—	—	2.0～3.0	3.0
湖北荆门	1.5～2.0	2.0	1.5	1.2～1.5	1.5～2.0
湖北郧县	2.0	2.0	—	<2.0	2.0
湖北宜昌	—	2.1	—	—	2.1
河南南阳	—	3.2	—	—	3.2
河南平顶山	2.5	2.1	3.0	—	2.5
安徽合肥	2.0	2.0	—	—	2.0
河北邯郸	2.0	—	—	—	2.0

1. 实例 1：利用收缩试验对广西膨胀土地面变形预测实例

(1)试验点工程地质状况

试验场地位于百乐二级公路白色西北乐村，属丘陵地貌，试验点为一小山丘。以残坡积土(Q^{el+dl})为主。土质致密，切口光滑细腻。地表有 0.5m 左右的灰色耕植土，含少量植物根、虫孔等，未见地下水。地层情况见表7-22。

表7-22　百乐路K58＋100地层分布

分层厚度(m)	岩性描述
4.95	膨胀土：红、黄、白、灰色斑杂状，稍湿，硬塑，夹有黑色铁锰质结核，微裂隙较发育，3.6m有一竖向裂隙最为发育，裂隙间充填一层青灰色黏土
8.35	泥岩：灰黄色，稍湿，强风化，有竖向裂隙，新鲜面呈青灰色，细腻光滑，质地坚硬，手捏难碎

(2)静力触探试验结果

百乐路K58＋100试验点单桥静力触探试验，其P_s～H关系曲线如图7-5所示。

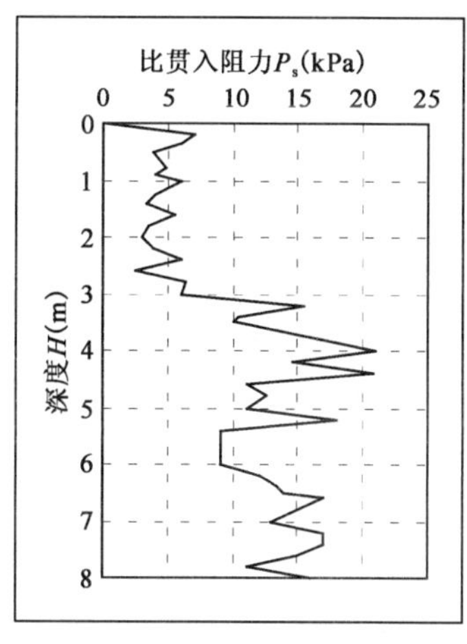

a) No.1孔静力触探曲线

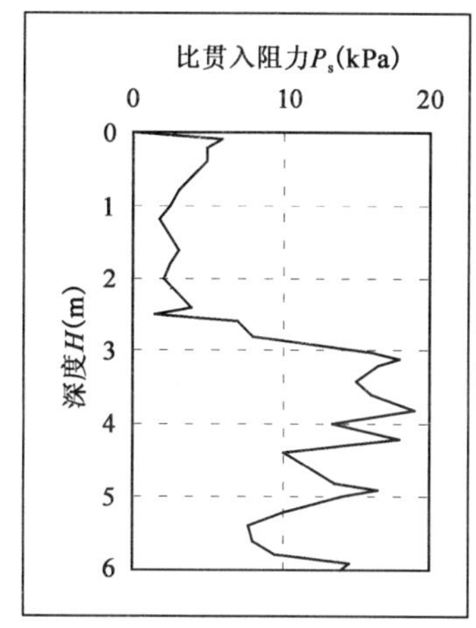

b) No.2孔静力触探曲线

图7-5　百乐路K58＋100单桥静力触探P_s～H关系曲线

从No.1和No.2孔静力触探曲线可以明确地判断，该试验点的膨胀土的活动区的影响深度为3～4m之间，与现场试坑观测到的竖向裂隙发育深度3.6m相一致。

(3)膨胀土地裂发育深度

根据现场观测到的地裂开展深度，现场静力触探曲线，可以综合判断出百乐路K58＋100试验场地膨胀土的活动区深度为3.6m。

(4)试验点膨胀土的三维收缩试验结果

利用百乐路K58＋100试验场地膨胀土试验场地膨胀土样品，切成4cm×

4cm×4cm立方体试样进行膨胀土的三相收缩试验，膨胀土试样的收缩试验得出的体积收缩指数 $C_w=\frac{\Delta e}{\Delta w}=0.0211$。

(5)试验点膨胀土地基变形计算模式

试验点的膨胀土物理力学性质如表 7-23 所示。

表 7-23 百乐路 K58+100 试验膨胀土物理力学性质

取样地点	取样深度	含水率	湿密度	干密度	饱和度	液限	塑限	塑性指数	缩限	孔隙比	c_d	φ_d
	m	%	g/cm³	g/cm³	%	%	%	%	%	—	kPa	°
K58+100	0.9～1.1	21.3	1.97	1.63	83	50.3	23.9	26.4	19.4	0.72	22.6	27.8

在地表处，将塑限含水量和缩限含水量各自的作为初始含水量和最终含水量。活动区深度为 3.6m，假定含水量在活动区内呈线性变化。试验点膨胀土地基变形计算模式如图 7-6 所示。

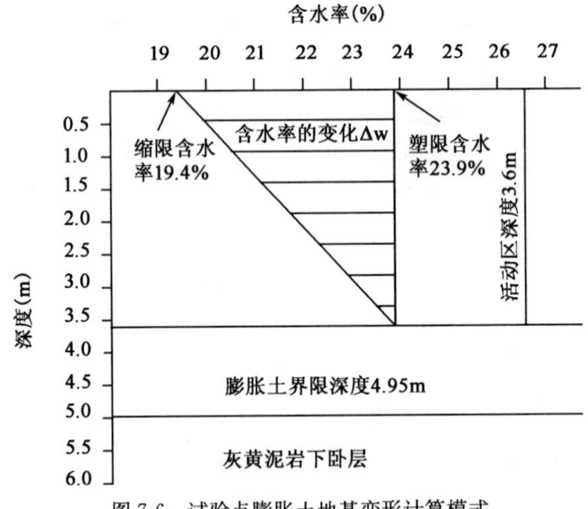

图 7-6 试验点膨胀土地基变形计算模式

(6)试验点膨胀土地基变形计算结果

假定场区膨胀土土层是均匀的，按一层土来考虑，建筑场区膨胀土地基总变形按式(7.9.3-2)计算：

$$\rho=\sum_{i=1}^{n}\Delta z_i=\sum_{i=1}^{n}\frac{C_w\Delta\omega_i}{(1+e_o)_i}z_i$$

$$= \frac{0.0211 \times (23.9 - 19.4)/2}{1 + 0.72} \times 3.6 = 99\text{mm}$$

2.实例 2:利用固结试验对广西膨胀土地面变形预测实例

本文在广西膨胀土固结试验的基础之上,进行了膨胀土地基变形计算,为膨胀土地基的分类和膨胀土地基上的建筑基础选型提供了依据。现场其他条件与利用收缩试验对广西膨胀土地面变形预测实例的条件相同,物理力学性质见表 7-22,活动区的深度为 Z=3.6m。

(1)固结试验

利用广西依托工程对膨胀土进行了两种形式的固结试验:一种是膨胀固结试验,另一种是常体积固结膨胀试验。膨胀土的膨胀固结试验是将原状膨胀土试样切样以后,将试样放入高压固结仪中,施加一指定的荷载,然后加水饱和,在饱和过程中容许试样体积充分吸水膨胀,然后对饱和后的膨胀土样进行常规固结回弹试验。常体积固结膨胀试验是将原状膨胀土试样切样以后,将试样放入高压固结仪中,然后加水饱和,在饱和过程中保持试样的初始体积不变,在试样达到饱和后对试样进行常规固结回弹试验。

图 7-7 为广西百色—乐业公路(K58+100,1.6~1.85m)膨胀土恒体积固结试验曲线。初始孔隙比 e=0.61, 膨胀指数 C_s=0.05,恒体积试验中效正的膨胀压力 σ'_{sc}=250kPa。

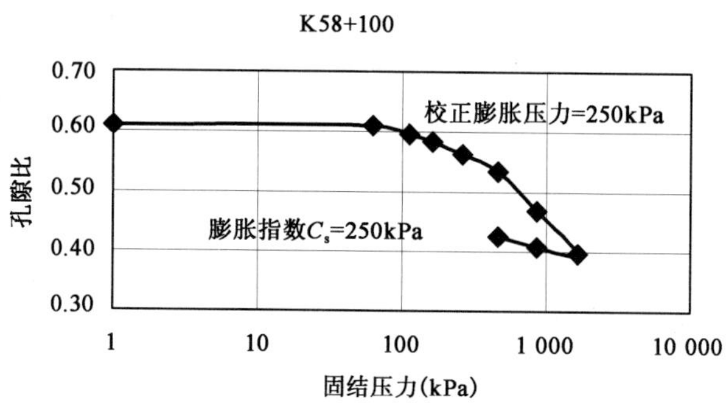

图 7-7　百色—乐业公路膨胀土恒体积固结试验曲线

(K58+100,深度:1.6~1.85m)

图 7-8 为广西百色—乐业公路(K58＋100,深度:1.6～1.85m)膨胀土膨胀固结试验曲线。初始孔隙比 e=0.61，膨胀指数 C_s=0.06，膨胀压力 σ'_{sc}=280kPa。

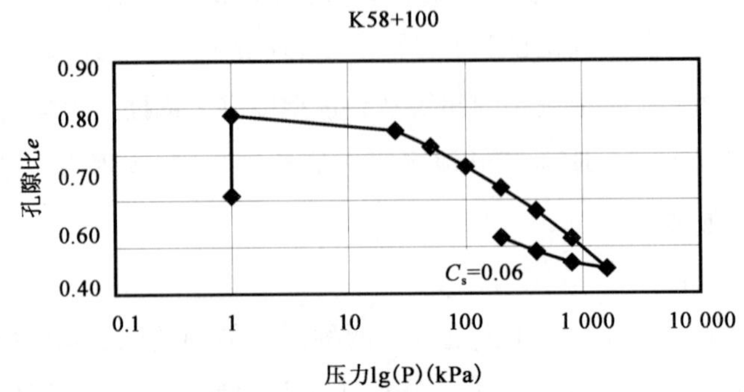

图 7-8　百色—乐业公路膨胀土膨胀固结试验曲线

(K58＋100,深度:1.6～1.85m)

从图 7-7 和图 7-8 可以看出,两种固结试验得到的膨胀指数和膨胀力基本一致。计算时取膨胀压力 σ'_{sc}=280kPa,膨胀指数 C_s=0.06。

(2)应力状态的确定初始应力状态为 $\sigma'_0+(u_a-u_w)_0=\sigma'_{sc}$,即垂直压力等于土的上覆自重压力与土的基质吸力两者之和,则有 σ'_{sc}=250kPa。

将来可能发生的应力状态通常假定为在常净法向应力作用下,土的最终基质吸力变为零,即假定膨胀土 100%饱和,最后的应力状态为 $\sigma'_f=\sigma'_0\pm\Delta\sigma-u_{wf}$。本实例计算中假定土的最终孔隙水压力为零,并且不考虑超载的影响,$\Delta\sigma=0$,则最后的应力状态为 $\sigma'_f=\sigma'_0$,有 $\sigma'_f=\sigma'_0=19.7\times1.8=35.5$kPa。

(3)建立在固结试验基础之上的试验点膨胀土地基变形计算

试验场膨胀土深度为 4.95m,膨胀土土性为红、黄、白、灰色斑杂状,稍湿,硬塑,夹有黑色铁锰质结核,微裂隙较发育,3.6m 有一竖向裂隙最为发育,裂隙间充填一层青灰色黏土,以残坡积土为主。土质致密,切口光滑细腻。

膨胀土的分类标准指标和分类结果如表 7-24 所示。

表 7-24　广西依托工程膨胀分类成果

测试样名称	自由膨胀率 F_s(%)	塑性指数 I_P	标准吸湿含水率(%)	膨胀潜势分类结果
K58＋100	50	24.6	3.17	弱

假定场区膨胀土土层是均匀的，按一层土来考虑，建筑场区膨胀土地基总变形按式(7.9.3-1)计算：

$$\rho = \sum_{i=1}^{n} \Delta z_i = \sum_{i=1}^{n} \frac{\Delta e_i}{(1+e_o)_i} z_i = \sum_{i=1}^{n} \frac{C_s z_i}{(1+e_o)_i} \lg\left(\frac{\sigma'_f}{\sigma'_x}\right)_i$$

$$= \frac{0.05 \times 3.6}{1+0.62} \times \lg \frac{35.5}{250} = 94\text{mm}$$

由式(7.9.3-2)利用收缩试验对广西膨胀土地面变形预测得 ρ=99mm，由式(7.9.3-1)利用固结试验对广西膨胀土地面变形预测 ρ=94mm。比较上述计算结果可知，同一地点的膨胀土地基用两种不同的方法进行地基变形计算结果相差不大，两种方法都可以用作地基分类和基础选型的重要指标。

7.9.4 膨胀土地基设计应以变形量作为分类指标，按表 7.9.4 进行分类，确定膨胀土地基处理措施和处理深度。

表 7.9.4 膨胀土地基分类

膨胀土地基分类等级	膨胀土地基变形量 ρ(mm)	地基处理措施
Ⅰ	$\rho \geqslant 200$	小型构造物宜采用深基础。路堤高度小于 1.5m 时，地基置换非膨胀土或无机结合料处治土，其深度不宜小于 2.0m
Ⅱ	$100 \leqslant \rho < 200$	小型构造物可采用浅基础。基础埋深不宜小于 1.5m，并采取保湿措施。路堤高度小于 1.5m 时，地基置换非膨胀土或无机结合料处治土，其深度不宜小于 1.5m
Ⅲ	$40 \leqslant \rho < 100$	小型构造物可采用浅基础。基础埋深不宜小于 1.0m，并采取保湿措施。路堤高度小于 1.5m 时，地基置换非膨胀土或无机结合料处治土，其深度不宜小于 1.0m
Ⅳ	$15 \leqslant \rho < 40$	小型构造物可采用浅基础。路堤高度小于 1.5m 时，地基置换非膨胀土或无机结合料处治土，其深度不宜小于 0.5m
Ⅴ	$\rho < 15$	可不处理

对广西百色盆地百乐路 K58+100 试验点进行了膨胀土地基变形预测。由收缩试验对膨胀土地面变形计算得 ρ=99mm，由固结试验对膨胀土地面变形计算得 ρ=94mm。根据表 7.9.4 膨胀土地基评价标准，以膨胀土地基变形量 ρ 作为分类

指标对广西百色盆地百乐路K58+100试验点膨胀土地基进行分类，由于40mm≤ρ<100mm，膨胀土地基分类等级为Ⅲ级，地基变形较大，基础需加大埋深和采取保湿措施。在坡顶和坡腰的建筑物产生破坏的可能性较大。

根据上部结构类型和膨胀土地基变形量，膨胀土地基土处理可采取挖除膨胀土、换填非膨胀土或掺石灰改性处治等处理措施。最新研究表明，非膨胀土或掺石灰改性处治膨胀土地基深度不小于2.0 m，下部膨胀土含水率、强度和密度变化非常小，可以忽略不计。当采用渗水性材料时，需铺设复合土工膜作为防渗层。

7.9.5 膨胀土用作路基填料时，应以击实膨胀土的胀缩总率作为分类指标，按表7.9.5进行膨胀土填料分类，确定各类膨胀土的使用范围及处治措施。

表7.9.5 膨胀土填料分类

填料等级	有荷压力下胀缩总率(%)	使用范围
非膨胀土	$e_{ps}<0.7$	可直接利用
弱膨胀土	$0.7\leq e_{ps}<2.5$	采取包边、加筋、设置垫层等物理处理措施后可用于路堤范围的填料，采用无机结合料处治后可用于路床填料
中膨胀土	$2.5\leq e_{ps}<5.0$	采用无机结合料处治后可作路基填料
强膨胀土	$e_{ps}\geq 5.0$	不应用作路基填料

注：1. 路堤高度大于或等于3.0m时，应采用50kPa压力下膨胀率试验计算胀缩总率。
2. 路堤高度小于3.0m时，应采用25 kPa压力下膨胀率试验计算胀缩总率。

膨胀土作为路基填料，压实后的膨胀土与天然原状膨胀土的工程特性有很大差别，主要是压实的膨胀土较原膨胀土膨胀性要大5～8倍，有的甚至达到二三十倍之多。填土的密实度愈大，含水率愈低，则土浸水后，其膨胀量和膨胀力愈大；在相同压实含水率下，密实度愈高，其膨胀量和膨胀力愈大。因此，膨胀土填料的分类应根据压实膨胀土的膨胀、收缩变形对路面的影响程度，以击实膨胀土的胀缩总率作为分类指标进行分类。

有荷膨胀率试验的荷载为50kPa，胀缩总率为$E_{ps}=\psi(\delta_{e50}+e_{sl})$，即为膨胀率与线缩率之和。式中$E_{ps}$为膨胀土击实土样的胀缩总率；$\psi$为修正系数，根据当地经验确定，若无可依据的经验时，可取0.7；δ_{e50}为膨胀土击实土样的膨胀率，e_{sl}为膨胀土击实土样的收缩率。K114+300实际是母岩为石灰岩风化而形成的红黏土。

从试验结果表明：击实膨胀土的胀缩变形比原状膨胀土胀缩变形大很多，膨胀变形较大，而收缩变形较小。这是因为击实膨胀土的最优含水率较小，且具有较大的最大干密度。但K114＋300红黏土却刚好相反，膨胀变形较小，收缩变形较大，因为K114＋300击实红黏土的最优含水率较大，且具有较小的最大干密度。K114＋300击实红黏土 *CBR* 比击实膨胀土的 *CBR* 大一个数量级，其胀缩总率也表现出独特的性质。荷载对膨胀土的胀缩变形有较大的影响。原状膨胀土与击实膨胀土的性质有很大的区别。

宜当高速公路击实膨胀土不同掺灰量下胀缩总率和填料分类结果都列于表7-25。

表7-25 宜当高速公路击实膨胀土不同掺灰量下胀缩总率

土类	*CBR*(%)	各种掺灰量下压实膨胀土的胀缩总率(%)							填料分类结果
		0		2	4	6	8	10	
		无荷	50kPa						
弱膨胀土	2.1	5.51	1.50	0.68	0.02	−0.30	−0.51	—	Ⅱ
中膨胀土	0.9	11.3	3.42	1.11	0.54	0.06	−0.50	−0.35	Ⅲ
强膨胀土	0.6	18.2	5.24	2.87	1.25	1.03	0.80	—	Ⅳ

从表中可看出，膨胀土从弱到强，*CBR* 值从大到小单调减小，胀缩总率从小到大单调地增加。Ⅳ级强膨胀土石灰掺加量达到8%时，其胀缩总率仍然达不到规范 $E_{ps}<0.7$ 的要求。因此，强膨胀土能否用作路基填料，要根据公路所在的气候和地下水的环境、路基填筑部位等，慎重确定。为保证膨胀土路基安全稳定，本规范规定强膨胀土不应作为路基填料。

7.9.6 膨胀土填方路基设计应符合下列要求：

1 膨胀土路堤设计应根据路堤高度、膨胀土填料类型及其处治措施，做好路基结构的防渗、排水和控湿设计，保证路基性能稳定。

2 路床、高度小于1.5m的路堤填料应符合本规范第3.2节的规定。当采用弱、中等膨胀土作为填料时，应进行掺无机结合料处治，处治后的胀缩总率不得超过0.7%。

3 采用物理措施处治的膨胀土路堤，路基底部宜设置砂砾、碎石或无机结合料处治膨胀土垫层，垫层厚度不宜小于0.5m；包边和封盖层可采用非膨胀土或无机结合料处治膨胀土，包边厚度不宜小于2.5m；封盖层采用砂砾、碎石等渗水性材料时，其底部应设置防渗层，防渗层可采用复合土工膜或其他材料。

4 膨胀土地基上采用砂砾、碎石土等渗水性材料填筑路基时，路基底部应设置防渗层，防渗层材料可采用不渗水的非膨胀土、无机结合料处治土或复合土工膜。

5 采用物理措施处治的膨胀土路堤填筑时，宜采用湿土法重型击实试验确定最佳含水率和最大干密度。采用无机结合料处治的膨胀土时，可采用干法重型击实试验的最佳含水率+2%作为控制标准。

6 弱、中膨胀土路堤边坡坡率应根据路堤边坡的高度、填料重塑后的性质、区域气候特点，并参照既有路基的成熟经验综合确定。边坡高度不大于10m的路堤边坡坡率和边坡平台的设置，可按表7.9.6-1确定。

表7.9.6-1 膨胀土路堤边坡坡率及平台宽度

边坡高度(m)	边坡坡率		边坡平台宽度(m)	
	胀缩等级		胀缩等级	
	弱膨胀	中等膨胀	弱膨胀	中等膨胀
<6	1∶1.5	1∶1.5～1∶1.75	可不设	
6～10	1∶1.75	1∶1.75～1∶2.0	2.0	≥2.0

7 膨胀土路堤边坡的防护类型可按表7.9.6-2确定。

表7.9.6-2 膨胀土路堤边坡防护类型

边坡高度(m)	弱膨胀土	中膨胀土
≤6	植物	骨架植物
>6	植被防护、骨架植物	支撑渗沟加拱形骨架植物

膨胀土用作路基填料，需根据其胀缩等级，采取不同的处治措施。对弱膨胀土，采取物理处理措施后可填筑路基，即选用非膨胀土或无机结合料处治膨胀土，

采用在路堤设置垫层、两侧包边封闭、顶部封盖层等物理措施，控制气候环境和地下水对膨胀土路堤的湿度变化影响，保证路基稳定。对中膨胀土，需采用无机结合料处治后才能填筑路基。强膨胀土不能用于路基填料。

非膨胀性黏性土包边路堤在湖北襄荆高速公路、岱黄高速公路，安徽合肥—六安—叶集高速公路等得到了应用。交通部西部交通科技项目“膨胀土路基设计、加固与施工技术研究”对物理处治膨胀土的包边路基机理和填筑技术做了进一步研究，并推广应用工程实际，路堤横断面图见图 7-9，主要工点：①非膨胀性黏性土包边路堤，在广西南友高速公路 K133＋640～K133＋810 段、水南高速公路 K322＋110～K322＋186 砾石土包边、湖南常张路 K85＋900～K85＋960 段非膨胀黏土包边；②土工格网边部加筋处治膨胀土路堤，云南楚大路 K239＋332～K239＋810 段、湖南常张路 K86＋020～K86＋080 段、广西水南路 K321＋318～K321＋495 段、广西南友路 AK2＋300～AK2＋500 段、广西南友路 K135＋420～K135＋510 段等，公路运营近十年来，路堤稳定，取得良好效果。

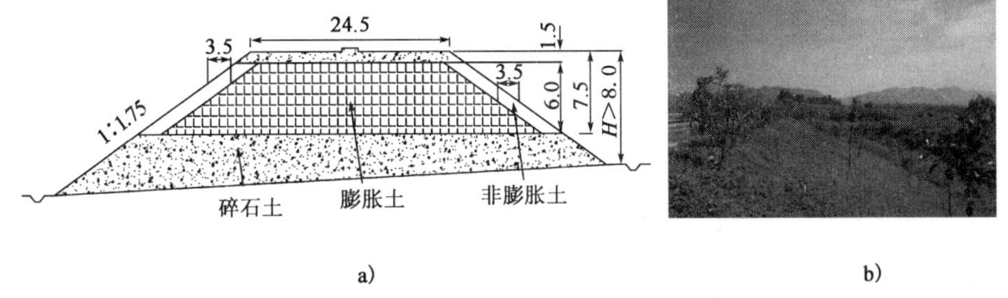

图 7-9　黏质土包边法路堤横断面图(尺寸单位：m)

交通部西部交通科技项目“膨胀土地区公路勘察设计技术研究”，对膨胀土的压实特性进行了试验研究。干法击实采用过 20mm 筛后的风干土样，逐渐增加其含水率的办法，进行击实试验。湿法击实利用天然含水率状况下的原状土，使其逐渐风干降低含水率的办法，进行击实试验。

两者在试验器械相同、击实功相同的情况下，试验结果却差异很大。以下是宜当荆高速公路三种典型膨胀土的试验结果。图 7-10～图 7-12 为三种膨胀土的干法与湿法的击实曲线。表 7-26 为干法击实与湿法击实试验结果对照表。

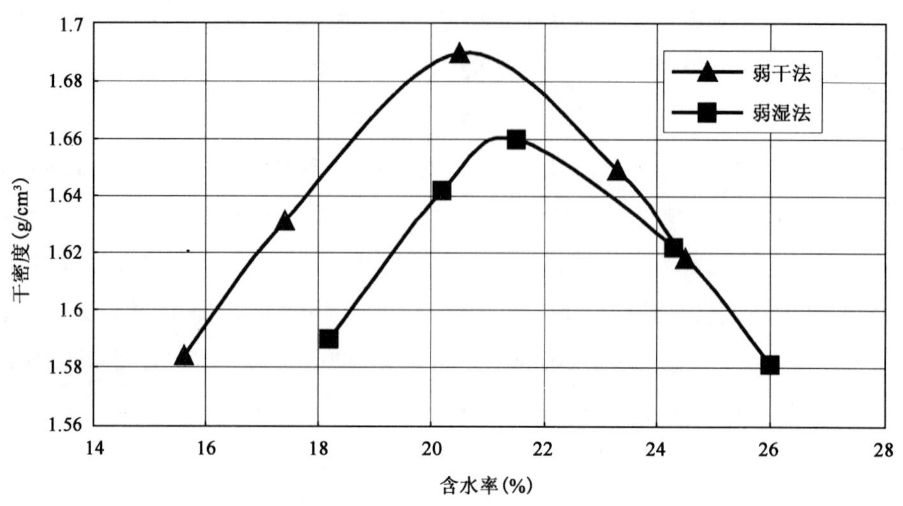

图 7-10　弱膨胀土干法与湿法击实对比图(K23+785)

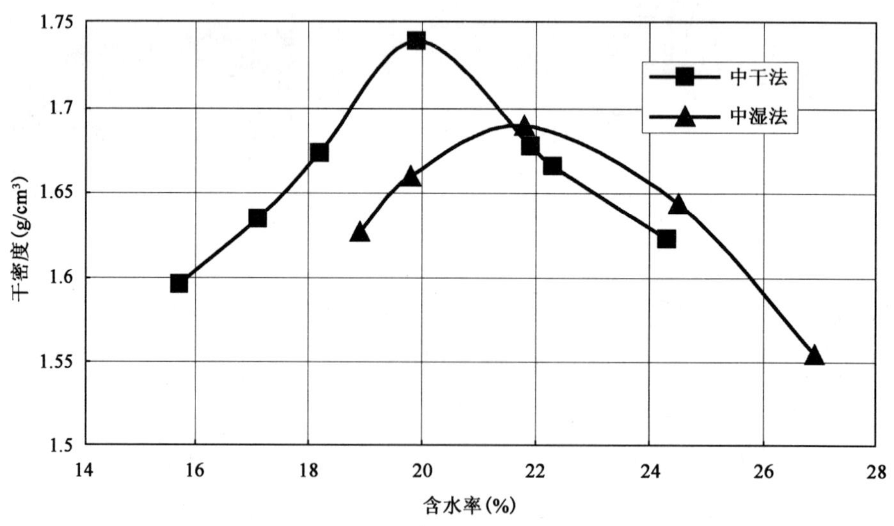

图 7-11　中膨胀土干法击实与湿法击实对比图(K25+502)

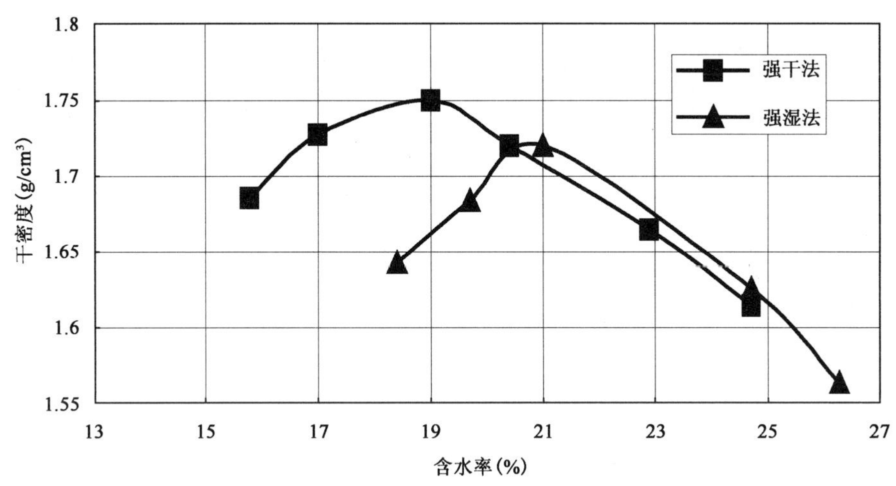

图 7-12 强膨胀土干法与湿法击实对比图(K28+624)

表 7-26 膨胀土干法击实与湿法击实结果对照表

土类	弱膨胀土		中膨胀土		强膨胀土	
	干法	湿法	干法	湿法	干法	湿法
最优含水率(%)	20.5	21.5	20.0	21.7	18.9	21.0
最大干密度(g/cm^3)	1.69	1.66	1.74	1.69	1.75	1.72
无荷膨胀率(%)	4.21	3.85	9.75	8.90	17.20	11.20
膨胀力(kPa)	140	117	243	210	487	350
CBR 值(%)	2.1	1.35	0.9	0.8	0.6	0.6

干法击实最大干密度比湿法击实最大干密度大，而最佳含水量较湿法击实最佳含水量小。另一个重要的差异反映在击实土各自的胀缩特性上，对于无荷载膨胀率、50kPa 膨胀率、膨胀力和线缩率等试验指标，试验结果表明，所有干法击实试验结果均大于湿法击实试验结果。造成以上性质上的差异，不仅与土的初始含水率、初始密度有关，而且与成型后试样的土颗粒大小、排列方式、土的结构有关。与

干法击实相比，湿法更适合施工现场的实际。

本规范总结分析了膨胀土地区公路建设经验，针对膨胀土路堤特点，提出了膨胀土路堤典型结构形式、膨胀土处治措施、防排水技术要求。设计时，需根据膨胀土等级，因地制宜，选择合理的工程措施，防治膨胀土路堤病害，保证路基稳定。

掺石灰是膨胀土改性处理的最有效方法。试验研究表明，一般情况下，石灰剂量宜控制在4%～10%。掺石灰的最佳配比，以处理后胀缩率不超过0.7%为宜，控制到弱膨胀土的低限指标之下，可作为非膨胀土对待。

7.9.7 膨胀土挖方路基设计应符合下列要求：

1 膨胀土路堑边坡坡率应根据土质的性质、软弱层和裂隙的组合关系、气候特点、水文地质条件，以及自然山坡、人工边坡的稳定坡度等综合确定。

2 边坡设计应遵循“放缓坡率、加宽平台、加固坡脚”的原则，按表7.9.7-1确定边坡坡率及平台宽度。高度大于10m的边坡应结合稳定性分析计算进行设计，边坡稳定性应符合表3.7.7的规定，必要时应与隧道方案进行比较。

表7.9.7-1 膨胀土边坡坡率和平台宽度

膨胀土类别	边坡高度(m)	边坡坡率	边坡平台宽度(m)	碎落台宽度(m)
弱膨胀土	<6	1∶1.5	—	1.0
	6～10	1∶1.5～1∶2.0	2.0	1.5～2.0
中等膨胀土	<6	1∶1.5～1∶1.75	—	1.0～2.0
	6～10	1∶1.75～1∶2.0	2.0	2.0
强膨胀土	<6	1∶1.75～1∶2.0	—	2.0
	6～10	1∶2.0～1∶2.5	≥2.0	≥2.0

3 对零填和挖方路段路床范围的膨胀土应进行超挖、换填处理，换填材料可采用符合本规范第3.2节规定的非膨胀土、无机结合料处治膨胀土等，换填渗水性材料时，底部应设置防渗层。对强膨胀土路堑，路床换填深度宜加深至1.0～1.5m。

4 路堑边坡的防护加固类型可根据膨胀土性质、环境条件和边坡高度按表7.9.7-2及表7.9.7-3确定，边坡开挖后应及时防护封闭。

表 7.9.7-2 膨胀土路堑边坡防护措施

边坡高度(m)	弱膨胀土	中等膨胀土
≤6	植物	骨架植物
>6	骨架植物、植物防护、浆砌片石护坡	拱形骨架植物、支撑渗沟+拱形骨架植物

表 7.9.7-3 膨胀土路堑边坡支挡措施

边坡高度(m)	弱膨胀土	中等膨胀土	强膨胀土
≤6	不设	坡脚墙	护墙、挡土墙
>6	护墙、挡土墙	挡土墙、抗滑桩	桩基承台挡土墙、抗滑桩、边坡锚固

5 边坡植物防护时，不应采用阔叶树种；圬工防护时，墙背应设置缓冲层，厚度不应小于0.5m。支挡结构基础埋深应大于气候影响深度，反滤层厚度不应小于0.5m。

6 挖方边坡膨胀土层与下伏岩土层无不利结构面时，边坡防护可采用非膨胀性黏质土覆盖置换处理或设置柔性支护结构。边坡覆盖置换的厚度不宜小于2.5m，并满足机械压实施工的要求；覆盖置换层与下伏膨胀土之间，应设置排水垫层与渗沟。当边坡岩土层存在不利结构面时，应根据边坡稳定状况，设置必要的支挡工程。

膨胀土路堑边坡设计是一个较为复杂的工程地质问题。根据目前的调查结果看，一般采用1∶2～1∶3的坡率，但也出现不稳定，特别是有软弱夹层时，边坡采用1∶5～1∶8也不一定稳定。边坡的坡率大小不是唯一因素，即用常规土力学分析方法，并不能妥善解决膨胀土路堑的边坡稳定问题。

膨胀土路堑边坡的破坏形式是多样的，但从破坏的深度上来分，可归纳为浅层破坏和深层破坏两种类型。浅层破坏是指发生在大气影响层内的变形，主要受气候变化、风化程度、裂隙发育程度等因素影响，是膨胀土路堑边坡破坏的主要形式；超过这层厚度的边坡变形即为深层破坏，主要是边坡存在不利结构面引起的。设计时，需要针对边坡具体地质条件分别对待。

长期以来，膨胀土挖方路基边坡多采用挡土墙、桩板墙等刚性防护措施，不能缓解膨胀土胀缩变形所产生的膨胀力，尤其是中强膨胀土的膨胀力大，常使这些支挡结构产生变形破坏。另外，挡土墙、桩板墙等支挡结构与周围环境不协调。

近年来，交通部西部交通建设科研项目“膨胀土地区公路成套修筑技术研究”，针对膨胀土挖方边坡破坏机理，研究提出了防治膨胀土边坡变形破坏的柔性支护结构,如图 7-13 所示,并在广西南友高速公路、南宁至百色高速公路中得到了成功应用,应用的主要工点见表 7-27,处治前后对比见图 7-14,既解决了膨胀土挖方边坡稳定问题,又使公路与周围环境融为一体。本规范纳入了膨胀土挖方边坡防护的非膨胀性黏土覆盖技术或柔性支护结构。设计时,根据具体情况,尤其是膨胀土层与下伏岩土层之间是否存在不利结构面,因地制宜,灵活应用。

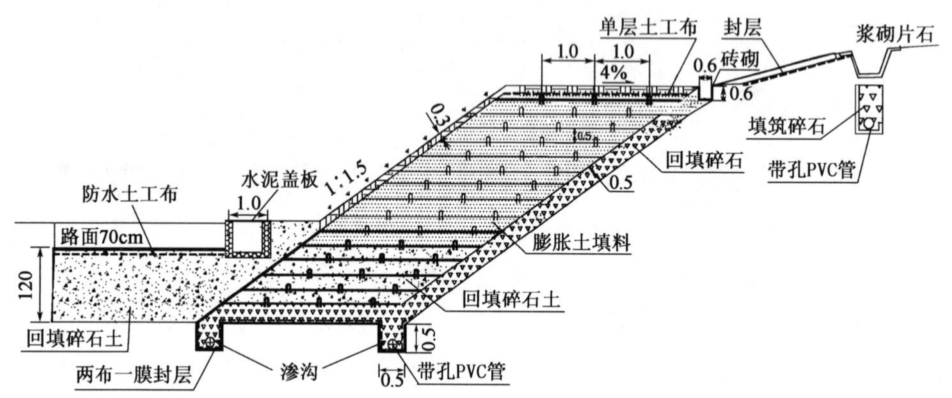

图 7-13 膨胀土挖方边坡柔性支护系统防护

表 7-27 广西南友路采用柔性支护新技术处治的路堑边坡

处 治 边 坡	坡高(m)	处 治 边 坡	坡高(m)
K133+804～K134+100 左	12	K135+040～135+340 左	20
K135+040～135+340 右	24	AK0 匝道,长 350 右	30
AK2+500～K2+800 右	8	K136+040～136+410 左	12.5
K136+040～136+450 右	12	K137+875～138+120 右	15
K140+240～140+534 右	10	K141+080～141+320 右	8
AK0 匝道,长 200 左	12	AK2+100～ AK2+250 右	8
K136+960～137+370 右	10	K138+420～138+840 右	20

中国科学院武汉岩土力学研究所进行了膨胀土地区黏土覆盖技术(CNS)的试验研究,试验内容包括不同厚度黏土覆盖层作用下的原状膨胀土在经过一个较长周期的自然风化作用,其密度、含水率、强度、变形等指标的变化规律。试验结果表明:地表变形与黏土覆盖层厚度之间呈非线性关系,随着厚度的增加,地表变形迅

速减少,膨胀土的干密度和强度逐渐增加。在黏土覆盖层厚度达到 0.80m 及以上时,气候的变化对膨胀土性能的影响已经很小。

a)处治前

b)处治后

图 7-14　K133+804～K134+100 堑坡处治前后对比

为保证膨胀土路基边坡不受外部环境或者受外部环境影响较小,保持膨胀土含水率稳定,可采用非膨胀性黏性土覆盖或者置换膨胀土的处治技术。

黏土覆盖技术试验方案如图 7-15 所示。

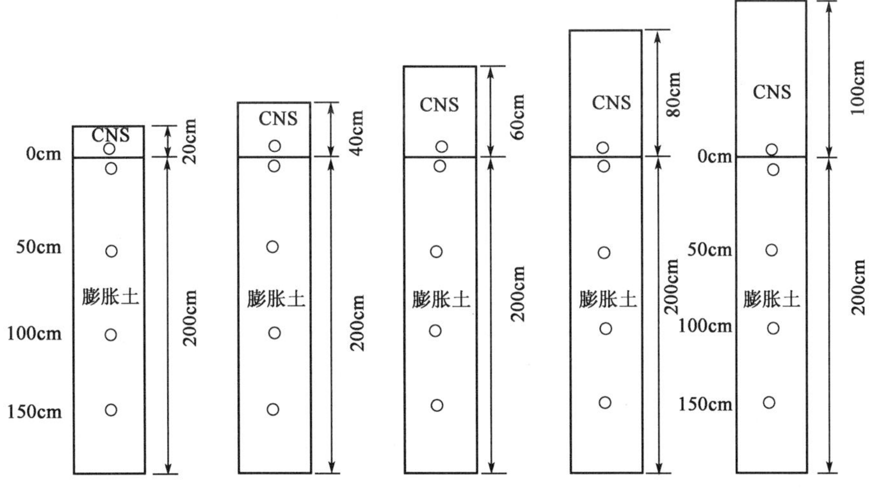

图 7-15　黏土覆盖技术的试验方案

膨胀土地面变形与黏土覆盖层厚度密切相关。无覆盖层时,地面变形最大值为 120mm,当覆盖层厚度增加到 1.0m 时,膨胀土地表变形最大值为 4.7mm。地表变形最大值与黏土覆盖层厚度之间呈非线性关系，随着黏土覆盖层厚度的增加，地表变形迅速减少，其变化趋势如图 7-16 所示。

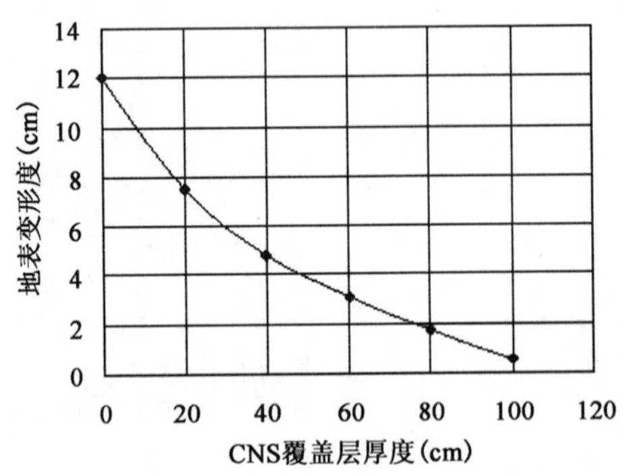

图 7-16　地表变形与黏土材料地表覆盖层厚度之间的关系

膨胀土的密度随着覆盖层厚度的减小而降低。无覆盖层时，地表膨胀土的干密度也最小，为 12. 2 g/cm^3；当覆盖层层厚度达到 0. 80m 时，地表膨胀土的干密度达到 15. 1 g/cm^3，这与未风化的原状膨胀土的干密度是一致的；当覆盖层厚度达到 1. 0m 或者更大的情况下，地表膨胀土的干密度基本保持不变。地表膨胀土干密度与覆盖层厚度之间的变化趋势如图 7-17 所示。

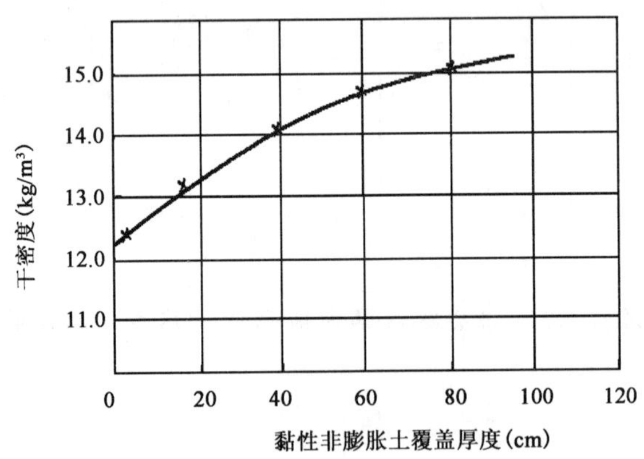

图 7-17　表层膨胀土干密度与黏土材料地表覆盖层厚度之间的关系

无覆盖层时，地表膨胀土十字板剪切强度 S_v 为 5kPa；在 0. 50m 、1. 0m、1. 50m 的不同深度处，S_v 分别为 48kPa 、78kPa 、82kPa。随着黏土覆盖层厚度的增加，S_v 的数值受气候的影响逐渐变小，在黏土覆盖层厚度达到 1. 0m 时，膨胀土的强度基本不受气候作用的影响，与原状膨胀土的强度水平一致。不同黏土材料覆盖层厚度作用下，膨胀土强度随深度之间的变化如图 7-18 所示。

十字板剪切强度试验是在观测结束后，于开挖的探槽中进行。地表膨胀土十字板剪切强度，在无覆盖层时，$S_v = 5\text{kPa}$；在 100cm 厚的覆盖层作用下，$S_v = 70\text{kPa}$，是无覆盖层强度的 14 倍。地表膨胀土十字板剪切强度与黏土材料地表覆盖层厚度之间的关系如图 7-19 所示。

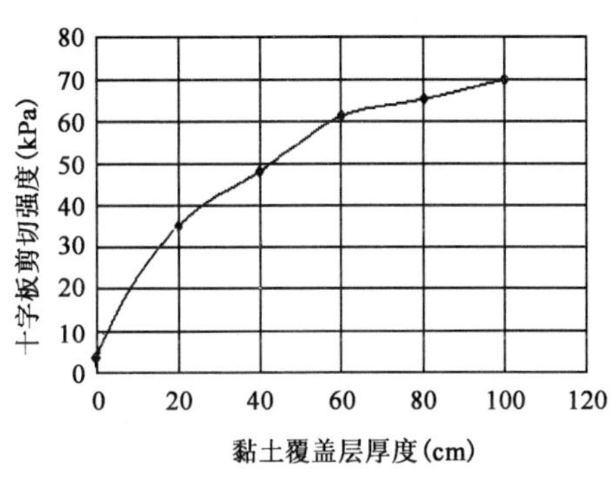

图 7-18 表层膨胀土十字板剪切强度与黏土材料地表覆盖层厚度之间的关系

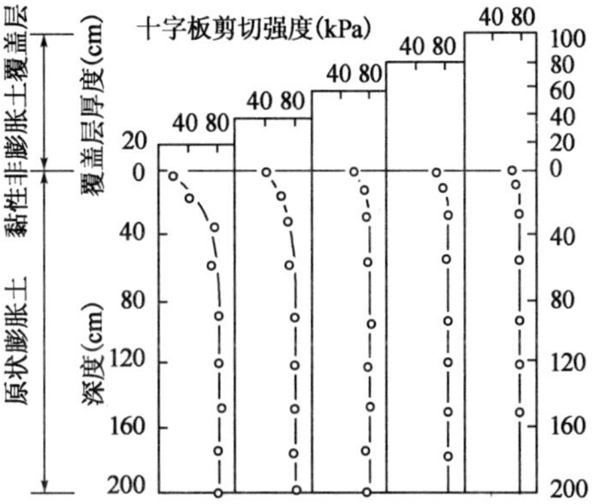

图 7-19 不同黏土材料覆盖层厚度作用下膨胀土强度随深度之间的变化

试验结果清楚地表明：当一个适当厚度的黏土材料覆盖层设置在膨胀土表面上时，膨胀土的地表隆起可以被克服，膨胀土的强度也可以不受气候作用的影响，有利于边坡稳定。

7.9.8 膨胀土路基排水设计应遵循以防为主、防排结合的原则，并应符合下列要求：

1 零填和低填方路段，当公路路界内地形低于路界外的地面时，应设置必要的截水沟。

2 地下水位较高的低路堤路段，应在路堤底部设置防渗隔离层和排水垫层。必要时，可在路基两侧设置地下排水渗沟。

3 土质潮湿或地下水发育的挖方路段，边坡上宜设置支撑渗沟或仰斜式排水孔，边沟下应设置纵向排水渗沟，填挖交界处应设置横向排水渗沟。

4 堑坡顶之外 3～5m 范围的表层膨胀土，应采取换填非膨胀土、铺设防渗土工膜等防渗封闭处理措施。

路基防排水设施的完善程度，直接影响到膨胀土路基长期性能和稳定性，如能防水保湿，则可以消除膨胀土湿胀干缩的有害影响。设计中要针对膨胀土的工程特性，设置完善防排水系统，防止地面水与地下水渗入路基本体或路堑边坡，保持土体天然含水率状态的相对稳定。

广西南友路 K139＋275～K139＋400 右边坡，边坡最大高度为 16m，分两级开挖，原设计坡率 1：1.5，开挖后，发现边坡岩层结构面的走向与路基中线走向交角很小，其倾向几乎平行边坡面，且内部夹杂铁锰结核及次生灰白色稀软黏土，局部沿层理结构面还有地下水露出，对边坡的稳定性极为不利，若采用原骨架护坡设计方案，无法保证边坡稳定。变更采用了“支撑渗沟＋坡脚挡土墙”方案进行了处治（见图 7-20）。

a)

b)

图 7-20 广西南友路 K138＋275～K138＋400 膨胀土路堑边坡支撑渗沟处治方案实体工程

“支撑渗沟＋坡脚挡土墙”结构设计：边坡中部设一带排水沟宽 1.5m 的浆砌片石台阶，支撑渗沟沿坡主轴线布置，沟底为台阶形，每级台阶高 2m，宽 4m；渗沟横断面尺寸为深 2m，宽 2m，除沟底、顶面采用浆砌片石封闭以外，另有一面设置反滤层、一面为排水通道；主沟间间距 8m，在下边坡中部及上边坡风化破碎带处分别布设 1m 宽的支沟；坡脚用仰斜式重力挡土墙加固，墙身与边沟连成整体，总墙高 3m，埋深 1.5m，除支撑渗沟与墙背直接连接处外（设 20cm×20cm 泄水孔排水），其余部分墙背均填筑 0.5m 碎石反滤层，用于疏干排水和削减墙背的膨胀力的作用；墙踵处设排水渗沟，沟底放置 ϕ15cmPVC 管；四周用透水无纺土工布包裹碎石，用C15的混凝土现浇封底。在主、次沟布置之外的坡面超挖20cm，其间回填耕植土并种草。

K139＋275～K139＋400路的“支撑渗沟＋坡脚挡土墙”实体工程中K139＋325观测断面中最大位移为28mm，出现在图7-21中测点7(上边坡坡腰与坡顶之间)的位置。

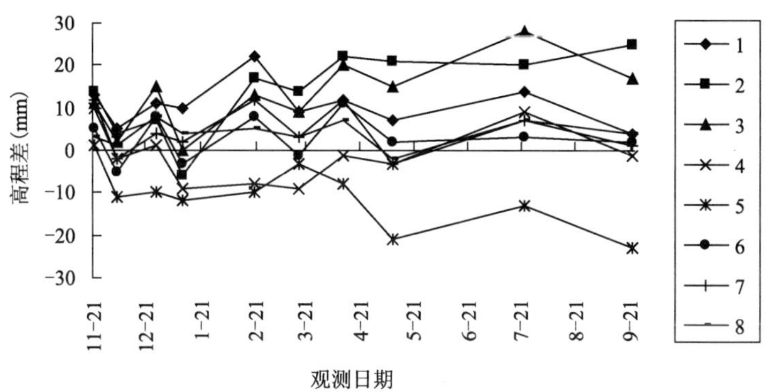

图7-21 K139＋325右支撑渗沟坡面各点高程随时间变化情况

宁明地区7、8、9三个月为雨季，路堑边坡膨胀变形最大，而三个观测断面中所测到的路堑边坡变形均较小。

7.10 黄土地区路基

原规范共4条，本规范共6条。本规范新增第7.10.4条湿陷性黄土地基湿陷量计算，修订了湿陷等级划分标准，第7.10.5条第2、3、4款湿陷性黄土地基处理措施适用条件、处理范围，第7.10.6条黄土路基监测。

修订理由如下：

(1)湿陷性黄土地基湿陷量计算与湿度等级判别，直接影响到湿陷性黄土地基处理方案与工程造价。本规范根据《湿陷性黄土地区建筑规范》(GB 50025—2004)的有关规定，补充了湿陷性黄土地基湿陷量计算方法，并修订了湿陷等级划分标准。

(2)湿陷性黄土地基处理方案和处理范围，直接关系到路基安全稳定，也影响到工程造价。为更好地规范和指导湿陷性黄土地基处理设计，保证路基安全稳定，本次修订补充了湿陷性黄土地基处理措施适用条件、处理范围，以及黄土路基监测等规定。

7.10.1 黄土地区路基设计应遵循下列原则：

1 应查明黄土分布范围、厚度及其变化规律，沿线黄土的成因类型和地层特征，路线所处的地貌单元及地面水、地下水等情况，各种不同地层黄土的物理、力学性质和湿陷性。

2 黄土塬墚地区，路基应避开有滑坡、崩塌、陷穴群、冲沟发育、地下水出露的塬墚边缘和斜坡地段。必须通过时，应有充分依据和切实可行的工程措施。

3 路线通过冲沟沟头时，应分析冲沟的成因及其发展趋势。当冲沟正在继续发展并危及路基稳定时，应采取排水及防护措施。

4 对路线附近的黄土陷穴，应调查其位置、形状、发展趋势。以及形成陷穴的水源和水量，评价陷穴对路基的危害程度。

5 位于湿陷性黄土地段的路基，宜设在湿陷等级轻微、湿陷土层较薄、排水条件较好的地段。

6 黄土地区路基排水设计应遵循拦截、分散的处理原则，设置防冲刷、防渗漏和有利于水土保持的综合排水设施及防护工程，并应防止农田水利设施与路基的相互干扰。

黄土是一种以粉粒为主、多孔隙、天然含水率小、呈黄红色、含钙质的黏质土。我国黄土的总面积占国土面积的 6%以上，主要分布在北纬 34°～41°的大陆内部干旱和半干旱地区。其中以秦岭以北、长城以南、太行山以西、日月山以东的黄河中游地区的关中、陕北、宁夏、豫西、陇东及陇中的黄土高原的黄土最为典型，具有分布连续、土层厚度大等特点，且主要为风成黄土。

黄土的湿陷性是在外荷载或自重的作用下受水浸湿后产生的湿陷变形。湿陷性随深度、含水率、干重度的增大或孔隙比的减小而减小。当深度大于 10m、干重度大于 15kN/m^3、孔隙比小于 0.8 时，湿陷性趋于消失。老黄土无湿陷性，而新黄土具有湿陷性或强湿陷性。一般坡积、洪积和新近堆积的黄土都具有湿陷性，且坡积、风积黄土的湿陷性大于冲积、洪积黄土的湿陷性。黄土的湿陷性通过压缩试验，可判定其为非湿陷性黄土或湿陷性黄土，以及是自重湿陷性黄土还是非自重湿陷性黄土及其湿陷性程度。

黄土地区路基的排水与防护工程的设计要以防冲刷、防渗和有利于水土保持和环境保护为目的，早接远送是措施，而处理好进出水口则是关键，否则会引起土体滑坍、坡面冲沟、地基湿陷。

在黄土地区修建公路，黄土既作为公路的地基又作为路基的填料。由于黄土工程性质的特殊性，公路工程修建时，要加强对黄土的认识，采用有效的措施保证地基、路基和路堑边坡的稳定。

7.10.2　填方路基设计应符合下列要求：

1　黄土用作路堤填料时，其最小强度和路床顶面回弹模量应符合第3.2节的规定。当不能满足要求时，应采取掺无机结合料等处治措施。

2　黄土路堤设计应根据公路等级、边坡高度和地基土的性质，结合稳定性验算确定路堤边坡形式及边坡坡度。当地基良好、路堤边坡高度不大于30m时，路堤的断面形式及边坡坡率可按表7.10.2选用。年平均降水量大于500mm的地区，边坡平台宜设截水沟，并作防渗加固处理。

表7.10.2　路堤断面形式及边坡坡率

断面形式	路基以下边坡分段坡率		
	$0<H\leqslant10m$	$10m<H\leqslant20m$	$20m<H\leqslant30m$
折线形	1∶1.5	1∶1.75	1∶2.0
阶梯形	1∶1.5	1∶1.75	1∶1.75

3　当路堤边坡高度大于30m时，应与桥梁方案进行技术经济比较。当采用路堤方案时，应按本规范第3.6节的规定进行独立工点设计。

4　边坡稳定检算宜采用圆弧法，其稳定系数应符合本规范第3.6节的规定。填土的抗剪强度指标值应按设计的压实度制备试样，采用快剪试验测定。

5　对高度大于20m的路堤，应按工后沉降量预留路基顶面加宽值；工后沉降量可按路堤高度的0.7%～1.5%估算。

6　路堤高度大于20m时，可进行增强补压。

7　饱和黄土、地基承载力低的新黄土地基，可按本规范第7.7节的有关要求进行地基处理。

黄土用作路基填料时，应根据不同时代、成因类型的黄土物理力学性质，以及交通等级公路的要求，合理确定路基不同部位的填料。老黄土黏粒含量较高，透水性能差，土体遇水软化，强度迅速降低，路基易变形，路肩及边坡易产生滑塌，因而不宜作路床填料。

填方路基下沉除影响填土碾压质量外，主要是地基土在天然状态下具有多孔性和湿陷性。因此，应根据公路等级的不同要求，视地基情况，对地基表层土进行重型压实、冲击碾压或强夯等处理，保证地基具有足够强度和承载能力。

黄土塬梁地区，路基应避开滑坡、崩塌、陷穴群、冲沟发育、地下水出露的塬梁边缘和斜坡地段。当必须通过时，应有充分依据和切实可行的工程措施。

黄土沟谷地带，当路基位于阶地陡坎或岸坡陡壁附近时，应考虑土体自身稳定性和水流冲刷对路基稳定性的影响。

由于黄土地区的地形特点及黄土的特殊工程性质，坝式路堤常在我国一般公路中采用，效果良好。坝式路堤的形式和水工土坝基本相同，应按蓄水时最不利的情况进行稳定性计算，但迎水坡不受动水压力作用。坝式路堤一般用于流量较小的冲沟。

黄土地区高路堤虽很多，但边坡整体变形却很少发生。这说明目前高路堤所采用的断面形式及坡度是合适的，只要压实质量满足设计要求，是能保证边坡整体稳定的。

填方边坡高度大于 30m 时，路基有可能产生较大变形，给施工、养护带来困难，设计时需从工程造价、施工难易、养护维修及沉降处理等方面，与桥梁方案进行综合比较选定。对确实需要采取填方路基通过的地段，在边坡稳定分析计算的基础上，结合所处的地形、地层及水文等情况论证确定边坡坡率和形状。

国内工程实例对于高填黄土路基，为保证路基压实度及减少工后沉降，在填土高度大于 10m 范围内每填筑一定的高度进行一次补压，补压方式可采用冲击碾压、重夯和强夯。

7.10.3　挖方路基设计应符合下列要求：

1　黄土路堑边坡形式，应根据黄土类别及其均匀性、边坡高度按表 7.10.3-1

确定。高速公路、一级公路黄土路堑边坡宜采用台阶形，边坡小平台宽度宜为2.0～2.5m；边坡大平台宜设置在边坡中部，平台宽度应根据稳定计算确定，宜为4～6m。年平均降水量大于250mm的地区，平台上应设排水沟，并应予以防护。

表7.10.3-1 路堑边坡形式及适用条件

边坡形式	适用条件
直线形（一坡到顶）	(1)均质土层，Q_4、Q_3黄土边坡高度$H \leqslant 15m$，Q_2、Q_1黄土边坡高度$H \leqslant 20m$； (2)非均质土层，边坡高度$H \leqslant 10m$
折线形（上缓下陡）	非均质土层，边坡高度$H \leqslant 15m$
台阶形	(1)均质土层，Q_4、Q_3黄土边坡高度$15m < H \leqslant 30m$，Q_2、Q_1黄土边坡高度$20m < H \leqslant 30m$； (2)非均质土层，边坡高度$15m < H \leqslant 30m$

2　挖方边坡高度不超过30m时，边坡坡率应根据黄土的地貌单元、时代成因、构造节理、地下水分布、降雨量、边坡高度、施工方法，并结合自然或人工稳定边坡坡率根据表7.10.3-2确定。

3　黄土路堑边坡高度超过30m时，应与隧道方案进行比较。当采用路堑方案时，路堑高边坡应按本规范第3.7节的要求进行独立工点设计。

4　设有大平台的深路堑边坡，除应对路堑高边坡进行整体稳定性检算外，还应对大平台毗邻的上下分段边坡做局部稳定验算。

5　边坡防护类型应根据土质、降雨量、边坡高度、坡率等确定，路堑边坡宜采用骨架植物防护，稳定性差的边坡应设置必要的支挡工程，边坡防护工程设计应符合本规范第5章的要求。

6　地下水发育的挖方路段，应采取截、排地下水及防止地面水渗漏等措施，设置必要的防护工程。

表7.10.3-2 黄土地区路堑边坡坡度

<table>
<tr><th rowspan="2">分区</th><th rowspan="2" colspan="2">分　类</th><th colspan="4">边坡高度(m)</th></tr>
<tr><th>≤6</th><th>6～12</th><th>12～20</th><th>20～30</th></tr>
<tr><td rowspan="4">I东南区</td><td rowspan="2">新黄土 Q_3、Q_4</td><td>坡积</td><td>1∶0.5</td><td>1∶0.5～1∶0.75</td><td>1∶0.75～1∶1.0</td><td>—</td></tr>
<tr><td>洪积</td><td>1∶0.2～1∶0.3</td><td>1∶0.3～1∶0.5</td><td>1∶0.5～1∶0.75</td><td>1∶0.75～1∶1.0</td></tr>
<tr><td colspan="2">新黄土 Q_3</td><td>1∶0.3～1∶0.5</td><td>1∶0.4～1∶0.6</td><td>1∶0.6～1∶0.75</td><td>1∶0.75～1∶1.0</td></tr>
<tr><td colspan="2">老黄土 Q_2</td><td>1∶0.1～1∶0.3</td><td>1∶0.2～1∶0.4</td><td>1∶0.3～1∶0.5</td><td>1∶0.5～1∶0.75</td></tr>
</table>

续上表

分区	分类		边坡高度(m)			
			≤6	6～12	12～20	20～30
Ⅱ中部区	新黄土 Q_3、Q_4	坡积	1∶0.5	1∶0.5～1∶0.75	1∶0.75～1∶1.0	—
		洪积、冲积	1∶0.2～1∶0.3	1∶0.3～1∶0.5	1∶0.5～1∶0.75	1∶0.75～1∶1.0
	新黄土 Q_3		1∶0.3～1∶0.4	1∶0.4～1∶0.5	1∶0.5～1∶0.75	1∶0.75～1∶1.0
	老黄土 Q_2		1∶0.1～1∶0.3	1∶0.2～1∶0.4	1∶0.3～1∶0.5	1∶0.5～1∶0.75
	红色黄土 Q_1		1∶0.1～1∶0.2	1∶0.2～1∶0.3	1∶0.3～1∶0.4	1∶0.4～1∶0.6
Ⅲ西部区	新黄土 Q_3、Q_4	坡积	1∶0.5～1∶0.75	1∶0.75～1∶1.0	1∶1.0～1∶1.25	—
		洪积、冲积	1∶0.2～1∶0.4	1∶0.4～1∶0.6	1∶0.6～1∶0.75	1∶0.75～1∶1.0
	新黄土 Q_3		1∶0.4～1∶0.5	1∶0.5～1∶0.75	1∶0.75～1∶1.0	1∶1.0～1∶1.25
	老黄土 Q_2		1∶0.1～1∶0.3	1∶0.2～1∶0.4	1∶0.3～1∶0.5	1∶0.5～1∶0.75
Ⅳ北部区	新黄土 Q_3、Q_4	坡积	1∶0.5～1∶0.75	1∶0.75～1∶1.0	1∶1.0～1∶1.25	—
		洪积、冲积	1∶0.2～1∶0.4	1∶0.4～1∶0.6	1∶0.6～1∶0.75	1∶0.75～1∶1.0
	新黄土 Q_3		1∶0.3～1∶0.5	1∶0.5～1∶0.6	1∶0.6～1∶0.75	1∶0.75～1∶1.0
	老黄土 Q_2		1∶0.1～1∶0.3	1∶0.2～1∶0.4	1∶0.3～1∶0.5	1∶0.5～1∶0.75
	红色黄土 Q_1		1∶0.1～1∶0.2	1∶0.2～1∶0.3	1∶0.3～1∶0.4	1∶0.4～1∶0.6

注：表内边坡值为设平台后的平均值，黄土分区见附录J。

挖方边坡形式设计，要考虑边坡的稳定性、耐久性和挖方断面的经济性，并兼顾施工和养护需要。边坡形式应根据黄土的时代成因、所处地貌单元、构造节理、边坡高度、地面水和地下水条件，以及自然稳定边坡的形状等综合确定。

天然黄土一般具有垂直节理，黄土陡壁多呈直立的特性，因此，黄土挖方边坡常设计成陡坡率，一方面，黄土的透水性较强，抗冲刷能力较低，陡坡率可以减少受雨水冲刷的面积，有利于边坡稳定，路基工程量小。另一方面，如果黄土挖方边坡设计过陡，则坡面易剥落，坡脚应力集中过大，亦不稳定。

根据工程经验和科研成果，表7.10.3-1、表7.10.3-2给出了典型黄土路堑边坡形式与坡率，适用于均质土，无不良工程地质现象的路段，设计时需根据边坡所在位置的具体情况分析选用。对于挖深超过30m的深路堑，对于高速公路、一级公路以隧道穿过有时可能是经济合理的。

深路堑坡体中部设置大平台可将坡体分为两个相对独立的坡段(上、下段)，上下段的应力分布特征相似。大平台减少了坡脚处剪应力集中，改变了边坡的剪应力及剪应变的分布，有利于边坡的稳定。根据对延黄公路现状的调查，对于深挖方边坡滑坡治理，采用了“宽台陡坡”的设计思想，如：在边坡中部设置宽 8～12m 的大平台，效果良好。

用于黄土路堑边坡稳定性计算方法，目前主要为圆弧法和裂隙法。根据铁路工程经验，选择 19 个处于极限平衡状态的天然黄土斜坡和人工路堑边坡，实测其物理力学性质指标值，用圆弧法和裂隙法分别进行计算，其结果为：19 个计算工点用圆弧法所求算的稳定系数基本接近于 1.0，而裂隙法竟有 11 处工点的所求的稳定系数小于 1.0，约占 58%。一般裂隙法比圆弧法计算的稳定系数小 5%～15%。

选择 5 处坍滑体，坍滑体背后所形成的滑面可理解为处于极限平衡状态，对其滑面进行计算，其结果为：5 处工点圆弧法所求的稳定系数基本接近于 1.0，而裂隙法竟有 4 处所求的稳定系数小于 1.0。裂隙法也比圆弧法计算的稳定系数小5%～15%。

上述计算结果表明，所选择的断面是处于极限平衡状态的，野外判断和力学检算的结论是一致的，用极限平衡状态的边坡来衡量不同计算方法的实用性是可行的。用圆弧法所求的稳定系数能反映黄土边坡的实际稳定状态的。

尚需指出的是，对于高边坡，两者所求的稳定系数比较接近，相对误差小。对于黏聚力大或边坡低的路堑边坡，裂隙法所求的稳定系数偏小，选用时尤需慎重。裂隙法所求的稳定系数之所以偏小，原因在于该方法不考虑竖直裂隙范围内的抗力作用。

圆弧法计算简便，适用于各种非均质土层和复杂坡形的计算，并可得到符合实际的稳定系数，为此本规范规定采用圆弧法。

湿陷性黄土路堑边坡由于临时排水措施不到位，导致边坡滑坡、冲刷等工程事故较多，此次修订提出施工过程中临时排水的要求。

根据不同地区的调研资料，黄土路基排水沟防护加固的纵向坡度见表 7-27。路基边沟、截水沟、排水沟等沟底纵坡超过表 7-28 的规定，或有冲刷可能及防渗要求时，需进行防护加固。

表 7-28　黄土排水沟防护的纵坡坡度

<table>
<tr><td>黄土类型</td><td>新黄土</td><td colspan="2">老黄土</td><td>红色黄土</td></tr>
<tr><td>纵坡坡度(%)</td><td>1～2</td><td colspan="2">2～3</td><td>3～4</td></tr>
<tr><td>工程性质</td><td colspan="2">湿陷性黄土</td><td colspan="2">非湿陷性黄土</td></tr>
</table>

7.10.4　湿陷性黄土地基设计应判别地基湿陷类型，计算地基湿陷量，确定地基湿陷等级，并应符合下列要求：

1　黄土地区场地湿陷类型应根据实测自重湿陷量或室内压缩试验累计的计算自重湿陷量判定。当实测或计算自重湿陷量不大于 70mm 时，应定为非自重湿陷性黄土场地；当实测或计算自重湿陷量大于 70mm 时，应定为自重湿陷性黄土场地。

2　湿陷性黄土场地自重湿陷量应按式(7.10.4-1)计算：

$$\Delta_{zs} = \beta_0 \sum_{i=1}^{n} \delta_{zsi} h_i \tag{7.10.4-1}$$

式中：Δ_{zs}——湿陷性黄土场地自重湿陷量(mm)；

δ_{zsi}——第 i 层土的自重湿陷系数；

h_i——第 i 层土的厚度(mm)；

β_0——因地区土质而异的修正系数；当缺乏实测资料时，陇西地区取 1.50，陇东—陕北—晋西地区取 1.20，关中地区取 0.90，其他地区可取 0.50。

3　湿陷性黄土的地基湿陷量应按式(7.10.4-2)计算：

$$\Delta_s = \sum_{i=1}^{n} \beta \delta_{si} h_i \tag{7.10.4-2}$$

式中：Δ_s——地基的总湿陷量(mm)；

δ_{si}——第 i 层土的湿陷系数；

β——考虑地基土受水浸湿可能性和侧向挤出等因素的修正系数；当缺乏实测资料时，基底下 0～5m 深度内取 $\beta=1.5$，基底下 5～10m 深度内取 $\beta=1.0$。

4　湿陷性黄土地基的湿陷等级，应根据地基各层累计的总湿陷量和计算自重湿陷量的大小等因素按表 7.10.4 确定。

表 7.10.4 湿陷性黄土地基的湿陷等级

湿陷类型		非自重湿陷性场地	自重湿陷性场地	
计算自重湿陷量 Δ_{zs}(mm)		$\Delta_{zs}\leqslant 70$	$70<\Delta_{zs}\leqslant 350$	$\Delta_{zs}>350$
总湿陷量 Δ_s(mm)	$\Delta_s\leqslant 300$	Ⅰ(轻微)	Ⅱ(中等)	—
	$300<\Delta_s\leqslant 700$	Ⅱ(中等)	Ⅱ(中等)或Ⅲ(严重)	Ⅲ(严重)
	$\Delta_s>700$	Ⅱ(中等)	Ⅲ(严重)	Ⅳ(很严重)

注:当总湿陷量 $\Delta_s>600$mm、计算自重湿陷量 $\Delta_{zs}>300$mm 时,可判为Ⅲ级,其他情况可判为Ⅱ级。

原规范规定按表 7-29(原规范表 7.9.4-1)进行湿陷性黄土地基的湿陷等级划分。该表借鉴了《湿陷性黄土地区建筑规范》(GBJ 25—90)[简称规范(GBJ 25—90)]对湿陷性黄土地基的湿陷等级划分标准。自 2004 年颁布实施十年来,经实践检验,该标准是合适的,保证了湿陷性黄土地基处理的工程质量,满足路基路面和构造物的要求。本次修订时,从原规范使用情况的意见反馈、本规范修订的征求意见稿到送审稿审查会,公路建设主管部门、设计施工科研单位等均未提出不同意见。故本规范修订仍维持原规范的湿陷性黄土地基的湿陷等级划分标准。

表 7-29 湿陷性黄土地基的湿陷等级

湿陷类型		非自重湿陷性场地	自重湿陷性场地	
计算自重湿陷量 Δzs(mm)		$\Delta zs\leqslant 70$	$70<\Delta zs\leqslant 350$	$\Delta zs>350$
总湿陷量 Δs(mm)	$\Delta s\leqslant 300$	Ⅰ(轻微)	Ⅱ(中等)	—
	$300<\Delta s\leqslant 600$	Ⅱ(中等)	Ⅱ(中等)或Ⅲ(严重)	Ⅲ(严重)
	$\Delta s>600$	—	Ⅲ(严重)	Ⅳ(很严重)

注:当 300mm$<\Delta s<$500mm,70mm$<\Delta zs<$300mm 时,定为Ⅱ级;当 500mm$\leqslant\Delta s\leqslant$600mm,300mm$\leqslant\Delta zs\leqslant$350mm 时,定为Ⅲ级。

《湿陷性黄土地区建筑规范》(GB 50025—2004)[简称规范(GB 50025—2004)],于 2004 年 8 月 1 日起颁布实施,对规范(GBJ 25—90)进行了全面的修订,规定按表 7.10.4 进行湿陷性黄土地基的湿陷等级划分。

表 7.10.4 中将Ⅱ～Ⅲ级和Ⅲ～Ⅳ级的地基湿陷等级界限值进行了调整(由 600mm 调为 700mm),主要是考虑了非自重湿陷性黄土场地湿陷量的计算深度,由基底下 5m 改为累计至基底下 10m,湿陷量的计算值有所增大。在满足工程要求的同时,从工程经济考虑,对Ⅱ～Ⅲ级和Ⅲ～Ⅳ级的地基湿陷等级界限值进行了调整。

现行《铁路工程特殊岩土勘察规范》(TB 10038—2012)借鉴规范(GB 50025—2004)对湿陷性黄土地基的湿陷等级划分,之前的《铁路工程特殊岩土勘察规范》(TB 10038—2001)是按照规范(GBJ 25—90)对湿陷性黄土地基的湿陷等级划分。

现行《公路工程地质勘察规范》(JTG C20—2011)表 8.1.8-2 黄土地基的湿陷等级,借鉴了规范(GB 50025—2004),同时规定非自重湿陷性黄土场地湿陷量的计算深度为 10～15m;之前的《公路工程地质勘察规范》(JTJ 064—98)无该项条款规定。

为便于行业交流和与国标相协调,并与现行《公路工程地质勘察规范》(JTG C20—2011)统一,宜借鉴采用规范(GB 50025—2004)的湿陷性黄土地基的湿陷等级划分标准。对原规范的湿陷性黄土地基的湿陷等级进行了相应调整,将Ⅱ～Ⅲ级和Ⅲ～Ⅳ级的地基湿陷等级界限值由 600mm 调为 700mm。

7.10.5　湿陷性黄土地基处理设计应符合下列要求:

1　高速公路、一级公路通过湿陷性黄土和压缩性较高的黄土地段时,可根据路堤高度、受水浸湿的可能性、湿陷后危害程度和修复的难易程度,按表 7.10.5-1 确定湿陷性黄土地基最小处理深度。

表 7.10.5-1　湿陷性黄土地基最小处理深度

路堤高度	湿陷性等级与特征							
	经常流水(或浸湿可能性大)				季节性流水(或浸湿可能性小)			
	Ⅰ	Ⅱ	Ⅲ	Ⅳ	Ⅰ	Ⅱ	Ⅲ	Ⅳ
高路堤(>4m)	2～3	3～5	4～6	6	0.8～1	1～2	2～3	5
零填、挖方路基、低路堤(≤4m)	0.8～1	1～1.5	1.5～2	3	0.5～1.0	0.8～1.2	1.2～2.0	2

注:1. 与桥台相邻路基、高挡土墙路基(墙高大于 6m),宜消除地基的全部湿陷量或穿透全部湿陷性土层。

2. 挖方路基湿陷性黄土地基最小处理深度,从路床顶面起计算。

2　湿陷性黄土地基处理设计,应根据公路等级、湿陷等级、处理深度要求、施工条件、材料来源及对周围环境的影响等,按表 7.10.5-2 经技术经济比较后确定处理措施。

表 7.10.5-2 湿陷性黄土地基常用的处理措施

处理措施	适用范围	有效加固深度(m)
换填垫层法	地下水位以上,局部或整片处理	1～3m
冲击碾压	饱和度 S_r≤60%的Ⅰ～Ⅱ级非自重、Ⅰ级自重湿陷性黄土	0.5～1m,最大1.5m
表面重夯		1～3m
强夯法	地下水位以上,饱和度 S_r≤60%的湿陷性黄土	3～6m,最大8m
挤密法(灰土、碎石挤密桩)	地下水位以上,饱和度 S_r≤65%的湿陷性黄土	5～12m,最大15m
桩基础	用于处理桥涵、挡土墙等构造物基础	≤30m

3 农田灌溉可能造成黄土地基湿陷时,可对路堤两侧坡脚外5～10m作表层加固防渗处理或设侧向防渗墙。

4 湿陷性黄土地基的处理宽度,应符合下列规定:

1)挡土墙路段非自重湿陷性黄土场地,应至基础底面外侧不小于1m;对自重湿陷性黄土场地,应至基础底面外侧不小于2m;

2)路堤地段应至坡脚排水沟外侧不小于1m,路堑地段为路基的整个开挖面。

5 对危害路基稳定的黄土陷穴应进行处理。黄土陷穴的处理方法应根据陷穴埋深度及大小确定,可采取开挖回填夯实及灌砂、灌浆等处理措施,处理宽度视公路等级而定。对流向陷穴的地面水,应采取拦截引排措施;对堑顶的裂缝和积水洼地,应填平夯实。

本次修订借鉴了现行建筑和铁路部门关于黄土湿陷性地基处理相关规范的思路,总结了各省(自治区、直辖市)在黄土地区修建高速公路的实践经验,结合公路工程的特点,根据构造物、路堤的重要性,结构特点和受水浸湿后的危害程度和修复的难易程度,规定了表7.10.5-1湿陷性黄土地基最小处理深度。

湿陷性黄土分布面积广,处理费用较高。本次修订,给出了湿陷性黄土地基常用的处理措施及适用范围(表7.10.5-2)。选择湿陷性黄土地基处理方案时,需根据公路等级对地基变形的要求、湿陷性黄土厚度与性质、处理措施的适用条件、施工条件及材料来源等,通过技术经济综合分析后确定处理方案。

黄土陷穴的处理方法和适用条件如下:回填夯实用于明穴;明挖回填夯实用于埋藏浅的暗穴;支撑回填夯实用于埋藏较深的暗穴;灌砂用于小而直的暗穴;灌泥

浆用于大而深的暗穴。为防止产生新的黄土陷穴，对流向陷穴的地面水需采取拦截引排措施，防止雨水下渗。

国内湿陷性黄土地基处理情况如下：

1. 山西省

湿陷性黄土分布比较广泛，省内所有的高速公路基本上都涉及不同湿陷性等级的黄土。公路地基主要以Ⅰ～Ⅲ级非自重湿陷性黄土为主，个别公路(如：阳城—侯马)为Ⅱ级自重湿陷性黄土湿陷性黄土，厚度多为 2～16 m。离石—军渡高速公路、阳城—侯马高速公路、临汾—吉县高速公路、龙白—祁县高速公路、临汾北环高速、侯马—禹门口高速公路等工程，按下列措施进行湿陷性黄土地基处治，效果良好。

对于湿陷性等级为Ⅰ～Ⅱ级非自重湿陷性黄土和Ⅰ级自重湿陷性黄土，或零填及填土高度小于 4m 的Ⅱ级自重湿陷性黄土采用冲击碾压或重锤夯实处理，挖方区开挖到路床后先冲击碾压，后回填 0.30m 厚的 6%石灰土；桥头填方区采用重夯或强夯处理地基，桥头挖方区开挖至路床冲击碾压或重锤夯实后回填 0.30 m 厚 6%石灰土。

对于路堤填土高度大于 4m 的自重湿陷性黄土以及Ⅱ级以上自重湿陷性黄土地段，采用强夯、(石灰、灰土)挤密桩等方法进行处理；不具备强夯条件的，在路基中部范围地基 0.50m 掺 6%石灰处理，在路基坡脚范围地基采用挤密灰土桩处理；挖方区开挖到路床后先重锤夯实，后回填 0.30m 厚的 6%石灰土；桥头填方区采用强夯处理地基，桥头挖方区开挖至路床重夯后回填 0.30m 厚的 6%石灰土。

采用重夯或强夯处理措施时应注意对附近村庄和构造物的影响，必要时，采用灰土垫层或灰土挤密桩处治。

重夯单击夯击能要求达到 500～800 kN·m，以消除地面 3m 以内土层的湿陷性为原则；强夯单击夯击能要求达到 2000kN·m，以消除地面 5m 以内土层的湿陷性为原则夯实处理完毕，强夯最后两击平均夯沉量要求不大于 50mm，重夯要求不大于 20mm，否则增加夯实遍数。

地基夯实宽度一般为路基坡脚以外 1 m 的范围；对路基范围内及其路线两侧的陷穴、落水洞和空洞，进行回填压实，确保路基的稳定。

为保证路基压实度及减少工后沉降,在高填路基填土高度大于10m范围内每填筑4m进行一次重夯。

2.陕西省

银川至武汉省际公路陕西永寿至咸阳段为湿陷性黄土地基,黄土类型有非自重Ⅱ级湿陷性黄土、自重Ⅱ级湿陷性黄土、自重Ⅲ级(严重)湿陷性黄土。地基处理措施如下:

(1)强夯

清表,若表层土壤含水率大于17%,应将表层0.60m潮湿土挖去,强夯后再用5%石灰土回填,灰土压实度95%。

对于填土高度不大于2.5m的湿陷性黄土填方路基,采用强夯处理。夯锤重100kN,落距6m,单击夯实能600kN·m,强夯3遍,每点6击,前两遍按4~6m间距方格网状跳夯,最后一遍排夯,要求最后两击夯沉量之和不大于150mm,之差不大于80mm。

对于填土高度大于2.5m的湿陷性黄土填方路基,采用强夯处理。两侧占地界起向路基中心各10m内,夯锤重100kN,落距12m,单击夯实能1 200kN·m,其余部分地基采用填土高度不大于2.5m方法处理。

(2)垫层法

过村镇路段采用垫层法处理(表7-30),先将一定深度内黄土挖去,对地基进行碾压,压实度不小于90%,然后用素土回填,素土层顶部用0.60m的3∶7灰土封闭,灰土层高出原地面0.20m,灰土压实度度不小于95%。

表7-30 垫层法地基处理

路堤高度(m)	Ⅱ级湿陷	Ⅲ级湿陷
>4	0.6 m灰土+1.4 m素土	0.6 m灰土+2.4 m素土
≤4	0.6 m灰土+0.8m素土	0.6 m灰土+1.4 m素土

3.甘肃省

甘肃境内柳忠高速公路、白兰高速公路、309和312国道等工程,将大中桥、立交桥、黄土高路堤、深路堑划为甲类构造物,将通道、桥涵构造物、防护构造物基础划为乙类构造物,一般路基划为丙类工程。

(1)甲类工程

大中桥基础钻孔桩全部穿过湿陷性土层，必要时考虑桩壁负摩阻力，而对高路堤与深路堑地基采用冲击、强夯、挤密桩综合处理，消除表层黄土湿陷性。

(2)乙类工程

非自重湿陷性黄土地基，将基础下湿陷起始压力小于附加压力与上覆土的饱和自重压力之和的所有土层进行处理或处理至基础下的压缩层下限为止。

自重湿陷性黄土地基，应处理基础以下的全部湿陷性土层，处理后的地基承载力应满足构造物的要求，且其下卧层的顶面承载力不小于下卧层顶面的附加应力与自重压力之和。

一般采用灰土(体积比 3∶7)垫层，总厚度：非自重湿陷黄土基不宜小于1.0m，并使其下各天然土层所受的压力小于湿陷起始压力；自重湿陷黄土地基垫层的总厚度不宜小于 2.0m，并应保证其下卧层的顶面的承载力不小于下卧层顶面的总压力。

灰土垫层下再设置一层 1～1.5m 厚的素土垫层或采用重锤将其基底夯实。为有效防止地表水下渗和地基湿陷后土体的侧向挤出，灰土垫层每边超出基础边缘外的宽度不应小于其厚度，并不小于 1.50m。

(3)丙类工程

处理厚度：非自重湿陷性黄土地基，处理厚度为 2.0m；Ⅱ～Ⅲ级自重湿陷性黄土地基，处理厚度为 2.0～3.0m；Ⅳ级自重湿陷性黄土地基，处理厚度为 4.0～5.0m。对于一些新近堆积黄土和素填黄土，当地基的压缩变形和湿陷变形都无法满足要求时，考虑将路基以下的全部湿陷性土层进行处理。

处理方法：长段落、大面积的Ⅲ级以下自重湿陷性黄土地基，一般采用冲击压实；较大面积一般路段的Ⅳ级自重湿陷性黄土地基，采用强力夯实；局部厚层湿陷性黄土地基，采用灰土挤密桩；较大面积厚层湿陷性黄土或采空区地基，采用孔内深层强夯。

4.辽宁省

阜新至朝阳段高速公路(路基处于湿陷性黄土的段落长度为 108.03km，占阜朝高速公路全长的 39.3%)，地基处理原则和方法如下：

Ⅰ级非自重性湿陷的黄土地段，路基基底清表后采用冲击碾压，长度不小于100m；桥台地基处理采用夯击能1 000kN·m强夯处理。

Ⅱ级非自重性湿陷的黄土地段，根据基底黄土层厚度按表7-31确定处理方式。自重性湿陷的黄土地段，视路基填土高度及基底黄土层厚度情况，按表7-32确定处理方式。

表7-31 Ⅱ级非自重性湿陷的黄土地基处理

基底黄土层厚度(m)	普通路基		桥台、台后及高挡墙(高度≥6m)路基
	处理方式	处理完成后地基沉降量(m)	
≤2.0	冲击碾压	0.15	强夯1 000kN·m
2.0～5.0	强夯1 000kN·m	0.54	强夯1 600kN·m
≥5.0	强夯1 600kN·m	0.72	灰土桩

表7-32 自重性湿陷的黄土地基处理

基底黄土层厚度(m)	普通路基		桥台、台后及高挡墙(高度≥6m)路基
	处理方式	处理完成后地基沉降量(m)	
≤2.0	强夯1 000kN·m	0.54	强夯1 600kN·m
2.0～5.0	强夯1 600kN·m	0.72	强夯1 600kN·m或灰土桩
≥5.0	强夯2 000kN·m	0.90	灰土桩

桥涵台后及高挡墙地基处理处理如下：

(1)与桥台相邻路基、墙高大于6m的挡土墙路基应消除地基的全部湿陷量或穿透全部湿陷性土层，处理方法见表7-32。

(2)桥台及台后处理范围横向为占地界范围，台后纵向不小于10m，台前至锥坡范围，且不小于3.0m；台后路基利用黄土填筑时，台后换填灰土，石灰剂量外掺8%。台后基坑回填采用外掺5%的灰土。

(3)湿陷性黄土路段桥梁涵洞两侧路基采用强夯处理时，基础若为扩大基础，基础范围内可先不强夯，待基坑开挖后对基坑底采用1 600kN·m夯击能进行处理。基础处理完成后基底采用灰土垫层(体积比2∶8)。换填的灰土层厚度为0.3m。

(4)设计时注意灰土垫层、灰土桩的承载力一般不大于250kPa。强夯处理后承载力可按 300kPa 控制。当扩大基础承载力要求大于 300kPa 时，可采用 2 000kN·m 的夯击能进行强夯置换，承载力可按 400kPa 控制，但注意对软弱下卧层的验算。

(5)涵基础换填时可以采用水稳砂砾，在水稳砂砾底层设置灰土垫层。

(6)围挡墙的垫层应与路基设计相结合采用灰土垫层。桥台承台底面应设置灰土垫层。

7.10.6　黄土高路堤、深路堑和湿陷性黄土地基处理等应进行施工监测，监测设计应符合本规范第 3.6.14 条、第 3.7.11 条的要求。

黄土高路堤、深路堑设计与施工应同步进行、动态设计。施工方将施工过程中出现的问题及时反馈给设计方，设计方及时验算和调整，将优化方案提供给施工方；施工过程中应进行路基、路面、边坡等变形位移和稳定监测，对工程中存在的隐患，及时通报，及时调整设计和施工方案。

7.11　盐渍土地区路基

原规范共 5 条，本规范共 11 条。本规范修订内容如下：

(1)新增第 7.11.3 条盐渍土地基盐胀性和溶陷性评价、第 7.11.4 条盐渍土地基处理设计、第 7.11.5 条盐渍土路基形式选择。

(2)将原规范第 7.10.3 条填方路基分拆为第 7.11.6 条路堤最小高度、第 7.11.7条路基填料、第 7.11.8 条路堤边坡坡率，并修订了盐渍土用作路基填料的可用性。

(3)将原规范第 7.10.4 条防治措施分拆为第 7.11.8 条隔断层、第 7.11.9 条路基排水，补充完善了隔断层、路基排水设计要求。

修订理由如下：

近十年来，我国盐渍土地区公路建设技术得到了快速发展，在盐渍土地基评价、盐渍化软弱地基处理、盐渍土路堤修筑技术等方面，新技术得到了推广应用，取得了良好的效果。本次修订，在充分总结相关科研成果和工程经验的基础上，纳入了较为成熟的新技术。

7.11.1　盐渍土地区路基设计应遵循下列原则：

1　应调查收集沿线降水、蒸发、温度、地形地貌、工程地质、水文地质等资料，查明盐渍土的含盐类型、含盐程度及分布范围，评价盐渍土地基的承载力、盐胀性、溶陷性和表聚性。

2　路基位置应选择在地势较高、地下水位较低、排水条件好、土中含盐量低、地下水矿化度低、盐渍土分布范围小的地段，并应以路堤通过。

3　新建路基设计，应根据当地积盐条件、土质性状、地表水和地下水的现状，做好盐渍土地基处理、填料控制、路基结构、防排水措施的综合设计，保证路基强度与稳定性符合要求。

4　改建路基设计，应根据既有路基路面病害状况、路基填料的含盐类型及程度，以及水文地质条件，对既有路基的处理利用和重建方案进行技术经济比较，合理确定路基改建方案。

盐渍土地区公路在地表水、地下水、环境温度及动载变化的综合作用下，极易产生盐胀、翻胀及溶陷等病害，对公路建设、营运和养护维修带来极为不利的影响。

在充分掌握盐渍土的基本工程性质，特别是其盐胀、溶陷和腐蚀三大特性的基础上，结合我国多年来在盐渍土地区公路工程建设中的实践经验，盐渍土地区应开展如下勘察及调查、评价工作：

(1)调查研究地形、地貌特征，划分地貌单元，分析各地貌单元中岩土的性质、成因和时代。

(2)调查盐渍土的分布范围、形成条件及其发展趋势，了解盐渍土的含盐类型、含盐程度及其平面和竖向上的分布状况。

(3)调查地下水的类型、水位、水质及其与地表水的关系。

(4)调查盐渍土的物理力学性质以及在平面上的分布规律。

(5)收集沿线降水、蒸发、温度、冻深等气象资料。

(6)调查已有道路的盐渍土病害情况。

盐渍土路基病害的产生是盐、水、温相互作用的结果，盐分是导致盐渍土具有盐胀、溶陷等病害的根源。路基病害防治需从改善路基和地基中盐、水、温等条件着手，降低路基含盐量，或者防治路基中盐分的侵入，限制路基填料的含盐量，尤其是路堤上层的含盐量对治理盐渍土病害尤为关键。因此，重点做好路基、地基的防盐、隔水、排水设计。

在盐渍土区域，地表水和地下水对公路的影响较一般区域更为严重。其对公路盐渍土病害的产生有以下两方面的影响：首先，在盐渍土地区地下水挟带的溶盐随水分的蒸发而聚留，加剧了地表和路基的盐分聚积，从而造成路基盐渍土病害的产生和加重；其次，地表水和地下水的侵蚀和上迁会增加路基的含水率，使公路路基长期居于潮湿和过湿状态，土体中水分的增大会使土粒间水膜增厚，降低土的结构力。对于硫酸盐渍土地段，含水率的增大也给 Na_2SO_4 在土体降温过程中形成芒硝（$Na_2SO_4 \cdot 10H_2O$）提供了含水结晶的水源。试验表明，在保持含盐量和其他因素不变的情况下，土体的含水率越大，相应的其盐胀率也增大；在氯盐地段含水率较大时，土体易产生溶解、溶蚀，使地基产生液化或溶蚀，降低地基强度或丧失地基承载力，使地基失稳破坏。因此地下水和地表水的作用会使道路中含水率增大，从而加重盐渍土病害。

盐渍土地区路基高度和地基处理的深度都与地下水位有着密切的关系，而地下水位随季节和环境是动态变化的，其深度确定的不准确有可能带来路基设置的不合理。新疆的某一条盐渍土地区道路，设计阶段调查的地下水位在 5m 以下，而道路建成后地下水变化到 2m 以内，导致路基出现病害。因此，关于盐渍土地区的地下水埋深最好能收集到区域的历史数据，在没有历史数据的情况下应充分考虑季节性变化、周围河流和地表水对其的影响。

路基隔水设计的目的主要是防止毛细水上升导致路基土盐渍化。而做好路基排水工程，则可以避免路基含水率的增大带来的盐渍土病害加重，减小水对路基强度和稳定性的危害。

既有公路改建处理后效果不佳的路段，均为既有路基利用段。利用的既有路基本由原地表高含盐土填筑碾压形成。从调查看，既有路基土以粉土为主要填筑材料构成，且为含盐量很高的粉土类土质。现场试验表明，部分路基土中硫酸盐含量远大于天然地基含盐量，呈强～过盐渍土。例如：新疆 S201 线利用的既有路基，1988 年施工完工投入运营，2006 年 4 月在 K262 附近取样分析，路基外天然地基土易溶盐总盐含量为 1.2％，路基中则为 1.9％～2.4％，按平均值计算，盐分的积累增加了近一倍。S310 线 K78＋400 附近采取土样分析，天然地基盐含量为 4.12％，路基中总盐含量为 7.08％。路基为就地含盐粉土填筑，经 20～30 年的聚盐作用，使土基中的盐分增加了 75％。可见，既有路基因覆盖效应和水分蒸发的长时间作用，积盐效应非常强烈，既有路基整体的含盐量一般很高。

因此，盐渍土路基病害治理是盐渍土地区公路改建工程的难点，路基改建设计的重点是：①既有路基病害的产生根源；②既有路基的利用方案；③既有路基盐渍土病害的治理措施。设计时加强对既有路基的处理利用和重建方案的技术经济比较，合理确定路基改建方案，根治既有路基病害，避免盐渍化既有路基带来的改建公路病害。

7.11.2 盐渍土可根据含盐性质和盐渍化程度按表 7.11.2-1、表 7.11.2-2 进行分类。

表 7.11.2-1 盐渍土按含盐性质分类

盐渍土名称	离子含量比值	
	Cl^-/SO_4^{2-}	$(CO_3^{2-}+HCO_3^-)/(Cl^-+SO_4^{2-})$
氯盐渍土	＞2	—
亚氯盐渍土	1～2	—
亚硫酸盐渍土	0.3～1.0	—
硫酸盐渍土	＜0.3	—
碳酸盐渍土	—	＞0.3

注：离子含量以 1kg 土中离子的毫摩尔数计(mmol/kg)。

表 7.11.2-2 盐渍土按盐渍化程度分类

盐渍土类型	细粒土土层的平均含盐量(以质量百分数计)		粗粒土通过 1mm 筛孔土的平均含盐量(以质量百分数计)	
	氯盐渍土及亚氯盐渍土	硫酸盐渍土及亚硫酸盐渍土	氯盐渍土及亚氯盐渍土	硫酸盐渍土及亚硫酸盐渍土
弱盐渍土	0.3～1.0	0.3～0.5	2.0～5.0	0.5～1.5
中盐渍土	1.0～5.0	0.5～2.0	5.0～8.0	1.5～3.0
强盐渍土	5.0～8.0	2.0～5.0	8.0～10.0	3.0～6.0
过盐渍土	＞8.0	＞5.0	＞10.0	＞6.0

注：离子含量以 100g 干土内的含盐总量计。

盐渍土分类方法较多，按盐渍土形成过程可分为现代积盐过程盐渍土、残余盐渍土和碱化过程盐渍土;按盐渍土的盐渍化程度可分为弱、中、强、过盐渍土;按含盐性质可分为氯盐渍土、亚氯盐渍土、亚硫酸盐渍土、硫酸盐渍土、碳酸盐渍土。

盐渍土的工程分类以含盐性质,根据氯离子、硫酸根离子、碳酸根离子和碳酸氢根离子的含量比值进行划分。这种分类方法沿用时期已久,与实际有一定的符合性,但目前的分类体系仍然存在以下两个突出问题:①粗颗粒盐渍土分类体系、试验制备粒径还需进一步完善;②单纯考虑盐渍化程度分类方式与地基实际盐胀性对应性不强。试验研究和工程实践表明,决定盐渍土工程性质的主要因素有:盐渍土的粒度成分、含盐特征、含水率及温度状况等。目前此方面的研究还正在进行,本次分类仍沿用以往的盐渍土分类方法。

盐渍土中易溶盐对工程性质影响最大,土体中常见的易溶盐主要是氯盐和硫酸盐,碳酸盐因受气压、温度影响,极易分解、沉淀,只在地表水或地下水补给源头较短距离范围内常见,由于在盐渍土地区土体中含量甚微,因此盐渍土的工程处治方案主要针对氯盐和硫酸盐盐渍土。

7.11.3 盐渍土地基应进行盐胀性和溶陷性评价,并应符合下列要求:

1 盐胀性应以地表以下 1.0m 范围土体的盐胀率为评价指标。当盐胀率的监测时间周期不足时,评价指标可采用硫酸钠含量。各级公路路基盐胀率或硫酸钠含量应符合表 7.11.3-1 的规定。

表 7.11.3-1 盐渍土地基容许盐胀率

公路等级	路基高度 h(m)	盐胀率 η(%)	硫酸钠含量 Z(%)
高速公路、一级公路	≤2	≤1	≤0.5
	>2	≤2	≤1.2
二级及二级以下公路	≤2	≤2	≤1.2
	>2	≤4	≤2.0

2 地下水位埋深小于 3.0m 或存在经常性地表水浸湿的盐渍土路段,应按式(7.11.3)计算溶陷量,进行地基溶陷性评价。各级公路地基溶陷量应符合表 7.11.3-2 的规定。

$$\Delta S=\sum_{i}^{n}\delta_i h_i \tag{7.11.3}$$

式中:ΔS——地基溶陷量(mm);

δ_i——地基中第 i 层土的溶陷系数(%)；

h_i——地基中第 i 层土厚度(mm)；

n——溶陷影响深度的计算土层数。

表 7.11.3-2 盐渍土地基溶陷性指标

公路等级	高速公路、一级公路	二级公路	三、四级公路
溶陷量 ΔS(mm)	<70	<150	<400

公路盐渍土地基评价包括盐胀性评价和溶陷性评价。

试验研究表明，盐胀率能较准确地反映公路盐胀破坏程度，盐胀率小于1%时，路面平整无裂纹，无盐胀破坏现象(非盐胀性)；盐胀率为1%～3%时，路面上可见少量的裂纹，有轻微盐胀产生(弱盐胀性)；盐胀率为3%～6%时，路面有较明显的裂纹和盐胀现象(中盐胀性)，因此，规范修订采用盐胀率作为盐胀性评价指标。

土中含有的硫酸钠是盐渍土出现盐胀的主要原因。硫酸钠随温度变化产生吸水结晶，体积膨胀，从无水硫酸钠变成含水硫酸钠 $Na_2SO_4 \cdot 10H_2O$，体积胀量增大约3.1倍。其他硫酸盐也存在吸水结晶体积膨胀效应，但体积胀量相对少得多，如硫酸镁 $MgSO_4 \cdot 7H_2O$ 胀量增大1.56倍。现场路基观测结果显示：土体内硫酸钠含量大于0.5%，而且土体温度下降到5℃以下即产生盐胀；路床内土体硫酸钠含量达到1.2%以上，路面就可观测到明显的盐胀量，硫酸钠含量越大胀量值也随之越大。硫酸钠含量与盐胀率的对应关系见表7-33。当不具备盐胀率试验条件时，通过测试土中硫酸钠含量来评价盐胀性。

表 7-33 盐胀率与硫酸钠含量的关系

盐胀率 η(%)	$\eta<1$	$1<\eta\leqslant3$	$3<\eta\leqslant6$	$\eta>6$
硫酸钠含量 Z(%)	$Z\leqslant0.5$	$0.5\leqslant Z\leqslant1.5$	$1.5\leqslant Z\leqslant3.5$	$Z\geqslant3.5$

盐渍土溶陷包括溶陷变形和潜蚀变形。溶陷变形是指水力梯度较小无渗流时，土中部分或全部盐溶解，导致土体结构破坏而产生沉陷；潜蚀变形是指在渗流的作用下，带走土中的盐分和部分固体颗粒，产生潜蚀，导致土体空隙增大而产生的溶陷变形。盐渍土溶陷性评价时，采用溶陷系数 δ 作为判别指标，我国《盐渍土地区建筑规范》(SY/T 0317—1997)中的标准是 $\delta<0.01$ 的盐渍土为非溶陷性盐

渍土。评价盐渍土的溶陷性，首先通过溶陷系数 δ 判别是否为溶陷性土，再计算溶陷量 ΔS，并根据表 7-34 的等级进行溶陷量的分级。

表 7-34　溶陷等级划分表

溶陷等级	溶陷量 ΔS(cm)	溶陷等级	溶陷量 ΔS(cm)
非溶陷性	$\Delta S<7$	Ⅱ	$15<\Delta S\leqslant 40$
Ⅰ	$7<\Delta S\leqslant 15$	Ⅲ	$\Delta S>40$

根据公路的特点，本次规范修订提出了表 7.11.3-2，作为各等级公路地基溶陷变形量的控制标准。

7.11.4　盐渍土地基处理设计应符合下列要求：

1　地基盐胀率和溶陷量符合规定要求的盐渍土路段，应对盐渍土地基表层聚积的盐霜、盐壳、生长的耐盐碱植被等进行清表处理，并换填砂砾，清除深度宜为 0.3～0.5m。

2　盐胀率不符合规定的盐渍土路段，可采取加大清除深度、换填非盐胀性土、适当提高路基高度等处理措施。

3　溶陷量不满足规定的盐渍土路段，可采取清表、冲击压实、浸水预溶、地基置换、强夯等处理措施，并做好路基排水设计。

4　盐渍化软弱地基，可采取换填、水泥稳定碎石层、强夯置换、砾(碎)石桩等地基处理措施。地基处理后的工后沉降应符合本规范第 7.7 节的要求。

盐渍土地基处理的主要目的是控制地基的含盐量，抑制地基的盐胀和溶陷对路基的影响。盐渍化软弱地基是指淤泥、淤泥质土或其他高压缩性土的地基表层土中易溶盐的含量接近或超过规定值，既具有软土特征，也有盐渍土特征，含盐量对软土的物理力学性质影响较大，地基处理分为表层处理、浅层处理和深层处理。设计需根据地表盐渍化程度和软弱土层的厚度，因地制宜，采用不受易溶盐影响、耐腐蚀的地基处理方案。

1. 一般地段盐渍土表层处理

一般路段是指盐渍土路堤覆盖的基底具有一定的承载力(地基承载力大于120kPa)，地表无积水的段落。一般路段地基处理的主要目的是为了清除地表高含盐土和腐殖质土，控制基地的含盐量。

调研资料表明，盐渍土地区在一般盐渍土段，针对新建公路以及改建公路的拓宽部分基本均采用了清除表土的地基处理措施。包括：G314 线小草湖～托克逊段、库米什～和硕段、阿克苏～二团段，G315 线若羌～且末段，G045 线奎屯～赛里木湖段等道路均在盐渍土地基的处理方案中采用了清除表土的措施。设计中清表主要针对地表上有强～过盐渍土表层、松散的含盐层、聚积于表层的盐壳和生长的耐盐碱植被段落。清表的深度依据含盐量的垂直分布和土质情况确定，清表深度在 30～50cm 之间。清除后的基底进行压实后再回填砂砾料或砂。

2. 盐渍化软弱地基处理

新疆 G314 线和硕至库尔勒高速公路设计中，对焉耆盆地重盐渍土区域的软弱土进行研究，对土层含水率 28.0%～40.1%，天然孔隙比 0.60～1.07，压缩系数 0.24～0.43MPa^{-1}，地基承载力 50～110kPa 的强、过氯盐或硫酸盐盐渍土等称为盐渍化软弱土。地基处理的主要目的是提高地基承载力，改善地基的盐胀性或融陷性。处理后，高速、一级公路地基承载力应达到 200kPa 以上，二、三级公路不宜小于 150kPa。

针对盐渍化软弱地基的特点，选择地基处理方案时，需考虑盐分对加固材料的腐蚀影响，一般采用换填、加铺土工格栅、水泥稳定碎石层、强夯置换、砾石桩等，不宜采用水泥等加固土桩。

(1)换填法

换填法是指将基底下一定深度内的盐渍化软弱土层挖除，分层回填强度较高的水稳定性材料。其作用是提高地基承载力，消除地基的盐胀性。换填材料一般为非盐透水性好的中粗砂、卵石、砾石、风积沙。为进一步增强整体强度，可在换填土层内增设土工格栅等材料。此法属于浅层处理方法，深度一般在 3.0m 以内，适用于持力下卧层不深或承载力略有不足的地段。

新疆地区盐渍化软弱地基换填处理情况如下：

①G314 线和硕—库尔勒段、G045 线奎屯～赛里木湖段、G315 线若羌～且末段的设计针对盐渍化软弱地基段进行了换填处理。

②G314 线和硕—库尔勒公路处理的段落位于开都河河流冲积相地层处，周围

环境为农田灌溉区，沿线土质类型以低液限粉土为主。此段地下水位在2m，含水率20%～31%，孔隙比0.68～0.80，土质呈硬塑状，表层承载力90kPa左右，下层110～170kPa，软弱土层较薄并有一定承载力。按软弱土层厚度和地基承载力要求换填深度在0.6～2.0m之间。

③G045线奎屯—赛里木湖公路采用换填处理的段落为K399＋500～K406＋680段，此段地下水一般埋藏深度在2.0～3.0m，土质类型以低液限粉土和粉土质砂为主。换填深度为0.5～1.3m。

④G315线若羌—且末段公路在K1751＋650～K1752＋400、K1754＋350～K1759＋700两处进行了地基换填处理。此段公路地下水埋深在0.3～2.5m之间。土质类型为低液限粉土，中～过氯盐和硫酸盐，设计的换填深度为0.5m。

⑤G218线库尔勒尉犁段全线进行了地基换填，此段沿线土质类型为中～过硫酸盐和氯盐低液限粉土和砂性土，设计的换填深度为0.6m。在换填处理的同时，为加强地基的整体性，上述的部分段落还加设了土工格栅。其中G314线和硕～库尔勒段个别段落设置了两层格栅，而G045奎屯～赛里木湖段有近1km设置了间距0.3m的3层格栅。

从四条路处理段的使用情况看，运营状况良好，无不良病害表现。

(2)水泥稳定碎石垫层

水泥稳定碎石层指将基底下一定深度内的盐渍化软弱土层翻挖，翻挖后掺拌水泥拌和，分层铺筑压实，最终形成半刚性硬壳层，以改善软土地基的受力状况，达到提高承载力的作用。

在室内水泥剂量按6%、8%、10%、12%、14%掺和试验的基础上，通过依托工程新疆省道201线进行了半刚性水泥土板层的现场试验，板厚分别取0.25m、0.35m、0.45m三种。盐渍化软弱地基经半刚性水泥土板层处置后，地基工后沉降很小，后期轻微的盐胀，也基本控制在5mm以内，路基填筑后变形均匀。试验表明，当地基软土层大于6.0m时半刚性板层处理效果就不明显。

因此，水泥稳定碎石垫层法适用于处理地基软土层小于5.0m，半刚性水泥土板层适用于盐渍化软弱土层厚小于5.0m、地表含盐量小于3.5%、路堤高度在2.0m以内的低路基，半刚性水泥板层厚度宜在0.25～0.5m范围内，水泥剂量推荐为 10%。

水泥稳定碎石垫层加固盐渍化软弱地基的典型横断面见图 7-22。

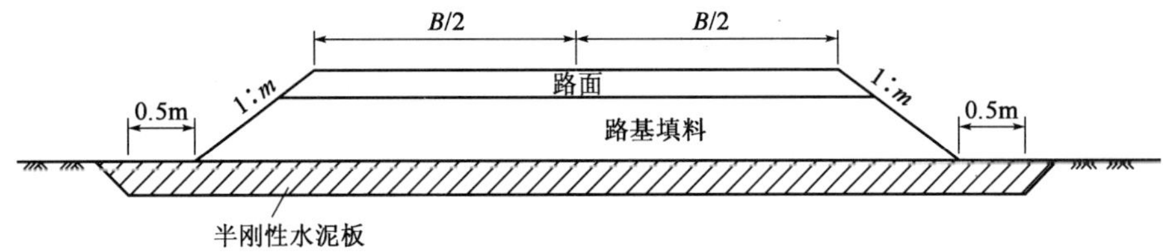

图 7-22 半刚性水泥土板层处理盐渍化软弱地基典型断面图

(3)砾(碎)石桩法

砾(碎)石桩属于深层处理方法，可以提高地基承载力，减小地基沉降，加快排水固结，并能减小盐分的作用和上升高度。

G315 线和硕—库尔勒段针对焉耆盆地湖相沉积地段盐渍化软弱地基采用了砾石桩处理的方案。处理段软弱地基主要指标接近滨湖软土值，天然含水率 28.5%～40.8%，孔隙比 0.64～1.07，压缩系数 0.24～0.43MPa，盐渍化程度为弱～过盐渍土的氯盐、硫酸盐相互交替存在，地面 2m 以下土层为饱和水状态，属于软塑硬塑状，地基承载力 70～120 MPa，地基强度低透水性差。全线共利用砾石桩作深层处理 23.4km，约 165 万延米。设计的具体尺寸为砾石桩桩长 4～10m，平面呈正三角形布置，桩间距 1.4～2m，桩径 0.5m，砾石最大粒径 80mm，含泥量小于 5%，桩顶垫层 0.3m，排水垫层厚 0.5m，路基坡脚外多布设 2 排桩。

从后期现场调查看，此段道路经处理后在几年的运营中使用状况良好，解决了盐渍化软弱地基的影响，根治了盐渍土病害。

在新疆采用砾石桩处理措施，已施工的几条高速公路选用的粒料级配情况如表 7-35。结合以往软基的处理经验，砾石桩填料中粉黏砾含量应不大于 5%，最大粒径不超过 100mm，其中大于 5mm 的颗粒不大于 40%，填料透水系数应在 0.04～0.12cm/s 之间。用于盐渍土地基处理的砾(碎)石桩的桩径在 0.5m 左右，最大可处理深度为 20.0m，桩长不宜短于 4.0m。

表 7-35　典型路段砾石桩级配情况一览表

项目名称	最大粒径(mm)	级配要求
G045 线吐—乌～大高速公路	100	＜50mm：≥50％；＞5mm：＞40％；＜0.075mm：＜5％
G045 线奎—赛高速公路	50	＞5mm：≥55％；＜0.075mm：≤3％
G314 线和—库高速公路	80	20～50mm：≥50％；＜0.075mm：≤5％

7.11.5　盐渍土地区路基宜采用路堤。当受条件限制采用路堑或零填路基时，应对路床范围的盐渍土进行超挖换填水稳性良好的不含盐材料、设置隔断层等处理。

盐渍土地区地势多低洼，地下水位埋藏较浅，水质矿化度高，易形成盐渍土路基病害，选择以路堤通过可避免或减轻病害的产生。当受地形限制，不得已采用路堑或零填路基时，必须对路床范围的盐渍土进行超挖换填水稳性良好的不含盐材料(如砂砾、碎石等)，并设置隔断层等处理，切断盐分上升。

7.11.6　盐渍土路堤高度应根据盐渍土类型、毛细水上升高度、冻胀深度、盐胀深度及采用的隔断形式等综合确定。不设隔断层时，路堤最小高度不应低于表 7.11.6 的规定。

表 7.11.6　不设隔断层时盐渍土地区路堤最小高度

土质类别	高出地面(m)		高出地下水位或地表长期积水位(m)	
	弱、中盐渍土	强、过盐渍土	弱、中盐渍土	强、过盐渍土
砾类土	0.4	0.6	1.0	1.1
砂类土	0.6	1.0	1.3	1.4
黏质土	1.0	1.3	1.8	2.0
粉质土	1.3	1.5	2.1	2.3

注：1. 高速公路、一级公路应按表列数值乘以系数 1.5～2.0，二级公路应乘以系数 1.0～1.5。
2. 氯盐渍土及亚氯盐渍土可取低值。

路基高度不仅是工程问题，它还牵涉社会、经济、周边自然环境等多种因素。确定路基高度时，应综合考虑社会、经济、自然环境和工程技术，并做好现有设施的衔接设计。从工程角度看,盐渍土地区的路基高度应考虑毛细水的上升高度、盐胀深度以及地下水深度或地表积水高度等方面。

盐渍土地区路基高度需考虑毛细水上升高度。毛细水的上升带来了水、盐迁移,可造成路基次生盐渍化。影响毛细水上升高度的最直接因素是土质的差异性。参考室内试验和以往路况观测资料,毛细水强烈上升高度可参考表 7-36。

表 7-36　毛细水强烈上升高度

土质类别	砾类土、砂类土	风积沙	粉质土	黏质土
毛细水上升高度(m)	0.40～1.1	0.7～0.9	3.0～4.0	2.0～3.0

盐胀深度是指含有硫酸盐的土基受降温作用产生盐胀的有限深度。试验表明,盐渍土的盐胀量存在敏感温度区间,此区间因不同土质、含盐量存在一定差异性,其中细粒土在 5～－5℃之间时,盐胀量递增很快。新疆省道 201 线关于土体温度的观测结果显示,随路基深度不同路基填料温度变化具有一定差异性,负温出现的区域不同。但存在共性的是各断面上部温度变化明显大于下部,温度在土体中竖向的传播幅度随深度按指数规律衰减。当路面下深度达 1.5m 处时土体的平均最低地温在 5℃以上,这与以往的观测基本吻合(图 7-23 显示了其中一个观测点

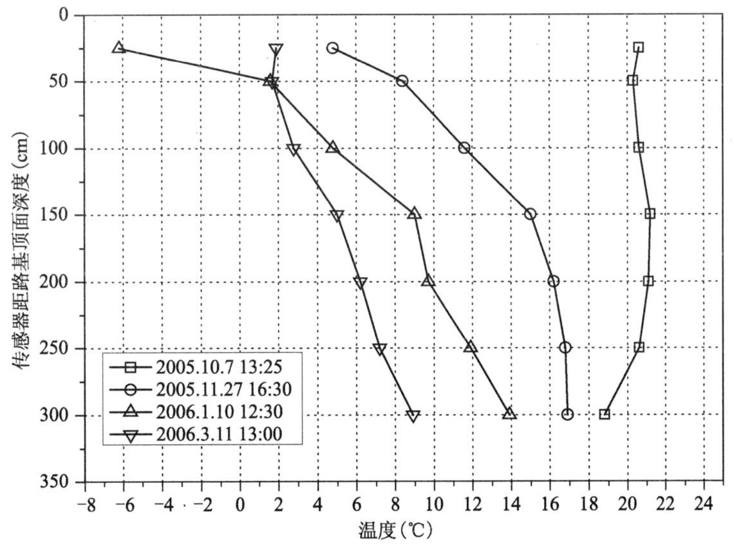

图 7-23　新疆省道 201 线路基土体温度随深度变化曲线

的结果)。因此,在路面 1.5m 以下土体温度变化幅度较小,地温基本高于盐胀温度敏感区,说明降温盐胀最大的区间在路面顶部 1.5m 左右。以往的观测结果也显示路面下 0~1.6m 盐胀量占总盐胀量的 85%以上。在盐渍土地区路基设计中应对路基盐胀深度进行一定的控制,保证一定的非盐胀安全区,因此引入设计控盐深度的概念。设计控盐深度直接与盐胀深度相关,依据不同等级公路安全需求、地基盐渍化程度的差异进行确定。

因此,确定盐渍土地区路堤高度时,需考虑毛细水的上升高度、盐胀深度以及地下水深度或地表积水高度等方面,避免路基工作区受地下水、地表水的影响,防止产生盐分聚集而导致路基盐胀和溶陷病害。根据工程经验和科研成果,表 7.11.6列出了不设隔断层的路堤最小高度。

7.11.7　盐渍土路基填料宜采用砂砾、风积砂等材料。盐渍土填筑路基时,填料的可用性应根据公路等级、填筑部位、土质类型以及当地气候特征、水文地质条件等,按表 7.11.7 确定。

表 7.11.7　盐渍土用作路基填料的可用性

土类	盐类	盐渍化程度	高速公路、一级公路			二级公路			三、四级公路	
			路床	上路堤	下路堤	路床	上路堤	下路堤	路床	上路堤
细粒土	氯盐渍土	弱盐渍土	×	○	○	○	○	○	○	○
		中盐渍土	×	×	○	×	▲[2]	○	×	○
		强盐渍土	×	×	×	×	×	▲[3]	×	▲[3]
		过盐渍土	×	×	×	×	×	▲[3]	×	×
	硫酸盐渍土	弱盐渍土	×	×	○	×	○	○	▲[2]	○
		中盐渍土	×	×	×	×	×	○	×	▲[2]
		强盐渍土	×	×	×	×	×	×	×	×
		过盐渍土	×	×	×	×	×	×	×	×
粗粒土	氯盐渍土	弱盐渍土	▲[1]	○	○	○	○	○	○	○
		中盐渍土	×	▲[1]▲[2]	○	▲[1]	○	○	○	○
		强盐渍土	×	×	○	×	▲[3]	○	×	○
		过盐渍土	×	×	×	×	×	▲[3]	×	▲[3]

续上表

土类	盐类	盐渍化程度	高速公路、一级公路			二级公路			三、四级公路	
			路床	上路堤	下路堤	路床	上路堤	下路堤	路床	上路堤
粗粒土	硫酸盐渍土	弱盐渍土	▲[1]▲[2]	○	○	▲[1]	○	○	○	○
		中盐渍土	×	×	○	×	○	○	▲[1]	○
		强盐渍土	×	×	×	×	×	▲[1]	×	▲[3]
		过盐渍土	×	×	×	×	×	×	×	×

注：1. 表中○-可用；×-不可用。

2. ▲[1]-除细粒土质砂(砾)以外的粗粒土可用。

3. ▲[2]-地表无长期积水、地下水位在3m以下的路段可用。

4. ▲[3]-过干旱地区经论证可用。

盐渍土用作路基填料，与路基的稳定有密切的关系，以往由于施工中对填土要求不严造成路基破坏的教训很多。由于填土的不同含盐量和含盐性质对路基稳定性的影响差异很大，不同的气候区和不同的水文地质条件下，盐渍土作为路基填料的可用性也不一样；同时路堤不同层位(路床、上路堤、下路堤)的填土对路基稳定性的影响有所不同；不同等级的公路对路基的稳定性、耐久性要求也应有所区别。

因此，盐渍土用作路基填料的可用性，按氯盐及亚氯盐渍土、硫酸盐及亚硫酸盐渍土不同含盐性质以及不同公路等级、不同层位、不同土质类型分别进行控制。设计时需对以下情况的填料含盐量进行从严控制：①高等级公路路床范围的填土；②硫酸盐和亚硫酸盐渍土；③隔断层以上粉质土、黏质土填料；④受毛细水或地下水影响。

当既有路基填料换填受到限制时，可在原填料中掺入加固剂处治。加固剂的类型、成分和掺入剂量可根据填料土质通过试验确定。加固剂的种类很多，其不同的物理性质和化学组成成分决定了不同的类别、特点和固化方法，使用时，可根据路用土质与加固剂的成分、类型通过试验选用效果最佳的。化学处理硫酸盐渍土，可使土中易溶盐成分和性质发生变化，减轻盐胀，常用的化学掺加剂有$CaCl_2$、$BaCl_2$。为了使化学处理过的盐渍土不受下层水分和盐分的影响，其底部应设置隔离层。

7.11.8 盐渍土路堤边坡坡率应根据填筑材料的土质和盐渍化程度，按表7.11.8确定。

表 7.11.8　盐渍土地区路堤边坡坡率

土质类别	填料盐渍化程度	
	弱、中盐渍土	强盐渍土
砾类土	1∶1.5	1∶1.5
砂类土	1∶1.5	1∶1.5～1∶1.75
粉质土	1∶1.5～1∶1.75	1∶1.75～1∶2.0
黏质土	1∶1.5～1∶1.75	1∶1.75～1∶2.0

盐渍土路基边坡坡度,应根据土的类别和盐渍化程度确定。受水淹的路堤边坡宜采用1∶2～1∶3。

7.11.9　地下水埋深较浅、毛细水上升较高或易受地表水影响的路段,应在路堤内部设置隔断层。隔断层设计应符合下列要求:

1　隔断层的设置层位应高出地表或地表长期积水位0.2m以上,并满足最大冻深的要求。高速公路、一级公路新建路基隔断层宜设置在路床之下。

2　隔断层的路拱横坡不应小于2%,最大横坡不应超过5%。

3　隔断层材料可采用透水性好的砾(碎)石、复合防渗土工布。砾(碎)石隔断层厚度宜为0.3～0.5m,最大粒径应小于50mm,粉黏粒含量应小于5%。

为抑制盐渍土地区路基病害时,路基必须要有一定的路基高度。但单纯采用提高路基的方法来保证路基的稳定性,将会造成路基高度较高,占地多、土方大。在路基中设置隔断层,可阻断毛细水上升带来的路基盐渍化,能有效降低路基高度,防治盐渍土路基病害。因此,设置隔断层是盐渍土地区降低路基高度的有效措施。

路线通过中强盐渍土,特别是硫酸盐渍土地段,受地面水或地下毛细水影响的路基,高程受限制的挖方路堑或被利用的既有路基含盐量超限路段,路基处理时宜考虑以隔断层配合其他措施综合治理。

隔断层按其材料的透水性可分为透水与不透水隔断层。透水隔断层材料为砾(碎)石、砂砾、砂,不透水隔断层材料为土工合成材料(土工膜、复合土工膜、防排水板等)、沥青砂。土工膜隔断层虽然具有较好的隔水、隔盐、施工简便的特点,但不利于路基中水气逸散,膜下易形成水分和盐分聚积,易使膜下土层软化,造成路基新的不均匀变形。为防止膜下水分和盐分聚积,土工合成材料隔断层需选用复合土工膜(两布一膜)、复合防排水板等。隔断层所用材料应按照因地制宜、就地取材的原则,经过技术经济论证后选用。

隔断层位置设置不当,往往达不到预定的目标或不经济。为保证路床填土质量及稳定性,新建高速公路及一级公路,隔断层一般设置在路面顶以下 0.8~1.6m 处,要求与路面层底之间距离应大于当地最大冻土深度,并高出边沟流水位。

(1)土工布隔断层

土工布隔断是盐渍土路基隔断处理中最常用的方式。复合土工布隔断层,具有较好的隔水、隔盐和耐久性,施工简便,特别是可大幅度降低路基高度,在盐渍土地区双车道公路的建设中广泛采用,并取得较好的效果。

调研资料表明,盐渍土路基的土工布隔断深度依据气候条件、水文条件、盐渍化程度有一定差异性。隔断深度在 0.8~1.2m 范围内,隔断层上填筑非盐的透水性材料,土类分为砾石土和风积沙。

(2)砾石隔断层

新疆砾石隔断层主要应用于盐渍土地区高速公路、一级公路。采用透水性的砾(碎)石作隔断层,厚度宜为 0.3~0.5m,选用的砾石级配最大粒径小于 50mm,粉黏粒含量小于 5%。砾石隔断层顶部加铺透水土工布作为反滤层。隔断层设置深度为 1.4~1.6m,距离路面顶部满足冻深要求。

新疆主要应用工程:G045 线奎屯—赛里木湖一级公路、G045 线乌鲁木齐—奎屯高速公路、G314 线和硕—库尔勒一级公路、G314 线小草湖—托克逊一级公路等。运营后,使用状况良好。

(3)风积沙隔断层

采用风积沙或河沙作填料或隔断时,须考虑其无黏聚性的特点,选择土或砂砾等材料包边。如果不包边,边坡应放缓至 1∶2~1∶3,保持边坡稳定。

7.11.10 盐渍土路基排水设计应采取防、排、疏相结合的综合措施,防治盐渍土路基病害,并应符合下列要求:

1 地表水丰富、水文地质条件较差的路段,路基两侧宜设置护坡道。护坡道宽度不宜小于 2m,横坡不应小于路肩横坡。

2 地下水位较高或公路旁有农田排、灌水渠的路段，可在路基一侧或两侧设排(截)水沟，以降低地下水位或截阻农田排灌水，排(截)水沟距路基坡脚不应小于2.0m。有条件时可设置排碱沟，排碱沟与路堤坡脚之间的距离不应小于5.0m，沟底应低于地表以下不小于1.0m。

3 地表排水困难的路段，在占地容许的情况下可设置蒸发池，蒸发池边缘与路基坡脚之间距离宜大于10m。

盐渍土地区路基排水主要考虑排除地表积水和降低、拦截地下水。做好路基排水设计非常重要，必须根据沿线地质、水文情况，设置必要的地面排水、地下排水设施，配合自然河流、农田灌溉渠，形成良好的排水系统。设置排水沟、截水沟、边沟、蒸发池等，将地表水疏引、排除至路基范围以外。地下水应采取隔断、疏干、降低等措施，以达到地下水不影响路基的稳定。

盐渍土严重的区域一般地势低平，地表及地下水排泄不畅、流速缓滞，易汇集在路基坡脚影响路基。盐渍土地区的公路排水主要采用深挖边沟(排水沟)、排碱渠、蒸发池、设置排水垫层等措施。结合盐渍土处理方案为减少地表水影响和增加路基的稳定性，采取反压护坡道的形式也较为常见。

7.11.11 干涸盐湖地段路基设计应符合下列要求：

1 干涸盐湖地段路基设计应查明盐湖形成条件、干涸过程、含盐特征、岩盐种类、物理化学和工程性质、地下卤水位等情况。

2 干涸盐湖地段填筑路堤，可利用岩盐作为填料。三、四级公路，可采用低路堤，路堤高度不宜小于0.3m，路基宽度宜在标准断面的基础上每侧加宽0.2m，路堤边坡坡率宜采用1∶1.75～1∶3。

3 当盐湖地表下有饱和盐水时，宜采用设有排水沟及护坡道的路基横断面。护坡道宽度应大于2m。

4 有溶洞、溶塘、溶沟等不良地段，应换填砂砾、风积沙、片卵石或盐盖等材料。

干旱地区封闭盆地内的干涸盐湖表面一般无水，仅有很厚的盐盖和岩盐。低矿化度的承压水和潜水向上溢出与渗透，可使盐盖、岩盐被长期溶蚀而形成溶洞、溶沟和溶塘等。盐湖地表下的不同深度处，一般都有饱和的晶间卤水和地下水。

设计时，应搜集盐湖地段的气象、水文、地质及水系径流、冲蚀范围和程度等资料。尤其重点要查明盐湖在继续浓缩干涸还是在逆向变质(淡化)，以判断盐湖筑路的可行性。由于干涸盐湖区域地下水都是饱和盐水，对岩盐不再发生溶解作用，加之所在区域水热条件有利于盐湖的盐水继续浓缩，因此，可在干涸盐湖表面直接修筑公路。干涸盐湖区通常路基填料极为匮乏，可就地取用岩盐作为路基填料。

岩盐类材料的好坏取决于生成条件、含盐类及性质、含盐量多少和土的颗粒组成及其结构密实、坚硬程度等条件。岩盐的含盐量很高，一般在20%以上，最高可达95%。路基填料可以用当地的岩盐，容许含盐量可不加限制，如为氯化物盐类，含盐量越大越好。用作填料的岩盐应打成碎块，并分层浇洒盐水填实。

在干涸盐湖上修筑一般公路，可以采用低路堤甚至零填横断面形式通过，往往不需要另铺筑路面，仅洒泼盐水，逐次结晶，再经行车碾压而形成坚硬、密实、平整的硬壳。

对高速公路、一级公路，应采用分期修建的原则。第一期工程可采用土路堤和岩盐路堤，通过使用、养护期间用稳定土的加固办法，提高其使用性能，然后再进行第二期工程，提高路基并在上面铺筑路面。

当干涸盐湖地表下有饱和盐水时，为了加速地下水蒸发和盐分聚集、结晶、降低地下水位，宜采用设排水沟及护坡道的路基横断面。

对于不再发展的溶洞、溶沟溶塘，如为外露者，可用岩盐或卵石、砂砾材料填补夯实；如系暗洞，洞顶距地表厚度小于0.3～0.5m时，则应将洞挖开，进行填实；如溶蚀范围较大，尚在发展，则应考虑绕避或采取其他措施，如用砂石材料填筑。

7.12 多年冻土地区路基

原规范共5条，本规范共9条。将原规范第7.12.2条分拆为第7.12.2条、第7.12.3条、第7.12.4条、第7.12.5条，并补充完善相关技术规定；新增第7.12.9条多年冻土路基监测规定。

修订理由如下：

近十年来，我国多年冻土地区公路建设技术得到了快速发展，路基调温控热、保护多年冻土的新技术得到推广应用，取得了良好的效果。本次修订，在充分总结相关科研成果和工程经验的基础上，纳入了较为成熟的新技术，对原规范进行了全面修订，提升了多年冻土路基设计技术水平。

7.12.1 多年冻土地区路基设计应遵循下列原则：

1 路线通过多年冻土地区时，应查明沿线多年冻土的分布、类型、冻土层上限、年平均地温，岛状多年冻土区与季节冻土区的分界线、冻土下限，以及冻土沼泽、冰丘、冰锥、热融湖(塘)的范围、规模、发生原因及其发展趋势。多年冻土分类见附录K。

2 多年冻土地区路基宜采用路堤。冻土沼泽(沼泽化湿地)、热融湖(塘)地段宜采用路堤或桥梁，路堤高度应不低于沼泽暖季积水水位加波浪壅水高、毛细水上升高度、有害冻胀高度和0.5m的安全高度之和，且满足保温厚度的要求。

3 路基填料宜采用卵石土或碎石土、片块石，不得采用塑性指数大于12、液限大于32%的细粒土和富含腐殖质的土及冻土。保温护道填料，应就地取材，宜采用与路基本体相同填料，也可采用泥炭、草皮、塔头草或细粒土。

4 路基设计应根据冻土的类型及年平均地温，采用保护冻土、控制融化速率或允许融化的设计原则。

5 少冰冻土、多冰冻土地段的路基可按一般路基设计；富冰冻土、饱冰冻土、含土冰层、冰丘、冰锥、多年冻土沼泽、热融湖(塘)等地段的路基应进行特殊设计。

冻结状态持续二年或二年以上的土(岩)称为多年冻土。根据体积含冰量，多年冻土可分为少冰冻土、多冰冻土、富冰冻土、饱冰冻土、含土冰层，其中富冰冻土、饱冰冻土和含土冰层又统称为高含冰量冻土；根据冻土年平均地温，多年冻土可分为低温冻土(年平均地温≤－1.5℃)和高温冻土(年平均地温＞－1.5℃)；根据冻土含冰量与年平均地温可分为稳定型、基本稳定型和不稳定型冻土。多年冻土分类详见规范附录K。

多年冻土路基设计需根据冻土类型及年平均地温，采用保护冻土、控制融化速率和允许融化的设计原则。

保护冻土设计原则，是指采取有效工程措施保护多年冻土的生存条件，保持其原有的冻土上限与稳定状态。低温冻土地段路基设计需采用保护冻土设计原则。

控制融化速率的设计原则，是通过工程措施来控制多年冻土的融化速率，即允许其有一定程度的融化，但必须控制在可接受的范围内。对于沥青路面是指在路面设计使用年限内，路基下卧多年冻土的人为上限下降导致冻土路基产生的融沉变形应在设计容许变形范围以内。高温冻土地段路基设计可以采用控制融化速率的设计原则。

允许融化的设计原则是将多年冻土按一般路基对待，允许融化，甚至先期破坏其存在条件或加速其融化而成为一般建筑条件。少冰冻土、多冰冻土地段路基可以按允许融化原则进行设计。

富冰冻土、饱冰冻土和含土冰层以及各种不良地质，往往由于突然的、剧烈的、持续的、不均匀的、较大的融沉或冰害而导致路基产生严重的病害，均应根据冻土地温与冻土类型进行特殊设计。

7.12.2 多年冻土路堤设计应符合下列要求：

1 采用保护多年冻土的设计原则时，路堤最小高度应根据不同地区、填料种类、不同地温分区等综合确定，保证多年冻土上限不下降。

2 采用控制融化速率和允许融化的设计原则时，路堤高度不宜小于1.5 m，也不宜过高，防止路堤产生不均匀变形开裂。

3 对多年冻土层厚度小于或等于2 m或多年冻土层下限小于或等于4 m的地段，路基设计宜采用允许融化的设计原则。

4 对多年冻土层厚度大于2 m或多年冻土层下限大于4 m的地段，路基设计应采用保护冻土或控制融化速率的设计原则。

5 路堤高度不能满足保护冻土上限不变的最小高度时，可采用工业保温材料层、热棒、片块石及通风管等调控温度的工程措施。

6 填挖过渡段、低填方地段应对地基进行换填，换填厚度与材料由热工计算确定。

7 路堤基底为饱冰细粒土或含土冰层，且地下冰层较厚时，基底应设置保温层，边坡坡脚应设置保温护道，保温层可采用当地苔藓、草皮、塔头草、泥炭或黏质土等材料。

8 不稳定多年冻土区的路基应根据冻土的分布、填料、路基填挖及地温的情况，采用冷却地基、设置保温层等措施综合处理，保温层设置应根据热工计算确定。

9　富冰冻土、饱冰冻土和含土冰层的厚度较小、埋藏较浅时，经技术经济比较后，可采取清除冻土层的措施。

10　不稳定多年冻土地段高含冰量冻土路基，宜采用设置工业隔热材料、热棒、片(块)石及通风管等调控温度的工程措施。调温措施仍不能保证路基稳定时，宜采用桥梁方案。

11　路堤高度设计应计算地基的融化沉降量和压缩沉降量，并按竣工后的沉降量确定路基预留加高与加宽值。路堤较高时，可铺设土工格栅或土工格室。

1.多年冻土区填土路基

不同的冻土地质情况，不同的设计原则，有不同的路基设计高度。

(1)保护多年冻土的设计原则

保护冻土的设计原则主要用于多年冻土地温较低，年平均地温为－1.5～－3.5℃，冻土人为上限较浅的路段，其路基设计高度($H_{设}$)可用下式确定：

$$H_{设} = MH_{合} + S \tag{7-15}$$

式中：$H_{合}$——路基填土合理高度(m)；

$H_{设}$——路基设计高度(m)；

M——综合修正系数，依据冻土类型及上限深浅选定；

S——季节融化层压缩沉降量(m)。

(2)控制多年冻土融化速率的原则

控制多年冻土融化速率的原则主要用于地温较高，年平均地温－0.5～－1.5℃的地段。根据钻探、雷达探测资料，在同一允许变形量指标下，按不同冻土地质条件分段采用不同的多年冻土人为上限下降允许值，以多年的观测和钻探资料所得统计经验公式确定新建公路路基设计高度计算公式：

$$H_{设} = MH_{合} + KP\varphi tm + S \tag{7-16}$$

式中：K——气温修正系数；

P——平均融化速率；

φ——融化速度衰减系数，$\varphi=1/1\mathrm{n}t$；

t——路面设计使用年限；

m——填土当量换算经验系数。

改建、整治工程原有沥青路面路段，路基增加高度采用下式计算：

$$\Delta H = KP\varphi tm \tag{7-17}$$

符号意义同前。

(3)允许多年冻土融化的设计原则

允许多年冻土融化的设计原则，根据不同的地质及水文地质条件，可分以下几种情况进行。

对基底地质良好，为少冰冻土及多冰冻土的多年冻土地段，可按一般非多年冻土地区的路基设计，不必采取任何特殊措施。

对含冰量大的薄层冻土，若埋藏较浅，或地下冰层下不深处即为少冰冻土、多冰冻土或基岩且无地下水的路段，根据线形设计路堤高度小于临界高度时，可全部挖除含冰量大的冻土层，换填渗水性土，并碾压密实。

含冰量大的冻土层厚度较薄，但埋藏稍深，冻土层以下的土层中饱含承压地下水，挖除换填施工难度大。这种情况可采取上部挖除以渗水土换填，下部松动爆破，将冻土层震碎破裂，在施工过程中利用地下水温，加速碎裂冻土的融化，使冻土层完全消失。上部部分挖除的深度应视施工期限、冻土层厚度等综合考虑决定，一般应占整个冻土层厚度的 1/2～2/3。

(4)冻土区的融区与冻土岛的设计

连续多年冻土区中的融区及其冻土岛地带，多年冻土地温最高，由于沥青路面吸热作用，使局部多年冻土退化，融区扩大。对于黑色路面吸热后导致冻土环境条件改变形成的融区、河谷融区的路段，按最高地下水位、地表积水、最大冻结深度和土质等确定路基高度；对于较小的冻土岛，则采用保护冻土或控制融化速率的设计原则，从经济、技术和线形顺适等条件综合考虑、比选，也可采用钢纤维水泥混凝土等浅色路面或 XPS 板隔热层路基、通风管路基、热棒路基等工程结构，最终确定路基高度。

(5)综合治理的设计原则

多年冻土区修筑沥青路面，必然改变冻土与大气间的热交换条件，改变路基下多年冻土和季节活动层的水热输运过程。特别是在青藏公路第二次改建工程初期(1973～1984 年)，对多年冻土区修筑公路过程中保护冻土环境认识不足，就近取土填筑路基，加剧了冻土环境的破坏。为了根治道路病害，恢复和保护冻土环境，在青藏公路整治工程路基设计中，根据冻土类型、地形、地貌及路基高度和坡脚积水情况，不仅在路基高度方向保护冻土，而且也在路基的纵、横方向采取一定的工程措施保护冻土。如设置防水保温护道、回填路基坡脚5m范围内积水坑以及使路基纵、横向形成排水系统等工程设施，以达到综合治理的目的。

针对青藏公路的路基病害与冻土地温分区、冻土类型等，低温多年冻土地区(放热型、吸热型)路基设计采用提高路基设计高度、设置XPS板隔热层、路基两侧加修保温护道等整治方案，其路基设计高度以表7-37低温冻土区推荐设计值控制；高温多年冻土地区(过渡型和残留型)路基设计以在保证一定路基设计高度的基础上，采用片(块)石路基、热棒—XPS板隔热层复合式路基、热棒路基、通风管路基，以及以桥代路和路基两侧加修保温护道等多种冻土路基整治方案，其路基设计高度以表7-38高温冻土区推荐设计值作为控制指标。

表7-37　保护冻土(低温冻土区)路基设计高度推荐值

设计原则	保护冻土(低温冻土区)			备　注
冻土类型	富冰冻土	饱冰冻土	含土冰层	冻土年平均地温≤−1.5℃
路基高度(m)	1.6～2.0	1.8～2.6	2.4～3.2	

表7-38　控制融化速率(高温冻土区)路基设计高度推荐值

设计原则	控制融化速率(高温冻土区)			备　注
冻土类型	富冰冻土	饱冰冻土	含土冰层	冻土年平均地温>−1.5℃
路基高度(m)	1.6～2.2	1.8～3.0	2.2～3.4	

2.低填浅挖及零断面路基设计

多年冻土地区的低填浅挖及零断面地段是最容易产生热融下沉、冻胀及冰害的地段。为保护冻土，应尽量避免低填浅挖及零断面设计。这里讨论的低填浅挖及零断面设计系指填土高度小于0.5m的路堤和开挖深度小于0.5m的路堑。由于公路工程路线技术标准的要求，此类路段仍会出现，因此应尽量减少和缩短其处数及长度。低填浅挖及零断面路基的设计应根据路段的水文、地质条件和多年冻土的含冰量条件等进行设计，对不同的设计方案应进行经济技术比较。

对低填浅挖及零断面路基的设计，主要的技术方案有以下几种。

(1)按破坏多年冻土设计

当路基下多年冻土中的富冰冻土、饱冰冻土、含土冰层等高含冰量冻土厚度不大，且埋藏较浅时，宜全部清除换填。

(2)按保护多年冻土设计

当路基下多年冻土中的富冰冻土、饱冰冻土、含土冰层等高含冰量冻土厚度较大，埋藏较深，全部清除换填困难且不经济时，一般可采取部分换填。其换填厚度应使路基高度与换填深度之和不小于保温计算厚度的 1.5～2.0 倍。换填材料应选用保温和隔水性能好的黏性土或设置 XPS 板隔热层。

(3)按预融多年冻土设计

当路基下多年冻土层中的含冰量较小，且埋藏较深，采取部分换填设计方案无法保持路基稳定性。此种方案适用于高原多年冻土地区低等级公路。

低填浅挖及零断面路基的预融回填设计路基横断面形式见图 7-24、图 7-25。

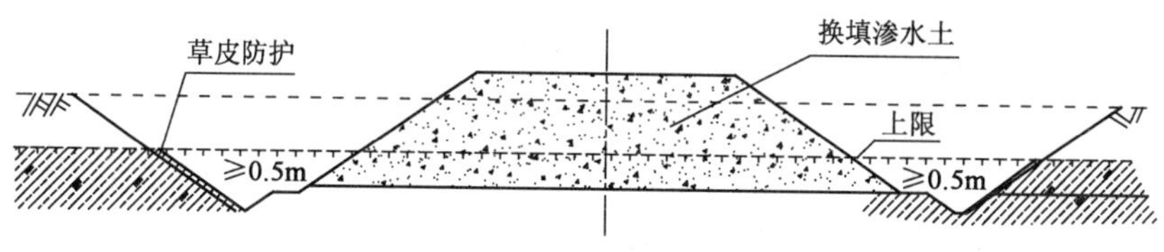

图 7-24　全部换填断面形式

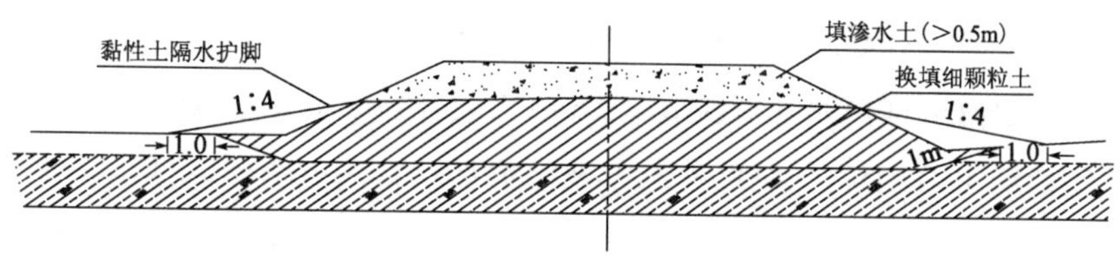

图 7-25　基底部分换填断面形式

3. 融化沉降量与压缩沉降量

融化沉降量与压缩沉降量的计算也可参考《公路设计手册　路基》。预备高度与宽度的目的是路基变形后，不致使路面出现反拱和路基顶面变窄。

多年冻土地区路基的变形是水、热、力三种因素共同作用的结果，在设计中要以多年冻土的年平均地温、冻土含冰量、土质及控制冻土上限变化值为基础，以路基变形为控制指标，选择合理的调控温措施，并完善排水系统，同时增强路基本身的强度，保证多年冻土地区路基工程的热稳定性和力学稳定性。

如果路基在长距离范围内沉降缓慢并较均匀，则对路面的强度、平整度不会造成大的影响；如果路基年内变形量很大，则会促使路面过早破坏，所以对路基容许变形量应采用总变形量和年内变形量两个指标表示。总变形量是指路面竣工后冻土路基变形达到稳定阶段或路面设计年限内路基发生的累计下沉量；年内变形量是指路基在一个冻融周期内冻胀量与沉降量的差值。

7.12.3　多年冻土地区路堑设计应符合下列要求：

1　路床深度范围的冻土应部分或全部换填为隔热保温材料，换填厚度应通过热工计算确定。

2　采用卵砾石作为换填材料时，应在地面下设置复合土工膜防渗层，防渗层顶面横坡不应小于4%。

3　路堑边坡坡率应根据冻土层的分布、坡面朝向、含冰量与地温等情况确定，边坡坡率不宜陡于1∶1.75。路堑边坡宜采用黏性土夯填并在表层铺砌草皮或植物防护层。

4　路堑堑顶应采用包角式断面形式，包角高度宜高出原地面0.8m，宽度不应小于1.0m，外侧边坡坡率宜为1∶1.75，内侧边坡坡率应与路堑边坡一致。

5　低含冰量冻土地段路堑深度大于8m、高含冰量冻土地段路堑深度大于5m及不良冻土地质地段的挖方边坡，应进行工点勘察设计。

高含冰量冻土地段路基需尽量采用路堤方案，避免挖方。当采用路堑时，需对路床范围的冻土进行换填处理，换填厚度需根据材料的热力学特性进行热工计算确定。

高含冰量冻土与地下冰是多年冻土地区修筑路堑工程的最大难题。多年冻土区天然上限一般条件下均小于5m，多年冻土区冻结层上水较为发育，且多年冻土开挖后，暴露于边坡和基底的高含冰量冻土与地下冰，在太阳辐射及大气热量作用下将融化，将引起边坡滑坍、基底融沉等病害，冬季路基路面冻胀，当有地下水存在时，还会产生边坡挂冰、涎流冰体上路等病害，是公路通车后产生次生病害的主要原因。因此，为使路堑工程具有良好的稳定性与耐久性，防止融冻泥流与边坡滑塌等病害的发生，还需采取一定的保温制冷工程措施，保证路堑边坡的热稳定性，并防止冻结层上水对路基的侵害。

路堑设计时应按保护多年冻土的原则进行，着重解决工程处理措施和断面形式等方面的问题。

(1)主要设计方案

①以热力相似原理为基础的换填隔热方案；

②以局部融化排水自埋稳定原理为基础的支挡结构防护方案。

(2)换填隔热处理方案设计

其主要内容包括：断面形式和处理措施的确定；隔热换填厚度的计算；边坡稳定性及基底强度检算等。

7.12.4 低温高含冰量冻土地段路基设计应符合下列要求：

1 低温高含冰量冻土地段路基设计宜采用保护冻土的设计原则。路基设计高度应大于路基临界高度。当受路线设计或地形限制，路基设计高度未能达到路基临界高度时，应在路基中设置工业隔热材料。

2 路基中设置的隔热材料厚度应根据热阻等效按式(7.12.4)确定，但不宜小于60mm，宽度宜与路面面层相同。其埋设深度应由其强度与公路等级决定，宜埋设在路基顶面下0.30～0.35 m深处。

$$d_x = K\frac{d_s\lambda_e}{\lambda_s} \quad (7.12.4)$$

式中：d_x、d_s——隔热材料板与等效土体的厚度(mm)；

λ_e、λ_s——隔热材料板与等效土体的导热系数；

K——安全系数；隔热材料用于路基时，K取1.5～2.0；隔热材料用于路基边坡时，K取1.2～1.5。

3 路基中设置的隔热材料，应具有良好的阻热性能与足够的强度，导热系数宜小于0.029W/(m·K)，吸水率宜小于0.5%，抗压强度宜大于600kPa。

低温冻土中的富冰冻土、饱冰冻土、含土冰层统称为低温高含冰量冻土。

低温高含冰量冻土地段路基设计需保证多年冻土上限不下降，既要控制路堤最小填土高度满足防止冻土融化、冻胀和翻浆的要求，也要避免因路基过高、边坡吸热面增大，导致阳面边坡下冻土上限明显下降而引起路基不均匀变形。路基最小填土高度和路基设计临界高度需按照《多年冻土地区公路设计与施工技术细则》(JTG/T D31-04—2012)的有关规定进行设计计算。

7.12.5 高温高含冰量冻土地段路基设计应符合下列要求：

1 高温高含冰量冻土地段路基设计宜采用控制融化速率的设计原则。路基高度大于3.0 m时，可采用片(块)石路基、路基中增设热棒或通风管，也可采用工业隔热材料与热棒复合路基，必要时设桥通过。

2 当路线通过地下水发育、地表径流水较发育或冻土沼泽时，宜采用片(块)石路基。片(块)石层厚度由多年冻土的含冰量确定，宜为1.2～1.8m，分两层设置，上层厚度宜为0.4m，规格为5 0～100mm；下层厚度可为0.8～1.4m，规格为150～200mm；石料单轴抗压强度应大于30MPa。片(块)石层下宜设置砂砾石层，厚度宜为0.3～0.5m。

3 路基中增设热棒时，应根据当地冻土条件与路线走向确定单侧或双侧采用热棒。热棒应设置在公路限界(路基边缘)0.10 m以外，纵向设置间距宜为热棒有效半径的1.5～2.5倍，埋深宜为多年冻土上限以下1.0～2.5m。有效半径经热工计算确定。当路基宽度小于10 m时，热棒宜垂直设置；当路基宽度为10～12m时，可倾斜设置，但倾斜角不得大于15°；当路基宽度大于12 m时，热棒应倾斜设置或采用“L”形热棒。

4 当地自然风向与路线走向基本垂直时，可采用通风管路基。通风管宜采用钢筋混凝土预制管，管内径宜为0.3～0.4m；通风管设置间距应小于冷却半径和两倍管外径，埋深应大于3～5倍管径，宜布设在地表以上0.5～0.7m处，通风管伸出路堤边坡长度应大于0.30m。冷却半径经热工计算确定。

5 路基中增设热棒不能有效控制冻土融化时，可在热棒路基中增设工业隔热材料。

高温冻土中的富冰冻土、饱冰冻土、含土冰层统称为高温高含冰量冻土。

高温高含冰量冻土地段的路基临界高度不再是路基设计控制指标，但保持一定的路基设计高度是采取各种保护工程措施的先决条件，也是提高路基抗灾能力、保护冻土环境的先决条件。

高温高含冰量冻土地段的路基需在保证一定的路基设计高度的基础上，采用

XPS 板隔热层路基、片(块)石路基、热棒路基、通风管路基和热棒—XPS 板隔热层复合式路基等特殊结构路基方案,保证路基稳定性。特殊结构路基需按照《多年冻土地区公路设计与施工技术细则》(JTG/T D31-04—2012)的有关规定进行设计计算。

(1)XPS 板隔热层路基设计方法

①热力学参数

XPS 板的导热系数不大于 0.025W/(m·K),吸水率应小于 0.5%。密度为 43~45kg/m^3。抗压强度应大于 600kPa。为使设计偏于安全,设计是 XPS 板的导热系数取 0.03W/(m·K),抗压强度取 580kPa。

②XPS 板隔热层的埋设深度

根据车辆荷载的特点和路面下应力扩散原理,以及隔热层板材容许承载力等条件(图 7-26),可以推导出下列公式,以计算隔热层合理埋设深度。

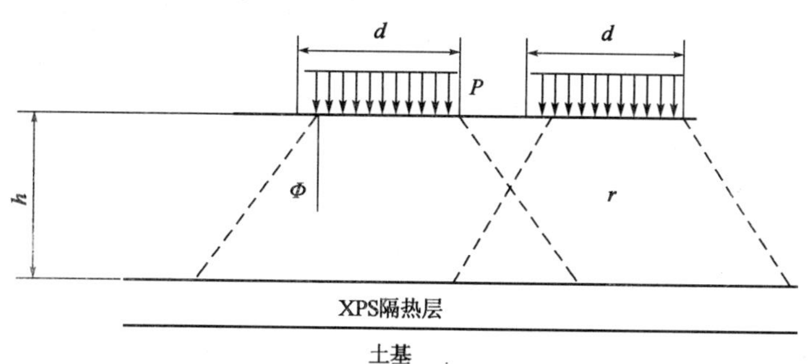

图 7-26 车辆荷载扩散示意图

$$\frac{2pd}{d+2h\tan\Phi}+hr\leqslant\sigma \tag{7-18}$$

式中:p——轮胎压强(MPa);

d——单轮传压面当量圆直径(m);

r——隔热层以上各结构层容重加权平均(MN/m^3);

Φ——隔热层以上和结构层应力扩散角加权平均值(°);

h——隔热层合理埋深(m);

σ——隔热层容许压应力(MPa)。

(2)通风管路基设计方法

根据通风管的强度与路基稳定性的要求,通风管的埋深 H 为 3～5 倍管径,大管径取小值,小管径去大值。通风管的管距应小于"冷却半径"R,且不大于两倍通风管直径(外经),以便于有效发挥其冷却作用;通风管的管距应大于施工压实半径,以便于保障路基的不均匀沉降在允许范围以内。

管内径 D 与冷却半径 R 的关系大致为:

$$R = k(D/D_0)^a \tag{7-19}$$

其中:$D_0=1.2\text{m}$;$k=3.5\sim4.5\text{m}$;$a=0.3\sim0.5$。

材料应依据管厚,从经济性与管材强度要求出发,建议选用管内径 $D=0.3\sim0.4\text{m}$、厚度 $t=5\sim8\text{cm}$ 的钢筋混凝土预制管材较合适。

(3)热棒路基的设计参数

①热棒主要由工质和管壳组成。热棒设计主要是根据使用要求和工作条件选择工质和管壳材料,设计合理的管壳、冷凝器尺寸,计算工质充装量,并按工程要求设计合理的埋设位置与深度。

②工质的选择是根据要求的热棒工作温度范围和管壳的耐压性以及工质与管壳材料的相容性来确定。工质的选择还应考虑工质与管壳不能起化学作用,否则在化学作用过程中生成的气体和其他物质将可能使热棒不能工作。工质的品质越高,热棒的热传输性能越好,因此在条件允许时,尽可能选用高品质因素的工质。

工质的品质因素用下式计算:

$$N = K[g_C P_E(P_E - P_V)L/\mu]/3 \tag{7-20}$$

式中:K——液体的导热系数(4.186J/m·h·℃);

g_C——重力常数(9.8m/s^2);

P_E——液体密度(kg/m^3);

P_V——蒸汽密度(kg/m^3);

L——汽化潜热(4.186J/kg);

μ——液体的黏度(kg/m·s)。

③管壳材料的选择主要考虑热棒的使用条件和工程造价。在土木工程中,热

棒除冷却地基外，有时需要承担建筑上部荷载，因而尺寸较大，所以土木工程中的热棒多由普通钢材制作。管壳的设计任务是确定管壳的尺寸和壳壁的厚度，管壳的大小和长度。根据热棒是否承载，所要求的最小埋深、地上部分的最小高度来确定。管壁的厚度应考虑热棒处于最高温度时，管壁应能承受工质的压力。可按“厚壁圆筒”理论进行计算。但在这里仅需计算拉应力(σ_t)即可。径向应力(σ_γ)和轴向应力(σ_z)均不用计算，σ_{tmax}按下式计算：

$$\sigma_{tmax}=P_1[(\gamma_2+\gamma_1)/(\gamma_2-\gamma_1)] \tag{7-21}$$

式中：σ_{tmax}——管壁承受的最大拉应力($10N/m^2$)；

P_1——热棒处于最高温度时，工质产生的压力($10N/m^2$)；

γ_1——管壳的内半径(cm)；

γ_2——管壳的外半径(cm)。

④冷凝器的设计主要考虑两点：一是冷凝器要有足够的冷凝面积，以确保蒸发段吸收的热量能及时地散发到大气中去；二是冷凝器与管壳的连接最好不要有变径，也就是说，最好冷凝器的中心管管径与热棒管壳的直径一致或略大，这样可以防止在变径段蒸汽流速加大而过早地出现淹没现象。冷凝器放热的好坏取决于冷凝器的表面与空气之间的放热系数。

⑤热棒的埋设深度主要以被处治的构造物的基础埋深和地基弱化深度为依据。一般为多年冻土人为上限以下1.0～2.5m。

⑥热棒的间距主要是根据其制冷的有效半径确定的。据目前的研究现状，有效半径的确定仍然以工程经验为依据。目前我国三个厂家生产的热棒功率基本相等，根据在青藏公路、青藏铁路的使用情况，其有效半径在2m左右。依据对地基处治的要求不同，热棒的间距一般为有效半径的1.5～2.5倍，即为3.0～5.0m。

(4)碎石路基设计参数与要求

片(块)石、碎石路基已经在青藏公路、青藏铁路多年冻土区路基中应用，并取得良好效果。碎石路基主要是基于多孔介质中空气自然对流原理，利用天然冷源使片块石、碎石路基温度场持续降低，从而达到使多年冻土区路基稳定性增强的目的，是一种较好的冷却路基并值得推广的工程措施。

要达到良好的对流效果，碎石路基中孔隙率是一个关键参数。为使碎石孔隙率保持在一定范围,防止施工期间将碎石碾压成粉碎,因此,碎石的压碎值也是一个关键参数。

当采用碎石料作为路基填料时,碎石粒径应在0.15～0.20m或0.20～0.25m范围内,压碎值不大于25%,碎石层厚度不小于1.20m,并在碎石层上顶面和下底面设置一层双向土工格栅或透水土工布。

片、块石料作为路基填料时,片、块石最小边长宜大于15cm,其空隙内不得充填碎石或其他杂物,层厚度不小于1.20m,要求下层粒径大,上层粒径小,并在上顶面设置一层双向土工格栅或透水土工布。

7.12.6 冰锥、冻胀丘、热融湖(塘)地段路基设计应符合下列要求:

1 位于冰锥、冻胀丘下方地段路堤,应在其上方设排水沟。常年性融区有较大的地下水流时,应设保温渗沟,将地下水引到路堤以外,必要时设桥通过。

2 位于冰锥、冻胀丘上方地段的路堤方案应慎重采用。必须通过时,应在路堤上方坡脚外不小于20m处,设置排水沟、冻结沟、保温渗沟等截排地下水设施。若积冰量很大或有大量地下水,且截排有困难时,宜设桥通过。

3 路基通过热融湖(塘),可采取排水清淤、换填砂砾或抛石挤淤等措施。必要时设桥通过。

4 沼泽地段路堤,应根据沼泽特点、积水深度、多年冻土类型与冻土地温及冻土下限,按照保护多年冻土或允许融化的原则设计,并应采取排水、预留沉降、消除冻害的综合措施。必要时设桥通过。

冰丘、冰锥地段路堤,宜在下方采用路堤方案通过,路堤高度不应低于冰丘、冰锥的最大高度,并以渗水土填筑,以防冻胀。应加强排水措施,在水源补给的上方截排,当地形不允许时可考虑在路基旁截排。

冰丘地段宜在路堤(含护道)坡脚20m以外设防冻结构,断面宜加大加深;在路堤基底范围内的地基,其冰丘部分的淤泥、冰层均应挖除换填透水性土;针对移动性冰丘或冰丘有可能在路基下出露的地段,宜采用片块石路基或桥梁方案通过。冰丘距路堤坡脚较近时,可在冰丘一侧加宽路堤、增设防水保温护道或在路堤坡脚处设黏性土隔水齿墙等措施。

冰锥地段,应根据其出水口位置、泉水类型、水量、水温、积冰范围和高度等情况，确定具体措施。当积冰量不大时，可设积冰坑；也可利用挖沟的土石方配合积冰坑修筑挡冰堤。当地下水流量较大时，可垂直于地下水水流方向设置渗沟以引出地下水，在路堤横跨较大沟谷时，也可设桥通过。

热融湖（塘）地段修筑路堤时，首先应查明湖（塘）底部的地下冰层是否已融完，湖（塘）底如尚有冰层继续融化，就会对路堤稳定性产生影响。其次考虑积水对路堤稳定性的影响，一般水下部分应采用透水性土或水稳性好的土（粉黏粒含量小于30%的碎石类土）填筑，水较深或地基松软，可在两侧设置护道；如水面较宽，还有风浪，路堤的坡面还应采取防护加固措施；如路堤施工后还可能继续沉降，不但需预先加宽加高路基，而且在确定填筑透水性土部分的顶面时，应在路堤沉降后高出积水水位以上0.5m。

冻土沼泽地段，应优先采用路堤方案通过，并根据冻土沼泽特点及其下层多年冻土的地温与含冰状况进行地基处治；应避免设路堑、低填浅挖和不填不挖。如不可避免时，应将基床和边坡上的泥炭、腐殖土挖除换填。两侧堑顶应设置挡水埝，以防地面水流入路堑。有地下水时，应采取拦截或引排措施，在来水一侧扩大、加深侧沟断面做成冰坑，在路肩边缘处设置挡冰墙，或在地下水流量较大地段设置渗沟以降低和排除地下水。必要时，采用桥梁通过。

7.12.7 路基排水设计应符合下列要求：

1 多年冻土地区路基应采取排除地表水的措施，排水沟、截水沟应采用宽浅的断面形式，并宜远离路基坡脚。排水困难地段应增设桥涵。

2 高含冰量冻土地段应避免设置排水沟、截水沟，宜采用挡水埝，并采取防渗和保温措施。必要时应采取加固措施。

3 富冰冻土、饱冰冻土地段挡水埝内侧边缘，至保温护道坡脚或堑顶或路堤坡脚（无保温护道）的距离不得小于5m，含土冰层地段不得小于10m。

4 应根据地下水类型、水量、积水和地层情况，采用冻结沟、积冰坑、挡冰堤、挡冰墙或保温渗沟等措施，排除对路基有危害的地下水。渗沟及检查井均应采取保温措施。

多年冻土路基设计要考虑水在地基中渗流的影响。由于排水不畅，坡脚积水会引起多年冻土上限下降，进而使路堤产生沉降，因此要采取措施排除地面水，以防止在路堤坡脚附近积水和产生地基渗流。

排水沟的横断面尺寸要具有足够的过水能力，为防止淤塞和便于清理，一般底宽不宜小于0.6m，边坡不陡于1∶1。必要时可选用草皮或黏性土或干砌片石（设防水土工膜）进行加固。

在厚层地下冰和冻土沼泽地段，要优先采用挡水埝代替排水沟，不破坏地表植被，以利于保护多年冻土。在纵向起伏又不宜深挖排水沟的地段，可考虑排水沟和挡水埝结合使用，但排水沟的边缘至挡水埝的坡脚的距离一般不小于1m，以保证排水系统的完整与稳定。

路堑地段，应考虑采用挡水埝排水，如修挡水埝的土源比较困难，也可设截水沟，但截水沟边缘距堑顶不宜小于5m。

当堑坡采用保温加固时，挡水埝可设在堑顶。当流量较大时，可在挡水埝的外侧增设截水沟。

路堑的边沟，必要时可采用混凝土预制板或片石干砌，用灰土或三合土。

7.12.8 路基取土与弃土设计应符合下列要求：

1 取土坑（场）应远离路基，分段集中取土，并应符合环境保护的要求。

2 取土坑（场）应选择在路堤上侧植被稀疏的少冰、多冰冻土地段、山坡或融区、河滩谷地，取土深度不宜大于多年冻土上限的3/4，取土后应平整场地或恢复植被。

3 饱冰、富冰冻土及含土冰层地段不得取土。路堑挖方的高含冰冻土不得直接作为路基或保温护道填料。

4 弃土堆应远离路基，弃土后应平整场地或恢复植被。对水泥类或沥青类建筑垃圾应进行覆盖处理，并应符合环境保护的要求。

多年冻土地区生态十分脆弱，应遵循不破坏就是最大保护的原则，公路修筑时应注重保护路基两侧地表原有植被，不得随意破坏当地生态，取弃土不得随意堆放，防止因取土、弃土设计不当，引起多年冻土退化。

7.12.9 多年冻土地区二级及二级以上公路路基应进行地温与路基变形监测，监测断面应根据公路沿线地形地貌、冻土条件、地质岩性及路基结构等布设，各地貌单元不同路基结构的路段，监测断面不宜少于2个。必要时，可布设气象监测站，监测公路沿线的气象要素。

7.13 风沙地区路基

原规范共4条，本规范共7条。本次修订对原规范条文作了进一步梳理和凝练，新增第7.13.6条路侧防沙工程设计原则，并单列第7.13.4条风沙路基防护要求、第7.13.5条路基取土与弃土设计，并补充了填方路基和挖方路基边坡坡率，以及阻沙、固沙、输沙设计要求。

近十年来，我国沙漠地区公路建设技术得到了快速发展，尤其在沙漠路堤修筑和防沙工程的新技术得到推广应用，取得了良好的效果。本次修订，在充分总结相关科研成果和工程经验的基础上，对原规范的相关规定进行了修订。

7.13.1 风沙地区路基设计应遵循下列原则：

1 路线通过风沙地区时，应调查、收集当地气象、地形地貌、工程和水文地质、风沙灾害、筑路和防护材料、生态环境等资料，确定当地沙漠类型和自然区划分区。

2 应根据沙漠类型、自然区划分区及风沙危害程度，合理选择路基的位置、横断面形式和路侧综合防沙体系。

3 应根据沿线地质、气候条件、筑路材料等情况，遵循因地制宜、就地取材、综合治理的原则，充分利用风积沙材料进行路基填筑和防沙设计。

4 干旱流动沙漠地区路基可不设置边沟等排水设施；对降雨较多或有浇灌要求的路段应考虑排水设计，宜设置宽浅形边沟和大孔径涵洞。

风沙地区是沙漠和沙地的统称，按干燥度和热冷比将我国沙漠分为以下七个一级区，见表7-39。

风沙地区的主要特征为：气候干燥，降雨量小；温差大，冷热变化剧烈；风大、沙多；土中含易溶盐多；植被稀疏、低矮。

风沙地区路基勘测应充分收集区域气象资料，进行工程、水文地质、筑路和防护材料及生态环境调查。

表 7-39　沙漠公路一级区划

代码	沙区名称	干燥度	热冷比值（1月与7月均温）	沙漠名称
Ⅰ	半湿润严寒沙地区	1～1.2	＞10	呼伦贝尔沙地、嫩江沙地
Ⅱ	半湿润温冷沙地区	1.2～2	0.7～0.8	科尔沁沙地、浑善达克沙地
Ⅲ	半干旱温热沙地区	1.5～2	0.4～0.50	毛乌素沙地、库布齐沙漠东部
Ⅳ	干旱温热沙漠区	8～16	0.4～0.50	库布齐沙漠西部、乌兰布和沙漠、腾格里沙漠、巴丹吉林沙漠
Ⅴ	极干旱寒冷沙漠区	16～32	0.8～1.0	柴达木、共和沙漠及藏北零星沙漠
Ⅵ	干旱温冷沙漠区	4～8	0.70～0.8	古尔班通古特沙漠
Ⅶ	极干旱炎热沙漠区	＞32	＜0.40	塔克拉玛干沙漠、库姆达格沙漠

气象资料应包括气温、地温、降水、蒸发、湿度、风向风速、动力风向玫瑰图、起沙风矢量图等内容。

风沙地区的工程和水文地质调查主要包括风沙沙源的分布情况、风沙地貌的形成条件、沙丘移动特征（移动方向、方式、速度和输沙量）、沙的机械组成、物理化学性质、地表径流、地下水埋藏深度和水质等内容。

在风沙地区筑路需要大量的筑路和防护材料，路基防护形式往往根据当地材料情况确定，因此，应充分进行路基路面和防护材料种类、品质、数量和运距等的调查。

生态环境调查是为了掌握当地植物立地条件，确定生物防沙措施，主要包括：植物覆盖度、当地沙生植物种类及其生态特征、下伏地层结构、土质、养分和含水率、盐渍化程度等。

在调查过程中，应结合不同的沙漠类型（流动、半固定、固定），认真总结、学习当地的治沙经验，根据不同的公路等级、线形、路基形式等特点加以引用。

为防止公路沙害，应从路线着手，路线通过沙害路段，应根据风沙地貌特点，风沙运动规律,结合地形、风向、风力、路线和风向夹角等条件,提出合理路线线位,变被动防护为主动防护。

风沙地区公路路基病害主要是沙埋和风蚀。沙埋主要有两类:一是风沙流通过路基时,因风速减弱而引起沙粒堆积,掩埋路基;二是沙丘移动而掩埋路基。风蚀是风沙直接吹蚀路基坡面的沙粒或土粒,导致路基宽度和高度减小,以及坡面被掏空和坍塌等。风蚀的程度与风力、风向、路基横断面形式、填料组成及防护措施有关。

为防止路基沙害,需根据风沙地貌特点、风沙运动特征,结合地形、风向、风力、路线与风向的夹角等条件,合理确定路基的位置及其横断面形式,并对路基进行工程与植物防护。

我国沙漠类型复杂,风沙地区应根据不同区域气候和沙漠类型及特点设防。在风沙流比较严重的过干沙漠或流动沙漠地区,为根治沙害,除对路基本身进行防护外,还应在路侧建立完善的防沙体系,包括整平带、防护带和植被保护带等;对于水汽条件稍好的干旱沙漠或半固定沙漠地区,应该采用工程和生物防沙相结合的措施方法,逐步过渡,最终实现生物防治;对于水汽条件好的微湿和半干旱沙地或固定沙漠地区应采用生物防治措施,恢复当地生态,保证道路畅通。

干旱和极干旱的流动沙漠地区,因降水稀少,边沟或涵洞易被风沙掩埋。因此,一般考虑不设路基边沟和涵洞等其他排水设施。但在半湿润及半干旱的风沙地区,要根据降雨情况,设置必要的边沟及其他排水设施,断面形式通常采用宽浅流线型,以利于风沙流顺利通过,减少边沟等排水设施内积沙。

7.13.2 填方路基设计应符合下列要求:

1 路基宜采用低路堤,路堤高度宜比路基两侧 50m 范围内沙丘的平均高度高出 0.5~1m。高大复合型沙垄或复合型沙丘链地段,路堤高度宜以填方略大于挖方或填挖平衡为原则。

2 路堤宜采用流线型或缓边坡横断面,高速公路、一级公路宜采用分离式、缓边坡路基形式,不设护栏。路肩与边坡相交的棱角宜设成圆弧形。

3 路堤边坡坡率应根据填料、填土高度、风向、路侧地形及防护情况,按表 7.13.2 选用。半湿润和半干旱沙地区的高速公路、一级公路路堤边坡坡率宜缓于或等于1∶3。

表7.13.2 填方路基边坡坡率

路基高度(m)		边坡坡度(1∶n)	
		高速公路、一级公路	二、三级公路
平沙地		1∶3～1∶6	1∶3～1∶6
不同沙基高度	h≤0.5	1∶3～1∶6	1∶3～1∶6
	0.5<h≤2	1∶3～1∶5	1∶3～1∶4
	2<h≤5	1∶2.5～1∶4	1∶2～1∶3
	5<h	1∶2.5	1∶2

4　路基强度和压实度应符合本规范第3.2节、第3.3节的规定。纯风积沙填筑路基时，可采取铺设土工布等固沙措施。

路堤上的风速随路堤高度的增加而增大，较高的缓边坡路堤风速较大，一般不易产生沙埋危害；但路堤过高，坡面风蚀将增大。因此，路堤要有合理的高度。中等高度的沙丘、沙垄地段，路堤以高出沙丘平均高度0.5～1m为宜；当路线与风向平行时，路基顶面风速较两侧沙地表面风速大，一般不会积沙；零填挖或近于零填挖的路基，不论路线与风向的关系如何，均容易积沙。高大复合型沙垄或复合型沙丘链地段，路基高度以填方略大于挖方或接近平衡为宜。

为利于风沙流顺利通过路基，减轻积沙的危害，路堤横断面通常采用流线型、缓边坡。为利于输沙，规范推荐采用分离式、缓边坡路基形式，不采用凸起的路缘石，不设护栏。表7.13.2给出了不同高度下的路基边坡坡率，当路线与主风向交角小时，考虑采用较陡的坡率；路侧采取防护措施时，边坡也可适当陡一些。

沙漠地区风积沙广泛分布，其粒径主要为0.25～0.075mm，粉黏粒含量很少，塑性指数接近于零，密度为2.65～2.7g/cm^3。风积沙是良好的筑路材料，但因无黏聚性，颗粒表面活性低，松散性强，级配差，保水性差，施工困难。为避免沙质路基的沉陷，路基应分层压实，采用振动干压实技术施工，压实效果以振动压路机和履带拖拉机为好。设计时要充分利用其作为路基材料，为提高沙基整体承载力和方便施工，一般采用铺设土工合成材料等进行固沙。

采用风积沙填筑路基，当边坡坡率陡于1∶3或需要减少占地时，为防止路基侧向滑塌和少占土地，可采用包边土等方法进行加固修筑路基，包边土可采用砾类土或就近粉黏土等填筑顶宽不小于30cm的梯形断面。

7.13.3 挖方路基设计应符合下列要求：

1 挖方路基设计应避免长度大于200m的路堑。路堑应设置积沙平台，采用缓坡率或流线型边坡的敞开式路基横断面；路线与主导风向正交时，宜加宽积沙平台。

2 挖方边坡坡率应根据挖方深度、风力、风向、路侧地形及防护情况，按表7.13.3选用。半湿润和半干旱沙地区的高速公路、一级公路路堑边坡坡率宜缓于1∶3。

表 7.13.3 挖方路基边坡坡率

路堑深度(m)	边坡坡率(1∶n)	
	高速公路、一级公路	二、三级公路
$h\leqslant 0.5$	1∶4～1∶8	1∶3～1∶8
$0.5<h\leqslant 2$	1∶4～1∶6	1∶3～1∶5
$2<h\leqslant 5$	1∶4～1∶5	1∶3～1∶4
$5<h$	1∶4	1∶3

路堑比路堤更容易积沙。路堑短、浅时，沙粒在顺沟风力的作用下，易被带至堑外堆积；路堑过长时，则堑内易形成弱风区，造成积沙。路线与风向正交时，堑内容易有不同程度的积沙，路堑越深，积沙越严重。因此，设计时需尽量避免采用较长的路堑。无法避免时应敞开路基或增加积沙台宽度，以利于防沙和养护清沙。

一般情况下，路堑边坡坡率陡于1∶4时，堑内积沙严重；当边坡缓于1∶4时，边坡越缓，气流会越平顺通过路堑，堑内不易积沙。表7.13.3列出了不同路堑深度下的边坡坡率，根据路线与主风向交角选用坡率，交角小时，采用较陡的坡率。同时有条件时，建议敞开路基设积沙平台，以便于养护。

路线与风向正交时，堑内容易有不同程度的积沙，路堑越深积沙越严重。对浅路堑，采用敞开式路基横断面可减少积沙，对深路堑采用敞开式路基横断面虽不够经济，但当路堑顶宽与深度之比介于20～30时，同样具有缓坡路堑的优点。

路基设计土方调运时应尽量利用挖方，减少废方。如果利用挖方运距较远而不够经济时，应将废方堆于路基背风侧并摊平，以免被风吹回路堑内。

对路堑防护，不仅要对边坡进行防护，对坡顶 20～30m 的范围内以及积沙平台均应进行防护。

7.13.4 风沙路基设计应根据公路等级、材料来源、风沙危害程度等，对路肩、边坡坡面，以及路堑坡顶外 20～50m 范围地表进行防护。防护材料可采用当地材料；气候条件适宜时，宜采用植物防护。各种工程防护设施应坚固可靠。

风沙路基需对路肩、边坡坡面以及路堑坡顶外 20～50m 的范围内以及积沙平台等进行防护，防护设计需遵循因地制宜、就地取材的原则，选用经济合理的防护材料。各类防护的要求见表 7-40。目前已试用抗老化的聚合物土工格栅或土工格室材料代替柴草类材料对风沙地区路基进行防护，效果良好。

表 7-40 路基防护类型

防护类型		材料	防护厚度(cm)		适用范围
分类	形式		路肩	边坡	
柴草类防护	层铺	麦秸稻草、芦苇、沙蒿等	5～10	5～10	二级及二级以下公路
	平铺植物束或芭块	枝条、芦苇、芨芨草等	5～10	5～10	
	平铺或叠铺草皮	草皮	平铺 10～15	平铺 10～15	
土类防护	摊铺黏土	塑性指数大于 10 的黏质土	10～15	5～10	
	平铺盐盖	碎石盐盖	10～15	5～10	
砾石、卵石、片石类防护	平铺砾石、卵石	砾石、卵石	10～15	5～10	高速公路和一级公路
	栽砌格状砾石、卵石、片石	砾石、卵石、片石	10～15	5～7	
水泥混凝土类防护	预制板块	预制板、块、空心花格网	5～10	10～30	
沥青类防护	平铺沥青砂	沥青砂	5	5	
	喷洒沥青乳化剂	低标号沥青乳化剂	2	2	
土工材料防护	平铺土工格栅	聚合物土工物	—		
	采用土工格室				
植物防护	种植	草皮	—		

7.13.5 路基取土和弃土设计应符合下列要求：

1 路基取土和弃土设计应保护路基两侧地表原有植被和地表硬壳，不得随意开挖取沙和弃沙。有植被的沙地应集中取土或弃土；裸露的沙地，可利用沙丘、沙垄作取土场，沙窝、洼地作弃土场；平沙地路段不宜取土，应加以保护。取、弃土场均应采取防护措施。

2 路基取土宜取自挖方断面，或取自主风向上风侧的沙丘、沙垄。当纵向调运较远、采用路侧取土时，取土坑应设在背风侧坡脚5m以外。

3 弃土应置于主风向背风一侧的低洼处，距离路堑坡顶不应小于10m。

沙漠地区生态环境十分脆弱，应遵循不破坏就是最大保护的原则，公路修筑时应注重保护路基两侧地表原有植被和地表硬壳，不得随意破坏当地生态，取弃土不得随意堆放，防治形成公路沙埋或风蚀。

为利于防沙，取土应尽量取自挖方断面的上风侧沙丘，以挖作填，并使挖方断面敞开，使气流顺畅。当纵向调运较远，采用路侧取土时，取土坑设置应避免其遭受风蚀，因此宜设在背风侧路基坡脚5m以外；当必须两侧取土时，迎风侧的取土坑应予封闭或摊平；当采用机械施工时，取土坑应挖成弧形的浅槽（宽深比为10～25）并与路基顺滑衔接，以利于风沙流通过。

7.13.6 路侧防沙工程设计应遵循下列原则：

1 防沙工程设计应进行总体布置设计，充分利用自然植被等有利因素，根据当地自然条件、各类防护工程的适用条件、当地的治沙经验等，因地制宜，因害设防，采取阻沙、固沙、输沙等防沙工程与植物防护相结合的综合措施，建立完善的综合防沙体系，并与当地治沙规划相结合。

2 半湿润和半干旱沙地区，应以植物治沙为主、工程防沙或化学固沙为辅。植物治沙宜采用乔、灌、草相结合。

3 干旱沙漠和荒漠区，宜采用工程防沙或化学固沙与植物治沙相结合、先工程后植物的固沙方法。固沙植物以灌木和半灌木为主。

4 极干旱沙漠区，对流动性沙漠或沙源丰富的风沙流危害严重路段，应在路基和两侧建立完善的综合防沙体系，设置阻沙、固沙、输沙相结合的以工程为主的综合防护体系；在以固定沙丘为主或以风沙流过境为主的路段，宜以输沙措施为主，并对局部零星沙丘进行治理；其他地区应视其风沙流强度及沙害的具体情况设置防护体系。

5 干旱、极干旱沙漠和荒漠区的丘间地下水位较高或有引水灌溉条件的地方，可采用植物治沙，营造防沙林带。

路侧防沙工程分为固沙、阻沙、输沙，采用工程与植物措施相结合。为使各种防沙措施经济有效，形成完善的综合防护系统，需进行防沙工程总体布置设计，主要内容包括：总体防沙布置、路基横断面设计、路基防护与路侧防沙工程设计等。

半湿润和半干旱沙区（Ⅰ、Ⅱ、Ⅲ区），属于草原或荒漠沙地，水汽条件较好，降雨量200～400mm，有利于植物生长，防沙工程需以植物治沙和恢复当地生态为主。同时要利用当地植物，乔、灌、草相结合形成密集型的防沙体系。

干旱沙漠区（Ⅳ、Ⅵ区），属于干旱荒漠地带，水汽条件一般，降雨量100～250mm，植物生长较困难，一般采用工程和植物结合、先工程后植物的固沙方法，逐步过渡，最终实现植物防治。但对丘间地下水位高或有灌溉条件的地方，要优先采用植物治沙，营造防沙林带。

极干旱沙漠区（Ⅴ、Ⅶ区）风沙流危害严重的路段，水汽条件极差，降雨量不足100mm，沙源丰富，风沙流强烈，沙丘移动快，除对路基本身进行防护外，还需在路侧建立完善的防沙防护带体系，包括平整带、固沙带、植被保护带等，只有采用阻、固、输相结合的以工程措施为主的综合防护体系，才能有效抑制沙害；对其他风沙流危害不严重的路段，只需对局部零星沙害进行治理，且以输沙措施为主。

7.13.7 防沙工程设计应符合下列要求：

1 阻沙设计宜在路基主风向迎风侧80～150m外设置1～2道立式阻沙障，沙障形式可采用栅式、墙式、堤式、带式等类型，沙障露出地面1.2～1.5m，沙障材料可选用当地材料。有条件时，可采用乔、灌结合的植物沙障。

2 固沙设计宜采用植物和工程固沙措施，固沙带宽度应根据沙源、风沙流活动强度和沙丘移动特征等确定，主风向迎风侧宜为60～200m，单向风的背风侧可不设，有反向风的背风侧的设置宽度不应小于50m。工程固沙可采用当地材料形成格状、带状沙障，或平铺固沙。

3 沙源不丰富的戈壁、淤土平地或盐碱地等风沙地段，宜采用缓边坡输沙断面或其他输沙措施，路基两侧20～30m范围内地面应保持平顺，清除地上凸起物或灌丛，整平地面，形成平整带。

4 防护林带宜采用种草、灌木和乔木相结合，先期树种和后期树种相结合，并以乡土树种为主。防护林宽度可根据风沙强度参考固沙带宽度确定。

5 有条件时，在两侧防护林带之外，宜根据风沙严重程度设置植被保护带。植被保护带宽度在路基的主风向迎风侧不应小于300m，在路基的背风侧不应小于100m。

6 采用植物防沙措施时，应结合当地植物的立地条件，选择适宜的植物种类，确定合适的植物结构和种植方式，并建立必要的灌溉措施和管理组织。

7 防沙工程体系应沿公路两侧，每公里设置2～4道、宽度为2～3m的防火隔离带。

(1)阻沙设计

阻沙措施的作用在于拦截风沙和限制积沙移动。阻沙沙障一般可分为墙式、堤式、栅式、带式和防风林五类，适用于沙源极为丰富的流沙地区，需布置在距路基迎风侧80m以外，一般设置在沙丘顶部。沙障越高、间距较大，与主导风向正交时，阻沙效果越好。立式沙障是一种有效的固沙措施，具有较好的阻沙作用，有条件时优先种植乔、灌木，形成植物沙障。

沙障材料可用工程材料，有条件时，应采用植物，栽种乔、灌结合的密集防风林，形成永久阻沙体系。

对风沙强烈的流沙地区，阻沙栅栏材料如果选用原状水生芦苇，加固腰筋应采用上下两道和两边加筋的方式，并对根部两侧的地表处各设置一道1m×1m的草方格进行加固，防止栅栏根部掏蚀倒伏。

(2)固沙设计

固沙措施的作用在于固定就地沙，提高地表粗糙度，减弱风速。固沙措施可分为工程固沙和植物固沙。工程固沙是利用各种材料形成格状或带状沙障固沙，也可平铺砾石、黏质土等其他材料固沙或采用化学合成材料固沙。特别是利用芦苇等材料制成把束形成方格，可在使用一段时间后提拔，恢复防沙能力，效果较好。

植物固沙是防治沙害的根本措施，不仅可以减低风速，削弱和抑制风沙流活动，而且沙生植物能固结其周围的沙粒，有利于有机质的聚积，改变沙地性质，使沙流趋向固定，有条件时要优先采用。

固沙带宽度太宽会增加造价；过窄容易使防沙效果减弱，产生沙垄和沙丘，形成沙埋。关于固沙带宽度，规范规定：主风向迎风侧宜为60～200m，单向风的背风侧可不设，有反向风的背风侧的设置宽度不应小于50m。设计时，需结合当地风向和风沙危害程度及防沙经验，进行设置。

(3)输沙设计

输沙措施的作用在于通过增强风力或改变地表性质，使过境流沙顺利通过路基而不产生堆积，主要包括流线型缓边坡、风力堤、浅槽、聚风板等。

平整带是路侧防沙体系的一个重要组成部分。尤其是在路线与主导风向交角为45°～90°的流动和半固定沙丘地带，在路基两侧20～30m范围内设置平整带，有利于流沙顺利通过路基，减少或避免积沙危害。

(4)防护林带

防护林带要乔灌草结合，将紧密林带布置在靠近路基的两侧，在其外缘布置稀疏林带。综合防护带体系的形成，需要一定的条件，管理也比较困难，又需要较长的时间，需与当地治沙规划相结合，要依靠当地群众积极性和农林部门密切协作。

流动沙丘和半固定沙丘地段，为保护固沙带植物自然生长，需在固沙带之外设置植被保护带，作为禁界。典型沙丘地段，通常采用的植被保护带的宽度如下：流动沙丘地段，迎风侧宜为400～600m，背风侧宜为200～300m；半固定沙丘地段，迎风侧宜为300～400m，背风侧宜为100～200m。

固定沙丘地段，直接在路基两侧设置植被保护带，迎风侧宽度宜为300～500m，背风侧宜为100～200m。

植被保护带内植物应严加保护，禁止伐垦和放牧，以通过自然繁殖逐步改善原有植被状况。

植物防沙要求条件较多，特别是植物立地条件，植物种类选择，合理的植物结构搭配和种植方式，灌溉措施和管理方法等都是成败的重要因素，只有结合当地条件，进行全面的调查、分析和研究后，才能确定能否采用，最终达到预期的效果。

工程防沙多采用柴草等易燃材料，工程规模较大，为了防止火灾，应在一定距离内设置一定宽度的防火隔离带，并注意保持隔离带空旷，确保火灾不蔓延。

我国沙漠公路目前现状如下：

(1)轮台—民丰沙漠公路穿越了塔克拉玛干流动沙漠，全长522km，沙漠公路虽然已修筑了15～20年，大部分防沙设施已老化，但从5年前开始逐步采用了机械抽取地下水，采用滴灌技术，目前已形成了两侧各约30m的植物防沙体系，起到了很好的防沙作用(图7-27)。

(2)塔中—且末沙漠路位于塔克拉玛干腹地，路线全长118km，双车道三级公路，2002年竣工。沿线沙丘高大，沙源极其丰富，由于风频沙多，且路线与风向接近垂直，风沙危害在我国最为强烈。该路已使用10年，采用的工程防沙体系，功能已达极限，栅栏对沙的阻拦已达饱和，防沙效果达到了预期的效果。主风向的两道防沙栅栏近85%已被沙埋，草方格也被沙埋，芦苇出露只有3～7cm。在平沙地的两道栅栏之间的积沙带，已被积沙填平与栅栏等高。次风向的防沙体系、栅栏虽受次风向的影响较大，但栅栏完好段占40%，被埋的草方格芦苇出露高度略高于主风向，出露高度有5～10cm。路线与风向呈大角度相交的部分路段风沙前移较严重，有些沙丘已侵至路边，栅栏和草方格虽然被埋，但还能起到固沙作用，只是效果已经减弱很多，需要进行养护大修，见图7-28。

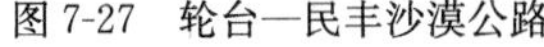

图7-27 轮台—民丰沙漠公路

图7-28 塔中—且末沙漠公路

(3)且末—若羌公路的沙漠路段位于塔克拉玛干沙漠南缘，采用的工程防沙，在严酷的气候条件下，其防沙设施老化现象较严重。在有条件的情况下，一般3～5年应该进行维修，以保证防沙效果。图7-29中左侧为维修后的效果。

(4)阿拉尔—和田沙漠公路,此路段为新疆第二条沙漠公路,纵贯塔克拉玛干腹地低矮流动沙漠地区和部分边缘半固定沙漠地区,风向和路线总体走向角度小于45°,为“沙漠地区公路建设成套技术研究”的重点推广路段和示范工程,全长424.372km,双车道二级公路,2007年11月正式通车,已运营5年,沙漠修筑技术在此项目上做了大量的推广和应用。在对沙害的调查中发现,由于施工时芦苇材料品质较差和用量不足,不同的地貌单元的高立式芦苇栅栏都存在破损、压埋现象。草方格的施工质量一般,芦苇单位用量合格率较低,加之高立式芦苇栅栏均出现破损、倒伏、压埋的现象,在其对应的段落草方格也出现了压埋情况。

(5)榆靖高速公路全长116km,穿越毛乌素沙漠,大部分路段穿越毛乌素固定半固定沙漠,是我国第一条沙漠高速公路。两侧采用了植物防沙措施,形成了绿色防风固沙体系,绿化面积达33 728亩,效果很好,见图7-30。

图7-29 且末—若羌公路(维修前后的效果)

图7-30 穿越毛乌素固定半固定沙漠的榆靖高速公路

7.14 雪害地段路基

原规范共3条,本规范共10条。本次修订对原规范条文作了进一步梳理和凝练,新增雪害地段路基线位选择原则,修订完善了雪害地段路堤、路堑、半填半挖路基设计要求,以及风吹雪和雪崩防治措施,补充了不同雪害程度的不易形成雪害的路基安全高度值。

近十年来,我国雪害地段公路建设技术得到了快速发展,尤其在路基预防雪害设计和雪害防治技术等方面的新技术得到推广应用,取得了良好的效果。本次修订,在充分总结相关科研成果和工程经验的基础上,对原规范的相关规定进行了修订。

7.14.1 雪害地段路基设计，应调查收集下列资料，分析雪害成因，确定雪害类型及其危害程度，提出合理的处治方案和措施：

1 汇雪面积和风雪流行程中的地形地物、植被、气象要素等。

2 风吹雪地段冬季风力风向、风速梯度值及其频率和持续时间、风雪流的输雪量、积雪深度、积雪密度。

3 雪崩地段分布范围、裂点位置、发生频率等。必要时，应测绘汇雪面积地形图和雪崩运动路径的纵断面图。

公路雪害主要分为风吹雪和雪崩。风吹雪是指降雪时或降雪后，风力达到一定强度(风速 4～5m/s)时，雪粒随风运动，形成风雪流。其危害主要有积雪阻车和风雪流遮挡视线。雪崩是指在重力影响下，山坡积雪崩塌，埋压公路，阻断通行。深厚的积雪和陡坡是雪崩形成的必要条件。雪崩的物质基础是山坡的积雪，不稳定积雪的滑落就称为雪崩。

风吹雪危害地段，要重点调查收集风雪流行程中的地形、地物、植被等情况，测定风雪流的移雪数量，冬季风力与风向及其频率和持续时间、降雪量、积雪深度、冬季气温及冻融时间、风吹雪的类型及其危害程度等。雪崩地段，要重点调查雪崩分布范围、裂点位置、危害范围及发生频率等。

雪崩的特性及规模等调查是雪崩治理的基础工作。雪崩调查应查明公路沿线地形地貌(山体坡度和运动路线)、气候情况(温度、雪量)等，重点调查雪崩类型、分布数量和范围、雪崩的汇雪面积、雪崩的裂点位置、山体倾角、发生频率、危害程度等，必要时测绘汇雪面积地形图和雪崩运动路径的纵断面图，这些基础数据主要用于雪崩治理及冬季养护管理等。

在工程和水文地质调查中，应调查覆盖层的岩土性质、厚度、地质构造、地下水的分布情况以及植被情况，主要为雪崩工程设计方案提供决策依据。

7.14.2 路线宜绕避雪害地段，丘陵区应利用阳坡布线。无法绕避时，应从雪害较轻部位以最短距离通过，路线走向宜与风雪流的主导风向平行或交角不大于30°，并采取防护措施。

在卫星影像图上初步选定路基线位，实测时根据雪害的类型、规模、工程地质、地形、地貌和水文情况作适当调整，尽量避开雪害严重地段，结合地形变化，采取适宜指标，防雪保通，充分考虑行车安全、经济快捷、景观协调、环境保护等。

雪害地段路基设计要遵循“防重于治”的原则，在调查收集路线走廊带的自然地理、气候、灾害、积雪、主导风向、生态条件等资料的基础上，合理选择穿越雪害地段的路线方案，绕避雪害严重地段，尽量利用开阔地、台地、山梁、陇岗等地形布设线位，并优先选择阳坡、迎风山坡等，将路基布设在积雪量最少、雪害较轻的部位。

新疆G312线果子沟段是进出伊犁的主要陆路通道，每年的冬季或春季果子沟段及其周边地区都有不同程度、不同频度的雪崩发生。从季节来分，新疆天山的雪崩分冬季雪崩和春季(融雪期)雪崩，不同季节的雪崩各有特点。冬季雪崩主要由于积雪深厚，或者一次强的降雪过程诱发；春季雪崩则不同，主要是因为随着时间的推移，积雪从雪花变质为深霜引起的。果子沟雪崩灾害频发地段见表7-41。

表7-41　最近几年影响G312线果子沟段公路交通的雪崩调查表

桩　号	积雪区面积(m^2)	积雪区周长(m)	积雪区坡度(°)	坡面类型
4750+300	52 133	1 064	34	阴坡
4750+400	9 235	396	34	阴坡
4750+900	62 466	1 536	33	阴坡
4751+000	28 837	665	33	阴坡
4751+150	105 259	2 354	33	阴坡
4751+300	23 921	661	32	阴坡
4751+400	83 501	2 051	33	阴坡
4751+550	79 894	2 073	37	阴坡
4751+600	66 492	1 255	38	阴坡
4752+100	141 823	3 200	41	阴坡
4752+400	9 547	996	39	阴坡
4752+520	38 544	1 020	39	阴坡
4752+650	33 636	991	39	阳坡
4752+800	18 399	619	38	阴坡
4753+000	26 944	698	38	阴坡
4754+000	48 124	1 065	无	阴坡

续上表

桩　　号	积雪区面积（m^2）	积雪区周长（m）	积雪区坡度(°)	坡面类型
4754+100	57 752	1 073	37	阴坡
4754+200	16 952	649	37	阳坡
4754+300	14 499	614	37	阳坡
4754+400	16 032	675	37	阳坡
4754+500	180 483	2 899	37	阴坡
4754+600	58 313	1 597	37	阴坡
4754+855	19 178	788	36	阳坡
4755+100	39 029	874	36	阳坡
4755+400	32 461	938	36	阴坡
4755+450	102 041	2 488	36	阳坡
4755+500	37 640	1 091	36	阴坡
4755+750	27 501	947	36	阴坡
4755+800	38 742	1 167	35	阳坡
4756+100	74 907	1 914	36	阴坡
4756+300	40 556	1 002	36	阳坡
4756+800	55 257	1 683	36	阴坡
4757+100	19 193	697	36	阳坡
4757+200	44 880	1 016	37	阴坡
4757+600	17 482	845	36	阳坡
4759+950	201 413	2 484	无	阴坡
4760+200	108 027	2 521	35	阴坡
4761+900	17 825	810	35	阴坡
4762+500	28 300	809	35	阴坡
4762+600	17 413	609	34	阴坡
4763+000	32 140	853	31	阴坡

表 7-41 内共统计了 41 处雪崩路径，雪崩灾害频繁发生，均对公路交通造成了不同程度的影响，严重阻碍了当地经济的发展。据不完全统计，果子沟段的雪崩路径共 107 处(包括表 7-41 所列)。

表 7-41 表明，路基处于阴坡时，易产生雪崩，且雪崩危害严重。因此，线位应布设在阳坡。需在阴坡布设越岭线时，路基应布设在缓坡上，尽量利用平缓有利地形。

山脊线比山腰线好。在风吹雪严重路段，路线走向与主导风向的夹角越小雪害越轻。如果减小交角有困难，也可使交角加大到接近直角，这时雪害虽重一些，但对设置防雪工程来说要比交角小的路段容易一些，效果也好一些。

海拔高度低，则积雪晚，融雪早，受雪害影响时间相对比海拔高处短，故越岭线路应走低达坂(垭口)为好。平均纵坡在海拔 3 000m 以上路线用小于 3%；3 000m 以下用小于 5%。在海拔 2 400m 以上的地段，尽量不设回头曲线。

路基线位应尽量布设在开阔河谷台地。在沿溪河段，考虑到最高洪水水位和冬季河冰锥、积雪、雪崩气浪等因素后，路线尽量紧靠河流一侧，采用路堤为好，避免采用路堑和低路堤，这样可以把雪崩锥的危害程度减少到最低限度。例如，新疆 G312 线果子沟路段 K1762＋300 和 K1761＋100 处，由于此处雪崩锥体较大，经常危及公路，曾考虑工程治理设计和移线两种方案，经比较选择，采用了向外移线方案，效果良好。

由于背风山坡雪害往往重于迎风山坡，故路基线位应布设在迎风山坡，不宜在背风山坡布设线位，更应避免在背风山坡盘绕。

7.14.3　雪害防治设计应以防为主、防治结合，采取植物防治与工程治理相结合的防雪、稳雪、挡雪、导雪、排雪等综合措施。

雪害防治要遵循“防重于治，以防为主、防治结合”的原则，要从预防雪害产生的条件入手，加强地形、地质、安全选线工作，绕避易产生风吹雪和雪崩的路段，并根据气候、地形、地质条件，合理确定路基线位和横断面形式，消除或减轻雪害。

防治风雪灾害，应从净化风雪流入手，消除风雪流在路上产生沉积的条件，同时使风雪流中的雪粒含量减少到不影响视距的程度。据长期在雪害地区调查及室内风洞试验可知，在路基两侧 20m 范围的任何障碍物或多或少能引起路面积雪，所以路基及 20m 范围内尽量少设阻雪的设施。

为使路基不受雪崩的危害，一般路线尽量从雪崩发生区通过，当路线布设在堆积区时，路基高度要大于雪崩雪堆积高度，防止被埋。

雪害防治措施可根据公路等级、地形条件、雪害类型等，因地制宜，采取植物防治与工程治理相结合的综合防治措施。有条件时，要优先采用植物防治措施。

7.14.4 风吹雪地段路基设计应根据当地风雪情况及地形条件，采用合理的路基断面形式，宜填不宜挖。高速公路和一级公路应选择利于风雪流运动的整体式路基或分离式缓边坡路基。路基和路肩上不宜设置各种设施，并应清除路基两侧距边坡脚各20m范围内的障碍物及构造物。

风吹雪的形成及其危害与地形地物、路基断面形式有很大关系。平坦开阔地有利于气流平顺通过；路线走向与风雪流的主风向近于平行时，路面上形成畅顺的流场，可减少路上积雪；低填、路堑易产生积雪；有适当高度的路堤，可以保证风雪流顺利通过；流线型或缓边坡横断面形式最有利于防止积雪。在路基两侧20m范围内有障碍物时易引起路面积雪。因此，设计时，需根据风雪情况及地形条件，合理选择路基横断面形式。

7.14.5 风吹雪地段路堤最小高度不应低于当地50年一遇的最大降雪厚度加安全高度值，安全高度值可按表7.14.5确定。路堤迎风侧边坡坡率宜为1∶3～1∶4；单向风强烈时，路堤迎风面的边坡宜放缓至1∶4。

表7.14.5 不易形成雪害的路基安全高度取值表

雪害程度	安全高度值(m)	
	高速公路、一级公路	二级及二级以下公路
雪害轻度区	0.5～0.7	0.5～0.7
雪害中度区	1.0～1.5	0.7～1.0
雪害重度区	1.5～2.0	1.0～1.5

注：1. 根据降雪量、吹雪量、主风向与公路夹角、最大积雪深度等，将雪害分为重度、中度和轻度危害区。
2. 安全高度取值，积雪期长应取较大值，线位处于地势低处，宜取高值；线位处于地势高处，宜取低值。

风吹雪地段填方路基设计时，合理地确定路堤高度和边坡坡率，是预防和减轻风吹雪地段路基病害的重要措施。

风吹雪地段路堤需高出当地最大积雪深度，其最小高度可根据附近地形、风力、风向及降雪量等情况确定。在稳定积雪地区，路基应采用路堤，其高度应超过稳定积雪0.5m。在风吹雪路段，主导风向与路线走向接近垂直时，路堤高度应大于最大积雪深度0.6m，若主导风向与路线走向交角较小，或接近平行时，路堤高度应大于最大积雪深度0.8m。本次规范修订，依据风吹雪地段路基病害调查，提出了路堤最小高度为“当地50年一遇的最大降雪厚度＋安全高度”，雪害较轻时，安全高度取下限值,反之则取上限值。

放缓边坡是预防风雪流危害的有效方法。草原、农牧区路堤边坡采用 1∶3,荒原戈壁路堤边坡采用 1∶4,可保证路面不沉积风吹雪,同时利于植被生长。

7.14.6 风吹雪地段必须采用挖方时,应避免深路堑。挖方路段宜采用缓坡率的敞开式路基,边坡坡率宜为 1∶2～1∶5;当路堑深度大于 2.0m 时,宜在两侧边坡底部设置宽度不小于 5m 的积雪平台,平台顶面应低于路表面以下不小于 1.5m。当路线走向与主导风向垂直或呈 45°～90°相交时,应采用缓坡率的敞开式路基,并加宽积雪平台。

路线走向与主导风向平行或锐角相交时,若竖曲线变坡点在挖方路堑内,在竖曲线背风段易形成弱风区,造成路面积雪。山坡路堑,特别是路线与主风向夹角大于 30°的路堑,易产生风吹雪积雪,路堑内积雪量的大小、积雪面积与路堑迎风面山坡的积雪面积成正比关系。

山区挖方路段,主风向与局部涡旋风的相互干扰,易在弱风区产生积雪,设计时要尽量避免深路堑。路堑通常采用有利于风雪流通过的缓坡率敞开式断面,在上风一侧布设储雪场、储雪壕、积雪沟或放缓边坡,使上风一侧的路堑顶高于下风一侧的路堑顶,并设置积雪平台,以使路面无积雪或少积雪。也可根据当地积雪量的大小,在上风一侧加宽、加深边沟,利用废方抬高路基,使路堑中路基以路堤的形式出现,且路堤边坡坡度为 1∶4。

在挖方处如路基外侧剩余的台地较窄时,则宜予以全部挖除。挖方路段较长时,宜在短距离内预留横向出口或拓宽平台,以利于清除积雪。在视距不良地段如无视距台,宜开挖视距台,既有助于开阔视野,又可提供储雪场地。在雪害严重地段,路基宽度宜增加 1～2m,路拱坡度不宜大于 1.5%,弯道超高横坡不宜大于 4%。

7.14.7 风吹雪地段半填半挖路段,当路线走向与主导风向平行或锐角相交时,应增加挖方区的路基宽度,宽度不宜小于 2m。当路线走向与主导风向垂直或呈 45°～90°相交时,挖方区应采用缓坡率的敞开式路基。

路线走向与主导风向平行或锐角相交的半填半挖路基处于顺风雪流,但挖方侧的山体会引起风雪流绕流，在挖方侧形成积雪，阻断交通，通常采取加宽挖方侧路基宽度的方式，增加的宽度宜大于 2m。

路线走向与主导风向垂直或呈 45°～90°相交的半填半挖路基，如果路基填方侧受迎风吹蚀，则在挖方侧引起风雪流回旋，产生路面积雪；如果路基挖方侧受迎风吹蚀，则挖方侧边坡会产生背风堆积雪。因此，路基通常采用缓坡率的敞开式断面，以利风雪流顺畅通过，保证行车道无积雪。

在路基纵向低填浅挖结合路段，处于挖方与填方的过渡段，其路基断面形式处于挖方与填方易积雪断面，易形成路面积雪，一般要特殊设计为合理的断面形式，使填方低于表 7.14.5 值的路基两侧敞开，敞开的路基高度大于雪害地区路基的最小高度；对挖方路堑低于 2m 的路堑应按第 7.14.6 条的规定执行。

7.14.8 风吹雪防治工程设计应符合下列要求：

1 防雪林可在路基的一侧或两侧种植，林带宽度不宜小于 50m，树种宜采用乔、灌木混合林型。防雪林宜采用多条林带，各林带间距宜为 20～50m，单条林带宽度宜为 20m。防雪林到路基坡脚的净距可按防护林高度的 10 倍设置，且不应小于 25m。

2 防雪栅可分为固定式防雪栅和移动式防雪栅，其设计应符合下列要求：

1）风雪量较小且持续时间较长、风向变化不大的路段，可采用固定式防雪栅。固定式防雪栅的高度应根据风力及雪量大小确定，且不宜小于 3m。从路基边缘到防雪栅的距离，应根据栅后积雪堤的长度确定，宜为 30～50m；

2）风向多变、风力大、雪量多的路段，可采用移动式防雪栅。移动式防雪栅的高度宜为 1～2m。防雪栅的初设位置，距离路基边缘宜为 20～50m；

3）防雪栅应布置在迎风一侧，并与冬季主导风向垂直。当地形开阔、积雪量过大时，可设置两排防雪栅，间距宜为 50～80m。

3 导风板可分为下导风板和侧导风板，其设计应符合下列要求：

1）下导风板可用于路线与主导风向的交角大于 30°及迎风山体坡度小于 40°的路段。其他路段宜采用侧导风板；

2）导风板的位置应根据当地主导风向、路基横断面形式及地形等条件确定，下导风板宜设在迎风侧的路肩边缘以外 0.75m，且迎风侧路基边坡平顺；侧导风板宜设在迎风侧路基边缘以外不小于15m处。

4 积雪较少且不宜设置防雪栅的路段，可在迎风侧设置挡雪墙或防雪堤。防雪堤(墙)高度可根据降雪量的大小确定。

5 风速大、能见度低、风向与路线交角大于60°的路段宜设置明洞，并做好进出口的风雪灾害防治及洞内通风、防火设计。

公路风吹雪防治工程可分为工程治理和植物治理，工程治理主要采用稳、阻、导三种治理措施。设计时，要根据风吹雪产生条件和运动轨迹，遵循改变风雪流运动方向、减缓风雪流运动和清除积雪等原则，结合地形地质条件，经技术经济比较，择优确定风吹雪防治方案，并合理布设防治工程设施。

(1)防雪林

防雪林的防护效果与林带结构(横断面形式、高度、透风度)有密切关系，防护林需紧密种植，使风雪流不易通过的乔、灌木混合林。

防雪林的功能主要有防治吹雪、调节景观、保护环境。在风经过林带时，速度降低，雪粒在此沉积。主要作用包括：①防止公路上吹雪沉积；②视线上视程缓和；③视线诱导。

多年吹雪灾害调查、野外试验和观测以及风洞模拟试验，得到能见度与温度和风速有如图7-31所示关系。

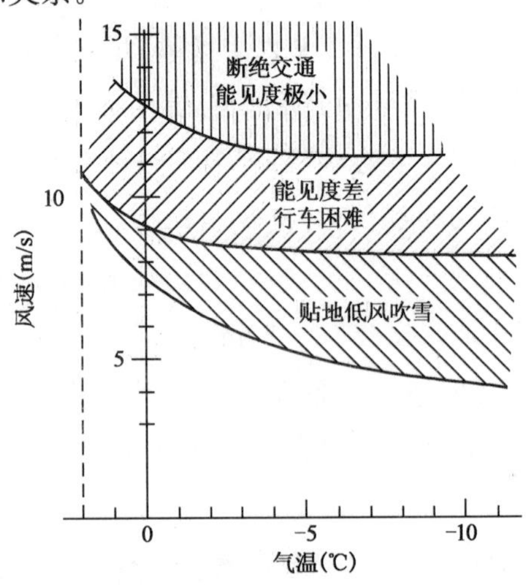

图7-31 能见度与风速和温度的关系

新疆 S201 线额敏～铁厂沟段公路主要受塔城老风口风区的影响。老风口东南面是乌日可夏依山，南面是加依尔山，地势东高、西低，老风口正处于两山交接的鞍形山口上，呈一狭窄通道。当蒙古高压建立后，准噶尔盆地为冷空气堆积时，利于东高西低气压场的建立，在气压梯度与狭管方向一致时。每年 10 月至翌年 4 月，冷空气入侵老风口至额敏河一线，天气转晴后，常发生局地性偏东大风，伴有风吹雪。8 月至翌年 3 月，达到大风标准的风日，老风口每年有 15d 左右。一次大风持续时间可达 7d，最大风速大于 40m/s。冬季发生偏东大风时，风吹雪使能见度极坏，老风口沿额敏河一带有时伸手不见五指，交通严重受阻。

额敏～铁厂沟段公路风吹雪灾害主要分为吹雪沉积和视线障碍两种。被风雪流搬运的雪在风速减弱的地方堆积起来，形成吹积雪，厚度很大的吹积雪则可阻断交通，埋没车辆，造成雪阻；风雪流强烈时，能见度极差，通行条件恶劣，极易发生行车事故。

①挖方路堑积雪

公路挖方路段的修建改变了原有的地形，风吹雪运行到此路段时气流受阻，形成涡流，风速减弱，容易产生沉积。本路段挖方积雪雪阻严重段落主要有：K28＋405～K28＋737、K29＋058～K29＋690、K34＋100～K35＋410、K35＋410～K36＋000、K47＋750～K48＋200、K68＋178～K68＋656 等路段。

②低地势低路堤积雪

在平坦开阔和稳定风吹雪路段，路基应采用流线型或缓边坡路堤形式，尽量避免挖方和采用路堑断面形式，路堤高度应比当地最大稳定积雪深度高出 0.3～0.5m，在风吹雪严重地段应高出 0.5～1.0m。由于处于地势较低位置或路基高度较低（不足 1m），自然降雪积雪厚度已超过路基高度，路面积雪很难清除，导致积雪严重。

全线低地势低路堤积雪有 8 段：K38＋000～K40＋020、K42＋080～K44＋000、K48＋200～K50＋900、K51＋100～K51＋450、K51＋610～K52＋180、K53＋200～K53＋340、K53＋970～K55＋400、K56＋690～K57＋910。

采用防雪林为主的防雪措施对老风口的风吹雪进行治理。防雪林是指在吹雪弥漫造成能见度降低的路段上风侧设置的狭长的、带状的、树列状的，用以阻滞吹雪的林带。

在吹雪时使用车辆搭载风速计、视程仪对老风口路段防雪林连续分段路段进行移动气象观测。观测结果如图 7-32～图 7-34 所示。

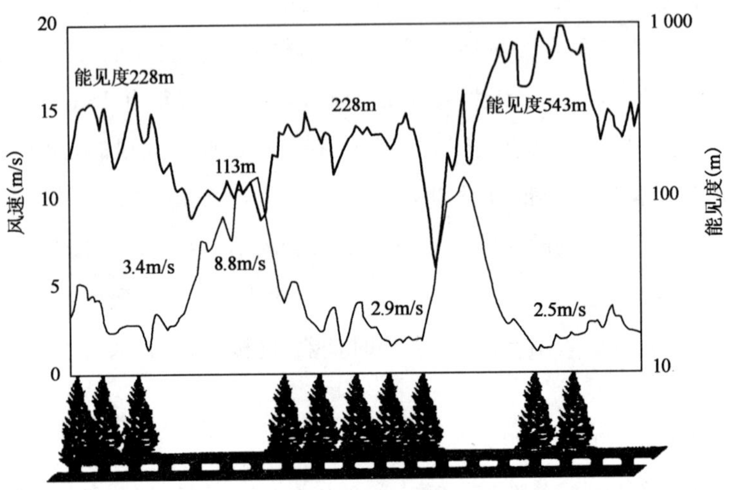

图 7-32　老风口风区设防护林与未设防护林能见度对比图

图 7-33　老风口风区设防护林路段能见度较好

图 7-34　老风口风区未设防护林路段能见度较差

因此，防雪林是防治风吹雪的有效措施。

(2)防雪栅

防雪栅在国内外应用较普遍，影响其防护效果的因素主要有防雪栅的透风度、板条结构、栅高、地形等。防雪栅需设置在地形平缓路段的迎风一侧。防雪栅的栅栏空隙度计算可参考《公路设计手册　路基》。

(3)导风板

密闭式和透风式下导风板都是防治风雪流的有效措施，两者相比，后者具有降低前方积雪高度和导风板面用材较少的优点。

路线与主导风向交角较大的迎风半路堑、交角30°以上的路堤、交角40°以下的背风半路堑，常用封闭式侧导风板（图7-35）；交角较大的迎风半路堑、其背风面坡陡或储雪场狭窄、难以设置其他防护措施时，通常采用开放式侧导风板（图7-36）。在转弯绕流等路段也可采用下导风板和侧导风板相结合的治理办法。

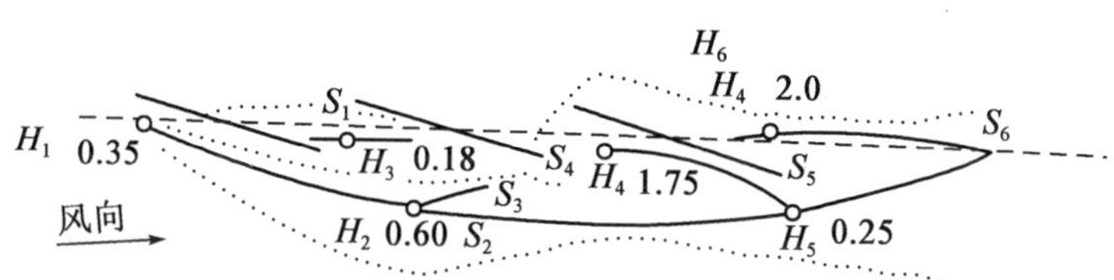

图7-35 封闭式侧导风积雪形态

S_1……S_6-雪脊线；H_1……H_6-深雪（m）；o-雪深测点位置；……-积雪轮廓线

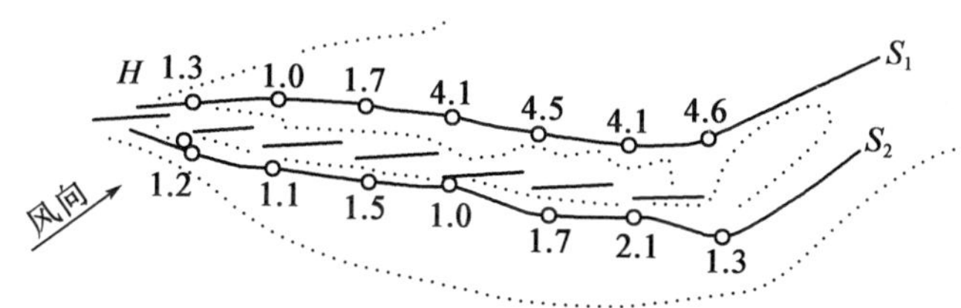

图7-36 开放式侧导风积雪形态

S_1、S_2-雪脊线；H-深雪（m）；o-雪深测点位置；……-积雪轮廓线

7.14.9 雪崩地段宜采用填方路基，路堤高度宜大于雪崩发生时的最大积雪堆积厚度。应按照稳定山坡积雪、改变雪崩运动方向、减缓雪崩运动和清除积雪等原则，设置水平台阶、稳雪栅栏、土丘、导雪堤（墙）、挡雪墙、防雪林带等设施。雪崩较严重地段，可采用防雪走廊、明洞、隧道等遮挡构造物。

当路线难以绕避雪崩地段时，为减轻雪崩的危害，设计应采用路堤方案，且路堤高度要大于雪崩发生时的最大积雪堆积厚度。

综合治理是防治雪崩最好的措施，图7-37为雪崩综合防治方案示意图。治理雪崩的同时，保护植物成长。任何人工工程，总是随着时间的延长逐渐减效，直至失效，最终由植物工程所代替。实践证明，工程治理虽必不可少，但植物防治是任何工程不可比拟、不能代替的最好措施。

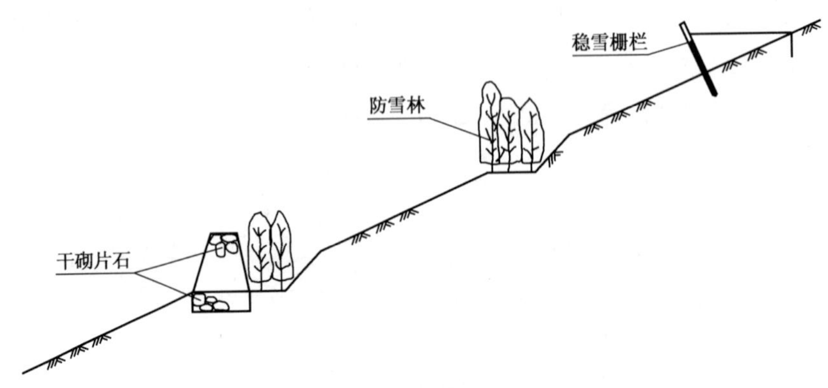

图 7-37　雪崩综合防治方案示意图

工程实践经验表明，水平台阶、稳雪栅栏、土丘、导雪堤(墙)、挡雪墙、防雪林带等设施，以及防雪走廊、明洞、隧道等遮挡构造物，是防治雪崩的有效措施。设计防治方案时，要根据雪崩产生条件和运动轨迹，遵循稳定山坡积雪、改变雪崩运动方向、减缓雪崩运动和清除积雪等原则，结合地形地质条件，经技术经济比较，择优确定雪崩防治方案，并合理布设防治工程设施。

7.14.10　雪崩防治工程设计应符合下列要求：

1　水平台阶可用于防治雪崩路径发生区地面横坡小于45°、不易产生滑坡或泥石流地段的小型雪崩。台阶宽度应根据最大积雪厚度与山坡坡度确定。

2　稳雪栅栏可用于稳定雪崩路径发生区坡度较陡、不宜开挖水平台阶的山坡上积雪。稳雪栅栏宜设置多排，最高一排栅栏宜设置在雪崩裂点附近及雪檐下方，栅栏高度应高出山坡最大稳定积雪厚度0.5m。

3　挡雪栅栏可用于防治雪崩路径运动区坡度较缓的区域的雪崩。挡雪栅栏宜设置多排，强度应通过雪崩冲击力验算，栅栏高度应大于雪崩雪运动中锋体高度1.0m。

4　防雪林可用于雪崩源头到雪崩运动区。从上到下分期种植合适树种，防雪林初期可配合工程措施。

5 土丘可用于降低土层较厚、坡度小于30°的雪崩沟内的雪崩速度。土丘设置地点宜选择在雪崩路径的纵坡转折处，其高度应高出雪崩锋面高度不小于1.0m。

6 导雪堤可设置在宽的雪崩槽中，导雪堤与雪崩流的交角不应大于30°，导雪堤高度应高出雪崩前锋体最大高度0.5～1.0m。

7 挡雪墙应设置在雪崩路径运动区或堆积区，可采用干砌(浆砌)片石或钢筋混凝土，强度应通过雪崩冲击力验算。运动区挡雪墙高度应大于雪崩雪运动中锋体高度0.5m，堆积区挡雪墙高度应高出雪崩堆积区积雪最大高度0.5m。

8 防雪走廊可用于雪崩严重的路段。防雪走廊顶部应满足雪崩冲击力的要求，净空应满足现行《公路工程技术标准》(JTG B01)有关隧道净空的规定。

公路雪崩防治工程包括水平台阶、稳雪栅栏、挡雪栅栏、防雪林、土丘及楔、导雪堤、挡雪墙、防雪走廊等，设计时，需根据雪崩地形条件、规模，结合各类防治工程的适用条件，因地制宜，合理选用。

水平台阶主要用于防治小型雪崩，通常顺雪崩路径沿山坡等高线设置，用以改变山坡微地形，稳定山坡积雪。

稳雪栅栏用于防治雪崩路径发生区坡度较陡、土层较薄、透水性差、不宜开挖水平台阶的山坡上雪崩，通常顺雪崩路径沿山坡等高线设置。有条件的地方，稳雪栅栏与水平台阶交替使用。条文所述的雪檐是指风吹雪在背风的分水内岭处形成很厚的悬挂雪体，当自重增加到一定程度便断裂崩落形成雪崩。条文中所述的雪崩裂点是指风吹雪集雪区范围最高点的位置。

挡雪栅栏一般采用木质或金属等材料，通常设置在坡度较缓的雪崩路径运动区。栅栏要有较高的强度，要埋置一定的深度，具有一定的稳定性和抵抗雪崩的冲击力。

雪崩的最大锋面高度，可按下式计算：

$$h = \frac{FH}{bL} \tag{7-22}$$

式中：h——雪崩最大锋面高度(m)；

F——集雪区面积(m^2)；

H——集雪区最大积雪深度(m)；

b——沟槽宽度(m)；

L——集雪区长度(m)。

防雪林，一般设置在坡度较缓的阴坡雪崩路径发生区或运动区。该区域有较厚的腐质土层，雪崩雪堆积量大，水汽条件好，利于植物生长。可沿等高线设置，以阻挡山坡上积雪的滑动。宜设置多排。

土丘及楔适用于防治坡度较缓、规模较大的沟槽雪崩，一般设置在雪崩运动区及堆积区的上部；若高度低于雪崩锋面高度时，阻挡效果不明显。

导雪堤适用于防治山坡坡度较陡的沟槽雪崩。导雪堤高度要高于雪崩锋面高度，将坡面的崩塌雪体导出路基以外。

挡雪墙和挡雪栅栏的功能基本相同，一般在土石材料丰富的雪崩地段可采用挡雪墙，设置在雪崩路径的运动区或堆积区，分为干砌(浆砌)片石或钢筋混凝土，墙体要有较高的强度和稳定性，可抵抗雪崩的冲击力。

防雪走廊、隧道等遮蔽建筑物是防治雪崩的最有效手段。由于其工程量较大，造价高，只有在高等级公路雪崩频繁且采用其他措施较困难时才采用。

7.15 涎流冰地段路基

原规范共2条，本规范共6条。本次修订对原规范条文作了进一步梳理和凝练，补充了预防涎流冰的设计原则，完善了涎流冰防治工程措施，并对原规范第7.14.2条中按款规定的各类防治措施，改为按条规定。即第7.15.2条提高路基、第7.15.3条桥涵跨越、第7.15.4条聚冰沟与挡冰堤、第7.15.5条挡冰墙与聚冰坑、第7.15.6条地下排水措施。

修订理由：防治涎流冰对公路的危害，首先应从预防入手，避免或减轻涎流冰的危害，为工程防治提供条件。另外，为提高规范的可操作性，本次修订作了相应的调整。

7.15.1 涎流冰地段路基设计应遵循下列原则：

1 应调查当地地形、地质、气象，涎流冰的水源、类型及规模、危害情况及当地防治经验等，查明涎流冰形成时间、水源类型、流量、冻融周期和深度，确定涎流冰类型、规模大小、危害程度以及与路线方案的关系。

2 路基设计应遵循以防为主、防治结合的原则，采取综合处治措施，避免涎流冰危害公路运营安全。选用的各类设施的结构形式应便于养护和管理。

3 高寒山区涎流冰地段的路基宜设置在干燥的阳坡，并宜采用路堤或浅路堑。

4 河(沟)谷涎流冰地段，应提高路基高度，并设置跨径较大的桥涵，避免涎流冰溢上路面。

5 山坡涎流冰地段的路基应设置完善的排水系统，必要时可加宽、加深边沟，或设置挡冰墙(堤)、聚冰坑(沟)等设施。聚冰坑(沟)处应设置净空较高的涵洞排除融冰水。当山坡地下水量较大时，可设置渗沟、暗沟等地下排水设施。

6 路基工程应避免干扰原有的自然排水状况，不宜切割含水层。采取排、挡、截等防治措施时，应保证自然排水系统的畅通。

(1)涎流冰勘察

严寒地区公路，尤其是纬度和海拔较高地区，公路沿线地下水、泉水和冰雪融水、地表水流等，在冬季负温条件下冻结成冰，随着水源的不断补给，形成大面积的冰体，即涎流冰。涎流冰的形成与气候、地质、地貌及人类的活动有关，是土、水、温共同作用的结果。

涎流冰分山坡涎流冰和河谷涎流冰。山坡涎流冰由山坡或挖方边坡出露的地下水冻结形成，河谷涎流冰则由沿沟谷漫流的泉水和冰雪融水冻结形成。

涎流冰勘察要采用气候资料调查收集、现场访问调查和场地工程地质与水文地质勘察工作相结合。现场访问调查主要内容包括地下水出露点位置、水流量、冰体堆积地段位置、范围、厚度，出现冰体的稳定时间，冰体在公路开始聚集和消融时间，当地防治措施及其效果。

场地工程地质与水文地质勘察要查明地下水分布位置及赋存条件、地下水类型、水位、水温、水质、流量，地下水补给来源、排泄条件、迳流方向，地下水出露位置、类型及流量，涎流冰堆积范围及与公路关系，重点调查地下水出露点，各种水源在寒冷季节形成的冰流量、流动范围、涎流冰类型，以及当地防治经验。

(2)涎流冰防治

水是涎流冰的冰源,涎流冰地段路基防治的关键在于治水与防冰,使水流顺利通过路基或改变水流方向,保持路基不受水害,以根治或减轻涎流冰对公路的危害。因此,涎流冰地段路基设计应以防为主,防治结合,并遵循下列原则:

①路基线位应绕避涎流冰严重的地段。

②当必须通过涎流冰地段时,首先应考虑采用路堤方案,当必须挖方时,应控制挖方深度采用浅路堑,尽量不切割含水层。若不可避免揭露含水层时,可在边坡内设置渗沟、暗沟(管)等,拦截地下水,避免产生涎流冰。

③不能避免涎流冰发生时,应遵循排导为主、导拦(挡)结合的原则,因地制宜,采取排、挡、截等综合措施进行治理。

“排导”:对出露地表的地下水或冰体,设置排导设施,将其引排出路基之外。“拦(挡)”:将年内冻结期可能聚集的最大冰体量,全部拦蓄在地下水出露位置与路基之间的场地或聚冰设施内,待春夏季节冰体消融后,再经排水设施将融水排水路基之外。

防治涎流冰的综合措施包括:绕避、采取路堤方式、提高桥涵净空或加深沟槽、采取排除地下水或防冰措施等,设计时需经技术经济论证,合理确定处治涎流冰措施。由于大多涎流冰地段存在冬季淤积,春季水毁,需要及时养护,设计时要考虑防治工程的养护管理。

微丘区潜水涎流冰会形成宽而长的流冰,采用保温渗沟往往不起作用,通常采用设置截水明沟来截断潜水,将水流导入附近的桥涵或较低洼的地方。还可在截水沟下方设置挡冰坝或蓄冰池。若引入桥涵需充分考虑其孔径、净空是否满足春融季节排水及排淤冰的需要。

山岭重丘区涎流冰视土质不同治理方法也不同。如潜水是从土质较差的坡积土中渗出,同时土壤呈饱和状态,工程扰动后,往往涎流冰不是主要病害,而边坡滑坍、山体滑坡是主要病害,对此要采取排出地表和土壤中的各种水、增加边坡稳定性的措施。对于岩裂隙渗水产生的涎流冰,如果渗水量小,可加大加深边沟,如果渗水量较大,可用保温挡墙等形式处理。

对于溪(沟)水形成的涎流冰,当河槽较浅、路基较低、桥涵孔径较小、涵底坡度较缓、沟口有冲积堆时,涎流冰漫流就会上路。这种涎流冰要用挡(挡冰坝)、导(导冰坝)、蓄(蓄冰池)的方法治理。首先检查下游桥涵跨径及净空是否满足淤冰形成的高度要求,其次从沟口一定位置起修筑导冰坝。如桥涵高程受限,则可采用矮导冰坝,配合开挖河槽、蓄冰池、双涵等方法疏导涎流冰。

7.15.2 聚冰量不大的涎流冰地段,可采取提高路基高度、选用水稳性好的填料等防治措施。路基高度应高于涎流冰最大壅冰高度加 0.5m 的安全高度。

涎流冰防治需从路基着手,通过提高路基高度,结合地形条件辅以桥涵及其调治构造物,以根治或减轻涎流冰对公路的危害。

提高路基高度,采用水稳性好的碎砾石、片碎石等填筑路堤,既能避免了涎流冰上路,又能防止冰体融化后路基软化、翻浆,是防止涎流冰危害路基的一种简便易行、经济有效的措施,适用于聚冰量不太大的涎流冰的防治。

涎流冰地段,宜采用路堤方案,路堤高度要高于涎流冰堆积体的最大壅冰高度与 0.5m 的安全高度之和。

7.15.3 采用桥涵跨越涎流冰时,桥涵孔径及净空应满足春融季节排水及排淤冰的需要,净空不应低于历年最高涎流冰冰位加壅冰高度,再加 0.5m 的安全高度。当桥涵净空受限时,可采取设置矮导冰坝、开挖河槽或蓄冰池等措施。

在跨越河水流量较大而冬季有涎流冰的河谷时,设置桥涵等构造物,并设置河道疏通、导治等辅助措施,是防治沟谷涎流冰的有效措施。

桥涵孔径、净空设计除满足设计洪水频率之外,还应不低于历年最高涎流冰冰位与壅冰高度和 0.5m 的安全高度的之和,并按融冰水洪峰水位进行验算。桥涵冬季容易积冰堵塞,春节化解缓慢,容易形成水毁。桥涵台应选用现浇混凝土结构,以防涎流冰入侵引发冻胀破坏。

设置桥涵时,还应遵循早接远送的原则,对桥涵上下游河道或沟谷进行疏导和岸坡防护,并做好与路基外侧的涎流冰的排导沟衔接处理,保证路侧涎流冰能经桥涵得到及时疏排,防止涎流冰掩埋路基。

7.15.4 冲积扇或缓山坡上的涎流冰地段,可在路基边坡外侧设置聚冰沟,聚冰沟的下方宜设置挡冰堤。聚冰沟横断面应根据地形、地质、水量、聚冰量确定,沟深和底宽宜为0.8～1.2m，并做好聚冰沟与排水设施的衔接处理。挡冰堤高度宜为0.8～1.2m，堤顶宽度宜为0.6～1.0m，边坡坡率不宜陡于1∶1.5；采用干砌片石铺砌时，边坡可陡至1∶0.5。

挡冰堤适用于渗水量不大的山坡涎流冰，一般与聚冰沟共同配合使用。挡冰堤修筑在路基外、山坡地下水露头的下侧或沟谷桥涵的上游，以阻挡涎流冰，减少其蔓延的范围。挡冰堤高度需根据涎流冰的冰量而定，基础埋置深度按土质、积冰量及当地冰冻深度等情况确定。

聚冰沟多用于冲积扇沟口处的泉水涎流冰，用以排引涎流冰水源并拦截侵向路基的涎流冰。聚冰沟从水源起顺山坡或沟谷布设，把涎流冰、融冰水导入附近的河沟或桥涵，挖出的土用以筑坝挡冰。聚冰沟横断面尺寸根据地形、水量、及聚冰量等确定，一般沟深为1～2m，底宽为0.8～1.2m。

7.15.5　挡冰墙应设在边沟外侧；当聚冰量大时，可在挡冰墙外侧设置聚冰坑。挡冰墙可采用浆砌片、块石砌筑，高度宜为1～2m。聚冰坑的底宽宜为1.5～3.0m。土质地段的聚冰坑，可根据坡面渗水和土质情况，在边坡坡脚设置干砌片石矮墙。边沟应采用浆砌片石防护。

挡冰墙适用于渗水量不大的山坡涎流冰，一般与聚冰坑配合使用。挡冰墙应设在边沟外侧，保持边沟连续通畅，以利冰雪融水经涵洞排除。挡冰墙一般用浆砌片块石筑成，高度需根据涎流冰的聚冰量而定，基础埋置深度按土质、积冰量及当地冰冻深度等情况确定。

集冰坑多用于水量较小、边坡不高的堑坡涎流冰，用以积聚冬季涎流冰，防治上路。

7.15.6　有地下水出露时，可采用渗沟、暗沟等地下排水设施。地下排水设施应设在冻结深度以下，出水口高出地面不应小于0.5m，并应做好出水口的保温措施，或开挖纵坡大于10%的排水沟。

渗沟、暗沟(管)等地下排水设施应设在当地最大冻结深度以下，防止冬季渗沟、暗沟(管)内水流被冻结。渗沟、暗沟(管)的出水口要尽量设在较陡的坡地上，高出地面不小于0.5m。在涎流冰危害严重地段，地下排水设施的出水口需采取保温措施，或开挖纵坡大于10%的排水沟，以防止水流冻结。保温材料采用炉渣、泥炭、青苔等保温性能好的材料，或选用EPS板（聚苯乙烯泡沫板）等作为保温材料。

7.16 采空区路基

原规范共2条，本规范共7条。新增第7.16.1条第2、3、4款选线原则、方案比选与综合设计、路基设计要求，第7.16.2条采空区场地稳定性评价，第7.16.3条采空区地表变形控制标准，第7.16.7条采空区路基监测等；修订完善了采空区处理范围确定方法与处理措施，并将原规范第7.15.2条分拆为第7.16.5条处治范围和第7.16.6条处治措施。

修订理由如下：

（1）防治采空区路基病害，首先是预防为主。路线通过采空区变形不稳定的场地，不仅处治工程难度大、费用高，且难以保证路基安全稳定。为此，从主动预防出发，本规范第7.16.1条补充规定选线原则、方案比选与综合设计、路基设计要求。

（2）采空区场地稳定性直接关系到公路安全。采空区地表变形控制标准是评判采空区稳定性和进行处治设计的依据，原规范的送审稿曾规定了采空区地表变形控制标准，但在审查会时，专家认为该标准尚不成熟，有待工程进一步验证，最终取消了该标准。经过近十年来工程实践检验，该标准已成熟。为此，本规范补充了采空区场地稳定性评价方法和采空区地表变形控制标准。

（3）采空区地形地质条件复杂，近十年来在确定采空区处治范围的计算方法和处治技术得到了发展。本规范在分析总结科研成果和工程经验的基础上，对采空区处理范围的确定方法与处理措施进行修订。

7.16.1 采空区路基设计应遵循下列原则：

1 应调查收集沿线自然环境、矿产资源分布、矿山开采及地基变形与移动等资料。采用调查、测绘、物探、钻探、地表变形监测等综合手段，查明采空区的分布、规模、变化特点、水文地质、工程地质和各有关地层岩土体物理力学性质。

2 路线应避让分布范围广、规模大且难以治理的采空区。难以避让时，宜采用路基方案，且路基与桥梁衔接部位应避让采空区沉降变形较大的区域。

3 采空区路基设计应根据采空区的分布和变形特点，结合当地环境特点、工程地质条件、筑路材料分布、资源开采规划与公路建设工期要求等，进行多方案比选，并做好路基路面综合设计。

4 采空区路基设计应根据汽车荷载和路基路面自重对下伏地基的作用影响，以及采空区地表变形与路基沉降的叠加影响，因地制宜采用轻质材料路堤、加筋路堤等路基结构，对不满足公路建设场地要求的采空区应进行处治，保证路基安全稳定。

(1)采空区勘察技术

采空区处治属于公路下伏隐蔽工程，处治效果直接影响路基的稳定以及运营安全，因此，一定要做好公路前期勘察工作，并结合处治过程中出现的问题，及时补勘，调整工程处治方案。目前，国内采空区勘察逐渐转变为以多种物探结合为主，钻探、地表沉降观测为辅的新思路，提高了勘察准确度和设计基础资料的可靠性。

国内对公路下伏采空区的勘察，主要以钻探取芯、岩土测试和物探(电法、电磁法、地震勘探、重力勘探和地氡射线法等)、压水试验、开挖(隧道内，适用于埋深和规模比较小的采空区)、地表观测变形等方法。太旧高速公路柏井、冶西、宋家庄等采空区等综合运用物探法(高密度电法、瞬变电磁法、地面地质雷达、无线电波透视法、瑞雷波、弹性波CT法、高分辨地震、微重力法、α卡法)等方法探测采空区，取得了良好的效果，积累了丰富的经验。

禹登(禹州—登封)高速公路下伏煤矿、铝土矿采空区，针对采空区地形比较平缓、埋深较浅的特点，采用电法勘探、钻探取芯和沉降变形观测等对采空区进行勘探。

瞬变电磁法和高密度电法在晋焦高速公路河南段、阳侯高速公路、太长高速公路、长晋高速公路、汾离高速公路、离军高速公路等煤矿和金属矿土采空区得到了运用。

晋焦(晋城—焦作)高速公路K5～K10段煤矿采空区、大运高速公路、祁临高速公路(山西省祁县至临汾高速公路)、阳泉市义井至白泉一级公路和太原—古交二级公路等采空区主要采用地表变形观测、物探(瑞雷波速法)和钻探等方法检测。祁临高速公路隧道内处理后的采空区进行内开挖检测等方法检测，大运高速公路采空区勘探同时采用土氡法。

京福高速公路徐州段为富水多层采空区，采空区首先采用综合物探方法：高密度电法、瞬变电磁法、地震折线法、地震反射法、地氡测量、综合测井等，在分析物探资料的基础上，对采空区进行钻探、压水试验和地表沉降观测。采空区勘察综合成果汇总见表7-42。

表7-42　京福高速公路采空区勘察综合成果汇总

<table>
<tr><th colspan="3">勘探方法</th><th>使用条件</th><th>特　点</th></tr>
<tr><td rowspan="6">工程物探</td><td colspan="2">高密度电法</td><td>采空区与围岩有明显的电性差异，地形起伏不大，埋深≤100m</td><td>采空区充水显示低阻异常，采空区充气异示高阻异常</td></tr>
<tr><td colspan="2">瞬变电磁法</td><td>采空区与围岩有明显的电性差异，埋深≤500m</td><td>目的体相对周围介质呈低阻，无游散电流干扰</td></tr>
<tr><td rowspan="2">地震</td><td>折线法</td><td>采空区与围岩有明显的波速差异，埋深≤100m</td><td rowspan="2">波组不能连续追踪，频率变化，波形杂乱变化</td></tr>
<tr><td>反射法</td><td>采空区与围岩有明显的波速差异，埋深≤500m</td></tr>
<tr><td colspan="2">地氡测量</td><td>有土层覆盖，有一定规律的、可对比的α粒子强度异常</td><td>属于定性测量</td></tr>
<tr><td colspan="2">综合测井</td><td>配合钻孔进行</td><td>测试深度随孔深而定</td></tr>
<tr><td colspan="3">工程钻探</td><td colspan="2">配合物探进行，广泛采用。可以直接获得地质资料。采空区勘察工作中，所有地质测绘、物探方法等得到的结论都可要用钻探结果来验证</td></tr>
<tr><td colspan="3">水文试验</td><td colspan="2">可以查明区内水文地质条件，包括含水层的富水性及水力联系，地下水的补、经、排条件，矿坑涌水量，采空区地下连通情况、岩溶、裂隙发育程度等资料</td></tr>
<tr><td colspan="3">沉降观测</td><td colspan="2">主要目的是为了判断采空区对地表建筑物的影响，测定当前地表变形速率及形变，预测采空区的未来变形量，定量评价采空区的稳定性</td></tr>
</table>

近些年，三维激光探测新技术在我国的广西、甘肃、河南、云南、湖南等地进行了一些尝试性应用。空区三维激光探测系统（3D Laser Cavity Monitoring System，CMS）是加拿大Optech公司生产的一种基于激光的空区探测系统，主要用于井下巷道、硐室及采空区的精密探测，采集的图像具有简单易懂、易分析等特点。目前，该技术在北美、澳大利亚等国家和地区已经成为地下采场和空区探测的主要手段，主要适用于危险和人员无法进入的采空区勘探。

近些年公路下伏采空区勘察工程调查表明，国内采空区勘察逐渐转变为多种物探结合为主，钻探、地表沉降观测为辅的新思路，大大提高了勘察准确度和设计基础资料的可靠性。根据采空区空洞的形态、富水量、大小、深度等条件和所处地区的地质条件选择相适应的勘探方法。

(2)路基线位选择

公路路线应根据采空区地表移动特征、地表移动所处的阶段和地表移动、变形值大小等，合理确定路基线位。路线应尽量避让下列不宜作为公路建设场地的采空区，如果公路线形受限或其他条件受限时，此类采空区更应谨慎处理。

①在开采过程中可能出现非连续变形的地段。当采深采厚比大于 25～30，无地质构造破坏和采用正规采矿方法的条件下，地表一般出现连续变形。连续变形的分布是有规律的，其基本特征可用数学方法或图解方法表示。在采深采厚比小于 25～30，或虽大于 25～30，但地表覆盖层很薄，且采用高落式等非正规开采方法或上覆岩层有地质构造破坏时，易出现非连续变形，地表将出现大的裂缝或陷坑。非连续变形是没有规律的、突变的，其基本指标目前尚无严密的数学公式表示。非连续变形对地面构(建)筑物的危害要比连续变形大得多。

②处于地表移动活跃段的地段。在开采影响下的地表移动是一个连续的时间过程，对于地表每一点的移动速度是有规律的，亦即地表移动都是由小逐渐增大到最大值，随后又逐渐减小至零。在地表移动的总时间中，可划分为起始阶段、活跃阶段和衰退阶段，其中对地表构(建)筑物危害最大的是地表移动的活跃阶段，是一个危险变形期。

③陡坡地带采空区、倾角大于 55°的厚矿层露头地段和特厚矿层采空区。

④由于地表移动和变形引起边坡失稳和山崖崩塌的地段。

⑤地表倾斜大于 10mm/m，地表曲率大于 0.6mm/m^2 或地表水平变形大于 6mm/m 的地段。这些地段对砌石圬工工程破坏等级高，将导致支挡结构物等严重破坏。

对于下列采空区地段，应根据公路等级评价其适宜性：

①采空区采深采厚小于 30 的地段。

②采深小，上覆岩层坚硬，并采用非正规的开采方法的地段。

③地表倾斜为3～10mm/m，地表曲率为0.2～0.6mm/m^2或地表水平变形为2～6mm/m的地段。

(3)路基路面综合设计

路基路面设计需与采空区地表变形相协调的设计新思路。为减轻下伏采空区的附加应力，因地制宜，采用与地表变形相适应的轻质路堤、加筋路堤或连续配筋混凝土板跨越等路基结构措施。

①轻质路堤设计

在已处理后的采空区高路堤设计，应减少采空区地基上覆荷载，减少采空区地基的上覆应力。路堤材料可以采用粉煤灰或其他轻质材料，路堤边坡应缓于1∶1.5。粉煤灰高路堤在哈肇公路与鹤大公路连接线K1＋050～K1＋500得到了应用，路堤填高达到12m，处治效果良好。

②采用路堤加筋技术

土工织物用于加固公路地基和路堤，可提高路堤整体稳定性、抗变形能力，减少路堤不均匀沉降，施工简单，施工质量容易控制。用于路堤加固的土工织物主要有土工布、土工膜、土工格栅、土工格室等。该方法适用于对路基的稳定性构成重大隐患埋深范围在25m左右的小煤窑采空区。该方法在渝黔高速公路雷神店至崇溪河段、太原—古交二级公路、西合(西安—合肥)高速公路商州至丹凤段等采空区得到了应用，效果较好。

③连续配筋混凝土板跨越补强法

该法主要适用于对高速公路采空区路基工程地质情况把握不够全面，为安全起见，采用连续配筋混凝土板跨越补强，将连续板放置在沥青混凝土路面面层之下，增强路基和路面对不均匀沉降的抵抗力。此法在潭邵(湘潭—邵阳)高速公路、西合(西安—合肥)高速商州至丹凤段采空区得到了合理的应用。

7.16.2　采空区路基设计应进行地表稳定性评价。评价时应遵循定性评价与定量计算相结合的原则，根据采空区类型、规模、覆岩性质、采厚采深比、煤层倾角、开采时间及水文、地质条件等因素，采用开采条件判别法与地表变形预计法、地表变形监测法等相结合的方法，预测地表剩余变形量，评价采空区场地稳定性。

采空区地表稳定性评价方法主要有：开采条件判别法、地表移动变形预计法、地表变形观测法、极限平衡法和数值模拟分析方法，各种方法的适用条件见表7-43。采空区地表稳定性评价需遵循定性评价与定量计算相结合的原则，采用开采条件判别法与地表变形预计法、地表变形观测法等相结合的方法，预测地表剩余变形量，评价采空区场地稳定性，避免单一方法的评价结论的片面性。

表 7-43 采空区稳定性评价方法及适用条件

稳定性评价方法	适用条件
开采条件判别法	可用于巷柱式采空区、不规则房柱式采空区及其他难以进行地表沉陷变形估算的采空区
地表移动变形预计法	可用于长壁式开采或经过正规设计的条带或房柱式开采的采空区
地表变形监测法	可用于地表沉陷相对规律的长壁式陷落法开采或经特殊设计开采的条带或房柱式采空区。在工期允许的前提下，需至少进行半年以上的高精度变形监测
极限平衡分析法	可用于采空范围窄小，地表未形成移动盆地的巷柱式采空区
数值模拟法	可用于开采深度较深、开采范围较大、地质条件复杂的采空区

7.16.3 采空区场地稳定性控制标准应符合下列规定：

1 公路采空区地表变形应符合表7.16.3的规定。当采空区地表变形不满足要求时，应对采空区进行处治设计。

表 7.16.3 公路采空区地表变形容许值

公路等级	地表倾斜(mm/m)	水平变形(mm/m)	地表曲率(mm/m^2)
高速公路、一级公路	≤3.0	≤2.0	≤0.2
二级及二级以下公路	≤6.0	≤4.0	≤0.3

2 采空区地表倾斜大于10mm/m、地表曲率大于0.6mm/m^2或地表水平变形大于6mm/m的地段，不宜作为公路路基建设场地。

表7.16.3规定的公路采空区地表变形容许值，主要参照国内外建筑、公路和煤炭行业有关行业标准及工程实践经验，确定不同等级公路对采空区地表的允许变形值。

关于公路工程地表倾斜、地表水平移动以及地表竖曲率允许值确定问题，《岩土工程勘察规范》(GB 50021—2001)规定采空区场地建筑适宜性的标准为：地表水平移动 $\varepsilon \leqslant 6.0$mm/m、地表倾斜 $i \leqslant 10.0$mm/m、地表竖曲率 $K \leqslant 0.6$$mm/m^2$；《建筑物、水体、铁路及主要井巷煤柱留设与压煤开采规程》(国家煤炭工业局，2000年)规定建筑物轻微及极轻微损坏的地表允许变形值为：地表水平移动

$\varepsilon \leqslant 2.0\text{mm/m}$、地表倾斜 $i \leqslant 3.0\text{mm/m}$、地表竖曲率 $K \leqslant 0.2\text{mm/m}^2$。本条在确定表7.16.3公路地表容许变形值时参照了上述规范和规程，取其小值。

我国山西、陕西、河南、河北、新疆、内蒙古、江苏、湖南等省份已建和在建采空区公路工程，均采用此标准，经过多年考验，采空区公路未发生因地表稳定控制标准选择不当而导致路基沉降变形引起的病害或安全事故。因此，该标准是合适的。

7.16.4 公路压覆矿产时，应按下列要求进行矿产压覆区设计：

1 在尚未开采的煤层分布区，高速公路及一级公路、隧道、特大桥、大桥和中桥、地下开采会有严重滑坡危险而又难以处理的路段，应设保护煤柱。

2 保护煤柱外侧应设置围护带，其宽度应符合下列要求：

1)路堤部分以公路两侧路堤坡脚外1m为界，路堑部分以两侧堑顶边缘为界，两侧界线以内的范围为受保护对象；

2)沿两侧界线向外留设围护带，高速公路围护带宽度为20m，一级公路围护带宽度为15m。

3 倾斜煤层保护煤柱的边界根据上山方向移动角、下山方向移动角及松散层移动角等，用垂直剖面法、垂线法或数字标高投影法确定。

公路保护煤柱的留设与边界的确定是参照《建筑物、水体、铁路及主要井巷道煤柱留设与压煤开采规程》(国家煤炭工业局，2000年)的相关规定制定的。

留设保护煤柱时，在受护范围边界以外还留设围护带，是由于采空区覆岩结构复杂，难以准确圈定出边界移动角，为了保证受护对象处于移动边界之外而采取的安全措施。围护带宽度大小涉及公路的安全程度和公路压煤量的多少，本次修订公路的煤柱围护带宽度参考《建筑物、水体、铁路及主要井巷煤柱留设与压煤开采规程》(煤炭工业总局，2000年)和国务院《公路安全保护条例》(2011)关于建筑控制区涉及地下采矿的相关规定要求(第十一条)综合确定。

7.16.5 公路采空区处治范围应符合下列要求：

1 开挖回填处理的浅采空区处理长度应为沿公路轴向的采空区实际分布长度，处理宽度应为路基底面宽度或构造物的宽度，处理深度宜为底板风化岩位置。

2 其他类型采空区处理范围应按下列原则确定：

1)采空区的厚度较大时,处理长度应增加覆岩移动角的影响宽度,沿公路轴向的采空区处理长度可按式(7.16.5-1)计算确定:

$$L = L_0 + 2h\cot\alpha + H_{上}\cot\beta + H_{下}\cot\gamma \quad (7.16.5\text{-}1)$$

式中:L——沿公路轴向的采空区处理长度(m);

L_0——沿公路中线方向采空区长度(m);

$H_{上}$——上山方向采空区上覆岩层厚度(m);

$H_{下}$——下山方向采空区上覆岩层厚度(m);

α——松散层移动角(°);

β——上山方向采空区上覆岩层移动角(°);

γ——下山方向采空区上覆岩层移动角(°)。

2)处理宽度由路基底面宽度、围护带宽度、采空区覆岩影响宽度三部分组成,水平岩层可按式(7.16.5-2)计算;倾斜岩层且路线与岩层走向垂直,路线上每点的宽度可按水平岩层计算;倾斜岩层且路线与岩层走向平行时,可按式(7.16.5-3)计算;倾斜岩层且路线与岩层走向斜交时,可按式(7.16.5-4)计算:

$$B = D + 2d + 2(h\cot\alpha + H\cot\delta) \quad (7.16.5\text{-}2)$$

$$B = D + 2d + 2h\cot\alpha + H_{上}\cot\beta + H_{下}\cot\gamma \quad (7.16.5\text{-}3)$$

$$B = D + 2d + 2h\cot\alpha + H_{上}\cot\beta' + H_{下}\cot\gamma' \quad (7.16.5\text{-}4)$$

$$\cot\beta' = \sqrt{\cot^2\beta\cos^2\theta + \cot^2\delta\sin^2\theta} \quad (7.16.5\text{-}5)$$

$$\cot\gamma' = \sqrt{\cot^2\gamma\cos^2\theta + \cot^2\delta\sin^2\theta} \quad (7.16.5\text{-}6)$$

式中:B——垂直于公路轴线的水平方向宽度(m);

D——公路路基底面宽度(m);

d——路基围护带一侧的宽度(m),一般取10m;

H——采空区上覆岩层厚度(m);

h——松散层厚度(m);

δ——走向方向采空区上覆岩层移动角(°);

β'——上山方向采空区上覆岩层斜交移动角(°);

γ'——下山方向采空区上覆岩层斜交移动角(°);

θ——围护带边界与矿层倾向线之间所夹的锐角(°)。

3)处治范围位于采空区边界以内时，其处治深度应为地面至采空区底板以下不小于3m；处治范围位于采空区边界外侧至岩层移动影响范围以内时，其处治深度应按式(7.16.5-7)计算：

$$h_t = H - l\tan\delta_{外} + h' \tag{7.16.5-7}$$

式中：h_t——采空区边界外侧岩层移动影响范围的处治深度(m)；

H——采空区埋深，即上覆岩层厚度(m)；

l——注浆孔距采空区边界的距离(m)；

h'——影响裂隙带以下的处治深度，宜取20m；

$\delta_{外}$——采空区边界外侧上覆岩层移动影响角(°)。

采空区处治长度和宽度是依据《建筑物、水体、铁路及主要井巷煤柱留与压煤开采规程》(国家煤炭工业局，2000年)，并结合公路采空区治理的多年实践经验制定的。

(1)处理长度

当采空区的厚度较大，处理长度应增加覆岩移动角的影响宽度，采空区处理长度(沿路线中线方向)L为公路下伏采空区的实际长度与覆岩移动影响范围之和(图7-38)，按式(7.16.5-1)计算。

(2)处理宽度

处理宽度B由路基底面宽度、围护带宽度、采空区覆岩影响宽度三部分组成，按式(7.1.6.5-2)～式(7.16.5-4)计算。

水平岩层的处理宽度的计算简图见图7-39。

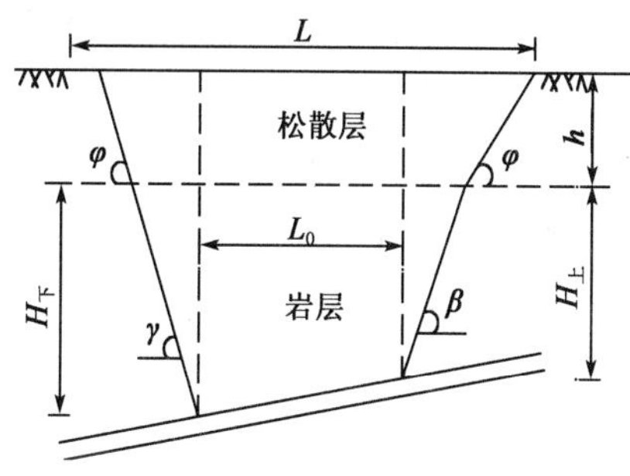

图7-38　采空区处理长度计算简图

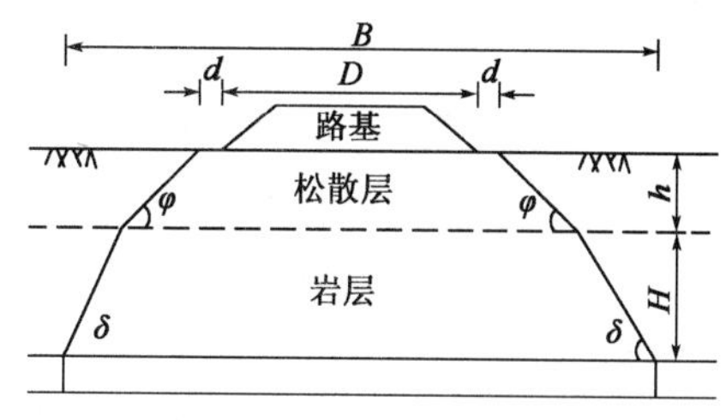

图7-39　水平岩层采空区处理宽度计算示意图

倾斜岩层且路线与岩层走向垂直，路线上每点的宽度按水平岩层计算。

倾斜岩层且路线与岩层走向平行简图见图 7-40。

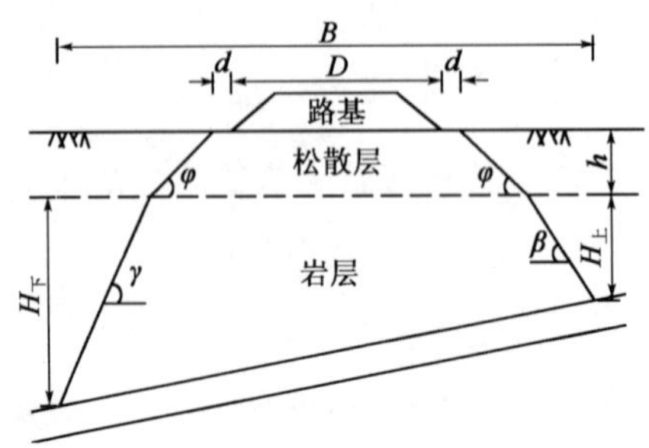

图 7-40 倾斜岩层且路线与岩层走向平行采空区处理宽度计算示意图

当处治范围位于采空区边界以内时，其处治深度为地面至采空区底板以下不小于 3m；当处治范围位于采空区边界外侧至岩层移动影响范围以内时，其处治深度 h(图 7-41)按式(7.15.5-7)计算。

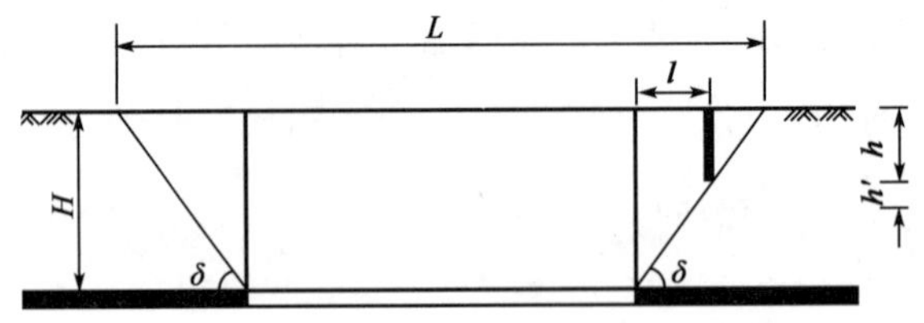

图 7-41 采空区边界外侧处治深度计算简图

7.16.6 危及公路路基稳定的采空区，应根据采空区的分布位置、埋深、采空厚度、开采方法、形成时间、顶板岩性及其力学性质等，按照下列原则确定采空区处治加固方法：

1 埋藏较浅的采空区和路基挖方边坡上的采空区宜采用开挖回填处理。

2 煤层开采后顶板尚未垮落的采空区，当空间较大、通风良好、具备人工作业和材料运输条件时，可采用干砌片石、浆砌片石、井下回填、钻孔干湿料回填等非注浆充填处理。一般路基可用干砌片石回填，抗压强度不应低于 10MPa；有构造物的路段应采用浆砌片石回填，抗压强度不应低于 15MPa。

3 采空区埋深小于 10m、上覆岩体完整性差、强度低的地段，可采用强夯法处理。

4　埋藏较深、巷道通畅的采空区,可采用片石回填、支顶、注浆等处理。

5　范围较小、不易处理的采空区,可采用桥梁跨越方案。

6　矿层开采规模较大、开采深度(埋深)小于250m的采空区,宜采用全充填注浆处理。埋深大于250m的采空区,宜根据其开采特征、水文地质、工程地质条件及其对公路工程的危害程度等,经论证后确定处理方案。

1.公路采空区的处治方法

公路采空区的处治方法主要有开挖回填法、注浆法、干砌法、浆砌法、跨越法及综合处治法等。处治方法的选择直接关系到公路工程的造价、工期和安全等问题,是处治成功与否的关键。为了做到有的放矢,在选择采空区处治方法时,需综合考虑采空区特征、场地的地质条件和施工条件以及拟建公路等级及构造物类型等因素,进行技术经济充分论证后,选择出最佳治理方案。

到目前为止,山西、陕西、河南、河北、新疆、内蒙古、江苏、湖南等地均在采空区上修筑了高等级公路,这些地区的煤层开采规模较大、开采深度小于或等于250m,采厚1.0～8.0m,分层情况为1～3层或多层,主要采用全充填注浆法,部分采空区采用了开挖回填、干砌片石、风积沙充填等治理措施。

范围较小、不易处理的采空区,主要有以下几种情况:

①埋深≥30m,坑洞复杂的小窑采空区;

②注浆处治难以达到预期效果的多层、充水采空区;

③年代久远,处治条件困难的老采空区;

④地形地物条件限制,不能采用路基通过的采空区;

⑤古墓穴、大型地窖、大型窑洞、地下工程等非矿产采空区;

⑥特殊开采的采空区(如水下采空区)。

对于埋藏较浅的采空区和路基挖方边坡上的采空区,宜采用开挖回填处治。

对于已经废弃但未完全塌落的巷道,可采用片石、块石干砌或浆砌处治等非注浆充填方法,对上覆岩层起到支撑作用。此法适用于处理开挖后未完全塌落、空间较大且埋深小、通风条件良好、具备人工作业条件的采空区。

对于煤层开采规模较大、开采深度(埋深)小于250m的采空区,因矿层埋深较大、且矿层开采后发生了较严重的垮落、采空区充填程度较高、下部空间相对狭小的地段，难于采用开挖回填、强夯、干砌支撑和浆砌支撑等处治方法，一般采用全充填注浆方法，能使采空区场地达到稳定，满足公路采空区地表变形容许值的要求。注浆材料以水泥粉煤灰浆液为主，也可结合当地材料来源，经过论证可行，也可选用水泥黏土或水泥黄土浆液。

对于埋深大于 250m 采空区，根据其开采特征、水文地质、工程地质条件及其对公路工程的危害程度等因素，通过综合论证确定采空区处治方案。

强夯处理主要是消除采空区的沉降潜力，或消除待建公路下伏的孔洞，利用碎石土、砾石土或粒料材料对采空区进行填充、置换和加固，以提高地基承载力，减少地基不均匀沉降。对于顶板土层较厚，下伏孔洞分布较广或支洞发达，采用注浆工程量大且无法保证质量的采空区，可采用强夯（或强夯置换）方案。在常吉（常德—吉首）高速公路、沿江高速公路芜湖至安庆段、渝黔高速公路雷神店至崇溪河段采空区等地方都得到了广泛运用。

桥跨方案主要以桥的形式跨越埋深几米到几十米，煤矿规模和产量较小的采空区，桥墩台应在采空区不会影响的稳定岩体中。对于煤层开采规模较小、开采深度小于 100m 的采空区，可采用桥跨方案。

国内公路下伏采空区处治情况见表 7-44。

表 7-44　国内公路下伏采空区处治情况

工程名称	采空区规模		分层情况	治理方法	材料选择
	采深(m)	采厚(m)			
太旧高速公路冶西采空区	100～150	4～8	1层	注浆填充	水泥粉煤灰浆液
晋焦高速公路山西段	20～100	2～6	1层，局部2层	注浆填充	水泥粉煤灰浆液
大运（大同—运城）高速公路罗城～夏家营段	15.1～55.5	2.6		注浆填充	水泥粉煤灰浆液
太佳（太原—佳县）高速公路	56～112	3	1层	注浆填充	水泥粉煤灰浆液
祁临高速公路（山西省祁县至临汾）	50～150	2～2.8	1层	注浆填充	路基：水泥粉煤灰浆液 隧道：纯水泥浆
离军（离石—军渡）高速公路	180～230	24		注浆填充	水泥粉煤灰浆液 水泥黏土浆液

续上表

工程名称	采空区规模		分层情况	治理方法	材料选择
	采深(m)	采厚(m)			
包西线神木北至延安段	20～30	0.7～1.5	1层	注浆填充	水泥黄土浆液
乌奎高速公路乌市西四道岔道	30～50	0.7～3.0	1～2层	注浆填充	水泥黄土浆液
石太公路柏井、治西采空区	60～140	4～8	1层	洞内干砌片石注浆填充	水泥黏土浆液 水泥粉煤灰浆液
河北保阜公路	25～48	3.8	2层	注浆填充	水泥粉煤灰浆液
京福高速徐州东段	33～89	1.0～2.0	多层	注浆填充	水泥粉煤灰浆液
潭邵(湘潭～邵阳)高速公路	10～18	1.4～3.0	多层	开挖回填注浆填充板跨	片石 水泥粉煤灰浆液 连续配筋混凝土板
京珠高速公路耒阳至宜章段	60～90	4	1层	注浆填充	水泥粉煤灰浆液
郑少高速公路	130～180	4		注浆填充	水泥粉煤灰浆液
榆神(榆林～神木)高速公路	20～120	5	多层	90%风积沙填充 10%注浆填充	风积沙 水泥砂浆
山西阳泉市义井至白泉一级公路	30	1.5		注浆填充	水泥粉煤灰浆液
太古(太原—古交)二级公路(2009年改造为一级路)	2～76	1～2	2～3层	注浆填充土工格室搭板法	水泥粉煤灰浆液 土工格室

从表7-43和调查的情况来看，公路下伏采空区处治，主要以注浆全充填法为主，注浆材料以水泥粉煤灰为主，也有水泥黏土或水泥黄土浆液，因地而异：

(1)山西省公路下伏采空区的处治

山西省是全国的产煤大省，修建在采空区上的公路主要集中在该省。采空区地基处理主要以注浆为主，配合干砌、浆砌、开挖回填、桥跨、锚杆等为铺的处理措施。处理一般原则：①对于一般路基，采用水泥粉煤灰浆液水泥占固相的 15%，粉煤灰占固相的 85%，浆液充填料为 75%以上；②对于桥隧结构物，采用水泥粉煤灰浆液水泥占固相的 30%，粉煤灰占固相的 70%，浆液充填料为 90%以上。

(2)陕西省公路下伏采空区的处治

陕北地区（沙漠和沙漠化地区），对采空区治理结合工程所在地的地质条件、水文条件、经济和施工条件，减少工程造价、就地取材，采用水泥砂浆填充、风积沙充填法和水砂充填法对采空区进行处理，并将三种方法结合使用，取得了良好的处理效果和经济效益。

陕西省其他地区采空区的处治措施：①开挖回填，对埋深小于 4m 的采空区，采用开挖回填法，从地表开挖，一直挖至采空洞，然后回填粒料材料或级配较好的填料夯实；②钻孔灌浆，对埋深在 4～9m 的采空区，采用钻孔灌浆的治理方案，灌浆材料为水泥黏土浆液，桥、涵、隧部位采用水泥粉煤灰浆液。

2.采空区处治效果

采空区处治效果检测主要是针对注浆处理后的采空区进行，通过对国内采空区公路的调查，检测项目主要有结石体的抗压强度、孔内（波速测井）弹性波横波波速、充填率等项目。调查结果见表 7-45。

表 7-45　国内公路采空区处治效果评定标准

评价项目	结石体无侧限抗压强度			孔内弹性波横波波速(m/s)	充填率(%)	单位压水量(L/min)
	取芯时间（工后）	标准养生时间(h)	强度(MPa)			
晋焦（晋城—焦作）高速公路晋城段	6 个月	72	≥0.2	≥160	≥75	≤70
大运（大同—运城）高速公路罗城～夏家营段	28 天	72	≥0.15	≥160	—	—
祁临高速公路隧道穿越南头沟、道阡至沟东古采空区	6 个月	72	≥5～8	≥160	≥90	—

续上表

评价项目	结石体无侧限抗压强度			孔内弹性波横波(m/s)	充填率(%)	单位压水量(L/min)
	取芯时间(工后)	标准养生时间(h)	强度(MPa)			
阳泉市义井至白泉一级公路	6个月	72	≥0.3	≥160	≥75	—
郑少高速公路砦脖村和李马沟段	3个月	24	≥0.3	≥160	≥75	
唐津高速公路河北段	6个月	72	≥0.3	≥160	≥75	≤70
京福高速公路徐州段	6个月	72	≥0.3	≥160	≥75	≤70

从表7-44可以看出,国内公路采空区注浆处治效果的检测一般是在采空区处治6个月后进行,结石体标准养生72h后进行室内无侧限抗压强度试验,对于结石体的抗压强度一般要求不小于0.3MPa,也有个别公路标准低于此值。室内实测的抗压强度一般均能满足此要求,如:晋焦高速公路结石体抗压强度为1.7～3.1MPa,阳泉义井至白泉一级公路为0.4～0.6MPa,郑少高速公路为0.56～8.38MPa,唐津高速公路结石体抗压强度平均值为0.34MPa,京福高速公路结石体抗压强度平均值为0.522MPa。考虑到公路交通量日益增长的需要以及公路由低等级提高到高等级改扩建工程的需要,对不同等级公路下伏采空区注浆处治后结石体的抗压强度建议采用统一标准,即:结石体的抗压强度≥0.3MPa。

公路采空区处治工程,采用波速测井法检测工程质量时,几乎所有的公路都要求注浆处理后的孔内平均剪切波速(横波)v_{sm}≥160m/s,并以此作为评价注浆处理效果合格的标准。通过对山西、河北、河南等省公路采空区注浆处理效果的调查,经注浆处理后的采空区横波波速都在200m/s以上:唐津高速公路采空区冒落带注浆治理之后横波最小值为245m/s,晋焦高速公路垮落带处理后的横波波速平均值为287m/s,阳泉市义井至白泉一级公路处理后采空区最小横波209m/s,祈临高速公路隧道穿越南头沟、道阡至沟东古采空区,注浆处理后的地层横波波速在210～400m/s之间,郑少高速公路治理后的采空区横波波速最小值为253m/s。考虑到采空区的长期稳定性和国内近些年采空区注浆处理的经验,建议不同等级的公路采空区注浆处治评价指标：横波波速最小值 $v_{sm} \geqslant 200m/s$。

7.16.7 高速公路、一级公路采空区处理设计应进行施工监测，监测设计应符合下列要求：

1 应根据采空区特征及其上覆岩体移动特点，结合公路工程的类型，进行采空区变形监测系统及监测点布置设计。监测内容包括水平位移监测、垂直位移监测、构造物倾斜监测和裂缝监测等。

2 监测周期应从勘察阶段开始，至公路投入运营后不少于一年。

采空区地形地质条件和变形发展规律十分复杂，对处理后的采空区进行监测，验证处治效果是否达到设计要求，地表变形是否满足公路的要求，对保证路基安全稳定和公路运营安全是非常重要的。

7.17 滨海路基

原规范共5条，本规范共5条。本次修订，根据滨海路基使用情况，对原规范进行了局部修订，补充完善了路基线位布设原则和边坡防护设计要求，以提高滨海路基防御台风暴雨侵袭的能力。

7.17.1 滨海路基设计应遵循下列原则：

1 滨海路基设计应根据路基所处的地理环境及地形、地貌、地质、水文、气象等因素，结合施工条件及材料供应情况，合理确定路基设计高程，选择适宜的路基断面及防护形式，保证路基稳定。

2 滨海路基应布设在海面最窄、水深浅、波浪小、海滩地势较平坦、地质条件良好的地段。

3 路堤两侧有较大的水头差时，宜设置过水构造物。当堤身或地基可能发生管涌潜蚀时，应在路堤中心设置防渗墙，低水位一侧边坡下部设置排水设施，并放缓边坡、设置护坡道。

4 浸水部位的路堤填料应选用渗水性好的粗粒土或巨粒土。在有冻胀影响的地区，应在浸水侧路堤坡脚外侧设置挡水埝。

5 滨海路基位于软土地段时，应进行地基加固处理。地基处理设计应符合本规范第7.7节的有关规定。

滨海路基除与滨河、水库等浸水路基相似外，还有其独特之处：海水受潮汐、波浪、海流、台风、海啸等水文及气象因素影响；基底地形或倾斜或平坦，且多存在厚度不等的淤泥；而不同类型的滨海路基因所处地理环境的不同，又有各自显著特点。

(1)路基所受外力除与普通路基一样的行车荷载以外，还有海流及波浪力，其不仅强度大，而且具有动态性质；此外，在某些寒冷地区，还要受冰凌的影响。设计中都要充分考虑。

(2)因多在海滩或水上施工，经常受风、浪、海流等其他水文、气象因素的影响，设计需紧密结合施工条件及地理环境，选取合理的路基断面及防护形式。

(3)路基除长期受海水和生物的侵蚀外，还受水位变动引起的干湿变化及冻融等条件的影响，要求路基结构材料具有较强的耐久性、水稳性、耐腐蚀性等性质。

(4)由于以上种种原因，滨海路基的造价较一般路基高得多，设计中需认真进行绕避、桥梁跨越等多方案的比选。

7.17.2 滨海路基设计高程应符合下列规定：

1 滨海路基的设计高程应高出表7.17.2-1规定高潮水位频率的计算潮水位加波浪侵袭高度及0.5m的安全高度之和。不能满足要求时，应设置防浪墙等。

表7.17.2-1 路基设计高潮水位频率

公路等级	高速公路	一级公路	二级公路	三级公路	四级公路
路基设计高潮水位频率	1/100	1/100	1/50	1/25	按具体情况确定

2 设计波浪标准应符合下列规定：

1)设计波浪重现期标准，高速公路、一级公路、二级公路应采用50年一遇，三、四级公路应采用25年一遇；

2)计算滨海路基支挡和坡面防护工程的强度和稳定性时，设计波高的波列累积频率宜按表7.17.2-2确定。

表 7.17.2-2 波列累积频率标准

滨海路堤形式	部　　位	计 算 内 容	波列累积频率 F(%)
斜坡式	胸墙、堤顶方块	强度和稳定性	1
	护坡块石、护坡块体	稳定性	13
	护底块石	稳定性	13
直墙式	上部结构、墙身、桩基	强度和稳定性	1
	基床、护底块石	稳定性	5

注:计算护坡块石(块体)的斜坡式路堤稳定性,平均波高与水深的比值小于 0.3 时,波列累积频率宜采用 5%。

设计波浪的标准包括设计波浪的重现期和设计波浪的波列累积频率。

设计波浪的重现期是指某一特定波列累积频率的波浪平均多少年出现一次,代表波浪要素的长期统计分布规律。设计波浪重现期的标准主要反映建筑物的使用年限和重要性。

波列累积频率是指波列中某个波浪要素(如波高)不小于某一数值的波浪个数占该波浪波列总个数的百分数。它代表波浪要素水文短期(以几十分钟计)统计分布规律,在该统计期内,可以认为海面处于定常状态,或者说波浪要素的平均状态不随时间变化。设计波浪的累积频率标准主要反映波浪对不同类型建筑物的不同作用性质。

各类建筑的设计波高累积频率系根据《铁路特殊路基设计规范》(TB 10035—2006)和《公路路基设计手册》(第二版,人民交通出版社)制定的。

7.17.3　滨海路基断面结构形式应根据水深、波高、地基条件、填料性质、施工条件及使用要求等综合分析确定,一般情况下宜采用斜坡式,在材料缺乏等条件限制或对使用有其他要求时也可采用直墙式。

滨海路基断面结构形式分为斜坡式和直墙式。

斜坡式断面与一般路基断面形式一致,易于衔接,且施工方便,整体稳定性较高,是目前公路路基常用的断面形式。斜坡式路堤常采用浆砌或干砌块石、抛石、安放块石或混凝土人工护体,坡脚设置护底棱体。

直墙式路堤一般采用块石或混凝土砌筑,其基底常采用抛石暗基床,或在基底外侧抛石以防冲刷，通常只有在材料缺乏等条件限制或对使用有其他要求时才采用直墙式断面。直墙式路堤一般采用块石或混凝土砌筑，其基底常采用抛石暗基床，或在基底外侧抛石以防冲刷。

当高潮水位高、水深大，路堤填筑高度大，处于软土地基上时，为便于地基处理，节省工程、降低造价，也可采用设置防浪墙的路基方案，防浪墙为直墙式，其墙顶高程应满足表7.17.2-1滨海路基设计高程的规定。防浪墙内侧（背水面）路堤高度可降低，路基设计高程视具体情况确定。

滨海路基填料应根据潮水位、潮差、波浪力、水深、地基情况及地基处理方案、路堤断面形式、施工方案等，本着就地取材的原则选定。

(1)一般情况下，正常潮水位（施工水位）以下的浸水路基应采用水稳定性好、未风化的坚硬岩石的片块石填筑。

(2)若当地石料缺乏，在有适宜条件的情况下（如退潮时堤身露出水面，或两侧水位不深时），亦可采用粗粒砂砾石、碎石作为填料，但必须保证建成后的路基填料不被海流冲移；堤身外部采用片块石护坡，其下铺设垫层或反滤层。

(3)当滨海路堤跨过海湾时，为使海堤成为不透水路堤，也可采用土石混合断面，即路堤迎水侧堤身部分采用片块石填筑，背水侧堤身采用填土，两者直接设置砂砾、碎石、透水土工布等组成的反滤层，以减少堤身透水性。

7.17.4 滨海路堤边坡坡率应根据填料性质、路堤高度、浸水深度、防护形式及海洋水文条件等确定，边坡坡率不宜陡于1∶1.75。

滨海路基边坡坡率因波浪作用远大于沿河路基，故外海侧边坡坡率通常缓于内海侧。抛石护面的稳定性较人工护面低，故其边坡需要相应放缓。堤头部分临空面多于堤身，抗御波浪能力相应较差，故边坡率应较缓。

原规范规定边坡坡率不宜陡于1∶1.5。因滨海路基长期受到海水浸泡和海潮波浪的侵袭，考虑动水压力和渗流将对路基稳定的作用影响，为保证路基安全稳定，本次修订为边坡坡率不宜陡于1∶1.75。

7.17.5 滨海路堤边坡坡面防护设计应符合下列要求：

1 坡面防护应根据水深、波浪高度、波浪压力、施工条件及材料情况等，采用干砌条石或浆砌条石、干砌块石或浆砌块石、混凝土人工块体等护坡，并在堤前设置防浪棱台、顺坝及潜坝等。各种防护工程应能抵抗海水及生物侵蚀，寒冷地区尚应具有耐冻和承受冰凌撞击的能力。

2 护坡垫层石块质量可取护坡石块质量的 1/10～1/20，并满足施工期波浪作用下的稳定性。垫层厚度不宜小于 400mm。

3 外海侧护坡底部应设抛石棱体，其顶面高程应高于施工水位，顶宽不应小于 1.0m，厚度不宜小于 1.0m。

4 临海侧坡脚应根据最大冲刷深度、地形、基础形式等，采取妥善的护底措施，护底石厚度不应小于 1.0m，宽度不应小于 5.0m。位于砂质海底的护底块石层下宜设置厚度不小于 0.3m 的碎石层，护底石宽度应根据冲刷情况确定。

滨海路基坡面防护的防护范围，其上界决定于在风、浪作用下的路堤前增水以及波浪在路堤边坡上的爬高，其下界决定于在波动底流作用下土壤的抗冲能力。

为减弱波浪对路堤的破坏作用，通常在堤前采取消浪促淤措施，以减少防护工程数量、提高路基边坡的稳定性；常用的消浪措施有植物消浪、顺坝及潜堤促淤消浪、浮堤消浪、气压及水力防波堤消浪等。

护坡垫层是护坡面层的基础，强度不够也会导致面层失稳，所以对垫层的重量和厚度都作了规定。

为了保证护坡基础稳定，通常需在外海侧设抛石棱体。为便于施工，抛石棱体顶面需高出施工水位。棱体顶面宽度和厚度依据《防波堤设计与施工规定》(JTS 154-1—2011)的有关规定，结合实际工程经验确定。

对于受台风作用影响的滨海路堤防护，设计时迎充分考虑台风对边坡的破坏力，一般采用干砌条石或浆砌条石，或异形混凝土人工块体（如扭工字体、四脚椎体、7101 块体）等防护加固。

护坡工程的安全与否，除与坡面本身的结构布置直接有关外，尚与坡脚的防护或堤前的护底措施有密切的关系，妥善采取护底措施，是关系到防浪工程成败的关键性问题之一。在堤脚抛填块石或铺设石笸笼是最常见的护底措施，板桩防冲结构亦得到广泛的应用。护底的作用是防止堤前的地基土被冲刷，造成护面层和抛石棱体的下滑或局部坍塌，从而影响路堤的稳定性。条文中护底块石层的厚度和宽度,以及在护底块石层下铺设碎石层的厚度是根据工程经验和《防波堤设计与施工规定》(JTS 154-1—2011)的有关规定确定。

7.18 水库地段路基

原规范共5条,本规范共7条。新增第7.18.5条路基基底处理要求,将原规范第7.17.5条水库库岸防护分拆为第7.18.6条水库坍岸防护类型选择和第7.18.7条水库坍岸防护工程设计要求。本次修订了水库路基稳定安全系数标准。

(1)由于水库的水位经常发生升降变化,且水位升降变化幅度大,对水库路基稳定影响较大。原规范规定的稳定安全系数,对路堤边坡和路堑边坡没有区别对待,也没有规定连续降雨或暴雨、地震工况下稳定性计算。为提高水库路基稳定性,本次修订调整了水库路基稳定安全系数标准。

(2)水库路基在水位升降过程中将产生渗流,其对路基稳定产生影响。本次修订补充了相关规定,强化路基基底的处理设计。

7.18.1 水库地段路基设计应遵循下列原则:

1 应调查收集水库的水位设计资料、库区的气象资料,查明库岸的地形地貌特点,组成库岸的地层岩性、产状、地质构造,地下水位变化情况;查明峡谷斜坡的稳定情况,有无滑坡、崩塌等不良地质现象,分析评价水库水位升降对斜坡稳定的影响。

2 水库地段路基设计应考虑库水浸泡、渗透、水位升降、波浪侵袭、水流冲刷、坍岸、淤积和地下水壅升而引起库岸岩土物理力学性质的变化,进行路基和库岸稳定性分析评价,采取防护加固措施,保证路基及库岸稳定。

水库地段路基是指沿水库边岸或跨越其支沟、支流修筑的受库水位作用影响的路基。由于水库水位升降、波浪侵袭、地下水壅升、坍岸、水流冲刷、淤积等因素对库岸和路基的破坏作用,以及库水浸泡、渗透对库岸地基和路基本体强度的影响,设计时需根据这些不利因素,分清主次,采取相应的防护加固措施。

7.18.2 路基断面形式及填料设计应符合下列要求:

1 路堤应按浸水路基的要求设计,边坡坡率在设计水位以下不宜陡于

1∶1.75。当边坡高度较大时，宜采用台阶式断面。

2 路基应采用压缩变形小、水稳性好的渗水性材料作填料，并严格控制路堤填筑的压实度。当渗水性材料较为缺乏时，路堤受库水位长期浸泡的部位应采用渗水性材料填筑，库水位以上的部位可用细粒土填筑。

3 当路基长期受水浸泡、两侧有较大的水头差时，路堤受库水位浸泡的部位宜用不易风化的石块填筑或在低水位一侧放缓边坡、加宽护坡道。

4 当渗透速度和渗透压力较大而可能发生冲蚀时，除放缓边坡外，宜在低水位一侧设置排水设施。

路堤在渗透压力作用下，降低了路堤边坡的稳定性，同时还可能产生管涌和流土现象，不利于路堤的稳定。因此需要采用级配良好的渗水性材料作填料，并严格控制路堤填筑的压实度。

7.18.3 路基及库岸稳定性分析应符合下列要求：

1 路基稳定性分析应考虑上下游水头差在路基内产生的稳定渗流及水位骤然下降在路基内产生的不稳定渗流对路基边坡产生的渗透压力和冲蚀作用，应按路基内渗流的最不利情况进行检算，必要时应进行流网计算。

2 土的强度参数应按地下水位高度(浸润曲线以上加地下水壅升高度)以上和以下分别采用夯后快剪和夯后饱和快剪试验值，物理性质参数也应按地下水位以上和以下分别取值。

3 在封冰和流冰地区，应考虑冰荷载作用。水库的上游地段，当流速较大时，尚应考虑水流的冲刷作用。

4 稳定系数不应小于表3.6.11和表3.7.7的规定。当考虑水位升降变化并同时考虑地震的作用影响时，稳定系数不应小于1.05。

对于跨越支沟的路堤，支沟中水位高出水库水位较大时，路基内将产生稳定渗流，若其上下游的水位差不显著，在水库泄洪或洪水来临时，水位骤然变化将在路基内产生不稳定渗流。水库水位下降幅度和时间的变化较为复杂，一般认为当土体的渗透系数 $K>0.001$cm/s、水位消落速度小于1m/d时为缓降，而大于3m/d时为骤降。当水库水位骤然下降时，路堤内侧的水向库区渗流，对水库侧的边坡产生渗透压力和冲蚀作用；当水位上升时，库区的水向路堤渗流，对外侧边坡产生影响渗透压力和冲蚀作用。

路堤失稳情况大多数发生在水位骤降时，检算时一般采用假定破裂面为圆弧面的条分法，但必须计入浸水部分土体重度和强度指标的变化。在淤积快的水库区，由于蓄水初期为危险期，这时没有淤积物或淤积物很少，检算路堤稳定性时，不考虑将来淤积后增加的路堤抗滑能力。

路堤内的渗透变形主要为管涌和流土。水库路基设计需从土的不均匀系数、颗粒直径、土体的密实度和渗透系数及渗透速度、渗透压力等因素分析其渗透破坏作用。

水库蓄水后，随水位升降变化、地下水壅升、波浪的动力作用及库岸地层浸水后性质的变化，破坏了既有边坡的稳定，使库岸发生冲蚀、坍塌、滑坡等变形。设计时需根据公路所处的具体位置，对库岸作出稳定性评价。当危及公路安全时，需对库岸或路基进行防护加固。

7.18.4 路基边坡防护类型应根据水库类型、波浪力大小、路基所处位置等因素进行选择，可采用干(浆)砌片石、混凝土、石笼护坡等，并应做好防渗反滤层设计。因浸水、冲刷等影响路基稳定时，可采取挡土墙、防冲刷的顺坝或丁坝、副堤等加固措施。各种防护工程应与周围环境景观相协调。

库区路堤浸水部位的坡面，一般以防止波浪侵袭破坏作用为主，而水库上游地段，因库水下泄后流速增大，尚需考虑水流的冲刷作用。

在防护范围内需设置较强的防护工程，用以抵抗波浪的侵袭作用。浸水路堤采用干砌片石或各种类型的混凝土块(板)铺砌，在防护建筑物与土体之间需做好反滤层，防止土粒流失。

7.18.5 路基基底的处理应符合下列要求：

1 对浸水路基的软弱土地基、受库水或及地下水壅升浸泡后将产生松软的地基土层、湿陷性黄土地基，以及动荷载作用下可能产生液化的饱和粉土、粉细砂地基等，应进行地基加固。

2 路基基底存在渗流而影响路基稳定时，应采取坡脚护底铺盖层、地基防渗墙或防渗帷幕等处理措施。

水库的水位升降变化对路基基底冲蚀，并引起路基迎水侧的土体产生渗流，因此地基条件将影响到路基稳定，设计时，需高度重视水库路基基底的处理。

基底处理需根据具体地形地质条件选定。对一般松散土质，进行填前压密处理，斜坡地基按第3.3节的有关规定处理；对软弱地基可按第7.7节软土地基的有关规定处理；湿陷性黄土地基，可预先浸水使其自行湿陷，或采取强夯处理；对于保护粉细砂地基，要采取措施（强夯置换等），防止地基液化。

7.18.6　水库坍岸危及路基稳定时，应根据线路的位置、库岸土质、库岸高度和坡度、浸水深度、水库淤积等情况，对库岸采取相应的防护措施。水库坍岸的防护类型可根据波浪、水冻结膨胀压力的破坏作用和地形地质等情况合理选用。

水库蓄水后，库岸地层物理力学性质的变化及波浪等对水库边岸的冲刷作用，将产生滑动、坍塌的变形现象。当公路距水库较近时，库岸变形将影响公路路基的稳定。

水库坍岸的快慢，视库岸土质及其所处在位置的不同而异。具体根据公路位置距离水库库岸的远近的不同及上述综合因素综合考虑，区别缓急，分期投资。对坍势较重，近期将威胁路基安全的地段，在新建时需做好库岸的防护工程。

水库坍岸的防护类型需根据地形、地质条件、水位、波浪、流速、冰荷载等情况确定，通常采用干砌（或浆砌）片石护坡、挡土墙、石笼、土工膜袋、护坦等措施。当库岸边坡稳定性不足，或易产生滑坍时，也可采用抗滑桩、预应力锚固等支护结构。对于干砌（或浆砌）片石护坡、挡土墙等圬工防护，墙背后还需增设防渗反滤层。

7.18.7　水库坍岸的防护长度范围应根据公路路基所在库岸边坡受波浪作用影响的地段而定，防护工程两端应有适当的安全距离，并应嵌入库岸或路基边坡内，基础应嵌入稳定的库岸或路基边坡内。

水库坍岸的防护设计，在考虑水库水位升降的作用影响的基础上，还需考虑常水位的波浪力对库岸的冲刷、淘蚀作用影响。防护工程的高程设计时，可按水库正常高水位加波浪侵袭高加 0.5m 安全高度来作为水库坍岸的防护顶面高程。防护工程轴线应顺应库岸的形态，并嵌入库岸或路基边坡内，基础应嵌入稳定的库岸或路基边坡内，以保证防护工程的安全稳定。

7.19 季节冻土地区路基

本节为新增内容。

7.19.1 季节冻土地区路基设计应遵循下列原则：

1 应调查收集年平均气温、年平均地温、冻结指数、标准冻深、当地公路路基路面冻害情况及其防治经验，查明季节冻土层的分布特征、物理力学性质、地下水位、冻结水上升高度等，分析评价冻胀等级及对公路危害程度。

2 季节冻土地区的公路宜填不宜挖，路线宜布于山坡阳面。

3 应根据气候、地形地貌、地质状况、排水状况和路基填料等对路基路面冻害的影响，合理确定路基填筑高度，选用非冻胀性填料，做好路基路面综合设计。

季节冻土地区路基受地下、地表水的影响，冬季易产生冻胀，导致路面平整度下降，春季的融化导致路基的强度大幅下降，在汽车循环荷载作用下，路基易产生弹簧和沉陷，轻者影响道路的使用寿命，严重的会导致道路的冻胀翻浆。路基病害的主要根源之一是路基的冻胀和融沉，对冻胀影响程度较大的因素分别是：地下水、土质、温度。

据相关调查，路基的冻胀量约占公路总冻胀量的 90%，因此可以以路基的冻胀量表示公路的总冻胀。我国季节冻土地区的范围很广，青藏高原、西北和东北等地的地质状况差异明显，包括了高原、荒漠、戈壁、草地沼泽、高山平原等不同的类型；在同一地区，也因路基填料、高度、地下水位、边沟设置等因素导致路基抗冻性能的差别。因此，设计人员需根据具体情况、地质条件、结合当地的工程经验进行路基的抗冻融设计。

7.19.2 季节冻土的冻胀性分类应符合下列要求：

1 冻胀等级应根据平均冻胀率的大小按表 7.19.2-1 确定。

表 7.19.2-1　季节冻土的冻胀等级

平均冻胀率 η(%)	冻 胀 等 级	冻 胀 类 别
$\eta \leqslant 1$	Ⅰ	不冻胀
$1 < \eta \leqslant 3.5$	Ⅱ	弱冻胀
$3.5 < \eta \leqslant 6$	Ⅲ	冻胀
$6 < \eta \leqslant 12$	Ⅳ	强冻胀
$\eta > 12$	Ⅴ	特强冻胀

2　平均冻胀率按式(7.19.2)计算：

$$\eta = \frac{z}{H_d} \times 100(\%) \tag{7.19.2}$$

式中：z——土的冻胀值(mm)；

H_d——土的冻结深度(mm)，不包括冻胀量。

3　季节冻土的冻胀性分类应符合表 7.19.2-2 的规定。

表 7.19.2-2　季节冻土与季节融化层土的冻胀性分级

<table>
<tr><th>土 的 名 称</th><th>冻前天然含水率 w(%)</th><th>冻前地下水位距设计冻深的最小距离 h_w(m)</th><th>平均冻胀率 η(%)</th><th>冻胀等级</th><th>冻胀类别</th></tr>
<tr><td rowspan="9">碎(卵)石，砾、粗、中砂(粒径小于 0.075mm 的颗粒含量不大于 15%)，细砂(粒径小于 0.075mm 的颗粒含量不大于 10%)</td><td>不饱和</td><td>不考虑</td><td>$\eta \leqslant 1$</td><td>Ⅰ</td><td>不冻胀</td></tr>
<tr><td>饱和含水</td><td>无隔水层</td><td>$1 < \eta \leqslant 3.5$</td><td>Ⅱ</td><td>弱冻胀</td></tr>
<tr><td>饱和含水</td><td>有隔水层</td><td>$3.5 < \eta$</td><td>Ⅲ</td><td>冻胀</td></tr>
<tr><td rowspan="2">$w \leqslant 12$</td><td>>1.0</td><td>$\eta \leqslant 1$</td><td>Ⅰ</td><td>不冻胀</td></tr>
<tr><td>≤1.0</td><td rowspan="2">$1 < \eta \leqslant 3.5$</td><td rowspan="2">Ⅱ</td><td rowspan="2">弱冻胀</td></tr>
<tr><td rowspan="2">$12 < w \leqslant 18$</td><td>>1.0</td></tr>
<tr><td>≤1.0</td><td rowspan="2">$3.5 < \eta \leqslant 6$</td><td rowspan="2">Ⅲ</td><td rowspan="2">冻胀</td></tr>
<tr><td rowspan="2">$w > 18$</td><td>>0.5</td></tr>
<tr><td>≤0.5</td><td>$6 < \eta \leqslant 12$</td><td>Ⅳ</td><td>强冻胀</td></tr>
<tr><td rowspan="7">粉砂</td><td rowspan="2">$w \leqslant 14$</td><td>>1.0</td><td>$\eta \leqslant 1$</td><td>Ⅰ</td><td>不冻胀</td></tr>
<tr><td>≤1.0</td><td rowspan="2">$1 < \eta \leqslant 3.5$</td><td rowspan="2">Ⅱ</td><td rowspan="2">弱冻胀</td></tr>
<tr><td rowspan="2">$14 < w \leqslant 19$</td><td>>1.0</td></tr>
<tr><td>≤1.0</td><td rowspan="2">$3.5 < \eta \leqslant 6$</td><td rowspan="2">Ⅲ</td><td rowspan="2">冻胀</td></tr>
<tr><td rowspan="2">$19 < w \leqslant 23$</td><td>>1.0</td></tr>
<tr><td>≤1.0</td><td>$6 < \eta \leqslant 12$</td><td>Ⅳ</td><td>强冻胀</td></tr>
<tr><td>$w > 23$</td><td>不考虑</td><td>$\eta > 12$</td><td>Ⅴ</td><td>特强冻胀</td></tr>
</table>

续上表

<table>
<tr><th>土的名称</th><th>冻前天然含水率 w（%）</th><th>冻前地下水位距设计冻深的最小距离 h_w(m)</th><th>平均冻胀率 η(%)</th><th>冻胀等级</th><th>冻胀类别</th></tr>
<tr><td rowspan="9">粉土</td><td rowspan="2">$w \leqslant 19$</td><td>>1.5</td><td>$\eta \leqslant 1$</td><td>Ⅰ</td><td>不冻胀</td></tr>
<tr><td>≤1.5</td><td rowspan="2">$1 < \eta \leqslant 3.5$</td><td rowspan="2">Ⅱ</td><td rowspan="2">弱冻胀</td></tr>
<tr><td rowspan="2">$19 < w \leqslant 22$</td><td>>1.5</td></tr>
<tr><td>≤1.5</td><td rowspan="2">$3.5 < \eta \leqslant 6$</td><td rowspan="2">Ⅲ</td><td rowspan="2">冻胀</td></tr>
<tr><td rowspan="2">$22 < w \leqslant 26$</td><td>>1.5</td></tr>
<tr><td>≤1.5</td><td rowspan="2">$6 < \eta \leqslant 12$</td><td rowspan="2">Ⅳ</td><td rowspan="2">强冻胀</td></tr>
<tr><td rowspan="2">$26 < w \leqslant 30$</td><td>>1.5</td></tr>
<tr><td>≤1.5</td><td rowspan="2">$\eta > 12$</td><td rowspan="2">Ⅴ</td><td rowspan="2">特强冻胀</td></tr>
<tr><td>$w > 30$</td><td>不考虑</td></tr>
<tr><td rowspan="8">黏质土</td><td rowspan="2">$w \leqslant w_P + 2$</td><td>>2.0</td><td>$\eta \leqslant 1$</td><td>Ⅰ</td><td>不冻胀</td></tr>
<tr><td>≤2.0</td><td rowspan="2">$1 < \eta \leqslant 3.5$</td><td rowspan="2">Ⅱ</td><td rowspan="2">弱冻胀</td></tr>
<tr><td rowspan="2">$w_p + 2 < w \leqslant w_p + 5$</td><td>>2.0</td></tr>
<tr><td>≤2.0</td><td rowspan="2">$3.5 < \eta \leqslant 6$</td><td rowspan="2">Ⅲ</td><td rowspan="2">冻胀</td></tr>
<tr><td rowspan="2">$w_p + 5 < w \leqslant w_p + 9$</td><td>>2.0</td></tr>
<tr><td>≤2.0</td><td rowspan="2">$6 < \eta \leqslant 12$</td><td rowspan="2">Ⅳ</td><td rowspan="2">强冻胀</td></tr>
<tr><td rowspan="2">$w_p + 9 < w \leqslant w_p + 15$</td><td>>2.0</td></tr>
<tr><td>≤2.0</td><td>$\eta > 12$</td><td>Ⅴ</td><td>特强冻胀</td></tr>
</table>

注：1. w_P 为土的塑限含水率(%)；w 为冻前天然含水率在冻层内的平均值。
2. 盐渍化冻土不在表列。
3. 塑性指数大于 22 时，冻胀性降低一级。
4. 粒径小于 0.005mm 粒径含量大于 60%时为不冻胀土。
5. 碎石类土当填充物大于全部质量的 40%时，其冻胀性按填充物土的类别判定。
6. 隔水层指季节冻结层底部及以上的隔水层。

《公路沥青路面设计规范》(JTG D50—2006)根据冻结指数对冰冻区划分见表 7-46。综合相关标准和我国公路的实际冻融病害的严重程度，本规范所指的季节冻土地区主要为冻结指数在 800 以上的中、重冻区。

表 7-46 冰冻区划分表

冰冻区划分	重冻区	中冻区	轻冻区	非冰冻区
冻结指数(℃)	≥2 000	2 000～800	800～50	≤50

土的冻胀性分类各行业与规范略有差别，表7-47是各规范的冻胀等级划分。对于土的冻胀性分类主要参照我国建筑部门规范。

表7-47 不同规范土的冻胀等级划分

冻胀类别	规范名称		
	《公路工程抗冻设计与施工技术指南》及冻土区建筑基础规范	《公路桥涵地基与基础设计规范》	前苏联交通建设部柔性路面设计规范(1985年)
不冻胀	$\eta \leqslant 1.0$	$\eta \leqslant 1.0$	$\eta \leqslant 1.0$
弱冻胀	$1 < \eta \leqslant 3.5$	$1 < \eta \leqslant 3.5$	$1 < \eta \leqslant 4.0$
冻胀	$3.5 < \eta \leqslant 6.0$	$3.5 < \eta \leqslant 6.0$	$4.0 < \eta \leqslant 7.0$
强冻胀	$6.0 < \eta \leqslant 12.0$	$6.0 < \eta \leqslant 13.0$	$7.0 < \eta \leqslant 10.0$
特强冻胀	$\eta > 12.0$	$\eta > 13.0$	$\eta > 10$

试验表明，粗颗粒土中粉黏粒含量对冻胀率有明显的影响，图7-42大致反映了粉黏颗粒含量与冻胀系数的关系。当粉黏粒含量小于12%时，即使在充分饱水的条件下，冻胀率不大于2%。当粉黏粒含量大于12%后，冻胀率明显增大；当粉黏粒含量超过50%以上时，土体冻胀系数便突跃至8%。

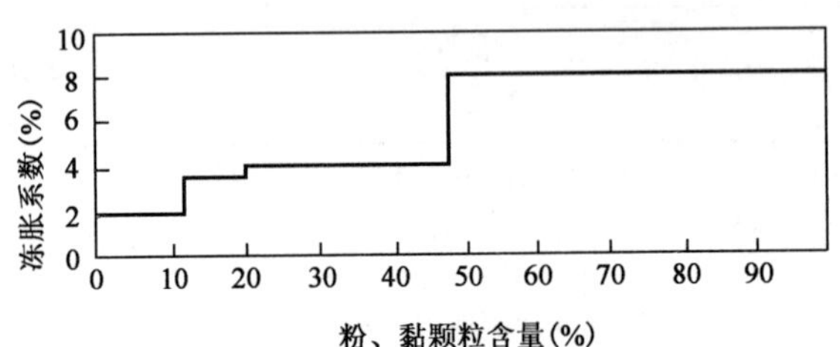

图7-42 不同粒径的细颗粒含量对冻胀性的影响

注：黏颗粒粒径<0.005mm，粉颗粒粒径为0.5<0.005mm。

我国《冻土地区建筑地基基础设计规范》(JGJ 118—98)规定，对土壤中的含水率与冻胀率之间的关系可按下式计算：

$$\eta = \frac{1.09\rho_d}{2\rho_w}(w - w_P) \approx 0.8(w - w_P) \tag{7-23}$$

在有地下水补给时，冻胀性提高一级。如果地下水位离冻结锋面较近，处在毛细水强烈补给范围之内时，冻胀性提高两级。式(7-23)是按黏性土在没有地下水补给(封闭系统)条件下,理论上简化计算最大可能产生的平均冻胀率。其中,ρ_d为土的干密度,取1.5t/m³;ρ_w为水的密度,取1.0t/m³。

7.19.3 路基冻胀量控制标准应符合下列规定:

1 路基总冻胀量应按式(7.19.3)计算,用于计算路基冻胀量的土层范围应为路基冻结深度。

$$z_j = \sum_{i=1}^{n} h_i \eta_i \tag{7.19.3}$$

式中:z_j——路基冻胀量(mm);

h_j——路基冻深内不同土层厚度(mm);

η_i——路基不同土层土的冻胀率(%);

n——不同土层数。

2 路基总冻胀量应符合表7.19.3的规定。

表7.19.3 季节冻土地区路基容许总冻胀量

公路等级	路基容许总冻胀量(mm)	
	水泥混凝土路面	沥青混凝土路面
高速公路、一级公路	≤20	≤40
二级公路	≤30	≤50

注:三、四级公路以二级公路的容许总冻胀量为基础,根据具体情况确定。

季节冻土路基路面冻害主要是冻胀和融沉引起的。已建公路调查发现,路面产生裂缝、隆起破坏与路基冻胀有关,路面下沉、路基翻浆破坏与路基融沉有关。因此,影响路面的使用质量和寿命,必须控制路基冻胀变形量和融沉变形量。

根据东北地区公路对现有路面的冻胀观测结果,水泥混凝土路面的总冻胀量多在30mm以下,当不均匀冻胀引起路面不平整度(最大间隙)超过3mm时,水泥混凝土路面的开裂及断板率明显增加。二级及二级以下公路沥青路面的总冻胀量多在50mm以下,高速公路、一级公路无机结合料稳定类基层沥青路面的总冻胀量多在40mm以下,当不均匀冻胀引起的凭证度(最大间隙)超过8mm以上时,路面裂缝开始出现。《公路路基设计手册》提出的路面容许冻胀量:水泥混凝土路面为20mm,沥青混凝土路面为40mm,次高级路面为60mm。

前苏联柔性路面设计规范及条文说明(BCH46—83)规定高等级公路沥青路

面容许冻胀量为 40mm，简易路沥青路面为 60mm；高等级公路水泥混凝土路面容许冻胀量为 30mm，水泥混凝土装配式路面为 40mm。

本次规范修订，为满足路面使用要求和服务水平，防治路面病害，以平整度控制依据，提出了各等级公路水泥混凝土路面和沥青路基容许总冻胀量控制标准。

由于影响季节冻土路基融沉的因素很多，路基融沉变化规律也较为复杂，目前尚无成熟的路基融沉量计算方法与容许融沉量控制标准。故本次规范修订尚未规定季节冻土路基容许融沉量控制标准。设计时，需从工程措施入手，从路基填料选择、含水率、密实度、防排水措施等采取综合措施，控制路基融沉变形，防治路基翻浆。

7.19.4　路基填料设计应根据路基高度、地表水位、地下水位、容许总冻胀量及路面结构类型等，按表 7.19.4 确定路基填料。路床宜采用中粗砂、砂砾、碎石、高炉矿渣、钢渣等抗冻性好的材料，强风化软质岩、遇水崩解软质岩石不得用作上路床填料。

表 7.19.4　季节冻土路基填料选择表

路基形式	冰冻分区	地下水位或地表常水位距路面距离(m)	土的冻胀等级			
			上路床	下路床	上路堤	下路堤
填方路基	重冻区	$h_w>3$	Ⅰ	Ⅰ、Ⅱ、Ⅲ	—	—
		$h_w\leqslant3$	Ⅰ	Ⅰ、Ⅱ	Ⅰ、Ⅱ、Ⅲ	—
	中冻区	$h_w>3$	Ⅰ、Ⅱ	Ⅰ、Ⅱ、Ⅲ	—	—
		$h_w\leqslant3$	Ⅰ	Ⅰ、Ⅱ	—	—
零填方或挖方路基	重冻区	$h_w>3$	Ⅰ	Ⅰ	—	—
		$h_w\leqslant3$	Ⅰ	Ⅰ	—	—
	中冻区	$h_w>3$	Ⅰ	Ⅰ、Ⅱ	—	—
		$h_w\leqslant3$	Ⅰ	Ⅰ	—	—

注：1. 土的冻胀等级见表 7.19.2-1。

2. 重冻区、中冻区，高速公路、一级公路上路床采用Ⅰ类土时，其细粒土(粒径小于 0.075mm 含量)含量宜小于 5%。

3. 缺少砂石料地区，采用无机结合料、矿渣、固化剂等进行处治时，填料可不受此表限制。

路基填料对减轻冻胀具有重要的作用，不同填料的冻胀系数差别较大，尤其是路基融化后的强度差别更明显，粗粒料即使产生冻胀，融化后仍能保持较高的强度，满足路面的要求。因此选用好的填料是确保路基质量的基本条件，技术可靠、效果显著。

挖方路段是一个人工低地，高处的潜水会渗入路堑，因此路堑的冻胀病害远较填方严重。路床换填砂砾层可以降低冻胀率，提高春融时路基路面的承载力；路堤采用砂砾料可以大幅降低毛细水的上升高度，降低路基土的持水能力，减轻冻胀翻浆，在我国砂石料丰富地区是最经济的方法。

土的冻胀水分有汽态水、地表渗水和毛细水，对于砂砾类材料的冻胀以汽态水的凝结为主，这有些类似于锅盖效应或冬天窗户玻璃的结冰。因此，采用砂砾料虽能阻断毛细水，但不能完全避免冻结，这在多条公路的调查中得到证实。北欧一些国家的路基高度与气温都较低，但他们对于路基的下处理很重视，多采用砂砾等粗粒料填筑，因此路基冻胀翻浆状况并不严重。

冻胀对道路的破坏作用主要是在春融期，春融引起路基土层的含水率增大，路基强度大幅下降，在汽车动荷载的作用下，路面出现裂缝、翻浆、沉陷、车辙、拥包等病害。因此保证春融时路基的强度是防止冻害的基础。

砂砾类材料的透水性好，能够迅速排出融化水，即使在含水率较高的情况下仍能保持较高的强度。对于一些砂石料缺乏的地区，可以采用水泥、石灰、粉煤灰等固化剂稳定细粒土。据黑龙江省某试验路5年观测资料分析，基垫层材料及路基在冻融反复作用下强度衰减系数为：水泥稳定砂砾20%～25%，石灰土30%～40%，砂垫层25%～30%，路基25%～30%，稳定细粒土冻融后长期强度较差。

7.19.5 路堤高度应符合本规范第3.3.1条、第3.3.2条的规定，路基总冻胀量应符合表7.19.3的规定。不能满足时，可采取下列措施：

1 引排地表积水或降低地下水位。

2 设置防冻垫层、毛细水隔断层、排水层等。

3 在冻胀深度范围内，采用不冻胀或弱冻胀土作填料。

4 采用聚苯乙烯泡沫塑料板隔温层。

土的冻结深(厚)度相对固定，抬高路基可以抬高冻结线，增加冻结线与地下水位间的距离，有效地增加毛细水的上升阻力，降低路基上部的含水率，减轻冻胀对土体结构的影响，减少翻浆。

工程实践表明，抬高路堤高度是防治路基冻害的有效措施，有条件时，应首先满足所要求的路堤最小厚度。无条件时，需结合季节冻土地区的特殊自然条件，经技术经济比选后，择优其他工程措施，如：降低地下水，设置隔断层，设置聚苯乙烯泡沫塑料板隔温层，设置高炉矿渣、钢渣等抗冻保温层等。

防止冻胀翻浆路基的高度并不是越高越好，路基过高将增加路堤的工后沉降量和不稳定性，工程量也将相应增加。因此，防止冻胀翻浆存在一个合理的路堤高度即路基的临界高度，在此高度时路基的冻胀翻浆不明显，同时工程量也最小。一般情况下，路基的临界高度为道路最大冻深与冻结水上升高度之和。路基的临界高度与各地的气候条件、路基填料、地质状况等相关。

为防治季节冻土路基病害，应采用合理的路堤高度与路基填料相结合的设计方案。有条件时，应优先采用砂土、中粗砂、砂砾、碎石等抗冻性能好的填料。

设置泡沫板等保温层也是防治路基冻害的优先措施。路基的冻胀翻浆离不开负温，泡沫隔温板具有极好的隔热性能，采用泡沫隔温板可以很好地减少路基的冻结深(厚)度，从而增加与地下水的距离，降低路基的总冻胀量，防止路基路面的冻胀破坏。泡沫隔温板多采用聚苯乙烯板，工厂预制，现场拼装，施工方便，在美国、俄罗斯、日本、北欧等国已普遍采用。

我国也在多条路上铺设了试验段，效果良好。隔温板的价格较高，故我国公路部门只是在冻胀翻浆严重的局部地段采用。我国《水工建筑物抗冰冻设计规范》(SL 211—98)对采用聚苯乙烯泡沫塑料板作保温材料时，其材料的性质规定见表 7-48。由于沟渠等水利工程没有汽车等较大的附加荷载，故对强度的要求较低。公路部门所用的泡沫隔温板的强度一般要求在 0.5MPa 以上，厚度一般为 50mm 和 75mm，为增强隔温效果，多铺筑于路基顶面。

表 7-48　泡沫保温板的性能要求

密度(kg/cm^3)	吸水性 (g/m^2)	压缩强度 (压缩 50%) (kPa)	弯曲强度 (kPa)	尺寸稳定性 −40～+70℃ (%)	导热系数 [W/(m·℃)]
≤20	<80	≥150	≥180	±0.5	≤0.04
20～35		≥200	≥220		

我国公路部门以前经常采用反铺草皮、塔头草等进行路基边坡的保温，随着环保意识的增强，目前已较少应用。

7.19.6 季节冻土地区路基排水设计应符合本规范第4章的规定，中、重冻区路基排水设计尚应符合下列要求：

1 挖方边坡有地下水出露时，对潮湿的土质边坡可设置支撑渗沟，对集中的地下水出露处设置仰斜式排水孔。

2 挖方路基宜采用宽浅型边沟，不宜采用带盖板的矩形边沟。采用暗埋式边沟时，暗沟或暗管应埋设于当地最大冻深以下不小于0.25m处。

3 挖方路基及全冻路堤应设排水渗沟，渗沟应设于两侧边沟下或边沟外，不宜设在路肩范围以内。

4 排水管、集水井、渗沟等排水设施应设置在当地最大冻深以下不小于0.25m处，出水口的基础应设置在冻胀线以下，渗沟等出口应采取防冻保温措施。

水分对冻胀的影响很大。

(1)起始冻胀含水率

在土质一定的条件下，土中水是引起土体冻胀性大小的基本因素之一。土中水的来源有如下三个方面：大气降水、地下水补给和各种给水工程等引起的回归水。非饱和土中存在起始冻胀含水率，即当土体初始含水率小于起始冻胀含水率时，冻胀率为零。黏性土的起始冻胀含水率 w_0 与塑限含水率 w_P 间有如下关系：

$$w_0 = 0.48 w_P \tag{7-24}$$

(2)冻胀率与含水率的关系

土的冻胀率与含水率的关系可用下式表达[2]：

$$\eta = a(w - w_0)^b \tag{7-25}$$

粗颗粒土及含水率小于 $w_P + 35\%$ 的黏性土的冻胀率与含水量的关系可表达为：

$$\eta \approx k(w - w_0) \tag{7-26}$$

式中：a、b、k——与土质有关的常数。

关于不同土质中地下水影响高度问题，目前国内外主要还是根据地下水位以上毛细管作用层范围内毛细水的上升高度来确定。一些学者报道了冻胀率随地下水位埋深增大而按指数规律衰减的试验观测结果。

由于土孔隙的毛管性，水可从地下水位通过毛管上升到一定高度。毛细上升高度可按下式计算：

$$h=\frac{2\sigma\cos\beta}{\gamma\rho g} \tag{7-27}$$

式中：h——毛细上升高度(m)；

σ——表面张力系数，7.3×10^{-2}N/m；

β——接触角；

γ——毛管半径；

ρ——水的密度；

g——重力加速度。

不同土类由于毛管半径不同，毛细上升高度也不同，我国《冻土地区建筑地基基础设计规范》(JGJ 118—2011)对不同土类毛细水的上升高度规定见表7-49，毛细上升高度与冻深、冻胀的比较见表7-50。

表7-49　不同土类的毛细上升高度

土类	粗砂	中砂	细砂	粗粉土	中细粉土	黏土
H(m)	0.03～0.15	0.10～0.50	0.3～3.5	1.5～8	4～12	>8

表7-50　土中毛细管水上升高度与冻深、冻胀的比较(JGJ 118—2011)

项目 土壤类别	毛细管水上升高度(mm)	冻深速率变化点距地下水位的高度(mm)	明显冻胀层距地下水位的高度(mm)
重壤土	1 500～2 000	1 300	1 200
轻壤土	1 000～1 500	1 000	1 000
细砂	<500	—	400

冬季水分积聚量与冻前土基湿度、地下水(或地表面水)的影响程度、当地气候条件都有密切的关系。首先，当冻前土基干燥时，正温区内土中的水分移动，主要以水汽扩散形式进行，水汽移动借水汽凝聚作用能够维持负温区内水膜中水的损失，但不能在零度边界附近造成毛细水的补充积累，对工程危害不大。多雨的秋天，使冻前土基湿度较大，这时向冷冻区移动的水分主要以液态形式进行。在正温区中水分移动的动力是由于冻结线处水结冰与下面形成湿度坡差形成的，悬挂毛

细水变成薄膜水，导致整个毛细水柱逐渐吸向冻结区，由于水分在路基上层集中而使路基土层过度湿润，而且冻前含水率越大，水分迁移及潜热释放也越多，使冻速越慢，更有利于水分进一步迁移，冻胀也就越大。

综上所述，水是冻胀翻浆的要素之一，加强排水可以有效地减轻冻胀翻浆。公路排水措施主要有：

(1)设置截水沟。在路堑路段设置截水沟将山坡上的降水与融化雪水截住并导离路堤，防止路基被浸泡。

(2)加深加宽边沟，防止边沟淤积堵塞。在寒冷地区的冬季，边沟经常发生积冰和壅冰上路的现象，极大地降低了边沟的排水能力。我国路堑地段的冻胀翻浆多与边沟积水相关。

(3)边沟采用渗沟并设置必要的防冻保温层，但渗沟应埋设在当地最大冻结深度以下，其出口需采取保温防冻措施。设计时，应因地制宜，合理确定排水措施。

附录A　路基土动态回弹模量标准试验方法

A.0.1　本试验方法适用于利用动三轴试验仪在规定的加载条件下测定路基土与粒料的动态回弹模量。

A.0.2　动三轴试验仪装置应符合下列规定：

1　三轴压力室应采用聚碳酸酯、丙烯酸或其他适宜的透明材料制成，宜采用空气作为测压流体。

2　加载装置应采用能够产生重复循环半正矢脉冲荷载的顶部加载式、闭路电液压或电气压试验机。施加荷载的频率为0.1～25Hz，且施加的最大轴向动应力水平应不小于150kPa。

3　数据测量及采集应采用计算机控制，能测量并记录试件在每个加载循环中所承受的荷载和产生的轴向变形。三轴室压力可采用压力表、压力计或压力传感器监测，量程不应小于200kPa，精确不应低于1.0kPa；轴向荷载传感器量程应不小于25kN，分辨力应不低于5N；位移传感器可采用LVDT或其他合适的设备，应具有良好的动态响应特性，量程应大于6mm，分辨力应不大于量程的1%。

A.0.3　试验准备工作应符合下列规定：

1　试件成型应符合下列规定：

1)现场取土应采用薄壁试管取样；

2)最大粒径大于19mm的路基土与粒料，应筛除大于26.5mm的颗粒，采用振动或冲击压实成型；

3)最大粒径不超过9.5mm，且0.075mm筛通过百分率小于10%的路基土，应采用振动压实成型；

4)最大粒径不超过9.5mm，且0.075mm筛通过百分率不小于10%的路基土，应采用冲击或静压压实成型。

2　试件尺寸应符合下列规定：

1)现场取土试样的长度应不小于试件直径的2倍;

2)最大粒径大于19mm的路基土与粒料,试件尺寸应符合直径150mm±2mm、高300mm±2mm的要求;

3)最大粒径不超过19mm的路基土与粒料,试件尺寸应符合直径100mm±2mm、高200mm±2mm的要求。

3 室内压实成型试件含水率应符合目标含水率值±0.5%,压实度应符合目标压实度值±1.0%。

4 对于较硬的黏性试件(不排水抗剪强度大于36kPa,模量一般大于70MPa),可采用石膏浆调和端部的表面缺陷,处理厚度不应超过3mm。

5 一组试验不应少于3个平行试件。

A.0.4 试验步骤应符合下列规定:

1 在试件上套装橡皮膜,保证密封不透气。

2 将试件放置在预浸的湿润多孔透水石和底部压盘上,并在顶部加放预浸的湿润透水石和顶部压盘。当存在透水石堵塞时,应在试件与透水石之间放置预浸的湿润滤纸。

3 将组装好的试件置于三轴室基座的中心位置,并保证试件中心与加载架的中心对齐。

4 安装位移传感器。当采用上下顶端式测量装置时,应将LVDT或位移传感器附于钢条或铝棒(介于试件顶盖与底部压盘之间)上;当采用光学变形测量仪时,应将2个指示标直接附于试件上,每个指示标至少采用2个小别针定位;当采用夹持式测量装置时,应将夹具置于试件1/4高度处。对不排水抗剪强度小于36kPa的较软试件,不应采用置于试件上的夹持式测量装置。

5 打开排水管阀门,连通围压供给管和三轴室,对试件施加30.0kPa预载围压,并对试件施加至少1 000次、最大轴向应力为66.0kPa的半正矢脉冲荷载。当试件总的垂直永久应变达到5%时,预载停止,应分析原因或重新制备试件。

6 调整围压和半正矢脉冲荷载至目标设定值,以10Hz的频率重复加载100次。试验采集最后5个波形的荷载及变形曲线,记录并计算试验施加荷载、试件轴向可恢复变形、动态回弹模量。加载过程中,若试件总的垂直永久应变超过5%,

应停止试验并记录结果。

A.0.5 试验成果计算应符合下列规定：

1 应力幅值应按式(A.0.5-1)计算确定：

$$\sigma_0 = \frac{P_i}{A} \tag{A.0.5-1}$$

式中：σ_0——轴向应力幅值(MPa)；

P_i——最后5次加载循环中轴向试验荷载平均幅值(N)；

A——试件径向横截面面积，可取试件上下端面面积平均值(mm^2)。

2 应变幅值应按式(A.0.5-2)计算确定：

$$\varepsilon_0 = \frac{\Delta_i}{l_0} \tag{A.0.5-2}$$

式中：ε_0——可恢复轴向应变幅值(mm/mm)；

Δ_i——最后5次加载循环中可恢复轴向变形平均幅值(mm)；

l_0——位移传感器的量测间距(mm)。

3 动态回弹模量应按式(A.0.5-3)计算：

$$M_R = \frac{\sigma_0}{\varepsilon_0} \tag{A.0.5-3}$$

式中：M_R——路基土或粒料动态回弹模量(MPa)。

附录 B　路基土动态回弹模量取值范围

表 B-1　标准状态下路基土回弹模量参考值

土　　组	取值范围(MPa)
砾(G)	110～135
含细粒土砾(GF)	100～130
粉土质砾(GM)	100～125
黏土质砾(GC)	95～120
砂(S)	95～125
含细粒土砂(SF)	80～115
粉土质砂(SM)	65～95
黏土质砂(SC)	60～90
低液限粉土(ML)	50～90
低液限黏土(CL)	50～85
高液限粉土(MH)	30～70
高液限黏土(CH)	20～50

注:1. 对砾和砂,D_{60}(通过率为 60%时的颗粒粒径)大时,模量取高值,D_{60}小时,模量取低值。

2. 对其他含细粒的土组,小于 0.075mm 颗粒含量大和塑性指数高时,模量取低值,反之,模量取高值。

3. 同等条件下,轻、中等及重交通荷载时路基土回弹模量取较小值,特重、极重交通条件下取较大值。

表 B-2　标准状态下粒料回弹模量参考值

粒 料 类 型	取值范围(MPa)
级配碎石	180～400
未筛分碎石	180～220
级配砾石	150～300
天然砂砾	100～140

附录C　路基平衡湿度预估方法

C.0.1　路基平衡湿度状况可依据路基的湿度来源分为潮湿、中湿、干燥等三类，并按下列条件判别路基湿度状态：

1　地下水或地表长期积水的水位高，路基工作区均处于地下水毛细润湿影响范围内，路基平衡湿度由地下水或地表长期积水的水位升降所控制，路基湿度状态可定为潮湿类路基。

2　地下水位很低，路基工作区处于地下水毛细润湿面之上，路基平衡湿度由气候因素所控制，路基湿度状态可定为干燥类路基。

3　中湿类路基的湿度兼受地下水和气候因素影响，路基工作区被地下水毛细润湿面分为上、下两部分，下部受地下水毛细润湿的影响，上部则受气候因素影响，如图C.0.1所示。

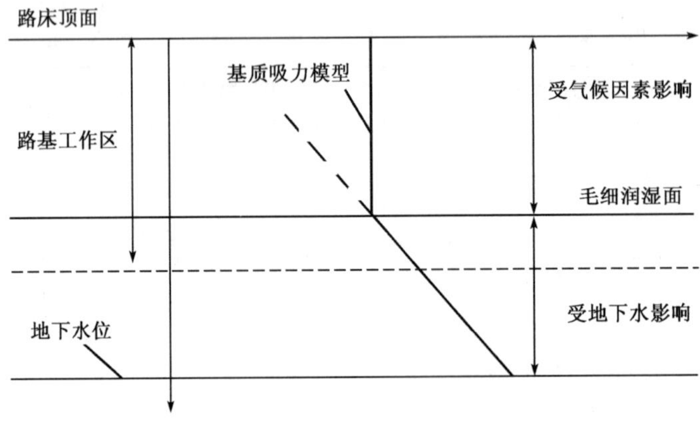

图C.0.1　中湿类路基的湿度状况

C.0.2　潮湿类路基的平衡湿度可根据路基土组类别及地下水位高度，按表C.0.2确定距地下水位不同高度处的饱和度。

表 C.0.2 各路基土组距地下水位不同高度处的饱和度(%)

土 组	计算点距地下水或地表长期积水水位的距离(m)						
	0.3	1.0	1.5	2.0	2.5	3.0	4.0
粉土质砾(GM)	69～84	55～69	50～65	49～62	45～59	43～57	—
黏土质砾(GC)	79～96	64～83	60～79	56～75	54～73	52～71	—
砂(S)	95～80	70～50	—	—	—	—	—
粉土质砂(SM)	79～93	64～77	60～72	56～68	54～66	52～64	—
黏土质砂(SC)	90～99	77～87	72～83	68～80	66～78	64～76	—
低液限粉土(ML)	94～100	80～90	76～86	83～73	71～81	69～80	—
低液限黏土(CL)	93～100	80～93	76～90	73～88	70～86	68～85	66～83
高液限粉土(MH)	100	90～95	86～92	83～90	81～89	80～87	—
高液限黏土(CH)	100	93～97	90～93	88～91	86～90	85～89	83～87

注:1. 对于砂(SW、SP),D_{60}大时平衡湿度取低值,D_{60}小时平衡湿度取高值。

2. 对于其他含细粒的土组,通过 0.075mm 筛的颗粒含量大和塑性指数高时,取高值,反之,取低值。

C.0.3 干燥类路基的平衡湿度可根据路基所在自然区划的湿度指标 *TMI* 和土组类别确定,并应符合下列规定:

1 不同自然区划的 *TMI* 值可参照表 C.0.3-1 查取。

表 C.0.3-1 不同自然区划的 *TMI* 值范围

区 划	亚 区	*TMI* 范围	区 划	亚 区	*TMI* 范围
Ⅰ	Ⅰ$_{1}$	−5.0～ −8.1	Ⅳ	Ⅳ$_{1}$	21.8～25.1
	Ⅰ$_{2}$	0.5～ −9.7		Ⅳ$_{1a}$	23.2
Ⅱ	Ⅱ$_{1}$ 黑龙江	−0.1～−8.1		Ⅳ$_{2}$	−6.0～ 34.8
	Ⅱ$_{1}$ 辽宁、吉林	8.7～35.1		Ⅳ$_{3}$	34.3～40.4
	Ⅱ$_{1a}$	−3.6～ −10.8		Ⅳ$_{4}$	32.0～67.9
	Ⅱ$_{2}$	−7.2～ −12.1		Ⅳ$_{5}$	45.2～89.3
	Ⅱ$_{2a}$	−1.2～ −10.6		Ⅳ$_{6}$	27.0～64.7
	Ⅱ$_{3}$	−9.3～ −26.9		Ⅳ$_{6a}$	41.2～97.4
	Ⅱ$_{4}$	−10.7～ −22.6		Ⅳ$_{7}$	16.0～69.3
	Ⅱ$_{4a}$	−15.5～ 17.3		Ⅳ$_{7b}$	−5.4～−23.0
	Ⅱ$_{4b}$	−7.9～ 9.9	Ⅴ	Ⅴ$_{1}$	−25.1～6.9
	Ⅱ$_{5}$	−1.7～ −15.6		Ⅴ$_{2}$	0.9～30.1
	Ⅱ$_{5a}$	−1.0～ −15.6		Ⅴ$_{2a}$	39.6～43.7
Ⅲ	Ⅲ$_{1}$	−21.2～ −25.7		Ⅴ$_{3}$	12.0～88.3
	Ⅲ$_{1a}$	−12.6～ −29.1		Ⅴ$_{3a}$	−7.6～47.2
	Ⅲ$_{2}$	−9.7～ −17.5		Ⅴ$_{4}$	−2.6～50.9
	Ⅲ$_{2a}$	−19.6		Ⅴ$_{5}$	39.8～100.6
	Ⅲ$_{3}$	−19.1～ −26.1		Ⅴ$_{5a}$	24.4～39.2
	Ⅲ$_{4}$	−10.8～ −24.1		—	—

续上表

区划	亚区	*TMI*范围	区划	亚区	*TMI*范围
Ⅵ	Ⅵ$_1$	−15.3～−46.3	Ⅶ	Ⅶ$_1$	−3.1～−56.3
	Ⅵ$_{1a}$	−40.5～−47.2		Ⅶ$_2$	−49.4～−58.1
	Ⅵ$_2$	−39.5～−59.2		Ⅶ$_3$	−22.5～82.8
	Ⅵ$_3$	−41.6		Ⅶ$_4$	−5.1～−5.7
	Ⅵ$_4$	−19.3～−57.2		Ⅶ$_5$	−20.3～91.4
	Ⅵ$_{4a}$	−34.5～−37.1		Ⅶ$_{6a}$	−10.6～−25.8
	Ⅵ$_{4b}$	−2.6～−37.2		—	—

2　按路基所在地区的 *TMI* 值和路基土组类别，根据表 C.0.3-2 插值查取该地区相应的路基饱和度。

表 C.0.3-2　各路基土组在不同 *TMI* 值时的饱和度(%)

土组	*TMI*					
	−50	−30	−10	10	30	50
砂(S)	20～50	25～55	27～60	30～65	32～67	35～70
粉土质砂(SM) 黏土质砂(SC)	45～48	62～68	73～80	80～86	84～89	87～90
低液限粉土(ML)	41～46	59～64	75～77	84～86	91～92	92～93
低液限黏土(CL)	39～41	57～64	75～76	86	91	92～94
高液限粉土(MH)	41～42	61～62	76～79	85～88	90～92	92～95
高液限黏土(CH)	39～51	58～69	85～74	86～92	91～95	94～97

注：1. 砂的饱和度取值与 D_{60} 相关，D_{60} 大时(接近 2mm)取低值，D_{60} 小时(接近 0.25mm)取高值。
2. 粉土质砂、黏土质砂或细粒土的饱和度取值与细粒土含量和塑性指数相关，细粒土含量高、塑性指数大时取低值，反之取高值。

C.0.4　中湿类路基的平衡湿度可参照图 C.0.1，先分路基工作区上部和下部分别确定其平衡湿度，再以厚度加权平均计算路基的平衡湿度。地下水毛细润湿面以上的路基工作区上部，按路基土组类别和 *TMI* 值确定其平衡湿度；地下水毛细润湿面以下的路基工作区下部，则按路基土组类别和距地下水位的距离确定其平衡湿度。

附录D 路基回弹模量湿度调整系数的取值范围

D.0.1 潮湿类路基的回弹模量湿度调整系数可按表D.0.1查取。

表D.0.1 潮湿类路基的回弹模量湿度调整系数

土质类型	砂	细粒土质砂	粉质土	黏质土
路基工作区顶面	0.8～0.9	0.5～0.6	0.5～0.7	0.6～1.0
路基工作区底面	0.5～0.6	0.4～0.5	0.4～0.6	0.5～0.9

注：1. 砂的回弹模量调整系数，D_{60}大时取高值，D_{60}小时取低值。

2. 细粒土质砂的回弹模量调整系数，细粒含量大、塑性指数高时取低值，反之取高值。

3. 粉质土和黏质土的回弹模量调整系数，路基高度低时取低值，反之取高值。

D.0.2 干燥类路基的回弹模量湿度调整系数可按表D.0.2查取。

表D.0.2 干燥类路基的回弹模量湿度调整系数

土组	*TMI*					
	−50	−30	−10	10	30	50
砂(S)	1.30～1.84	1.14～1.80	1.02～1.77	0.93～1.73	0.86～1.69	0.8～1.64
粉土质砂(SM) 黏土质砂(SC)	1.59～1.65	1.10～1.26	0.83～0.97	0.73～0.83	0.70～0.76	0.70～0.76
低液限粉土(ML)	1.35～1.55	1.01～1.23	0.76～0.96	0.58～0.77	0.51～0.65	0.42～0.62
低液限黏土(CL)	1.22～1.71	0.73～1.52	0.57～1.24	0.51～1.02	0.49～0.88	0.48～0.81

注：1. 砂的回弹模量调整系数，D_{60}大时(接近2mm)取低值，D_{60}小时(接近0.25mm)取高值。

2. 粉土质砂、黏土质砂或细粒土的饱和度取值与细粒土含量和塑性指数相关，细粒土含量高、塑性指数大时取低值，反之取高值。

D.0.3 中湿类路基的回弹模量湿度调整系数，可按路基工作区内两类湿度来源的上部和下部分别确定其湿度调整系数，并以路基工作区上、下部的厚度加权计算路基总的回弹模量湿度调整系数。

附录E　岩质边坡的岩体分类

E.0.1　边坡岩体完整程度应根据结构面发育程度、岩体结构类型和完整性系数按表E.0.1确定，完整性系数应按式(E.0.1)计算：

$$K_v = \left(\frac{v_R}{v_P}\right)^2 \tag{E.0.1}$$

式中：K_v——边坡岩体完整性系数；

v_R——弹性纵波在岩体中的传播速度(km/s)；

v_P——弹性纵波在岩块中的传播速度(km/s)。

表E.0.1　岩体完整程度划分

岩体完整程度	结构面发育程度	结构类型	完整性系数 K_v
完整	结构面1～2组，以构造节理或层面为主，密闭型	巨块状整体结构	>0.75
较完整	结构面2～3组，以构造节理或层面为主，裂隙多呈密闭型，部分为微张型，少有充填物	块状结构、层状结构、镶嵌碎裂结构	0.35～0.75
不完整	结构面大于3组，在断层附近受构造作用影响较大，裂隙以张开型为主，多有充填物，厚度较大	碎裂状结构、散体结构	<0.35

注：镶嵌碎裂结构为碎裂结构中碎块较大且相互咬合、稳定性相对较好的一种结构。

E.0.2　岩质边坡应根据岩体完整程度、结构面结合程度、结构面产状及直立边坡自稳能力等条件，按表E.0.2确定边坡岩体类型。

表E.0.2　岩质边坡的岩体分类

边坡岩体类型	判定条件			
	岩体完整程度	结构面结合程度	结构面产状	直立边坡自稳能力
Ⅰ	完整	结构面结合良好或一般	外倾结构面或外倾不同结构面的组合线倾角>75°或<35°	30m高边坡长期稳定，偶有掉块

续上表

边坡岩体类型	判定条件			
	岩体完整程度	结构面结合程度	结构面产状	直立边坡自稳能力
Ⅱ	完整	结构面结合良好或一般	外倾结构面或外倾不同结构面的组合线倾角 35°～75°	15m 高的边坡稳定，15～30m 高的边坡欠稳定
	完整	结构面结合差	外倾结构面或外倾不同结构面的组合线倾角＞75°或＜35°	
Ⅱ	较完整	结构面结合良好或一般或差	外倾结构面或外倾不同结构面的组合线倾角＜35°，有内倾结构面	边坡出现局部塌落
Ⅲ	完整	结构面结合差	外倾结构面或外倾不同结构面的组合线倾角 35°～75°	8m 高的边坡稳定，15m 高的边坡欠稳定
	较完整	结构面结合良好或一般	外倾结构面或外倾不同结构面的组合线倾角 35°～75°	
	较完整	结构面结合差	外倾结构面或外倾不同结构面的组合线倾角＞75°或＜35°	
	较完整（碎裂镶嵌）	结构面结合良好或一般	结构面无明显规律	
Ⅳ	较完整	结构面结合差或很差	外倾结构面以层面为主，倾角多为 35°～75°	8m 高的边坡不稳定
	不完整（散体、碎裂）	碎块间结合很差	—	

注：1. 边坡岩体分类中未含由外倾软弱结构面控制的边坡和倾倒崩塌型破坏的边坡。

2. Ⅰ类岩体为软岩、较软岩时，应降为Ⅱ类岩体。

3. 当地下水发育时，Ⅱ、Ⅲ类岩体可视具体情况降低一档。

4. 强风化岩和极软岩可划为Ⅳ类岩体。

5. 表中外倾结构面系指倾向与坡向的夹角小于 30°的结构面。

附录F　路基监测内容与项目

表 F-1　路堑边坡或滑坡监测

监 测 内 容		监 测 方 法	监 测 目 的
地表监测	水平位移监测	全站仪、光电测距仪	监测地表位移、变形发展情况
	垂直变形监测	水准仪	
	裂缝监测	标桩、直尺或裂缝计	监测裂缝发展情况
地下位移监测		测斜仪	探测相对于稳定地层的地下岩体位移，证实和确定正在发生位移的构造特征，确定潜在滑动面深度，判断主滑方向，定量分析评价边(滑)坡的稳定状况，评判边(滑)坡加固工程效果
地下水位监测		人工测量	监测地下水位变化与降雨关系，评判边坡排水措施的有效性
支挡结构变形、应力		测斜仪、分层沉降仪，压力盒、钢筋应力计	支挡构造物岩土体的变形监测，支挡构造物与岩土体间接触压力监测

表 F-2　高路堤稳定和沉降监测

监 测 项 目	仪 具 名 称	监 测 目 的
地表水平位移量及隆起量	地表水平位移桩(边桩)	用于稳定监控，确保路堤施工安全和稳定
地下土体分层水平位移量	地下水平位移计(测斜管)	用于稳定监控与研究，掌握分层位移量，推定土体剪切破坏位置。必要时采用
路堤顶沉降量	地表型沉降计(沉降板或桩)	用于工后沉降监控，预测工后沉降趋势，确定路面施工时间

表 F-3 预应力锚固工程原位监测内容和项目

锚杆监测阶段		监测目的	监测项目	监测方法及要求
施工期	预应力锚杆	施工安全、施工质量	预应力	应做项目，包括锚杆张拉力和预应力损失。宜用反拉法，可用预埋仪器法
			锚头位移	应做项目，宜用位移监测常规方法
			岩土体深部位移	应做项目，可用测斜仪法
			锚杆长度	可做项目，宜用无损检测法
			灌浆饱满度	可做项目，宜用无损检测法
运营期	预应力锚杆	工作状况	预应力	应做项目，宜用反拉法，可用预埋仪器法
			锚头位移	宜做项目，宜用位移监测常规方法
			岩土体深部位移	可做项目，可用预埋仪器法

附录G　排水、防护、支挡结构材料强度要求

表 G-1　排水构造物材料强度要求

材料类型	最低强度要求		适用范围
	非冰冻区、轻冻区	中冻区、重冻区	
片石	MU30	MU30	沟底和沟壁铺砌
水泥砂浆	M7.5	M10	浆砌、抹面、勾缝
水泥混凝土	C20	C25	混凝土构件
	C15	C15	混凝土基础

注：轻冻区——冻结指数小于 800 的地区；

中冻区——冻结指数为 800～2 000 的地区；

重冻区——冻结指数大于 2 000 的地区。

表 G-2　防护、支挡结构材料强度要求

材料类型	最低强度等级		适用范围
	非冰冻区、轻冻区	中冻区、重冻区	
片石	MU30	MU40	护坡、护面墙、挡土墙
水泥砂浆	M7.5	M10	护坡、护面墙、挡土墙
	M10		喷浆防护
水泥混凝土	C15	C20	喷射混凝土、挡土墙基础、抗滑桩锁口与护壁
	C20	C25	护坡、各类挡土墙、土钉面板
	C30	C30	抗滑桩、锚索垫墩、框架格子梁、地梁、单锚墩

附录H 挡土墙设计计算

H.0.1 荷载应符合下列规定：

1 挡土墙设计计算应采用以极限状态设计的分项系数法为主的设计方法。

2 挡土墙构件承载能力极限状态设计可采用下列表达式：

$$\gamma_0 S \leqslant R \tag{H.0.1-1}$$

$$R = R\left(\frac{R_k}{\gamma_f}, \alpha_d\right) \tag{H.0.1-2}$$

式中：γ_0——结构重要性系数，按表H.0.1-1的规定采用；

S——作用（或荷载）效应的组合设计值；

$R(\cdot)$——挡土墙结构抗力函数；

R_k——抗力材料的强度标准值；

γ_f——结构材料、岩土性能的分项系数；

α_d——结构或结构构件几何参数的设计值，当无可靠数据时，可采用几何参数标准值。

表H.0.1-1 结构重要性系数 γ_0

墙高(m)	公路等级	
	高速公路、一级公路	二级及二级以下公路
≤5.0	1.0	0.95
>5.0	1.05	1.0

3 施加于挡土墙的作用（或荷载），按性质可分为永久作用（或荷载）、可变作用（或荷载）、偶然作用（或荷载），各类作用或荷载名称见表H.0.1-2。

表 H.0.1-2 荷载分类

<table>
<tr><th colspan="2">作用(或荷载)分类</th><th>作用(或荷载)名称</th></tr>
<tr><td colspan="2" rowspan="9">永久作用(或荷载)</td><td>挡土墙结构重力</td></tr>
<tr><td>填土(包括基础襟边以上土)重力</td></tr>
<tr><td>填土侧压力</td></tr>
<tr><td>墙顶上的有效永久荷载</td></tr>
<tr><td>墙顶与第二破裂面之间的有效荷载</td></tr>
<tr><td>计算水位的浮力及静水压力</td></tr>
<tr><td>预加力</td></tr>
<tr><td>混凝土收缩及徐变</td></tr>
<tr><td>基础变位影响力</td></tr>
<tr><td rowspan="8">可变作用(或荷载)</td><td rowspan="2">基本可变作用(或荷载)</td><td>车辆荷载引起的土侧压力</td></tr>
<tr><td>人群荷载、人群荷载引起的土侧压力</td></tr>
<tr><td rowspan="5">其他可变作用(或荷载)</td><td>水位退落时的动水压力</td></tr>
<tr><td>流水压力</td></tr>
<tr><td>波浪压力</td></tr>
<tr><td>冻胀压力和冰压力</td></tr>
<tr><td>温度影响力</td></tr>
<tr><td>施工荷载</td><td>与各类型挡土墙施工有关的临时荷载</td></tr>
<tr><td colspan="2" rowspan="3">偶然作用(或荷载)</td><td>地震作用力</td></tr>
<tr><td>滑坡、泥石流作用力</td></tr>
<tr><td>作用于墙顶护栏上的车辆碰撞力</td></tr>
</table>

4　荷载效应组合应符合下列规定：

1)作用在一般地区挡土墙上的力，可只计算永久作用(或荷载)和基本可变作用(或荷载)；

2)浸水地区、地震动峰值加速度值为 $0.2g$ 及以上的地区、产生冻胀力的地区等，尚应计算其他可变作用(或荷载)和偶然作用(或荷载)；

3)作用(或荷载)组合可按表H.0.1-3确定。

表H.0.1-3 常用作用(或荷载)组合

组合	作用(或荷载)名称
Ⅰ	挡土墙结构重力、墙顶上的有效永久荷载、填土重力、填土侧压力及其他永久荷载组合
Ⅱ	组合Ⅰ与基本可变荷载相组合
Ⅲ	组合Ⅱ与其他可变荷载、偶然荷载相组合

注:1. 洪水与地震力不同时考虑。
2. 冻胀力、冰压力与流水压力或波浪压力不同时考虑。
3. 车辆荷载与地震力不同时考虑。

5 挡土墙上受地震力作用时,应符合现行《公路工程抗震规范》(JTG B02)的有关规定。

6 具有明显滑动面的抗滑挡土墙荷载计算应符合本规范第5.7节、第7.2节的有关规定。泥石流地段的路基挡土墙,应符合本规范第7.5节的规定。

7 浸水挡土墙墙背为岩块和粗粒土时,可不计墙身两侧静水压力和墙背动水压力。

8 墙身所受浮力,应根据地基地层的浸水情况按下列原则确定:

1)砂类土、碎石类土和节理很发育的岩石地基,按计算水位的100%计算;

2)岩石地基按计算水位的50%计算。

9 作用在墙背上的主动土压力,可按库仑理论计算。应进行墙后填料的土质试验,确定填料的物理力学指标。当缺乏可靠试验数据时,填料内摩擦角φ可按表H.0.1-4选用。

表H.0.1-4 填料内摩擦角或综合内摩擦角

填料种类		综合内摩擦角φ_0(°)	内摩擦角φ(°)	重度(kN/m³)
黏性土	墙高$H\leqslant6$m	35~40	—	17~18
	墙高$H>6$m	30~35	—	
碎石、不易风化的块石		—	45~50	18~19
大卵石、碎石类土、不易风化的岩石碎块		—	40~45	18~19
小卵石、砾石、粗砂、石屑		—	35~40	18~19
中砂、细砂、砂质土		—	30~35	17~18

注:填料重度可根据实测资料作适当修正,计算水位以下的填料重度采用浮重度。

10 挡土墙前的被动土压力可不计算；当基础埋置较深且地层稳定、不受水流冲刷和扰动破坏时，可计入被动土压力，但应按表H.0.1-5的规定计入作用分项系数。

11 车辆荷载作用在挡土墙墙背填土上所引起的附加土体侧压力，可按式(H.0.1-3)换算成等代均布土层厚度计算：

$$h_0=\frac{q}{\gamma} \tag{H.0.1-3}$$

式中：h_0——换算土层厚度(m)；

q——车辆荷载附加荷载强度，墙高小于2m，取20kN/m^2；墙高大于10m，取10kN/m^2；墙高在2～10m之内时，附加荷载强度用直线内插法计算。作用于墙顶或墙后填土上的人群荷载强度规定为3kN/m^2；作用于挡墙栏杆顶的水平推力采用0.75kN/m，作用于栏杆扶手上的竖向力采用1kN/m；

γ——墙背填土的重度(kN/m^3)。

12 挡土墙按承载能力极限状态设计时，除另有规定外，常用作用(或荷载)分项系数可按表H.0.1-5的规定采用。

表H.0.1-5 承载能力极限状态作用(或荷载)分项系数

情况	荷载增大对挡土墙结构起有利作用时		荷载增大对挡土墙结构起不利作用时	
组合	Ⅰ、Ⅱ	Ⅲ	Ⅰ、Ⅱ	Ⅲ
垂直恒载 γ_G	0.90		1.20	
恒载或车辆荷载、人群荷载的主动土压力 γ_{Q1}	1.00	0.95	1.40	1.30
被动土压力 γ_{Q2}	0.30		0.50	
水浮力 γ_{Q3}	0.95		1.10	
静水压力 γ_{Q4}	0.95		1.05	
动水压力 γ_{Q5}	0.95		1.20	

附录H式(H.0.1-1)、式(H.0.1-2)中的设计基本变量通过概率分析取其代表值，以分项系数来反映它们的变异性。由于现行公路工程设计规范中，涉及岩土

工程设计部分仍然采用容许应力法，岩土工程设计的安全系数和分项系数目前尚无统一的规范值，所以本规范仍保留了部分实质上为容许应力法的设计内容。

根据挡土墙结构的荷载效应组合特点，参考国内外相关规范的规定，列出按承载能力极限状态设计时的设计表达式。规范中未列入结构正常使用极限状态的设计表达式，因该项计算主要适用于钢筋混凝土挡土墙构件设计，其计算可按照《公路钢筋混凝土及预应力混凝土桥涵设计规范》(JTG D62)的规定执行，本规范不另作详细规定。

关于结构的重要性系数，按照《公路工程结构可靠度设计统一标准》(GB/T 50283)的规定，公路工程结构设计应根据结构破坏可能产生后果的严重程度或结构的技术要求等，把结构安全等级分为一级、二级、三级。其结构重要性系数分别为1.1、1.0、0.9(大致相当于各级的可靠度指标值相差0.5)，当需要时也可作部分调整，但调整后的级差不能超过一级。并考虑到高挡土墙破坏可能产生的后果严重程度应有别于一般高度的挡土墙，故附录表H.0.1-1将公路等级与墙高作为确定重要性系数的参数，按调整后的级差不超过一级的原则，取半级级差作为调节值。

附录表H.0.1-2荷载分类表系根据《公路工程结构可靠度设计统一标准》(GB/T 50283)关于“结构上的作用”的规定编制。按挡土墙上荷载作用的时间变化，分为永久荷载、可变荷载和偶然荷载三类。

本规范按作用于挡土墙上作用(或荷载)的特点，将作用(或荷载)效应组合规定为Ⅰ、Ⅱ、Ⅲ类，这三类组合均属于基本组合的范畴，即采用几种永久作用(或荷载)相组合或永久作用(或荷载)与可变作用(或荷载)相组合。

《公路工程结构可靠度设计统一标准》(GB /T 50283)有关作用的分类中，对施工荷载未作明确规定；现行《公路桥涵设计通用规范》(JTG D60)将结构上的施工人员和施工机具设备均应作为临时荷载，但未将施工荷载列入荷载分类表；《铁路工程结构可靠度设计统一标准》(GB 50216)规定：某些施工阶段结构的某些部分的自重、安装荷载均属于可变荷载，本规范采用了后者的规定，将施工荷载列入荷载分类表的可变荷载中。

依照我国的传统经验，作用于挡土墙墙背上的土压力一般都考虑为主动土压力状态，并按库仑理论进行计算，但加筋土挡土墙的土压力计算，则以墙高为条件来划分采用静止土压力或采用主动土压力的计算区段。

规范中对车辆荷载引起的附加侧压力，采用规定附加荷载强度加以换算为土层厚度的方法，附加荷载强度仅以墙高作为取值参数，故在基本可变荷载中不分列计算荷载、验算荷载，也不划分车辆荷载等级。

国外部分设计规范对土压力计算中荷载系数的取值规定与本规范的规定对照见表 H-1。

表 H-1　各规范中土压力荷载系数取值表

规范或标准名称	荷 载 系 数		
	活载或换算附加土体荷载	填土之主动土压力	
		垂直力	水平力
《美国公路桥梁设计规范》	0.75～1.5	1.0～1.35	0.9～1.5
BS 5400 英国标准协会《钢桥、混凝土桥及结合桥第二章　荷载规范》	1.5	(1.0) 1.5	(1.0) 1.5
原苏联《公路、铁路、城市道路桥涵设计规范》	1.2	(0.7) 1.4	(0.7) 1.4
日本《极限状态法混凝土结构新规范算例》	1.2	1.2	1.2
本规范	0.95～1.4	0.95～1.4	0.95～1.4

注：表中系数按土压力增大对挡土墙结构起有利作用时，取小值；增大起不利作用时，取大值。

为简化计算，作用于墙顶上的车辆荷载、人群荷载作垂直力计算时，近似作为垂直恒载处理，故规定可采用垂直恒载的分项系数 γ_G。

H.0.2　基础设计与稳定性计算应符合下列要求：

1　基底合力的偏心距 e_0 可按下式计算：

$$e_0=\frac{M_d}{N_d} \tag{H.0.2-1}$$

式中：M_d——作用于基底形心的弯矩组合设计值(MPa)；

N_d——作用于基底上的垂直力组合设计值(kN/m)。

2　挡土墙地基计算时，各类作用(或荷载)组合下，作用效应组合设计值计算式中的作用分项系数，除被动土压力分项系数 $\gamma_{Q2}=0.3$ 外，其余作用(或荷载)的分项系数规定均等于1。

3　基底压应力 σ 应按式(H.0.2-2)计算，位于岩石地基上的挡土墙可按式

(H.0.2-3)、式(H.0.2-4)计算。基底合力的偏心距 e_0，对土质地基不应大于 $B/6$；岩石地基不应大于 $B/4$。基底压应力不应大于基底的容许承载力$[\sigma_0]$；基底容许承载力值可按现行《公路桥涵地基与基础设计规范》(JTG D63)的规定采用，当为作用(或荷载)组合Ⅲ及施工荷载，且$[\sigma_0]>150$kPa 时，可提高 25%。

$$|e_0|\leqslant\frac{B}{6}\text{时},\sigma_{1,2}=\frac{N_{\mathrm{d}}}{A}\left(1\pm\frac{6e_0}{B}\right) \tag{H.0.2-2}$$

$$e_0>\frac{B}{6}\text{时},\sigma_1=\frac{2N_{\mathrm{d}}}{3\alpha_1},\sigma_2=0 \tag{H.0.2-3}$$

$$\alpha_1=\frac{B}{2}-e_0 \tag{H.0.2-4}$$

式中：σ_1——挡土墙趾部的压应力(kPa)；

σ_2——挡土墙踵部的压应力(kPa)；

B——基底宽度(m)，倾斜基底为其斜宽；

A——基础底面每延米的面积，矩形基础为基础宽度 $B\times1(\mathrm{m}^2)$。

4 挡土墙的滑动稳定方程应满足式(H.0.2-5)的要求，抗滑稳定系数应按式(H.0.2-6)计算：

$$[1.1G+\gamma_{Q1}(E_y+E_x\tan\alpha_0)-\gamma_{Q2}E_{\mathrm{p}}\tan\alpha_0]\mu+(1.1G+\gamma_{Q1}E_y)\tan\alpha_0-\gamma_{Q1}E_x+\gamma_{Q2}E_{\mathrm{p}}>0 \tag{H.0.2-5}$$

$$K_{\mathrm{c}}=\frac{[N+(E_x-E'_{\mathrm{p}})\tan\alpha_0]\mu+E'_{\mathrm{p}}}{E_x-N\tan\alpha_0} \tag{H.0.2-6}$$

式中：G——作用于基底以上的重力(kN)，浸水挡土墙的浸水部分应计入浮力；

E_y——墙后主动土压力的竖向分量(kN)；

E_x——墙后主动土压力的水平分量(kN)；

E_{p}——墙前被动土压力的水平分量(kN)，当为浸水挡土墙时，$E_{\mathrm{p}}=0$；

E'_{p}——墙前被动土压力水平分量的 0.3 倍(kN)；

N——作用于基底上合力的竖向分力(kN)，浸水挡土墙应计浸水部分的浮力；

α_0——基底倾斜角(°)，基底为水平时，$\alpha_0=0$；

γ_{Q1}、γ_{Q2}——主动土压力分项系数、墙前被动土压力分项系数，可按表 H.0.1-5 的规定采用；

μ——基底与地基间的摩擦系数，当缺乏可靠试验资料时，可按表 H.0.2-1 的规定采用。

表 H.0.2-1　基底与基底土间的摩擦系数 μ

地基土的分类	摩擦系数 μ	地基土的分类	摩擦系数 μ
软塑黏土	0.25	碎石类土	0.50
硬塑黏土	0.30	软质岩石	0.40～0.60
砂类土、黏砂土、半干硬的黏土	0.30～0.40	硬质岩石	0.60～0.70
砂类土	0.40		

5　挡土墙的倾覆稳定方程应满足式(H.0.2-7)的要求，抗倾覆稳定系数应按式(H.0.2-8)计算：

$$0.8GZ_G+\gamma_{Q1}(E_yZ_x-E_xZ_y)+\gamma_{Q2}E_pZ_p>0 \tag{H.0.2-7}$$

$$K_0=\frac{GZ_G+E_yZ_x+E'_pZ_p}{E_xZ_y} \tag{H.0.2-8}$$

式中：Z_G——墙身重力、基础重力、基础上填土的重力及作用于墙顶的其他荷载的竖向力合力重心到墙趾的距离(m)；

Z_x——墙后主动土压力的竖向分量到墙趾的距离(m)；

Z_y——墙后主动土压力的水平分量到墙趾的距离(m)；

Z_p——墙前被动土压力的水平分量到墙趾的距离(m)。

6　在规定的墙高范围内，验算挡土墙的抗滑动和抗倾覆稳定时，稳定系数不应小于表 H.0.2-2 的规定。

表 H.0.2-2　抗滑动和抗倾覆的稳定系数

荷 载 情 况	验 算 项 目	稳 定 系 数
荷载组合Ⅰ、Ⅱ	抗滑动 K_c	1.3
	抗倾覆 K_0	1.5
荷载组合Ⅲ	抗滑动 K_c	1.3
	抗倾覆 K_0	1.3
施工阶段验算	抗滑动 K_c	1.2
	抗倾覆 K_0	1.2

7　设置于不良土质地基、覆盖土层下为倾斜基岩地基及斜坡上的挡土墙，应对挡土墙地基及填土的整体稳定性进行验算，其稳定系数不应小于 1.25。

本规范规定的地基计算设计方法，仍以容许承载力法为基础，仅采用极限状态设计表达式的形式与术语，以墙身结构计算相协调。抗力效应直接以应力设计值表达，为此作用(或荷载)效应的计算需相应作出特殊规定，即除被动土压力分项系数 γ_{Q2} 取等于 0.3 外，其余作用(或荷载)的分项系数均规定等于 1.0。

当挡土墙基础位于较软弱地基上，地基应力设计值大于地基承载力设计值或外部稳定性不符合规定时，基础襟边受刚性角控制，为避免基础高度过大，可采用钢筋混凝土底板基础。钢筋混凝土底板设计需符合结构的抗力效应大于弯矩剪力组合设计值的作用效应的规定。

本规范在挡土墙稳定计算中，保留了《公路路基设计规范》(JTJ 031—86)第三章“挡土墙稳定验算”所采用的总安全系数法，又增列了承载能力极限状态验算稳定方程的条文规定，因此可按照总安全系数法的工程经验来校准稳定验算极限状态设计表达式的计算结果，为今后采用概率极限状态设计方法编写规范积累资料。

H.0.3 重力式、半重力式挡墙计算应符合下列要求：

1 重力式、半重力式挡墙的作用(或荷载)计算，应符合本规范第 H.0.1 条的规定。

2 重力式、半重力式挡墙应满足本规范第 H.0.2 条基础设计与稳定性计算的规定。

3 重力式挡土墙、半重力式挡土墙的墙身材料强度可按现行《公路圬工桥涵设计规范》(JTG D61)的规定采用。必要时应做墙身的剪应力检算。

4 重力式挡土墙按承载能力极限状态设计时，在某一类作用(或荷载)效应组合下，作用(或荷载)效应的组合设计值，可按式(H.0.3-1)计算。圬工构件或材料的抗力分项系数 γ_f，按表 H.0.3-1 采用。

$$S=\psi_{ZL}(\gamma_G \sum S_{Gik}+\sum \gamma_{Qi} S_{Qik}) \qquad (H.0.3\text{-}1)$$

式中：S——作用(或荷载)效应的组合设计值；

γ_G、γ_{Qi}——作用(或荷载)的分项系数，按表 H.0.1-5 采用；

S_{Gik}——第 i 个垂直恒载的标准值效应；

S_{Qik}——土侧压力、水浮力、静水压力、其他可变作用(或荷载)的标准值效应；

ψ_{ZL}——荷载效应组合系数，按表 H.0.3-2 采用。

表 H.0.3-1 圬工构件或材料的抗力分项系数 γ_f

圬工种类	受力情况	
	受压	受弯、剪、拉
石料	1.85	2.31
片石砌体、片石混凝土砌体	2.31	2.31
块石、粗料石、混凝土预制块、砖砌体	1.92	2.31
混凝土	1.54	2.31

表 H.0.3-2 荷载效应组合系数 ψ_{ZL} 值

荷载组合	ψ_{ZL}	荷载组合	ψ_{ZL}
Ⅰ、Ⅱ	1.0	施工荷载	0.7
Ⅲ	0.8		

5 挡土墙构件轴心或偏心受压时，正截面强度和稳定按式(H.0.3-2)、式(H.0.3-3)计算。偏心受压构件除验算弯曲平面内的纵向稳定外，尚应按轴心受压构件验算非弯曲平面内的稳定。

计算强度时

$$\gamma_0 N_d \leqslant \frac{\alpha_k A R_a}{\gamma_f} \tag{H.0.3-2}$$

计算稳定时

$$\gamma_0 N_d \leqslant \frac{\psi_k \alpha_k A R_a}{\gamma_f} \tag{H.0.3-3}$$

式中：N_d——验算截面上的轴向力组合设计值(kN)；

γ_0——重要性系数，按第 H.0.1 条采用；

γ_f——圬工构件或材料的抗力分项系数，按表 H.0.3-1 取用；

R_a——材料抗压极限强度(kN)；

A——挡土墙构件的计算截面面积(m^2)；

α_k——轴向力偏心影响系数，按式(H.0.3-4)计算；

$$\alpha_k = \frac{1 - 256\left(\frac{e_0}{B}\right)^8}{1 + 12\left(\frac{e_0}{B}\right)^2} \tag{H.0.3-4}$$

B——挡土墙计算截面宽度(m)；

e_0——轴向力的偏心距(m),按式(H.0.3-5)采用;挡土墙墙身或基础为圬工截面时,其轴向力的偏心距 e_0 应符合表 H.0.3-5 的规定;

$$e_0=\left|\frac{M_0}{N_0}\right| \tag{H.0.3-5}$$

M_0——在某一类作用(或荷载)组合下,作用(或荷载)对计算截面形心的总力矩(kN·m);

N_0——某一类作用(或荷载)组合下,作用于计算截面上的轴向力的合力(kN);

ψ_k——偏心受压构件在弯曲平面内的纵向弯曲系数,按式(H.0.3-6)采用;轴心受压构件的纵向弯曲系数,可采用表 H.0.3-3 的规定;

$$\psi_k=\frac{1}{1+a_s\beta_s(\beta_s-3)\left[1+16\left(\frac{e_0}{B}\right)^2\right]} \tag{H.0.3-6}$$

$$\beta_s=\frac{2H}{B} \tag{H.0.3-7}$$

H——墙高(m);

a_s——与材料有关的系数,按表 H.0.3-4 采用。

表 H.0.3-3 轴心受压构件纵向弯曲系数 Ψ_k

2H/B	混凝土构件	砌体砂浆强度等级	
		M10、M7.5、M5	M2.5
≤3	1.00	1.00	1.00
4	0.99	0.99	0.99
6	0.96	0.96	0.96
8	0.93	0.93	0.91
10	0.88	0.88	0.85
12	0.82	0.82	0.79
14	0.76	0.76	0.72
16	0.71	0.71	0.66
18	0.65	0.65	0.60
20	0.60	0.60	0.54
22	0.54	0.54	0.49
24	0.50	0.50	0.44

续上表

2H/B	混凝土构件	砌体砂浆强度等级	
		M10、M7.5、M5	M2.5
26	0.46	0.46	0.40
28	0.42	0.42	0.36
30	0.38	0.38	0.33

表 H.0.3-4　a_s 取值

圬工名称	浆砌砌体采用以下砂浆强度等级			混凝土
	M10、M7.5、M5	M2.5	M1	
a_s 值	0.002	0.002 5	0.004	0.002

6　重力式挡土墙轴向力的偏心距 e_0 应符合表 H.0.3-5 的规定。

表 H.0.3-5　圬工结构轴向力合力的容许偏心距 e_0

荷载组合	容许偏心距
Ⅰ、Ⅱ	0.25B
Ⅲ	0.3B
施工荷载	0.33B

注：B 为沿力矩转动方向的矩形计算截面宽度。

7　混凝土截面在受拉一侧配有不小于截面面积 0.05%的纵向钢筋时，表 H.0.3-5 中的容许规定值可增加 0.05B；当截面配筋率大于表 H.0.3-6 的规定时，按钢筋混凝土构件计算，偏心距不受限制。

表 H.0.3-6　按钢筋混凝土构件计算的受拉钢筋最小配筋率(%)

钢筋牌号(种类)	钢筋最小配筋率	
	截面一侧钢筋	全截面钢筋
Q235 钢筋(Ⅰ级)	0.20	0.50
HRB400 钢筋(Ⅱ、Ⅲ级)	0.20	0.50

注：钢筋最小配筋率按构件的全截面计算。

设计重力式挡土墙时，需通过计算和验算使拟定的构造尺寸能保证挡土墙在土压力等作用下，有安全的整体稳定性(外部稳定性)，基础底面压应力在地基土的承载能力范围之内，墙身应有足够的抗力效应。

重力式挡墙的计算内容和计算要求可见表 H-2。

表 H-2 重力式挡土墙计算内容和计算要求简表

计算项目		要求	指标
外部稳定	滑动稳定	墙体不产生沿基底的滑移破坏	抗滑稳定系数 $K_c \geqslant 1.3$(高墙 $K_c \geqslant 1.6$)满足滑动稳定极限状态设计表达式
	倾覆稳定	墙体不产生绕墙趾的倾覆	抗倾覆稳定系数 $K_0 \geqslant 1.5$(高墙 $K_0 \geqslant 2.0$)满足倾覆稳定极限状态设计表达式
	基底合力偏心距	不出现因基底不均匀沉陷而导致的墙体倾斜	不同荷载组合下的基底合力偏心距 $e_0 \leqslant [e_0]$，$[e_0]=B/8 \sim B/4$(B 为截面宽度)
基底应力		不出现因地基承载力不足而导致的过大下沉	基底最大垂直应力 $P_{max} \leqslant$ 地基承载力设计值 f'_d
墙身承载力		在施加于挡土墙上的各种荷载(或作用)作用下，有良好的工作性能	按挡土墙的重要性等级，其结构或材料抗力设计值大于或等于作用(或荷载)效应组合设计值，即 $\gamma_0 S \leqslant R$

重力式挡土墙设计计算时，可参考如图 H-1 所示流程。

半重力式挡土墙的计算内容和要求、作用(或荷载)组合设计值计算均与重力式挡土墙相同，计算中需注意：

(1)主动土压力计算

当立壁设有转折时，以及设有墙踵板时，应以假想墙背计算并首先判定第二破裂面产生的可能性，以确定土压力计算方法。

(2)半重力式挡土墙的外部稳定验算

抗倾覆稳定计算时，应计入底板上填土的重力作用。当地基承载力设计值较高时，可在底板下设凸榫，增加挡土墙的抗滑动稳定性。

H.0.4 悬臂式、扶壁式挡土墙钢筋混凝土构件的承载能力极限状态计算、正常使用极限状态验算及构造要求等，除应按本规范的规定执行外，其他未列内容应按现行《公路钢筋混凝土及预应力混凝土桥涵设计规范》(JTG D62)的有关规定执行。

1 悬臂、扶臂式挡土墙应满足本规范第 H.0.2 条基础设计与稳定性计算的规定。

2 挡墙作用(或荷载)的计算应满足本规范第 H.0.1 条的要求，计算挡土墙实际墙背和墙踵板的土压力时，可不计填料与板间的摩擦力。

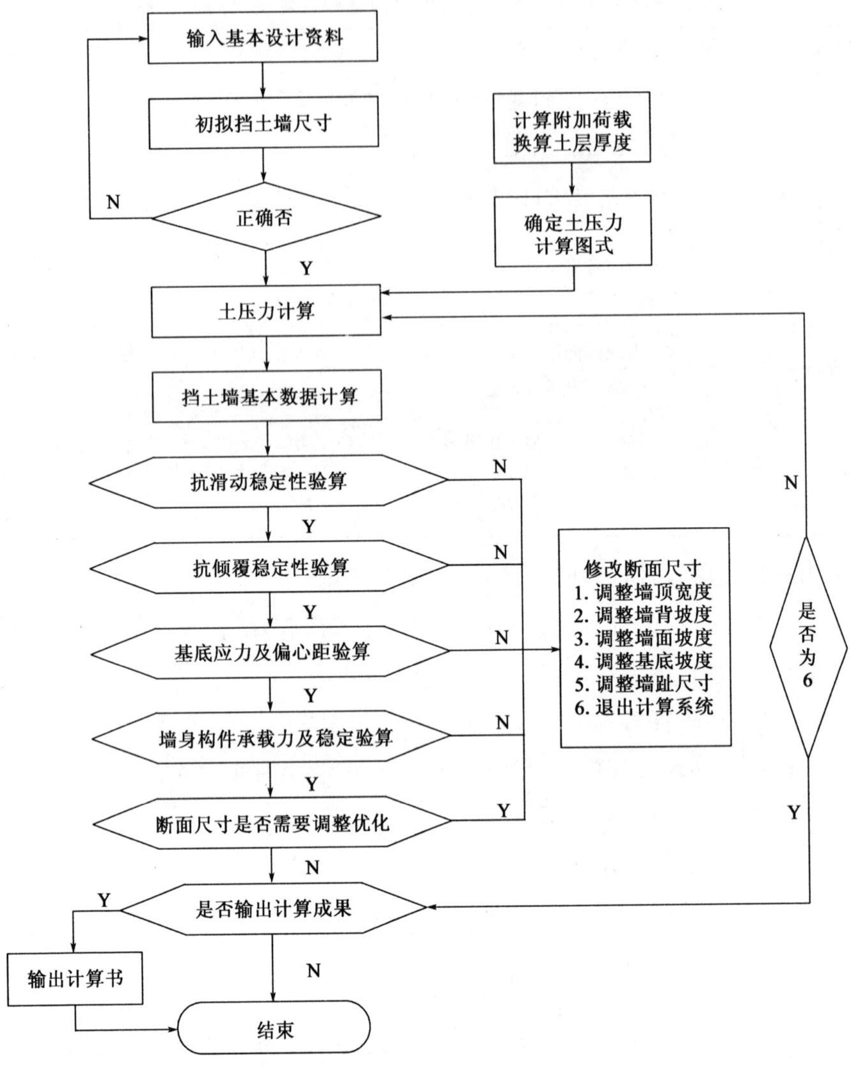

图 H-1 重力式挡土墙设计计算流程

3 计算挡土墙整体稳定和墙面板时，可不计墙前土的作用；计算墙趾板内力时，应计底板以上的填土重力。

4 悬臂式挡土墙各部分均应按悬臂梁计算，作用（或荷载）分项系数应按本规范第 H.0.1 条的规定采用，基底应力作为竖向荷载时，可采用竖向恒载的分项系数。

5 扶壁式挡土墙的前趾板可按悬臂梁计算，后踵板可按支承在扶壁上的连续板计算，不计立壁对底板的约束作用；扶壁可按悬臂的T形梁计算；顺路线方向立壁的弯矩，可按以扶壁为支点的连续梁计算。

6 作用于扶壁式挡土墙立壁上的作用(或荷载)，可按沿墙高呈梯形分布[图H.0.4a)]，立壁竖向弯矩，沿墙高分布[图H.0.4b)]，竖向弯矩沿线路方向呈台阶形分布[图H.0.4c)]。面板沿线路方向的弯矩，可按以扶壁为支点的连续梁计算。

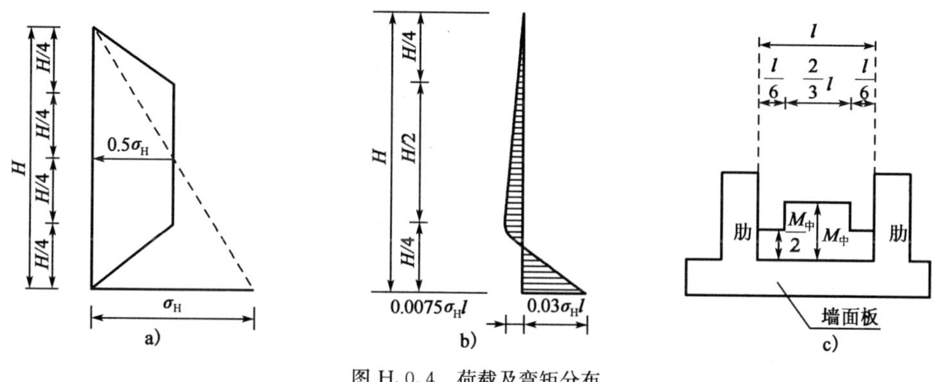

图H.0.4 荷载及弯矩分布

$M_{中}$-板跨中弯矩；H-墙面板的高度；σ_H-墙面板底端内填料引起的法向土压力；l-扶壁之间的净距

悬臂式挡土墙是一种采用钢筋混凝土结构的轻型支挡构造物，钢筋混凝土结构设计是根据构件的作用(或荷载)，按持久状况承载能力极限状态、持久状况正常使用极限状态，计算作用效应并配置钢筋，在配筋计算过程中可能会微调构件的尺寸，一般微调构件尺寸对挡土墙的外部稳定性影响不大，可不再次进行外部稳定性验算。

悬臂式挡土墙一般以每延米为单位进行设计。

对构件进行截面设计时，应取最不利作用(或荷载)效应组合，并计入表H.0.1-5所列分项系数，计算出作用(或荷载)组合设计值。当基底反力作为竖向荷载时，可近似采用竖向恒载的分项系数。

悬臂式挡土墙可采用库仑理论计算墙后土压力，验算地基承载力、外部稳定、底板截面强度时，当墙后填土破坏棱体符合不出现第二破裂面的条件，可将立壁顶面后缘与后踵板板端下缘的连线作为假想墙背，计算土压力；当符合出现第二破裂面的条件时，以第二破裂面为计算墙背，计算土压力。对立壁构件进行设计时，可按实际墙背计算土压力，实际墙背与填料间的摩擦力可不计入。

当地面为一水平面(含地面上的附加均布荷载)，填料采用砂性土时，符合朗金土压力理论适用条件的路肩挡土墙、路堑挡土墙、过后踵点垂直线交于路基边坡上的路堤挡土墙，也可将通过墙踵点的竖直墙背作为假想墙背，按朗金理论计算土压力。

悬臂式挡土墙的力壁、底板可按钢筋混凝土受弯构件设计。除按持久状况承载力极限状态计算构件的正截面受弯承载能力、斜截面抗剪承载能力并配置钢筋外，还需按照正常使用极限状态下，以作用(或荷载)短期效应组合并考虑长期效应影响验算构件的裂缝宽度。计算时，可参照《公路钢筋混凝土及预应力混凝土桥涵设计规范》(JTG D62)的相应规定执行。

悬臂式挡土墙设计计算时，可参考如图 H-2 所示计算流程。

H.0.5 锚杆挡土墙钢筋混凝土构件的承载能力极限状态计算、正常使用极限状态验算及构造要求等，除应按本规范的规定执行外，其他未列内容应按现行《公路钢筋混凝土及预应力混凝土桥涵设计规范》(JTG D62)的有关规定执行。

1 作用于锚杆式挡土墙上的作用(或荷载)，应符合本规范第 H.0.1 条的规定。

2 当为多级墙时，可按延长墙背法分别计算各级墙后的主动土压力。

3 肋柱设计计算应符合下列规定：

1)作用于肋柱上的作用(或荷载)，应取相邻两跨面板跨中至跨中长度上的作用(或荷载)；

2)视肋柱基底地质构造、地基承载力大小和埋置深度，肋柱与基底连接可设计为自由端或铰支端，肋柱应按简支梁或连续梁计算其内力值及锚杆处的支承反力值；

3)肋柱截面强度验算和配置钢筋时应采用内力组合设计值，其作用(或荷载)分项系数应符合本规范第 H.0.1 条的规定；

4)采用预制肋柱时，还应作运输、吊装及施工过程中锚杆不均匀受力等荷载下肋柱截面强度验算；

5)装配式挡土板可按以肋柱为支点的简支板计算，计算跨径为肋柱间的净距加板两端的搭接长度。

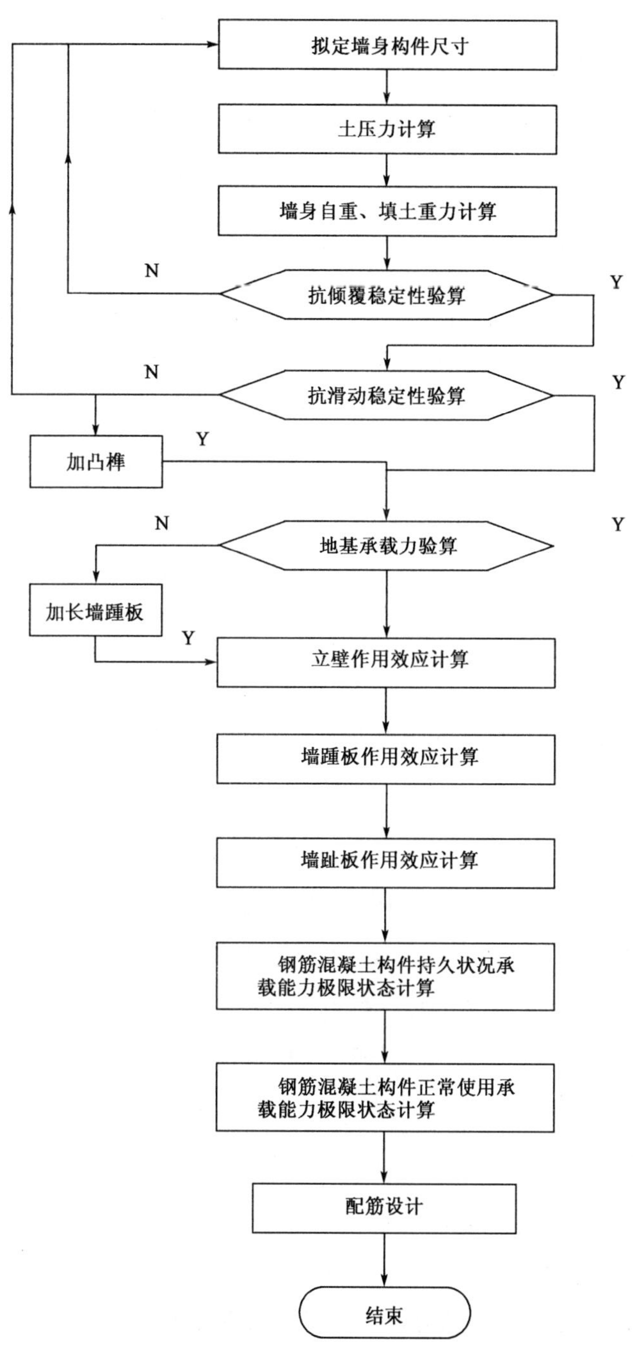

图 H-2 悬臂式挡土墙设计计算流程

4　现浇板壁式锚杆挡土墙，其墙面板的内力计算，可分别沿竖直方向和水平方向取单位宽度，按连续梁计算。竖直单宽梁的计算荷载为作用于墙面板上的土压力；水平单宽梁的计算荷载为该段墙面板所在位置土压力的最大值。

锚杆挡土墙是由钢筋混凝土墙面和锚杆组成的支挡结构物，不同于重力式挡土墙由自重来保持土压力作用下墙体的稳定，而是依靠锚固在稳定岩土层内的锚杆的抗拔力来平衡作用于墙背的土压力，保证墙体的稳定。

土压力计算。由于墙后岩（土）层中有锚杆的存在，造成比较复杂的受力状态，因此土压力的计算至今没有得到很好的解决。目前设计中大多仍按库仑主动土压力理论进行近似计算。对于多级锚杆挡土墙一般可按延长墙背法分别计算各级墙后的主动土压力。计算上级墙时，可视下级墙为稳定结构，不考虑下级墙对上级墙的影响；计算下级墙时，则应考虑上级墙的影响。为简化计算，特别是在挡土板和肋柱设计时，土压力分布简化为三角形或梯形分布，根据各级墙的位置，分别计算土压力。

肋柱和锚杆的内力计算。每根肋柱承受相邻两跨挡土板跨经中线至中线之间作用于墙上的土压力。假定肋柱与锚杆的连接处为一铰支点，肋柱的底端视地基的强度和埋置深度，计算图式可作为自由端和铰支端；如基础埋置较深，且为坚硬岩石，计算图式可作为固定端。把肋柱视为支撑在锚杆和地基上的单跨简支梁、多跨连续梁或固端超静定梁，锚杆则视为轴心受拉构件。

H.0.6　锚定板挡土墙钢筋混凝土构件的承载能力极限状态计算、正常使用极限状态验算及构造要求等，除应按本规范的规定执行外，其他未列内容应按现行《公路钢筋混凝土及预应力混凝土桥涵设计规范》(JTG D62)的有关规定执行。

1　锚定板挡土墙的钢筋混凝土构件设计计算时，作用（或荷载）效应组合中，应按本规范第 H.0.1 条的规定计入结构重要性系数 γ_0。

2　作用于锚定板挡土墙挡土板或墙面板上的恒载土压力按图 H.0.6 分布，其水平土压应力按式(H.0.6-1)计算：

$$\sigma_{\mathrm{H}}=\frac{1.33E_x}{H}\beta \qquad (\mathrm{H}.0.6\text{-}1)$$

式中：σ_{H}——恒载作用下墙底的水平土压应力(kPa)；

E_x——按库仑理论计算的单位墙长上墙后主动土压力的水平分力(kN/m)；

H——墙高，当为两级墙时，为上、下级墙高之和(m)；

β——土压力增大系数，采用 1.2～1.4；车辆荷载产生的土压力不计增大系数。

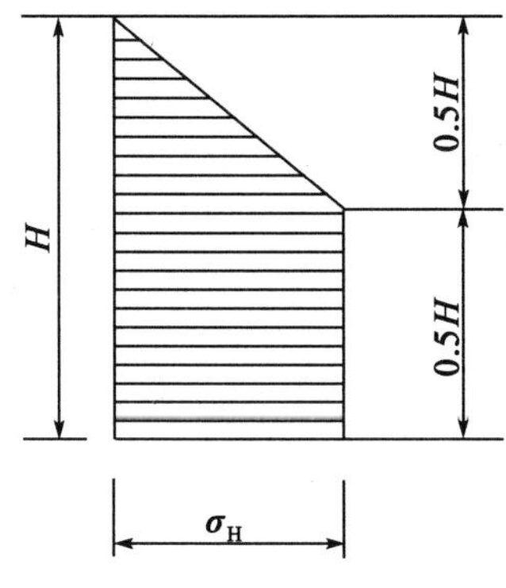

图 H.0.6 恒载土压力分布图

3 锚定板挡土墙整体滑动稳定性验算可采用“折线滑面分析法”或“整体土墙法”计算，滑动稳定系数不应小于 1.8。稳定计算时，应按墙顶有、无附加荷载，土压力计入或不计入增大系数的最不利组合，作为计算采用值。

4 肋柱设计应符合下列规定：

1)作用于肋柱上的作用(或荷载)，应取两侧挡土板跨中至跨中长度上的作用(或荷载)；

2)肋柱承受由挡土板传递的土压力，根据肋柱上拉杆的层数及肋柱与肋柱基础的连接方式，可按简支梁或连续梁计算。

5 拉杆设计计算应符合下列规定：

1)最上一排拉杆至填料顶面的距离不得小于 1m。当锚定板埋置深度不足时，可采用向下倾斜的拉杆，其水平倾角 β 宜为 10°～15°；

2)拉杆长度应满足挡土墙整体滑动稳定性的要求，且最下一层拉杆在主动土压力计算破裂面之后的长度，不得小于锚定板高度的 3.5 倍；最上一层拉杆长度不应小于 5m；

3)未计锈蚀留量的单根钢拉杆计算直径按式(H.0.6-2)计算。

$$d \geqslant 20\sqrt{\frac{10\gamma_0 \gamma_{Q1} N_p}{\pi f_{sd}}} \tag{H.0.6-2}$$

式中：d——单根钢拉杆的直径(mm)；

N_p——拉杆的轴向拉力(kN)；

f_{sd}——钢筋的强度设计值(MPa);可按现行《公路钢筋混凝土及预应力混凝土桥涵设计规范》(JTG D62)的规定采用;

γ_0——结构重要性系数,应符合表 H.0.1-1 的规定;

γ_{Q1}——主动土压力荷载分项系数,应符合表 H.0.1-5 的规定。

6 锚定板面积应根据拉杆设计拉力及锚定板容许抗拔力,按式(H.0.6-3)计算:

$$A=\frac{N_p}{[p]} \tag{H.0.6-3}$$

式中:A——锚定板的设计面积(m^2);

$[p]$——锚定板单位面积的容许抗拔力(kPa);应根据现场拉拔试验确定。当无条件进行现场拉拔试验时,可根据工点具体条件,参照经验数据确定。

7 挡土板的设计计算可按本规范第 H.0.5 条中挡土板的设计执行。

8 墙面板按支承在拉杆上的受弯构件计算,如一块墙面板上连接一根拉杆时可按单支点双向悬臂板计算及配置钢筋。

锚定板挡土墙是一种适用于防护填方工程的轻型挡土结构,它依靠埋置在填料中的锚定板所提供的抗拔力来维持挡土墙的稳定。肋柱式锚定板挡土墙设计的主要内容有:墙背土压力计算,肋柱、锚定板、拉杆、挡土板的内力计算和配置钢筋以及锚定板挡土墙的整体稳定验算等。

锚定板挡土墙墙面板所受的土压力,系由墙后填料及附加外荷载引起。由于挡土板、拉杆、锚定板及填料的相互作用,影响土压力的因素很多。通过大量的现场实测及模型试验表明,土压力大于库仑主动土压力公式的计算值。当采用按库仑主动土压力公式计算,需乘以增大系数 β,根据对试验资料的分析,增大系数取用 1.2~1.4。对于位移要求较严格的结构,土压力增大系数宜取大值。试验还显示锚定板挡土墙的实测土压力,沿墙背不是按三角形分布,而呈单峰形或锯齿形分布。经分析简化后,采用墙高上部 $0.5H$ 范围内按三角形分布;墙高下部的 $0.5H$ 范围内按矩形分布。

肋柱的设计计算应遵循下列原则:

(1)顺墙长方向肋柱间距的布置,一般宜采用等间距布置,但为适应墙长或地形变化，部分节间的长度也可能不为标准间距，则肋柱两侧的挡土板跨度也不一定相等，故宜根据相邻两跨挡土板跨中至跨中长度上的作用(或荷载)，计算确定肋柱所承受的作用(或荷载)。

(2)肋柱为受弯构件，根据肋柱上拉杆的层数及肋柱与肋柱基础的连接方式，可按简支梁或连续梁计算：

①当为双级墙时，双层拉杆的上级肋柱可按简支梁设计；

②双级墙双层拉杆的下级肋柱，当底端平置于条形基础或分离式单座基础上时，肋柱底端可视为自由端，肋柱按简支梁设计；当肋柱底端插入条形基础或杯座式基础时，肋柱底端可视为铰支端，肋柱按连续梁设计；

③多层拉杆的肋柱，可按连续梁设计；

④当肋柱底端嵌入坚硬完整的基岩，且嵌岩深度较深时，肋柱按固端超静定梁设计。

挡土板、墙面板的设计计算应遵循下列原则：

(1)挡土板按两端支承在肋柱上的简支梁计算，其计算跨长为挡土板两端支承中心的距离，荷载取挡土板所在位置土压应力的最大值，按均布荷载计算。

(2)墙面板按支承在拉杆上的受弯构件计算，如一块墙面板上连接一根拉杆时，可按单支点双向悬臂板计算及配置钢筋。

锚定板挡土墙一般可不做整体抗倾覆稳定性验算，当锚定板挡土墙位于陡坡地段或其基底以下有软弱层时，尚应进行陡坡抗滑稳定性及穿过基底较软弱层的整体抗滑动稳定性验算，验算方法与重力式挡土墙相同。验算锚定板挡土墙的整体稳定性时，作用于假想墙背上的恒载土压力与车辆荷载(或人群荷载)附加土压力，应分别按乘土压力增大系数或不乘土压力增大系数计算，并取有、无车辆荷载(或人群荷载)的最不利组合，作为计算采用值。

锚定板挡土墙整体抗滑动稳定性验算方法有：克朗兹法、折线滑面分析法、土墙分析法、曲线裂面稳定验算法等。一般采用“折线滑面分析法”或“土墙分析法”计算，且滑动稳定系数 K_c 不应小于 1.8。

H.0.7 加筋土挡土墙可分为有面板加筋土挡土墙和无面板加筋土挡土墙。当无面板反包式土工格栅加筋坡面与水平面夹角小于 70°时，应按现行《公路土工合成材料应用技术规范》(JTG/T D32)的有关规定进行设计计算。加筋坡面与水平面夹角大于或等于70°的无面板加筋土挡土墙、有面板加筋土挡土墙应按下列规定进行设计计算：

1 加筋土挡土墙的设计应进行内部稳定计算和外部稳定计算。外部稳定验算应符合本规范第H.0.2条的规定。建于软土地基上的加筋体应作地基沉降计算。地基下可能存在深层滑动时，应做加筋体与地基整体滑动稳定验算。

2 浸水加筋土挡土墙设计应按下列规定考虑水的浮力：

1)拉筋断面设计采用低水位浮力；

2)地基应力验算采用低水位浮力或不考虑浮力；加筋体的滑动稳定验算、倾覆稳定验算采用设计水位浮力；

3)其他情况采用最不利水位浮力。

3 筋带截面计算时，应考虑车辆、人群附加荷载引起的拉力。筋带锚固长度计算时，不计附加荷载引起的抗拔力。

4 加筋体内部稳定验算时，土压力系数按下式计算：

当 $z_i \leqslant 6\text{m}$ 时

$$K_i = K_j\left(1-\frac{z_i}{6}\right)+K_a\frac{z_i}{6} \tag{H.0.7-1}$$

当 $z_i > 6\text{m}$ 时

$$K_i = K_a \tag{H.0.7-2}$$

$$K_j = 1-\sin\varphi \tag{H.0.7-3}$$

$$K_a = \tan^2\left(45°-\frac{\varphi}{2}\right) \tag{H.0.7-4}$$

式中：K_i——加筋体内深度 z_i 处土压力系数；

K_j——静止土压力系数；

K_a——主动土压力系数；

z_i——第 i 单元筋带结点至加筋体顶面的垂直距离(m)；

φ——填料内摩擦角(°)。

5 作用于墙面板上的水平土压应力 $\sum\sigma_{Ei}$ 按下式计算：

$$\sum\sigma_{Ei} = \sigma_{zi}+\sigma_{ai}+\sigma_{bi} \tag{H.0.7-5}$$

式中：σ_{zi}——加筋土填料作用于深度 z_i 处墙面板上的水平土压应力(kPa)；

σ_{ai}——车辆(或人群)附加荷载作用于深度 z_i 处墙面板上的水平土压应力(kPa)；

σ_{bi}——加筋体顶面以上填土重力换算均布土厚所引起的深度 z_i 处墙面板上的水平土压应力(kPa)。

6 加筋体活动区与稳定区的分界面可采用简化破裂面，简化破裂面的垂直部分与墙面板背面的距离 b_H 为 $0.3H$，倾斜部分与水平面的夹角 β 为 $45°+\frac{\varphi}{2}$，如图 H.0.7 所示。

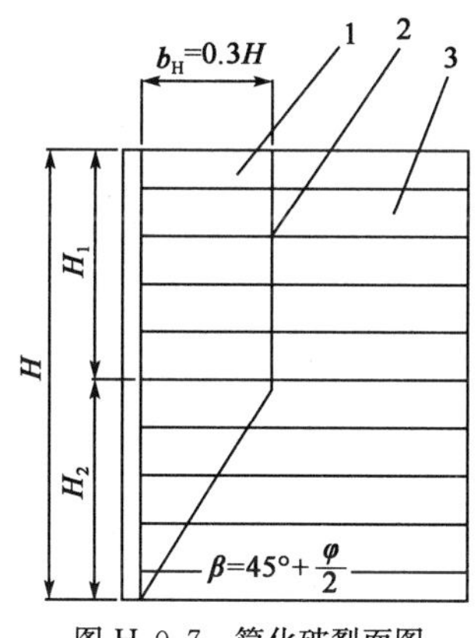

图 H.0.7 简化破裂面图

1-活动区；2-简化破裂面；3-稳定区

7 附加荷载作用下，可按沿深度以 1∶0.5 的扩散坡率计算扩散宽度。加筋体深度 z_i 处的附加竖直压应力 σ_{fi}，当扩散线的内边缘点未进入活动区时，$\sigma_{fi}=0$；当扩散线的内边缘点进入活动区时，按式(H.0.7-6)计算：

$$\sigma_{fi}=\gamma h_0\frac{L_c}{L_{ci}} \tag{H.0.7-6}$$

式中：γ——加筋体的重度(kN/m³)，当为浸水挡土墙时，应按最不利水位上下的不同分别计入；

h_0——车辆或人群附加荷载换算等代均布土层厚度(m)；

L_c——加筋体计算时采用的荷载布置宽度(m)，取路基全宽；

L_{ci}——加筋体深度 z_i 处的荷载扩散宽度(m)。

8　永久荷载重力作用下，拉筋所在位置的竖直压力按式(H.0.7-7)计算：

$$\sigma_i=\gamma z_i+\gamma h_1 \tag{H.0.7-7}$$

式中：σ_i——在 z_i 层深度处，作用于筋带上的竖直压应力(kPa)；

h_1——加筋体上坡面填土换算等代均布土厚度(m)。

9　一个筋带结点的抗拔稳定性按公式(H.0.7-8)验算：

$$\begin{cases}\gamma_0 T_{i0}\leqslant\dfrac{T_{pi}}{\gamma_{R1}}\\ T_{i0}=\gamma_{Q1}T_i\\ T_{pi}=2f'\sigma_i b_i L_{ai}\\ T_i=(\sum\sigma_{Ei})s_x s_y\end{cases} \tag{H.0.7-8}$$

计算筋带抗拔力时，不计基本可变荷载的作用效应。

式中：γ_0——结构重要性系数，按表 H.0.1-1 采用；

T_{i0}——z_i 层深度处的筋带所承受的水平拉力设计值(kN)；

T_i——z_i 层深度处的筋带所承受的水平拉力；

$\sum\sigma_{Ei}$——在 z_i 层深度处，面板上的水平土压应力(kPa)；

γ_{Q1}——加筋体及墙顶填土主动土压力或附加荷载土压力的分项系数，按表 H.0.1-5 采用；

T_{pi}——永久荷载重力作用下，z_i 层深度处，筋带有效长度所提供的抗拔力(kN)；

γ_{R1}——筋带抗拔力计算调节系数，按表 H.0.7-1 采用；

s_x——筋带结点水平间距(m)；

s_y——筋带结点垂直间距(m)；

f'——填料与筋带间的似摩擦系数，由试验确定，无可靠试验资料时，可参照表 H.0.7-2 采用；

b_i——结点上的筋带总宽度(m)；

L_{ai}——筋带在稳定区的有效锚固长度(m)。

表 H.0.7-1　筋带抗拔力计算调节系数 γ_{R1}

荷载组合	Ⅰ、Ⅱ	Ⅲ	施工荷载
γ_{R1}	1.4	1.3	1.2

表 H.0.7-2 填料与筋带之间的似摩擦系数

填料类型	黏性土	砂类土	砾碎石类土
似摩擦系数	0.25～0.40	0.35～0.45	0.40～0.50

注:1. 有肋钢带的似摩擦系数可提高 0.1。
2. 墙高大于 12m 的高挡土墙似摩擦系数取低值。

10 筋带截面的抗拉强度验算应符合式(H.0.7-9)的规定:

$$\gamma_0 T_{i0} \leqslant \frac{\Lambda f_k}{1\,000\gamma_f \gamma_{R2}} \tag{H.0.7-9}$$

式中:A——筋带截面的有效净截面积(mm^2);

f_k——筋带材料强度标准值(MPa),按表 H.0.7-3 采用;

γ_f——筋带材料抗拉性能的分项系数,各类筋带均取 1.25;

γ_{R2}——拉筋材料抗拉计算调节系数,可按表 H.0.7-3 采用。

表 H.0.7-3 筋带材料强度标准值 f_k 及抗拉计算调节系数 γ_{R2}

材 料 类 型	f_k(MPa)	γ_{R2}
Q235 扁钢带	240	1.0
Ⅰ级钢筋混凝土板带	240	1.05
钢塑复合带	试验断裂拉力	1.55～2.0
土工格栅	试验断裂拉力	1.8～2.5

注:1. 土工合成材料筋带的 γ_{R2},在施工条件差、材料蠕变大时,取大值;材料蠕变小或施工荷载验算时,可取较小值。
2. 当为钢筋混凝土带时,受拉钢筋的含筋率应小于 2.0%。
3. 试验断裂拉力相应延伸率不得大于 10%。

11 筋带截面的有效净截面面积 A 应按下列规定计算:

1)扁钢带,设计厚度为扣除预留腐蚀厚度并扣除螺栓孔后的计算净截面积;

2)钢筋混凝土带,不计混凝土的抗拉强度,钢筋有效净面积为扣除钢筋直径预留腐蚀量后的主钢筋截面积的总和;

3)钢塑复合带、塑料土工格栅、聚丙烯土工带。由供货厂家提供尺寸,经严格检验延伸率和断裂应力后,按统计原理确定其设计截面积和极限强度,保证率为 98%。

12 墙面板应按下列规定设计计算:

1)作用于单板上的土压力视为均匀分布;

2)面板作为两端外伸的简支板,沿竖直方向和水平方向分别计算内力;

3)墙面板与筋带的连接部分宜适当加强。

13　全墙抗拔稳定性验算时，分项系数均取1.0，并应符合式(H.0.7-10)的规定：

$$K_b=\frac{\sum T_{pi}}{\sum T_i}\geqslant 2 \tag{H.0.7-10}$$

式中：K_b——全墙抗拔稳定系数；

$\sum T_{pi}$——各层拉筋所产生的摩擦力总和；

$\sum T_i$——各层拉筋承担的水平拉力总和。

有面板加筋土挡土墙是由墙面板、筋带(或格栅)与填料成层交替铺设并紧密压实组成的复合加筋体结构。无面板加筋土挡土墙由反包式土工格栅与填土组成加筋土复合体。

为避免加筋土挡土墙发生滑移、倾覆、倾斜和整体滑动等破坏，保证加筋土挡土墙在使用过程中发挥应有的作用，设计时一般应进行内部稳定计算和外部稳定计算。内部稳定计算内容包括：筋带的强度、抗拔验算；确定筋带的截面积、筋带长度；确定面板的厚度和配置钢筋；对于墙高大于12m的挡土墙，还宜采用总体平衡法予以验算。外部稳定验算包括：基底地基承载力验算；加筋体沿基底抗滑动稳定性验算；抗倾覆稳定性验算；地基与墙后土体的整体滑动验算；必要时，应做地基沉降计算。

各项验算具体要求见表H-3。

表H-3　加筋土挡土墙验算项目及控制指标

验算项目		控制指标
内部稳定性	筋带的强度	筋带所承受的水平拉力≤筋带材料有效净截面的抗力效应
	筋带的抗拔	筋带所承受的水平拉力≤永久荷载重力作用下筋带有效长度所提供的抗拔力
外部稳定性	基底滑移	满足滑动稳定方程；抗滑动稳定系数大于规定值
	倾覆	满足倾覆稳定方程；抗倾覆稳定系数大于规定值
	基底应力	基底应力小于地基承载力设计值
	整体滑动	抗整体滑动系数＞1.25

加筋土的内部稳定性受诸多因素的影响，如筋带数量、断面尺寸、筋带材料强度、间距、长度、作用在面板上的土压力以及填土的性质等；同时，上述诸因素又相互影响。目前，加筋土的内部稳定性分析主要是用筋带在拉力作用下的断裂破坏

和楔体拉拔破坏来衡量。

加筋土挡土墙的外部稳定性分析中视加筋体为刚体，验算方法与普通重力式挡土墙相似。其分析项目一般包括基底滑动与倾覆稳定性计算、基础底面地基承载力验算，必要时还应对整体滑动和地基沉降进行验算。

加筋土挡土墙设计计算时，可参考如图 H-3 所示流程。

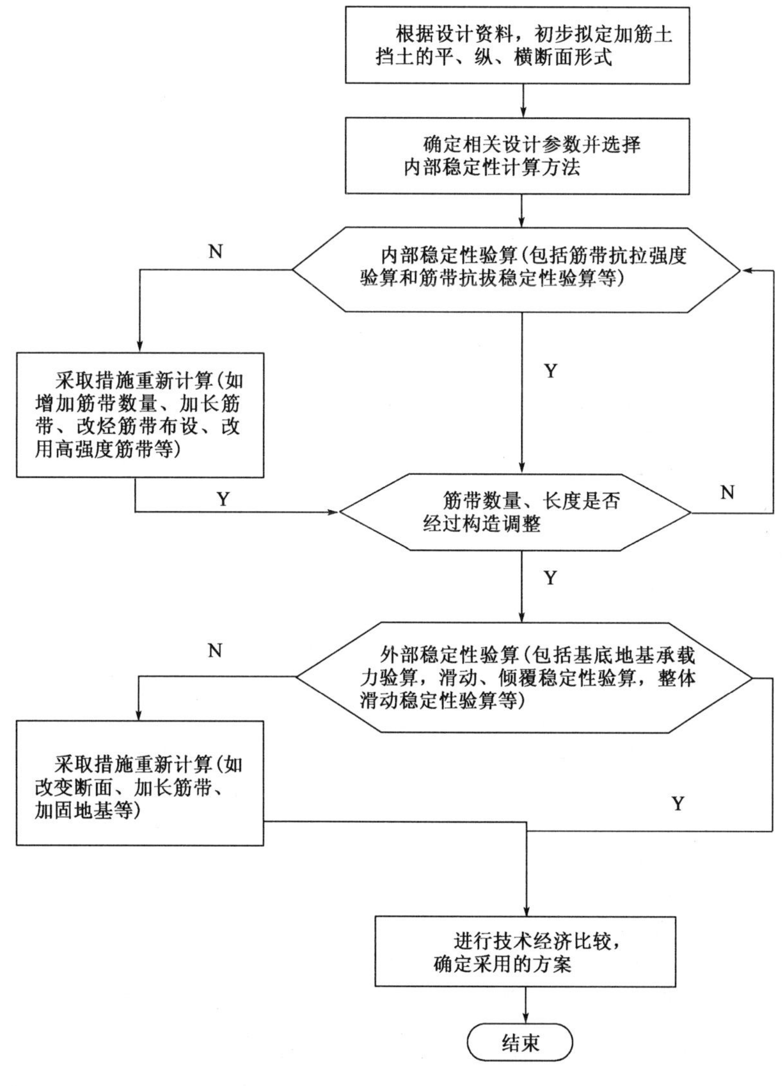

图 H-3 加筋土挡土墙设计计算流程

H.0.8 桩板式挡土墙钢筋混凝土构件的承载能力极限状态计算、正常使用极限状态验算及构造要求等，除应按本规范的规定执行外，其他未列内容应按现行《公路钢筋混凝土及预应力混凝土桥涵设计规范》(JTG D62)、《公路桥涵地基与基础设计规范》(JTG D63)的相关规定执行。

1 桩板式挡土墙的钢筋混凝土构件设计计算时，荷载效应组合中，应按本规范第H.0.1条规定计入结构重要性系数γ_0。

2 滑坡路基上的桩板式挡土墙按滑坡推力和土压力的最不利者作为计算荷载，桩的重力可不计入。

3 作用在桩上的荷载宽度可按其左右两相邻桩之间距离的一半计算，作用在挡土板的荷载宽度可按板的计算跨度计算。

4 桩的内力应按本规范第5.7.5条的规定，采用地基系数法计算。

5 在桩前地基岩层结构面的产状为向坡外倾斜时，应按顺层滑坡验算地基的稳定性及整体稳定性。

6 预制钢筋混凝土挡土板可按支承在桩上的简支板计算，其计算跨径L为：

圆形桩

$$L=L_c-1.5t \tag{H.0.8-1}$$

矩形桩

$$L=L_0+1.5t \tag{H.0.8-2}$$

式中：L_c——圆形桩的桩中心距离(m)；

L_0——矩形桩间的净距(m)；

t——挡土板的板厚(m)。

7 路堤中的锚杆桩板式挡土墙，应避免填料下沉所产生的锚杆次应力。锚杆的设计应符合本规范第5.5节的规定。

桩板式挡土墙采用钢筋混凝土结构，由基桩及桩间的挡土板组成，利用基桩深埋部分的锚固段的锚固作用和被动土抗力，维持挡土墙的稳定。

桩可作为固结在基岩内的悬臂梁构件计算，并按受弯构件设计。桩上的作用荷载为两侧桩间距各半的墙后土压力的水平分力，土压力可按线性分布考虑。最大弯矩及剪力作用于基岩强风化层的底面处，可不计表土及强风化层对桩的作用。

预制钢筋混凝土挡土板可视为支承在桩上的简支板进行内力计算，并按受弯构件设计。设计装配式挡土板时，还应作运输、吊装、施工过程中板的强度验算。可按短暂状况钢筋混凝土构件进行计算。此外，桩与板间搭接的接触面还应进行抗压强度的验算。

基桩和挡土板均为钢筋混凝土构件，设计计算可参照《公路钢筋混凝土及预应力混凝土桥涵设计规范》(JTG D62)的规定执行。

桩的埋深除满足构造要求外，主要取决于侧壁的承载能力，故桩的埋深与地形状况及地基的性状有关。当桩所嵌入的基岩层顶面坡度大于10°以上时，应对桩基做斜坡面上稳定验算及桩基前岩石地基的水平向极限承载力验算。桩基前地基岩层结构面的产状、倾角为向坡外倾斜时，还应按顺层滑坡验算地基的稳定性及整体稳定性。

附录J 黄土分区图

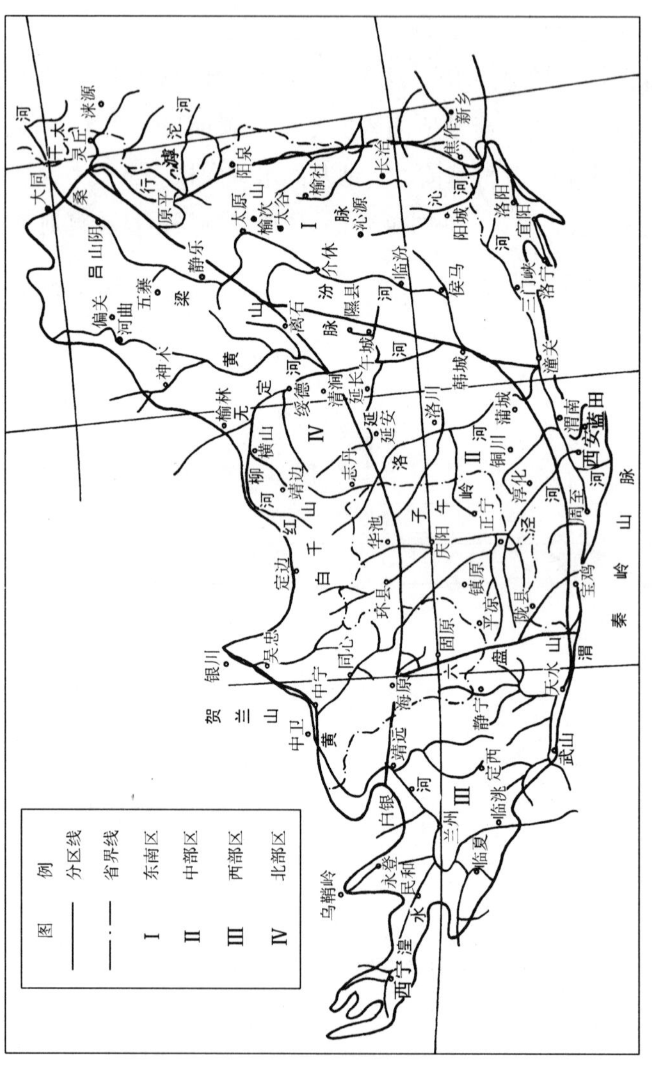

图J-1 黄土分区图

附录 K 多年冻土公路工程分类

K.0.1 多年冻土应根据体积含冰量按表 K.0.1 进行分类。多年冻土分为少冰冻土、多冰冻土、富冰冻土、饱冰冻土、含土冰层，其中富冰冻土、饱冰冻土和含土冰层又统称为高含冰量冻土。

表 K.0.1 多年冻土分类及融沉性分级

多年冻土类型	土的类别		总含水率 w_n (%)	体积含冰量 i	平均融沉系数 δ_0(%)	融沉等级	融沉类别
少冰冻土	粗颗粒土	粉黏粒含量≤15%	<10	<0.1	≤1	Ⅰ	不融沉
		粉黏粒含量>15%	<12				
	细砂、粉砂		<14				
	粉土		<17				
	黏性土		$<w_P$				
多冰冻土	粗颗粒土	粉黏粒含量≤15%	10~15	0.1~0.2	$1<\delta_0\leq3$	Ⅱ	弱融沉
		粉黏粒含量>15%	12~15				
	细砂、粉砂		14~18				
	粉土		17~21				
	黏性土		$w_P<w_n<w_P+4$				
富冰冻土	粗颗粒土	粉黏粒含量≤15%	15~25	0.2~0.3	$3<\delta_0\leq10$	Ⅲ	融沉
		粉黏粒含量>15%	15~25				
	细砂、粉砂		18~28				
	粉土		21~32				
	黏性土		$w_P+4<w_n<w_P+15$				
饱冰冻土	粗颗粒土	粉黏粒含量≤15%	25~44	0.3~0.5	$10<\delta_0\leq25$	Ⅳ	强融沉
		粉黏粒含量>15%	25~44				
	细砂、粉砂		28~44				
	粉土		32~44				
	黏性土		$w_P+15<w_n<w_P+35$				

续上表

多年冻土类型	土的类别		总含水率 w_n (%)	体积含冰量 i	平均融沉系数 δ_0(%)	融沉等级	融沉类别
含土冰层	粗颗粒土	粉黏粒含量≤15%	>44	>0.5	>25	V	融陷
		粉黏粒含量>15%					
	细砂、粉砂						
	粉土						
	黏性土		$>w_p+35$				

注：1. 粗颗粒土包括碎(砾)石土、砾砂、粗砂、中砂。

2. 总含水率包括冰和未冻水。

3. w_p 为塑限含水率。

4. 盐渍化冻土、泥炭化冻土、腐殖土、高塑性黏土不在此列。

K.0.2 根据多年冻土年平均地温，多年冻土可分为低温冻土(年平均地温≤−1.5℃)和高温冻土(年平均地温>−1.5℃)。冻土区稳定类型可按表K.0.2-1、表K.0.2-2分类。

表 K.0.2-1 冻土区稳定类型分类

年平均地温(℃)	≥−0.5	−0.5～≤−1.0	−1.0～≤−2.0	<−2.0
冻土区稳定类型	高温极不稳定冻土区	高温不稳定冻土区	低温基本稳定冻土区	低温稳定冻土区

表 K.0.2-2 各类冻土区稳定类型分类

多年冻土类型	少冰冻土	多冰冻土		富冰冻土		饱冰冻土			含土冰层		
年平均地温(℃)	不考虑	0～−1.0	<−1.0	0～−1.5	<−1.5	0～−1.0	−1.0～−2.0	<−2.0	0～−1.0	−1.0～−2.0	<−2.0
稳定类型	稳定型	基本稳定型	稳定型	基本稳定型	稳定型	不稳定型	基本稳定型	稳定型	不稳定型	基本稳定型	稳定型

参考文献

[1] 中华人民共和国行业标准.JTG D30—2004 公路路基设计规范.北京:人民交通出版社,2004.

[2] 中华人民共和国行业标准.JTJ 013—95 公路路基设计规范.北京:人民交通出版社,1996.

[3] 中华人民共和国行业标准.JTG C20—2011 公路工程地质勘察规范.北京:人民交通出版社,2011.

[4] 中华人民共和国行业标准.JTG D50—2006 公路沥青路面设计规范.北京:人民交通出版社,2006.

[5] 中华人民共和国行业标准.JTG D40—2011 公路水泥混凝土路面设计规范.北京:人民交通出版社,2011.

[6] 中华人民共和国行业标准.JTG/T D32—2012 公路土工合成材料应用技术规范.北京:人民交通出版社,2012.

[7] 程平,吴万平,等.公路低路堤设计指南.北京:人民交通出版社,2013.

[8] 交通部第二公路勘察设计院.公路路基设计手册.2版.北京:人民交通出版社,1996.

[9] 西部交通建设科技项目.《沥青路面设计指标和参数研究》研究报告.

[10] 西部交通建设科技项目.《水泥混凝土路面路基性能指标与参数研究》研究报告.

[11] 西部交通建设科技项目.《基于多指标的沥青路面结构设计方法研究》研究报告.

[12] 西部交通建设科技项目.《路堤合理高度的研究》研究报告.

[13] 西部交通建设科技项目.《公路路基结构性能与设计指标研究》研究报告.

[14] 西部交通建设科技项目.《适应高速重载交通的路基长期性能研究》研究报告.

[15] 同济大学.《水网地区重交通高速公路低路堤关键技术研究》研究报告.

[16] 沈金安. 国外沥青路面设计方法总汇. 北京:人民交通出版社,2004.

[17] 中华人民共和国行业标准. JTG/T D33—2012 公路排水设计规范. 北京:人民交通出版社,2012.

[18] 西部交通建设科技项目.《公路低路堤防排水技术研究》研究报告.

[19] 中交第二公路勘察设计研究院有限公司. 公路挡土墙设计与施工技术细则. 北京:人民交通出版社,2007.

[20] 中华人民共和国行业标准. TB 10001—2005 铁路路基设计规范. 北京:中国铁道出版社,2009.

[21] 中华人民共和国行业标准. TB 10025—2006 铁路路基支挡结构设计规范. 北京:中国铁道出版社,2006.

[22] 中华人民共和国国家标准. GB 50330—2013 建筑边坡工程技术规范. 北京:中国建筑工业出版社,2013.

[23] 铁道部第一勘测设计院. 铁路路基设计手册. 北京:中国铁道出版社,1995.

[24] 江苏沪宁高速公路扩建工程指挥部. 沪宁高速公路路基拓宽综合处理技术研究报告.

[25] 安徽省高速公路控股集团有限公司,东南大学,中交第二公路勘察设计研究院有限公司. 合宁高速公路扩建工程关键技术研究报告.

[26] 中华人民共和国行业标准. TB 10035—2006 铁路特殊路基设计规范. 北京:中国铁道出版社,2006.

[27] 中华人民共和国行业标准. TB 10027—2001 铁路工程不良地质勘察规程. 北京:中国铁道出版社,2001.

[28] 胡厚田. 崩塌落石研究. 铁道工程学报,2005(12)(增刊).

[29] 魏永幸. 内昆铁路岩堆路基工程技术研究. 铁道勘察,2004(2).

[30] 西部交通建设科技项目.《膨胀土地区公路勘察设计技术研究》研究报告. 2004.

[31] 西部交通建设科技项目.《膨胀土地区公路修筑成套技术研究》研究报告. 2007.

[32] 中华人民共和国国家标准. GB 50025—2004 湿陷性黄土地区建筑规范.

北京:中国建筑工业出版社,2004.

[33] 新疆公路学会. 盐渍土地区公路设计与施工指南. 北京:人民交通出版社,2006.

[34] 西部交通建设科技项目.《盐渍土地区公路建设成套技术研究》研究报告.

[35] 中华人民共和国行业标准. JTG/T D31-04—2012 多年冻土地区公路设计与施工技术细则. 北京:人民交通出版社,2012.

[36] 西部交通建设科技项目.《沙漠地区公路建设成套技术研究》研究报告.

[37] 中华人民共和国行业标准. JTG/T D31—2008 沙漠地区公路设计与施工指南. 北京:人民交通出版社,2008.

[38] 西部交通建设科技项目.《公路风吹雪雪害防治技术研究》研究报告.

[39] 西部交通建设科技项目.《公路雪崩灾害及防治技术研究》研究报告.

[40] 中华人民共和国行业标准. JTG/T D31-03—2011 采空区公路设计与施工技术细则. 北京:人民交通出版社,2011.

[41] 中华人民共和国国家标准. GB 50021—2001 岩土工程勘察规范. 北京:中国建筑工业出版社,2002.

[42] 中华人民共和国行业标准. JTJ 300—2000 港口及航道护岸工程设计与施工规范. 北京:人民交通出版社,2001.

[43] 吉林省交通工程质量监督站,等.《路基冻害分析与防治措施研究》研究报告.

[44] 吉林省交通厅. 公路工程抗冻设计与施工技术指南. 北京:人民交通出版社,2006.